KB265190

韓國 中世 儒教政治思想史論 Ⅱ

金駿錫 敎授 遺影

연세국학총서 32
김준석유고집 3

韓國 中世 儒敎政治思想史論 Ⅱ

金 駿 錫

지식산업사

Analyses of Confucian Political Thought
in Early Premodern Korea II

by

Kim, Jun-sŏk

韓國 中世 儒敎政治思想史論 II

초판 제1쇄 인쇄   2005. 5. 30.
초판 제1쇄 발행   2005. 6. 10.

지은이   김준석
펴낸이   김경희
펴낸곳   ㈜지식산업사
         서울시 종로구 통의동 35-18
         전화 (02)734-1978(대) 팩스 (02)720-7900
         인터넷한글문패   지식산업사
         인터넷영문문패   www.jisik.co.kr
         전자우편   jsp@jisik.co.kr
         등록번호   1-363
         등록날짜   1969. 5. 8.

책값은 뒤표지에 있습니다.

ⓒ 김준석, 2005
ISBN 89-423-1084-2 94910
ISBN 89-423-0046-4(전2권)

이 책을 읽고 문의하고자 하는 이는 지식산업사 전자우편으로 연락 바랍니다.

간 행 사

이 책은 본교의 사학과 교수로 재직했던 고 김준석 교수의 유고집이다. 김 교수는 대학 학부시절 홍이섭, 손보기, 이종영, 김용섭 선생 등 여러 스승으로부터 연세국학의 학문적 전통과 의미를 배운 이래 2002년 5월 작고할 때까지 오직 연세국학의 전통 위에서 올바른 한국사학의 정립을 위해 헌신하였다. 식민지시기 연희전문 국학의 선구자들이 조선후기의 실학과 그 전통을 재발견하여 일제하 한국사회의 민족문제 해결을 모색하려던 학문적 자세를 견지했던 바와 같이, 한국사의 체계화를 통하여 우리 사회 전반의 민주적 발전과 남북문제를 학문적으로 녹여 내려고 노력하였던 것이다. 그리하여 김 교수는 1980년대 초 한남대학교 역사교육과 교수를 거쳐 1993년 모교인 연세대학교로 옮긴 뒤에도 학문연구에 정진하였다.

김준석 교수는 오랫동안 조선후기의 실학사상을 비롯하여 조선시대 유교사상사를 정열적으로 연구하였다. 실학사상의 정치적 의미를 깊이 천착하여, 주자학을 극복하고자 했던 조선후기의 진보적 사상활동의 역사성을 체계적으로 드러내고자 했다. 자연스럽게 김 교수의 학문적 관심은 주자학의 역사적 의미를 밝히는 작업에 모아졌고, 모교에서 후학을 가르친 약 10년 동안 사회사상·정치사상으로서 주자학을 조선의 사회·경제적 조건과 연관시켜 밝히고자 하였다. 그 일환으로 김 교수는

4

주자사상연구회를 조직하여 후학들과 함께 방대한 주자의 글들을 꼼꼼히 읽으면서 주자사상을 역사학적인 입장에서 이해할 수 있는 기초를 다지고자 했다. 그 결과 김 교수의 조선후기사상사 연구는 조선후기 사회변동에 대응하는 보수개량과 진보개혁의 논리를 밝혀, 이 시기 사상사의 역사적 성격을 거시적으로 살필 수 있게 하였다.

이 유고집은 김 교수의 갑작스러운 작고 이후 이를 아쉬워하는 동료, 후배 교수들의 논의 과정을 통하여 세 권으로 기획되었고, 김 교수의 연세국학에 대한 사랑을 기려서 이를 연세국학총서의 일부로 간행하기로 하였다. 제1권은 김 교수의 박사학위논문과 이를 보완하는 글 몇 편을 묶었는데, 여기에서는 조선후기 사회변동에 대응하는 國家再造論을 각 정파와 학파별로 나누어 계통적으로 살폈다. 제2권과 3권은 김 교수의 한국유학사·한국중세사상사를 바라보는 문제의식, 현대적 관점이 투영된 글들을 담고 있으며, 중세사상사의 전반적인 흐름이나 특정 주제와 인물에 대한 사상사적 의의 그리고 유학에 관한 시론적인 관점 등을 다루고 있다.

이 책의 발간으로 우리 학계는 한국사·한국정치사상사 연구가 이룬 훌륭한 성과를 또 한번 확인하는 기쁨을 누릴 수 있을 것으로 확신한다. 나아가, 이 책을 통해 한국사연구자로서 그리고 교육자로서 혼신의 열의를 다하며 한국사 이해의 폭과 깊이를 확장하고자 했던 김 교수의 학문적 깊이와 문제의식을 객관적으로 확인할 수 있을 것이다. 이 작업이 고인이 남긴 학문적 유업을 확인하고 이를 매개로 우리 역사를 더 깊이 있게 이해할 수 있는 계기가 된다면, 더할 나위 없이 보람된 일이 될 것이다. 한편으로는, 본인의 손으로 직접 정리하지 못하고 동료 교수와 후학들이 체제를 갖추어 출간하게 되어 고인의 구상이 온전히 드러나지 못할까 걱정이 앞서기도 한다.

김 교수의 한국사·국학 연구의 열정과 사랑은 고인이 세상을 떠난 뒤, 본 국학연구원의 '김준석문고'로 오롯이 이전되었다. 김 교수의 유족들은 고인의 평생 손때 묻은 귀한 도서와 자료 6천 4백여 점을 국학연구원에 기증하여 국학을 연구하는 학자와 후학들이 늘 활용할 수 있도록 배려하였으며, 국학연구원에서는 이를 '김준석문고'로 정리해서 그 뜻을 기리고 있다. 문과대학의 동료로서 본인은 김 교수가 국학 연구에 열정을 쏟았던 것을 지켜본 바 있었고, 다시 국학연구원의 원장직을 맡아 그의 遺作을 간행하게 되니 여러 면에서 감회가 새롭고 또 이를 매우 뜻 깊게 생각한다.

지금은 본 연구원이 국학 진흥의 활황기를 맞고 있는 때여서 모두들 신명이 나 국학연구발표회를 꾸리고 있다. 이때 김 교수와 함께 일한다면 좀 더 내용을 알차게 할 수 있을 텐데 하는 아쉬움이 더욱 진하게 남는다. 그러나 김준석 교수는 높은 하늘 위에서 굽어보며 오늘 우리의 모습에 기뻐하리라 믿으면서 안위해 본다.

본서의 출간을 위해서 많은 분이 애를 쓰셨다. 사학과의 김도형, 방기중, 하일식, 도현철 교수는 이 글의 출판을 처음부터 기획하고 또 출판 시기를 놓치지 않도록 하였고, 정호훈, 구만옥, 원재린 연구교수를 비롯한 김용흠, 정두영, 김정신 박사생 등 학과의 여러 제자들은 원고 정리와 교정에 많은 공력을 기울였다. 또한 어려운 출판계의 사정에도 불구하고 출판을 맡아주고 훌륭한 책으로 완성되도록 정성을 다한 지식산업사에 감사드린다. 특히 김경희 사장은 평소 국학 진흥에 뜻을 두고 있었고, 이런 점에서 김 교수 생전에 저서를 간행하기로 약속하였던 바 있었지만, 어려운 여러 사정도 돌아보지 않고 더 많은 정성을 들이고 또한 직접 교정까지 보면서 좋은 책으로 만들어 주심에 다시 한번 감사를 드린다.

2003년 5월

연세국학연구단장
국 학 연 구 원 장　전 인 초

Analyses of Confucian Political Thought in Early Premodern Korea II

제1장 儒敎의 變法論과 實學

I. 兩亂期의 國家再造 문제

1. 머리말

지금까지 朝鮮 後期史의 연구는 社會經濟史·實學史 방면에 치중해
왔다. 이러한 사정은 먼저 역사학의 당면과제가 '內在的 발전'의 실상을
확인하고 '植民史觀을 극복'하는 데 있고, 이를 위해서는 이 방면 연구
의 중요성이 컸기 때문일 것이다. 한편으로는 그 시기 정치·정치사상
의 부정적 측면이 강하게 의식되었고, 그래서 정치사 또는 정치사상사
의 연구가 상대적으로 부진하게 되었던 때문일 수도 있을 것이다.

그러나 사회·경제 방면의 발전상이나, 實學의 비판적 인식방법·개
혁사상의 성과에 의뢰하는 것만으로 조선 후기 사회의 실상을 정당하
게 해명하기는 어렵다. 오히려 당시 사회의 변동·발전을 저지했던 黨
爭的인 정치운영, 保守 朱子學의 실상까지도 포괄하는 위에서 조선 후
기 사회의 발전적 역사상을 확인할 수 있어야 할 것이다. 이것은 당쟁을
현실의 이해관계와 인식논리를 달리하는 정파들 사이에서 전개되었던
정책대결·집권경쟁으로 이해하며,[1] 이때에 동원된 주류 정치이론인

---

1) 최근에는 당쟁을 당파 사이에 견제와 균형의 원리가 추구되는 '朋黨政治'로 보는 견

주자학을 실학에 대응시켜 파악하는 일이기도 하다.

이 글은 바로 이러한 문제의식에서 작성되었다. '國家再造'라는 범주·개념을 통하여 조선 후기, 특히 17세기 정치사·사상사를 새로운 시각에서 접근하되 여기에 사회경제사·실학사의 연구성과를 적극 도입하려고 한다. 壬辰倭亂에서부터 두 차례 胡亂을 치른 뒤 北伐論이 제기되기까지를 '兩亂期'라 하는데, '國家再造'는 이때 정부와 양반 지배층이 전개한 정치·사상 활동을 집약하는 술어이다.[2] 즉 이 시기 조선왕조는 사회 내부의 변동과 日本·女眞(뒤의 淸)과 잇따른 전쟁으로 말미암아 국가존망의 위기에 봉착하였고, 관인·식자들은 '國家再造'의 차원에서 그 나름의 현상타개책을 마련하고 있었다. 그러므로 그들이 제기하는 國家再造 방략은 이 시기 사회·정치 사상의 주된 내용을 이루게 되며, 그 실행을 둘러싼 권력관계·정치운영은 정치사의 중심 내용이 되었던 것이다.

더구나 18세기 蕩平政局期는 물론 19세기의 勢道政權期와 近代改革期에 이르는 정치·사회 정세 또한 이러한 17세기 상황의 일정한 연장선에서 이끌려갔다. 또 그 과정에서는 사회·경제 변동에 대응하여 王朝·國家·臣民에 대한 인식에도 점차 변화가 일어나고 있었으므로, 이것이 근대이행기의 새로운 국가·국민 의식의 단초를 이룰 것도 예상되었다. '國家再造' 문제는 한국 중세사회의 해체과정을 일관하는 역사적 과제였던 셈이다. 그리하여 '國家再造'論의 시각은 정치·사상의 동태

해가 유력하다. 당쟁의 긍정적인 의의를 찾으려는 시도이지만, 이 견해가 충분한 설득력을 지니려면 여기에 원용된 주자학의 정치이론이나 정파적 대립이 견제와 균형의 추구보다는 독선과 비타협적인 경향으로 흘렀던 사정, 그리고 당시 당쟁의 폐해를 우려했던 식자들의 심각한 술회에 대하여 납득할 만한 설명이 뒤따라야 할 것으로 보인다. 붕당정치론에 대해서는 李泰鎭, 「黨爭을 어떻게 볼 것인가」·「朝鮮時代의 政治的 갈등과 그 해결」, 『朝鮮時代 政治史의 再照明』, 범조사, 1985 참조.

2) '國家再造'는 조선 후기 사회·경제 구조와 그 성격을 구명하는 農業史·農學史 연구에서 역사술어로 처음 제시되었다. 金容燮, 『朝鮮後期農學史研究』, 일조각, 1988, 111~113쪽 ; 金容燮, 『增補版 朝鮮後期農業史研究』 Ⅱ, 일조각, 1990, 160·411쪽 참조.

적 발전적 성격에 주목하는 것이므로, 이를 통해서 조선시기 역사의 내재적 발전적 양상을 더욱 뚜렷이 설명하면 그만큼 설득력을 얻게 될 것이다. 그리고 '國家再造'論이 대두하는 兩亂期는 조선사회를 전기와 후기로 가름하는 분수령으로서 성격과 의의를 분명히 드러내게 될 것이다. 또 '國家再造'論의 시각에서는 조선왕조 集權體制의 정치사・정치사상사가 높은 수준에서 매우 다채롭고 풍부한 내용으로 전개되었음을 확인할 수 있을 것이며, 官人・識者들의 현실인식과 대응논리의 차이를 그 이념노선이나 사상계보에 따라 파악함으로써 정통 주자학과 실학・실학사상의 사상・이념적 차이가 한층 뚜렷이 제시될 수 있을 것이다. 당시 관인・식자들의 사유와 실천을 정치사・사상사의 차원에서 파악하는 방법으로 '國家再造'라는 범주를 설정한 까닭이 먼저 여기에 있는 것이라 하겠다.

2. 儒敎政治와 保民說・變通說

유교・주자학에 따르면 왕조・국가는 天命을 반영하는 民心의 향방에 따라 세워지고 유지되는 것이었다. 양반사대부・국가(＝왕조)・농민경제가 유교・주자학 이념에 따라 결합했다는 점에서 조선왕조의 집권체제가 바로 이런 경우였다.[3] 이러했기 때문에 관인・유자들의 政論에서는 이를 상기하는 創業이나 守成・中興・再造에 관한 언급이 그치지 않았다. 물론 이것은 자신들의 존립기반을 보전하기 위한 恒常的인 과업이기도 했다. 그리고 '國家再造'라는 독특한 술어는 이런 전제에서 성립할 수 있었다.

---

3) 이를테면 鄭道傳의 『朝鮮經國典』이나 李珥의 『聖學輯要』는 이러한 문제의식을 잘 드러내준 政論書라고 할 수 있을 것이다. 정도전의 정치사상에 대한 구체적인 분석은 韓永愚, 『改正版 鄭道傳思想의 研究』, 서울대학교출판부, 1989 참조.

‘國家再造’의 이론적 기원은 아무래도 유교·주자학의 保民(=爲民)說·變通(=更張)說·革命說에서 찾아야 할 것이다. 정치주체인 양반사대부의 自淨·自修論, 왕조·국가의 존립이나 갱신을 정당화하는 논리가 대개 이런 몇몇 정치명제들을 근거로 마련되었기 때문이다. 먼저 ‘保民’說을 보자. 保民은 愛民·爲民의 다른 표현이며, 仁政·德治, 王道政治는 바로 보민의 정치였다. 예컨대『孟子』에서는 “民爲貴 社稷次之 君爲輕”이라 하고, 이어서 “田野의 백성에게서 얻는 이는 天子가 되고 천자에게서 얻는 이는 諸侯가 되고 제후에게서 얻는 이는 大夫가 된다”[4]고 했다. 또 제후의 보배 세 가지를 土地·人民·政事라고 하면서, “珠玉을 보배로 삼는 자는 災殃이 반드시 몸에 미칠 것”[5]임을 환기시켰다. 이와 반대로 군주 된 사람이 보민으로써 임무를 삼는다면 “아무도 막을 자가 없을 것”[6]이라고 다짐했다. 보민은 이렇게 군주의 책무로 규정됨으로써, 이를 잘 실천하면 왕조·국가의 祚命을 누릴 수 있고 그렇지 않으면 군주의 한 몸조차도 부지할 수 없는 그런 문제였다.

保民·王政의 방법은 인민의 恒產을 보장하고 이를 통해서 그들이 恒心을 간직하도록 이끄는 데에 그 핵심이 있었다. 생계안정을 위한 경제대책을 마련하는 위에서 인륜·도덕에 의한 敎化를 실행하는 일이었다. 역시『孟子』에서 강조해 마지않는 ‘農時勿奪’과 井田制의 시행, 1/9·1/10稅에 따른 賦稅·貢納의 경감과 均平化, 刑罰의 신중과 전쟁의 배격 등은 보민책의 구체적인 내용이었다. 이러한 孟子의 논점은 “以利吾國”의 방안을 찾는 군주에 대하여 그가 “亦有仁義而已矣”라고 단호히 응수한 사실에서[7] 알 수 있듯이, 功利(=富國强兵)論을 반대하고 仁義(=道德)說에 입각한 사회·정치 질서를 수립하려는 의도를 적극 반영한 것

---

4)『孟子』卷14, 盡心 下, 제14장.
5)『孟子』卷14, 盡心 下, 제28장.
6)『孟子』卷1, 梁惠王 上, 제7장.
7)『孟子』卷1, 梁惠王 上, 제1장.

이라 하겠다.

　유교·주자학에서는 治者를 君子·士大夫로 상정하고 이들의 학문과 정치를 '修己治人'으로 집약했다.8) 군자·사대부를 보민의 주체로 삼고 이에 걸맞은 자질과 능력을 요구한 것이었다. 그 표현방식은 한결같지 않지만, 이를테면『論語』에서는 제1편과 제2편을 각각 '學而'와 '爲政'으로 일러, 孝悌가 학문의 근본이며 이를 사회·국가로 확대해가는 일이 정치임을 가르쳤다. 학문과 爲政은 다름 아닌 수기치인이며, 군자는 이를 책무로 삼는 자였다.9)『大學』의 3綱領과 8條目 또한 군자가 孝悌의 윤리를 중심으로, 修己로부터 治人에 도달하는 학문·정치의 과정을 수행하도록 규정한 내용이다. 그런가 하면『周易』에서는 陰陽과 天地의 운행법칙이 自强不息하고 厚德載物하는 군자의 기상임을 말하였다.10) 이는 군자가 스스로 학문에 힘써 쉬지 않으며 국가·민생의 기대에 부응해야 한다는 의미일 것이다. 수기치인의 다른 표현인 셈이다.

　君子(＝治者)와 修己治人은 保民政治·王道政治가 성립할 수 있는 전제였다. 王道는 물론 覇道에 대립하는 의미였다. 인간의 本性은 하늘이 부여해준 대로 善하다는 확신 위에서 善性·仁義의 도덕가치를 사회관계·국가질서에 확립하는 일이 왕도였으며, 仁政·德治·至治·禮治도 모두 이를 이르는 말이었다. 그러므로 왕도정치는 수기치인을 연마한 군자만이 할 수 있고, 치자가 되려는 자는 이를 책무로 자각해야만 했다. 이렇게 보민과 仁義·道德의 실현, 즉 王政에 정치의 목표를 두게 되면 이것이 정치담임자의 도덕적 자질이나 정치적 책무를 따지는 근

---

8) "君子之守 修其身而天下平"(『孟子』卷14, 盡心 下, 제32장)이라는 언급은 수기치인을 군자의 사명으로 강조하는 하나의 예이다.

9) "(有子曰) 君子務本 本立而道生 孝弟也者 其爲仁之本與"(『論語』第1, 學而, 제2장). "曾子曰 吾日三省吾身"(『論語』第1, 學而, 제3장).
　　"子曰 書云孝乎 惟孝 友于兄弟 施於有政 是亦爲政 奚其爲爲政"(『論語』第2, 爲政, 제21장).

10) "天行健 君子以自强不息"(『周易』卷1, 乾掛, 象傳).
　　"地勢坤 君子以厚德載物"(『周易』卷2, 坤掛, 象傳).

거가 되지 않을 수 없다. 군주·치자의 能否나 정치운영·정책수행의 성패 여부를 검증 평가하고 失政에 대해서는 응분의 대가를 부과하게 되는 것이었다. 맹자의 의도도 먼저 여기에 있었을 것이다.

민중을 무능 몽매한 존재로 보는 맹자였지만, 소수 치자층의 무책임을 응징하고 그들의 지나친 자만심과 정치적 경제적 특권을 억제하려면 민생의 안정, 민중 본위의 정치라는 대안의 설정이 절실했던 것이다. 군주·치자의 존재는 민심의 향배에 따라 좌우되게 마련이라는 保民(＝民本)의 정치이론은 이렇게 하여 수립된 것이었다. 꼭 性善論이 아니더라도 이러한 이론은 가능하겠지만 유교 정치사상의 한 특징이 먼저 여기에 있음이 분명하다. 하여튼 이로써 민심을 잘 알고 與民同樂할 태세가 되어 있는 군주·치자는 천하를 차지하고 누릴 수 있지만, 그렇지 못한 경우에는 인민의 이름으로 실정의 책임을 물어 갈아치우고 왕조·국가를 다시 세워도 좋다는 革命의 논리가 성립하게 되었다.11) 革命說은 보민·왕도를 실현하기 위한 불가피하고도 강력한 보완장치였던 셈이다. 이는 맹자가 사회·국가 구성의 기본 요소로 먼저 人民을 꼽고 다음에 군주의 존재를 꼽으며 政事, 즉 정치의 能否를 마지막 조건으로 삼았던 사실로12) 보아도 그렇다. 이래서 保民說은 곧 民本說이며 혁명설의 전제였다.

『論語』·『孟子』를 비롯한 四書에서는 대개 修己治人, 즉 치자(＝군자)의 도리에 따른 仁愛의 정치를 말했다면『周易』·『書經』에는 주로 자연·사물이 移行 變化하듯이 인간·사회 또한 낡은 질서를 극복하고 새로운 질서를 수립해야 한다는 變通·更張의 논리가 제시되어 있다. 보민의 책임정치가 으레 치자의 소임이라면 사회·역사 발전에 대응하

---

11) 湯王이 桀을 쫓아내고 武王이 紂를 정벌한 것은 신하된 자가 主君을 弑逆한 행위라고 생각하는 齊 宣王에게, 맹자는 '湯·武가 桀·紂를 토벌한 것은 그들이 민심을 배반한 仁義의 殘賊者였기 때문이므로 한갓 匹夫를 벤 것에 지나지 않는다'고 대답하였다(『孟子』卷2, 梁惠王 下, 제8장).

12)『孟子』卷14, 盡心 下, 제14장.

는 신질서를 모색하는 책무 또한 치자의 몫이라는 것이었다. 정치·사회 질서의 수립과 유지, 그 변통·변혁의 불가피한 임무 이 두 가지를 모두 치자(=군자)에게 부과하고 있는 것이다.

'變通'의 의의와 그 논리근거는『周易』에 명시되어 있다. 즉 "易變易也 隨時變易以從道也"[13]한다고 했듯이, '易'은 자연·사물의 본질을 변화와 변동의 논리로 설명하고 그 의의를 "順性命之理 通幽明之故 盡事物之情 示開物成務之道"[14]라고 하는 데 특징이 있었다. 易의 원리가 이러하므로 여기에서 변통의 논리가 나오게 된 것은 너무도 자연스러운 일이었다. 그리하여 易에서는 자연·사물이 생성 변화하는 운동원리를 일단 "一陰一陽之謂道"[15]라고 했다. 程子는 이에 대해서, "上天之載 無聲無臭 其體則謂之易 其理則謂之道 其用則謂之神"[16]이라고 해석하여 太極·理氣·陰陽으로 설명되는 세계의 始原, 운동법칙 자체를 易이며 道로, 그 작용을 神으로 보았다. "易只是陰陽錯綜 交換代易", 또는 "易是陰陽屈伸 隨時變易"[17]이라고 한 朱子의 논의도 이와 같은 것이었다.

易이 생성 변화하는 원리와 의의는 다시 "乾道變化 各正性命 保合大和"[18]라 함과, "坤厚載物 德合无疆 含弘光大 品物咸亨"[19]이라고 한 데서 더욱 분명해진다. 大和·含亨이 말하듯이 모든 존재들은 자연(=천지)이 부여해준 대로 삶을 누려야 하는데, 이것은 바로 생성과 사멸의 변화과정 본래의 이치라는 것이다. 이때 생성·사멸의 법칙성은, "평탄한 것은 기울어지지 않음이 없고 가는 것은 다시 돌아오지 않음이 없다"[20]고 한 말에서도 확인된다. 여기에서는 특히 사물이 대립물로 변화

---

13)『周易』易傳序.
14) 위와 같음. "夫易開物成務 冒天下之道 如斯而已者也"(『周易』卷22, 繫辭 上傳, 제11장)라고 한 것도 같은 표현이었다.
15)『周易』卷22, 繫辭 上傳, 제5장.
16)『周易』, 易說綱領, 程子曰.
17)『周易』, 易說綱領, 朱子曰.
18)『周易』卷1, 乾掛, 序象.
19)『周易』卷2, 坤掛, 序象.

이행하는 변증법적인 인식도 드러난다. 실로 變易의 범주는 天道·地道·人道에 두루 미치되,[21] 궁극에는 人道 하나의 논점으로 모아지는 데 의의가 있었다.

그리하여 變易이라는 본의에서 變通의 논리가 자연스럽게 도출될 수 있었다. "闔戶謂之坤 闢戶謂之乾 一闔一闢謂之變 往來不窮謂之通"[22]이라거나, "變通莫大乎四時"[23]라는 말이 그것이다. 天地(＝乾坤)와 闔闢은 우주와 그 운동방식이다. 그리고 자연계의 운동법칙을 극명하게 보여주는 것이 다름 아닌 四時의 변화이며, 이 四時의 변화를 통해서 변통의 원리가 확인되는 것이다. "繫辭焉 以盡其言 變而通之 以盡利 鼓之舞之 以盡神"[24]이나, "形而上者謂之道 形而下者謂之器 化而裁之謂之變 推而行之謂之通"[25]이라고 한 데서 그러한 변통의 목적과 방법이 잘 드러난다.

이를테면 낡은 법령이나 제도를 고쳐서 새로 만드는 것이 變이며, 그것을 현실에 적용, 실천에 옮기는 일이 通이었다. 사회·국가 운영은 낡고 폐단을 일으키는 法制를 改廢하여 문제점을 제거함으로써, 사람들의 삶이 안정되고 사람들이 더 행복하도록 하는 일이었다. 마치 봄·여름에 씨를 뿌려 가꾸고 가을·겨울에는 거두어 갈무리해야 하는, 1년 사철의 변화를 따라 할 일이 그때마다 어김없이 정해진 것과 같은 이치였다. 사람의 삶이 있고 사회질서가 있는 곳, 즉 國家·政務와 民生·日用이 있는 곳에는 반드시 변통이 있어야 했다. 이것이 "易窮則變 變則通 通則久"라고 주장하게 되는 이유였다.[26]

---

20) "无平不陂 无往不復"(『周易』 卷5, 泰掛, 九三).
21) 『周易』 卷23, 繫辭 下傳, 제10장 참조.
22) 『周易』 卷22, 繫辭 上傳, 제11장. 程子는 이때의 闔闢은 動靜의 機이고, 乾坤과 變通은 化育의 功이라고 주석하였다.
23) 『周易』 卷22, 繫辭 上傳, 제11장.
24) 『周易』 卷22, 繫辭 上傳, 제12장.
25) 위와 같음.
26) 『周易』 卷23, 繫辭 下傳, 제2장.

變通의 임무는 당연히 치자가 수행할 몫이며 그는 德을 갖춘 군자이기 마련이었다.27) 또 시기에 맞춰 적절한 변통을 단행하고 인민으로 하여금 그것을 따르고 누릴 수 있게 한 본보기는 堯舜과 같은 聖人들이었다.28) 앞에서 본 대로 군자를 '自强不息 厚德載物'하는 존재로 내세우며, "唯君子爲能通天下之志"29)라든지 "君子以敎思无窮 容保民无疆",30) 또는 "君子體仁 足以長人"31)이라고 한 것은 민생을 위한 변통의 임무가 바로 군자(＝치자)의 도리임을 강조한 것이다. 이렇게 보면『周易』에서 말한 변통의 논리는 맹자의 왕도론과 논리적으로 불가분의 관계에 있었다. 즉 왕정의 실현과 그 방법인 변통은 하나의 과제이며 이를 군자(＝치자)가 수행하지 않으면 안 된다는 것이었다.

결국 유교의 정치이론에 따르면 현실의 민생·정치·개혁이란 保民·王政·變通(＝更張)으로 대치되는 문제였다. 정치주체의 책무와 정치운영의 도덕성이 강조된 것이었다. 더구나 변통·경장의 의의와 주체에 관한 논의는 바로 國家再造를 군자(＝치자, 사대부)의 임무로 확정하는 근거였다. 조선시기의 식자·관인들은 유교경전의 학습을 통해서 이 같은 유교정치의 원리를 숙지했을 뿐더러 의문의 여지없는 신념으로 삼았다. 주자와 주자학에 대해 그들이 보여주었던 투철한 태도가 그것이었다. 다만 이러한 유교·주자학의 가르침을 현실의 사회·정치에서 실행하는 것이 큰 과제였다. 이를 위한 고뇌와 갈등은 그들이 남긴 각종 문헌에서 수없이 확인된다.

예컨대 李珥는 16세기 말엽의 조선사회를 中衰期로 규정하면서, 이때

---

27) "化而裁之存乎變 推而行之存乎通 神而明之存乎其人 默而成之 不言而信存乎在德"(『周易』卷22, 繫辭 上傳, 제12장).
28) "黃帝堯舜氏作 通其變 使民不倦 神而化之 使民宜之 易窮則變 變則通 通則久"(『周易』卷23, 繫辭 下傳, 제2장).
29) 『周易』卷6, 同人, 序象.
30) 『周易』卷8, 臨, 序象.
31) 『周易』卷1, 乾, 文言.

치자·식자의 할 일을 '時務를 아는 것'[識時務]이라 하고 그 가운데 크고 중요한 것으로 創業과 守成과 更張 세 가지를 꼽되 경장의 어려움이 창업의 다음이라고 했다.32) 그리고 나라의 운영이란, "때에 맞게 變通하여 法制를 만들고 民生을 구제하는 일"33)이라고 주장했다. 柳成龍은 임진왜란의 와중에서, "비상한 사태에 당하면 비상한 조치를 내려서 變通救時하는 계책을 마련하지 않을 수 없다"34) 하고, "지금에 와서 변통하지 않는다면 燎原의 형세가 날로 심해져서 마침내 나라의 근본이 무너질 것"35)이라면서, 舊習이나 衆情에 얽매인 식자·관인들의 안이한 자세를 비판하였다. 그런가 하면 箕田論을 통하여 임란 직후 반주자학적인 경장·변통론의 핵심문제를 제기하였던 韓百謙도 또한, "法이 오래되면 폐단이 없을 수 없음"을 인정하고, '정치를 함'[爲政]은 "때에 맞춰 變通하고 일에 당하여 결단을 옳게 하되, 常規에 구애되지 않아 法外의 意義를 얻는 일"36)이라고 규정했다. 임란의 상처가 아직 가시지 않은 光海君 초기에 영의정 李元翼은 "옛말에 '나라를 守成하기가 創業하기보다 더 어렵다'고 했는데 지금은 당연히 수성하기를 창업할 때와 같이 해야 한다"37)면서 수성의 방법을 弊法의 변통에서 찾았다.

　이렇게 변통·경장을 주장하는 논자들에게서 공통되는 논점은 '保國安民'(이이), '便民之方'(유성룡), '恤民之實'(이수광), 또는 "太上安民 其次足食"(柳夢寅)38)이라고 했듯이 安民과 保國에 있었다. 이는 李珥가 변통·경장해야 할 대상으로 實功이 없는 일 7가지를 꼽으면서 이를 모두 修己와 安民에 관한 구체적인 실천방안으로 본 것, 그리고 李睟光

---

32) 『栗谷全書』 卷25, 聖學輯要 7, 爲政 下, 識時務, 10ㄴ.
33) 『栗谷全書』 卷5, 萬言封事(甲戌), 13ㄴ.
34) 『西厓先生文集』 卷8, 柳祖訒上疏回啓(乙未), 4ㄱ.
35) 『西厓先生別集』 卷2, 無氷箚, 10ㄴ~11ㄱ.
36) 『久菴集』 下, 貢物變通疏, 6ㄱ.
37) 『梧里先生文集』 卷4, 筵中論事(辛亥 10월 14일), 9ㄴ.
38) 『於于集』 卷3, 送別咸鏡監司張好古(晩)詩序, 44ㄱ.

이 "만약 務實하지 아니하고 헛되이 文具만으로 治功을 이루려 한다면 만 가지 일이 모두 虛事로 돌아갈 것"[39]이라고 경고한 것과 그 맥락을 같이하였다. 요컨대 保民과 務實을 강조한 것이었다. 변통이나 경장의 구체적인 목표는 법령과 제도의 改廢에 있었다. 李珥가 "법제가 오래되면 폐단이 생기게 마련"[法久弊生]이라며 "누적된 폐습은 고쳐 바로잡아야 한다"[矯革宿弊]고 거듭 강조하거나, 趙翼이 '病民之積弊'를 통렬히 개혁하는 大變通·大更張에 착수하자고[40] 주장한 바가 이것이었다. 특히 이이는『주역』의 '窮則變 變則通'을 인용하면서, "隨時變通 設法救民",[41] "祖宗之法 可變而通之",[42] "大變則大益 小變則小益",[43] "不更張 邦國必亡"[44]이라고 거듭 상기시켰다.

결국 兩亂의 수습과정에서 제기된 변통·경장론은 보민·왕정이라는 유교·주자학 본래의 학문·사상 전통을 반영하는 것이었다. 그리고 무엇보다도 그러한 개선·개혁을 실현함으로써 조선왕조의 中興·守成이라는, 즉 양반 지배층의 정치·사회적 목적을 달성할 수 있다는 기대가 아울러 실현되는 것이기도 하였다. 그러므로 그것은 17세기의 國家再造에 연결되는 자연스러운 논리가 되지 않을 수 없었다.

3. 壬辰倭亂과 '再造藩邦' 意識

17세기 兩亂期의 역사를 '國家再造'라는 새로운 범주에서 접근하려면 먼저 '再造'라는 술어의 기원과 의미부터 살펴야 할 것이다. '再造'는 늦

---

39)『芝峯集』卷22, 條陳懋實箚子(乙丑), 13ㄴ.
40)『浦渚集』卷2, 因求言論時事疏, 34ㄱ.
41)『栗谷全書』卷5, 萬言封事(甲戌), 13ㄴ.
42)『栗谷全書』卷6, 辭大司諫疏, 28ㄴ.
43)『栗谷全書』卷4, 擬陳時弊疏, 18ㄱ.
44)『栗谷全書』卷7, 陳時弊疏(壬午), 33ㄱ.

어도 6, 7세기 중국에서 이미 쓰였으며 거의 같은 무렵에 '再造之恩'이나 '國家再造'와 같은 복합어가 만들어지고 있었다.[45] 조선시기에도 그것이 흔히 쓰인 용어였음은 『朝鮮王朝實錄』에서 쉽게 확인된다. 그 用例에 따라 구분해보면, 먼저 국왕의 이름으로 신하의 죄를 사면하여 특별히 은전을 베풀었을 때이다. 예컨대 훗날 太宗이 된 定安君 芳遠 세력에 저항했던(이른바 2차 '왕자의 난') 懷安君 芳幹 부자가 정변의 실패 뒤에도 방원의 비호 아래 목숨을 부지하게 되자, 이에 후환을 우려한 臺諫에서 그들 부자의 濟州島 安置를 건의하면서 "宜當改心安分 以答再造之恩"[46]해야 옳을 것이라고 주장하였다. 태종의 장인 閔霽는 두 아들이 정치에 깊이 개입한 관계로 여러 차례 탄핵을 받았으나 그가 학식과 덕망을 갖추고 처신에 신중했던 탓으로 "深感殿下再造之恩 掩戶自摘 不接賓客"[47]했다는 평을 들었다. 再造의 주체는 "特賜宥放 此誠天地再造之恩"[48]이라는 데서 알 수 있듯이 군주·제왕 대신에 '天地'가 되기도 하였다.[49] 제왕의 권능은 천지와 같이 크고 넓은, 절대적인 것이라는 함의일 것이다.

국왕의 즉위와 통치, 정변의 수습, 그리고 공신의 책봉에서도 '再造'라는 표현으로 그 사실을 찬양하거나 정당화했다. 이를테면 定宗은 세자

---

45) 『大漢和辭典』 卷2, 114쪽 참조.

46) 『太宗實錄』 卷4, 太宗 2년 11월 丁亥, 1冊, 250下ㄱ.

47) 『太宗實錄』 卷15, 太宗 8년 5월 丁卯, 1冊, 440上ㄴ ; 金成俊, 「太宗의 外戚除去에 對하여—閔氏兄弟의 獄」, 『歷史學報』 17·18 합집, 1962 참조.

48) 『睿宗實錄』 卷6, 睿宗 1년 6월 乙丑, 8冊, 338下ㄱ.

49) '再造之恩'에 관한 표현은 조선 초기만 보아도, 『太宗實錄』 卷33, 太宗 17년 1월 己亥, 2冊, 144上ㄱ ; 『太宗實錄』 卷33, 太宗 17년 3월 乙未, 2冊, 153上ㄱ ; 『世宗實錄』 卷41, 世宗 10년 9월 癸丑, 3冊, 142下ㄴ ; 『世宗實錄』 卷68, 世宗 17년 5월 壬辰, 3冊, 630上ㄱ ; 『世宗實錄』 卷76, 世宗 19년 3월 辛亥, 4冊, 61ㄱ ; 『世宗實錄』 卷83, 世宗 20년 10월 丙子, 4冊, 169下ㄱ ; 『世宗實錄』 卷117, 世宗 29년 8월 丙寅, 5冊, 32上ㄱ ; 『文宗實錄』 卷10, 文宗 1년 10월 癸巳, 6冊, 449上ㄱ ; 『世祖實錄』 卷17, 世祖 5년 8월 戊午, 7冊, 341上ㄴ ; 『成宗實錄』 卷173, 成宗 15년 12월 庚申, 10冊, 651上ㄱ ; 『成宗實錄』 卷218, 成宗 19년 7월 丁丑, 11冊, 358下ㄱ ; 『成宗實錄』 卷221, 成宗 19년 10월 壬辰, 11冊, 379下ㄴ 등 수없이 발견된다.

방원에게 傳位하는 교서에서 “我朝鮮之再造 亦惟世子之功 是賴國於爾時”50)라고 한 것이다. 뒤에 世祖를 추대한 세력들은 端宗의 복위운동을 우려한 나머지 단종을 축출하는 과정에서 “殿下(세조)之於上王(단종) 誠有再造之恩矣”라는 말로써 세조의 동의를 구하려고 하였으며,51) 세조가 역대 공신들을 위로하는 연회를 열어주자 그들은 이에 화답하는 詩에서 “今我殿下 再造邦家”52)라고 세조를 찬양하였다. 또 睿宗은 “大行大王(세조−이상 필자)再造之功德 一國臣民 夫誰不知”53)라고 해서 세조의 廟號를 높이자고 신하들의 동의를 구했다. 그런가 하면 단종은 朴仲孫을 靖難功臣에 봉하면서 “卿能同心贊襄 再造我王室 建萬世無疆之休”54)라 하였고, 韓確을 佐翼功臣에 봉하는 세조의 교서는 “卿仗忠貞之節 屢建大功 再造我王室 萬世永賴 予敢忘哉”55)라고 치하하였다.

국왕이 上天이나 宗廟에 거행하는 告由祭文과 중국에 事大·臣屬을 다짐하는 국서에 ‘再造’의 문구가 들어갔다. 단종은 首陽大君의 쿠데타로 자신의 지지세력이 모두 제거되는 癸酉靖難의 결과를 “…… 撥亂反正 捍衛寡窮 再造王室 宗社危而復安 蒼生死而更蘇”56)했다고 하늘에 알려야만 했다. 세조는 明나라에 謝恩使를 보내 “皇恩溥博 …… 感蒙私於再造 庶圖報於一生 涕隨言零 情由中激”57)이라고 事大의 禮를 극진히 밝혔으며, 또 明 황제의 죽음에 즈음한 제문에서는 “文治武定 邇寧遠襲 天眷再造 父臨六合 神化彌隆”58)이라 하여 다소 추상적이지만 “하늘이 재조를 도왔다”고 그 공적을 찬양하였다. 宣祖 때는 난리에 분실

---

50) 『定宗實錄』 卷6, 定宗 2년 11월 辛未, 1冊, 185下ㄴ.
51) 『世祖實錄』 卷5, 世祖 2년 12월 乙卯, 7冊, 161上ㄱ.
52) 『世祖實錄』 卷11, 世祖 4년 2월 辛丑, 7冊, 252下ㄴ.
53) 『睿宗實錄』 卷1, 睿宗 즉위년 9월 庚辰, 8冊, 278上ㄱ.
54) 『端宗實錄』 卷13, 端宗 3년 1월 庚午, 7冊, 4上ㄴ.
55) 『世祖實錄』 卷13, 世祖 4년 6월 乙酉, 7冊, 275上ㄴ.
56) 『端宗實錄』 卷9, 端宗 1년 11월 壬申, 6冊, 644上ㄱ.
57) 『世祖實錄』 卷17, 世祖 5년 7월 丙午, 7冊, 339上ㄴ.
58) 『世祖實錄』 卷32, 世祖 10년 3월 丙寅, 7冊, 614下ㄱ.

된 冕服을 청구하였는데, 이렇게 하는 것이 황제의 '恤小之至仁'에 부합하였기 때문이다.59)

이렇게 몇 가지 경우만 보더라도 '再造'·'再造之恩'은 그 나름의 함의를 지니며 시대성격이나 문물·제도의 특징을 일정하게 드러내는 것이었다. '再造'는 단순히 再創造의 줄임이나 再建의 다른 표현이 아니었다. 그것은 '이전에 있던 것을 고쳐 만듦'이라는 再生·蘇生·中興의 의미에다 '感救死之恩'의 뜻까지도 포함하였다.60) 그러므로 '再造之恩'이란 必死의 처지에서 구하여 살려준 은혜, 또는 쇠망해가는 것을 다시 소생시켜준 은혜와 이에 대한 보답의 의미를 함께 강조하는 것이었다고 할 수 있다.

베푸는 쪽, 再造의 주재자는 절대적인 위엄과 권능을 지니는 존재임이 부각되고, 받는 쪽인 被再造者는 그것을 무조건 수용하고 그에 대한 보답의 태세를 잃지 말아야 한다는 강한 암시가 들어 있기도 하다. 대개 '再造之恩'이 生死·賞罰의 與奪權을 쥔 황제·군주가 제후·신민에게 내리는 恩典을 가리키는 뜻으로 쓰인 까닭이 여기에 있었다. 또 군주 자신을 왕실·국가의 再造者로 내세워 찬양하는 경우는 물론이고 '天眷再造', '天地再造', '乾坤再造'61)라는 데서 보듯이, 再造의 주재자로 天地·自然을 꼽는 경우에서 이러한 사실이 더욱 분명해진다.

再造와 被再造의 관계는 현실적으로 忠逆·賞罰의 授受를 축으로 하는 君臣關係로 집약되었다. 신하는 忠誠의 태도를 다함으로써 再造者인 군주에게서 관직은 물론 토지·노비를 賞典으로 받게 되고 被再造者로 완성되는 것이다. 앞의 몇 사례에서 본 것처럼 충성의 태도가 미

---

59) 『宣祖實錄』 卷131, 宣祖 33년 11월 癸亥, 24冊, 153上ㄱ.
　　『宣祖實錄』 卷137, 宣祖 34년 5월 辛丑, 24冊, 246下ㄴ.
　　『宣祖實錄』 卷144, 宣祖 34년 12월 乙亥, 24冊, 323下ㄱ·324上ㄱ.
60) 『故事成語考』, 天文.
　　『大漢和辭典』 卷2, 114쪽.
61) 『世宗實錄』 卷41, 世宗 10년 9월 癸丑, 3冊, 142下ㄴ.

흡한 자에게는 再造의 은혜를 상기하도록 권고나 징계를 가하고, 충성도가 월등한 자에게는 ‘再造王室’이라 하여 공신의 칭호를 부여하고 있음이 그것이다. ‘再造’說은 결국 君父에 대한 臣子의 일방적 도리를 함축하는 것이었고, 따라서 그것은 주자학의 綱常論, 즉 봉건적 윤리·도덕의 원리를 일정하게 관철시키는 술어였다.

16세기는 종래처럼 조선과 명 사이에 ‘再造’로 상정되는 君臣關係·事大字小關係가 더 긴밀해진 시기였다. 주자학의 人倫說과 華夷說이 再造의 의미와 깊이 결합되는 현상이었다. 그것은 “伏惟殿下 再造丕基 慨然圖治 可謂盛矣”[62]라거나, “尙賴殿下之再造 艱難扶持 以至今日”[63]이라고 하였듯이, 中宗反正 뒤의 정국안정과 士林의 진출이 활발해지는 위에서 이루어진 일이었다. ‘宗系辨誣’ 문제는 이러한 사정을 잘 반영하였다. 太祖 李成桂의 出自가 고려 말기의 權臣 李仁任으로 잘못 기록된 『大明會典』의 오류를 바로잡는 이 문제는 왕조성립 뒤 거의 200년이나 지나 『大明會典』을 새로 간행하면서 비로소 해결되었다.[64] 조정에서는 이를 “此則 國命再造 將有辭於祖宗矣”[65]라든지, “東韓再造 祖宗在天之靈 以爲如何”[66]라며 국가적 과업의 성취라고 경하해 마지 않았다.

조정과 식자들은, “祖宗으로 하여금 아비가 없다가 아비가 있게 하고 임금이 없다가 임금이 있게 함으로써 수천 리 疆域이 비로소 사람이 되고 彝倫이 펼쳐지게 되었다”[67]고 하듯이 인륜의 회복이라는 점에 그 의의를 크게 두었다. 인류가 동물과 구분되는 기준, 즉 인류을 성취하는 단서를 宗系辨誣와 관련지었던 것이다. 그리하여 이 같은 결정을 내려

---

62) 『中宗實錄』 卷7, 中宗 4년 정월 辛丑, 14冊, 302上ㄴ.
63) 『中宗實錄』 卷30, 中宗 12년 10월 壬申, 15冊, 348上ㄱ.
64) 宗系辨誣에 대해서는 李鉉淙, 「對明關係」, 『한국사』 9, 국사편찬위원회, 1973 참조.
65) 『宣祖實錄』 卷21, 宣祖 20년 8월 丁卯, 21冊, 436下ㄴ.
66) 『宣祖實錄』 卷22, 宣祖 21년 3월 辛亥, 21冊, 446下ㄱ.
67) 위와 같음.

준 중국 황제의 은혜에 感泣하고 그 권위를 더욱 신뢰하지 않을 수 없게 되었다. '皇恩罔極'이라는 말은 결코 단순한 외교수사가 아니었던 것이었다. 더구나 이 경사는 국왕이 "奉先盡孝 事大至誠"한 결과이며, '再造重光'·'再造邦國'한 공로가 되므로 국왕 선조에게 尊號해야 한다는 논의도 일어났다.68) 국왕에게 존호할 근거를 祖宗에 대한 孝와 중국을 향한 事大에서 찾은 것이었다. 안에서는 綱常倫理를 거듭 천명하고 밖으로는 中華秩序에 확연히 편입되어가는 사정을 알 수 있다.

실로 중세 동아시아의 국제질서, 특히 조선과 명의 관계는 再造나 再造之恩의 논리가 구체적으로 관철되는 주종관계였다. 그러니까 事大朝貢關係·冊封體制로 설명되는 두 나라의 관계는 再造者와 被再造者의 관계이기도 했으며 그것은 바로 봉건적 군신관계였던 것이다. 앞에서 살핀 대로, 처음 再造·再造之恩은 신민의 충성과 복종을 기본으로 하는 점에서 단순히 恩怨에 대한 복수·보답의 가치규범과 구별되는, 한층 더 무겁고 큰 의미를 띠었다. 유교·주자학의 綱常論·人倫論이 여기에 결합한 때문이었다. 그리고 이것이 다시 華夷觀과 연결됨으로써 밖으로 국제관계를 이끌어가는 원리이자 근거로 확장되고 통일되어가는 단계에 이른 것이었다.

임진왜란은 '再造'·'再造之恩'으로 표현되는 현실인식이 정부와 관인·식자들 사이에서 또 다른 전환을 맞는 계기가 되었다. 일본의 침략에 대한 적개심과 비례해서 명을 향한 依賴感이 事大의 念으로 급속히 증폭된 것이었다. 개전 초기 일본군의 공세에 관군이 속수무책으로 되자 조정에서는 최선의 타개책을 명의 군사지원에서 찾게 되었다. 그리고 명나라의 참전으로 戰勢가 유리해지자 (실제는 조선 관군과 민병의 반격도 큰 역할을 한 것이었는데) 정부와 지배층은 물심양면으로 '對明

---

68) 『宣祖實錄』卷22, 宣祖 21년 5월 辛丑, 21冊, 448下ㄴ.
　　『宣祖實錄』卷22, 宣祖 21년 윤6월 壬午, 21冊, 451上ㄱ·ㄴ.

事大'에 지성을 다하였다. 向明·尊明·崇明 事大의 태세는 여러 가지 경우로 나타났는데, 특히 ‘再造藩邦’ 또는 ‘再造之恩’이라는 套式을 통해서 잘 드러났다. 이를테면 명나라의 李如松軍이 平壤을 탈환하자 조선 조정에서는 이를 “再造邦國 寔在於此”,[69] 또는 “國家再造之業 端在於此”[70]라고 사례하였다.[71] 실제로 조선 정부는 이로써 ‘再造’로 표현되는 국가의 중흥·회복에 어느 정도 자신감과 여유를 가지게 되었다.[72]

이제 중국과 관계되는 일에는 말머리마다 ‘皇恩罔極’ 또는 ‘皇上大恩’이 따라 다니게 되었다. 명나라의 조정과 사신, 군대와 장수를 가리켜 天朝·天使와 天兵·天將이라 하고 황제의 말을 天語로 불렀다. 물론 종래에도 이런 套式은 있었지만 이제는 ‘倭奴를 무찔러준’ 은혜, 즉 ‘再造之恩’에 감사하는 마음을 의식적으로 거기에 담아내고 있는 점에서 그 의미가 한층 크고 무거워졌다. 중국 사신이 오면 국왕이 몸소 융숭히 응대하게 되고, 조선의 사신이 중국에 가서 몸을 굽히는 태도 또한 더욱 극진해졌다.[73] 出戰하는 명나라 장수들을 전송하거나 그들의 귀환을 환영하는 자리에도 으레 국왕이 나아가 위로하고 戰果를 치하하였다. ‘조선이 再造된 공로’를 皇上과 그들 明將에게 돌리고 그것을 말과 태도로써 성의 있게 보이려는 것이었다.[74] 軍糧을 비롯한 갖가지 軍需를 충당

---

69) 『宣祖實錄』 卷34, 宣祖 26년 1월 乙丑, 21冊, 599下ㄱ.
70) 『宣祖實錄』 卷34, 宣祖 26년 1월 庚午, 21冊, 609上ㄱ.
71) 이를 알리는 奏文을 명나라 조정에 올리면서 “本國再造之基 實在於此”(『宣祖實錄』 卷35, 宣祖 26년 2월 乙未, 21冊, 628上ㄱ)라 하였다.
72) 신료 가운데는 국왕에게 중국 왕조와 고려의 故事를 예로 들면서, “今當俯從臣民之望 再造祖宗之業”(『宣祖實錄』 卷34, 宣祖 26년 1월 己巳, 21冊, 607上ㄴ)할 것을 촉구하는 경우도 있었다.
73) “果蒙天地生成之恩 得有今日”(『宣祖實錄』 卷45, 宣祖 26년 11월 甲午, 22冊, 149下ㄱ). “以自趣於覆亡之域 辜負再造之恩哉”(『宣祖實錄』 卷45, 宣祖 26년 11월 甲午, 22冊, 150上ㄱ). “荷天之武 疆場再造 君臣上下 可得歡喜”(『宣祖實錄』 卷108, 宣祖 32년 1월 甲午, 23冊, 558上ㄱ). “荷皇上威靈 小邦得以再造”(『宣祖實錄』 卷110, 宣祖 32년 3월 壬午, 23冊, 587上ㄴ).
74) 『宣祖實錄』 卷95, 宣祖 30년 12월 丙戌, 23冊, 357下ㄱ·ㄴ. 『宣祖實錄』 卷108, 宣祖 32년 1월 庚寅, 23冊, 555下ㄴ.

해주고 지원군 또는 주둔군으로서 그들 明軍이 끼치는 作弊와 탈선을
눈감아주어야 했다. 이에 따른 농민의 원성과 불만이 왜군에 대한 것보
다 더할 지경이었지만 조선 정부로서는 어쩔 수 없는 일이었다.

때로는 '再造'라는 이름으로 조선 조정에서 명군에 대하여 적극적인
왜군 소탕을 촉구하는 경우도 있었고,[75] 중국 조정에서 宣諭文을 보내
어 "如該國君臣 仍前昏迷 有違明旨 誠爲自棄其國 有辜再造之恩"[76]이
라고 조선 정부의 무기력한 對敵態勢를 책망하기도 했다. 그러나 그보
다는 "國家再造 得至今日 秋毫皆天朝之力"이라고 했듯이 조선 조정은
'再造'에 보답하고자 '至誠事大'를 표방하지 않을 수 없었고, "悉必欲彈
一國之財 竭百姓之力"해야 하느냐는 고민에 빠져야 했던 것이 당시의
실정이었다.[77] 예컨대 명의 장수들이 자기의 공을 믿고 교만하게 굴고,
불만을 터뜨리거나 무리한 요구를 해도 이를 들어주어야만 했다.[78] 萬
世德은 군량조달이 뜻대로 안 되자, "어찌 再造해준 皇恩을 하루아침에
잊을 수 있느냐"[79]며 따졌다. 또 李如松은 자신의 出征을 기념하고자
국왕의 揮毫와 百官의 贈詩를 요구하였는데 조정에서는 역시 이를 뿌
리치지 못했다.[80] 그리고 이 약속은 뒤에 선조가 '再造藩邦'의 네 글자
를 크게 쓰고 편액을 만들어 명의 장수 邢玠의 生祠堂에 걸어줌으로써
일단락되었다.[81] 이리하여 조선이 중국의 제후국, 즉 '藩邦'임을 새삼스
럽게 재확인한 셈이 되었다.

　　 "小邦之再造 秋毫皆皇上之恩"(『宣祖實錄』卷96, 宣祖 31년 1월 丙午, 23冊, 367下ㄴ).
　　 "小邦再造 大人之功也"(『宣祖實錄』卷108, 宣祖 32년 1월 庚戌, 23冊, 565上ㄱ).
75) "…… 快掃餘氛 以畢再造之烈 則爲恩輕重大小 何以爲報"(『宣祖實錄』卷40, 宣祖
　　 26년 7월 癸丑, 22冊, 25上ㄱ).
76) 『宣祖實錄』卷44, 宣祖 26년 11월 己未, 22冊, 120下ㄱ.
77) 『宣祖實錄』卷144, 宣祖 34년 12월 乙亥, 24冊, 323上ㄴ・下ㄱ.
78) 『宣祖實錄』卷51, 宣祖 27년 5월 甲午, 22冊, 272上ㄱ.
　　 『宣祖實錄』卷51, 宣祖 27년 5월 丁酉, 22冊, 272下ㄴ.
79) 『宣祖實錄』卷116, 宣祖 32년 8월 甲辰, 23冊, 671上ㄱ.
80) 『宣祖實錄』卷41, 宣祖 26년 8월 戊申, 22冊, 83下ㄱ.
81) 『宣祖實錄』卷118, 宣祖 32년 10월 辛巳, 23冊, 687上ㄴ.

　마침내 전란은, 황제에게 올리는 表文과 中外에 반포한 教書를 통해 국가의 ‘再造’가 실현되었음을 알리는 것으로써 종결되었다.[82) 그리고 그 ‘再造’의 공로를 중국에 돌리는 데 그치지 않고, 국왕이 신하에게 또는 신하가 국왕에게 공로를 돌리며 功臣錄에 올리거나 尊號를 바치는 것으로써 서로 치하하고 보답하게 되었다.[83) 그런가 하면 世子의 지위가 불안해 보였던 光海君의 경우 “受命撫軍 贊成再造 功在宗社”[84) 했다는 신료층 일부의 지지로 왕위계승에 성공할 수 있었다.

　정부에서는 또한 전란을 성공적으로 극복하고 국가가 再造되었음을 선양하는 문헌적 정리작업을 수행하였다. 관인·양반 식자층도 기회가 닿는 대로, 때로는 일부러라도 개인의 詩文이나 저작물을 통하여 국가의 再造를 읊고 서술하였다. 이를 알려주는 것으로 각종 年代記와 文集類의 기사, 傳記小說·實記·日記類 등이 많다.[85) 『宣廟中興誌』[86)와 『再造藩邦志』[87)는 그 가운데서도 왕조의 祚命과 事大의 當爲를 ‘再造之恩’과 연결해서 강조하고 있다. 위로는 국가·국왕으로부터, 아래로는

---

82) 『宣祖實錄』 卷148, 宣祖 35년 3월 丁丑, 24册, 362上ㄱ.

83) 『宣祖實錄』 卷149, 宣祖 35년 4월 辛亥, 24册, 376上ㄱ.
　　『宣祖實錄』 卷164, 宣祖 36년 7월 丁丑, 24册, 504上ㄴ.
　　『宣祖修正實錄』 卷38, 宣祖 37년 10월 乙丑, 25册, 649下ㄴ.
　　특히 “況今邦家再造之續 何莫非聖上事大之誠”(『宣祖實錄』 卷164, 宣祖 36년 7월 丁丑, 24册, 504上ㄴ)이라고 한 바와 같이 ‘再造’와 관련한 선조의 對明事大는 각별한 것이었고 그의 사후에 작성된 哀册文과 墓誌銘, 行狀에서는 이 사실이 더욱 강조되었다(『宣祖實錄』 卷221, 附錄, 2册 ; 『光海君日記』 卷1, 光海君 즉위년 2월 21일 戊寅, 昭敬大王行狀 참조).

84) 『宣祖實錄』 卷220, 宣祖 41년 1월 甲寅, 25册, 390下ㄱ.

85) 임진왜란에 관련한 문헌의 실태파악이 아직은 미흡한 편이다. 고전문학의 영역에서 파악한 것으로는 김태준 등, 『임진왜란과 한국문학』, 민음사, 1992 참조.

86) 일명 『壬辰錄』(丹室居士 作, 6권 6책, 필사본). 1587년(선조 20)에서 1607년(선조 40)에 걸쳐 대일 관계를 중심으로 연대기적으로 정리한 임진왜란사. 1587년 9월 일본이 사신을 보내온 때부터 시작하여 1607년 일본의 請和使 파견에 대해 답사를 보낸 사실까지 수록하고 있다.

87) 申炅 作, 4권 4책. 임진왜란을 앞뒤로 한 30년 동안(1577~1607)의 朝·明 관계를 서술하는 가운데, 특히 명의 군사지원을 ‘恤小之恩’이라 하고 이에 대한 국왕 선조의 태도를 ‘事大之誠’으로 칭송했다.

평범한 서민에 이르기까지 '再造之恩' 意識, 崇明意識이 확고부동하게
되었다.88) 물론 이 과정에서 '국가'의 존재에 대한 인식이 한층 드러나
게 되었다. 그것이 비록 명나라의 恩威로 말미암아 다시 살아난 藩邦인
국가, '再造藩邦'의 수준에 머무는 것이었을지라도 국가의식이 전환되는
계기는 일단 여기에 있었다.

4. '再造藩邦'에서 '國家再造'로

7년 만에 끝난 임진왜란은 실로 동아시아 세계질서에 대변동을 가져
온 국제전쟁이었다. 明은 조선 出兵의 타격으로 만주족의 淸에게 망하
였고 일본에서는 대규모의 체제개편으로 德川幕府가 성립했다. 조선이
왕조의 명맥을 지키게 된 것은 요행이었다. 그러나 조선은 전쟁터였던
만큼 유형무형의 피해는 세 나라 가운데 가장 클 수밖에 없었다. 많은
인명이 살상 실종되거나 적의 포로로 잡혀간 것은 물론이고,89) 收稅 가
능한 田土가 전란 이전의 3분의 1로 감소한 사실에서90) 재산·물자의
피해를 짐작할 수 있다. 이미 16세기부터 기존 질서가 해이해지던 조선
사회는 이 전란으로 그 혼란과 동요 현상이 한층 심각해졌다.
나라가 망할 뻔한 위기상황을 치른 만큼, 정부와 지배층은 단순히 戰
後收拾의 차원을 넘어서는, 즉 조선왕조 '國家再造'의 차원에서 지배질

---

88) 선조는 죽을 때까지 唐龍衣를 입겠다고 공언했는데, 冕服이 잘 맞지 않아도 명에서
　　보내온 것이라 해서 그대로 입었다고 한다(『宣祖實錄』 卷221, 附錄, 3冊, 묘지명 참
　　조). 물론 명 황제의 은혜에 대한 감사의 표시였다.
89) 인명피해는 전쟁포로의 규모만으로도 짐작이 되는데, 군인만이 아니고 陶工·紙匠
　　등 각종 기술자와 부녀자를 포함하여 수만 명으로 추산된다. 李崇寧, 「壬辰倭亂과 民
　　間人 被害에 대하여」, 『歷史學報』 17·18, 1962 ; 李元淳, 「壬辰·丁酉倭亂時의 朝鮮
　　俘虜奴隷問題－倭亂性格一貌」, 『邊太燮博士華甲紀念史學論叢』, 삼영사, 1985 참조.
90) 壬亂 이전의 8道 田結 總數는 1,515,500여 결(『增補文獻備考』 卷141, 田賦考 1, 宣祖
　　10년, 15ㄱ)이었는데, 임란 뒤의 收稅 가능 田結數는 겨우 674,300결에 지나지 않았다
　　(『磻溪隨錄』 卷6, 田制攷說 下, 國朝田制 附, 21ㄱ～26ㄱ).

서의 재건에 나서지 않으면 안 되었다. 그것은 특히 田結의 搜括과 開墾, 貢案의 改定 등 農業基盤의 원상복구를 통한 민생의 안정과 賦稅·財政 확보 정책을 實務·實事의 차원에서 추진하는 것으로 나타났다. 그러나 그러면서도 정부·지배층은 현안 타개의 중심방략을 人倫道德에 바탕을 둔 봉건적 사회질서의 재건이나 바깥, 이를테면 明·淸 交替에 따른 對中國關係의 안정화에 두려고 했다. 아마 그들이 의거하고 있던 정치원리가 본디 유교·주자학인 데다 전란으로 실추된 양반 지배층의 신분적 권위를 회복하기에는 인륜기강의 확립이 더 시급하고 효과적이라고 생각했기 때문이었을 것이다.

宣祖 말엽부터 光海君代를 거쳐 仁祖代 초기에 이르는 17세기 초반의 정치운영·정책지향이 먼저 그러하였다. 예컨대 戰後에 즉시 論功行賞[91]과 함께 孝子·忠臣·烈女에 대한 旌表를 대대적으로 시행한 것,[92] 전쟁 중에도 인정했던 庶孽의 許通과 私賤의 束伍軍 入屬을 終戰 뒤에 금지한 것,[93] 그리고 재지의 양반사족들이 전란으로 약화된 자신들의 개별적 私的 토착기반을 재건하고자 鄕約의 실시에 앞장선 것[94] 등에서 이런 사실이 확인된다.

人倫秩序 중심의 전후수습책은 이른바 '仁祖反正'을 계기로 더욱 분

---

91) 1601년에는 前後 처음으로 百官에게 頒祿하였다(『宣祖實錄』 卷131, 宣祖 33년 11월 戊午, 24冊, 151上ㄴ ; 『宣祖實錄』 卷133, 宣祖 34년 정월 壬寅, 24冊, 173上ㄴ 참조).

92) 壬亂 이전에도 孝·忠·節의 행적이 뚜렷한 자에 대해서는 신분의 차별을 두지 않고 賞物·賞職·復戶·旌門 등의 적극적인 褒賞을 실시하였다. 綱常과 명분을 기반으로 하는 사회기강·지배질서를 공고히 하기 위함이었다. 1617년(광해 9) 3월에는 전란 뒤의 대대적인 旌表 결과를 『東國新續三綱行實』로 刊布하였다. 朴珠, 『朝鮮時代의 旌表政策』, 일조각, 1990, 특히 제2장 3절 '壬辰倭亂과 관련된 旌表' 참조.

93) 『宣祖實錄』 卷142, 宣祖 34년 10월 丙寅, 24冊, 301下ㄱ.
　　『宣祖實錄』 卷167, 宣祖 36년 10월 己丑, 24冊, 545上ㄱ·ㄴ.

94) 이 시기 士族의 재지기반 변동과 관련하여 향약을 다룬 논고로는 韓相權, 「16·17세기 鄕約의 機構와 性格」, 『震檀學報』 58, 1984 ; 金仁杰, 「조선후기 鄕村社會 統制策의 위기－洞契의 性格變化를 중심으로」, 『震檀學報』 58, 1984 ; 金武鎭, 「조선중기 士族의 動向과 鄕約의 性格」, 『韓國史研究』 55, 1986 ; 鄕村社會史研究會, 『조선후기 향약 연구』, 민음사, 1990 참조.

명해졌다. 주지하듯이 반정세력이 광해군을 축출한 죄목은 不孝와 不忠 두 가지였다. 즉 광해군이 자신의 계모인 仁穆大妃(선조의 繼妃)를 폐하여 西宮에 幽閉한 것은 不孝이며, 後金(淸)과 通交하고 ‘再造藩邦之恩威’를 끼쳐준 明나라를 멀리한 것은 不忠에 해당한다는 것이었다.[95] 결국 反正을 통해서 국내 정치질서의 안정이나 對中國關係 정상화 문제를 모두 주자학의 綱常論·名分論에 입각해서 해결한다는 원칙이 선셈이었다. 특히 인간·사회 관계를 규정하는 강상론·명분론이 국제관계에서도 관철됨으로써, ‘崇明反淸(=華夷峻別)’이라는 대외인식이 국내의 제반 현안에 대처하는 일과 직결되기에 이르렀다. 이것은 앞서의 ‘再造之恩’이나 ‘再造藩邦’ 의식에도 부합하는 것이었다.

하여튼 反正에 따른 西人政權의 출현으로 주자학의 명분론·인륜론이나 崇明反淸의 華夷論[96]은 國是로 재확인되고, 이론과 실천의 양면에서 모든 현안을 규정하는 첫째 원리이자 기준이 되었다. 그런 뜻에서 광해군의 축출, 즉 인조반정도 이 대전제를 모색하고 관철해가기 위한

---

95) 『仁祖實錄』 卷1, 仁祖 원년 3월 甲辰, 33冊, 503上ㄴ.
　　自然 理法으로 설명되는 주자학의 강상론·명분론에 따르면 不孝·不忠은 곧 綱常罪에 해당했고 綱常犯은 신분이 국왕일지라도 죄를 모면하기 어려웠다. 한편 신하된 자가 君王을 축출했다면 이는 主君에 대한 불충·역적 행위로, 부모를 弑害한 죄와 함께 하늘 아래 용서받지 못할 綱常罪人으로 규정되었다. 그런데 上下의 道理, 특히 주군과 신하의 分限이 철저히 명시되었던 조선의 정치질서에서, 신료집단의 불충은 오히려 ‘反正’이라는 이름으로 정당화되고 주군은 불효와 불충의 죄목으로 숙청당해야 했다. 바로 여기에서 당시 주자학 명분론이 군주 자체보다도 양반사대부, 그리고 忠의 윤리보다 孝의 윤리를 우선하는 논리였음을 볼 수 있다.

96) 극단적인 崇明反淸의 태세는, 역시 전쟁 상대였던 일본에 대한 태도와 크게 대조되었다. 終戰 무렵 영의정 李德馨은, 우리나라의 전 병력이 전심전력해도 對馬島 주둔군 정도를 막을 수 있을 정도이고 그들이 다시 침입한다면 嶺·湖南은 지켜내기 어려울 것이라고 우려했다(『宣祖實錄』 卷164, 宣祖 36년 7월 丁丑, 24冊, 504上ㄴ). 그 뒤에도 對日防備策을 제대로 마련하지 못했고, ‘己酉約條’에서 보듯이 임란에 대한 사과나 피해보상도 받아내지 못한 채 그들의 國交再開 요구에 응하고 말았다(金鍾旭, 「壬亂後의 朝鮮과 日本의 復交」, 『日本硏究』 6, 1974 ; 孫承喆, 「임란 직후 중화적 교린체제의 부활」, 『朝鮮時代 韓日關係史硏究』, 지성의 샘, 1994 참조). 이렇게 소극적인 對日態勢는 淸과 日을 함께 夷狄視하되, 華夷·崇明 意識과 결합한 反淸路線과는 달리 종래의 交隣意識을 관철해간 것이라 하겠다.

부득이한 政治變亂이었던 셈이다. 인조와 집권 서인들은 이제 전란과 체제위기의 책임을 모두 광해군과 大北세력에 떠넘겨 해소해버림으로써 자신들의 정치적 정당성을 확보하고 분열된 양반 지배층의 재결속을 실현할 수 있을 듯했다.[97]

그러나 이러한 화이론·명분론 중심의 대응태세는 곧장 新興 後金과의 갈등을 증폭시켰다. 잘 알려진 대로 두 차례에 걸친 淸의 대규모 침입(丁卯·丙子의 '胡亂')은 조선 영토에 대한 야심 때문이었다기보다는, 오히려 대륙의 明·淸 交替 과정에서 조선 정부가 일방적으로 '親明反淸', 즉 '對淸斥和'의 기치를 높인 데 있었다. 정부와 집권세력은 淸의 和親 요구나 군사적 경고에도 불구하고 명나라가 '再造藩邦'해 준 은혜를 결코 배반할 수 없었고, 마찬가지로 華夷의 峻別, 즉 中華主義 세계질서의 변동·개편에도 동의할 수 없었다. 당시 정부를 이끌던 서인세력은 바로 明·淸 등거리 외교를 지향했던 광해군 정부를 무너뜨린 장본인이었기 때문이다.[98]

아무튼 명분론과 화이론을 앞세운 현실지향 태세는 두 번의 胡亂을 초래하게 되고 이를 계기로 사상·이념의 분열을 겪게 되었다. 斥和論에 대한 主和論의 성립이 그것이었다. 확고부동한 도덕적 정신적 원칙을 내세워서 청나라의 군사적 물리적 압력에 정면 대항해야 한다는 논리가 바로 척화론이었다.[99] 그렇다면 이에 반대되는 논리와 입장은 당

---

97) 광해군과 북인정권의 성격에 대해서는 韓明基, 「光海君代의 大北勢力과 政局의 動向」, 『韓國史論』 20, 서울대학교 국사학과, 1988 ; 李綺南, 「光海朝 政治勢力의 構造와 變動」, 『北岳史論』 2, 1990 ; 薛錫圭, 「光海朝 儒疏動向과 大北政權의 社會的 基盤」, 『朝鮮史研究』 2, 1993 참조. 그리고 인조대 서인세력의 정치운영에 대해서는 吳洙彰, 「仁祖代 政治勢力의 動向」, 『朝鮮時代 政治史의 再照明』, 범조사, 1985 참조.
98) 崔韶子, 「胡亂과 朝鮮의 對明淸關係의 變遷－事大·交隣의 問題를 中心으로」, 『梨大史苑』 12, 1975 ; 崔韶子, 「중국측에서 본 丁卯·丙子 兩役」, 『韓國文化研究院論集』 57, 1990 ; 全海宗, 「女眞族의 侵寇」, 『한국사』 12, 국사편찬위원회, 1978 참조.
99) 즉 君父인 명나라에 대해 臣子인 조선의 도리를 다하는 것이 바로 명분·의리에 합치하는 일이었으므로, 君父가 겪는 국가멸망의 치욕을 생각하면 臣子된 자의 전란 피해나 生死의 고통은 문제도 되지 않는다는 것이었다. 척화파의 이러한 논리방식과

연히 주화론의 몫이었다. 주화론은 먼저 국가의 命脈을 보전하고 민생의 참담한 고통을 돌보기 위해 人倫과 華夷의 명분, 즉 유교·주자학의 대전제를 굽히자는 논의였다. 이렇게 보면 척화·주화의 양론은 제각기 내세우는 그 나름의 의리와 명분이 따로 있었던 셈이다.100) 崇明反淸(＝決死抗戰)과 保國生民(＝對淸講和)의 대립이었다. 저마다 신념이나 목표가 이렇게 달랐으므로 양론 사이에는 타협이 이루어지기 어려웠다. 오히려 서로 고담준론만 앞세우는 무능을 지적하거나 대세에 휘말리는 비겁함을 꼬집는 등 불신의 골이 더 깊어졌다.

주화론과 척화론으로의 분화·대립은 집권 서인들이 지향한 人倫論·華夷論 주도의 정치노선이 일정하게 저지당한 것을 뜻했다. 동시에 그것은 反正이라는 하나의 명분에서 출발했던 집권세력이 현실문제의 인식과 대응을 놓고 그 논리와 방법에서 크게 分岐하는 현상을 드러낸 것이었다. 즉 일본·후금과의 대규모 전란에서 참담한 패배를 경험한 뒤, 양반·식자층 일각에서는 주자학 일변도의 대응논리에 회의와 공허를 느끼면서, 현실을 있는 그대로 체감 직시하고 실제적으로 문제를 해결해가려는 인식과 실천의 태세가 등장한 것이다. 주화론과 척화론이 분립하는 계기를 이렇게 보면, 이는 바로 兩亂의 전후수습 방략, 국가·사회 질서의 재건을 둘러싼 사상·이념의 분화를 뜻하는 것이었다. 말

관련해서는 金駿錫, 「17세기 正統朱子學派의 政治社會論－宋時烈의 世道政治論과 賦稅制度釐正策」, 『東方學志』 67, 1990, 제2장 '反淸北伐論의 人倫構造' 참조.

100) 주화론과 척화론의 대립을 각각 功利와 道德의 모순관계로 보는 경향이 있다. 즉 주화론은 국가의 존망과 민생의 안위라는 실제의 이해득실에서, 척화론은 이해득실이 아닌 의리·명분이라는 도덕적 차원에서 대처한 것으로 본다. 과연 功利說과 道德說의 충돌로 설명될 수 있을까. 당시 양편 모두 현실문제를 바르게 타개하려는 그 나름의 목표와 논리가 있었고, 그들은 이를 명분으로 내걸었다. 그런데 도덕이란 공리 문제를 처리하는 가치기준이며 공리는 도덕성을 수반할 때 그 정당성이 확보되는 것이라 하겠다. 도덕과 공리는 개념상 대립적이지만 실제로는 별개로 분리되어 나타나는 것이 아니며, 또 그래서도 안 될 것이다. 척화론과 주화론이 분립 갈등하게 된 데는 그 나름의 배경, 논리와 방식이 있었고, 그것을 저마다 정당하다고 확신하며 명분으로 내걸었던 것이다.

하자면 17세기 조선사회의 정치·사상적 발전을 규정짓는 '國家再造'論
이 분기해가는 하나의 단서가 여기에 있는 셈이다.

　한편 이미 말했듯이 '再造藩邦' 의식에서는 '국가'의 존재가 아직 조
선 고유의 독자적인 것이 못 되고 明朝의 '藩邦'이라는 단서를 달고 있
는 그런 국가였다. 임진왜란 때의 군사지원을 미화하며 여기에 의탁하
려는 華夷의식과 깊이 연관된 때문이었다. "壬辰再造之恩 萬歲不可忘
也",101) "神宗皇帝 再造藩邦之恩 萬歲不可忘也",102) 또는 "竟賴皇朝之
力 再造藩邦"103)이라는 표현이 그것이었다. 明의 조선 출병을 君父가
臣子에게 베푸는 施惠로 여기고, 이로써 화이론과 강상론이 하나로 결
합하여 '명왕조＝君父, 조선왕조＝臣子'라는 '明朝一體' 의식으로 확장
된 것이었다. 이러한 再造藩邦의 논리는 胡亂 직후에 한층 강화되는 듯
이 보였다. 胡亂에서는 壬亂 때에 견주어 물질적 피해가 적었던 반면에
왕조의 존엄성과 문화적 자부심, 즉 전통적 華夷觀念에서는 한층 큰 충
격이자 위기상황으로 인식되었던 탓이다. '崇明報恩'·'尊華攘夷'의 구
호가 거듭 내세워지는 사정이 그것이었다.

　그런데 이러한 再造藩邦論과 '崇明反淸' 의식이 고양되면서 그 실현
방법으로서 北伐論(＝復讎雪恥論)을 제기하는 데 이르고, 이것이 다시
'內修外攘'論으로 발전하게 되었다. 그리고 內修外攘論은 崇明反淸·再
造藩邦을 기본 전제로 하는 國家再造論의 논리적 방법적 내용이 되기
에 이르렀다. 또 다른 계보의 國家再造論이 하나 성립하는 셈이었다.
예컨대,

　　皇朝(명나라)의 은혜에 보답하는 길은 오직 內修外攘하여 尊周의 大義
　　를 밝히고 先王의 遺志를 성취하는 데 있습니다. 사업의 크기로는 이보다

---

101) 『仁祖實錄』 卷1, 仁祖 원년 3월 甲辰, 33冊, 503上ㄴ.
102) 『大報壇事筵說』(奎 3232), 甲申 9월 16일, 32ㄴ.
103) 『龍洲先生遺稿』 卷6, 玉堂箚子, 20ㄴ.

더한 것이 없으니, 비록 그대로 이루지 못한다 해도 나라를 굳건히 하고
민생을 안정시키면 自立의 기틀이 마련될 것입니다. 이것이 그 實效입니
다.104)

라든지,

위에서 능히 大志를 품고 분발하여 實心으로 實政을 시행하고 정성을
다하여 그 德에 힘쓰는 것으로 內修의 근본을 삼고, 武備를 잘 다스리는
일로써 外攘의 대책을 삼는다면, 지금의 형세로 군사를 일으켜 (淸을－이
상 필자) 쳐서 정벌하고 羞恥와 원한을 풀지는 못한다 해도 이것이 역시
自强의 道를 다하는 일이 될 것입니다.105)

라는 데서 그 논리과정이 분명히 드러난다.

밖으로 復讐雪恥를 하려면 먼저 안에서 실력을 배양하는 일, 즉 內修
가 이루어져야 하며 이것은 치자층 일반의 實心에 의한 實政을 통해서
가능하다는 것이었다. 여기에서 주목되는 것은 外攘(＝北伐)이 여의치
못하더라도 內實을 다짐으로써 自立·自强의 기틀은 반드시 마련해야
한다는 것이다. 이렇게 內修를 통한 자립·자강의 확립이라는 논리는
이제껏 견지해오던 피동적 受惠의 논리, 즉 '再造藩邦'과는 그 발상을
전혀 달리하는 능동·주체의 논리라고 할 수 있겠다. 따라서 여기에는
조선이 중국과는 별개의, 스스로 존립하는 국가이며 內政의 쇄신을 통
해서 자립의 면모를 갖추어야 한다는 인식으로의 전환이 분명하다. 바
로 '再造藩邦'에서 벗어난 '國家再造'106)의 논리라 하겠다.

---

104) 『大報壇事筵說』(奎-3232), 甲申 정월 초10일, 13ㄱ.
105) 『大報壇事筵說』(奎-3232), 甲申 정월 초10일, 6ㄱ.
106) 이 같은 술어는 "伏以臣逢國家再造之運 蒙聖慈特垂之眷"(『旅軒先生文集』 卷3, 請
　　寢追崇疏, 6ㄴ)이라고 한 데서 보듯이, 그 무렵의 관인·식자들 사이에 이미 통용되
　　던 표현에서 나온 것이라 해도 좋을 것이다.

이렇게 보면 國家再造論은 적어도 서로 다른 두 가지 인식에서 성립하는 것이었다. 하나는 지금 본 대로 崇明反淸에서 비롯된 北伐論·內修外攘論과 연결되는 것으로, 다름 아닌 '再造藩邦'論이 확대된 것이었다. 이것이 華夷意識이나 綱常倫理를 특징으로 하는 점에서는 척화론과 맥락이 같았다. 다른 하나는 적극적이고 전향적인 의미에서 주화론의 연장선 위에 있는 國家再造論이었다. 주화론은 본시 利國生民에 직결되는 실제적 타개방략으로 對淸講和를 주도한 논의였고, 또 그래서 척화론과 팽팽히 맞섰던 것이다.

아무튼 胡亂의 대응책을 놓고 서로 다른 논리와 입장으로 분립했던 척화론과 주화론이 國家再造라는 대원칙에서 다시 만난 셈이었다. 척화파·주화파 모두에게 조선왕조의 지배체제를 회복하는 일이야말로 자신들의 존립근거를 확보하고 生民對策을 마련하는 최선의 길이었기 때문이다. 그러나 그것은 國家再造의 기본 목표에서 그러했을 뿐 방향과 방법까지 일치한 것은 아니었다. 척화·명분 중시론자들이 줄곧 정통주자학에 입각하여 현상타개책을 모색하고 있었음에 반해, 주화론의 계보를 이어간 논자들은 점차 반주자학의 논리에서 현실문제에 접근하려는 태도를 보였다. 그리하여 17세기 사상·이념의 흐름은 다양한 경향을 띠는 가운데, 전자의 소극적 보수적 國家再造論과 후자의 적극적 진보적 國家再造論이 양립하는 형세를 이루게 되었다.

國家再造를 둘러싼 사상·이념의 기원과 계보가 이렇게 형성되는 가운데, 관인·식자들은 실제로 여러 갈래의 更張論·變通論을 時務策·時事論의 이름으로 제출하고 있었다. 그것은 왕조체제의 동요가 의식되던 16세기 후반부터였는데, 이이·유성룡·한백겸·이원익 등은 특히 주목되는 논자들이었다. 전란의 전야에는 '守國制賊'을 위한 대비책을, 그 소강기와 수습기를 맞아서는 '中興之大計'나 '內修外攘'策을 제기하였다.107) 그 모두가 나라의 中興, 復國·再造를 목적으로 한다는 공통점을 지니고 있었다.

그러한 변통론·경장론은 당연한 일이지만 '민심수습'을 핵심으로 했다. 양란 뒤의 혼란과 위기를 수습하려는 발상과 원칙이 그랬던 것이다. 이는 이원익의 "夫民爲邦本 無民則無國 自古憂民者國常興 忘民者國常亡"108)이나, 趙翼의 "夫國之盛衰 唯在民之利病"109)이라는 말에서 잘 드러난다. 전란의 참화나 과중한 賦稅·軍役의 부담에서 허덕이는 인민의 처지를 동정하는 것이면서, 동시에 민심의 離反으로 국가·왕조 체제가 붕괴할지도 모른다는 위기의식을 담고 있었다.110) 이렇게 保民을 위해서는 구체적인 대책이 뒤따라야 했는데, 賦稅·財政·軍備의 재정비, 또는 號牌法이나 鄕約에 의한 향촌사회의 안정과 의리·명분 의식의 확립, 정치제도와 그 운영방식의 개편 등이 그것이었다. 이를테면 이원익은 정부·지배층이 財政·用度를 합리적으로 조절하여 浮費를 절약 경감하고 公正한 對民收取를 실현해야 할 것으로 생각했는데,111) 이것은 유성룡·金堉·조익 등 여러 논자들에게도 공통된 견해였다. 貢物防納의 폐해를 제거하기 위한 大同宣惠法이 실시된 것, 그리고 軍兵逃故·族隣侵徵으로 농민들에게 가장 고통스러운 부담이었던 軍布稅가 戶布論·丁布論·遊布論 등의 논의를 거쳐 均役法으로 일단락된 것은 이러한 인식의 반영이었다.

---

107) 이를테면 裵龍吉은 그 방안을 正君心, 擇師傅, 精選任, 振紀綱, 省賦斂, 明紀律 등 군주의 태도에서 수령·賦稅·軍政에 걸치는 견해를 포괄적으로 올리고 있었으며(『琴易堂先生文集』卷2, 八條疏 및 六條疏 참조), 柳夢寅은 安邊策만을 32條나 집중해서 마련하기도 했다(『於于集』後集, 卷5 참조). 특히 李元翼이 추천하기도 했던 黃愼의 獻議에서는 改量田以均賦役, 改貢案以紓國用, 作米布以祛防納之弊, 收魚鹽以除私占之害, 裁省浮費以蓄財力, 久任該官以責成功 등 국가·민생 문제 가운데 田制·賦稅·財政 등에 치중하였다(『秋浦集』卷2, 地部獻言啓, 2ㄴ~12ㄱ 참조).

108)『梧里先生文集』卷3, 陳時務箚(戊申 2월 26일), 4ㄱ.

109)『浦渚集』卷2, 論大同不宜革罷疏(乙丑), 22ㄴ.

110) 이런 사정은 李恒福이 "왜군이 義와 仁을 가장하여 愚民을 무마했더라면 人心이 혹 적에게 기울어질 수도 있었을 것"이라면서, "적의 殘惡無道함이 우리의 다행이었으니 나라의 회복은 人力으로 된 일이 아니라"고 술회하는 데서도 짐작된다(『白沙先生集』別集 卷4, 亂後論時事箚, 26ㄱ).

111)『梧里先生文集』別集 卷1, 引見奏事(甲子 2월 24일), 18ㄱ~23ㄴ.

　　논자에 따라서는 賦稅·財政·農政 등 민생문제와 직결시켜 保民을
생각하기보다는, 유교의 인륜도덕에 의한 민심의 안정이나 사대부가 주
도하는 향촌질서의 강화에 주목하기도 했다. 예컨대 張顯光은 君主와
臣民의 관계를 心과 身의 관계로 비유하면서, 군주의 建極으로 온 나라
의 신민이 합심하여 內修와 外攘을 달성하자고 주장했다. 군주의 建極
이란 ‘임금이 도덕적으로 신민에게 標準이 되는 일’이었는데,[112] 결국
군주가 강상윤리를 신민에게 솔선수범하는 일이었다. 그는 주자의 皇極
說을 원용하여 인륜도덕에 의한 정신무장과 민심의 안정을 전란수습의
방안으로 내놓은 것이었다. 이러한 발상은, “中國(明－필자)이 우리를
자식으로 여겨 나라를 세우도록 도와주고, 綱常倫紀와 禮樂文明을 베
풀어주었으며, 군사를 보내 急亂을 구원하여 舊邦이 維新할 수 있는 恩
眷을 베풀었다”[113]고 믿는 그의 崇明反淸·小中華 의식의 반영이다.

　　李埈은 임란 때의 國家收復에는 각 지방 義兵의 공로가 컸다면서, 국
가가 “위급할 때 의지가 되는 것은 章甫(사대부－필자)”라고 강조하며,
정부의 ‘校生汰去爲兵’ 방안에 반대하였다.[114] 나아가서는 鄕村 列邑에
숨어있는 驍健膽略한 인사들을 발탁하여 이들을 將帥의 재목으로 삼자
고 건의하였으며,[115] 정부의 財政이나 전쟁비용에 納粟과 같은 민간의
지원이 컸다는 점을 들어 이들에 대한 배려를 촉구했다.[116] 이는 지방
사족을 포함한 민간 유력자들의 요구나 기대를 대변하는 민심수습의
논리였다.

　　한편 黨爭의 폐해와 관련해서 정치·권력 구조의 개혁을 생각하는
경우도 있었다. 對淸主和論을 이끌었던 崔鳴吉은 현실의 폐단을 官

---

112) 『旅軒先生文集』 卷2, 告歸進言疏(丙寅 5월 27일), 11ㄱ·ㄴ.
113) 『旅軒先生文集』 卷3, 進言箚(己巳 9월), 1ㄴ~2ㄴ.
114) 『蒼石先生文集』 卷5, 三陟陳弊疏(庚午), 31ㄱ·ㄴ.
115) 『蒼石先生文集』 卷6, 論邊事疏(庚午), 4ㄴ~5ㄱ.
116) 『蒼石先生續集』 卷3, 擬請選良吏疏, 25ㄱ~26ㄴ.
　　　『蒼石先生續集』 卷3, 丁卯疏, 29ㄱ~30ㄴ.

制・田制・兵制의 세 가지로 꼽고, 그 가운데 관제의 변통이 시급하다면서 專主國政하는 備邊司를 축소해서 과거 議政府의 署事權을 복구하자는 의견을 내었다. 또 言路를 개방하여 정치가 臺閣에 돌아가고 중요정책이 大臣의 책임보다도 浮議에 맡겨진 나머지 조정의 체통이 서지 못하고 밖으로 중국과의 신의를 지키지 못했다고 지적하면서,117) 그 타개책으로 臺諫의 避嫌法과 聯名同議啓 방식인 呈告法을 중지하는 대신, 言官 모두가 各自論事・各自啓辭하는 방식으로 전환하자고 주장했다.118) 이러한 최명길의 논의는 당시 지나치게 비대해진 비변사의 기능과 정치언론의 무책임을, 전란기 實務大臣의 경험과 국가 法典에 근거하여 제기한 것이라는 점에 의의가 있었다.119)

이렇듯 몇몇의 경우에서 드러나는 변통론・경장론들의 내용과 성격은 양란기의 논자들 일반이 제기하는 그것을 대변한다고 보아도 좋을 것이다. 현실인식의 논리와 그 타개방안에서 아직 분명한 계통을 세우기는 어렵지만, 대체로 정통주자학적 지향과 이에 대립하는 반주자학의 경향으로 분화하고 있음은 부정할 수 없을 것이다. 결국 이들의 논점과 논의과정이 축적되는 가운데, 이 시기 國家再造의 방향과 방법, 그 내용이 더욱 구체화되고 체계화되어가는 것이라 하겠다.

실제로 조만간에 이들, 분산된 개별 논의들은 모두 통일적인 國家再造의 체계와 논리를 성립해가게 되었다. 柳馨遠은 이 시기 그러한 논자의 대표적인 경우였다. 즉,

생각하건대 王道가 무너져 막히고 만사가 기강을 잃게 되자 私心에 따

---

117)『遲川集』卷11, 丙子封事 제3, 27ㄴ.
118)『遲川集』卷7, 論官制箚, 10ㄱ~12ㄱ.
119) 최명길의 정치제도 개혁론은 그 뒤 여러 논자들에 의해 계승되었는데, 17세기 말 朴世采는 당쟁의 해소를 위해 蕩平說과 함께 議政府의 國政署事權을 강화하자고 제안했으며, 李瀷을 비롯한 실학자들 또한 정치언론의 폐단을 막으려면 臺諫의 責任言論과 百官의 言官化가 실현되어야 한다고 주장했다.

라 法을 만들더니 마침내는 夷狄이 중국을 어지럽히는 데 이르렀다. 우리
나라의 경우에도 고루하게 變革하지 못한 것이 많아 쇠퇴를 거듭하다가
드디어 큰 羞恥(丙子胡亂)를 당하였으니, 천하와 국가가 대개 이 지경에
이른 것이다. 廢法을 변혁하지 않으면 정치를 돌이킬 근거가 없게 된다.
돌아보건대 쌓이고 쌓여 수백 년 동안 그른 것에 그른 것이 이어져서 그
대로 오랜 法規가 되었다. 마치 헝클어진 실타래처럼 얽히고설켰으니 그
근본을 캐내어 풀고 털어버리지 않으면 (세상을 – 이상 필자) 바로 잡을 길
이 없게 되었다.[120]

고 함이 그것인데『磻溪隨錄』을 작성한 동기가 양란 뒤의 제반 廢法을
變革하려는 데 있음을 밝힌 것이다. 잘 알려진 대로 그는 公田制 · 貢擧
制를 비롯해서 學制 · 官制 · 兵制 · 稅制 · 郡縣制 등 국가운영 전반에
걸친 제도의 구체적인 개혁안을 방대한 체계로 마련한 실학자였다. 이
때 변혁의 대상이 다름 아닌 주자학의 정치원리에 바탕을 둔 舊法制였
으므로, 그의 사상 · 이념 노선은 결국 반주자학이 되는 셈이었다. 유형
원의 실학이 變革 · 變法的 수준의 '國家再造論'이 되는 까닭이 여기에
있었다. 그리고 兩亂期 國家再造를 둘러싼 현실인식이나 그 대응책의
수준은『磻溪隨錄』의 성립으로 일단락된 것이기도 했다.

5. 맺음말

17세기 조선왕조의 역사적 과제는 16세기 이래의 사회변동과 兩亂으
로 초래된 국가적 위기상황을 극복하는 일이었다. 兩班 官人 · 識者들은
이를 시급한 戰後收拾策의 하나로 추진하였지만, 궁극적으로는 종래의

---

120)『磻溪隨錄』卷26, 書隨錄後, 26ㄱ.

낡고 폐단을 일으키는 法制를 개혁하여 풀어진 集權體制의 기능을 회복하는 문제로 인식하였다. 그것은 단순한 정치적 타협이나 통상적인 施政策의 차원에 그치는 것이 아니라, 유교·주자학의 정치이론과도 긴밀히 연관되는 가운데 國家의 '再造'를 목표로 전개되었다. 이 시기 정치운영·정치사상의 특징이 '國家再造'의 범주에서 규정될 수 있는 까닭이 여기에 있다. 國家再造의 과정은 朋黨 위주의 정치운영이 蕩平論·蕩平策으로 전환하고, 貢案改定論·戶布論으로 시작된 부세제도의 釐正論議가 大同法·均役法으로 매듭지어지며, 이러한 성과를 담은『續大典』의 편찬이 완료되는 18세기 중엽에 이르러 일단락되는 것으로 볼 수 있을 것이다.

그런데 '國家再造'論은 '再造藩邦' 의식이 역사적 사상적으로 극복되면서 성립한 것이었다. '再造藩邦'이란 임진왜란의 위기에서 明의 군사지원으로 나라가 소생했다는 恩威의 표현인데, 이는 朝鮮과 明이 藩邦과 中國의 관계, 臣子와 君父의 人倫的 관계로 확정된다는 中國中心論, 華夷的 세계관의 발상이며 그 실천논리였다. 그리고 이로써 국가·양반 사대부·왕실의 正統性·持續性을 확보하려는 것이었다. 그러나 당장의 전후수습은 물론이고 국가·사회 전반에 누적되어온 법제의 폐단을 제거하여 국가체제를 정상화하기 위해서도 이러한 再造藩邦 의식의 탈각은 불가피했다. 이는 '중국이 再造해준 恩威'에 집착하는 종속적 소극적 관념적 대응의식을 벗어나서 주체적 능동적 개혁적 타개방안을 마련하는 일이었다. 실제로 관인·식자들 사이에서 그러한 움직임이 활발하게 일어났다. 그리하여 17세기의 정치·사상적 지향은 크게 두 가지 흐름, 즉 '再造藩邦' 논리의 연장선에서 구질서·구법제의 보수·개량에 의한 國家再造를 생각하는 논의와, 이에 반대하고 새로운 인식태도와 방법론을 모색하여 구래 법제의 전면적 改廢·變革에 의한 變法的 수준의 國家再造를 구상하는 논의가 양립하게 되었다. 전자가 정통 주자학에 충실한 입장이라면 후자는 진보·개혁을 추구하는 반주자학의 입장이었다. 전자의 보수론은 물론 ‘再造藩邦’論에 매몰된 守舊的 안정논리도 함께 내포하고 있었다.

한편 ‘國家再造’는 유교 본래의 정치이론과 관련이 깊었다. 유교·주자학은 ‘修己治人’으로 압축되듯이 학문과 정치의 일치, 性善·仁義說에 입각한 仁政·德治나 王道政治, 人民을 본위로 내세우는 保民(＝爲民·愛民)의 정치를 특징으로 하였다. 이에 따라 치자의 윤리·도덕적 修行과 정치적 책무를 강조하였으며, 民心을 등진 치자나 秕政에 대한 征伐과 革命을 인정하고 있었다. 때문에 현실의 정치운영에서는 인재의 등용, 言路의 확대, 公論(＝士論)의 중시를 표방하게 되고, 낡은 법령·제도의 改廢를 위한 變通·更張論이 수시로 제기되게 마련이었다. 일찍이 李珥가 16세기 후반의 조선왕조 사회를 中衰期로 규정하고, 부세·국방 등 각 방면에 걸친 廢法의 更張策을 적극 거론했던 것은 바로 이러한 유교 정치이론에 근거한 것이었다. 더구나 그 뒤 兩亂期의 많은 논자들이 다양한 변통·경장책을 제기했던 것이야말로 체제위기에 당면한 대응책으로서 다름 아닌 國家再造를 위한 논의였다.

그러므로 國家再造·國家再造論을 다음 몇 가지 논점과 함께 짚어봄으로써 그 의의가 더욱 분명해진다고 하겠다. 먼저 그것은 주자학에 반대하는 새로운 학문·사상의 성장을 뜻했다. 17세기 후반의 脫(反)朱子學은 주자·주자학 자체에 대한 비판이라기보다는 현실문제의 인식과 대응에서, 또 사회·정치 현안의 타개책에서 주자학의 그것과 대립하는 사유·학문 방식이라는 점에 특징이 있었다. 예컨대 兩亂 뒤에 농민·농업경제의 재건을 둘러싸고 대개 두 계통의 방안이 부각되었는데, 賦稅制度의 釐正과 大土地所有의 억제를 통해서 中小地主와 小農民을 보호하려는 견해가 그 하나이고, 부세제도의 개혁은 물론 地主制를 해체하여 ‘耕者有田’의 小農經濟를 안정시키려는 주장이 다른 하나였다. 사회·경제 개혁의 근간이 되는 토지문제에서 전자가 朱子의 敎示를 원용하여 지주적 입장의 개량적 방법으로 대처하려던 것임에 반해, 후자는 주자의 農政論 대신에 고대의 井田說에 근거하여 농민적 입장의 혁신적 해결책을 마련하려던 것이었다.121) 그리하여 전자를 대표하는 宋時烈—韓元震 계통의 정통주자학과 후자를 대변하는 許穆—柳馨遠 계통의 반주자학 학풍을 통해서, 각각 보수·개량 노선과 진보·개혁 노선의 두 가지 國家再造論이 성립하게 되었다.122)

둘째, 國家再造를 둘러싼 입장과 견해 차이에서 서로 다른 정치이론·정치운영론이 생겨났다. 정통주자학의 老論系는 君子小人論이나 是非明辨論을 내세워 君子黨과 小人黨을 변별하는 朋黨의 불가피성을 강조했는데, 이는 노론당이 곧 군자당이며 자신들만이 義理의 수호자라는 논리로서, 그들 一黨에 의한 정국주도를 합리화하는 방편이 되었다. 더구나 이것이 王權牽制의 논리였던 君主聖學論·世道宰相論과 보완관계를 이룸으로써 君主權을 약화시키고 黨爭을 더욱 부채질하였다. 한편 붕당긍정론(=老論一黨論)에 반발하는 정치이론도 少論系, 또는 南人 實學者들에게서 제기되었는데, 尊君卑臣論, 臺諫責任論, 百官의 言官化論 등이 그것이었다. 이는 비대해진 臣權이나 당쟁합리화론을 비판하고, 士論(=公論)을 빙자한 정치언론의 무책임과 독주를 견제함으로써 위축된 王權을 강화하려는 논리였다. 왕권의 강화는 士林의 정치분열을 막는 것뿐만 아니라, 사림에 의해서 저지된 사회·경제 개혁을 단행할 수 있는 적절한 수단으로 인식되었기 때문이다. 蕩平論, 특히 皇極蕩平論은 이러한 정치논리가 결집해서 제기된 것이었다. 탕평론은

---

121) 이 시기 토지문제를 중심으로 한 農政理念의 분화와 그 추이에 대해서는 金容燮, 「朱子의 土地論과 朝鮮後期 儒者」, 『增補版 朝鮮後期農業史硏究』 Ⅱ, 일조각, 1990 ; 金容燮, 「朝鮮後期 土地改革論의 推移」, 같은 책 참조.

122) 金駿錫, 「朝鮮後期 國家再造論의 擡頭와 그 展開」, 연세대학교 박사학위논문, 1991 (金駿錫, 『朝鮮後期 政治思想史 硏究』, 지식산업사, 2003에 재수록) 참조. 少論 계열의 경우 朴世堂·鄭齊斗의 老莊學·陽明學에 대한 관심에서 드러나듯이 이들의 근본 사상이 반주자학의 경향을 띠는 점, 사회·정치 운영론이 南人系 實學과 거의 같은 지향성을 지니는 점 등으로 보아, 대체로 진보·개혁적인 國家再造論의 구도에 드는 것이라 하겠다.

군주가 皇極을 장악하고 신료집단 내부의 갈등과 분열을 해소하며 사회 저변층의 성장과 정치적 기대를 수렴하도록 강조하는 점에서, 군주를 윤리도덕의 솔선수범자, 신료층의 대변자로 인식하는 주자학의 붕당정치론과는 근본적으로 달랐다. 그리하여 탕평론은 진보·개혁적인 國家再造를 추구하는 소론·남인 일각의 정치운영론으로서, 보수·개량적인 國家再造를 지향하는 노론세력의 붕당(긍정)론과 서로 대립하게 되었다.

셋째, '實學'은 國家再造論의 한 중심축을 형성한 학문·사상 운동이었다. 그것은 현실의 정치·사회적 현안을 實事·實務의 차원에서 직시하며 國富·民生 본위의 개혁적인 타개방안을 모색하는 학풍이었고, 이런 점에서 매사 人倫·義理를 먼저 내세워 현상의 안정·유지를 꾀하려는 주자학의 이념이나 방법과는 사뭇 달랐다. 그런데 근래 조선 후기 사상사 연구에서는 주제나 대상인물이 다양해지고 그 내용과 성격 또한 여러 갈래를 이루게 됨으로써, '실학'과 '非實學'의 경계선도 애매해지게 되었다. 이는 '실학'이란 용어 자체의 개념과 범주가 흔들리게 된 것이며,[123] '실학'의 이름으로는 조선 후기 학자·정론가들의 다양한 학풍과 사상을 계통화하거나 적절히 포괄할 수 없게 된 것을 뜻한다고 하겠다.

그런데 이미 살펴보았듯이 兩亂期 이후 여러 형태의 현실인식과 대응방안들이 포괄되면서, 크게는 진보·개혁과 보수·개량이라는 두 개의 서로 다른 이념·노선으로 대별되는 것이 國家再造論이었다. 그러므로 실학은 물론이고 그 시기의 다른 다양한 인식과 대응책들도 모두 이 國家再造論의 두 노선 가운데 어디쯤 속하게 마련이었다. 말하자면 실

---

123) 1950년대 이래로 수차에 걸친 실학의 성격논쟁이 일어나게 된 것도 이런 사정의 반영일 것이다. 이에 대한 최근의 정리로는 池斗煥,「朝鮮後期 實學研究의 問題點과 방향」,『泰東古典研究』3, 1987 ; 趙珖,「朝鮮後期 實學思想의 研究動向과 展望」,『何石金昌洙教授華甲紀念史學論叢』, 범우사, 1992 참조.

학은 전자의 진보·개혁적인 학문·사상 경향을 총칭하는 개념으로서,
정통 주자학으로 대표되는 후자의 보수·개량 노선과 대항관계를 형성
하고 있었으므로, 國家再造論에서는 '실학'과 정통 주자학의 상호관계는
물론이고 그 둘 가운데 어느 한쪽으로 규정하기 곤란한 학문·사조조차
도 동시에 위치지울 수 있게 되는 것이다. 결국 國家再造論은 조선 후
기 사상사를 범주와 계보에 따라 이해하는 유력한 개념이자 방법이라
하겠다.

　이렇게 살피고 보면, '國家再造'의 개념과 범주는 政治史와 思想史의
두 영역에서 조선 후기, 특히 17세기의 歷史像을 새롭게 인식하려는 하
나의 방편으로 마련된 것이라 하겠다. 또 이제껏 별개 영역으로 분리,
이해되어온 정치사·사상사를 하나로 통합할 뿐만 아니라, 實學史 위주
로 연구되어온 조선 후기 사상사에서 정통주자학의 그것까지도 포괄하
는 개념·범주가 될 수 있는 것이기도 하다. 이로써 이 시기 사회·역사
상을 구조적 발전적으로 재구성하여 그 새로운 면모를 부각시키며, 조
선사회를 전기와 후기로 界分하는 의의가 더욱 분명해질 것이다. 그러
나 國家再造·國家再造論은 아직 시론의 단계에 있는 술어이므로, 앞
으로 많은 검증을 거쳐 수정·보완을 거듭해야 할 것으로 생각한다.

(『韓國史硏究』 101, 1998)

Ⅱ. 實學의 胎動

1. 實學의 성립과 그 개념

　實學에 대한 관심과 연구는 1930년대 초반에 벌써 일어났다.[1] 일제의
식민지 문화정책에 대항하는 '朝鮮文化 復興運動' 또는 '朝鮮學運動'의
발흥이 그것이었다. 항일 민족해방을 위한 문화·사상 운동으로 실학이
주목되었던 것이다.[2] 이러한 전통은 물론 해방 뒤에도 계승되었다. 日
帝의 식민지 지배논리를 극복하고, 주체적 발전적인 民族史像을 수립하
기 위한 문제의식을 가지고 연구주제를 실학의 테두리에서 찾으려는
노력이 그것이었다. 그리하여 실학은 근대 이전 한국의 사회·경제·정
치·사상·문화 일반에 걸쳐서 다양한 내용을 포괄하는 학문, 즉 國學
을 총괄하는 용어로 확대되었다. 최근에 국사·국문학·철학은 물론이

---

1) 우리가 여기에서 말하는 '實學'은 흔히 古文獻에 보이는 '實學'이라는 용어 그 자체
　를 가리키는 것은 아니고, 조선 후기의 역사상에 등장했던 학문·사상 운동인 실학
　이다. '實學'의 어원에 대해서는 全海宗, 「釋實學」, 『震檀學報』 20, 1959(『韓中關係史
　研究』, 一潮閣, 1970에 「實學의 意義에 대하여」로 재수록) ; 朱七星, 「실학의 개념과
　그 변천」, 『실학파의 철학사상』, 예문서원, 1996 참조.
2) 千寬宇, 「韓國實學思想史」, 『韓國文化史大系』 6, 고려대학교 출판부, 1970(「朝鮮後
　期 實學의 槪念 再論」으로 改題하여 『韓國史의 再發見』, 일조각, 1974에 재수록) ;
　千寬宇, 「實學의 槪念是非」, 『近世朝鮮史研究』, 일조각, 1979, 381쪽 참조.

고 인문·사회과학 일반, 심지어는 자연과학 분야에서도 실학과 관련한 논의나 연구가 일어나는 까닭도 여기에 있는 것이라 하겠다.

그러나 실학의 개념, 실학의 성립시기와 배경, 그 발전과정에 대해서는 아직도 충분하고 설득력 있는 대답이 마련되어 있지 못한 형편이다. 실학의 내용이나 역사적 의의가 그만큼 크고 중요하기 때문일 것이다. 태동기의 실학연구에서도 이러한 문제점에 유념해야 함은 물론이다. 그러므로 이제 비록 간략하게나마 실학연구의 역사를 살피는 일, 즉 실학의 연구사적인 검토를 통해서 과거의 연구성과를 돌아보고 그런 가운데서 되도록 실학의 정당한 개념과 의의에 접근해보기로 한다.

실학연구가 시작되던 초기에는 그것이 '조선 후기의 新學風'이라는 정도의 의미를 띠고 있었다. 실학을 정의해보려는 시도는 그 뒤 꾸준히 전개되었는데, 1950년대 말기의 실학논쟁은 이러한 학계 나름의 활동성과가 구체화된 것으로 보아도 좋을 것이다.[3]

이때의 논자들 사이에서는 同異點과 강조점이 다소 차이가 나고 있었지만, 먼저 실학의 기본 성격으로 '자유성·과학성·현실성을 바탕으로 한 근대지향성과 민족의식'을 꼽고 그 학문적 계보나 유파는 儒學(＝朱子學)을 대신하는 '改新儒學'이라고 규정하였다.[4] 특히 논자들은 실학이

---

3) 1958년 10월 초 歷史學會 주최로 '實學의 槪念'을 주제로 한 공동토론회가 열렸다. '實學'과 그 성격에 대한 관심은 해방 전에 이미 제기되었는데(洪以燮, 「實證學派의 社會性」, 『朝鮮科學史』, 정음사, 1944) 본격화된 것은 1950년대 초 千寬宇의 「磻溪 柳馨遠 研究 － 實學 發生에서 본 李朝社會의 一斷面」(『歷史學報』 2·3, 1952·1953(『近世朝鮮史研究』, 일조각, 1979에 재수록)]을 통해서였다. 이 밖의 논자와 그 대표적 글은 다음과 같다. 韓㳓劤, 「李朝 '實學'의 槪念에 대하여」, 『震檀學報』 19, 1958(『李朝後期의 社會와 思想』, 을유문화사, 1961에 재수록) ; 全海宗, 앞의 글, 1959 ; 金良善, 「韓國實學發達史」, 『崇大學報』 5, 1955 ; 姜在彦, 「朝鮮實事求是學派について」, 『歷史學研究』 195, 東京 : 靑木書店, 1956 ; 李佑成, 「實學派의 文學 － 朴燕巖의 경우」, 『국어국문학』 16, 1957 ; 李家源, 「燕巖 朴趾源의 生涯와 思想」, 『思想界』 10월호, 1958.

4) 千寬宇, 앞의 글, 1970 참조. 이후 실학의 성격과 관련해서는, 실학이 유교·주자학의 修己治人을 바탕으로 하여 實事求是와 經世致用을 목표로 했다는 것, 실학 발생의 배경으로는 중국에서 전래한 서양의 천주교와 과학기술, 明·淸代의 陽明學과 考證學 등 특히 외래적인 요인이 중시되지만, 그와 함께 임진왜란으로 말미암은 피해와

내포하는 반봉건성·근대지향성에 주목하고 이를 개혁사상·체제변혁론의 중심 논리로 부각하였다.

1970년대를 전후해서는 실학·실학자를 대상으로 한 연구가 비약적으로 증가하였다. 분야와 주제는 더욱 세분화되고, 구체적인 내용이 다양하게 확인되었다. 늘어난 연구성과를 시기와 내용에 따라 분류하고 유형화하려는 시도가 나타나기도 하였다. 그러나 그럴수록 '실학'은 지나치게 포괄적이고 모호한 것이 되어갔다. '실학'의 용례·개념이나 범주, 성립시기와 배경, 주요 계보와 발전단계, 그리고 사상의 성격·의의 등에 대하여 견해차이가 좁혀지기보다는 오히려 더 벌어지는 인상마저 주었다.5) 요컨대 한국사, 특히 조선 후기 역사에서 차지하는 실학의 비중이 매우 커지고 실학이라는 이름의 연구열은 높아져감에도 불구하고, 실학의 본질을 둘러싼 논자들의 견해는 더욱 多岐多樣해져서 혼선이 더해간다는 데에 문제의 어려움이 있다. 이러한 사정은 1990년대에 이르러서도 크게 달라졌다고 보기는 어려울 것 같다.

충격이 한 계기가 되며, 여기에 유통경제의 발달과 수취체계의 문란, 토지집중과 농민층의 영세화에 따른 농촌경제의 파탄, 당쟁적 정치운영의 폐해 등등 내부적인 조건을 빼놓을 수 없다는 것, 실학을 주도한 사람들은 대개 당쟁으로 권력에서 소외된 재야학자들이며 그들 사이에 학문적 사상적 친소·계승 관계가 형성되었다는 것, 실학의 성립시기를 18세기에 한정하거나 고려 말 주자학 수용기까지 소급해볼 측면도 있으나 대체로는 조선 후기를 특징짓는 학풍으로 본다는 것, 그리고 실학의 발전적인 과정이 인정되지만 19세기 후반에 이르러서는 쇠퇴 변형된다는 것 등에서 대체적인 견해의 접근이 이루어졌다.

5) 여러 논자들의 연구사적인 정리를 통해서도 이 같은 사정이 쉽게 확인된다. 예컨대 최근에는 19세기의 北學思想만을 실학으로 인정하고 그 이전의 실학은 朝鮮性理學으로 불러야 옳다는 주장(池斗煥, 아래의 글 참조)이 나오게 된 것은 이러한 실학 개념의 불확실성과 혼란상을 단적으로 반영한 것이라 하겠다. 金容燮, 「最近의 實學硏究에 對하여」, 『歷史敎育』 6, 1962 ; 宮原兎一, 「李朝後期の實學についての硏究動向」, 『朝鮮學報』 43, 天理 : 天理大學出版部, 1967 ; 千寬宇, 앞의 글, 1952·1953 ; 鄭求福, 「實學」, 『韓國史硏究入門』, 지식산업사, 1981 ; 鄭昌烈, 「實學」, 『韓國學硏究入門』, 지식산업사, 1981 ; 鄭在貞, 「朝鮮後期 實學硏究의 동향과 〈국사〉 교과서 서술의 변천」, 『歷史敎育』 39, 1986 ; 池斗煥, 「朝鮮後期 實學硏究의 問題點과 방향」, 『泰東古典硏究』 3, 1987 ; 金炫榮, 「實學硏究의 反省과 展望」, 『韓國中世社會 解體期의 諸問題』 上, 한울, 1987 ; 趙珖, 「朝鮮後期 實學思想의 硏究動向과 展望」, 『何石金昌洙敎授華甲紀念史學論叢』, 범우사, 1992.

결국 역사 연구의 수준과 문제의식에 대한 반성을 요구하는 사정 때문으로 생각된다. 단순히 역사인식의 태도와 방법을 달리하는 데서 생겨나는 현상이 아닌 것이다. 또 분명한 사실은 개별 주제나 인물의 연구가 실학이라는 이름으로 축적되는 것만으로는 진정한 '실학'의 성격과 의의가 드러나기 어렵다는 것이다. 돌이켜보면 그 동안에는 '실학=조선 후기'라는 전제, 또는 '실학을 통한 조선 後期像의 이해'라는 접근방식이 거의 일방적으로 통용되는 경향이 없지 않았다.

사실 실학은 조선 후기 歷史像의 큰 특징이며, 사회발전의 실상을 확인할 수 있는 많은 내용을 담고 있다. 그렇다고 그것이 조선후기 사회·역사상의 전체는 아니다. 그래서 종래의 '실학=조선 후기'라는 발상에 내포된 논리적 문제점은 대개 두 가지로 요약될 수 있다. 하나는 개념·성격 자체가 확정되지 않은 '실학'을 통해서 조선 후기를 설명하려 했다는 것이고, 이와 관련해서 다른 하나는 '실학'이 역사활동의 산물임에도 그것을 산출해낸 사회·역사 조건을 올바로 고려하려는 노력이 미흡했다는 것이다. 실학에 관련한 문제의식과 접근방법이 재고되어야 할 까닭이 여기에 있는 것으로 생각한다.

그런데 실학의 성격을 파악하는 일과 실학을 역사적 산물로 이해하는 일은 결국 실학이 형성 전개된 사회·역사적 배경, 즉 내재적 계기를 정확하게 이끌어내는 하나의 문제로 모아진다. 실학이 생겨나고 발전 이행하는 전체 과정은 바로 사회·역사 운동의 과정이며, 그 가운데서 실학이 무슨 내용으로 어떻게 기능했는지를 밝혀내면 바로 여기에서 실학의 실체가 제대로 드러날 것이기 때문이다. 다시 말하면 실학 태동의 內因, 즉 실학이 등장하는 시기의 사회·역사적 조건과 이와 관련한 사상·학문적 동향을 파악하는 일이야말로 실학의 개념과 의의를 밝히는 일인 것이다.

종래 연구자들도 실학 형성의 배경(=內·外因)에 깊은 관심을 보였다. 이를테면 1950년대에는 外因, 즉 基督敎와 서양 과학을 실학의 기저

로 전제하고, 淸朝의 考證學과 北學을 그 매개고리로 보는 경향이 뚜렷
하였다.6) 이는 서구적인 요소의 수용·확산에 주목하는 近代化·近代
社會論의 관점을 일정하게 반영한 것이었다. 서양이나 중국이라는 외래
적 영향을 중시하는 견해는 중국에 이미 실학의 용례와 학풍이 있었다
는 사실을 강조하는 발상과도 연관이 깊었다.7) 그런가 하면 같은 무렵
에, 유학 내부의 주자학 비판과 임진왜란의 위기극복을 위한 사회·경
제 정책을 內因으로, 燕京을 통한 서구문화와 중국 학술의 전래·수용
을 外因으로 나누어 보는 견해, 즉 내·외인 절충론도 등장했다.8) 그러
나 내인에 더 주목하는 관점은 아직 분명하지 않았다.

  실학 성립의 내재적 계기를 강조하는 견해는 1960년대 초, 실학문제
에 관한 최초의 연구사적 정리에서 비로소 분명해졌다.9) 즉 실학은 사
회의 구조적인 모순을 타개하려는 학문적 노력이며 조선 전기부터 지
배층 전체의 관심사였다는 것, 실학 또한 漢·唐 이래의 유교를 학문적
기반으로 하는 점에서는 程朱學과 크게 다르지 않다는 것, 정치적 유교
주의가 봉건적 국가권력의 원리였던 만큼 실학사상이 그러한 유교주의
와 어떻게 다른가를 밝혀야 한다는 것, 그리고 실학사상을 근대사상으
로 규정하려면 그들의 개혁이론과 당시의 역사적 현실의 구체적인 관
련 내용에 주목해야 한다는 것 등이었다. 말하자면 종래의 유교·주자
학 또한 '실학'을 사처했을 뿐만 아니라 그 유교·주자학과 실학은 깊은
연관관계에 있었다는 것, 그러면서도 성격과 의의를 서로 달리한 까닭
은 그들이 처한 역사적 현실과 과제를 저마다 다르게 인식하고 그 해결
과 방법 또한 서로 달리했기 때문이라는 것, 그러므로 조선 후기 실학의
본질을 해명하려면 먼저 그 역사적 배경, 특히 내재적 계기에 주목해야

---

6) 金良善, 앞의 글, 1955의 경우에서 특히 그러하다.
7) 全海宗, 앞의 글, 1959 참조.
8) 千寬宇, 앞의 글, 1952·1953.
9) 金容燮, 앞의 글, 1962.

한다는 지적이었다.

이렇게 보면 실학의 배경에 대한 관점이 대체로 外因 중시에서 점차 內因 중심의 시각으로 옮겨간 것이었다. 그런데 이는 역사발전의 주체적 내재적 계기에 주목해야 한다는 입장에서 볼 때, 1930년대에 순수하게 '朝鮮學'이라는 이름으로 실학운동을 표방했던 國學者들의 인식수준에 도달한 정도에 지나지 않았다. 아무튼 內因論이 확립되려면 실학문제 자체의 추구과정뿐만 아니라, 먼저 '한국사의 내재적 주체적 발전상'이 확인되어야 했다. 그리고 1960년대 이후 農業史를 중심으로 한 조선후기 사회의 구조적 발전적 실상을 구체적으로 밝히는 연구가 축적되면서, 이러한 과제는 점차 해소되었다.10)

그리하여 이 무렵에는 실학의 내재적 동인을 찾으려는 노력이 여러 방면에서 기울여졌고, 이는 크게 보면 두 가지 방향으로 모아지는 것이었다. 하나는 조선 후기 주자학의 經學觀·理氣人性說에 대한 懷疑와 비판을 확인하여 이것을 주자학으로부터 실학의 분리, 실학의 철학기반 형성으로 이어가려는 시도였고, 다른 하나는 역사발전의 내재적 동인이 실학의 일차적 배경이 되어야 한다고 보고, 이 시기의 사회·경제적 성격과 그 변동에 주목하는 관점, 즉 社會經濟史 연구의 확대였다.

전자의 경우, 실학자들은 유교 경전을 연구하는 經學에 큰 관심을 가지고, 程朱·陸王을 포함한 여러 학설의 장단점을 취사하여 이를 종합 확대해가거나, 孔孟의 原始儒學(＝洙泗學)에 회귀하여 경전의 독자적인 해석을 모색함으로써, 朱子 經學에 대해 비판을 제기하고 새로운 修己

---

10) 金容燮, 『增補版 朝鮮後期農業史硏究』 Ⅰ, 지식산업사, 1995 ; 金容燮, 『增補版 朝鮮後期農業史硏究』 Ⅱ, 일조각, 1990 ; 金容燮, 『增補版 韓國近代農業史硏究』 上·下, 일조각, 1984 ; 金容燮, 『朝鮮後期農學史硏究』, 일조각, 1988 ; 金容燮, 『韓國近現代農業史硏究』, 일조각, 1992 ; 劉元東, 『韓國近代經濟史硏究』, 일지사, 1977 ; 姜萬吉, 『朝鮮後期商業資本의 發達』, 고려대학교 출판부, 1973 ; 姜萬吉, 『朝鮮時代商工業史硏究』, 한길사, 1981 ; 宋贊植, 『李朝後期 手工業에 관한 硏究』, 서울대학교 출판부, 1973 ; 鄭奭鍾, 『朝鮮後期社會變動硏究』, 일조각, 1983.

治人의 학문을 추구했다고 강조했다.[11] 그리고 이러한 經學의 지향은
오직 朱子註를 無謬의 진리로 인정하려는 정통 주자학의 經學體系·經
典註釋을 거부하는 것으로, 말하자면 反朱子 經學의 성립을 의미한다
고 보았다. 또 우주·자연법칙을 설명하는 理氣說에 대해서 실학자들이
크게 주목하지는 않았지만, 대개 主氣說을 선호하거나 그 경향으로 이
행했다든지,[12] 주자학의 학문·사상이 義理를 숭상하는 것임에 반해서
실학자들은 그러한 윤리·도덕학의 폐단을 비판하고, 實事·實用을 중
시하는 功利論을 발전시켰다는 주장이 나오기도 하였다.[13] 이들 논의의
공통된 특징의 하나는, 실학을 일단 定型의 범주로 인정하는 위에서 실
학과 주자학의 차별성을 철학적 측면에서 확인해내는 데 치중하는 것
이었다. 반면에 그러한 차별성과 철학적 기반이 생겨났던 사회적 조건
에 대해서는 별로 고려하지 않았다.

　매우 자연스러운 현상이었지만, 한편에서는 실학과 주자학의 관련을
고려하면서, 실학자들의 개혁적 사상경향을 그 사상의 갈래와 연구방법
에 따라 계보적으로 정리하려는 시도도 있었다. 이를테면 실학을 주자
학의 이념과 방법을 극복해서 실용·실증을 지향한 18세기의 전형적인
新學風으로 규정하고, 이를 다시 토지제도를 포함한 법제개혁에 중점을
두었던 經世致用學派, 商工業을 비롯한 생산기술의 개발·이용에 주력
했던 利用厚生學派, 그리고 典故·金石 등 고증적 연구방법을 중시하
는 實事求是學派로 나누어 설명하는 방법이 그것이었다.[14] 이는 실학
태동의 원인·배경을 발전단계나 사상계보의 체계화에서 찾는 발상으

---

11) 李乙浩,『茶山經學思想硏究』, 을유문화사, 1966 ; 李乙浩,『韓國改新儒學史試論』, 박
　　영사, 1980 ; 韓沽劤,『星湖 李瀷 硏究』, 서울대학교 출판부, 1980 ; 韓沽劤,「白湖 尹鑴
　　硏究」,『歷史學報』15·16·19, 1961·1962 ; 李丙燾,「朴西溪의 反朱子學的 思想」,
　　『大東文化硏究』3, 1966.
12) 尹絲淳,「朝鮮後期實學」,『韓國儒學論究』, 현암사, 1980 참조.
13) 琴章泰,「朝鮮後期의 實學思想」,『韓國哲學史』下, 한국철학회, 1987.
14) 李佑成,「18세기 서울의 都市的 樣相─實學派 특히 利用厚生學派의 성립배경」,『鄕
　　土서울』17, 1963(『韓國의 歷史像』, 창작과비평사, 1982에 재수록).

로, 이러한 학파 분류는 그 뒤 실학연구에 시사한 점이 적지 않았다.

그러나 실학의 배경은 또한 후자, 즉 사회·경제 기반이 지니는 특성과 그 발전에서 찾아야 할 일이었다. 이러한 발상은 다음의 논의에서 분명하다. 즉 실학은 王亂 이후의 사회·경제적 변동과 관련해서 발생했다는 것, 그리고 실학자들의 사회·경제 이론을 시기별로 계통화하면 다음과 같이 나누어볼 수 있다는 것이다. 兩亂期의 약화된 봉건국가 강화책을 중심 내용으로 하는 봉건적 이데올로기인 실학(17세기 초), 봉건국가의 강화보다 농민계급의 입장을 더 중시하는 과도기의 실학(17세기 중엽~18세기 중엽), 상공업과 기술혁신을 강조하며 신흥 시민계급을 대변하는 실학(18세기 말엽~19세기 중엽), 開化思想으로 전화하여 근대개혁에 영향을 준 전환기의 실학(19세기 말엽~20세기 초)이 그것이다.15)

이렇게 실학사상 발전의 일차적 요인을 사회·경제 기반에서 찾고, 이로써 실학자들의 사상·학문방법을 계열화하려는 문제의식은 앞에서 말했듯이 사회경제사 방면의 연구성과에 토대를 둔 것으로, 1970년대에 이르러 더욱 확고해졌다. 실학은 "17세기 이래의 사회·경제 발전의 산물이며 그 변동을 배경으로 하여 이룩된 역사적 개념"16)이라는 주장은 그 가운데 하나였다.

이에 따르면 농업생산력의 발전과 地主佃戶制의 확대에 따른 農民層分解의 전개, 상품생산·화폐경제의 발달, 봉건적 신분제의 붕괴와 서민의식의 성장, 西學과 淸代 學術의 영향이야말로 조선 후기 실학의 배경이라는 것이다. 여기에 더해서 天意에 따른 규범적 차원을 극복한 순수 물질적 존재로서의 자연관, 위선적 사변적 형식윤리에서 해방된 사회적 실천윤리로의 지향, 華夷論의 부정을 통한 萬國倂存의 민족 주체

---

15) 趙璣濬, 「李朝後期의 實學思想과 社會經濟的 背景」, 『亞細亞研究』 32, 1967(『韓國史의 反省』, 신구문화사, 1969에 재수록).

16) 金泳鎬, 「實學思想의 勃興」, 『한국사』 14, 국사편찬위원회, 1975, 128쪽.

의식을 실학의 기본 성격으로 꼽았다. 무엇보다도 실학은 "사회·경제적 배경을 무시하면 그 개념이 관념적 超歷史的인 것으로 전화되어, 그 연원과 내용 역시 한없이 올라가고 확대되어, 결국 실학 아닌 것이 없게 될 것"17)임을 지적하였다. 조선 후기 사회의 물질적 조건이야말로 실학이 대두하는 기본 배경이자 그 개념과 본질을 규정하는 구체적인 단서가 된다는 것이다. 이는 앞에서 본 대로 1960년대 초에 제기되었던 논점을 거듭 강조한 데 지나지 않지만, 그러나 이를 재확인하는 의의는 크다고 하겠다.

크게는 역사를 주체적 발전적으로 인식하는 태도와 관련하여, 작게는 역사적 산물인 실학의 본질을 분명히 해명하기 위한 방법으로서 內因의 내용과 의의가 확인된 셈이다. 곧 조선 후기의 사회·경제 문제란 바로 앞에서 지적한 대로이며, 그리고 여기에 집권적 신분제적 정치운영의 파행과 수취체계의 문란, 주자학 지배이념의 한계를 더 꼽을 수 있겠다. 이 변동의 가까운 계기는 壬辰·丙子 兩亂이었지만 근본적으로는 16세기 이래 조선사회 자체의 自生的 動力에서 기인한 것이었다. 말하자면 그것은 구래 봉건적 양반 지배체제의 모순을 극복하고, 새로운 사회·역사 단계로 진입하려는 추진력이었다. 실학은 바로 이러한 조건 위에서 전개된 학문·사상 운동이었다.

조선 후기 사회의 현안에 대처하는 官人·識者들의 입장과 태도는 대체로 현실의 법제를 개선하여 기존의 질서를 保守하려는 것과, 그것을 근본적으로 改廢하여 새로운 질서를 창설하려는 진보적인 것으로 크게 나뉘지고 있었다. 논자들의 현실적인 이해관계나 學淵·黨色·門地 등이 여기에 작용하였음은 두말할 나위도 없다. 특히 학문·사상적으로는 정통 주자학에 대하여 반주자학의 학풍이 일어나서 서로 대립 갈등하며, 점차 보수노선과 진보노선으로 分岐하고 있었다.18) 그런데

---

17) 앞의 글.

이때의 반주자학이란 다름 아닌 실학이었다. 구래 조선 사회체제를 떠받드는 원리가 정통주자학이었음에 반하여, 그러한 구래 질서의 모순을 극복하려는 '조선 후기의 새로운 학풍'이 바로 실학이었기 때문이다.

주자학과 반주자학(또는 非朱子學)이 처음부터 보수사상과 개혁사상으로 명확히 구분된 것은 물론 아니었다. 주자학은 조선왕조의 國是·正學의 지위에 있었고, 따라서 모든 관인·식자들의 지적 활동과 학문·사상적 출발점이 주자학이었다. 그러나 사회·경제의 발전과 시대상황의 변동에 따라, 더구나 그 변화가 크고 심각해져감에 따라, 주자학에 입각한 현실인식과 대응방법을 놓고 그들 내부에 이견이 생기고, 이것이 입장과 이념의 차이로 확대되면서 반주자학의 성립으로 나타난 것이었다. 조선 후기에 이르러 학파·지역·문벌의 분화와 차이가 한층 뚜렷해지고 당쟁적 정치운영으로 치닫게 된 사정은 이러한 사상·이념적 변동에 기인하는 것이었다. 그리하여 우리는 조선 후기 사회의 발전과정에서, 주자학으로부터 분리되어 나와 주자학의 대항이념으로 성립한 학문·사상을 가리켜 반주자학(=실학)이라고 부른다.19) 즉 실학은 "西歐近代의 사회경제사상이 수용되기에 앞서, 그리고 그것이 전래하는 시기에는 그에 대응하면서, 우리의 전통사상이 스스로 개척한 社會改革

---

18) 조선 후기 현실인식과 그 타개책을 둘러싼 주자학과 반주자학의 사상·이념적 대립과 분기 현상은 이 시기 土地論의 전개과정에서 분명히 확인된다. 즉 주자학적 토지론이 양반지주적 입장, 개량적 방법의 농업문제 수습책임에 반해서 반주자학의 토지론은 농민적 입장, 혁신적 방법에 의한 해결책이었다는 것이다(金容燮, 「朱子의 土地論과 朝鮮後期 儒者」, 『增補版 朝鮮後期農業史研究』 Ⅱ, 일조각, 1990 참조).

19) 반주자학(=실학)과 주자학을 이렇게 대항적 관계로 설정하는 것 자체는 그리 새로운 견해가 아니다. 예컨대 실학은 상황적으로 중국 고대부터 淸代에 걸쳐서, 또 조선 전기부터 조선 후기에 이르도록 존재했는데, 구체적으로는 陸王學에 대항한 程朱學에서, 空談化한 性理學·禮學·詞章學을 배격한 經世學에서 실학의 존재를 확인할 수 있다는 주장이 그것이다(韓㳓劤, 앞의 글, 1958). 이 견해는 舊學問·虛學에 대한 新學問·實學의 대응관계에 주목한 점, 그리고 어느 역사시기에나 사상·학문 사이의 갈등은 존재하게 마련임을 예시하는 점에서 설득력이 있다. 그러나 그 학문 상호 간의 대응관계가 필연적으로 보수와 진보의 대립·갈등 관계를 반영하게 마련이며, 또 그렇기 때문에 사회의 변동·발전과 학문·사상의 계기적 발전을 정합적으로 파악할 수 있다는 사실을 간과한 느낌이 있다.

思想이고 近代化論"[20]이었던 것이다.

2. 初期 實學의 系譜와 性格

실학을 '조선 후기의 학문·사상'으로, 그리고 반주자학으로 규정하더
라도, 그것이 태동한 사회·역사적 조건과 이에 대처한 관인·식자들의
학문·사상 활동을 구체적으로 살피는 일이 아직 남았다. 이는 실학의
대두시기와 배경·계기에 대한 문제인데, 사실 실학의 개념·성격 논의
가 분분했던 만큼이나 이를 둘러싼 異見도 분분하다. 위로는 儒·佛이
교체하던 조선 초기설이 있고[21] 아래로는 북학론이 등장하는 18세기
후반기로 보는 견해가 있다.[22] 무려 4세기의 시차가 나는 셈이다. 그러
나 대체로는 兩亂期인, 16세기 말과 17세기 전반기 사이에 실학이 성립
한 것으로 보고 있다.

고려 말, 조선 초에는 주자학(유교)이 스스로 실학의 입장에서 불교
를 虛學으로 배격하였으며, 經學(講經)論 또한 修身齊家의 실학을 자처
하여, 詞章論을 부박한 허학이라고 비판했었다. 실학·허학 시비는 유
교·주자학과 異敎·異學인 불교 사이에서는 물론이고, 심지어는 유
교·주자학 내부에서도 제기된 문제였다. 특히 고려·조선 왕조교체 과
정에서 드러난 강경·온건의 갈등은 개혁과 반개혁(보수)이라는 노선대
립의 양상을 띤 것이기도 하였다.[23] 그러나 이때의 대립·갈등은 중세

---

20) 金容燮, 「朝鮮後期의 農業問題와 實學」, 『東方學志』 17, 1976, 60~61쪽. 이러한 농업
  문제를 통해서 드러나는 실학의 성격과 관련하여, 최근에는 실학의 정치구조·정치
  운영론에서도 이 같은 사실이 확인되고 있다[金駿錫, 「朝鮮後期 國家再造論의 擡頭
  와 그 展開」, 연세대학교 박사학위논문, 1991(金駿錫, 『朝鮮後期 政治思想史 硏究』,
  지식산업사, 2003에 재수록) 참조].

21) 韓㳓劤, 앞의 글, 1958.

22) 池斗煥, 앞의 글, 1987.

23) 李相佰, 『李朝建國의 硏究』, 을유문화사, 1949 ; 韓永愚, 「朝鮮建國의 政治·經濟」,

적 왕조체제의 재정립을 중심으로 전개되었기 때문에, 중세사회의 해체 과정에 있었던 조선 후기의 그것과는 역사적 성격을 달리하는 것이었다. 정확히 말하면 이때의 실학은 '주자학적인 實學'이었다.

실학의 성립을 18세기 말로 늦추어 보는 견해 또한 곤란한 점이 있다. 이는 종래의 실학을 朝鮮性理學과 北學으로 나누어, 후자만을 실학으로 인정하자는 주장이다. 실학의 개념을 명료하게 제시하려는 시도 자체는 탓할 이유가 없다. 그러나 여기에는 정통주자학과 이에 맞서는 여타의 사상조류를 다 같은 '조선성리학'으로 묶어버려, 그 내부에 존재하는 학문·사상의 특징과 차이점, 특히 보수와 진보로 나뉘는 이념의 차이를 간과해버리는 문제점이 있다. 북학 계열만을 내세워 강조하면 그 나머지 非북학 계열(＝조선성리학)의 의의를 소홀히 해버리게 되는 데 그치지 않는다. 17세기 이래로 전개된 조선 후기 사회의 체제적 변동과 사상계의 대응을 가볍게 여김으로써, 결과적으로는 실학의 의의가 축소되고, 조선 후기 사회·사상 운동의 규모와 내용 전체가 왜소화되고 말 우려가 있는 것이다. 더구나 북학의 기원을 16세기 후반으로 올려 잡아보는 견해도[24] 있는 점을 고려하면, 북학만이 실학이라는 이해방식은 곧 '북학＝실학'이 되어 조선 후기 실학의 성립시기는 물론 그 개념문제를 더욱 혼란스럽게 하는 것이라 하겠다.

종래 다수 논자들의 주장처럼 17세기 전반기야말로 실학 태동의 기운이 확실해지는 시기로 보아야 할 것이다. 이 무렵에는 壬辰·丙子의 兩亂으로 야기된 왕조체제의 위기를 극복하려는 사회적 학문적 움직임이 활발하게 일어났다. 관인·식자층 일각에서 종래의 國定敎學이었던 주자학에 대한 비판과 반성이 일어나고, 大同法의 실시와 軍役의 釐正

『朝鮮前期 社會經濟研究』, 을유문화사, 1983 참조.

24) 金龍德,「重峰 趙憲 研究」,『省谷論叢』5, 1974(『朝鮮後期思想史研究』, 을유문화사, 1977 재수록) ; 金龍德,「北學派思想의 源流研究－重峰의 實學思想」,『東方學志』15, 1977.

을 위한 논의가 제기되는 등 정부 차원의 제도개혁이 시도되었던 사정
에서 이것은 충분히 확인된다. 그리고 이때부터는 전통적인 經學·性理
學·禮學·史學은 물론이고, 農學·醫學·兵學·天文學·地理學·文
字(言語)學 등, 實務·實用的인 학문연구가 점차 확대되고 있었다. 또
불교(禪學)·老莊學·西學(西敎)이나, 先秦·漢唐의 유학, 陽明學 등을
포함하는 여러 思潮·流派들에 대한 관심도 높아졌다. 물론 이를 통해
서 정치·경제·군사·교육 등 현안의 해결방안을 찾으려는 것이었다.
이런 여러 정황이야말로 주자학과 大別되는 반주자학의 조류가 형성되
고 있음을 말해주는 단서들이다.25) 柳馨遠의 『磻溪隨錄』은 이러한 사
회·사상계의 분위기 속에서 이룩된 성과 가운데 대표적인 政論書였다.
그리고 그의 등장은 실학이 새로운 학파로 형성되는 劃期를 가름하는
일이기도 하였다.

　하지만 앞에서도 말했듯이, 兩亂 자체를 실학이 발흥한 일차적 요인
으로 보기는 어렵다. 兩亂의 충격이 비록 컸다 하더라도 그것은 당시
동아시아 국제환경이라는 밖으로부터의 변수, 부차적인 계기였을 뿐이
기 때문이다. 이를테면 임진왜란의 경우 16세기 후반기의 조선사회 내
부사정이 일본의 군사행동을 유발한 측면도 있었다. 전란의 결과로 중
국에서는 明·淸 왕조교체가 일어났고, 침입의 장본인 일본에서는 德川
幕府가 새로 성립했다. 그러나 피해 당사자 조선은 일단 왕조의 멸망은
모면했으므로 어떤 의미에서는 그 타격이 적은 것이기도 했다.

　요컨대 兩亂期의 체제적인 위기상황은 16세기 이래로 계속된 사회변

---

25) 1950, 1960년대의 실학연구자들이 조선 후기 朱子學 이외의 학문동향에 관심을 기울
　　였던 것은 이러한 사정을 반영하는 것으로 볼 수 있다. 예컨대, 老莊學에 대해서는
　　李丙燾(앞의 글, 1966), 西學(西敎)에 대해서는 洪以燮(「實學과 西學」, 『亞細亞學報』
　　4, 1967 등)·李元淳(『朝鮮西學史研究』, 일지사, 1986) 등, 先秦과 漢唐의 儒學에 대
　　해서는 李乙浩(앞의 책, 1966·1980), 陽明學에 대해서는 尹南漢(『朝鮮時代 陽明學研
　　究』, 집문당, 1982), 考證學·北學과 관련해서는 全海宗(「淸代學術과 李朝實學－序
　　論的 考察」, 『實學論叢』, 전남대, 1975)·金龍德(『朝鮮後期 思想史研究』, 을유문화
　　사, 1977)·유봉학(『燕巖一派 北學思想研究』, 일지사, 1995) 등의 연구가 그것이다.

동의 연장선 위에 있었다. 兩亂期, 즉 17세기의 역사적 변동은 16세기의 그것에 잇닿아 일어나되, 兩亂으로 더욱 촉진된 것이었다.[26] 바로 여기에 실학이 태동한 內因이 있었다고 하지 않을 수 없다. 따라서 실학이 발흥한 사회·역사적 단서는 조선왕조의 기본 성격과 그 변동 속에서 찾아야 하겠다.

조선왕조는 그 성립 뒤 거의 한 세기를 거치는 동안 중세 집권체제의 기반을 재정비하는 방향에서 운영되었다. 인간을 出自에 따라 良賤·嫡庶·班常의 관계로, 또 인륜·도덕에 따라 上下·貴賤·尊卑의 관계로 峻別하고, 이를 통해서 직업은 물론 모든 인간·사회 관계가 관철되도록 했다. 이러한 신분차등제는 自作·小農 경영과 地主佃戶制의 균형을 지향하는 農本主義는 물론이고, 양반사대부가 주체가 되고 국왕을 정점으로 하는 정치질서의 사회적 기초이기도 하였다. 중앙과 지방의 정치·행정·군사·교육·과거 제도가 그 매개고리인 收租權分給制·兩班官僚制와 함께 확립되었으며, 토지와 인민에 대한 직접적 통일적 지배를 관철하기 위한 봉건적 집권체제의 운영원리로 주자학을 적극 채용하여 國定敎學의 지위를 굳혔다. 그리하여 세종대의 문화적 성과로 입증되듯이, 15세기의 조선사회는 역사상 보기 드문 사회·경제적 안정을 이룩하였다.[27]

15세기 말에 이르면, 두 차례의 '士禍'와 곧 이은 '反正'을 계기로 정치 주도세력이 종래의 '勳舊'에서 '士林'으로 옮겨가기 시작했다. 그리하여 16세기에는 사림의 문중·향촌사회 기반이 안정되는 가운데 정치가 크게 활성화되었다.[28] 사림은 특히 주자학을 근거로 士論(=公論)이라는

---

26) 이러한 견해는 이미 이른 시기에 나와 있는 터이다. 千寬宇의 실학발전 3단계설(준비기·맹아기·전성기)은 이 점에서 일정한 의의가 있다(千寬宇, 앞의 글, 1952·1953 참조).

27) 김태영, 「서설-조선 전기 사회의 성격」, 『한국사 7-중세사회의 발전 1』, 한길사, 1994 참조.

28) 李樹健, 『嶺南士林派의 形成』, 영남대학교 출판부, 1979 ; 李成茂, 『朝鮮初期 兩班硏

이름의 정치언론을 강화하여 국왕과 기성세력의 정치적 무능과 도덕적 약점을 비판함으로써, 자파의 정치적 정당성과 집권기반을 다질 수 있었다. 그리하여 종래 ‘國王↔大臣’을 축으로 하던 정치운영이 ‘國王·大臣↔言官·郎官’이라는 대응관계로 전환해가고, 마침내 宣祖 초기에는 사림의 정계 석권이 일단락되었다.29) 정계가 사림 일색으로 통일되자마자 곧이어 그들의 자체분열이 시작되고, 이른바 東·西 分黨이 가시화되었다.30)

조선왕조와 사림과 주자학의 三位一體的인 결합은 하나의 완결된 구조로서, 지배체제의 안정성을 보장할 수 있었다. 그러나 사림의 분열과 주자학의 사상적 분화는 불가분의 관계에 있었다. 그들은 처음에 주자학을 공통의 이념근거로 하고 있었지만, 당파를 달리하게 되면서 주자학에 대한 이해방식 또한 달리하지 않을 수 없었기 때문이다. 잘 알려진 대로 李滉과 李珥의 학풍상의 차이가 뒷날 嶺南學派와 畿湖學派로 나뉘고, 이것이 각기 東人과 西人의 당파적 대립의 근거였던 사정이 이를 잘 말해준다.

사림세력의 분열과 주자학의 학리논쟁이 전개되는 현실적 배경에는, 예컨대 수조권분급제의 소멸과 이에 따른 지주제의 확대,31) 田稅의 永定化와 貢物의 代納·防納化,32) 軍役에서의 代立制·布納制와 良役

究』, 일조각, 1980 ; 李秉烋, 『朝鮮前期 畿湖士林派硏究』, 일조각, 1984 ; 李泰鎭, 『朝鮮儒敎社會史論』, 지식산업사, 1989.

29) 宋贊植, 「朝鮮朝 士林政治의 權力構造」, 『經濟史學』 2, 1978 ; 金武鎭, 「朝鮮前期 政治構造에 관한 硏究動向과 國史敎科書의 敍述」, 『歷史敎育』 43, 1988 ; 김우기, 「조선전기 士林의 銓郎職 진출과 그 역할」, 『大丘史學』 29, 1986 ; 李秉烋, 「朝鮮前期 支配勢力의 葛藤과 士林政治의 成立」, 『民族文化論叢』 11, 1990 ; 崔異敦, 『朝鮮中期 士林政治構造硏究』, 일조각, 1994.

30) 姜周鎭, 「黨爭以前의 李朝政派」, 『李朝黨爭史硏究』, 서울대학교 출판부, 1971 참조.

31) 金容燮, 「前近代의 土地制度」, 『韓國學入門』, 대한민국학술원, 1982 ; 李景植, 『朝鮮前期土地制度硏究』, 일조각, 1986 ; 金泰永, 『朝鮮前期土地制度史硏究』, 지식산업사, 1983 ; 金鴻植, 「封建的 小農民經營의 成立」, 『朝鮮時代 封建社會의 基本構造』, 박영사, 1981 ; 김건태, 「16세기 在地士族의 農莊經營에 대하여」, 『成大史林』 7, 1991.

32) 金錫亨, 「李朝初期 國役編成의 基底」, 『震檀學報』 14, 1941 ; 田川孝三, 『李朝貢納制

化,[33] 그리고 농민층의 投託과 流離逃散으로 말미암은 담세층의 감소,
賦稅의 族徵・隣徵이라는 악순환이 가로놓여 있었다.[34] 이는 田稅・貢
納과 軍役을 중심으로 하는 토지제도・수취체계가 무너지고, 농민생
활・농업경제가 파탄의 위기에 빠져든 때문으로, 유통경제의 발달과 지
방 場市의 증가 등 경제구조의 변동에 기인한 것이기도 했지만, 그보다
는 빈부격차의 확대와 농민층의 광범한 몰락과 私民化에 더 큰 원인이
있었다. 李珥가 당시의 사정을 "元氣가 다되어 떨치고 일어서지 못하는
노인"[35]이나 "오랫동안 돌보지 않아서 퇴락해버린 큰 집"[36]에 비유하
고 있음은 결코 과장이 아니었다.

결국 16세기 말엽의 조선사회는 각종 제도・법령의 폐단과 지배층의
지나친 농민수탈이 야기한 내부모순으로 집권체제의 위기상황을 맞이
하고 있었다. 이는 14세기 말의 왕조교체로 일단 안정국면을 맞이했던
왕조질서가 이 시기를 지나면서 다시 동요하기 시작한 때문이었다. 이
렇고 보면 壬亂 전야에 李珥가 외적의 침입 가능성을 내다보고 시급한
국방력 건설을 주장한 것은 결코 우연이 아니었던 셈이다. 말하자면 壬
辰倭亂과 그 수습과정에서 겪은 두 차례의 胡亂(丁卯・丙子)은 16세기
이래의 사회변동과 구조적인 모순을 한층 증폭시켰다. 그리고 이 무렵
의 양심적인 관인・식자들 일각에서는 이러한 사회・국가적 위기상황
을 직시하면서, 이에 대한 타개방안들을 제기하게 되었다. 바로 여기에
실학이 태동하는 단서가 있다.

아무튼 초기의 실학은 壬亂 전야와 戰後의 수습기를 거치면서 점차 자

の研究』, 東京 : 東洋文庫, 1964 ; 尹用出,「15・16세기의 徭役制」,『釜大史學』10,
1986.
33) 李泰鎭,「近世朝鮮前期 軍事制度의 動搖」,『韓國軍制史-근세조선전기편』, 육군본
부, 1968 참조.
34) 지승종,「조선전기의 投託과 壓良爲賤」,『한국사회사연구회논문집』8, 한국사회사
연구회, 1987.
35)『栗谷全書』卷30, 經筵日記 3, 90ㄴ~91ㄱ.
36)『栗谷全書』卷5, 萬言封事(甲戌), 23ㄱ・ㄴ.

리 잡아갔다. 이때의 주목할 만한 관인·학자로는 대개 李之菡·李珥·趙憲·柳成龍·韓百謙·柳夢寅·李睟光·許筠 등을 꼽을 수 있다. 이들은 土地·賦稅·奴婢·官制·科擧·國防 등에 관한 제도개혁론, 또는 保民·王政論, 對外交易論, 取末補本論을 제기하였다. 이들의 논점은 한결같이 낡은 제도와 법규를 更張·變通하여 民生을 안정시키고 국가의 기반을 강화해야 한다는 것, 그러기 위해서는 實事에 힘써서[務實] 실질적인 성과[實功]을 거두는 정치를 이룩해야 한다는 데 모아지는 것이었다.

그렇더라도 학문 대상이나 방법이 아직 단조롭고 제한된 범위에 머물러 있었으며, 주자학의 논리방식에서 크게 벗어나지도 않았다. 추구하는 대상·주체도 봉건적 속박에 묶인 농민층이었으므로, 아직 신흥사회세력의 존재가 시야에 들어올 수는 없었다. 그러나 여기에서 18, 19세기 후기실학의 문제의식이나 기본 논점들이 이미 싹트고 있었다고 보아야 할 것이다. 말하자면 실학은 務實·實事 등 현실적용을 강조하는 체제내적인 초기의 학문단계로부터, 점차 현실 정치·사회의 한계와 모순을 극복해서 새로운 사회건설을 지향하는 신흥계층의 변혁적 사회사상으로 발전해간 사유방식·사상운동이었기 때문이다.[37]

務實과 이에 따른 更張을 내세운 논자로는 누구보다도 먼저 李珥를 꼽아야 할 것이다. 그는 務實·實功·時勢를 강조함은 물론이고, "欲並與實學"[38] 또는 "必務實學"[39] 등과 같이 實學이라는 표현을 자주 쓰면서, 당장 낡은 법제를 개폐하는 更張·變通에 착수하자고 주장하였다.[40] 즉 "時務는 때와 사람에 따라 다르지만, 그 크고 중요한 것으로는

---

37) 실학의 발전단계에 대해서는 다음의 글들 참조. 金良善, 앞의 글, 1955 ; 千寬宇, 앞의 글, 1952·1953 ; 趙璣濬, 앞의 글, 1967 ; 全海宗, 「實學의 槪念」, 『韓國과 中國』, 지식산업사, 1979.

38) 『栗谷全書』 卷4, 論朋黨疏, 42ㄴ.

39) 『栗谷全書』 卷30, 經筵日記 3, 91ㄱ.

40) 『栗谷全書』 卷5, 萬言封事(甲戌), 16ㄱ.

創業과 守成과 更張의 세 가지뿐"41)인데, 잘 갖추어진 법규를 지키기만 하면 되는 守成과 달리 更張은 현명한 군주의 결단과 유능한 신하의 보필[明君哲輔]이 있어야만 되는, 創業 다음의 어려운 일이라고 했다.42) 또 때를 알고[知時] 실상에 힘쓰는 것[務實]이 정치와 사업의 요령이듯이,43) 나라의 경영에서도 "때에 맞게 변통하여 법제를 만들고 민생을 救濟하는 것[時宜]"44)이 우선이었다.

戰時 재상이었던 柳成龍은 倭亂의 소용돌이 속에서 舊習이나 衆情에 얽매어 있는 관인·식자 일반의 안이한 태도를 비판하고, 更張의 차원에서 적극적인 對倭戰守策을 마련했다. 즉 "비상한 사태에 당하면 비상한 조치를 내려서 變通救時하는 계책을 마련하지 않을 수 없다"45)거나, "지금에 와서 변통하지 않는다면 燎原의 형세가 날로 심해져서 마침내 나라의 근본이 무너질 것"46)이라는 지적은 그러한 인식의 일환이었다. 壬亂 뒤의 수습기에 살았던 李睟光은 仁祖反正 직후의 불안한 사회상황을, "살 곳을 잃고 變亂을 꾀하는 백성들이 사방에 떼 지어 모이고 있으니, 漢나라에 赤眉黃巾賊이 다시 일어난 듯싶다"47)고 우려하면서, "만약 務實하지 아니하고 헛되이 文具만 가지고 治功을 이루려 한다면, 만 가지 일이 모두 虛事로 돌아갈 것"48)이라고 환기하였다. 그는 특히 修己治人이란 바로 實心·實踐·實用·實功에 있음을 강조하였다. 이 무렵에는 앞선 이이의 '保國安民'이나 유성룡의 '便民之方'과 같은 논리의, '恤民之實'(이수광)과 '太上安民 其次足食'(유몽인)49) 같은 표현이

---

41) 『栗谷全書』 卷25, 聖學輯要 7, 爲政 下, 識時務, 10ㄴ.
42) 위와 같음.
43) 『栗谷全書』 卷5, 萬言封事(甲戌), 12ㄴ.
44) 『栗谷全書』 卷5, 萬言封事(甲戌), 13ㄴ.
45) 『西厓先生文集』 卷8, 柳祖訒上疏回啓(乙未), 4ㄱ.
46) 『西厓先生別集』 卷2, 無氷箚, 10ㄴ~11ㄱ.
47) 『芝峯集』 卷22, 條陳懋實箚子(乙丑), 18ㄴ.
48) 『芝峯集』 卷22, 條陳懋實箚子(乙丑), 13ㄴ.
49) 『於于集』 卷3, 送別咸鏡監司張好古(晩)詩序, 44ㄱ.

더욱 많아졌다.

이처럼 壬亂을 앞뒤로 해서 여러 논자들은 安民·保國, 즉 국가 위기 상황의 극복을 위한 時務와 時宜, 實功과 務實을 강조하고, 이를 更張論·變通論으로 이어갔다. 이는 자신의 눈으로 직접 현상에서 문제를 발견하고 그때그때의 상황에 적합한 해결책을 마련하려는 태도이며, 관념·사변 일변도가 아닌 경험·실제적 접근방식이라고 할 수 있을 것이다. 그래서 비록 주자학의 논리에서 출발했더라도 이를 탈피하는 방향을 취했던 점에서, 주자학의 논리 범주에 안주하려던 논자들의 그것과는 분명히 다른 태도라고 해야 할 것이다.

更張·變通의 핵심은 낡은 법령과 제도를 재정비하는 데 있었다. 李珥는 이를, 법제가 오래되면 폐단이 생기고[法久弊生], 누적된 폐습은 고쳐서 바로잡아야[矯革宿弊] 한다는 관점에서 생각했다.50) 그의 변통론은 신분·사회 관계의 지나친 갈등을 완화하는 일, 중간수탈이 고질화된 수취체계를 정비하고 政·官制 운영의 효율을 높이는 일, 그리고 변통의 추진주체인 군주·관료·식자층이 각성하는 일의 세 가지로 마련되었다.

사회질서의 긴장을 완화하고 신분 사이의 相須관계를 안정시키는 일은, 신분·門地를 넘어선 인재의 활용, 貢賦·公役 부담의 減下와 公平化, 公·私賤에 대한 溫情的 배려, 천인층의 증가 억제 등을 강구하는 문제였다.51) 그 요점은 신분제의 골격을 유지하되, 양반 지배계층이 온정을 가지고 농민층의 부세부담을 일부 나누어 지며, 제한된 범위에서 신분상승의 길을 열어놓는 데 있었다. 알려진 바와 같이 李珥가 庶孼과 公·私 賤人에게 武才를 시험하거나 納粟의 기회를 주어 仕路許通, 또

---

50) 이는 물론, "낡은 법제의 개혁은 그 옳고 그름과 이롭고 해로움을 따져서 그 혜택이 오직 백성들에게 돌아가도록 할 뿐이다"[『栗谷全書』卷11, 答成浩原(丙子), 5ㄴ]라고 했듯이 고통 받는 민생을 구제하고 무너진 사회기강을 일으켜 세우기 위해서였다.
51) 李東仁, 「栗谷의 身分觀과 身分制度改革論」, 『韓國學報』 76, 1994, 8~11쪽 참조.

는 免賤 從良하자고 건의했던 것[52]은 이러한 발상의 반영이었다.[53] 수취체계의 개선, 통치질서의 정비·강화와 관련해서는, 賢材(經明行修者)의 발굴과 적재적소 임용[人器相稱], 유능자의 不次擢用, 적임자의 專責久任, 年功昇進의 억제와 공정한 업적평가에 따른 任免·昇降, 科擧制本位의 지양과 薦擧制의 확대, 庶孼의 仕路許通 등 관리선발, 특히 수령 임무의 중요성을 강조했다. 또 言路의 확대, 유사 官署의 통폐합과 冗官의 汰去, 영세한 郡縣의 倂省과 吏胥作弊의 규제, 內需司 기능의 戶曹로의 통합, 王室·外戚의 정치관여 배제, 수령·방백의 녹봉지급 등도 기구·관원의 축소와 능률향상을 지향하는 데 필요한 조치로 생각했다. 그리고 弊政釐正의 추진기구로서 한시적인 經濟司를 설치하자고 제안하였다.[54]

李珥는 更張의 주체가 군주를 비롯한 관인·유자층임을 분명히 했다. 따라서 이들에게는 治者로서 道理를 자각하고 국가와 민생을 우선하는 인식과 실천을 요구했다. 그는 특히 務實이 군주의 修己工夫에 요점이 된다고 하면서,[55] 정치운영·정책론을 언급한 많은 부분에서 군주의 자각과 결단을 강조하였다. 그리고 이러한 君主論의 연장선에서 格君心과 親民, 紀綱의 확립, 法制의 준수를 관인·치자층이 수행해야 할 책무로 꼽았다. 경장이라는 이름의 정치·사회 개혁은 군주의 의식을 一新하는 일에서 출발하여, 나라 안팎의 크고 작은 모든 문제에 이르는 총체적 작업으로 이어져야 한다고 본 것이다. 이렇게 보면 이이의 경장론은 군주의 자기혁신과 신료집단의 각성을 촉구하고, 여기에 제도의 모순과 그 운영상의 불합리한 점을 개선하는 데 모아지는 것이었다. 그리고 이로

---

52)『栗谷全書』卷5, 萬言封事(甲戌), 37ㄱ·ㄴ ;『栗谷全書』卷7, 陳時事疏, 49ㄴ~50ㄱ.
53) 이는 가용인력을 국가적 차원에서 동원하는 방법이기도 했는데, 그 무렵 柳成龍은
   임진왜란의 抗戰力量을 강화하는 방안으로 이를 원용했다.
54) 李元述,「李栗谷의 政治思想 硏究」,『社會科學硏究』14-1, 영남대학교, 1994 ; 李東
   仁,「栗谷의 政治思想과 政治改革論」,『韓國學報』77, 1994.
55)『栗谷全書』卷15, 東湖問答(己巳), 14ㄴ~17ㄱ.

써 安民·保國은 실현되고, 조선왕조는 中衰期의 침체와 위기를 벗어나 집권체제의 중흥기를 맞게 될 것이었다.

한편 앞에서도 말했듯이 조선 후기 실학의 근본 과제는 주자학으로부터 탈피하는 것이었다. 그리고 토지문제는 그 구체적인 지표의 하나였다. 韓百謙은 箕田論을 제기하여, 토지문제야말로 이 시기 更張·變通의 핵심문제라는 인식을 분명히 한 선구자였다. 그도 또한 "法이 오래되면 폐단이 없을 수 없음"56)을 인정하고 '정치'[爲治]는 "때에 맞춰 變通하고, 일에 당해서 결단을 옳게 하여 常規에 얽매이지 않아, 法外의 意義를 얻는 일"이라고 믿었다. 그가 낡은 법제를 '先王成憲'이라 해서 고수하려는 태도를 가리켜 "膠柱而鼓瑟 刻舟而求劍"이라고 비판해 마지않았던 까닭도 여기에 있었다.57) 한백겸은 賦稅를 공평히 하여 농민경제를 均質化하는, '平賦均民'에 경장의 목표를 두었는데, 이러한 公平賦稅의 전제로 토지제도의 개혁이 필요하다고 본 것이었다.

한백겸은 학문적 관심대상이나 연구방법을 종래 주자학자들과 사뭇 달리하였다. 스스로의 思考를 중시하되 字句의 訓義는 물론이고, 錯綜處의 融會, 疑晦處의 破綻, 窒碍處의 通透를 추구하여 거듭 研窮함으로써 의문을 그대로 놓아버리는 법이 없었다고 한다. 또 그는 經傳(六經)의 이해방식에서 註疏에 가리어 本旨를 잘못 알기 쉬운 폐단을 경계하고, 의문되는 곳은 비록 先賢의 견해라도 얽매이지 말 것을 강조했다고 한다.58) 사물·문헌 연구에서 분석·종합과 추론을 바탕으로 고증이나 비판에 철저했다는 것이다. 기존의 권위를 묵수하지 않을 뿐만 아니라 自家의 견해라고 해서 고집하지 않는 실증적 객관적 태도라고 할 수 있겠는데, 아마 이것이 주자학을 맹목 존신하는 속류 관인·학자들과 크게 다른 점이었을 것이다.59) 이 시기 실학의 학풍은 이러한 한백겸의

---

56) 『久菴遺稿』下, 貢物變通疏, 6ㄱ.
57) 위와 같음.
58) 『愚伏集』 卷18, 通政大夫戶曹參議韓公墓碣銘(竝序), 5ㄱ.

태도에서 그 특징이 크게 드러나는 것이라 하겠다.

『東國地理誌』로 잘 알려져 있듯이, 한백겸은 새롭고 독자적인 역사
지리학의 영역을 개척했다. 역사발전·사회통합의 계기를 종래와 같이
도덕적 기준이나 개인의 영웅적 능력에서 구하기보다, 지리·환경 요인
이나 사회구조·국가정책 등 합리적 객관적 조건에서 찾으려 한 것이었
다.[60] 그리고 이로써 종래 신라 중심의 역사·지리 인식에서 벗어나는
관점을 세웠다. 이는 말하자면 民生을 안정하는 위에서 부국강병을 실
현하고 적극적인 대외정책에 나서야 한다는, 兩亂期의 절박한 對內外
상황을 진취적으로 타개하려는 역사·현실 인식을 반영한 것이었다. 한
백겸의 역사지리 연구는 그의 '箕田' 연구와 함께 柳馨遠·洪萬宗·申
景濬·李肯翊·安鼎福·丁若鏞 등 조선 후기 실학자들의 이 방면 연구
에 큰 지표가 되었음은 물론이다.[61]

역사지리 연구에서 보인 한백겸의 문제의식은 箕田에 대한 관심에서
도 마찬가지였다. 그의 의도는 井田制가 실재했던 제도임을 입증하고
그 정전제 이념, 즉 耕者有田의 원칙에 입각한 토지제도 개혁의 역사적
이론적 근거를 마련하려는 데 있었다.[62] 이미 16세기에는 토지소유의

---

59) 朱子의 學說을 상대화하고 독자적인 견해를 밝힌 한백겸의 실증적이고 독창적인
   학문에 대해서는 이미 당대의 평판이 있었다. 즉 啓蒙撰著辨·多方解·豳風說 등
   몇 편의 논문은 "先賢成說을 벗어난 논지로서 그 精粗深淺은 쉽게 알 수 없으나 覃
   思力索한 功을 금방 느끼게 된다"거나(『愚伏集』卷18, 通政大夫戶曹參議韓公墓碣
   銘, 5ㄴ), "象數之變, 制度之宜는 연구가 매우 깊고 前說에 얽매이지 않았으나, 程
   子·朱子의 嫡傳 사이에도 서로 異同이 있는 것으로 보아, 이는 결코 先儒의 定論
   에 異說을 세우려는 의도가 아니라"고 변호하기도 하였다[『久菴遺稿』, 序(李植 箸),
   2ㄱ]. 尹熙勉, 「韓百謙의 東國地理誌」, 『歷史學報』93, 1982 ; 고영진, 「한백겸의 심
   의설」, 『조선중기 예학사상사』, 한길사, 1995 참조.
60) 鄭求福, 「東國地理誌에 대한 一考察－歷史地理學派의 成立을 中心으로」, 『全北史
   學』2, 1978 ; 尹熙勉, 위의 글, 1982 ; 鄭求福, 「韓百謙의 史學과 그 影響」, 『震檀學
   報』63, 1987 ; 高英津, 「한백겸」, 『한국의 역사가와 역사학』상, 창작과비평사, 1994.
61) 鄭求福, 앞의 글, 1987 참조.
62) 바로 이 점에서, 한백겸의 箕田論은 당시 주자학자들의 箕子에 대한 이해나 연구가
   주로 조선왕조의 국가기원, 유교의 東傳과 조선사회의 유교화에 초점이 맞춰졌던 것
   과는 그 성격을 전혀 달리하는 것이었다. 이 시기의 箕子 인식에 대해서는 朴光用,

불균형이 심각한 지경에 이르러 均田論·限田論이 제기되는 가운데, 논자들은 토지제도의 始原인 孟子의 井田說이나 箕子井田에 주목하고 있었다. 또 주자학의 이해가 깊어지고 이로부터 典據를 찾으려는 경향이 더해갔으므로, 토지문제에 대한 주자의 본의를 확인하려는 시도 또한 활발해졌다. 兩亂期의 國家再造 문제가 떠오르면서 더욱 그러하였는데, 한백겸의 箕田論은 바로 이 무렵에 제기된 것이었다. 주자는 井田制를 聖王의 이상적인 법으로는 공감하면서도, 井田의 實在나 토지제도의 전면 개혁에는 부정적인 입장이었다. 그러므로 이제 箕田의 실체 확인은 井田制 원리에 따른 토지제도의 실현 가능성을 인정한 것이며, 동시에 주자의 토지론에 정면 대립하는 논점이 아닐 수 없었다. 조선 후기 경제사상·개혁사상은 그 핵심문제인 토지제도를 둘러싸고 주자적 입장과 반주자적 입장으로 크게 분립하였던 것이고, 반주자적 토지론, 즉 그 뒤 200여 년 동안 실학 개혁사상의 기축이었던 토지개혁론은 이렇게 한백겸의 기전론에서 성립하였던 것이다.63)

이상과 같이 조선 후기 실학의 시원적 계보는 일단 이이의 務實·更張論과 한백겸의 土地論을 중심으로 정리된다. 모두 時宜·實功·務實을 강조하면서도, 李珥는 정치·사회의 문제점을 개별적인 것으로 파악하고 그 해결방법도 실무·실제적인 차원에서 사안별로 제시하였다. 이에 견주어 한백겸의 논리는 복잡다단한 현상계의 개별 사안 자체보다는, 그 배후의 원인·본질의 문제를 직시하고 근원적인 대안을 찾으려 했던 것으로 보인다. 그의 箕田說이 지니는 의의가 바로 그렇다. 하여튼 이들이 제기한 實務·變通論의 논리야말로 실학의 학문적 이념적 기원이 되는 것이라 하겠다.

16세기 말의 壬亂期를 거쳐 胡亂期에 이르면서 실학적인 분위기는

「箕子朝鮮에 대한 認識의 變遷」, 『韓國史論』 6, 서울대학교 국사학과, 1980 참조.
63) 주자의 井田制難行說, 한백겸의 箕田論의 내용과 의의에 대해서는 다음의 글을 참고. 金容燮, 앞의 글, 1990.

점차 확대되었다. 이때의 논자로는 한백겸을 비롯해서 유몽인·이수
광·허균 등을 꼽을 수 있다. 이들은 점차 당쟁이 치열해짐에 따라 정치
적인 제약을 받았지만,[64] 현실문제에 대한 학문·이념적 소신은 분명히
밝히고 있었다. 먼저 도교·불교·양명학 등을 異端으로 여기면서도 일
정하게 관용하고, 六經·古文을 중시하여 이를 四書와 융회 절충하려는
태도를 취했다. 이는 그들의 학문적 개성과 진취성을 잘 보여주는 것이
었고, 때문에 이 무렵의 주자학이 정통·주류 학문의 지위를 한층 강화
해가는 사정과 대비되었다.

아마도 여기에서, 그들의 학풍에 주자학적인 理氣人性說과 心學·修
己治人을 일단 전제하면서도, 동시에 務實·實事·實用의 학문, 즉 實
學이 확연하게 되었다고 하겠다. 그리고 그들의 이러한 인식태도·학문
방법은, 이를테면 君臣相濟와 이에 의한 붕당의 해소, 능력에 따른 인재
등용과 서얼·천인에 대한 防限撤廢, 부세·공물의 완화와 진휼의 확대
에 의한 對民按撫, 또 魚鹽·鉛銀鐵의 개발과 화폐의 사용, 路鋪의 開
設, 선박·수레의 활용 등 유통경제의 확대, 상업적 농업의 장려, 그리
고 軍丁·軍糧·軍器의 확보와 練兵·關防의 정비에 의한 자주국방의
강화 등등의 견해로 구체화되었다.[65] 이들의 논의는 壬亂 이전의 실학
적인 전통을 계승하고 더욱 진전시키는 차원의 것이다.

특히 이 무렵 정부와 지배층은 壬亂으로 말미암은 충격과 위기를 國
家再造의 차원에서 대처하고 있었는데, 이들 실학의 학풍은 자연스럽게
진보·개혁적인 입장에서 마련하는 國家再造論의 사상경향을 대변하게

---

64) 허균과 유몽인은 당쟁의 갈등 속에서 반대파로부터 역적으로 몰려 처형되었다.

65) 韓永愚, 「李睟光의 學問과 思想」, 『韓國文化』 13, 1992 ; 李萬烈, 「芝峯 李睟光 硏究
　―그의 社會思想을 中心으로」, 『淑大論文集』 15, 1975 ; 韓明基, 「柳夢寅의 經世論
　연구―임진왜란 이후 사회경제 재건의 한 방향」, 『韓國學報』 67, 1992 ; 李離和, 「許
　筠의 개혁사상」, 『한국의 사상』, 열음사, 1984 ; 金容燮, 「17世紀 初·中葉 農書의 새
　로운 農業技術과 地主立場의 農學思想」, 『朝鮮後期農學史硏究』, 일조각, 1988, 113～
　132쪽 참조.

되었다. 그리고 이러한 전통은 그 뒤 반세기가 채 되기도 전에 유형원의
『磻溪隨錄』을 통해서 국가체제 전반에 걸치는 개혁안으로 집대성되기
에 이르렀다.

(『한국사』 31, 국사편찬위원회, 1997)

Ⅲ. 朝鮮 後期 進步的 歷史觀의 성립
－ 柳馨遠의 變法史觀 －

1. 머리말

조선 후기에는 종래의 朱子學과 다른 새로운 學問·思潮가 대두하였
다. 實事求是 또는 利用厚生을 지향한 實學이 그것이었다. 현실을 직시
하여 문제점을 정확히 찾아낼 뿐만 아니라 사물관계를 경험·실증 방법
으로 밝혀냄으로써 국가와 민생을 便宜하고 풍요롭게 만들어가려는 학
풍이 바로 실학이었다. 때문에 실학에서는 정치·경제·국방·교육과
같은 현안문제를 중심 연구대상으로 삼게 되었고, 그 목표도 역시 낡은
옛 법규나 제도의 모순을 개혁하여 국가·사회 전반의 질서를 바로 세
우고 생동력을 북돋는 데 두게 되었다.

실학은 조선왕조의 집권체제가 그 해체과정에 접어들고 있던 17세기
초부터 뚜렷이 등장하고 있었다. 말하자면 종래 주자학의 지도이념에
맞서 새롭게 실학이 발흥하고 있던 만큼, 사회·경제 각 방면에서는 기
존의 구조와 질서에 변화와 변동이 일어나고 있었던 것이다. 그리하여
실학은 주자학에 입각한 낡은 사회체제를 극복하려는 새로운 학문·사
상 운동이었고, 훗날에는 新社會(＝근대사회) 건설을 선도하는 이념의
견인차가 될 수 있었다. 거듭 말하거니와 실학의 기본 정신은 그 진보성

과 개혁성에 있고, 조선 후기 사회의 발전은 이러한 실학의 학문적 추동
력에 힘입은 바 크다고 해야 옳을 것이다.[1]

그런데 조선 후기 사회의 발전적 실상은 다양한 사실관계를 통해서
더 구체적으로 밝혀져야 하며 그 의의 또한 여러 측면에서 다각도로 짚
고 확인하지 않으면 안 된다. 그리고 실학의 역사의식·역사이론을 새
롭게 조명하는 일이야말로 이 같은 문제의식에 부합하는, 우선해야 할
연구과제라고 할 수 있을 것이다. 한 시기의 구체적인 사회상은 그 시기
의 사유방식·의식형태와 깊이 연관되어 있으며, 더욱이 그 역사의식은
당대의 현실과 지향을 동시에 압축하는 것이기 때문이다. 이런 관점에
서 조선 후기의 역사의식·역사이론은 당연히 실학의 그것과 함께 주목
되어야 하겠다.

물론 당시에 비중이 컸던 歷史觀은 아직 주자학을 기반으로 한 것이
며 이렇게 주류를 형성한 주자학 역사관에 비해서 실학의 역사관은 소
수·비주류의 처지를 벗어날 수 없었다. 그러나 주자학의 그것은 역사
적으로 극복되어야 할 대상이며 이미 쇠퇴의 길목에 들어서고 있었음
에 반해서 실학의 그것은 새롭게 성장 발전하는 新氣運으로서 대세의
흐름을 타고 있었던 점이 중요하다. 또 역사의식이란 바람직한 미래의

---

1) 당연한 일이지만 이때 실학의 경향은 문제의식이나 학문방법이라는 면에서 종래 주
자학과 커다란 차이가 났다. 정통 주자학에서는 거의 모든 현실문제를 먼저 인륜·도
덕의 차원에서 파악하며 그 해결방법 또한 名分論·義理論에 수렴하고 있었으므로,
궁극에는 三綱五倫의 철저화로 가게 마련이었다(정통주자학의 名分論·義理論이 내
포하는 사회적 역사적 성격에 대해서는 金駿錫,「17세기 正統朱子學派의 政治社會論
－宋時烈의 世道政治論과 賦稅制度釐正策」,『東方學志』 67, 1990 참고). 그러니까 현
실을 직시한다든지, 實事·實務·實用·實證을 위주로 한다든지 하는 실학의 의미
는 이러한 현안을 인륜이나 명분·의리 문제로 가져가지 않았다는 것이기도 하다.
 실학과 주자학, 서로 다른 두 학풍은 그 성격이 그러했으므로 이념적으로도 뚜렷한
대조를 보였다. 정통주자학이 보수·개량적인 노선을 추구하며 집권세력과 在地양
반층을 대변하는 입장이라면, 권력에서 소외된 소수 학자군을 중심으로 한 실학은
진보·개혁적인 입장에서 광범한 농민층의 처지를 대변하며 신흥 상공업세력과도
일정하게 제휴할 수 있었다. 실학과 인사들이 대개 南人·少論에 속하면서 집권세력
의 주류를 이루는 老論系와 대립했던 까닭도 여기에 있었다.

전망을 담아야 하는 것이며 그런 가운데서 사회구성원의 보편적 의지를 대변하는 것이어야 한다는 관점에서 보더라도 우리가 조선 후기의 사회의식·역사의식을 실학에서 먼저 찾아야 할 이유는 정당하다고 할 수 있겠다.

잘 알려진 대로 磻溪 柳馨遠(1622~1673)은 '실학의 鼻祖'로 일컬어지는 17세기의 대표적인 실학자였다. 실학자로서 그의 명성과 위치는 국가경영의 이념과 제도개혁에 관한 탁월한 구상을 통해서 얻어진 것이다. 『磻溪隨錄』은 그의 많은 저작 가운데서도 현재까지 전해지는 거의 유일한 문헌인데, '때때로 생각하고 체험한 사실의 기록'[隨錄]이라는 겸손한 표현에도 불구하고 여기에서는 조선왕조의 국가경영에 관련된 제도·법규의 실태와 문제점을 정확하게 짚어낸 다음 그것을 실질적으로 개혁할 수 있는 방안을 역사적 실증적인 증거를 토대로 체계화하고 있다. 그러니까 『반계수록』은 유교의 유구한 禮法·典章의 정신을 계승한 위에서 작성된 국가경영 이론이며, 그것이 지향하는 실증적 개혁적 진보적 방법과 목표는 바로 실학의 이념을 대변할 뿐더러 실학의 수준과 목표를 획기적으로 끌어올리는 학문·사상적 성과였던 것이다. 그러므로 만약 유형원의 역사의식, 그 역사이론을 빼놓는다면 17세기 실학의 역사관은 그만큼 불완전하고 빈약한 것이 되고 말 것이다.

그런데 『반계수록』에는 많은 역사적 사실이나 典據가 인용되고 있지만 이것이 곧 그의 역사서술이거나 역사관을 설명해주는 자료는 아니다. 유형원이 작성한 것으로 「東國史綱目條例」·「東史怪說辨」·「歷史東國可考」·「續綱目疑補」와 같은 역사 관련 문헌이 적지 않게 있었던 것으로 보이나 이 가운데 現傳하는 것은 하나도 없다. 그는 東國史가 '事無可觀'할 뿐만 아니라 '其記事 全無義例'한 것을 한탄하면서 朱子의 『資治通鑑綱目』 형태의 東國史 정리를 염원했다고 한다. 아마 18년도 더 걸려 『반계수록』을 작성하던 과정에서 中國 正史와 『通典』·『文獻通考』 등을 수없이 열람하는 가운데, 東國史·東國文獻도 그와 같이 체

계적으로 수집 정리해야 할 필요성을 절감했을 것으로 보인다.[2]

다만 그의 저작으로 알려진『東國輿地誌』, 그리고『반계수록』의 補遺로 작성한「郡縣制」가 현전하고 있다. 이들 문헌에는 국가경영에 직결되는 행정구역의 편성과 국토의 효과적 관리를 위해 각 지방의 역사적 특색이나 유래를 간략히 언급하고 있어, 이를 통해서 그의 國土觀·지리인식과 함께 역사관의 일면을 어느 정도 살필 수는 있다.『동국여지지』와『반계수록』,「군현제」에 대한 최근의 몇몇 주요 연구들이 이를 잘 보여주고 있다.[3] 그러므로 유형원의 역사·지리 인식과 관련해서 이들 기왕의 연구성과에 다른 내용이나 견해를 더 보태기는 쉬운 일이 아니다.

그렇다면 이제 유형원의 역사관을 살피는 방법을 어디에서 찾아야 할까. 무엇보다도 먼저『반계수록』자체에 주목해야 할 것이다. 그가 제기한 제도개혁의 근거·방향·방법·대상, 그리고 인용된 전거와 그 내용을 검토하는 일이다. 실제로『반계수록』에는 역사인식과 관련된 논리나 주장이 적지 않으며 그 근거로 제시하는 전거들 또한 역사적 의미를 담고 있는 경우가 많다. 그러므로 이들 관련 내용을 분석하고 그 의미를 연결 정리하면 유형원의 역사관·역사이론이 일정하게 드러나게 될 것이다. 다시 말하면 그의 문제의식, 개혁의 논리와 목표를 역사인식의 관점에서 따져보는 일이다.

이 글에서는 먼저 고려, 조선 전기, 중국의 역사에 대한 그의 인식을 살피고, 이어서 이를 떠받치고 있는 역사관·역사이론을 일단 '變法論'

---

2) 安鼎福 修輯,『磻溪先生年譜』, 顯宗 6년(44세) 기사 ;『星湖先生文集』卷50,「磻溪柳先生傳」참조. 이를테면 안정복의『東史綱目』은 이러한 유형원의 구상과 기대를 구체화한 것이라는 연구가 있어 주목된다[강세구,『순암 안정복의 학문과 사상연구』(毋岳實學會叢書 第5輯), 혜안, 1996, 100~109쪽 참조]. 다만 유형원이 주자의 '綱目體'에 주목했다 하더라도 역사인식이나 서술의 중심 내용까지도 주자의 그것에 동의했을지는 의문이다.

3) 朴仁鎬,「柳馨遠의『東國輿地誌』에 대한 一考察」,『淸溪史學』6, 1990 ; 楊普景,「磻溪 柳馨遠의 地理思想」,『문화지리역사』4, 1990.

과 관련지어 정리하기로 한다. 유형원은 정통 주자학을 벗어나는 개혁론·개혁이념을 수립하였으므로 그의 역사관 또한 주자학의 그것과 크게 다를 수밖에 없다는 전제에서 볼 때 이 같은 설정방법은 어느 정도 타당성이 있을 것으로 생각된다.

2.『磻溪隨錄』의 이념과 前史 인식

1)『磻溪隨錄』의 성립과 개혁이념

유교·주자학은 '修己治人'이라는 명제로 잘 집약되듯이, 개인에게 내면적 절제와 규범의 실천과정을 거쳐 인격의 완성에 이르도록 끊임없이 노력할 것과, 그렇게 해서 닦여진 인격과 능력을 정치참여의 기회를 통해서 사회에 환원하도록 규정한 점에 커다란 특징이 있었다. 조선시기의 官人·識者들이 家門의 융성과 立身出世라는 세속적 私的 목표에 집착하면서도 다른 한편으로는 국가·사회의 현실문제에 대해 公的 차원의 責務感을 떨쳐버릴 수 없었던 이유도 여기에 있었다. 말하자면 유교·주자학의 修己治人論은 그들이 스스로 선택한 가치이고 이념이었지만 현실적으로는 이것이 가르치는 도덕적 의무에 압도되어 개인의 私事와 국가·사회의 公務 사이에서 고민과 갈등을 겪지 않을 수 없었다. 이러한 사정은 조선왕조가 출범한 지 1세기쯤 지난 뒤부터 점차 그 무게를 더하기 시작했다.

16세기의 대부분에 걸쳐서 조선사회는 안으로 구래 法制·紀綱의 모순·해이 현상이 누적되었으며 여기에 倭亂·胡亂으로 말미암은 파괴와 혼란이 겹쳐서 닥쳤다. 그리하여 17세기의 조선왕조 집권체제, 양반지배질서는 붕괴될지도 모를 위기상황으로 인식되었다. 관인·식자들은 '國家再造'의 차원에서 이 난국의 타개책을 생각하였다. 그러면서도 저마다 입장과 논리, 목표가 달랐으며 대안들의 규모와 방법에도 다양한 편차가 났다. 이를 크게 구분해보면, 주자학의 敎示에 입각하여 인륜질서를 강화하고 부세제도를 개혁하는 수준에서 농민경제와 국가재정의 안정기반을 마련하고 이로써 양반지주층의 양보를 최소화하려는 것이 하나의 견해였고, 이와 달리 先秦 유교의 民本說에 근거하여 大土地의 私有와 地主制를 혁파하고 耕者有田을 실현함으로써 농민의 恒産을 보장함은 물론 이를 기반으로 하는 국가기능의 공고화를 달성하려는 것이 다른 하나의 견해였다. 대체로 전자가 양반·지주의 입장에 선 보수·개량적인 노선이라면, 후자는 농민의 처지를 먼저 고려한 진보·개혁적인 노선이라고 할 수 있다.4)

유형원은 바로 후자의 계열을 대표하는 개혁론자였다. 그러니까 그는 私情에 얽매인 소심하고 나약한 양반·식자가 아니라 儒者의 공적 책무를 절실히 의식하는 양심 있는 經世家였던 셈이다. 그리고 『반계수록』은 그의 이러한 유자로서의 책무의식과 진보적 사상가로서의 개혁구상이 체계적으로 정리되어 있는 政論書·經世書였다.

『반계수록』에서 田制論으로 시작되는 개혁의 범위와 대상은 敎選·任官·職官·祿制·兵制를 근간으로 하고, 그 밖의 朝禮·衣冠·度量·用車·奴隸·郡縣制 등등 국가·사회 운영에 직결되는 제도·문물의 전반에 걸쳐 있다. 유형원은 이처럼 정치·경제·교육·국방·문화 등 국가·사회 각 영역의 문제를 크고 작은 28개의 篇題·項目으로 나누어 별도로 專論하면서도, 그것들 사이에 의존·연관 관계가 서로 복합되어 있는 점에 유의하여 서술하고 있다. 이를테면 田制와 兵制에만 붙어있는 '後錄'이 특히 이를 잘 말해주는데, 제도의 편성과 운영이 서로 유기적 구조적으로 연계되지 않을 수 없는 사정을 충분히 드러냄으로써 현실제도의 모순점을 정확히 파악할 뿐만 아니라, 그것을 개혁

---

4) 조선 후기의 사회변동·역사발전 과정을 파악하는 이러한 논리·관점과 관련해서는 金容燮, 「朱子의 土地論과 朝鮮後期 儒者－地主制와 小農經營의 問題」, 『增補版 朝鮮後期農業史硏究』 Ⅱ, 일조각, 1990 참조.

하는 데서 오는 상승효과를 기대할 수 있도록 깊이 배려한 것이라 하 겠다.

한편 각 篇目에는 '攷說'이라는 이름으로 유교의 여러 經典은 물론이 고 중국과 한국 역대 왕조의 史書와 法典, 저명한 先儒·輕世家들의 政 制論·時務策 등이 광범하게 인용되어 있다. 실제로『반계수록』과 같이 방대한 政制書를 작성하려면 많은 참고문헌을 폭넓게 활용해야 했을 것이다. 예컨대『尙書』·『毛詩』·『春秋』(各傳)·『周禮』·『儀禮』·『禮 記』·『孟子』와 같은 경전류,『漢書』·『唐書』·『高麗史』의 각 志,『經國 大典』·『大明律』이나『通典』(杜佑)·『文獻通考』(馬端臨) 같은 法典· 政制書, 그리고 朱子·趙光祖(靜菴)·李滉(退溪)·李珥(栗谷)·趙憲(重 峰)·柳成龍(西厓)·韓百謙(久菴)·姜沆(睡隱)·李睟光(芝峯) 등 先儒 들의 言說·著作이 그것이다.

이를 통해서는 먼저 유형원의 학문적 관심 대상과 범위를 짐작할 수 있는데, 지금 전해지지는 않는 그의 저작·편찬 문헌까지를 고려하면 당시 주자학자들의 필수였던 經學·性理學·禮學은 물론이고 법제· 역사·지리·언어학·兵學·詩文學 등에 이르기까지 그 대상 영역이 매우 넓고 다양했음이 분명하다.5) 이렇게 주요 전거를 밝힌 '攷說'에 짝 하여 '按說'을 따로 베풂으로써 유형원은 자신의 판단이나 주장을 더욱 확실히 해두고 있다. 이는 선거의 인용과 그것을 토대로 한 自家說의 균형을 유지하려는 것이며 논설 전체의 신뢰도나 현실성을 높이자는 것으로 보인다.『반계수록』은 이처럼 유형원의 학문역량과 문제의식, 연구성과와 개혁의 방향을 하나로 압축해서 보여준다.

구태여 서울을 버리고 궁벽한 전라도 扶安으로 落鄕하여『반계수록』 을 작성했던 사정으로도 알 수 있듯이 유형원은 스스로 중앙의 정계나 학계와 인연을 끊었다. 실제로 뚜렷한 學淵·師承을 찾기 어려운 데다

---

5) 千寬宇,「磻溪 柳馨遠 硏究 疑補」,『近世朝鮮史硏究』, 일조각, 1979, 338~343쪽 참조.

黨色에서는 더구나 초연해 있었다. 굳이 따지자면 그의 色目이 일단 과거의 北人에 연결되는 南人계통이었으므로, 學風 또한 서울 중심의 北人 계열의 '南人 실학'이라고 할 수 있겠다. 그런데 그를 조정에 추천한 사람은 西人의 실력자였으며,6) 그가 政制論에서 많이 인용한 先儒의 견해 또한 南人系가 아니라 西人으로 분류되는 李珥와 趙憲의 것이었다. 그렇지만 유형원 사상의 핵심을 이루는 公田論의 기본 구상은 남인계 韓百謙의 견해에서 시사받은 것이 많다. 理氣論에서도 한백겸과 가까웠다. 당시 거의 모든 관인·식자들이 결코 자유로울 수 없었던 학연·당색에도 그는 얽매이지 않았던 것이다.7)

그런가 하면 주자와 주자학에 대해서도 매우 자유롭고 객관적이었다. 유형원의 公田論은 土地私有制를 부정하는 점에서 주자의 지주제 옹호의 논리와 출발부터 방향을 달리했지만, 그는 주자의 言說을 이이의 경우만큼이나 도처에서 많이 인용하였다. 經典의 활용에서도『주례』·『춘추』·『맹자』를 훨씬 자주 거론한 점으로 보아 주자의 四書三經 체계보다는 十三經의 사유체계, 즉 先秦의 고전 유교에 한층 높은 비중을 둔 것으로 생각된다. 비록 주자는 대학자이며 당시의 보수 주자학에서는 聖人視하는 존재였지만 그를 단지 한 사람의 학자로 인정할 뿐이며, 공감되는 그의 언설을 적극 인용할지언정 거기에 몰입해버리지 않는 유형원의 태도에서 주체적이며 객관성·실증성에 투철한 학문정신을 발견하게 된다.8) 바로 이런 점이야말로 개혁적이며 농민적인 목표를 지향하는『반계수록』이념의 전제를 이룬다고 하겠다.9)

---

6) 安鼎福 修輯,『磻溪先生年譜』顯宗 6년(44세) 기사 참조.
7) 金駿錫,「柳馨遠의 變法觀과 實理論」,『東方學志』75, 1992 참조.
8) 이를테면, "朱子增損呂氏鄕約 至矣 但其書 本爲士類私相約束者也 若自國家申明敎條 使州里士庶無不興行 則其間節目有不得不變通者"(『磻溪隨錄』卷9, 敎選之制 上, 鄕約事目, 20ㄱ)라고 한 경우가 그렇다. 주자가 손질한 향약 자체는 나무랄 데 없이 좋지만, 그렇더라도 그것은 士類[양반층] 상호간의 규약일 뿐이므로 행정체계를 통해서 고을 주민 전체의 자치규약이 되게 하려면 다시 손보고 보충해야 한다는 것이다.
9) 金駿錫, 앞의 글, 1992 참조.

『반계수록』에는 公田制를 기본 축으로 하여 국가의 제도·법규 전반을 쇄신·개편하는 획기적인 개혁방안이 들어있다. 유형원은 17세기 당시 사회·경제 현안의 핵심이 私的 大土地所有의 확대에 따른 생산관계인 地主佃戶制의 모순에 있는 것으로 이해하고, 이러한 私田制(＝토지사유제)를 公田制(＝토지국유제)로 개혁하는 방안을 내놓았다. 이는 모든 국가 구성원에게 일정 기준에 따라 토지를 均給하여 均產·均賦를 실현하자는 것인데, 이렇게 되면 토지와 노동력의 不均현상 해소, 不勞坐食의 억제, 농업생산력의 제고, 그리고 국가의 물자·인력 자원의 확보 등을 보증할 수 있었다. 또 이는 '以靜制動'·'以地爲本'으로 표현되듯이 신분·직분과 土地授受의 일치, 토지와 人丁(人力)의 결합을 지향한 것이기도 했다.10)

토지제도의 전면적 개혁과 함께 노비신분의 세습 타파와 傭役制의 정착, 貢納制를 비롯한 잡세의 폐지와 부세체계·재정운영의 합리화, 유통경제 질서의 정비와 통화 관리제도의 도입 등 국가 경제제도 전반의 개편·정비 방안도 구상되었다. 또 같은 맥락에서 양반 세습신분의 획득신분으로의 전환, 科擧制의 貢擧制로의 개혁, 새로운 授田制度에 알맞는 郡縣制의 재조정, 賦稅型 軍役制의 폐지와 兵農一致의 실현, 그리고 관직체계·권력구조 개편과 책임언론의 확립방안 등이 모색되었다.11) 무엇보다도 국가의 公權·王權의 정상화를 통하여 사회·정치 개혁의 추진주체를 뚜렷이 내세우려고 하였다. 이렇게 설정된 유형원의 개혁이념과 방법은 17세기의 실학적 진보적 國家再造論을 대표하는 것이었을 뿐만 아니라, 그 뒤에 李瀷·柳壽垣·朴齊家를 거쳐 丁若鏞에

---

10) 千寬宇,「磻溪 柳馨遠 研究」,『歷史學報』2·3, 1952·1953(『近世朝鮮史研究』, 일조각, 1979에 재수록) ; 鄭求福,「磻溪 柳馨遠의 社會改革思想」,『歷史學報』45, 1970 ; 정성철,「류형원의 철학 및 사회정치사상」,『실학파의 철학사상과 사회정치적 견해』, 사회과학출판사, 1974(한마당, 1989에 재발행) ; 金駿錫,「柳馨遠의 公田制理念과 流通經濟育成論」,『人文科學』74, 연세대학교 인문과학연구소, 1996 참조.
11) 위와 같음.

이르러 형성된 한국 근대 사회사상의 주춧돌이 되었다고 할 수 있다.

2) 高麗·朝鮮·中國 前史의 인식과 政制의 연구

앞에서 우리는 유형원의 『반계수록』이 매우 개혁적인 내용을 담고 있다는 것, 그리고 그러한 제도개혁의 구체적인 방안을 마련하고 그 당위성을 확보하고자 조선과 중국의 수많은 典故·故事를 폭넓게 활용하고 있음을 알았다. 또 이렇게 하는 과정에서 유형원은 스스로 어떤 학연이나 당파에도 얽매이지 않으려고 주체적이고 실천적인 노력을 기울였으며, 당시 절대적 지위의 주류 학문이었던 주자학에 대해서도 독립·객관의 태도를 지켰음을 보았다. 아마 유형원의 학문태도가 이러했기 때문에 『반계수록』이 그토록 엄중한 현실 비판의 논리를 담게 되었고, 동시에 개혁적인 타개방안이 체계적 실증적으로 제시된 政制書가 될 수 있었을 것이다.

그리고 이러한 몇 가지 점들을 인정하게 되면 바로 『반계수록』이 하나의 훌륭한 역사서라는 의미를 자연히 이해할 수 있을 것이다. 유형원의 역사의식·역사이론이란 다름 아닌 이 『반계수록』의 내용을 확인하는 가운데서 찾아질 것이기 때문이다. 그는 실제로 현재의 실상을 정확히 읽어내고 미래의 새로운 지표를 세우는 전거를 찾고자 古制와 前史에 깊이 천착했다. 古制는 유교의 경전에도 들어 있고 중국이나 우리나라의 前史에도 포함된 것이었다. 그가 '古者'·'古法' 또는 '古制'로 표현하면 그것은 대체로 좋은 것, 바람직한 것이라는 뜻이었다. 그러나 때로는 古制와 中國·中朝, 高麗(麗朝)·前朝를 같거나 비슷한 뜻으로 쓰기도 했다. 그러니까 그가 옛 것, 옛 역사를 말할 때는 좋고 바람직해서 되살리려는 의도를 드러내는 것 같기도 하다. 또 今制에 반해서 古制·古法을 선호했듯이 우리나라의 것보다 중국의 것을 선호한 듯이 보인다.

하지만 유형원의 이런 점들을 가리켜 단순히 自國史보다 中國史를 추수했다든지, 今制에서는 결점만 찾아내고 古制에서는 장점만 주목했다고 단정해서는 안 될 것이다. 今制나 현실은 우리의 것, 우리의 역사이므로 잘못된 점을 찾아내어 좋고 올바르게 고쳐가야 할 대상이며, 古制·前史·중국사는 그 좋고 바른 점을 발견하여 우리의 것을 고치고 이롭게 하는 데 원용해야 할 대상이기 때문이다. 이런 뜻에서는 古制·前史가 분석 연구되고 비교 검증되는 과제였을지언정 일률적으로 좋고 잘된 것이라고 찬사를 보내거나 본받아야 할 典範·敎訓이 되는 것은 아니었다. 그러므로 유형원의 古制·典故와 前史·중국사에 대한 지향은 단순히 복고·모방·사대의 태도에서 나온 것이 아니라, 그 반대로 미래·창의·자립의 사유자세를 반영한 것이라고 할 수 있을 것이다. 그는 결코 典範이나 敎訓을 찾으려고 그런 것이 아니었다.

하여튼 『반계수록』의 어디에서나 이렇게 古制와 今制, 中朝와 我國을 대비적으로 평가하고 비판을 내리는 일이 수없이 반복된다. 그러나 거듭 말하지만 이는 今制나 我國의 것을 더 옳고 좋게 고쳐가려는 하나의 방편일 뿐, 우열의 비교 자체에 목표가 있는 것이 결코 아니었다. 중앙관제의 통폐합과 기능의 재조정을 강조하는 부분에서 이런 경우를 아주 쉽게 발견할 수 있다. 즉 "我國設官諸寺監之數 三倍中國 而殆半爲御供所係 立制如此 安得不弊"라면서 지나치게 업무가 분화된 宮中 諸司(寺)를 1개의 관아로 통합하자고 주장한 것이나,[12] "古者 設官分職各專其任而已"라 전제하고 兩漢 시절에도 없던 겸직제도가 唐宋 이래로 생겨났는데 本國에서 이를 모방함으로써 오늘날 "官無責任之弊"의 근원이 되었다고[13] 비판함이 그것이다. 또 당시 지나친 권력의 집중으로 그 기능이 크게 왜곡된 備邊司를 폐지하고 "宜遵祖宗之法 復設署事之規"할 것을 촉구하였으며,[14] 訓練院官과 五衛都摠府의 불필요성을 들면서 "中國官制 無如此者 前朝亦六衛之外 無他西班官"이라거나 "古

---

12) 『磻溪隨錄』 卷16, 職官之制 下, 3ㄱ.
13) 『磻溪隨錄』 卷16, 職官之制 下, 3ㄴ~4ㄱ.
14) 『磻溪隨錄』 卷16, 職官之制 下, 5ㄴ.

制 無如此者"라고 했다.[15] 忠勳府·儀賓府·敦寧府와 같은 왕실·종친 관련 기구의 축소·폐합을 논하면서는 "此府 前代所無 麗朝亦無", 또는 "古制及中朝 無此司 麗朝亦無之"[16]라 하고, 노비업무를 관장하는 掌隷院의 경우 世祖 때 刑曹에서 분리 別設된 것임을 지적하면서 "此乃中國歷代及前朝所無之司也 當罷無疑"해야 할 것으로 단정했다.[17]

예를 하나 더 든다면, "中朝官制 太醫院外 無他醫司"인데 우리나라는 內醫院·典醫監·惠民署 등 醫司가 셋이나 된다면서 이를 하나로 폐합하고 그 안에서 기능을 분담하면 좋을 것이라고 제안했다.[18] 이렇게 17세기 당시 조선 관제의 문제점을 지적하는 근거를 중국(中朝)이나 고려(前朝)의 그것에서 구하는 경우는 수없이 많다.[19] 비단 관제에만 국한되지도 않았다. 유형원은 현실의 제반 문제를 비판적으로 인식하고 그 대안을 모색하는 근거나 자료로서 古制·前史를 다루었다.

또 『經國大典』의 규정을 긍정하고 이를 근거로 조선 후기에 이르러 제도가 왜곡된 실상을 강조하기도 했는데, 이는 조선 전기 사회가 후기 사회보다 더 나은 면이 있다는 견해이기도 한 것이다. 이를테면 "大典 書吏任滿 遷敍驛丞 今則一絶其路 今之廢絶 以其無門閥 無他意也 然敍吏入官 本非古法"[20]이라고 함이 그것이다. 그러나 '敍吏入官', 즉 하급 신분의 書吏가 상급신분인 驛丞으로 승진하는 길을 열어놓은 것 자체는 古法의 정신에 맞지 않는다는 단서를 붙이고 있다. 역시 今制의 문

---

15) 『磻溪隨錄』 卷16, 職官之制 下, 13ㄱ·ㄴ.

16) 『磻溪隨錄』 卷16, 職官之制 下, 6ㄴ·7ㄴ.

17) 『磻溪隨錄』 卷16, 職官之制 下, 9ㄴ.

18) 『磻溪隨錄』 卷15, 職官之制 上, 18ㄱ.

19) 高麗의 제도가 좋은 뜻에서만 예시되거나 비교의 대상이 되는 것은 아니었다. 예컨대 宗親을 功臣에 봉하는 칭호를 고쳐 古例대로 公·侯·伯·子·男으로 할 것을 주장하면서 "別爲賜號 乃宋世之末弊 而高麗效尤者也 非古所有也 …… 今我國則因襲高麗之陋 而又令書諸官御 自稱功臣 其爲無據 又益甚焉"이라 하여, 고려의 제도가 古制를 따르기보다 宋의 것을 모방했고, 그러므로 당시 제도의 잘못은 고려의 固陋한 전통을 따른 데 있는 것으로 보았다(『磻溪隨錄』 卷15, 職官之制 上, 28ㄴ·29ㄱ).

20) 『磻溪隨錄』 卷15, 職官之制 上, 31ㄴ.

제점을 찾아내는 데 古例·古制가 원용되기는 마찬가지라 하겠다.

　유형원은 무엇보다도 토지제도의 개혁을 위해 중국과 고려의 옛 제도를 면밀히 검토하는 가운데 나라의 법제에 미비하거나 불합리한 점이 많다는 사실을 더욱 확신하였다. 위정자가 정치를 잘해보려고 해도 잘되기보다는 잘못된 때가 많은 까닭도 이 같이 잘못된 법제를 한결같이 적용하려 하기 때문이며, 특히 우리나라는 예부터 궁벽하고 고루해서 모든 제도나 규식이 처음부터 잘못된 점이 많고 이런 면에서도 우리나라는 중국에 견줄 바가 아니라는 것이었다. 그리하여 이제 만약 "一擧古法 定爲經制", 즉 古法을 참작해서 公田制를 시행한다면 크고 작은 온갖 문제점들이 해결될 뿐만 아니라, 마침내는 만민의 고통을 덜어주고 천하의 인심을 따르게 하여 "國富而兵强", "成敎化而致太平"할 수 있으리라고 주장하게 되었다.[21]

　田制와 밭갈이에 관한 한, 우리나라가 중국이나 그 변방인 遼東에 견주어도 부족한 점이 적지 않는 것으로 보았다. 즉 우리나라의 경작방식에서는 밭에 畝만 있고 畎이 없는 까닭에 그 수익률이 빈약하다는 것, 중국의 토지에는 모두 畎이 있고 요동지방에서도 1畝 3畎으로 구획한다는 것, 遼田의 하루갈이[1日耕] 면적은 우리나라보다 현저히 작은데 풍년에는 粟 50~60斛을 산출한다는 것, 그래서 (하루갈이 면적에서) 적게는 20~30斛이 나오더라도 이를 '失稔'으로 여긴다는 것이었다. 유형원은 요동의 이런 사정은 "비록 토질이 厚實하다 하더라도 밭을 갈고 씨 뿌려 가꾸는 방법이 적절하기 때문에 얻어진 결과"라면서, 이를 보면 "古聖人의 遺法은 모두 좋지 않은 것이 없음을 알 수 있다"하고, 우리나라도 좁고 작은 쟁기의 보습을 개조하고 古法에 따라 1畝를 3畎으로 해서 종자는 畎中에 심고 두둑의 잡초를 김매고 苗種을 북돋아주어야 할 것이라고 주장했다.[22]

---

21) 『磻溪隨錄』 卷3, 田制後錄 上, 經費, 21ㄴ·22ㄱ.

유자 일반의 정서가 대개 그렇지만 유형원도 중국의 秦王朝에 대해서 유독 부정적으로 보았다. 夏·殷·周는 저마다 토지를 기본으로 하는 什一稅法을 지켰는데, 秦은 商鞅의 주장에 따라 "捨地而稅人"하는 "廢井田 改定貢賦法"함으로써 "貧者 避賦役而逃逸 富者 務兼併而自若"하게 되고, 마침내 나라가 이 때문에 멸망하게 되었다는 것이다.23)

고려의 제도에서 주목한 것 가운데 하나는 漕運이었다. 漕運이란 諸道의 租稅를 각 漕倉에 收納하고 이를 漕船으로 京倉에 운반하는 일로, 조선 후기 유형원 당시에도 물론 이 조운제도는 없어서는 안 될 것이었다. 하지만 壬亂 이후 沿海邑이 담당한 조운의 실태를 보면, "賃載私船 沙格不齊 官令勒定 民間多害"하거나 "各自發船 護送難及 易致偸敗 再徵於民"하게 되는 폐단을 낳고 있었다. 그는 그 해결방법을 '復舊制', 즉 고려 초 조창이 南道水郡 12곳에 설치되었던 전례에 따라 당시 조창의 수를 늘이는 데 있다고 보았다. 이렇게 '고려의 구제도'를 내세운 유형원의 의도에는 武臣亂과 그 뒤 왜구의 침입으로 붕괴된 상태에 있던 고려 후기 조운제도를 제대로 검토하지 않고 그대로 따른 조선 초기 이래의 조운체계에 대한 비판이 담긴 것이었고, 이런 뜻에서 '舊制'인 고려 초기의 조운제도는 '바람직한 古制'이며 '되돌아보아야 할 前史'로서 의의를 지닌다고 할 수 있었다.24)

田制와 관련해서 고려 전기에 시행된 주요 사실로는 成宗 때 "地品不成田畝 桑栗漆楮 隨地之性 勸課植栽"하라는 명을 모든 군현에 내렸고, 그 뒤 仁宗 때는 백성들로 하여금 "隨節植桑 至於漆楮栗栢梨棗菓木 各當其時栽以興利"하도록 한 것이 눈에 띄는데, 유형원은 이것이 특히 古制에 근거해서 취해진 조치라는 점에 의미를 두었다.25)

---

22)『磻溪隨錄』卷7, 田制後錄攷說 上, 務農, 18ㄱ·ㄴ.
23)『磻溪隨錄』卷7, 田制後錄攷說 上, 賦稅, 21ㄴ·23ㄱ.
24)『磻溪隨錄』卷3, 田制後錄 上, 漕運, 8ㄴ~10ㄴ, 13ㄱ.
25)『磻溪隨錄』卷7, 田制後錄攷說 上, 樹藝, 19ㄱ.

유형원은, "聖人이 이미 천하의 토지를 井田으로 구획하여 民生을 안정시켰듯이 도시에는 토지를 나누고 廛肆(市場－필자)를 세워 제도를 더욱 갖추게 되었는데, 이것이 士農工商의 四民이 저마다 살아갈 방도를 얻고 천하의 事功이 나날이 일어나서 없어지지 않는 까닭"이라고 생각하였다. 그리고 그는, "布卽泉也 泉卽錢也"이며 "돈[錢]이 百物을 저울질하는 기준이라면 그것을 유통시키는 자는 商賈"라 하고, 또 "米穀의 豊凶은 人爲로 할 수 없지만 金銅으로 만드는 돈은 人力으로 조절할 수 있다"고 하였다.26) 농업생산과 상공업유통의 경제적 상보관계, 화폐의 교환·조절 기능을 정확히 지적한 것이라고 하겠다.

화폐에 대한 인식이 이렇게 정확하고 적극적이었던 만큼 이와 관련해서 前史를 바라보는 그의 기준과 평가 또한 분명하고 단호하다. "錢幣가 생겨난 지 오래여서 비단 중국에서만 사용하는 것이 아니라 西域 여러 나라 같은 곳에서도 쓰지 않는 곳이 없는데, 근세엔 契丹이 동북에서 일어나서 역시 行錢의 제도를 창설하여 나라를 부강하게 하고 백성을 편리하게 한 것으로 보면, 참으로 천하에 돈을 쓰지 못할 나라는 없다"고 함이 그것이다.27) 당시 중국·조선에서 보는 西域·契丹이란 후진이거나 야만의 나라였던 사정을 고려하면, 이들 지역에 대한 유형원의 이 같은 언급에서, 문화나 역사를 바라보는 그의 기준이 결코 유교·주자학의 명분론·의리론이 아닌, 國利民福에 직결되는 功利論의 가치관이라는 사실에 쉽게 동의하지 않을 수 없다.

前史에서 주목하는 대상이 이렇다면 고려시기도 호평의 대상이 되기는 어려울 수밖에 없는 일이다. 錢幣의 사용에 관한 한 고려 또한 조선보다 나을 점이 그다지 없었기 때문이다. 유형원은 고려 전기 成宗과

---

26)『磻溪隨錄』卷8, 田制後錄攷說 下, 錢貨, 2ㄱ·ㄴ.
27)『磻溪隨錄』卷8, 田制後錄攷說 下, 錢貨, 6ㄱ. 여기에서 유형원은 제주도에 표류했던 하멜 일행에게서 전해들은 西洋 銀貨에 대한 이야기, 그리고 서양은 당시 일반적으로 알고 있는 西域, 즉 중앙·서남 아시아만이 아니라 유럽지역을 가리킨다는 사실을 注記하고 있어 눈길을 끈다.

肅宗에 의해 추진된 화폐유통 정책이 각각 그 다음 대의 穆宗과 睿宗에 의해서 중지된 경위를 소개하면서 "可知其一時在位者之無識矣"라거나, "樂因循而憚改作 常人之情 而我國尤甚"이라면서 "經國遠識"하지 못한 고려 위정자들의 무식하고 편협한 화폐 인식을 심각하게 비판하였다.28)

이상 몇 가지 사례의 검토만으로도 확인되듯이 유형원은 현실의 국가·문물 제도가 안고 있는 폐단이나 문제점을 예의 분석하고 그 대안을 모색하는 데 많은 노력을 기울였다. 그것은 古制·古法이나 古史·前史를 폭넓게 검토하고, 그 가운데서 좋은 점, 실행 가능한 것을 추리고 되살려내는 일이기도 했다. 이 과정에서 그는 古制·前史에 대한 그 나름의 깊은 통찰을 지니게 되었다. 古制·前史를 이해하고 평가하는 기준을 유교·주자학의 倫理說이나 義理·名分論의 시각이 아니라 國富·便民이라는 實用·功利의 측면에 두었던 것이다. 이는 분명 유자 일반의 태도와는 다른 것이었지만 그렇다고 유교의 범주를 벗어난 전혀 새로운 발상은 아니었다. 오히려 고전 유교의 爲民·民本의 정신에 철저하려 한 것이라고 해야 옳다.

문제해결의 과제가 과거 아닌 현재, 古制 아닌 今制에 있었던 만큼 비판의 강도는 조선 후기보다는 전기로, 전기보다는 다시 고려시기로, 이렇게 시기가 올라가면서 점차 약화되는데, 이는 古制에서는 좋은 점에 더 주목하는 동시에 今制의 잘못된 원인을 역사적으로 소급해가는 그의 발상법에서 비롯된 것으로 생각된다. 마찬가지로 유형원은 중국의 문물제도를 우리의 그것보다 항상 우위에 두는데, 이는 서역·거란의 경우에도 그들의 좋은 제도를 적극 거론하는 것을 보면 단순한 事大的 발상 때문만은 아니라고 본다. 아마 유형원의 이러한 古制·前史 인식 태도를 통해서 도덕 지상주의 역사관으로부터 합리적 공리주의 역사관으로의 轉回, 즉 名分論·華夷論에 기초한 주자학의 상하 수직적 중국

---

28) 『磻溪隨錄』 卷8, 田制後錄攷說 下, 本國錢貨說附, 19ㄴ~21ㄱ.

중심주의 역사관이 해체되면서 상호 평등적 다원주의 역사관이 형성되는 계기가 마련된 것으로 보아도 좋을 것이다.

3. '變法史觀'의 구조와 성격

1) 개혁과 진보 : '變法'의 개념과 의의

16세기 초엽에 이르면서 『經國大典』의 법제질서에 대한 불만이 커지기 시작했다. 이 무렵의 법제를 둘러싼 논쟁은 제도의 폐단이나 현실과의 괴리에서 비롯된 것이기도 했지만, 그보다는 왕조개창 이래 중앙정치의 기득권을 선점하고 있는 훈구파에 대한 지방 신진관인층의 정치공세라는 양상을 띤 것이었다. 그러나 그 후반에 접어들어 李珥를 비롯한 몇몇 관인·유자들이 '法久弊生'을 주장하며 '祖宗成憲遵守'論을 반박하고 나선 것은 조선왕조 통치질서 자체가 해이해진 현상의 비판이며, 그에 따른 타개책을 마련하려는 정계·학계의 움직임을 반영한 것이었다.

유형원은 '今制의 잘못된 점'을 전면적으로 개혁해야 한다는 입장이었으므로, 이이의 法久弊生說이나 變通論·更張說을 그 선구적인 견해로 적극 인정하고 받아들이는 위에서 그 나름의 變通論理, 變法觀을 세우게 되었다. 현실의 모든 제도와 관행은 시간이 흐르고 사회가 변화해가면 점차 낡아져서 모순과 폐단을 일으키게 마련이므로 그때그때 실정에 맞게 고쳐야 하며, 또 그렇게 함으로써 정치와 사회가 그 이전보다 더 좋은 상태로 나아가게 된다고 생각하였다.[29] 이러한 유형원의 발상

---

29) 이를테면, "廢法을 變革하지 않으면 정치를 바로잡을 근거가 없게 된다. 수백 년 동안 그른 것에 그른 것이 이어져서 그대로 오랜 법규가 되었다. …… 그 근본을 캐내어 풀고 털어버리지 않으면 바로잡을 길이 없다"(『磻溪隨錄』卷26, 書隨錄後, 267)는 주장이 그것이다.

이야말로 법제를 '萬古不易의 聖憲'이라고 믿어버리거나 사회의 변화·
변동을 인식하지 못하는 대다수 관인·유자들과 다른, 새로운 차원의
사유태도였다. 사회변동의 필연성을 인정함으로써 역사의 발전이라는
인식세계에 접근하고 있는 모습이기도 하다.

　이것은 일단 『易』의 "窮하게 되면 變하고 變하게 되면 通하고 通하게
되면 오래간다"(窮則變 變則通 通則久)[30]는 명제에 대한 유자 일반의
통념을 뛰어넘어 그 나름으로 해석한 것이기도 했다. 이때 대개의 경우
막힌[窮] 것을 변경하여 원활히 소통시키더라도[變通] 이것이 오래[久]
되면 다시 막히게 될 것이므로 '窮－變－通－久'의 과정 자체는 반복되
는 것으로 생각하기 마련이었다. 그런데 유형원의 견해에서는, '窮－變
－通－久' 과정은 되풀이되더라도 그 내용이나 문제의 성질, 그리고 그
해결방법은 그때마다 새롭게 달라지지 않으면 안 되었다. 내용과 방법
이 달라지면 '窮－變－通－久'하는 과정 자체도 결코 이전의 그것과 같
을 수가 없는 일이었다. 본시 變易說은 만물이 생성소멸의 과정을 반복
순환하는 1년 4계절의 변화현상과 깊은 관련을 가지며 형성된 것이었
다. 그런데 유형원이 보는 사회의 변화·발전은 이렇게 그 원리에서 이
미 자연계의 그것으로부터 엄연히 분리되어가고 있었던 것이다. 이렇게
보면 유형원의 變通논리는 분명 일종의 辨證法이었다. 또 그런 의미에
서 變通은 變法이며 變革에 이르는 출발점이기도 했다.[31]

　과거의 좋았던 제도를 참작해서 현재의 잘못된 제도의 문제점을 파
악하고 더 좋은 방향으로 고쳐가는 일, 이것이 다름 아닌 유형원이 생각
하는 變法이었다. 그리고 그는 변법을 위한 현실비판의 근거와 실현해
야 할 본보기로 三代 이래의 법제·문물제도를 대상으로 삼았다. 실제

---

30) 『周易』 卷23, 繫辭 下, 제2장.
31) 李瀷은 이와 같은 논리에 서서 商鞅의 '變法'이나 王安石은 오히려 그 정도를 벗어
　　난 것이라고 논단하고 있다(『星湖僿說』 卷27, 經史門, 商鞅變法 ; 『星湖僿說』 卷11,
　　人事門, 變法 참조).

로 그가 제시하는 근거들 거의 모두는 과거의 것이었으며, 특히 '三代'로 불리는 上古의 문물제도를 먼저 주목했다. 그러므로 그가 과거 사실에 눈길을 돌렸다는 사실만 보면 그는 단순히 감상적인 복고주의자에 지나지 않고 그 개혁의 논리는 부조리한 현실을 과거의 좋았던 시절로 되돌려놓으려는 복고주의가 되고 말 것이다. 하지만 개혁·변법의 근거를 '과거'에서 구하는 유형원의 태도는 정당한 것이기도 했다. 17세기 당시의 학문·사상 풍토에서는 그러한 古制·古法 말고 달리 참고하거나 근거로 삼을 만한 대상을 찾기란 거의 불가능한 일이었기 때문이다. '溫故知新'이나 '法古創新'이야말로 유교는 물론이고 동아시아 전근대의 보편적 인식논리였다는 점에서도 그러했다.

그러나 유형원은 단순히 三代를 理想視하는 데 그치거나 尙古·復古 의식에 매몰된 것이 아니었다. 정말 그렇다면 그의 논의는 결코 개혁론일 수 없으며 정통 주자학자들과 하등 다를 바 없을 것이다. 이에 대해서는 두 가지 측면에서 생각해야 할 것 같다. 하나는 현실 법제의 폐단이나 모순을 정확히 밝히는 비판의 근거로 古法制를 원용한 점이었다. 그는 上古의 법제가 지니는 의의를 먼저 언급한 다음 中古나 近古에 이르면서 그것이 어떻게, 왜 달라졌는지를 비판적으로 지적하였다. 그리고 이어서 현행의 제도운영에서 드러나는 문제점을 다각도로 짚어냈다. 이렇게 역사적 분석적인 접근방법을 구사함으로써 문제의 소재가 정확히 드러나게 되고, 따라서 이에 대한 자신의 대안이 얼마나 현실적이며 타당한 것인가를 입증하게 된다. 그러니까 유형원의 목표는 오직 현실의 폐법을 개혁하는 데 있고, 그 수단으로 三代와 典故를 이끌어왔을 뿐이다. 만약 三代 그 자체를 理想視하거나 回歸·尙古 의식에 젖어있었다면, 역대의 政制·典章을 면밀히 비교 검토할 것이 아니라 현재의 것을 파기하고 上古의 그것을 곧장 가져오자고 주장했어야 옳았다. 여기에서 그의 역사주의적 인식을 분명히 보게 된다.

다른 하나는 현실의 廢法을 대치할 새로운 법제를 마련하는 데는 역시 역사상의 典故와 政制가 여럿 참고되고 응용되어야 했다는 점이다. 새 법제는 지금까지 써오던 것을 모조리 제거해버리거나 좋은 것을 모두 밖에서 들여와서 될 일이 아니었다. 전통과의 단절이나 단순한 모방·답습의 방법으로 만들어지는 것이 아니라, 옛것과 새것, 재래의 것과 외래의 것을 참작 절충함으로써 바람직한 목표에 가까운 내용으로 다듬을 문제였다. 이 원칙은 혁명이나 개혁에서도 그렇고 단순한 개량·개선의 경우에도 마찬가지였다. 유형원이 三代 聖王의 정치와 그 법제에 깊은 관심을 보이며 이를 먼저 언급해야만 했던 이유가 여기에 있었다. 그런데 바로 이러한 유형원의 태도를 놓고 후대의 논자들은 그의 논의에서 이렇다할 創見을 볼 수 없다거나 개혁의 적극성이 떨어진다고 지적하는 경우가 많지만 올바른 이해가 아니라고 생각한다.

아무튼 三代 이래의 古法制는 새로운 법제를 마련하는 과정에서 필요했던 참고자료이거나 연구대상이었을 뿐 그대로 본뜨거나 답습할 典範이 아니었다. 무엇보다도 이제 새로 작성한 법제를 적용해야할 대상은 과거 삼대시기도 아니고 더구나 중국 사회가 아닌 현실의 조선사회였다. 다시 말하면 역사적 경험·지식이나 외래의 법제는 본래의 것 그대로 현실 타개의 대안이 될 수 없었던 것이다. 그는 이 사실을 명확히 인식하고 있었고, 이런 점에서도 三代를 時空을 초월한 理想鄕으로 그렸던 일반 유자들의 사유와 엄연히 구분되었다. 또 여기에서 유형원이 비록 三代 聖王과 법제의 의의를 강조했지만 그의 기본 사유가 복고주의·상고주의가 아니며 오히려 미래지향적 사유에 투철했음이 확인된다. 아마 이것이 그의 역사이론이 進步的 變法史觀으로 될 수 있는 이유일 것이다. 직접 말하지는 않았지만 그가 제시하는 제도개혁론의 문맥 여러 곳에서, 인간의 삶과 사회의 움직임은 항상 폐단과 모순을 일으키게 마련이고 그러므로 그때마다 그것을 더 새롭게 좋게 고쳐가는 일이야말로 향상과 진보이며 진정한 변법이라는 그의 다짐을 발견할 수 있다. 어쩌면 그는 역사의 발전이라는 의미를 감지한 최초의 사상가였을지도 모른다.

2) 變法論의 구조 : 本末·道器·體用說과 民本主義

사회·역사 의식의 진보성을 특징으로 하는 유형원 사상의 또 다른 측면은 변법적 제도개혁론에서 드러나는 현실성과 구체성, 그리고 획기성과 체계성에 있다. 그것은 한마디로 유교논리의 整合性을 기반으로 하고 있다. 名分·義理를 인륜도덕이라는 일상적 경험적 사실을 통해서 논리화하는 일에 익숙한 유교·주자학의 사유에서는 정합성 자체의 추구가 그리 특이한 것은 아니다. 유형원도 유학자이니까 그의 주장에서 논리적 정합성을 기하고 있는 것은 마찬가지라고 할 수 있다. 하지만 그는 유교·주자학의 논리를 빌려 현실에 순응하는 유학자 일반의 사유를 넘어서는 세계를 지향하고 있는 점이 다르다.

조선사회의 완강한 보수지향성과 장기적 안정성은 그 이론적 근거가 말할 것도 없이 유교·주자학에 있었으며, 이제 그것으로부터 일어난 민생의 困苦와 국가생동력의 衰落을 타개할 목적으로 구상된 개혁방안 또한 유교·주자학의 주요 논리나 개념에서 출발하는 것이 많았다. 유형원은 그것을 本末·道器·體用·天理人欲·修己治人 등에서 찾고 있었다.32) 『반계수록』의 體裁나 성격으로 보아 그러한 술어를 직접 거론할 필요가 적고, 또 실제로 언급한 경우가 드물지만 행간에 담겨진 논리와 의미에서는 그런 의도가 뚜렷하다. 本末·道器說의 경우——『반계수록』의 서문(吳光運 作)에서는—— 道德과 政制는 道와 器의 관계로서 결코 분리될 수 없는데, 三代시기에는 道와 器가 일치했었으나 그 뒤 器는 무너져 흩어지고 오직 道만 겨우 전해지다가 유형원이 없어진 器를 제도로써 복구하자 비로소 道器의 일치가 재현되었다면서 井田制야말로 그 器의 근간이라고 내세웠다.

---

32) 이와 관련한 정리는 金駿錫, 앞의 글, 1992, 제2장 '『磻溪隨錄』의 理念과 方法' 참조.

유형원도 스스로 "천지의 理는 萬物에 깃들어 있으므로 物이 아니면 理가 깃들 곳이 없게 되고, 성인의 道는 萬事에 실행되지만 事가 아니면 道가 행해질 곳이 없게 된다"[33]하고, 또 "凡事有本有末 本擧則末自正"[34]이라고 했다. 器나 末에 대하여 道나 本의 本源性·先次性을 인정하지만 器나 末이 없는 道와 本의 독자성 또한 부정한 것이다. 즉 인간·사물 세계에서는 器의 완성, 制度와 規式의 올바른 실현을 위해서 道가 필요할 뿐, 道 자체를 위해서 세계가 존재하는 것이 아니라는 주장이다. 이런 점에서 그는 인륜도덕을 道의 구체적인 표현으로 보고 이를 선양하거나, 道 자체의 일차성을 강조한 보수 주자학자들과는 달랐다. 다시 말하면 유교·주자학의 논리인 道器說을 빌려서 기존의 보수적 道器說을 일정하게 극복해가고 있는 것이라 하겠다.

天理人欲說이나 修己治人說에서도 유형원의 이해는 종래 유자들의 그것과 차이를 보였다. 주자학에서는 도덕적 표준을 세우고자 人性을 논하고 性善을 강조하므로 '天理를 보전하고 人欲을 제거하는 일'[存天理 遏人欲]이 누구에게나 修身·敎養의 핵심문제가 되었다. 유형원은 "대개 '公'과 '私' 두 글자는 天理와 人欲이 나뉘는 갈림길이다. 더구나 국가를 경영하고 法制를 세우는 데는 '私'자가 털끝만큼이라도 용납되어서는 안 된다"[35]고 하여, 주로 治者가 公·私를 변별해야 할 원리로 天理·人欲을 생각하였다. 그도 역시 유학자이므로 社會·歷史像을 善과 惡, 君子와 小人, 中華와 夷狄이라는 二元的 대립관계, 天理와 人欲의 消長으로 보는 한계를 완전히 벗어날 수는 없었다. 그러나 '存天理 遏人欲'을 중시하는 그의 의도는 개인 모두에게 적용되는 도덕적 표준을 세우려는 것이 아니라, 이렇게 사회·정치 운영의 실재에서 正義와 公道가 확립되어야 할 필요성 때문이었다. 특히 "聖人이 주장하는 바는

---

33) 『磻溪隨錄』 卷26, 書隨錄後, 27ㄱ.
34) 『磻溪隨錄』 卷4, 田制後錄 下, 國朝名臣論弊政諸條附, 23ㄱ.
35) 『磻溪隨錄』 卷19, 祿制, 京官祿磨鍊, 16ㄴ.

한가지로 天理일 뿐"36)이라고 했듯이, 聖人(＝帝王)·作法者(＝治者)를 지목하여 국가·사회의 公益을 위해 私利를 배격하도록 요구하고 있는 것이다. 유형원은 修己治人說에 대해서도 이렇게 天理人欲說이 유자의 道理와 分을 명시한 논리가 되는 것과 똑같은 맥락에서 이해하였다.

현실제도의 개혁, 즉 變法의 실행목표는 무엇보다도 民本·爲民에 있었다. 농민의 恒産을 보장하기 위한 公田制의 실현, 奴婢世傳法의 폐지와 세습신분제의 해소, 공교육의 확대와 貢擧制의 실현 등이 그 방법이 된다. 앞에서도 말했듯이 개혁의 역사적 이념적 근거가 三代에 있었고 三代의 聖王들이 수행한 정치가 仁政·王道인데, 이는 바로 民本·爲民의 정치였다는 사실에서 먼저 그 이유를 생각할 수 있다. 여기에 역사발전의 바람직한 방향 또한 民本·爲民 정신에 부합하지 않으면 안 되었다. 그렇다면 유형원이 그의 개혁론에서 지향한 民本·爲民은 三代나 유교 경전의 정신에 충실하려 했기 때문이기보다는, 오히려 현실을 직시하여 사회·역사 발전의 정당한 방향을 정확히 인식한 양심적인 지식인의 태도에서 기인했다고 보는 편이 더 옳을 것이다

또 그 개혁의 실행주체는 반드시 국가여야 한다는 것이 유형원의 생각이었다. 그에게 '국가'는 종래와 같이 양반사대부의 士論으로 운영되는 국가가 아니라 民生을 위해 최선이라고 판단되는 방안이나 정책을 국왕과 '국왕과 뜻을 같이하는' 신료들의 결단으로 실행에 옮기는 국가였다. 여기에서는 당연히 양반층의 권력 瓜分이나 기득권 옹호의 여지가 사라지게 된다. 또 學淵·黨色이나 門地에 연결된 지지세력의 존재나 그 강약의 여부는 정책수행의 중요한 요인이 아니었다. 국가의 근본은 오직 民이고 국가는 民을 위해서 존재하는 것이므로, 절대다수의 民에게 유익한 정치·정책이라면 일부 기득권층이 반발하더라도 결단을 내려 일단 실행에 옮기면 大勢에 따라 그들도 수그러들지 않을 수 없다

---

36) 『磻溪隨錄』 卷2, 田制 下, 17ㄴ.

는 것이다.37) 유형원에게는 '正義야말로 최선의 힘'이었는데, 국가가 바로 그 정의와 힘의 주체여야 했다. 이를 보면 유형원의 '국가'는 아직 개혁주체·지지기반, 이를 형성할 정치이념이 명확히 제시된 단계의 것은 아니다. 그러나『반계수록』에 제시된 그의 개혁방안에 따르면 구래 양반 중심의 봉건국가는 점차 그의 시야에서 지워지고 있음이 분명하다.

3) 變法思想과 變法史觀

유형원은 국가제도 전반의 개혁을 구상하고 그것을『반계수록』에 남겼다. 그 개혁의 획기성과 철저성이 '變法'的인 수준이므로 그의 논리를 變法改革論이라 부르는 것이며 이렇게 '변법'을 지향하는 현실인식과 역사의식이야말로 다름 아닌 變法思想·變法史觀에 직결되는 것이라 하겠다.

그런데 이러한 변법적 사유는 유형원에게서 갑자기 돌출한 것이 아니며, 한 차례 그의 고유한 견해로 그치는 것도 아니었다. 그는 유교의 경전과 前史의 법제와 선배 유자들의 經世論을 검토하는 가운데 변법론을 구체화할 수 있었고, 일단 그에게서 집약된 변법적 사유의 전통은 조선 후기를 관통하여 近代改革期까지도 이어지게 되었다. 이제 그 대강을 짚어봄으로써 18, 19세기 한국사상사의 커다란 흐름 가운데 하나가 바로 '변법'을 표방하는 개혁이념이며 역사관이었음을 확인해보기로 하자.

앞에서 잠깐 말했듯이 변법론·변법사상은 대체로 이이·한백겸에게서 그 기원을 찾을 수 있다. 16세기 후반의 조선사회는 지배층의 과도한 농민수탈과 온갖 제도·법령의 폐단으로 말미암아 내부의 모순이 커지고, 이것이 집권체제의 위기상황으로 이어지고 있었다. 이이는 이때 務實·實功·時勢를 내용으로 하는 '實學'을 내세우며 폐단을 일으키는

---

37)『磻溪隨錄』卷2, 田制 下, 田制雜議附, 17ㄱ.

법제를 개폐하는 '變通'·'更張'에 당장 착수하자고 건의하였다.38) 이러한 주장은 현실의 상황을 정확히 파악하고[知時] 실질적으로 문제점을 해결하는 것[務實]이 정치와 사업의 요령이듯이, 나라의 경영에서도 "실정에 맞게 변통하여 법제를 새로 만들고 민생을 구제하는 일"을 우선해야 한다는 생각에서 비롯된 것이었다. 그는 '法久弊生'이라든지, '矯革宿弊'라는 말을 거듭 강조했는데, 變通·更張이란 말하자면 이렇게 낡고 오래되어 실정에 맞지 않는 弊法·惡習을 고쳐 바로잡는 일이었다. 여기에서 중요한 것은 "그 옳고 그름과 이로운지 해로운지를 따져서 그 혜택이 오직 백성에게 돌아가도록"39) 하는 데 있었다. 아마도 지나치게 긴장되어 있는 신분·사회 관계를 완화한다든지, 중간착취가 고질화되어 있는 수취체계를 정비한다든지, 정부·관료 제도 운영의 효율을 높이고 국왕·관인·지식층의 정치·사회적 책무의식을 강화한다든지 하는 등의 일이었을 것이다. 그러니까 이 시기 時宜變通論의 핵심은 安民·保國에 있었던 것이며 실학은 이러한 지향을 담보하는 학문활동이었던 셈이다.

　이 시기 變通과 更張을 둘러싼 논의는 여러 가지 법제상의 문제였지만, 그 귀결점은 아무래도 토지제도·지주제도가 되지 않을 수 없었다. 당시 농업은 사회·경제·정치의 근간이었던 데다 農本主義는 조선왕조의 기본 이념이기도 했기 때문이었다. 한백겸이 井田制를 깊이 연구하여 새로운 토지이론으로 箕田說을 제기한 것도 이런 사정과 무관하지 않았다. 그 또한 '법이 오래되면 폐단이 없을 수 없음'을 인정하면서, 정치란 "때에 맞춰 변통하고 일에 당해서 결단을 옳게 내리며 常規에 얽매이지 않아 法外의 意義를 얻는 일"이라고 주장하였다. 낡은 법제를

---

38) 李珥의 變法에 관한 견해는 『栗谷全書』 卷18, 東湖問答(己巳), 論安民之術 ; 『栗谷全書』 卷5, 萬言封事(甲戌) ; 『栗谷全書』 卷17, 陳時弊疏(壬午) ; 『栗谷全書』 卷25, 聖學輯要 7, 爲政 下, 識時務 등에 상세하다.
39) 『栗谷全書』 卷11, 答成浩原(丙子)

先王成憲이라는 이유로 옹호하는 태도에 대해서는 "膠柱而鼓瑟 刻舟而 求劍"이라고 비판하기도 했다.[40] 한백겸은 각종 賦稅를 균평히 하여 농민경제를 均質化하는 '平賦均民'의 실현을 목표한 것으로 보이는데, 箕田이란 井田의 구체적인 구획방식으로서 바로 耕者有田·均田平賦의 이상을 담은 것이었으므로, 그의 箕田說이야말로 變通·更張이 도달해야 할 마지막 단계였다고 할 수 있다.[41] 그리하여 한백겸은 井田制의 실현에 회의적이었던 주자의 경제사상으로부터 벗어나, 가깝게는 유형원의 公田論에 힘을 실어주었을 뿐만 아니라 멀리는 실학파 이념의 핵심이었던 토지개혁사상의 기초를 놓게 되었다.

時宜·務實·實學을 내세우면서 현실의 弊法·舊制를 개혁하자는 變通·更張의 논의는 이렇게 이이와 한백겸의 경우를 통해서 뚜렷이 확인된다. 이 밖에도 李之菡·柳成龍·趙憲·李睟光·許筠 등은 왜란을 전후해서 이와 유사한 논의들을 제기했던 저명한 논자들이었다. 그들은 문제의식과 발상법, 제시한 대안에서 조금 차이가 나지만 국가·민생을 중심으로 한 제도·법령의 일정한 개혁을 요구한 점에서는 한결같이 이이·한백겸과 같은 變通論者·更張論者들이며, 당시의 형편에서는 유연한 사고와 진보적인 경향의 관인·지식인들이라고 할 수 있다. 요컨대 16세기 후반부터는 변법적 사고가 분명히 성장하고 있었던 것이다.

그러나 이들 가운데 어느 누구도 '變法'이라는 말을 내놓고 쓰지는 않았다. 아마 쓸 수도 없었을 것이다. 그들의 학문적 기초가 당시의 주류 학문인 주자학에 있었던 데다 주자학의 학문 특성이 변법의 개념을 수용하기 어려웠던 탓이다. 무엇보다도 '변법' 자체가 儒家에서 異端으로 배격하는 法家에서 나온 용어였다.[42] 법가는 王道·仁義가 아닌 覇

---

40) 『久菴遺稿』 下, 貢物變通疏, 6ㄱ.

41) 『久菴遺稿』 上, 箕田遺制說 참조.

42) "今吾欲變法以治 更禮以敎百姓 恐天下之議我也"(『商子』, 變法).

道・刑律을 숭상하고, 禮治에 반대되는 법치와 부국강병을 지향하는 것으로 여겨졌다. 이 때문에 유가의 강한 비판을 받았으므로 그들이 내세우는 변법 또한 여기에서 예외가 아니었다. 조선시기에는 심지어 北宋 때 王安石이 '新法'을 제창하여 제도개혁을 시도했던 사실조차도 이를 마치 '法治主義'의 구현인 듯이 왜곡하고 주자학을 위협하는 존재로 낙인찍었던 것이다. 사정이 이러했으므로 經世를 말하고 法制・規例의 개혁을 주장하는 논자들일지라도 주자의 敎說에 없는 용어나 표현을 가져다 쓰는 데 신중하지 않을 수 없었다.

理氣・陰陽・動靜論이나 變化氣質論 등에서 보듯이 주자학에서도 사물의 변화・변동은 인정하고 있었다. 주자 자신도 '新是古中之事'라 하여 '變故爲新'이나[43] 量變・質變의 원리를 생각하였지만, '변법'이라는 말은 물론이고 변통・경장을 언급한 경우도 거의 없었다. 주자가 그러했으니, 후대 조선의 주자학자들은 더 말할 나위도 없는 일이었다. 변법적인 사고는 적어도 漢・唐 이전의 고전 유교의 정신에 유의하고, 사회의 변동과 법제 사이에 일어나는 현실적인 모순[法久弊生]에 주목함으로써, 그리고 '祖宗之成憲'이나 '萬世不易之典'이라는 논리에서 바뀌지 말아야 할 것과 바뀌어야 할 것을 분리해내는 인식과 사고의 전환이 일어나야만 가능한 일이었다. 주자학자들은 변화・변동할 수 없는 것의 핵심을 理氣 본체와 여기에 기초하는 三綱五倫이라는 도덕가치에 두었다. 이때 祖宗의 憲章이나 萬世不易의 法典이란 이러한 삼강오륜을 지탱하는 사회・정치적 장치, 곧 법제와 儀禮로 여겨졌고, 그렇기 때문에 그것은 바뀔 수 없는 철칙이었던 것이다.

이와 반대로 변법을 생각하는 논자들은 당장 삼강오륜을 부정할 수는 없었지만, 民生・王道・仁政이야말로 그보다 더 중요한 바꿀 수 없는 원칙이라는 사실을 발견하였다. 그리고 이 원칙을 실현하려면 변동

---

43) 張立文, 『朱熹思想硏究』, 北京 : 中國社會科學出版社, 1981, 359~361쪽 참조.

하는 현실의 사정에 따라 법제 자체가 그때그때 새롭게 바뀌고 고쳐지지 않으면 안 되었다. 이이·한백겸·유형원으로 이어지는 실학의 전통은 이런 점에서 종래의 주자학과 그 가는 길을 달리하는 것이기도 했다. 그리하여 18세기에 이르면 이익에 의하여 '變法' 술어의 典故가 밝혀지고 부패와 부조리가 만연한 사회·정치 현실을 타개하기 위해서는 그것이 얼마나 절실한 일인지가 확인되었다.44)

李瀷은 "법이 오래되면 폐단이 생기고 폐단이 생기면 반드시 변혁이 있어야 하는 것은 당연한 이치"라면서 孔子가 노나라에 벼슬한 것이나 孟子가 管仲과 晏子의 정치를 비판한 것이 모두 변법개혁을 제대로 해서 왕도를 실현하려는 의도라고 보았다. 그는 商鞅이나 王安石의 잘못 때문에 변법 본래의 의의가 왜곡되어서는 안 된다고 생각했으며, 현안 문제들은 猶豫未決한 채 현실의 안주에만 급급한 치자·식자들에 대해서는 타성을 버리고 반대와 비난여론을 감수하더라도 변법에 박차를 가하라고 충고하였다. 그리고 이이·유형원의 변통·경장론, 제도개혁론이야말로 변법의 차원에서 마련된 바람직한 것인데도 실행에 옮겨지지 못하는 사정을 안타까워했다. 이러한 이익의 변법긍정론은 實功·時勢의 논리를 바탕으로 하는 현실인식과 華夷無分·三韓正統을 근간으로 하는 역사의식을 통해서 이루어진 것이라는 점에서 설득력을 더한다고 볼 수 있다.45)

이렇게 보면 비로소 이익의 시기에 와서야 '변법'이 학술·사상의 주제로 다루어지고 정치현실의 인식과 대안의 모색이라는 차원에서 검토되는 계기를 맞은 것이었다. 이제 변법은 더 이상 법가·법치주의에 국한하는 용어가 아니며 주자학 밖에 놓아둘 논제가 아니었다. 말하자면

---

44) 『星湖僿說』 卷27, 經史門, 商鞅變法.
　　『星湖僿說』 卷11, 人事門, 變法.
45) 역사가로서 李瀷의 위치에 대해서는 韓永愚, 「18세기 전반 南人 李瀷의 史論과 韓國史 理解」, 『朝鮮後期史學史研究』, 일지사, 1989 참조.

주자학에 의해서 이끌려오던 현실의 조선사회가 그 변동과 발전의 추세를 거듭한 나머지 주자학의 테두리를 넘어서는 새로운 문제들을 일으키게 되고, 대안모색의 탈출구로서 변법사상이 등장한 것이라고 할 수 있다. 그리하여 이익은 儒者로서 법가 상앙의 변법을 긍정하고[46] 王·覇를 절충하는 부국강병의 사회개혁을 구상함으로써, 실학의 학문·사상 운동을 한 단계 끌어올리는 역할에 나서게 된 것이었다.

이제까지 우리는 유형원의 변법개혁론이 체계화되는 데는 이이나 한백겸과 같은 주요 논자들의 변통론·경장론이 그 선구 또는 토대로서 크게 기여한 사실을 확인하였다. 더욱이 초기의 변통·경장 논의로부터 유형원에 이르기까지는 법제개혁론의 여러 성과와 단계가 있었으며,[47] 그것이 비로소 '변법'이라는 이름으로 이해되는 데는 이익의 새로운 사회인식·개혁사상이 크게 기여한 사실도 알게 되었다. 그리고 이렇게 형성된 변법론이 더욱 크게 발전하려면 유형원이나 이익이 이룩한 문제의식·연구성과를 계승한 학자·지식인들이 여러 방면에서 새롭게 등장해야 했고, 실제로 그렇게 되어간 것을 확인하게 되었다. 北學論·通商論을 제기한 洪大容·朴趾源·박제가, 그리고 이러한 앞 시기의 학문성과를 집대성한 정약용 등이 바로 그들이라는 것이다.

19세기 문호개방의 즈음에 부국강병을 실현할 목적으로 서구의 사상과 제도를 수용하는 과정에서 추진했던 변법은 유형원과 같은 실학자

---

46) 이익은 상앙의 실패원인을 분석하고 그 잘못을 지적하였지만, 이는 상앙을 비난하려는 것이 아니라, 오히려 변법이 秦의 중국통일의 원동력이었음을 강조하려는 의도로 보여진다(『星湖僿說』卷27, 經史門, 商鞅變法).

47) 유형원의 변법론이 이이의 그것보다 진일보한 위치에 서게 된 까닭은 그 개혁성에 있다. 이이의 변통·경장 사상은 개량·개선의 수준을 크게 넘어서는 것이 아니었다. 예컨대 이이는 국가·사회를 건물에 비유하면서 변통·경장이란 그 건물의 기둥이나 서까래 등 낡은 부재를 새것으로 바꿔 건물의 외형이나 기능을 손상하지 않고 예전대로 유지하는 것이라고 보았다(『栗谷全書』卷7, 陳時弊疏 壬午, 32ㄴ). 이에 반해 유형원이 생각하는 변법은 건물의 재료와 규모, 구조와 그 기능까지도 새롭게 달라져야 하는 수준의 교체·변동을 뜻하였고, 이런 점에서 이이의 그것을 한 차원 극복하는 것이기도 했다.

들이 추구한 전통적인 변법과는 그 논리와 성격에서 일단 계통을 달리하였다. 이를테면 개항 직후에 정부가 주도한 제도개혁이나, 갑신정변·갑오개혁 그리고 독립협회의 운동과 대한제국의 선포는 나라 안팎 상황의 추이에 따라 운동의 논리와 방식에도 많은 변화를 겪게 되지만, 먼저 근대 변법운동의 범주에서 파악할 수 있는 사건들이었다. 그런데 처음에 이들의 논리는 대체로 '東道西器'論에서 보듯이 道와 器를 분립하여 이분 양립하는 개념으로 출발하고 있었다. 道·器는 물론이고 體·用, 本·末 등을 적용하더라도 先·後, 主·從의 이념적 관계가 되기는 마찬가지다. 즉 물질과 정신, 이념과 방법을 별개의 것으로 분리함으로써 道와 體인 정신·사상은 고수하되 기술·제도는 器와 用이므로 새로 채용하여 실행하는 데 별 문제가 없을 것으로 생각한 것이었다. 이는 인식방법의 모순이자 오류이고 한계였음에 틀림없다. 때문에 이러한 논리선상에서 실행에 옮겨지는 개혁·개방 정책이 시행착오와 혼란을 일으키지 않을 수 없었다. 아마 당시의 생각 있는 식자들이라면 이러한 발상이 自己合理化의 논리에 지나지 않으며 유럽이 이룩한 물질적 성과에 대처하려는 불가피한 선택이라는 점을 인지하였을 것이다.[48]

여기서 상기되는 것은 만약 늦어도 18세기 말엽부터 19세기 전반기에 걸쳐, 집정세력이 실학자들의 지적에서 보는 바와 같은 정치·사회 모순을 직시하고 그들이 제기한 개혁안, 즉 변법론을 수용할 태세로 나섰더라면 東道西器論的 발상의 한계와 모순에 떨어지지도 않았고, 일본식 開化改革論의 급격한 확산에서 오는 정체성의 혼란도 겪게 되지 않았으리라는 것이다. 개항 뒤의 근대 개혁운동이 그토록 어려운 과정을 밟아야 할 이유가 없었던 것이다. 개화파·개화사상의 기본 목표는 서유럽의 문물제도를 채용함으로써 자신들이 주도하는 위로부터의 체제개

---

48) 18, 19세기 제도개혁과 대외교섭을 둘러싼 정계·학계의 인식 동향에 대해서는 盧大煥, 「19세기 東道西器論 形成過程 硏究」, 서울대학교 박사학위논문, 1999 참조.

혁을 달성하는 데 있었을 뿐, 결코 실학의 개혁이념을 계승하는 데 있지 않았다. 이것은 바로 변법론의 단절이었고, 나아가서는 역사의식의 부재이며 자기 정체성의 위기가 아닐 수 없었다.

그러나 그럼에도 불구하고 동도서기론적인 사유는, 근대 개혁운동이 궁극적으로 실학파가 지향했던 변법적 사유와 실천에 접근하는 하나의 계기 또는 단계였다는 점에서 그 의의가 있다. 사실 동도서기론의 논리적 모순과 시행착오는 대한제국시기의 '舊本新參論'에 이르러 비로소 극복되기 시작했다.49) 그리고 유교의 變法·變易이 그 나름의 근대적인 사유범주·논리개념으로서 일정한 지위를 얻게 되는 것도 이 단계부터라고 보아 무리가 없을 것이다. 이 시기 계몽사상가들이 표방했던 '變法自强論' 또한 일정한 의미에서는 구본신참론이 확대되는 하나의 움직임이라고 해도 좋을 것이다. 그리하여 보수적 집권세력과 개화파로부터 외면되던 변법론은 다시 살아있는 근현대의 역사적 과제이자 사회·정치적 이념으로서 그 생명력을 이어갈 수 있게 되었다.

한편 실학의 변법론이 개혁적 인식논리·진보이념이라면 변법론적인 역사의식은 바로 진보적 역사관에 직결되는 것이며, 이것을 가리켜 '變法史觀'이라 불러 무리가 없을 것이다. 변법사관은 사회의 변동·발전을 지향하는 점에서는 당연히 유교의 복고주의 역사관을 대치할 수 있었다. 물론 변법론이 본디 유교의 논리에 포섭되는 점에서 변법사관 또한 儒敎史觀의 일환으로 보아야 할지도 모른다. 그러나 앞에서 보았듯이 19세기 이래의 역사과정에서는 변법론이야말로 서양의 과학·기술·제도는 물론 그 사상과 종교를 수용하는 일정한 매개고리이자 논리적 근거가 될 수 있었다. 비록 토대가 유교일지라도 변법의 논리에 서게 되면 서양의 사상과 기술을 수용할 기저가 마련될 수 있다는 것이다. 우

---

49) 舊本新參論으로 집약되는 인식논리의 진전과 개혁정책의 추이에 대해서는 金容燮, 『增補版 韓國近代農業史研究』下, 일조각, 1984 참조.

리는 이러한 사실을 근거로 유교의 근대적 변용의 가능성을 내다보았
던 것이다. 그렇다면 유교의 春秋(尊周)史觀·正統(義理)史觀에 이념적
으로 대응하는, 유교의 극복을 지향하는 역사관이 다름 아닌 변법사관
이라는 사실도 인정해야 할 것이다. 이는 유형원의 변법론과 그 역사관
의 검토를 통해서 이미 확인된 것이기도 하다. 또한 이로써 유교의 내부
에서 유교를 부정하는 자기 논리가 성립한 것이 된다. 변법사상·변법
사관의 의의가 여기에 있다고 하겠다.

4. 맺음말

17세기 조선사회의 역사관은 정통 주자학에 바탕을 둔 복고적 儒敎
史觀과 이에 대항하는 실학의 진보적 역사관, 즉 變法史觀으로 양립하
고 있었다. 변법사관은 낡아 폐단을 일으키는 현실의 법령·제도를 개
폐하자고 주장한 유자들의 變通論·更張論을 포괄하는 논의, 이를테면
變法論·變法思想에 토대를 둔 역사인식이며 역사이론이라고 할 수 있
다. 그것은 전통시기 사회·역사의 변동·발전에 관한 기본 인식이 유
교의 民本論·變易論과 결합한 것으로서, 근대적 진보사상·진보사관
이 성립할 수 있는 사상적 역사적 토대가 되었다. 그리고 유형원은 국가
제도의 개혁에 관한 논의를 체계적으로 제기하는 가운데서 그러한 변
법의 역사의식, 변법사관을 밝힌 최초의 사회사상가였다.

이제 유형원의 개혁사상이 변법사관에 직결되는 사정을 간략히 정리
하고 그 의의를 짚어보는 것으로 결론을 맺기로 하자. 유형원은 구래의
여러 폐법·모순의 해결과 兩亂의 戰後 수습을 당면한 과제로 인식하
고, 이를 타개하기 위한 개혁방안을 정치·경제·사회·교육·국방 등
국가운영 전반에 걸친 國家再造論으로 성립시켰다. 『磻溪隨錄』에 압축
된 그의 개혁론은 국가·사회 존립의 근간이 토지에 있는 것으로 보고,

公田制의 원칙을 관철하여 농민층의 恒産恒業을 보장할 뿐만 아니라 이를 기반으로 교육과 인재양성, 부세와 국방, 관제와 녹봉, 상공업과 물자유통 등의 여러 문제를 풀어가려는 것이었다. 이러한 구상은 현실 사회를 직시하여 문제점을 정확히 짚어낼 뿐만 아니라, 이를 다시 유교 경전의 가르침과, 법제·정책의 역사적 내력과 그리고 先學들의 學問成果·經世論에 비추어 검증함으로써 개성 있는 산지식을 새롭게 조직해 내는 데서 가능하였다. 여기에는 사실관계나 典據에 충실하려는 실증적 객관적 학문태도와 실상의 배후에 깔린 문제점을 구조적으로 파악하려 는 합리적 비판의식이 뚜렷이 드러난다. 또 종래 여러 경로로 마련되어 온 변통론·경장론을 발전적으로 집대성하되 무엇보다도 개혁성을 견 지하고 있었다. 그리하여 유형원의 개혁이념은 근대이행기의 새로운 사 회사상·국가건설론에 선행하는 실학파의 변법사상·국가사상의 기초 가 되었다.

새로운 법제의 수립과 이에 따른 국가경영의 일신, 이것이 바로 유형 원이 생각한 '改革'이었다. 그 개혁이란 당시의 표현으로는 '오래되어 폐 단을 일으키는 법령과 제도'를 모두 개폐하는 변통·경장이었는데, 李 瀷의 실학 단계에 이르러 비로소 이를 '變法'으로 일컫게 되었다. 사실 변법은 『易經』을 통하여 變易의 원리에 주목한 유자라면 결코 새롭거 나 생경한 말이 아니었다. 자연질서와 함께 인간사회의 변화무쌍함, 이 에 대처해야할 치자·식자의 태세에 대하여 성현의 말로 누누이 설명되 어 있기 때문이다. 사실 변법은 變易·變通과 함께 시공의 제한을 떠나 빼놓을 수 없는 유교사상의 고유한 주요 개념이었던 것이다. 유형원은 유교의 근본 정신에 철저하려는 유자였으므로 누구보다도 이러한 변법 의 정신에 주목하게 되었다. 현실의 모든 문제를 비판적으로 재인식하 고 그것을 법제의 총체적 개혁 구상으로 승화시켜간 사실이 이를 충분 히 입증하고 있다. 무엇보다도 유교·주자학 이외의 사회사상에 대해서 는 그 실마리조차 접하기 어려웠던 당시의 사회·역사적 조건을 고려하면 그의 변법적 사유가 지니는 의의는 더욱 큰 것이라 하겠다.

유형원의 변법은 三代의 정치와 古制·古法의 좋은 점을 강조하고 典故와 故事를 적극적으로 활용하여 변화하는 현실에 적용할 바람직한 새 법제를 만들어가는 일이었다. 여기에서 古制·古法·古例는 옛것 그대로가 아닌 새것, 즉 新制·新法·新例로 재생되며 갱신이 이루어지게 되는 것이다. 그리고 법제의 개혁, 변법의 방향이 이러하다면 이를 추진해갈 주체 또한 "成天下之治 濟天下之務"[50]할 의지로 심기일전한 帝王, 그리고 治者의 도리를 자각하고 제왕을 보필하여 이를 실천에 옮길 강성한 양반사대부가 되지 않으면 안 되었다. 그의 변법에서는 법제뿐만 아니라 그 주체인 치자층 자체의 갱신도 요구되었던 것이다. 이렇게 되면 '萬人으로 하여금 無不各得其所'하는 사회수준,『經國大典』체제의 폐단과 모순이 획기적으로 극복되어 조선사회의 질적 전환이 이룩되는 수준에 이를 것이었다.

제도개혁론으로서 유형원의 변법론은 구질서의 모순을 타개하는 데서 그치는 것이 아니었다. 변법의 현실적 효용성과 영향력은 종래 주자학에 대한 유자들의 신념을 동요시키고 그 교리에 입각한 사회·정치사상의 한계를 더욱 부각시키게 될 일이었다. 그런 뜻에서 그의 변법사상은 유교의 테두리에서 성립한 것이면서 점차 유교의 한계를 벗어나는 이념이 되기에 충분한 것이었다. 특히 당시의 보수 주자학자들의 경세론과는 그 지향을 전혀 달리했다는 점에서 그것은 또한 주자학을 극복하는 사회사상이 아닐 수 없었다.

현실의 사회변동을 변법의 논리로 대처하게 되면 이는 바로 변법적 역사의식의 시작이기도 하다. 역사의식이란 사회변동의 인과적 관계를 따지는 일인데 변법적 인식대상이 다름 아닌 사회현실이기 때문이다. 그런 뜻에서 변법의 역사관은 유교·주자학의 尙古主義 역사관을 타파

---

50)『磻溪隨錄』卷11, 敎選攷說 上, 40ㄴ.

하고, 나아가서는 근대의 발전사관에 그 맥락이 닿을 수 있는 최초의 이론적 실증적 지표였다. 근대개혁기의 계몽운동가들이 개혁과 계몽의 논리로서 '변법'설을 끌어왔던 데는 그만한 까닭이 있었던 것이다. 요컨대 유형원의 진보적인 개혁구상은 다름 아닌 변법론이었고, 이에 기초하는 역사의식은 '변법의 역사관', 변법사관이라고 부를 수 있는 것이다. 그리고 이런 이유에서 그것은 한국 근대 역사이론의 단초라고 할 수 있다. 유형원은 최초의 변법적 사회사상가, 변법사상가였으며, 그의 변법사관이 지니는 의의가 여기에 있다.

(『國史館論叢』 93, 2000)

제2장 黨爭과 蕩平政策

I. 朝鮮 後期의 黨爭과 王權論의 推移

1. 머리말

우리나라는 삼국시기 이래 集權體制를 지향해왔다. 이는 먼저 인접한 漢族·北方民族과 대치해야 하는 지리적 사정이 크게 작용해온 탓으로 보인다. 또 그와 관련해서 일찍부터 유교 정치사상을 수용 정착시켜 온 것도 큰 이유가 되었다고 본다. 아무튼 집권체제가 前近代 韓國史의 기본 특징 가운데 하나라는 사실에는 이의가 없을 것이다.

집권체제는 인민과 토지에 대한 일원적 직접적인 지배권의 행사를 추구하는 통일적인 중앙권력과 이에 맞서서 배타적 지방적 연고권을 확보하려는 在地세력 사이에 성립되는 정치적 대항관계에 그 특징이 있었다. 말하자면 중세 집권체제 아래의 정치운영은 기본적으로 集權力과 分權力, 중앙권력과 지방세력이 상호 보험적인 관계에 있으면서도 인민과 토지의 지배권을 둘러싸고는 상호 대립 견제하는 관계를 형성했던 것이며, 이것이 구체적으로는 王權과 臣權의 균형·대항 관계로 표출되었던 것이다. 이제까지 정치·제도사 연구에서 지배세력의 변동·교체, 과거제와 관료제의 추이, 통치조직과 운영, 그리고 그 원리인 유교·주자학 등을 중요 과제로 하여왔음은 이 같은 사정을 반영하는 것이기도 하다. 조선시기는 그러한 집권체제가 역사상 어느 때보다도 고도화한 단계였고, 또 근현대 정치사와 직결되는 선행시기라는 점에서 그에 대한 관심의 정도와 비중이 그만큼 높다고 하겠다.

여기에서는 이 같은 사정을 유념하면서 조선 후기의 黨爭과 王權의 관련 문제에 대해 살피되, 특히 주자학의 名分論·學問論·政治論이 각 정치세력 내부에서 어떻게 조직되고 실제에 적용되는지를 주목해보려고 한다.1) 이러한 접근방법은 이 시기의 사회·경제적 과제, 또는 民의 존재형태를 둘러싼 지배층 내부의 서로 다른 대응논리와 방식이 王權과 臣權, 또는 臣權 내부의 상호관계를 규정하게 되고, 이것이 이른바 朋黨과 黨爭, 王權의 消長으로 나타나게 되었다는 점에 유의한 것이다. 이때 논의의 핵심은 지배세력의 상호관계, 기본적으로 왕권과 신권의 관계가 단순한 세력균형, 기능주의적인 정치역학 관계가 아니라 '修己治人', 즉 '治者의 道理와 分'이라는 학문·정치론의 적용문제로 귀결된다는 점에 있다. 이로써 이 시기 당쟁에 대한 적극적 이해, 즉 조선 후기 정치사·사상사가 한층 발전적인 모습으로 설명되려면 그 방법이 어떤 것이어야 하는지 필자 나름의 견해를 제시해보려고 한다. 그것은 요컨대 조선 후기는 反朱子學·實學의 발흥에서 예시되는 바, 중세질서의 동요와 이에 따른 사회·정치 개혁이 적극 요구되던 역사적 전환기였음에도 불구하고 보수적인 정치세력과 이에 결합된 정통 주자학이 그것을 어떻게 질곡에 빠뜨렸는지를 밝히는 작업의 일환이라 하겠다.

---

1) 이와 관련해서는 최근 李泰鎭 교수의 문제제기가 있어 참고된다(「朝鮮王朝의 儒教政治와 王權」, 『韓國史論』 23, 서울대학교 국사학과, 1990).

2. 15, 16세기의 王權과 두 계통의 君主聖學論

유교사회의 실현을 이상으로 하였던 조선 전기의 정치운영에서는 원칙상 국왕의 專制的 절대권이 인정되고 있었다. 그러나 실제 정치운영에서 국왕의 專制權力은 항상 臣權의 강력한 견제를 받아왔던 것이 사실이다. 그 견제는 국왕의 사적 자의적인 독단이나 전횡을 규제하려는 것이었지만 실상은 신료군 또는 특정 당파나 개인의 이해관계를 옹호하기 위한 경우가 더 많았을 수도 있다. 이를테면 재상 중심의 政務署事權을 확보하려는 議政府의 기능, 言官들의 간쟁·탄핵을 통해 인사와 정무의 비판임무를 수행하는 三司, 군주의 교양과 정치학습을 위한 經典講論 제도인 經筵, 그리고 거의 모든 관인·지식층에게 정견발표의 통로로 개방된 上疏制度 등은 그러한 왕권견제의 제도적 장치로 기능할 수가 있었다.

정치운영 문제를 君權과 臣權의 대항관계로 집약하고 주로 전자에 대한 후자의 기능을 강조하는 정치이념은 이미 왕조의 성립과 함께 제출되고 있었다. 鄭道傳(?~1398 ; 三峯)은 조선왕조의 정치·사회 이념을 법제적 차원에서 마련하는 가운데, 君主專制權을 부정하고 재상의 政務裁決權을 분명히 규정하였다. 즉 군주는 "代天理物"하는 자, "代天工 治天民"[2]하는 天命의 代行者이므로 그 절대성이 인정되지만, 군주의 진정한 임무는 오로지 재상을 제대로 선택하고 그와 더불어 정사를 협의 처결하는 데 있다는 것이었다. 이때 재상은 敎令과 政化의 최고 책임자로서 위로는 '格君'·'引君當道'의 직분을, 아래로는 百官百職을 총괄하도록 되어 있었다.[3] '군주는 오직 군림할 뿐 통치하지 않는다'는 명제에 방불한 것이었다. 그의 의도는 먼저 주자학의 정치사상을 반영

---

2)『三峯集』卷7, 朝鮮經國典 上, 治典 官制.
3) 정도전의 정치사상에 대해서는 韓永愚,『改訂版 鄭道傳思想의 硏究』, 서울대학교 출판부, 1989(1973). 특히 그의 君主論·宰相說에 대해서는 134~147쪽 참조.

해서 양반사대부 중심의 정치질서를 확립하려는 것이었다. 그러나 그 현실적인 동기는 이른바 역성혁명을 주도한 개국공신 세력의 정치주도를 관철하기 위한 것이었다고 볼 수 있다. 군주의 실질적인 통치권행사를 부정하는 재상 중심 정치론은 정도전의 실각 뒤에 오히려 신료군 내부에서 반대론에 부딪치게 되었다.

卞季良(1369~1430 ; 春亭)이 "君臣의 分限은 天尊地卑와 같아서 문란할 수 없는 것"4)이며 "權勢란 천하가 두려워하는 것이며 利權이란 天下가 求하는 것"5)이라는 관점에서, 모든 권세와 이권의 여탈권을 군주가 장악함으로써 신료집단을 제어하고 그들의 복종과 충성을 이끌어낼 수 있다는 '御群臣'論을 강력히 제기한 것이다. 사실 太宗代에 이르러서는 六曹直啓制의 실행이나 司諫院의 설치 등 都評議使司－議政府 중심의 개국공신 세력을 견제하고 왕권을 강화하려는 일련의 조치들이 취해지고 있었으므로, 변계량의 왕권론은 그러한 분위기를 반영한 것일 수도 있었다. 그러나 그 주장은 주자학의 명분론과는 달리 정치역학의 측면에서 제기된, 왕당파의 功利論으로 보였기 때문에 사대부 관인층 사이에서 설득력을 갖기는 어려운 것이었다. 그렇지만 신료군 내부에 왕권론과 신권론의 대립, 말하자면 서로 다른 정치이념·권력구조론이 형성되고 이것이 정치세력과 긴밀히 연결되는 계기가 될 수는 있었다.

16세기 초 사림파의 정치이념을 정계 일선에서 대변하고 있던 趙光祖(1482~1519 ; 靜庵)는 "무릇 君臣이란 백성을 위해서 있는 것",6) 또는 "임금이 신하를 대하고 신하가 임금 섬기기를 모두 誠實로써 한다면 治化를 이룰 수 있을 것"7)이라고 하였다. 그러면서도 정치운영의 책임은, "國事는 모름지기 大臣이 하는 것"8)이라든지, "정치하는 道는 책임을

---

4) 『春亭集』 卷6, 永樂十三年六月日封事, 14ㄱ.
5) 『春亭集』 卷6, 永樂十三年六月日封事, 18ㄴ.
6) 『靜庵集』 卷3, 檢討官時啓(6), 3ㄱ.
7) 『靜庵集』 卷3, 參贊官(副提學)時啓(1), 12ㄴ~13ㄱ.

宰相에게 지우는 것"[9]이라고 한 바와 같이 대신·재상에게 있다고 봄으로써 정도전의 그것과 유사한 논리를 폈다. 이 무렵의 왕권제한론과 재상 중심 정치론은 이른바 '三代之治', 즉 王道政治의 실현을 표방한 것이었다.[10] 그러나 그것은 사실상 양반사대부층의 정치·사회적 특권을 정당화하고 이를 항구적으로 보증하려는 방안이기도 하였다. 조선왕조는 외형상 李氏 王室의 '化家爲國'으로 통념되었지만 사실은 신료집단의 議決處였던 도평의사사가 李成桂의 왕위계승을 승인하는 절차를 거쳐 성립된 것이라는 사정이 말해주듯이, 왕조 자체는 양반사대부층의 정치적 합의의 산물이라는 데에 더 큰 의의가 있는 것이었다. '修己治人'으로 집약되는 주자학의 학문·정치 이념의 본질이 그러하였다. 다시 말하면 왕조의 祚命은 주자학 이념과 사대부 사회의 영원성을 담보하는 한에서만 그 존재의의가 인정될 수 있었다. 여기에서 재상은 당연히 사대부 관인층의 대변자로서 政制上 최고의 주재자가 되어야 했다.

한편 15세기 후반 지방 士林의 중앙 진출과 함께 정치적 비중이 높아지기 시작한 三司 言論은 中宗代 이후 급속히 성장해갔다.[11] 훈구세력의 점진적인 퇴조, 의정부의 약화와 備邊司 기능의 상대적 확장, 그리고 주자학 정치이념의 발전을 반영하는 것이었다. 특히 이때 의정부의 재상권은 '備局堂上' 일반의 위상으로 격하되고 있었으므로 왕권의 상대적 신장이 예상될 수 있었지만, 예의 三司 言論이 더 강력한 견제력을 형성하게 됨으로써 왕권 자체의 消長에는 큰 변동이 없었다. 다만 사대부 관인들의 정치언론이 왕권 對 신권의 관계만이 아니라 신료군 내부의 대항관계에서도 치열하게 전개되는 가운데 집권체제 아래서 정치역

---

8) 『靜庵集』 卷3, 參贊官時啓(3), 16ㄴ.

9) 『靜庵集』 卷4, 拾遺, 啓(3), 16ㄴ.

10) 姜周鎭, 『趙光祖의 生涯와 思想』(박영문고 205), 박영사, 1979 ; 金光哲, 「靜庵 趙光祖의 政治思想」, 『釜山史學』 7, 1983 참조.

11) 金燉, 「中宗代 言官의 性格變化와 士林」, 『韓國史論』 10, 서울대학교 국사학과, 1984.

학 관계를 더욱 복잡하게 만들이가고 있었다.

양반사대부층의 정치적 지향은 처음에는 단순히 재상중심론으로 전개되었으나 조광조는 이를 다시 至治主義 정치론으로 발전시켰다. 앞에서 본 그의 재상론은 至治主義, 곧 왕도정치를 제창하기 위한 전제였던 셈이다. 그것은 군주로 하여금 聖學(=修己治人之學)을 이수하여 '聖人' 군주가 될 것을 요구하는 정치론이었다. 본디 聖學은 修己治人의 학문이라는 점에서 바로 사대부 자신의 도리와 (職)分을 규정하는 것으로, 그들의 주체적 정치지향을 정당화하는 논리였다. 그런데 이제 君主學(=帝王學)으로 제출됨으로써 聖學은 정치이념으로서 그 의미가 더욱 확장되기에 이르렀다.

두 가지 점에서 특히 그러하였다. 먼저 聖學(=修己治人之學)에서는 절대적 존재인 제왕조차도 한 사람의 學人으로서 유자·관인들과 同列에 서지 않으면 안 되는 것이었다. 다음은 君主學(=聖學)이 이미 주어진 학문목표로 설정됨으로써 신료군은 이의 달성 여부를 내세워 군주의 能否를 비판 평가할 수 있고, 이로써 君主專制權을 제약하는 결정적인 근거논리가 성립될 수 있었다.

이러한 君主聖學論은 처음 李彦迪(1491~1553 ; 晦齋)이 본격 거론하기 시작했다. 그는 「一綱十目疏」와 「進修八規」를 각각 中宗과 明宗에게 올렸는데, 그 요점은 정치의 성패와 민생의 향방이 오직 군주의 一心·心術 여하에 달린 문제로 보고 군주가 修身齊家하는 방법, 즉 聖學을 당면의 실천과제로 제안한 것이었다. 예컨대, "人君은 奉天理物하는 자이니 그 一心이 天心에 합치하면 天이 불응할 까닭이 있겠는가"[12]라거나, "人主의 一心은 萬化의 근원이니 본원을 부정하면 어떻게 조정을 바르게 하며, 또 어떻게 백관과 만민을 바르게 할 것인가"[13]라는 등의

---

12) 『晦齋集』 卷8, 進修八規, 14ㄴ.
13) 『晦齋集』 卷10, 三月呈辭上箚子, 7ㄴ.

것이었다. 이언적은 특히 "體元하는 것은 人君의 직무요, 調元하는 것은 宰相의 직무"[14]라 하여 재상권에 대한 군주권의 主宰性과 우월성을 명시하고 있었다. 이러한 군주권의 승인은 이 시기 정권을 농단하는 훈구·척족 세력을 국왕과 사림세력이 극복해야 할 共同의 敵으로 여긴 인식의 반영이라고 하겠다. 그러므로 그것은 결코 주자학 본래의 학문·정치론을 변용한 것이 아니었다. 아무튼 그는 聖學(＝君主學)의 방법과 목표를 『大學章句補遺』, 『續大學或問』, 『中庸九經衍義』 등의 논저로 체계화하였다.[15]

聖學이 『大學』·『中庸』의 학문론과 관련되면서도 군주학(＝제왕학) 나름의 범주로서 정립하게 되는 것은 주자의 문집과 어록을 통한 주자학 연구가 한층 구체화되는 16세기 중엽 이후부터였다고 생각한다. 李滉(1501~1570 ; 退溪)과 李珥(1536~1584 ; 栗谷)는 이 시기의 성학론을 주도한 대표적인 유자였다. 그들은 저마다 『聖學十圖』와 『聖學輯要』를 통해서 서로 다른 두 경향의 성학론을 전개하였다. 두 사람은 다같이 조광조의 至治主義와 이언적의 성학론을 계승하되 그 시기, 정치·사상적 견해를 서로 달리하고 있었기 때문에 군주학의 체계 또한 달라진 것이었다.

이황은 주자학의 학문·정치론(＝修己治人論)에 치중하여 『小學』·『大學』과 「白鹿洞學規」를 포함한 10가지의 주제를 선정해서 圖式(다이어그램)으로 작성하고 여기에 요점 위주의 해설을 베풀었다. 배우는 사람에게 '入道之門'·'積德之基'를 보이기 위함이라고 했다.[16] 또 「太極圖說」·「西銘」·「心統性情說」의 도식을 수록하고 있는데, 이는 주자학의 기본적인 철학 범주, 즉 理氣·人性論의 근원까지 소개하려는 의도

---

14) 『晦齋集』 卷8, 進修八規, 11ㄱ.

15) 이언적의 성학론·정치론에 대해서는 李泰鎭, 「李晦齋의 聖學과 仕宦」, 『韓國思想史學』 1, 1987 ; 金泰永, 「晦齋 李彦迪의 政治思想」, 『제20회 동양학학술회의』, 성균관대학교 대동문화연구원, 1991 참조.

16) 『退溪先生文集』 卷7, 進聖學十圖箚(幷圖), 5ㄱ·6ㄴ.

로 보인다. 이에 대해서 이이는 『대학』의 체계 하나만을 원용하여 修己·正家·爲政 등의 공부과정을 설정하고, 여기에 先儒들의 학설을 광범하게 인용 예시하여 그 구체적인 실천덕목을 규정하였다. '察理之精'·'踐履之篤'하는 공부태도를 강조함이었다.17) 그리고 결론으로 '聖賢道統' 항목을 둠으로써 聖學 공부의 유구한 정통성을 확신시키길 잊지 않았다.

이렇게 두 사람은 '聖人' 君主와 '三代之治'를 지향하는 일반론에서는 일치함에도 불구하고 君主學(=聖學)의 범주와 방법은 서로 달리하였다. 이황이 주자학 자체를 聖學으로 보고 『성학십도』에서 그 원론을 당시의 군주 宣祖(재위 1567~1608)에게 제시하여 군주 스스로 여기에 접근하는 그 나름의 주관적 성취과정을 기대했다면, 이이는 실제로 각 事案을 맞아 수행해야 할 규범과 절차를 세세한 각론 방식으로 명시하여 군주의 의지와 행동에 대한 객관적 기준을 제시하려고 하였다.

예컨대 이황은 『성학십도』를 제대로 공부하면 "爲邦之業이 그 가운데 있고 傳道之責이 이 몸에 있게 되어 中和位育의 功을 이룰 수 있다"18)는 포괄적인 말로 선조에게 권유하였다. 聖學(=修己治人之學)을 군주에게 마땅한 道理의 학문으로 전제하되, 군주 스스로 여기에 따르도록[順理] 해야 한다는 것 이상의 요구가 아니었다. 반면에 이이는 "제왕의 학문은 變化氣質보다 절실한 것이 없고 제왕의 정치는 推誠用賢보다 먼저 할 것이 없다"19)고 하였다. 또 聖學을 수행하는 군주의 자세에 대해 "大臣 공경하기를 尊長 대하듯이 하고 臣僚 보기를 朋友같이 하며", "聖主와 賢臣이 志同道合하기를 고기와 물이 서로 반기듯 하며", "귀 기울여 듣지 않는 말이 없고 따르지 못할 諫言이 없어야 한다"20)고

---

17) 『栗谷全書』 卷19, 進聖學輯要箚, 2ㄴ.
18) 『退溪先生文集』 卷7, 進聖學十圖箚(幷圖), 8ㄴ~9ㄱ.
19) 『栗谷全書』 卷19, 進聖學輯要箚, 3ㄴ.
20) 『栗谷全書』 卷19, 進聖學輯要箚, 5ㄱ·ㄴ.

선조에게 당부하기도 했다. 즉 賢臣이 나서서 군주에게 규범을 준행하
도록 敎導함으로써 군주의 氣質을 변화시켜야 한다는 것이었다. 일종
君主改造論이랄 수 있는 논리였다.

修己治人之學을 君子의 학문이라 하여 군주와 신료 모두에게 적용되
는 治者의 논리라고 하면, 이는 治者層의 특권이면서 동시에 강력한 自
己規律性을 전제로 한다고 할 수 있을 것이다. 이황이『성학십도』를 통
해서 주자학의 보편논리를 제시했던 것은, 말하자면 그러한 치자 일반
의 규범과 절제의 원칙을 理法·道理로 재확인하려는 의도였다고 하겠
다. 따라서 그의 성학은 정치역학의 측면에서 군주와 신료의 相互規制
性이 보일지언정 신료들에 의한 일방적 君權制約의 의도는 나타나지
않는다. 반면에 그것을 신료집단이 주도하는 君主敎導의 방법론으로 적
용하게 된다면, 이는 군권제약에 의한 臣權優位의 정치운영을 가능하게
하는 결정적인 논리가 될 것이었다. 특히 臺諫言論과 經筵講說의 핵심
적인 주제로 聖學이 등장할 수 있었다. 이는 바로 군주의 의지와 행동
하나하나를 규범화하려고 한 이이의 聖學論이 내포하는 특징이었다.

3. 西·南 對立期 世道政治論과 尊君卑臣論의 전개

17세기에 조선사회는 兩亂으로 말미암은 파괴와 혼란으로 크게 동요
하고 있었다. 중세 집권체제의 내부모순이 대외전쟁을 계기로 더욱 불
거진 현상이었다. 양반 지배층은 이러한 체제의 위기에 대처하기 위한
방안을 놓고 학파와 당색에 따라 그 입장과 견해를 달리하여 서로 대립
하는 양상을 드러내었다. 이른바 조선 후기의 '黨爭'은 이렇게 전후수습
을 위한 체제의 재편성 과정에서 야기되는 지배층의 이념·사상의 분열
현상이라고 할 수 있다. 그런데 이 시기의 정치국면은 西人과 南人의
대응관계로 집약되는 것이고 그 표면적인 쟁점은 '禮訟'과 '北伐'對策이

었다. 그리므로 여기에서는 시인과 님인의 징치·이념 노선에 가장 영향력이 있었던 宋時烈(1607~1689 ; 尤庵)과 許穆(1595~1682 ; 眉叟)의 인식논리를 통해서 당쟁과 왕권의 관계, 그 성격을 살펴보기로 한다.[21]

송시열은 그 시기의 당면과제를, 안으로는 해이해진 사회기강을 바로잡는 일, 밖으로는 明왕조의 멸망과 함께 붕괴된 中華의 세계질서를 재건하는 일로 설정하고 그 해결 방안을 주자의 논리에서 적극 채용하였다. 그가 내세운 內修外攘論·北伐論(復讐雪恥論)은 말하자면 주자가 12세기 南宋사회의 현상타개책을 마련하면서 제시한 구호이기도 하였다. 아무튼 外攘(=북벌)을 위해서는 먼저 內修가 갖추어져야 할 일이 있는데, 그는 內修의 선행조건으로 예의 君主聖學論을 제기하였다. "天下의 일은 그 善惡을 不問하고 人主의 一心에 근본하지 않음이 없다"[22] 든지, "국가 自强의 계책은 內政을 닦는 일보다 급할 것이 없고 내정을 닦는 방도는 근본(군주의 一心-필자)을 바로잡는 일보다 급할 것이 없다"[23]라면서 군주의 正心·正君心·格君心의 중요성을 강조함이 그것이었다. 이는 성학의 修己와 治人 가운데서도 특히 修己를 중시하는 것으로, 李珥의 聖學論보다도 군주의 修己과정을 한층 강화하려는 의도로 보인다.

군주의 修己는 그가 스스로 마음쓰씀이[心術·心法]를 조절하여 '人欲之私'를 제거하고 '天理之公'을 회복하는 일이며, 이는 格物致知·讀書·窮理를 통해서 人倫·日用의 이치[理]를 깨달아 알고 主敬·持志·誠意正心을 다하는 실천공부였다. 三綱五倫은 바로 그 실천덕목이었다. 이처럼 聖學은 事物現象·物質世界를 객관·과학적 방법으로 탐구하는 지식활동이 아니라 인간의 내면세계와 心的 作用을 心法·心術

---

21) 이 부분은 주로 필자의 두 글을 요약하였다(「17세기 正統朱子學派의 政治社會論－宋時烈의 世道政治論과 賦稅制度釐正策」, 『東方學志』 67, 1990 ; 「許穆의 禮樂論과 君主觀」, 『東方學志』 54·55·56 합집, 1987).

22) 『宋子大全』 卷5, 己丑封事(8월), 3ㄴ.

23) 『宋子大全』 卷7, 二疏(辭吏曹參議疏)(乙未 2월), 24ㄴ.

이라는 이름으로 조절, 자제해가야 하는 추상·관념의 활동이었다. 修己論 중심의 聖學이 인간의 의지와 행동에 대한 윤리·도덕적 規制力으로 작용하게 된 까닭이 여기에 있었다. 이미 이이에게서 그 단서가 열린 바이지만, 송시열은 이러한 修己 공부를 자신의 道理와 分(限)으로 공유해야 할 관인·유자들보다도 군주 일방의 우선 과제로 돌림으로써 결국 臣權에 의한 君主權 제약의 통로를 만들어간 것이다.

이러한 聖學論과 관련해서 다시 군주권의 대행체제를 지향하는 정치론이 제시되었다. 世道政治論이 그것이었다. 송시열은 綱常倫理를 기초로 하는 사회기강, 中華 중심의 세계질서를 가리켜 '世道'[24]라고 하고 이 세도를 확립하는 정치·사회 운영을 세도정치에서 기대하였다. 세도정치론은 요컨대 이제껏 '分爲二道'했던 道學과 政事를 '一途'로 통합하여 道統의 정신에 명실상부하는 정치, 즉 道學政治를 회복하자는 것이었다.[25] 이는 당연히 군주·제왕을 世道 실현의 주체로 인정하게 되는 것이지만 군주의 자질과 덕망이 이를 감당할 수 없다면(군주가 聖學을 제대로 수행할 수 없다면) 이를 대신해서 世道擔任의 권능을 행사할 世道者를 신료 가운데서 내세울 수 있다는 데에 그 핵심이 있었다.

世道專權을 특정 신하에게 위임하자는 송시열의 주장은 朋黨論과 論相說을 통해서 한층 구체화되었다. 西人－老論만이 君子黨이므로 이들 중심의 정국운영을 관철해서 小人黨, 즉 南人이나 少論은 정치에서 완전히 배제해야 한다는 것이 그의 朋黨觀의 골자였다. 이를테면 "陰과 陽은 하나의 큰 偏黨이고 邪와 正도 하나의 큰 朋黨"[26]이라든지, "모든 일에는 兩便의 나누임이 있으니 한쪽이 옳으면 다른 한쪽은 그르게 마련이다. 옳은 것은 天理이고 그른 것은 人欲이므로 옳은 것은 지켜서

---

24) 이를테면, "世道를 천명하기 위해서는 君臣上下가 반드시 國亡身死할 각오로 나서야 한다"[『宋子大全』 卷66, 答朴和叔(甲寅 9월 21일), 34ㄱ]고 함은 그의 世道觀을 집약하는 표현이다.

25) 『宋子大全』 卷162, 浦渚趙公神道碑銘(幷序), 14ㄱ 참조.

26) 『宋子大全』 卷27, 上白江李相國(敬輿), 25ㄱ·ㄴ.

잃지 말며 그른 것은 남김없이 제거해버려야 한다"27)고 함이었다. 붕당의 필연성을 陰陽의 理法, 인간의 본성에서 비롯되는 것으로 주장한 것이다. 그도 역시 당파를 나누고 분열을 조장하는 것에는 반대하지만 是非·正邪·善惡은 峻別해야만 하고, 그러려면 正黨(군자당)은 邪黨(소인당)과 나뉘어 서로 쟁론하지 않을 수 없다는 것이었다. 保合調劑的인 정치운영을 극력 반대한 까닭이 여기에 있었다. 이는 실로 주자의 朋黨論을 철저히 계승 강화한 것으로서, 唯一者인 道統을 세우고 世道를 自負하는 독존적 붕당의식이라고 하겠다.

論相說은 군권제한론, 특히 세도정치론을 뒷받침하는 또 하나의 논리였다. 君臣의 義理는 "天經이며 地義이며 民彛"28)라 하고, 다시 "임금과 신하의 分限은 하늘과 땅이 서로 넘지 못하는 것과 같은 이치"29)라고 하여 군신관계는 본시 尊卑·上下의 차등이 있으면서도 동시에 서로 相濟하는 것임을 강조하였다. 그는 여기에서 한 걸음 더 나아가, "尊卑가 있는 것은 天理이지만 임금을 높이되 신하를 억누르는 것(尊君抑臣)은 人欲"30)이라고 단정하였다. 군주 일방의 신권제압은 용납할 수 없다는 것이다. 오히려 "임금의 道는 스스로 修身하는 일 이외에는 오직 論相만이 지극히 크고 또 급한 일"31)이라 하고, "적임한 宰相을 등용하게 되면 變亂을 다스릴 수 있고 멸망에서 나라를 보전할 수 있지만 그렇지 못하면 안정이 위태해지고 융성을 잃게 될 것"32)이라고 하였다. 賢人宰相의 등용 여부에 국가·사회의 성패를 걸 뿐만 아니라, 그 책임 또한 군주에게 돌리고 있는 것이다. 결국 군주에게 論相을 제외한 모든 政務裁決權을 재상에게 위임하도록 요구함으로써 군주의 親政權을 배제하

---

27) 『宋子大全』附錄 卷18, 語錄, 崔愼錄(下), 14ㄱ.
28) 『宋子大全』卷11, 自溫泉赴朝中路退歸仍辨冤誣疏(乙巳 5월), 27ㄴ.
29) 『宋子大全』卷8, 引咎辭職疏(戊戌 11월), 30ㄴ.
30) 『宋子大全』卷5, 己丑封事(8월), 8ㄴ.
31) 『宋子大全』卷14, 陞拜左議政後引罪乞遞疏(壬子 5월 28일), 24ㄱ.
32) 『宋子大全』卷14, 三疏(辛亥 12월 23일), 16ㄴ.

고 재상의 世道擔任을 정당화하였다. 이렇게 해서 18세기 '老論 一黨專制'와 19세기 전반 世道(勢道)政權 성립의 이론적 기초가 마련되고 있었던 것이었다.

兩亂 뒤의 사회·정치 불안이 체제의 위기에 직결된다는 인식은 許穆의 경우에도 예외는 아니었다. 그는 이 시기 지주제의 확대나 수취체계의 문란, 民에 대한 지나친 강제와 수탈이 그 같은 불안의 근본 요인이라고 보았다. 말하자면 양반 집권층이 分限 이상의 특권을 행사하며 그 私的 基盤의 확대에만 몰두함으로써 국세가 위축되고 민심이 이탈해간다는 것이었다. 이러한 현상을 타개하려면 禮樂·禮敎 秩序를 확립해야 한다고 생각했다. 이는 "옛적 聖王이 天産으로써 陰德을 이루되 禮에 맞게 제어하고 地産으로써 陽德을 이루되 樂으로 화합하고 조절했으니 이것이 禮와 樂의 근본이며 천지의 조화에 합치하는 것"33)이라는 인식에서였다. 일찍이 孔子가 해체되어가는 周왕조 체제의 재건방안을 禮敎의 원리에서 찾았던 것처럼, 그 또한 禮敎를 천명해서 현실의 匡救策을 모색하려는 것이었다. 주자의 四書學체계에 懷疑하면서 공자와 六經學을 자신의 태도와 방법으로 수용한 그로서는 이것이 자연스러운 일이었을 것이다.

禮敎·禮樂은 두 가지 측면에서 정치의 要道로 주목되었다. 하나는 신분과 계급의 차등관계에 따르는 규범과 分限을 규정함으로써 개인과 사회에 질서와 조화를 실현하는 일이며, 다른 하나는 치자계층 일반에 대한 것으로 그 지위와 특권에 상응하는 책무와 자기 규제력을 요구하는 일이었다. 禮를 단순히 仁義의 실행이나 修身의 방법 등 그 내면적 측면보다도 질서 또는 기강과 관련한 治人·公理의 차원에서 중시하려는 것이었다. 그리하여 禮樂論은 양반 집권층의 각성과 자기 절제를 통해서 위로 군주의 절대권을 보증하는 유교정치 원래의 기능을 회복하

---

33)『記言』卷31, 樂說(五篇) 樂義, 20ㄴ.

고, 또 그럼으로써 아래로는 과도한 각종 수취와 강제를 완화하여 民의 恒産을 이룩하자는 정치이념의 기초원리가 될 수 있었다. 이에 입각해서 보면 군주권의 신장이 우선되어야 했다. 이를테면, "人君은 하늘을 대신해서 萬民을 다스리고 만물로 하여금 각기 제자리를 얻도록 하는"34) 지위이기 때문이었다. 또 "君位는 지극히 높고 君禮는 지극히 엄한 것"이지만 "군주가 엄하지 않으면 國威도 따라서 엄중할 수 없는 것"35)이었다. 그런데 "군주는 스스로 높아질 수 없고 禮로 말미암아 높아지는"36) 존재였다. 여기에 尊君, 즉 '군주를 높이'는 禮가 실천적으로 수립되어야 했다.

잘 알려진 바와 같이 '禮訟'에서 허목은 古禮에 근거한 三年服說을 주장했는데, 그 중요한 이유는 무엇보다도 孝宗이 "大統을 계승한 嫡子"라는 데 있었다. 효종은 군주이므로 禮法이 허용하는 한 최대의 厚禮를 갖춤으로써 군주의 존엄성을 재확인하자는 의도였다. 이러한 주장은 "君主의 至尊으로도 人倫을 떠날 수 없다"37)는 형식논리에 집착한 나머지 당시의 國禮를 내세워 朞年服을 관철하려 했던 송시열의 발상과는 매우 대조적인 것이었다. 사실 禮訟을 통해서 드러난 西人과 南人의 禮 인식의 격차는 송시열의 세도정치론이나 허목의 군권존숭론을 그대로 반영하고 있었다.

이 점은 그들의 서로 다른 禮學체계에서도 확인된 바였다. 즉 『朱子家禮』에 기초하여 公禮(＝國禮), 王家禮와 私家禮(＝士大夫禮)를 관통하는 단일한 禮의 질서체계를 확립하려는 것이 西人 禮學이었던 데 반해서, 南人의 허목은 鄭逑(1543~1620 ; 寒岡)의 『五先生禮說分類』의 논지에 바탕을 둔 『經禮類纂』을 작성해서 四禮(＝家禮)와는 별개로 독립

34) 『記言』 卷62, 續集, 春秋災異跋, 25ㄱ.
35) 『記言』 別集 卷4, 以禮進戒箚, 13ㄱ · ㄴ.
36) 『記言』 別集 卷4, 以禮進戒箚, 13ㄴ.
37) 玄相允, 『朝鮮儒學史』, 민중서관, 1949, 212쪽 참조.

된 五禮(＝邦國·王朝禮)의 체계화를 시도하였다. 이때 허목의 의도는 禮의 차등규정에 따른 尊卑分限을 밝힘으로써 군주·왕실의 권위를 높이자는 것이었다. "王侯에게 쓰이는 禮가 大夫와 士에게 쓰일 수 없고, 大夫와 士의 禮가 王侯의 禮로 될 수 없다"[38]는 그의 언명은 이를 단적으로 말해준다.

군주권의 앙양논리는 春秋說에 의해서도 강조되었다. 그는 먼저, "군주를 높이고 신하를 낮추며 王道를 행하여 人倫·紀綱을 바로잡고 善行을 표창하여 邪惡을 규탄하고 亂臣賊子로 하여금 奸肆하지 못하도록 하는 것이 春秋"[39]라고 보았다. 흔히 '春秋大義'로 지적되는 바, '尊王攘夷'說에서 尊王, 즉 '尊君卑臣'의 논리를 이끌어내고 있는 것이다. 이는 송시열이 같은 春秋大義를 내세우면서도 攘夷·華夷之別을 강조하고 北伐論을 주창했던 사정과는 매우 달랐다. 또 이 시기의 과열된 朋黨·黨論을 반박하기 위한 근거로『春秋』를 예시하기도 했다. "남의 신하된 자가 不忠不嚴하게도 朋黨을 만들어 서로 감싸고 悖道蔑法하여 私欲대로 하는 것은『춘추』에서 금지한 바"[40]라는 지적이 그것이었다.

한편 군주권의 앙양을 위해서 제기되었던 禮法論은 다시 '政弊' 비판의 논거로도 원용되었다. '政弊'란 이 시기 정부에서 추진하거나 집권층 안에서 현안으로 논의된 정책문제들, 이를테면 북벌론과 이에 관련한 兵事·軍備 증강론, 宮房·衙門屯田의 확대, 그리고 賦稅制度 釐正방안으로 거론된 戶布制論 등에 대한 허목의 비판이었다. 그는 "농민들이 離散하고 원성이 높아지는 것은 群臣들의 罪"[41]라고 보았듯이, 保民과 民散의 방지를 위해서는 먼저 官吏慢法, 특권층의 불법과 월권행위를

---

38)『經禮類纂』, 序(奎-12300).
39)『記言』卷51, 續集, 春秋之義勉學子, 12ㄴ.
　　『記言』卷66, 自序 二, 6ㄴ.
40) 위와 같음.
41)『記言』別集 卷3, 因旱災進言疏, 17ㄱ.

타파해야 한다는 생각에서 그 政論·施策들의 부당성을 지적하였다. 군비강화는 특정 개인이나 당파에 병권을 집중하고 私兵化의 길을 트게 되고, 軍門屯田의 확장은 처음부터 民田을 점탈한 것으로서 중앙 권세가의 지주경영을 방조하게 마련이며, 또 모든 賦稅 부담이 농민에게 전가되는 사정 아래서 戶布制가 실시되면 이 또한 농민들에게 종전보다 몇 배 더 무거운 부담이 되고 만다는 이유에서 반대하였다. 이런 의미에서 허목은 이들을 '新法'으로 규정하고 舊法을 수호한다는 차원에서 이를 비판하고 나섰는데 '法의 遵行'이 선결되지 않는 한 신법이 늘면 늘수록 약자인 농민의 질곡만 더해진다는 생각에서였다. 결국 북벌운동을 극력 비판했던 것도 같은 이유였다. 遵法이 전제되지 않는 兵事·軍備야말로 兵禍를 부르고 人和를 해칠 것이기 때문이었다.

이 시기의 사회·정치적 과제는 新法·新制의 창설보다도 먼저 舊法典章인『經國大典』의 기본 정신을 재확인함으로써 해결해야 한다는 허목의 舊法遵守論에는 變法的 改革을 거부한 측면이 있던 것도 사실이다. 또 그것이 西人 중심의 권력핵심에서 소외된 南人 관인의 정치적 불만을 반영하는 비판이었을 수도 있다. 그러나 그 시기 집권층의 개인적 또는 당파적 기득권의 옹호, 이와 관련한 관리의 부패와 불법, 월권행위의 만연 등을 지적해서 지배층의 각성과 자기 규율을 위한 준법질서를 요구한 점은 단순한 현실안주의 개량논리는 아니었다고 하겠다. 무엇보다도 그 遵法論이 君主專制權의 회복에 의해 정치·사회 질서의 정상화를 모색한 禮法主義의 일환이었다는 점에서 특히 그러하였다.

4. 老論 專權政治論의 완성과 蕩平策의 좌절

주자학의 명분론이 정치운영 원리로 가장 철저하게 관철된 시기가 바로 18세기 중엽이었을 것이다. 대략 반세기에 걸친 老·少論의 항쟁에서 노론은 한결같이 주자학의 명분론을 고수하여 소론을 몰아세우고 노론 一黨만의 閥閱政權을 성립할 수 있었다. 이 과정에서 소론은 명분론상의 非勢를 만회하지 못한 채 몰락했을 뿐만 아니라 국왕 英祖의 老·少 保合調停策, 즉 蕩平派와 제휴한 왕권강화의 시도 또한 좌절되었다.

그런데 이렇게 노론의 일방적인 득세가 가능했던 것은 韓元震(1682～1751 ; 南塘)과 같은 이론가가 나서서 그 이론근거, 집권명분을 확장해 갔기 때문이었다. 한원진은 사회·정치 운영의 목표가 義理의 실현에 있다는 것, 그리고 그 의리의 정통성은 朱子－栗谷－尤庵으로 이어져왔다는 것을 확신하고 守師門說·傳道承統을 학문의 유일한 방법이자 목표로 삼았다. 이 시기 釋·老·陸·王學을 가리켜 人과 獸, 儒와 釋, 華와 夷를 분별 못하는[無分] 異端邪說이라고 비판 공격했던 것도 이에 근거해서였다. 그의 '無分'批判論은 이른바 '湖洛論爭'에서 人物性相異說로 그 절정을 이루게 되는데, 이는 老論－湖論의 학문·정치 세력이 南人·少論·洛論을 극복하기 위한 주자학 이념의 재정비라는 의미를 띤 것이었다.42)

한원진은 소론세력을 兇黨·逆黨으로 일컫고 우선 명분론(＝강상론)의 관점에서 그 悖倫·不道德性을 적극 들추어냈는데, 주요 논점은 背師·忠逆(順逆)·春秋義理였다. 背師論은 요컨대, 父子관계가 師生관계보다 우선한다는 일반적인 생각을 내세워 孝를 위해서는 師生의 義理를 파기할 수도 있다는 尹拯과 소론의 논리를 반박한 것으로, "스승을 배반한 자, 곧 임금을 배반하는 逆臣"43)이게 마련이며 이는 실상 그릇된 孝에서 비롯된다는 주장이었다. 즉 "人道에 綱紀가 되는 것으로는 父子·君臣·師生의 관계만큼 큰 것이 없으니 이 세 가지가 아니면 사람이 사람답게 살 수 없고, 또 세 가지의 道는 서로 관통해 있기 때문에

---

42) 金駿錫, 「韓元震의 朱子學 인식과 湖洛論爭」, 『李載龒博士還曆紀念韓國史學論叢』, 1990 참조.
43) 『南塘集』 卷2, 丙申擬辨師誣疏, 19ㄴ.

섬기기를 하나같이 해서 바꿀 수 없는 義理", "아비를 따르는 것[孝]으로써 임금을 섬기고 孝를 미루어가서 忠을 이루는 것인데 부자·군신에서 孝와 忠의 道는 스승이 아니면 밝혀질 수 없는 것"[44]이라고 했다. 君師父一體說을 내세워 父師輕重說을 부정함으로써 소론을 亂臣賊子, 悖德의 무리로 몰아간 것이었다.

또 같은 맥락에서 景宗·英祖의 왕위계승을 둘러싼 老·少의 대립과정을 忠과 逆, 是와 非의 二分論理로 파악하되 소론을 逆·非로 규정해서 영조와 노론의 共同 敵으로 여기고 그들의 伏法懲討를 당면의 과제로 삼았다. 특히 영조에게, "彝倫이 펴지 못하고 道學이 존숭되지 못하면 人心이 방종하여 어긋나고 天地가 閉塞하며 中國이 夷狄에 물들고 人類가 禽獸에 떨어지는 것"[45]이라든지, "나라에 반역자가 있어도 반역이라는 이름으로 베지를 못하고 邪說이 날뛰어도 邪說이라는 이름으로 배척할 수가 없으니 이것이 가깝게는 한때의 禍를 끼칠 것이고 멀게는 百世를 두고 과오가 될 것"[46]이라는 위기·경각 의식을 불러일으켰다. 이는, 彝倫·道學을 높이고 君勢·民志를 안정시키기 위한 선결과제로서, 또 父王인 肅宗에게 孝의 도리를 다하기 위해서도 '丙申處分'(숙종 42)의 원칙을 준수하여 少論伏法을 단행해야 한다는 주장이었다.

그런가 하면 "聖人의 사업은 『春秋』보다 더 큰 것이 없고 春秋의 의리는 中國을 높이고 夷狄을 물리치며 亂賊을 懲討하고 원수를 갚는 일보다 더 큰 것이 없다"[47]고 하여, '春秋義理'를 '尊華攘夷'와 '誅亂臣 討賊子'의 두 가지 의미로 이해하고 후자, 즉 소론에 대한 斷罪를 전자의 실행을 위한 선행조건으로 내세웠다. 이때는 특히 "春秋의 의리를 밝히자면 우리 先正(송시열)의 道를 尊尙해야 하는데 先正의 道를 尊尙하는

---

44) 『南塘集』 卷2, 丙申擬辨師誣疏, 18ㄴ.
45) 『南塘集』 卷2, 丙申擬辨師誣疏, 36ㄱ.
46) 『南塘集』 卷2, 丙午擬陳所懷疏, 46ㄱ.
47) 『南塘集』 卷3, 陳大義疏(丙午 9월), 25ㄱ.

것은 聖祖(효종-이상 필자)의 의리를 표창함”[48]이라고 해서, 17세기의 復讐雪恥(=北伐) 운동을 효종과 송시열의 합작으로 여겨, 영조에게 聖祖之義와 先正之道를 尊尙 계승해야 한다고 요구함으로써 聖祖와 先正, 즉 군주의 권위와 노론 정통성의 일체화를 시도하였다. 말하자면 송시열을 춘추의리와 효종에 대등하게 봄으로써 윤증(=소론)이 스승인 송시열(=노론)을 배격한 것은 곧 춘추의리와 효종에 대한 반역행위임을 주장한 것이었다. 이렇게 한원진의 춘추론에 따르면 전제군주권 자체까지도 義理의 부차적인 존재로 여겨지게 마련이었으며, 여기에 군주권을 신권과 상대화하는 노론의 이론근거가 있었다.[49]

한편 朋黨論을 통해서도 국왕과 소론을 공격하여 노론의 독존적 정당성을 강조하였다. “世間의 사람들은 類類相從하고 일에는 처음부터 大體와 邪正의 나뉨이 있게 마련”[50]이라거나, “하늘에는 陰陽과 晝夜가 있으며 사람에게는 邪正是非가 있다”[51]고 하듯이 그는 붕당을 자연현상・理勢의 불가피한 것임을 인정하고 있었다. 또 붕당은 “한두 사람의 相爭에서 비롯되지만 마침내 온 나라가 世代相傳하는 相爭으로 확대되는 것”[52]으로도 보았다. 무엇보다도, “처음 主唱者가 君子이면 그 다음부터 이 편을 따르는 자는 모두 君子의 類가 되고 처음 주동자가 小人이면 그 이후 여기에 따르는 자는 모두 小人의 무리가 된다”[53]고 한 데서 그 차별적 붕당관의 철저성을 확인하게 된다. 그러므로 그가 말하는 ‘破朋黨’은 ‘調停持平’이나 ‘消融保合’과 같은 兩端折衷 방식이 아니라

---

48)『南塘集』卷5, 經筵說(上), 22ㄴ.
49) 한원진 또한 ‘主勢尊’・‘尊王’・‘尊君父’ 등의 표현을 쓰고 있지만 이것이 군주권의 절대성을 인정한다는 뜻은 아니었다. 오히려 군주가 道理를 수행하고 있는지 여부, 즉 군주의 措行이 名分에 합치하는지 여부를 어느 때라도 신료들이 판정할 수 있다는 전제 위에서만 인정되는 尊王과 尊君이라는 점에 유의할 필요가 있다.
50)『南塘集』卷37, 雜識, 外篇(上), 13ㄴ.
51) 위와 같음.
52)『南塘集』卷38, 雜識, 外篇(下), 6ㄱ.
53)『南塘集』卷38, 雜識, 外篇(下), 6ㄴ.

是非·正邪·順逆을 판정하여 正黨(군자당)에 의한 邪黨(소인당)의 완전한 극복이 실현되는 것, 이것만이 유일한 朋黨打破의 길이었다.

이러한 한원진의 발상은 노론만을 유일한 '正黨'으로 간주하는 老論一黨獨存論이라고 할 수 있었다. 이는, "만약 正黨 안에 한두 사람 한두 가지 일이 私邪에 얽매였다 해서 이를 邪黨 안의 볼 만한 한두 사람 한두 가지 일이 있는 경우와 맞비교하여 邪와 正의 구별을 무시하고 똑같이 용납해주거나 모두 배척한다면 이는 國事를 그르치고 世道를 어그러뜨리는 일"[54]이라고 한 데서 더욱 분명히 드러난다. 그리하여 이 시기 영조와 왕권론자들이 추진한 이른바 蕩平政策을 "賢邪相容 枉直同處"[55]로 규정, 단호히 배격하고 "辨別賢邪 進賢退邪"[56]를 위주로 하는 정치운영, 즉 老論 一黨政治를 거듭 촉구하고 이를 관철해갔다.

正黨은 오직 노론뿐이라는 한원진의 확신은 노론만이 정치운영을 담당해야 한다는 '老論의 使命' 意識으로 발전하였다. 이를테면 少論懲討가 실현되지 못한 것은 노론 儒者들이 영조의 즉위와 함께 死生을 거는 각오로 出仕하여 임금을 적극 보필하지 않았기 때문으로 풀이하였다. 그때 노론의 仕宦名分은 少論懲討였으므로 국왕의 숙청처분을 기다리기보다는 먼저 노론이 나서서 그 분위기를 조성하여 국왕의 단안을 유도함으로써 仕宦名分을 스스로 실현했어야 옳았다는 것이다.[57] 그는 이것을 '有爲之士', 군자다운 사환자세이며 程朱나 송시열이 보여준 '大人之出處' 방식에 부합된다고 했다. 여기에는 바로 노론만이 영조의 진정한 옹위세력이라는 것, 그러므로 노론은 정치운영의 책임과 권한을 국왕 영조와 분담한다는 의식이 잠재해 있다고 할 수 있다. 또 그 논리적

---

54) 『南塘集』 卷37, 雜識, 外篇(上), 14ㄱ.
55) 『南塘集』 卷4, 辭召命仍乞被罪譴疏(丁未 8월), 23ㄴ.
56) 『南塘集』 卷5, 經筵說(上), 13ㄴ.
57) 『南塘集』 卷22, 答姜甥, 46ㄱ·ㄴ.
　　『南塘集』 卷14, 答沈信夫(潮)(丙午 10월), 35ㄱ.
　　『南塘集』 卷14, 答姜甥(丙午 11월), 46ㄱ.

귀결로, 국왕의 전제권에 대해서는 절대권위로서 상징성은 인정하지만 정치상의 모든 처분이나 결정이 국왕의 독단으로 이루어져서는 안 된다는 점을 명백히 한 것이었다. 이것은 초역사적인 絶對精神, 道統主義를 道學이라는 이름으로 현실의 정치운영에서 관철해가는 과정이었다.

한원진은 臣者의 出處·仕宦論을 제시해서 이를 '노론의 사명'의식으로 강조한 것과 짝하여 국왕에게는 군주다운 品德을 갖추기 위한 학문, 君主'聖學'을 부과하였다. "천지가 君長을 세운 것은 萬民을 위한 정치를 베풀도록 한 것일 뿐 군주 한 사람을 위해서가 아니며",58) "代天理物하는 人君의 직분은 敬天勤民에 있음"59)을 명시하여, 군주에게 聖學의 수행을 의무화하는 논거를 세웠다. 그리고 국가의 治亂興亡은, "人主의 心術에 근본하지 않을 수 없고 人主 心術의 明暗과 邪正은 학문의 講·不講의 여부에 달려있음"60)을 들어 聖學이 經筵의 講學을 통해서 군주의 의지와 행동을 조절하는 일임을 강조하였다.

이러한 聖學論을 제기한 배경에는 현실의 정치적 의도가 강하게 깔려 있었다. 영조에게 '正君心'을 부과해서 '正處分', 즉 소론을 亂臣賊子로 규정, 파문하도록 요구함으로써 영조와 노론당만으로 君臣一體의 정치질서, "君臣 共濟國事"61)를 실현하자는 것이었다. 동시에 영조와 蕩平派에 의해서 추진되고 있는 保合消融의 정치운동을 와해함으로써 자신의 老論 一黨 중심의 破朋黨論을 관철하는 일이었다. 이리하여 송시열 이래 추구해온 서인-노론의 道統主義的 정치이념은 한원진의 단계에 와서 그 현실화의 길을 더욱 넓히게 되었다. 다만 송시열이 聖學論·論相說을 중심으로 一人專權의 世道政治를 지향한 데 대해서, 한원진은 경연 중심의 君主聖學과 '노론의 사명'을 강조하는 朋黨論을 기초로

---

58) 『南塘集』 卷37, 雜識, 外篇(上), 15ㄱ.
59) 『南塘集』 卷37, 雜識, 外篇(上), 3ㄴ.
60) 『南塘集』 卷3, 陳戒疏(丙午 9월), 9ㄱ·ㄴ.
61) 『南塘集』 卷3, 陳大義疏(丙午 9월), 29ㄴ.

노론 一黨만의 專權政治를 주장한 짐에 차이가 있을 뿐, 이 두 가지 정치이념은, 이른바 三代의 世道政治를 빙자한 19세기 전반기의 '勢道政治'를 합리화하는 이론기반으로 합일되어갔던 것이다.

지금껏 한원진의 경우를 통해서 본대로 노론(＝정통 주자학파)이 '주자를 능가하는 확신'을 가지고 주자학 명분론을 고수해가고 있음을 보았다. 한편 소론은 소론대로 그러한 노론에 완강히 맞서서 자기 방식의 명분·논리를 전개하면서 국왕의 결단을 촉구하였다. 그러나 결론부터 말한다면, 아직 주자학 이념에 대항할 만한 사상체계의 형성을 기대할 수 없는 조건 속에서 주자학 명분론의 완벽한 수용태세를 견지한 노론이 항쟁의 주도권을 장악하게 될 것은 자명한 일이었다. 1727년(영조 3) 노론 일방의 논리를 견제하기 위한 국왕의 전제권 발동, 즉 '丁未換局'으로 소론은 한때 기세를 펴지만, 實勢와 논리의 양면에서 '蕩平政治'의 기반을 잠식해 들어오는 노론의 공세 앞에서 국왕은 노론의 독자적 정통성을 승인하는 위에서 보증되는 왕권의 안정이라는 타협안을 선택하게 되고, 이로써 소론의 정치적 패배는 분명해졌다. 그리고 그것은, 1740년(영조 16)의 '庚申處分'과 그 다음해의 '辛酉大訓'으로 노론이 그토록 주장해 마지않던 이른바 '辛壬義理'를 승인함으로써 탕평론의 존립근거가 부정되고, 다시 1755년(영조 31)『闡義昭鑑』의 반포로 國是化하는 수순을 밟아 확정되었다.62)

소론의 대응논리는 궁극적으로 蕩平論에서 찾았다고 볼 수 있다. 물론 탕평론은 소론만이 아니라 노론 일각에서도 제기한 바이며 더구나 소론 내부에도 反蕩平 峻論이 만만치 않았음이 사실이지만, 17세기 후반 老·少 분당기로부터 탕평론의 전개과정을 살펴보면, 이것이 소론의 持論으로 되어왔음을 알 수 있다.63) 탕평론은 위축된 왕권을 신장하고

---

62) 李銀順,「18세기 老論 一黨專制의 成立過程－辛壬士禍와《闡義昭鑑》의 論理를 중심으로」,『朝鮮後期黨爭史硏究』, 일조각, 1988 참조.
63) 18세기 정치사의 전개와 탕평론에 대해서는 鄭萬祚,「英祖代 初半의 政局과 蕩平策

붕당 사이의 세력균형을 유지해서 조선왕조 본래의 정치질서를 회복해야 할 것으로 믿는 유자·관인들과 여기에 동조하는 영조의 합작으로 추진되었다. 우선 영조는 東宮시절부터 붕당의 폐해를 뼈저리게 실감한 터이고, 무엇보다도 군주로서 그것이 왕권강화의 첩경임을 잘 알고 있었기 때문에 당연히 적극적일 수밖에 없었다. 예컨대 당시의 黨人·신료들을 가리켜, "國事가 뒤엎어지는 것은 생각지도 않고 날마다 일삼는 것은 黨習에 지나지 않을 뿐"[64]이라든지, "오늘날의 黨人들은 다만 그 黨이 있음은 알아도 君父가 있음을 모르고, 또 操縱進退하는 권한이 임금에게 있는 것이 아니라 그 黨에 있다고 한다"[65]고 비난하였다. 또 "蕩平은 공정한 것이요, 黨習은 사욕에 물든 것"[66]이라 하고, "黨習을 調劑하려면 蕩平 이외에는 다른 방법이 없다"[67]고 확신하였다. 그러므로 이제 영조가 할 일은 붕당론자들을 견제해서 탕평론자들을 적극 등용하고 그 세력을 키워가는 일이었다.

영조가 노론의 학문·정치적 명분이었던 尊周義理·朱子—宋時烈尊尙·山林登用論을 한사코 견제하면서[68] 중용한 老·少의 탕평론자들 가운데 趙顯命(1690~1752 ; 歸鹿)은 그 대표적인 이론가였다.[69] 그는, "蕩平說이 행해진다면 縉紳 사이에 禍亂이 멈추고 國脈이 무궁할 것이지만 그렇지 않으면 나라의 危亡이 눈앞에 닥쳐올 것"[70]이라면서

의 추진」, 『朝鮮時代 政治史의 再照明』, 범조사, 1985(1983) ; 鄭萬祚, 「英祖代 中牛의 政局과 蕩平策의 再定立—少論蕩平에서 老論蕩平으로의 전환」, 『歷史學報』 111, 1986① ; 鄭萬祚, 「歸鹿 趙顯命 硏究—그의 蕩平論을 중심으로」, 『韓國學論叢』 8, 1986② ; 朴光用, 「蕩平論의 展開와 政局의 變化」, 『朝鮮時代 政治史의 再照明』, 범조사, 1985 참조. 이 글의 '탕평론' 관련 부분 정리는 이상의 논고에 힘입은 바가 크다.

64) 『英祖實錄』 卷10, 英祖 2년 8월 癸亥.

65) 『承政院日記』 제930책, 英祖 17년 4월 22일 丙辰.

66) 『英祖實錄』 卷3, 英祖 元年 정월 庚申.

67) 『承政院日記』 제692책, 英祖 5년 8월 18일 庚申.

68) 박광용, 앞의 글, 1985, 310~312쪽 참조.

69) 조현명의 탕평론에 대한 이해는 鄭萬祚, 앞의 글, 1986②에 의거하였다.

70) 『承政院日記』 제906책, 英祖 16년 2월 4일 乙亥.

영조에게 老少竝用을 권고하였다. 이 시기의 정치현상이나 붕당의 유래
로 보아 歐陽脩·주자의 붕당이론이 적용되기 어렵다는 입장에서 탕평
책을 마련하였다. 즉 "邪黨이라는 쪽에서 그 正한 자를 뽑아 올리고 正
黨이라는 편에서는 그 邪한 자를 뽑아 내침으로써 黜陟은 한 사람에 그
치게 하고 각각의 당은 그대로 두어 서로 寅協하도록 하는 것이 붕당타
파의 최선책"71)이라 하고, 그 구체적인 시행방법으로 分等說·兩非
說·互對說을 제시하였다.72) 이는 각각의 黨 안에서 正과 邪를 변별하
여 正人(군자)으로 하여금 邪人(소인)을 제거케 하면 각 黨에는 正人君
子들만 남게 되어 상호협력이 잘되리라는 것이었다. 이러한 발상은 종
래의 관인·유자들, 특히 주자—송시열의 붕당관을 부연하여 黨 자체를
일괄해서 正·邪로 峻別하는 한원진의 그것과 겉으로는 크게 달라 보
이는 것이 사실이고, 또 그 현실성을 기대할 수도 있었다.

그러나 본질에서는 다른 것이 없었다. 이 역시 대상을 黨(집단)이 아
닌 개인으로 할 뿐 군자·소인의 차별상을 인정하고 그 준거를 주자학
의 인륜도덕(=명분론)에서 찾는 점에서는 마찬가지였기 때문이다. 소
론이 노론에 대해서, 그리고 탕평론이 붕당론에 대해서 넘을 수 없었던
논리의 한계가 여기에 있지 않았을까. 이는 또 견해를 달리하는 그들 모
두가 아직 주자학의 인식틀 속에 있기 때문이 아니었을까. 이 점은 조현
명이 "사람 마음의 是非란 본시 서로 크게 다른 것이 아니지만 私欲에
가리고 이해관계에 이끌리어 紛爭하게 되는 것"73)이라고 하면서도 영
조에게 衆論의 조절이 어려움을 탓하지 말 것, 임금의 진심을 至誠으로
보일 것 등 성심성의로써 탕평에 힘쓰도록 당부한 말에서 분명해진다.
즉 이해관계를 이해 그 자체 문제로 조절하기보다 是非의 판정이 이보
다 선행되어야 한다는 것, '誠意正心' 말고 더 나은 다른 방법이 없다는

---

71)『歸鹿集』卷5, 言事疏(丁未).
72) 鄭萬祚, 앞의 글, 1986②, 138~154쪽 참조.
73)『歸鹿集』卷5, 言事疏.

것 등이 바로 주자학적인 사유에 직결된다고 하겠다. 이렇게 탕평론의 인식기반 자체는 주자학을 탈피하지 못한 것이었다. 그럼에도 불구하고 탕평론은 현실을 직시하고 이에 기초해서 문제를 해결하려는 고뇌와 갈등에서 제기된 것이었던 만큼 주자학의 학문·정치론을 극복하는 단초를 열어가고 있었다.

5. 맺음말

흔히 王權의 강화는 전제권력의 신장으로서 바람직하지 못한 반면 그 견제나 약화는 지배층 내부의 세력균형, 또는 일정 정도의 정치발전 현상으로 보려는 경향이 있다. 그러나 사실은 그와 반대로 이해해야 옳을지도 모른다. 조선왕조 정치사에서 臣僚群·臣權이 비대화됨으로써 왕권은 상대적으로 위축되고 신료군 내부의 대립과 분열현상, 예컨대 士禍와 朋黨·黨爭이 장기간 지속되었다는 점에서 보아도 그렇다. 만약 왕권이 우세를 유지했다면 사정은 아주 달라졌을지도 모를 일이다. 강력한 왕권이었다면 신료집단은 이에 대항하기보다는 충성스럽고 유능한 행정관료로서 복무하게 되고, 한편 왕권은 신권의 비대화와 사익의 추구, 탈법적 대민수탈을 억제하여 민생과 국가는 안정됐을 것이다. 적어도 집권체제가 지향했어야 할 이상은 그러할 것이다. 사실 조선시기의 왕권은 신권에 의해서 단순히 견제되었다기보다 오히려 이념과 제도에 의해서 압도된 측면이 적지 않았다.

이미 본론에서 살핀 바와 같이 宰相政治論·君主聖學論·世道政治論, 그리고 老論 專權政治論에 이르기까지 그 모두가 한결같이 군주전제권을 제약하고 상대적으로 신권의 강화를 의도한 정치이념들이었다. 여기에 대응해서 御群臣論·尊君卑臣論·蕩平政治論이 제기되었지만 그것은 논리적 정합성에서 전자의 신권 중심 이론들만큼 철저하지 못했고, 또 정치 實勢의 지지기반도 그만큼 미약하였다. 아무튼 이렇게 신권 중심의 정치운영론과 왕권 중심 정치론이 성립 착종하면서 조선왕조 정치는 변해갔던 것이다. 특히 신권 중심의 정치이론은 議政府·三司·經筵·上疏 제도 등의 정치·왕권 비판장치들에 의해서 더욱 강력한 현실성을 발휘하는 가운데 신권 스스로의 비대화로 이어지고, 이것이 왕권과 이를 지지하는 왕권중심론과 대치관계를 유발하면서 치열한 당쟁의 양상이 나타났다고 생각한다. 그렇게 보면 조선 후기의 당쟁과 왕권의 관계를 규정하는 일차적인 요인은 주자학의 修己治人論, 즉 명분론과 학문·정치론 자체에서 찾을 수 있다고 하겠다. 유자·관인들은 바로 그 수기치인론을 부연해서 그러한 정치이론들을 작성해냈기 때문이다.

본디 조선왕조의 통일권력·집권체제는 외형상 전제군주권을 정점으로 하는 것이었지만 사실은 사대부층 일반의 합의에 따라서 성립된 것이라는 점에 더 비중이 두어지는 것이었다. 그런 만큼 집권체제는 그들 사대부층 자신의 私的 在地的 기반, 즉 分權的 持分과의 균형유지를 전제로 하는 것이었고, 또 그것을 보증하기 위한 것이기도 하였다. 그런데 16세기 중엽 이후의 사회 내부변동이나 兩亂으로 말미암은 파괴와 혼란은 이러한 집권체제에 동요·변질을 가져오는 요인이 되었다. 양반사대부층은 이에 대처하는 과정에서 저마다 대응방안을 생각하면서도 대개 學淵·黨色에 따라 견해와 노선이 정해지고 있었다. 이를테면 조선 후기의 당쟁이 그토록 치열할 수밖에 없었던 원인의 하나가 여기에 있었던 것이다. 이때 당파 사이 항쟁의 논리는 역시 그들이 공유한 주자학의 학문론·정치론·명분론에 근거하고 있었다. 이렇게 보면 중요한 것은 붕당 사이의 항쟁 자체가 아니라 그 과정에서 표출되는 정치·사회 현실에 대한 그들의 인식과 대책을 따져보는 일이라 하겠다.

조선 후기의 관인·유자들은 兩亂을 계기로 확대된 사회 내부의 모순을 집권체제의 위기로 인식하고 '國家再造'의 차원에서 이에 대처하고 있었는데, 이때 그들의 대응방안은 크게 두 가지 방향으로 나뉘고 있었다. 이를테면 토지제도의 전면개혁에 의한 '耕者有田', 즉 農民的 土地所有를 실현하고 이를 기초로 사회·정치 질서 전반에 걸친 개혁까지도 전망하려는 진보적 개혁론이 그 하나이고, 특권층의 大土地所有를 일정하게 견제함으로써 自營小農經營을 외곽으로 하는 在地 中小地主層 중심의 地主佃戶制를 안정시켜가려는 보수적 개량론이 다른 하나였다.74) 대개 전자가 농민적 입장에서 孟子의 지론이었던 井田制 이념에 근거하여 民의 恒産을 실현하려는 均産均賦論이라면, 후자는 지주적 입장에서 주자의 견해를 따라 井田制의 실행이 불가능한 것으로 보고 대신 賦稅制度의 釐正을 통해서 농민경제의 안정을 꾀한 均賦均稅論이었다. 그들이 모두 주자학의 학문·정치론을 출발점으로 하면서도 그 논거와 지향점은 이토록 서로 달랐던 것이다.

　개혁적인 均産論이나 개량논리의 均賦論은, 당연한 일이지만 각기 그 논자들의 정치운영론과도 직결되었다. 즉 전자가 대개 왕권론에 연결되는 데 반해서 후자는 신권중심론자들의 주장이었던 것이다. 신권론의 핵심논리는 주자학의 名分論(＝綱常論)을 철저하게 관철하는 데 있었다. 三綱五倫은 天秩·天序로 간주되었다. 왕조·국가는 흥망성쇠를 거듭할 수 있어도 綱常은 天地日月과 함께 영원불멸하는 절대가치였다. 그런데 綱常은 修己治人之學의 필수 실천덕목이었으므로 양반사대부 자신들에 의해서 계승 수호되게 마련이었고, 거꾸로 양반사대부는 강상의 보전을 自負한 이유로 그 영원성이 보증될 수 있었다. 따라서 왕조와 국가도 이러한 양반사대부의 존재를 떠나서는 존립의 의미가 없는 것이었으며 전제군주권 또한 그 자체만으로는 綱常과 양반사대부의 권위에 우선되어야 할 아무런 이유가 없었다.

　이렇게 綱常論에 따르면, 제왕의 권위도 天命보다는 강상의 솔선수

---

74) 金容燮, 「朱子의 土地論과 朝鮮後期 儒者－地主制와 小農經濟의 문제」, 『增補版 朝鮮後期農業史硏究』 Ⅱ, 일조각, 1990 ; 金容燮, 「朝鮮後期 土地改革論의 推移」, 같은 책 ; 金容燮, 『朝鮮後期農學史硏究』, 일조각, 1988 참조.

범에 의해서 보장되는 것이었다. 君主聖學에서 강상윤리가 최고의 실천
덕목으로 설정되고 그 수행 여부가 군권제약의 단서가 되는 까닭이 여
기에 있었다. 그런데 君主聖學論은 道統主義와 함께 天命의 대행자, '代
天理物'하는 군주의 절대권능을 부정하는 논리였기 때문에 이는 바로
'王土思想'을 부인하는 데 이르고, 다시 王土・土地國有에 대항하는 토
지의 私的 所有를 정당화하는 단서가 될 수 있었다. 그러나 이 논리는
거꾸로 추구하면 토지개혁론의 실행근거가 되는 것이기도 하였다. 즉
이 시기 井田制 이념에 입각한 토지개혁론은 사유지의 국유화를 전제
로 해서만 가능한 일이었고, 사유토지의 회수는 오직 天命을 대행하는
절대왕권을 상정한 위에서 실현될 수 있었다. 군주의 전제권을 부정하
는 신권론 계열에서 정전제의 실존을 의심하고 그 대안으로 賦稅制度
의 釐正策을 마련하게 되고, 농민적 토지소유를 지향하는 토지개혁론자
들이 대개 尊君卑臣을 주장한 왕권론 계열에 속했던 까닭이 바로 여기
에 있었던 것이다.

결국 조선 후기의 왕권과 신권의 대립, 신권 내부의 갈등이 격렬한
당쟁으로 분출되었던 것은 이 시기 사회・정치 현실을 둘러싼 관인・유
자들의 적극적 개혁론과 보수개량론이 일정한 타협・조정 국면으로 이
어지지 못했던 때문이었다. 그러한 두 개의 대응태세는 바로 주자학의
학문・정치론, 즉 '治者의 道理와 分(限)'='修己治人'論의 현실적용 방
법을 달리하는 데서, 궁극적으로는 세계관의 차이에서 비롯된 것이었
다. 말하자면 그 두 가지 이념의 항쟁은 중세사회가 해체되어가는 시점
에서 새로운 시대를 준비하는 思潮가 형성되고 있음을 예시해주는 것
이었다. 그러므로 당쟁의 승리는 노론―정통주자학에 돌아갔지만 새로
운 인식논리・사유체계의 성장은 바로 그들에게서 저지되었던 진보개
혁론으로부터 그 단초가 열리고 있었던 것이다.

(『朝鮮後期 黨爭의 綜合的 檢討』, 한국정신문화연구원, 1992)

Ⅱ. 蕩平策 실시의 배경

1. 朋黨政治의 위기

16세기 후반에 시작된 양반·관인층의 정치·사상적 분열은 18세기 초반에 들어서자 그 절정을 이루게 되었다. 東·西 分黨이 壬辰倭亂의 와중에서 南·北人의 분열로 이어지고 '仁祖反正'의 결과 북인이 몰락하였다. 다시 두 차례의 '禮訟'을 거치면서 西·南人의 협력관계가 깨어진 다음에는 점차 남인이 쇠퇴하고 서인이 老·少論으로 갈라졌다. 景宗과 英祖의 왕위계승을 둘러싸고 전개된 노론과 소론의 대결을 통해서는 노론만의 一黨專制로 기울어가는 듯하였다.

이러한 붕당의 대립·분열과 몰락, 一黨專制의 지향에 대해서는 그 당시에도 심각한 비판과 우려가 따랐다. 이를테면 "朋黨이란 국가 백년의 痼疾"[1]이라든지, "조정은 장차 黨論으로 망하고 小民들은 軍役 때문에 망하게 될 것"[2]이라는 등의 지적이 그것이었다.

『朝鮮王朝實錄』과 같은 연대기나 문집류에서는 黨弊·黨禍·黨習·

---

1) 『顯宗改修實錄』 卷24, 顯宗 12년 6월 戊戌.
2) 『英祖實錄』 卷23, 英祖 5년 8월 甲子.

黨爭 등 붕당에 관련한 부정적인 표현을 통해서 그러한 사정이 절실하게 드러나고 있었다. 특히 당쟁으로 말미암은 폐해의 당사자이기도 했던 李瀷의 말을 빌리면, 붕당의 반목은 "서로 원수가 되어 죽이고 죽으며 한 조정에서 벼슬하고 같은 마을에 살면서도 평생토록 왕래가 없는"3) 지경에 이르고 있었다.

이제 유교적인 節制와 公論이 균형을 잃어가고 상대 당파에 대한 박해와 보복이 가열 반복되는 대신, 어쩌면 '붕당 사이의 견제와 비판'이라고 말할 수 있었던 소강적 조정 국면은 찾아보기 어렵게 된 것이었다. 관작과 권세는 점차 몇몇 문벌, 특정 지역과 학파에 집중되고 여기에서 소외되고 세력을 잃은 양반사족들은 오히려 서로 반목과 불신의 벽을 높여갔던 것이다. 이른바 '朋黨政治'의 파탄이었다. 이렇게 되면 승패를 가릴 것 없이 양반 지배층 전체의 정치적 좌절이자 사회적 몰락을 의미할 뿐이었다. 나아가서는 科擧官僚制와 政治言論 제도를 기반으로 하는 조선왕조 집권체제 자체가 동요하여 왕조의 존립이 위기에 몰린 것이기도 하였다.

잘 알려져 있듯이 17세기 이후의 변동, 즉 농업생산력의 발전과 상품화폐경제의 성장, 이와 연관된 농촌사회의 분해와 중세적 신분제도의 동요라는 측면에서만 보더라도 조선 후기 사회의 발전적 양상은 괄목할 만한 것이었다. 그러므로 이 시기의 정치이념과 정치운영은 이러한 발전의 기운에 부응하여 지도력을 발휘함으로써 구질서의 모순을 극복하고 민족사의 근대화를 주체적으로 달성해야만 했다. 불행한 일이었지만 '당쟁'이라는 이름의 정치투쟁으로는 그러한 역사적 요청을 선도적으로 감당할 수 없었다. 당쟁은 처음부터 정치·사회적 여러 특권을 둘

---

3) 『星湖先生文集』 卷30, 朋黨論, 19ㄴ (여강출판사 영인본). 그는 붕당을 이해관계를 둘러싸고 벌이는 '큰 獄訟'으로 보고 선비로서 붕당에 가담하지 않으려면 "벼슬을 버리고도 원망하지 않아야"함을 말하였다(『星湖僿說』 卷7, 黨論, 5ㄴ·7ㄱ). 붕당이 이해관계에서 비롯된 만큼 위정자는 法을 엄중히 운영하여 賞과 罰이 공평해야 한다는 것이었다(『星湖僿說』 卷9, 朋黨, 46ㄴ·47ㄱ).

러싼 양반 지배층 내부의 이해관계에서 일어난 정치항쟁이었고, 그런 만큼 기존 질서의 동요나 기득권의 변동은 결코 용납하지 않으려는 보수적 속성을 띤 것이었기 때문이다.

붕당의 성립이나 당쟁의 원인, 그 폐단에 대해서는 일찍이 많은 논자들이 여러 관점에서 절실하게 언급해놓았다. 이를테면 세계관의 차이나 이해관계의 대립, 관직경쟁과 인사추천 제도의 모순, 義理・名分과 문벌의 지나친 중시, 書院이나 정치언론의 발달, 士類의 중용, 전제군주제・양반관료제와 유교 정치철학의 결합 등을 당쟁의 직접 요인 또는 관련 배경으로 꼽았다.4) 그 모두가 정치 주체인 양반사대부와 집권적인 정치제도, 그리고 그 이념인 주자학사상과 연관된 것들임을 알 수 있다.

최근까지의 당쟁에 관한 연구나 이해방식은 대개 이러한 요소들에 대한 일면적이거나 분절적인 설명을 통해서 이루어져온 인상이 짙다. 그 가운데는 세계관이나 이해관계의 대립, 토지제도와 관료제도의 모순에 특히 주목하려는 시각도 없지 않았으나 아직 당쟁의 실체를 동태적 측면에서 역사적 발전과정으로 파악하려는 시도에 이르지는 못하였다.5) 日帝의 植民史觀 또는 朋黨亡國論과 같이 편향된 인식논리가 풍미하는 가운데 정치와 사상을 사회의 내재적 발전의 현상으로 이해하려는 논리와 방법이 확립되지 못했기 때문이었다. 이제 당쟁・붕당정치의 파탄과정은 조선 후기 사회・경제사의 그것과 일치하는 발전적 정치사로서 재구성되어야 할 것이다. 그러자면 지금까지 이 방면 연구에서 쌓은 성과, 즉 제도・사상 등의 고유한 특성을 정밀히 파악하는 일이 긴요하다. 더욱 중요한 것은 그러한 정치상황의 현실적 조건이었던 사회・경제적 측면과 관련해서 구조적 변동과정으로 파악하는 일이다.

---

4) 姜周鎭, 『李朝黨爭史硏究』, 서울대학교 출판부, 1971, 3～23쪽 참조.
5) 이 같은 접근방법의 중요성을 시론적으로 제시한 글이 있어 참고된다. 李泰鎭, 「朝鮮時代의 政治的 갈등과 그 해결－士禍와 黨爭을 중심으로」, 『朝鮮時代 政治史의 再照明』, 범조사, 1985.

붕당을 축으로 하여 운영되던 조선왕조 정치질서의 파탄은 壬辰倭亂을 계기로 시작되었다. 임진왜란, 즉 '7년 전쟁'의 피해와 영향이 그토록 심각했던 것이다. 먼저 전쟁터가 된 조선에서는 수많은 인명이 살상 실종되고 또는 포로로 잡혀갔을 뿐만 아니라,6) 국토가 황폐화되고,7) 각종 시설과 문화재가 파괴 망실되었으며,8) 사회기강과 질서의 혼란 또한 이루 다 헤아릴 수 없었다. 조선왕조가 겨우 명맥만 남은 채 전쟁은 승패 없이 끝났다. 그러나 가해자인 일본에서는 대규모의 체제개편으로 德川幕府가 성립하였고 중국에서는 조선 출병으로 쇠약해진 明나라를 대신하여 滿洲族의 淸나라가 등장하였다. 임진왜란은 실로 동아시아 세계에 커다란 변동과 영향을 불러일으킨 사건이었다.

조선은 비록 왕조가 무너지지는 않았지만 大戰亂의 영향이 적은 것은 아니었다. 유형·무형의 직접 피해가 엄청났을 뿐더러 16세기 후반 이래의 사회변동이 전란의 결과로 한층 가속되었던 것이다. 여기에 양반 지배층은 왕조의 재건, 집권적 지배체제의 재정비운동에 적극 나서지 않을 수 없었다. 왕조체제의 붕괴는 곧 양반층 자신의 존립기반이 무너지는 일이기도 했기 때문이다. 그러나 그 중간에 다시 丙子胡亂을 겪었다. 병자호란을 국방·외교의 관점에서 보면 壬亂으로 말미암은 전후 수습 정책이 잘못되어간 결과라는 측면도 있었다. 또 임란 뒤의 긴 수습 과정에서 정치운영의 주도권이나 정책수행의 목표와 방법을 둘러싸고 지배층 내부에서 학문·사상적 分岐, 이해관계의 충돌이 일어났다. 朋

---

6) 壬亂의 인명피해는 전쟁포로만으로도 짐작이 되는데, 군인만이 아니고 陶工·紙匠 등 각종 기술자와 부녀자 등 수만 명으로 추산된다. 山口正之,「朝鮮役におけるの捕虜人の行方」,『靑丘學叢』8, 1932 ; 李崇寧,「壬辰倭亂과 民間人 被害에 對하여」,『歷史學報』17·18, 1962 ; 李元淳,「壬亂·丁酉倭亂時의 朝鮮俘虜奴隷問題—倭亂性格一貌」,『邊太燮博士華甲紀念史學論叢』, 삼영사, 1985 참조.

7) 壬亂 이전 8道의 田結 총수는 1,515,500여 結(『增補文獻備考』卷141, 田賦考 1, 宣祖 10년, 15ㄱ)이었는데, 柳馨遠은 왜란 뒤 收稅 가능했던 田結數가 겨우 674,300여 結에 지나지 않았던 것으로 파악하였다(『磻溪隨錄』卷6, 田制攷說 下, 國朝田制 附, 21ㄱ~26ㄱ).

8) 李弘稙,「壬辰亂과 古典流失」,『韓國古文化論攷』, 을유문화사, 1954 참조.

黨 사이의 정치항쟁이 임란 이후에 더욱 격렬했던 것도 이와 깊은 관련
이 있었다. 이렇게 보면 임란이 불행한 일이었음은 두말할 나위도 없지
만 이를 계기로 사회 각 방면에 걸쳐 전개된 변동과 새로운 모색에 대
해서는 예의 주목할 필요가 있는 것이라 하겠다.

　아무튼 정부와 지배층은 전후수습, 지배체제의 재정비를 위해서 적극
적인 태세로 나서게 되었다. 나라가 망할 뻔한 위기상황을 경험했던 만
큼 그것은 당연한 일이었다. 전후복구책은 왕조의 중흥, ‘國家再造’의 차
원에서 추진되었다.9) 그것은 농업기반의 원상회복과 주자학 이념에 입
각한 인륜도덕의 재건이라는 두 개의 축을 중심으로 수행되었다. 시기
적으로는 貢案改定의 논의나 訓練都監의 설치에서 보듯이 임란의 와중
에서 이미 시작되기도 하였고, 추이하기에 따라서는 均役法의 경우처럼
18세기 중엽에 가서야 일단락되는 것도 있었다.

　전자와 관련해서는 대규모 量田事業에 따른 隱結의 搜括, 陳廢田의
개간과 宮房田·官屯田의 설치, 또 農書의 편찬과 농업기술의 보급, 이
앙법의 확대와 이에 따른 수리시설의 정비를 꾀하였다.10) 이는 농본주
의에 바탕을 둔 농민경제의 안정을 도모하여 국가의 人的 物的 수취기
반을 보장하자는 것이었다. 물론 수취체계의 확대·강화를 위해서 부세
제도 전반에 대한 釐正策도 논의되고 시행에 들어갔다. 이를테면 貢法
의 개선으로 防納의 폐단을 제거하고 均賦增稅를 달성하고자 大同宣惠

---

9) 壬亂과 관련한 사건·사실이나 개인의 체험을 日記·手記·詩文의 형식으로 남긴
　경우가 적지 않았다. 그 가운데는 왜란 때의 良將·策士·貞臣·節婦의 행적을 선
　양한 『宣廟中興誌』(丹室居士, 6卷 6冊, 일명 『壬辰錄』)나 明의 군사지원을 ‘恤小之
　恩’이라 하고 이에 대한 국왕 宣祖의 ‘事大之誠’을 칭송한 『再造藩邦志』(申炅, 4卷 4
　冊)에서 보이는 것처럼 당시의 식자들은 왜란을 견디어낸 왕조의 잔명을 中興·再造
　의 전기로 생각하였다.
　　17세기 이후 조선왕조 집권체제의 재편성과정을 ‘國家再造’運動으로 파악하는 견해
　에 대해서는 金容燮, 『朝鮮後期農學史硏究』, 일조각, 1988, 11~113쪽 ; 金容燮, 『增
　補版 朝鮮後期農業史硏究』 Ⅱ, 일조각, 1990, 160·411쪽 참조.
10) 金容燮, 『朝鮮後期農業史硏究』 Ⅰ·Ⅱ, 일조각, 1970·1971 ; 金容燮, 위의 책, 1988 ;
　李景植, 「17세기의 土地開墾과 地主制의 展開」, 『韓國史硏究』 9, 1973 참조.

法을 점진 실시한 것,11) 농민층의 流離逃散에 따른 軍布 부담의 편중·
과중화 현상을 타개하는 방안으로 良役變通論·戶布論이 꾸준히 거론
된 것이 그것이었다.12)

大同法은 대개 16세기 이래의 국제무역과 국내 場市의 확대, 私商·
상인자본의 성장을 반영하는 鑄錢과 租稅金納의 배경 위에서 추진 가
능한 것이었다.13) 호포론에서 시작하여 均役法으로 귀결되는 軍布·軍
役制 釐正의 문제는 훈련도감을 비롯한 여러 軍營의 편제에서 보듯이
外敵防備나 국내의 치안유지를 위해서,14) 특히 丙子胡亂을 겪은 뒤에
北伐(復讐雪恥)15)을 위한 군비의 증강 방안과도 관련해서 검토되었다.

후자의 綱常·人倫의 재건은 상하관계로 질서화되어 있던 종래 신분
제의 유지에 없어서는 안 되었다. 전란으로 비롯된 양반들의 사회적 경
제적 失勢와 零落, 常·賤民의 신분상승 등은 농촌사회의 피폐, 농민들
의 토지이탈 현상과 맞물려 사회불안·신분질서의 혼란으로 이어지고
있었다. 전쟁과정에서 드러난 정부·지배층의 무능과 분열상은 스스로
인정한 바로, 이것이 그들에게 정신적 좌절감을 주고 특권층의 자존의
식에 타격을 안겨주었다. 피지배 대중으로부터 불만감·저항의식을 불
러일으키고 지배체제의 동요, 사회기강의 이완현상을 초래하는 데 큰
요인으로 작용한 것도 사실이었다.16) 여기에 上下·嫡庶·班常의 차별

---

11) 전쟁 중인 宣祖 27년(1594) 정월 貢案을 상정하고 '貢物作米'를 본격적으로 거론하였
   으나 1608년에야 겨우 먼저 경기도에 宣惠法, 즉 大同法이 실시되었다. 실로 李珥가
   貢案改正 문제를 제기한 것으로부터(宣祖 14년 5월, 1581) 28년 만의 일이었고 전국적
   으로 시행되기까지는 백여 년의 기간이 걸렸다. 韓榮國, 「大同法의 實施」, 『한국사』
   13, 국사편찬위원회, 1976 ; 金玉根, 『朝鮮王朝 財政史研究』3, 일조각, 1988 참조.
12) 鄭萬祚, 「朝鮮後期의 良役變通論議에 대한 檢討－均役法成立의 背景」, 『同大論叢』
   7, 1977 ; 金容燮, 「朝鮮後期의 賦稅制度 釐正策」, 『增補版 韓國近代農業史研究』上,
   일조각, 1984 ; 방기중, 「조선후기 軍役稅에 있어서 金納租稅의 전개」, 『東方學志』
   50, 1986.
13) 방기중, 위의 글, 1986 참조.
14) 李泰鎭, 『朝鮮後期의 政治와 軍營制 變遷』, 한국연구원, 1985 참조.
15) 李離和, 「北伐論의 思想史的 檢討」, 『創作과 批評』38, 1975 ; 洪鍾泌, 「三藩亂을 前
   後한 顯宗·肅宗年間의 北伐論」, 『史學研究』27, 1977 참조.

의식을 철저화하는 방법으로서, 名分論·三綱五倫을 근간으로 하는 유교·주자학의 도덕의식·가치관념을 재확인할 필요가 있었다. 다시 말하면 명분론·강상론은 양반층 자신의 정신적 재무장을 위한 실천적 원리로서는 물론이고 피지배 농민층을 직접 통제하는 이론근거로서의 기능도 큰 것이었다. 예컨대 戰後에 즉시 論功行賞[17]과 함께 효자·충신·열녀에 대한 旌表를 대대적으로 시행한 것,[18] 전쟁 중에도 인정했던 庶孼의 許通과 私賤의 束伍軍 入屬을 終戰 뒤에 금지한 것,[19] 양반 사족들이 전란으로 약화된 在地의 사회·경제 기반을 재건하고자 鄕約의 실시에 앞장선 것 등에서[20] 그런 사실이 유추된다.

이 무렵의 戶籍 정리나 面里制 정비, 號牌法·五家作統法의 시행도 그러한 규범체계의 강화와 함께 등장한 법제적 통제장치였다는 점에서 주자학적인 사상·이념 정책의 일환으로 볼 수 있다.[21]

이러한 정책들은 반드시 전쟁피해의 복구나 사회질서의 회복이라는 차원에 한정해서 수행된 것만은 아니었다. 조선왕조는 거의 200년 동안

---

16) 선조가 도성을 버리고 파천길에 오르자 천민들이 掌隷院의 노비문서를 소각한 일(『宣祖修正實錄』卷26, 宣祖 25년 4월), 역시 전란 중인 1596년 충청도 鴻山에서 李夢鶴이 聚兵作亂한 사건(『宣祖實錄』卷77, 宣祖 29년 7월 甲戌·戊寅·戊子·甲午;『宣祖實錄』, 卷78, 宣祖 29년 8월 辛丑·壬寅·庚申)은 그 대표적인 경우였다.

17) 1601년에는 戰後 처음으로 百官에게 頒祿하였다(『宣祖實錄』卷131, 宣祖 33년 11월 戊午;『宣祖實錄』卷133, 宣祖 34년 정월 壬寅).

18) 조선왕조는 유교국가인 만큼 壬亂 이전에도 孝·忠·節의 행적이 뚜렷한 자에 대해서는 신분의 차별을 두지 않고 賞物·賞職·復戶·旌門 등의 적극적인 襃賞을 실시하였다. 綱常과 명분을 기반으로 하는 사회기강·지배질서를 공고히 하기 위함이었다. 1617년(광해 9) 3월에는 전란 뒤의 대대적인 정표 결과를 『東國新續三綱行實』이라는 이름의 책으로 刊布하였다. 朴珠,『朝鮮時代의 旌表政策』, 일조각, 1990, 특히 제2장 3절 '壬辰倭亂과 관련된 旌表' 참조.

19)『宣祖實錄』卷142, 宣祖 34년 10월 丙寅.
   『宣祖實錄』卷167, 宣祖 36년 10월 己丑·辛卯.

20) 이 시기 사족의 재지기반 변동과 관련해서 향약을 다룬 논고는 다음과 같다. 韓相權,「16·17세기 鄕約의 機構와 性格」,『震檀學報』58, 1984 ; 金仁杰,「조선후기 鄕村社會 統制策의 위기-洞契의 性格變化를 중심으로」,『震檀學報』58, 1984 ; 金武鎭,「조선중기 士族의 動向과 鄕約의 性格」,『韓國史研究』55, 1986 ; 鄕村社會史研究會,『조선후기 향약 연구』, 민음사, 1990 참조.

21) 오영교,『朝鮮後期 鄕村支配政策 研究』, 혜안, 2001 참조.

의 안정기를 지나 16세기 후반기에 접어들자 사회·경제·정치·국방 등 각 방면에서 폐단이 쌓여 체제적인 모순을 드러내기 시작했고 이를 위기상황으로 인식한 관인·식자들은 '更張' 또는 '變通'이라는 이름의 개선·개혁안을 건의하고 있었다.[22] 말하자면 오랜 평화기간의 지속과 이에 따른 사회체제의 해이, 무기력은 7년 전쟁이 일어나게 된 내적 원인이었던 것이고, 그런 의미에서 왜란 뒤 일련의 수습정책은 그 이전에 제기되었던 여러 更張論·變通論을 수용한 연장선 위에서 추진될 수 있었던 셈이다.

그러나 왕조의 중흥, 國家再造의 길은 결코 순탄하지 않았다. 그것은 더구나 경제와 민생의 재건보다는 주자학 명분론의 확립에 더 치중하는 경향을 띠어갔다. 宣祖代 말기의 10년과 光海君代 15년 동안 정치는 일반 농민대중은 별개로 치더라도 양반 지배층 내부에서도 합의와 지지를 이끌어내지 못하고 있었다.

이른바 '仁祖反正'은 이를 잘 말해주는 사건이었다. 잘 알려져 있듯이 반정세력이 광해군을 축출한 죄목은 不孝와 不忠의 두 가지였다. 광해군이 자신의 계모인 仁穆大妃(선조의 繼妃)를 폐하여 西宮에 유폐했으며, 後金(淸)과 通交함으로써 '再造藩邦之恩威'를 끼쳐준 明나라를 배반했다고 함이 그것이었다.[23] 自然理法으로 설명되는 주자학의 강상론·명분론에 따르면 불효·불충은 곧 綱常罪에 해당했고 綱常犯은 신분이 비록 국왕일지라도 죄를 모면할 길이 없었다. 신하된 자가 君王을 축출했다면 이는 主君에 대한 불충·역적 행위로서 부모를 시해한 죄와 함께 하늘 아래 용서받지 못할 綱常罪人으로 규정되었다. 상하관계, 특히 주군과 신하의 分限이 철저히 명시되었던 조선의 정치질서에서 신료집

---

22) 이 시기의 개선·개혁 논자로는 아무래도 李珥를 먼저 꼽아야 할 것이다. 그밖에 柳成龍·趙憲·李元翼·韓百謙 등도 관심 영역과 정도의 차이는 있지만 민생·국방·부세·전제와 관련한 경장론·변통론을 제기하였다.

23) 『仁祖實錄』卷1, 仁祖 원년 3월 甲辰 참조.

단의 불충은 오히려 '反正'이라는 이름으로 정당화되고, 주군은 불효와 불충의 죄목으로 숙청당해야 했던 것이다. 이렇게 될 수 있었던 배경과 의의는 깊이 음미되어야 할 일이라 하겠다.

조선왕조 집권체제의 권력구조, 王權과 臣權의 관계는 별도로 치밀하게 검토되어야 할 문제이지만 먼저 양반사대부층과 결합한 주자학의 강상론·명분론의 이념적 특징이 여기에 있었음은 쉽게 확인되는 바이다. 그리고 인조반정의 의의 또한 이 점과 관련해서 이해할 필요가 있을 것이다.[24] 또 광해군 축출의 실질적인 이유도 다른 곳, 즉 전후수습책의 지지부진과 그것을 둘러싼 이해관계의 대립에서 찾아야 할 것이다. 광해군을 옹립한 大北세력은 小北과 대립하고 더구나 서인과 남인 등 절대다수의 사림층을 정권에서 배제한 채 전제군주권을 배경으로 권력을 유지하고 있었다.[25] 다수 사림의 이른바 '公論'에 의거하는 방식으로부터는 사뭇 벗어난 정치운영이었다. 燕山君이 폐위당한 사실에서 입증되는 바와 같이 사림의 지지를 전제로 하지 못하는 왕권의 존립이란 생각할 수 없는 일이었다. 다수의 사림이 국왕의 不德, 즉 綱常紊亂을 죄목으로 내세웠을 때 여기에 신하의 不忠을 거론할 여지는 이미 남아 있지 않았다. 조선왕조는 李氏 王室의 국가이기에 앞서 신하인 사대부·사림의 영원성을 보장하기 위한 체제로 운영되는 국가였기 때문이다.

아무튼 '인조반정'은 전후복구·국가재조의 문제를 둘러싸고 전개된 지배층 내부의 이견과 갈등이 대규모의 숙청으로 이어진 정변으로서 '붕당정치'의 자기모순을 드러낸 것이었다. 또 君(王)權과 그 지지세력에 대한 반격, 즉 '反正'의 논리가 강상윤리와 명분론에서 나왔던 만큼 반정세력의 승리는 곧 명분론, 그것도 신권 중심의 명분론이야말로 조

---

24) 吳洙彰, 「仁祖代 政治勢力의 動向」, 『朝鮮時代 政治史의 再照明』, 범조사, 1985, 77~81쪽 참조.

25) 韓明基, 「光海君代의 大北勢力과 政局의 動向」, 『韓國史論』 20, 서울대학교 국사학과, 1988 ; 李綺南, 「光海朝 政治勢力의 構造와 變動」, 『北岳史論』 2, 1990 ; 薛錫圭, 「光海朝 儒疏動向과 大北政權의 社會的 基盤」, 『朝鮮史研究』 2, 1993 참조.

선왕조의 國是이자 정치·사회 운영의 원리임을 재확인한 셈이 되었다. 말하자면 서인과 남인 일부의 연합세력은 주자학 명분론을 내세워서 전란과 체제위기의 책임을 모두 광해군과 대북세력에 떠넘겨 해소해버림으로써 분열된 양반 지배층의 재결속을 다짐하고 자신들의 집권명분을 이끌어낼 수 있었다. 또 실추되었던 양반사대부의 자존의식과 신분적 권위를 만회하고 이완된 사회기강과 지배질서가 원상회복될 것을 기대할 수도 있었다.

그러나 이 같은 윤리·명분론적 기대와 지향이야말로 그 뒤 국내외 정세변동 속에서 수많은 마찰과 대립을 불러일으키는 요인으로 작용하게 되었다. 무엇보다도 병자호란을 초래하고 여기에서 斥和論과 主和論이 치열하게 대립한 것이었다. 잘 알려져 있듯이 明·淸 왕조교체에 따른 對中國關係의 재정립 문제는 인조정권 성립 초기부터 심각한 현안이 되었다. 인조정권 성립 초기에 서인 집권세력은 後金의 집요한 요구와 위협에도 불구하고 '崇禎' 연호를 계속 사용하는 등 그때까지의 명나라에 대한 사대관계를 거듭 다짐하였다. 이러한 對後金(淸)斥和·崇明反淸策은 두말할 것도 없이 華夷之分과 君臣父子義理를 내용으로 하는 명분론을 천명한 것으로, 앞서 광해군 시기의 그것과는 상반되는 외교방략이었다. 우려한 대로 후금은 두 번에 걸친 대대적인 군사침입으로 응수해왔다.

병자호란은 조선의 明·淸 교체에 대한 개입, 즉 명분·의리를 내세워 中華主義 세계질서의 변동·개편을 거부함에서 비롯된 것이었다. 어떠한 현실적 이해관계를 고려한 가운데서 초래된 것은 결코 아니고, 오직 집권세력의 反正과 집권의 논리, 그리고 對內外政策의 근거원리가 된 명분론의 성격이 그러했던 것이다. 그들은 그토록 확고부동한 이론적 무장에도 불구하고 南漢山의 籠城에서는 斥和의 한길을 끝내 지켜내지 못하였다. 오히려 수많은 인명이 살상되거나 볼모로 끌려가고, 시설과 물자의 손실을 가져왔음은 물론, 국토가 적군의 말굽에 유린당하

고 국왕이 오랑캐[夷狄]에게 머리를 조아려 항복하는 수모를 겪었다. 참
담한 패배의 뒷수습은 주화론에 기대야 했으면서도 주화론과 척화론은
화해의 실마리를 끝내 찾지 못하였다.[26]

척화론과 주화론의 대립은 當爲(規範)와 存在(實際)의 모순이라는 측
면이 있었다. 예컨대 후금의 군사적 압박은 조선과 명 사이에 있을지도
모를 정치·군사적 연대관계를 미리 차단하려는 의도에서 비롯된 것이
었던 만큼, 여기에는 실제의 상호관계를 파악하는 위에서 利害와 當爲
의 경중을 따져서 대응할 일이었다. 주화론에서는 명나라의 은혜를 잊
지 말아야 한다는 의리·명분을 당위로 하는 위에서 청나라의 군사적
침입이라는 현실을 동시에 인정하고 있었음에 비해서, 척화론은 명나라
에 대한 의리와 눈앞에 닥친 오랑캐의 위협을 결코 하나의 문제로 대처
할 수 없는 것으로 보았다는 점에 차이가 있었다. 이렇게 보면 전쟁의
일방적 패배는 관념(명분·강상)과 실제(현실)의 모순에서 기인했던 것
이기는 하나, 흔히 말하듯 단순히 명분(도덕)과 실리(公利)의 갈등 문제
만은 아니었던 셈이다.

그리하여 對淸政策에서 드러난 주화론과 척화론의 대립은 몇 가지
역사적 의의를 내포하고 있었다. 먼저 전쟁의 참담한 패배는 집권 서인
들의 명분론에 바탕을 둔 정치노선이 강력히 저지당한 것을 뜻하였다.
동시에 反正이라는 하나의 명분에서 출발했던 집권세력이 척화론(＝명
분·당위론)과 주화론(＝실제론)이라는 두 개의 서로 다른 논리와 방식
으로 分岐하는 계기가 되었다. 따라서 명분이라는 절대적 관념적 사유
방식으로부터 현실의 경험적 상대적 사유세계로 전환을 기약할 수 있
었다. 즉 현실문제가 점차 심각해지고 또 그것이 체제적인 위기로 자각
됨으로써 관인·유자층 일각에서는 명분의 논리에 회의와 공허를 느끼

---

26) 崔韶子,「胡亂과 朝鮮의 對明淸關係의 變遷－事大·交隣의 問題를 中心으로」,『梨
　　大史苑』12, 1975 ; 全海宗,「女眞族의 侵寇」,『한국사』12, 국사편찬위원회, 1978 참조.

면서, 현실을 있는 그대로 느끼고 직시하며 실제적으로 해결해가려는 인식태도가 싹트고 있었던 것이다. 조선 후기의 사회변동, 구래 집권체제의 모순이야말로 이러한 사상적 전환을 선도하는 객관적 근원적 조건이었음은 물론이다. 그리고 임란의 戰後 수습과정에서 일어난 호란은 그러한 전환을 더욱 촉진하는 계기가 되었던 것이다.

명분론적인 지향으로부터 이 같은 실제론의 分岐는 곧 주자학 일색의 학문·사상 경향에 대한 비판과 반성이기도 하였다. 17세기에 일어난 脫朱子學 또는 反朱子學에 연결된 학풍이 이것이었다. 이를테면 先秦儒學·漢唐儒學·陽明學은 물론이고 老莊學·禪學·西學 등에 대한 관심과 연구열이 일어난 것이었다. 이른바 '實學'이 그 흐름을 주도하고 있었다. 그들은 명분론의 관념적 敎條性을 비판하고 인간·사물 관계의 실제적 경험적 개별성에 주목하게 되었다. 명분론 일변도의 사유방식을 탈피하려는 이러한 움직임은 아직 미약하였지만 이 시기의 사회변동과 이에 관련한 정계·학계의 추이를 따라 점차 확산되어 갔다. 이에 대응하는 정통 주자학의 반발과 반비판도 거세게 일어났다. 道統說을 내세워서 주자를 聖人視하며 명분론의 정당성을 재확인할 뿐만 아니라 이와 다른 여타의 사상이나 학풍을 異端으로 규정하고 그 논자들을 '斯文亂賊'으로 파문하기를 주저하지 않았던 것이다.[27] 어떻든 兩亂 이후에 당쟁이 한층 치열해진 것도 사실은 이렇게 서로 다른 사유방식의 대립관계가 확대된 때문이었다. 그리고 政爭·朋黨이 그러한 학문·사상적 대결관계였던 까닭에 당시의 저명한 黨人은 거의 山林·道學者로 불리는 당대의 정치학자들이기 마련이었다.

脫(反)朱子學의 학풍과 정통 주자학의 갈등은 이 시기 여러 가지 정책론을 통해서도 논점과 입장의 차이를 명확히 드러내었다. 이를테면

---

27) 三浦國雄, 「17世紀朝鮮における正統と異端─宋時烈と尹鑴」, 『朝鮮學報』 102, 1982 ; 金駿錫, 「17세기 畿湖朱子學의 動向─宋時烈의 '道統'계승운동」, 『孫寶基博士停年紀念韓國史學論叢』, 지식산업사, 1988 참조.

兩亂으로 파괴된 농민·농업경제의 재건문제가 절실해지는 가운데 제기된 정책논의에서는, 대개 부세제도의 釐正을 통해서 대토지소유자를 견제하고 중소지주와 농민층을 보호하려는 견해와 부세제도는 물론이고 토지제도까지 개혁함으로써 대토지소유제·지주제를 해체하고 小農經濟를 안정시키려는 견해로 크게 나뉘었다. 양자의 주장은 현상을 능동적으로 타개하려는 시도로서 이 시기 현상유지만을 생각하는 기득권층의 보수적 경향에 견주면 진일보한 것이었다. 그럼에도 전자가 주자의 敎示에 충실하여 지주적 입장에서 개량적인 방법으로 문제에 대처하려던 것임에 반해 후자는 주자의 農政論을 뛰어넘어 농민적 입장에서 혁신적 방안으로 해결하려던 것이었다는 점에서 커다란 차이가 있었다.28)

　이렇게 土地論을 중심으로 한 정통 주자학과 탈(반)주자학의 이념적 分岐는, 구체적으로 貢法 釐正방안의 귀결이었던 大同法의 시행, 軍役變通策인 戶布制·均役法의 논의, 備邊·治安 대책과 관련된 軍制改革·軍營增設의 문제, 또 사회통제 수단이었던 鄕約·社倉·號牌法·五家作統法의 시행, 유통경제의 성장에 따른 국내 상업과 對淸·對日交易의 조정 문제, 병자호란의 무참한 패배를 설욕하기 위한 北伐(復讐雪恥) 문제 등의 현안을 통해서 심각한 의견대립으로 나타났다.29) 이는 말하자면 주자학 내부에서 반주자학적 사회·경제론이 분화하는 현상이었다. 또 명분론 일변도에 반대하는 실제론이 척화론과 주화론의 갈등을 통해서 성립했던 것과도 같은 맥락이었다. 그리고 이러한 분화는 바로 주자학과 반주자학, 綱常論과 恒産論, 개량적 방법과 혁신적 방법의 대항관계를 형성하는 것으로서, 결국 조선 후기 국가재조운동·사회

---

28) 이 시기 토지문제를 중심으로 한 農政理念의 분화와 그 추이에 대해서는 다음 논고가 크게 참고된다. 金容燮, 「朱子의 土地論과 朝鮮後期 儒者」, 『增補版 朝鮮後期農業史硏究』 Ⅱ, 일조각, 1990 ; 金容燮, 「朝鮮後期 土地改革論의 推移」, 같은 책.
29) 주 12, 20, 21의 논문 참조.

개혁의 방향이 크게 보수적 지주적 입장과 진보적 농민적 입장의 두 노
선으로 나뉘어가는 현상일 수밖에 없었다.

　이리하여 당쟁의 양상은 새로운 국면으로 접어들게 되었다. 종래 명
분론을 중심으로 제기되던 정치현안이 점차 실제적인 사회·경제 문제
로 대치되어가는 현상이 그 하나이고, 黨色의 차이를 넘어서서 정치현
안에 대한 견해와 입장이 갈리기도 하는 점이 다른 하나였다. 본디 당색
은 문벌·학연·지연 또는 姻緣과 결합하여 世傳하며 형성되었던 만큼
儒者·官人들의 政論과 정치적 처신 또한 여기에서 자유로울 수 없었
고, 때문에 당쟁은 집요하게 장기적인 양상을 띠지 않을 수 없었다.

　그러나 사회·정치 현실이 절박해지고 그 해결의 방안과 입장에서
편차가 점점 벌어지게 되자 당색과 당쟁의 테두리를 벗어나서 문제에
접근하는 시도가 나타나게 되었다. 예컨대 이 시기 토지론의 경우에서
그러한 사정이 분명히 드러났는데, 처음 남인계 일각에서 제시되던 반
주자적 견해가 곧 소론으로 확대되고 다음에는 노론 가운데서도 동조
자들이 나섬으로써 토지문제에 대해서는 마침내 당색을 초월해서 지주
적 입장과 농민적 입장으로 갈리게 되었던 것이다.30) 그렇더라도 이렇
게 서로 비슷한 지향점을 보이는 사회·경제론이 더 구체화되고 실현단
계에 접근하려면 그토록 높고 두터운 붕당의 벽을 넘어서 공조할 수 있
는 터전을 만들어야만 했다. 다음에서 볼 바와 같이 蕩平論의 대두와
그 의의는 바로 이러한 점에서 주목되는 것이라 하겠다.

---

30) 金容燮, 앞의 책, 1990, 421~423쪽.

2. 蕩平論의 擡頭

탕평론의 등장은 兩亂期를 거치면서 심각하게 대두된 對中國關係의 재조정 문제나 사회·경제적인 현안이 뒤얽힌 것과도 관련해서 나타난 변화였다. 요컨대 비생산적인 당쟁을 거부하고 국익과 민생을 우선하는 정치운영을 지향하는, 즉 反朋黨·黨爭克服의 논리와 세력이 성장한 것이었다. 이제 반붕당·당쟁극복의 논리와 주체가 변해가는 사정, 즉 탕평론과 탕평책의 등장과정을 이해하자면, 이른바 '붕당정치'의 자기모순으로 말미암아 당쟁이 더욱 악화되어 가는 사정을 중심으로 살펴야 할 것이다.

17세기는 禮學·禮訟의 시대라고 할 수 있다. 15세기 이래 발달해온 주자학의 중요한 영역인 조선적인 예학이 학문의 큰 흐름을 이루는 가운데 많은 예학자가 배출되고 또한 학파적인 분화도 보이고 있었다.[31] 마치 그 무렵 주자학의 理氣·人性說이 활발하게 전개되었던 것과도 같은 현상이었다. 예학은 유교의 典禮를 다루는 학문이었으므로 명분론과도 밀접한 관련이 있었다. 다시 말하면 인간사회의 규범과 儀式, 意識과 행동을 규정하고 그 當否를 치밀하게 따지는 점에서는 禮와 명분은 분리된 별개의 것이 아니었던 것이다. 그리하여 명분론이 큰 쟁점으로 등장한 것과 함께 전례문제를 둘러싸고 관인·유자들이 심각하게 대립하는 '禮訟'이 따라서 일어나기도 하였다.

인조반정 직후에 일어난 '元宗追崇是非'는 그 좋은 예라고 할 수 있다. 그것은 요컨대 국왕 仁祖가 宣祖를 아버지로 불러야 옳다는 재야 예학자들의 주장과 生父인 定遠君(宣祖의 다섯째 아들)을 그대로 아버지로 불러야 한다는 반정공신들의 주장이 맞선 논쟁이었다.[32] 인조가

---

31) 黃元九, 「李朝禮學의 形成過程」, 『東方學志』 6, 1963 ; 고영진, 『조선중기 예학사상사』, 한길사, 1995 참조.
32) 李迎春, 「潛冶 朴知誠의 禮學과 元宗追崇論」, 『淸溪史學』 7, 1990 ; 李成茂, 「17世紀

‘反正’이라는 비상한 방법으로 왕위에 오른 데서 비롯된 문제였는데, 전자는 왕통계승 자체만을 중시하려는 견해라면 후자는 혈통계승의 기반 위에서 왕통을 세우려는 견해였다. 결과는 전자의 法統 명분에 대하여 血統 우선의 명분을 내세운 후자의 승리로 돌아갔다. 인조의 宗法的 지위를 확립하여 반정의 명분을 공고히 하려는 반정세력의 의도가 관철된 셈이었다. 이렇게 전례와 명분은 불가분의 관계에 있었던 만큼 명분론이 크게 일어났던 시기에는 公이든 私든 간에 전례문제, 즉 예송도 빈번했던 것이다.

흔히 禮訟이라고 하면 17세기 중엽의 ‘己亥禮訟’(1659년, 또는 1660년의 庚子禮訟이라고도 함)과 ‘甲寅禮訟’(1674년)의 경우를 들게 마련이다.[33] 명분론이 주도하는 정치운영의 상황에서 예송이 일어남으로써 정쟁이 더욱 치열해지고 그 여파도 컸기 때문일 것이다. 孝宗의 장례문제를 둘러싸고 일어난 庚子年의 예송에서는 아직 살아 있는 大妃(인조의 繼妃 趙氏)의 服期를 朞年(1년)으로 하는 것이 옳다는 주장과 3년으로 하자는 주장이 대립하였다가 전자의 견해가 채택되었다. 그 15년 뒤 孝宗妃(仁宣王后 張氏)의 장례 때에 일어난 갑인예송에서는, 역시 大妃 趙氏의 상복을 놓고 앞서의 기년설에 근거한 大功(9개월)服과 삼년설에 입각한 朞年服을 내세우는 주장이 맞섰는데, 이번에는 후자가 승리하였다. 대개 전자의 기년설은 효종을 인조의 次子(長子는 왕위에 오르지 못하고 죽은 昭顯世子)로 보아 衆子(庶子)에 준하는 상복을 입으면 된다는 일부 西人 山林의 견해였고, 후자의 삼년설은 효종이 비록 차자였을지라도 왕위의 大統을 이었으므로 長子에 준하는 상복을 입어야 옳다는 南人系 禮論家들의 견해였다.

의 禮論과 黨爭」,『朝鮮後期 黨爭의 綜合的 檢討』, 한국정신문화연구원, 1992 참조.
33) 두 차례의 ‘禮訟’에 대해서는 다음의 논고가 참조된다. 姜周鎭,「禮訟과 南人政權의 成立과 分裂」, 앞의 책, 1971 ; 李迎春,「第一次禮訟과 尹善道의 禮論」,『淸溪史學』 6, 1989 ; 李迎春,「服制禮訟과 政局變動 — 第二次禮訟을 中心으로」,『國史館論叢』 22, 1991 ; 李成茂, 앞의 글, 1992 참조.

국왕을 비롯한 왕실의 喪葬禮는 국가적으로 중대한 典禮였기 때문에 그에 대해서는 조정의 학식 있는 관인들은 물론이고 전국의 명망 있는 老師熟儒·禮學者들도 자문에 응하도록 되어 있었다. '論禮'가 진행됨에 따라 미세한 이견이라도 첨예하게 확대되기 십상이고 여기에 재야유생들의 집단적인 찬반론이 가세함으로써 典禮를 위한 禮說은 곧장 黨論이 되게 마련이었다. 당색의 차이가 예설의 논점을 서로 다르게 하고 여기에 평소의 정치적 견해나 현실의 이해관계가 겹쳐졌던 것이다. 예송이 권력투쟁·집권경쟁의 양상을 띠게 되는 까닭이 여기에 있었다.[34]

실제로 두 차례의 예송은 소수파인 남인이 다수파인 서인을 밀어내고 정권을 장악하는 직접적인 계기가 되었다. 남인의 삼년설이 서인의 기년설을 명분과 논리에서 압도했기 때문이었다. 물론 양론이 처음부터 정치적 의도가 분명했거나 이념상의 차이가 드러난 것은 아니었고, 또 그 논거 또한 『儀禮』·『經國大典』 등에서 끌어온 점도 같았다. 대략 15년을 사이에 둔 논쟁과정을 보면, 기년설은 士大夫禮를 체계화한 『朱子家禮』에 의거하는 경향을 띠었던 데 반해 삼년설은 『儀禮』의 王朝禮라는 측면에 주목했던 데서 차이가 드러난다.

따라서 삼년설은 王室과 私家의 차별을 분명히 함으로써 사대부층의 臣權에 대한 王權의 존귀함을 강조하는 것으로 해석할 수 있음에 반해서 기년설은 왕실과 사가(사대부), 왕권과 신권의 차별성보다는 치자층 일반의 보편성을 중시했던 것이라고 할 수 있다. 미묘하게도 왕권중심론과 신권중심론의 대립점이 예송의 지렛목에 놓여 있었던 셈이다. 결

---

34) 禮訟이 권력투쟁의 양상을 띠어가는 데 대한 비판론은 朴世堂의 경우에서 잘 나타난다. 그에 따르면 三年說이나 朞年說 모두 효종이 인조의 次長子라는 사실 위에서 喪服의 隆殺만을 달리 하는 논의라는 것, 그리고 상복의 융쇄로 이미 정해진 宗統 자체를 좌우할 수 없다는 것이다. 그는 종통문제와 복제문제를 분리해 보는 견해에서 삼년복이니 기년복이니 하는 문제가 종통의 정당성 여부를 결정하는 조건이 될 수 없다고 주장한 것이다. 다시 말하면 예설의 번쇄한 논의에 반대하는 것이며 나아가서는 예설을 빙자한 권력투쟁을 비판한 것이었다(『西溪集』 卷7, 禮訟辨 참조).

국 국왕 顯宗과 肅宗은 삼년설에 공감하고 서인을 내치는 대신 남인을
등용하는 결단을 내리게 되었다.

　이 시기의 왕권론과 신권론은 단순히 세력균형·권력구조론의 차원
을 넘어 현실문제의 체제적 대응을 가늠하는 주요 지표였다. 즉 삼년설
과 기년설로 맞섰던 복제논쟁은 朱子 禮說과 反朱子 禮說의 갈등이라
는 측면이 있었고, 이것은 바로 주자학과 古典儒學의 대립으로 이어지
고 있었다. 정통 주자학이 신권 중심의 정치운영을 통해서 綱常說과 지
주층 옹호를 관철해가려는 보수적 입장을 대변하는 것이라면, 반주자학
은 군주권의 강화를 통하여 농민층의 恒産을 보증하려는 진보·개혁적
입장에 연결되는 것이었다. 이렇게 보면 예송의 기년설과 삼년설은 놀
랍게도 각각 명분론과 지주제옹호론, 실제론과 소농민육성론을 내세운
정치노선의 차이나 대립현상을 일정하게 반영했던 것이라 하겠다.[35]

　인조반정 이래로 50여 년 동안 유지되어온 서인과 남인 사이의 '견제
와 비판'이라는 보합적 소강적 관계는 두 차례 예송의 결과 여지없이 깨
어졌다. 주자학 명분론의 지향이 파탄에 이른 것이라고 해도 좋을 것이
다. 돌이켜보면 양반 지배층은 壬亂의 위기상황에서 명분론을 내세워
집권체제를 안정시키고 서인 장기집권의 기반을 확보할 수 있었으나,
그 명분론적 지향은 곧 밖으로는 외적의 침입을 부르는 커다란 요인이
되었고 안으로는 당파 사이의 정치항쟁을 격화시키는 빌미를 만들었다.

　아무튼 남인은 오랜만의 정권교체에 성공하였다. 그러나 집권 남인은
정권교체의 의의를 그다지 발휘하지 못한 채 오히려 淸南·濁南으로
당론이 갈리어 대립하는 양상을 드러내었다. 주도권을 쥔 탁남계는 취
약한 지지기반을 보강하기 위한 방편으로 戚臣勢力과 제휴하여 都城防
衛나 치안유지를 위한 軍門强化策에서 자신들의 영향력을 행사하는 데

---

35) 예송과 권력, 정치이념의 관계를 이 같이 상정하는 시각에 대해서는 金駿錫, 「朝鮮
　　後期의 黨爭과 王權論의 추이」, 『朝鮮後期 黨爭의 綜合的 檢討』, 한국정신문화연구
　　원, 1992 참조.

주력하였다.36) 정책이나 이념에서 서인과 차별성을 보여주지 못하고 정권경쟁의 차원에 머물러버린 것이었다. 결국 남인들의 권력집중에 불안을 느낀 국왕 숙종이 척신세력을 불러들이고 마침 謀逆說이 떠도는 것과 관련되어 남인정권은 6년 만에 무너졌다(庚申換局, 1680년). 경신환국의 결과 남인 執政者와 宗親 4명의 賜死를 포함하여 백여 명이 遠配 杖流 削職당하였고 推鞫에서 刑杖으로 죽은 자도 십여 명이 넘었다. 남인의 실각이 이처럼 살벌한 숙청으로 이어진 것은 종래 정쟁의 조건 위에 다시 黨人・勳戚・宗親과 그 수하들이 관련되었다는 모반음모설이 작용했기 때문이었다.37) 음모설이 사실이냐 가해자 쪽의 조작이냐 하는 진위문제는 차치하더라도 이로써 정치투쟁의 수단과 방법이 명분론의 수준을 넘어서고 있음이 분명하였다. 그리고 換局이 거듭될수록 숙청과 보복이 더 가혹해짐으로써 이제 정쟁의 승패는 단순한 정권의 교체가 아니라 死生의 갈림길이 되었다.

다시 정권을 잡은 서인은 勳戚의 兵權 장악과 偵探・誣獄 등 정치비리에 대하여 이를 비호하는 송시열 지지자들과 이를 비판 공격하는 소장층으로 나뉘어 대립함으로써 老・少論의 분립이 시작되었다. 여기에 이른바 '懷尼是非'와 '『家禮源流』 著者 是非'가 가세하였다. 즉 전자는 君師父一體說・背師說을 내세운 송시열 측과 父師輕重說을 들어 尹宣擧・尹拯 부자를 두둔하는 측의 대립이었고, 후자 또한 송시열의 親友인 兪棨의 것이라고 주장하는 쪽과 尹宣擧의 작품이라고 믿는 쪽의 싸움이었다.38) 그러나 노・소론은 禧嬪 張氏 소생의 왕자를 元子로 冊封하려는 숙종의 계획에 반대하다가 남인들의 반격으로 함께 밀려난 己巳換局(1689년)이나, 재차 남인을 거세하고 정권을 장악하는 甲戌換局

---

36) 李泰鎭, 앞의 책, 1985 참조. 같은 남인인 淸南系 許穆의 비판은 더욱 철저하였다(金駿錫, 「許穆의 反北伐論과 農民保護對策」, 『島巖柳豊淵博士回甲紀念論文集』, 1991).
37) 姜周鎭, 「宗親除去와 戚臣政治의 成立」, 앞의 책, 1971 참조.
38) 金相五, 「懷尼師生論의 是非와 丙申處分에 대하여」, 『論文集』 1, 전북대학교 문리과대학, 1974 ; 李銀順, 『朝鮮後期 黨爭史硏究』, 일조각, 1988 참조.

(1694년) 때까지는 아직도 완전한 분당상태에 이르지 않았다.[39]

갑술환국은 정치세력으로서 남인의 몰락을 가져왔고 동시에 노·소론이 결정적으로 黨을 나누어 세우는 전환점이 되었다. 처음 환국의 수습임무는 일단 소론에게 맡겨졌다. 戚臣의 득세와 그들의 兵權 집중을 억제하는 대신 남인 잔여세력의 調用을 통하여 保合調劑的인 분위기를 유지하자는 것이 소론의 기본 입장이었음에 대하여 노론이 여기에 극력 반대하고 남인의 처벌을 주장함으로써 노·소 사이에는 强·穩 양론이 크게 엇갈리게 되었다. 이때부터 숙종대 말기까지는 대체로 실세에서 우세를 유지하던 소론의 保合論이 노론 강경론의 공세에 밀려 점차 비세로 몰리는 추세였다.「三田渡碑文」論爭[40]을 비롯해서 박세당의 『思辨錄』[41]과 崔錫鼎의 『禮記類編』이 주자의 敎說에 저촉된다는 이유로 각각 소각처분되는가 하면,[42] 마침내는 이미 죽은 윤선거의 文集을 毀板하고 그들 부자의 官爵을 빼앗는 '丙申處分'(1716년)이 내려졌다.[43]

주자학을 둘러싼 비판론과 옹호론이 대립하는 斯文論爭에서 국왕 숙종은 거듭 소론 일방에게 불리한 결정을 내리게 되고 상대적으로 노론은 크게 고무되었다. 소론의 위축은 정국이 조만간 노론 일색으로 통일

---

39) 이 시기 '換局'을 중심으로 한 정국동향에 대해서는 洪順敏,「肅宗初期의 政治構造와 '換局'」,『韓國史論』15, 서울대학교 국사학과, 1986 참조.

40) 李銀順,「老少論의 時局認識論－李景奭의 政治的 生涯와 三田渡碑文 撰述是非」, 앞의 책, 1988 참조.

41) 『思辨錄』에 관련한 논쟁과 의의에 대해서는 다음의 연구가 참조된다. 李丙燾,「朴西溪와 反朱子學的 思想」,『大東文化研究』3, 1966 ; 李勝洙,「西溪의 『思辨錄』 저술태도와 시비논의－성리학적 세계관의 변모를 중심으로」,『韓國漢文學研究』16, 1993 ; 金容欽,「朝鮮後期 老·少論 分黨의 思想基盤－朴世堂의 '思辨錄是非'를 중심으로」,『學林』17, 1996 참조.

42) 『肅宗實錄』卷48, 肅宗 36년 3월 戊寅·庚辰.

43) 『肅宗實錄』卷58, 肅宗 42년 7월 己未·辛酉·癸亥.
   『肅宗實錄』卷58, 肅宗 42년 8월 辛亥.
   『肅宗實錄』卷58, 肅宗 42년 12월 乙卯.
   『肅宗實錄』卷59, 肅宗 43년 5월 壬午.

될 것을 예상케 하였다. 그러나 얼마 안 되어 숙종이 돌아가고 景宗이 즉위하자 상황은 일변하였다. 왕위계승자로서 지위가 불안해 보였던 경종의 옹위자이자 그 지지기반임을 자처하는 소론 강경파가 왕권을 배경으로 노론에 대한 일대 반격으로 나왔던 것이다. 뒷날 노론이 스스로 ‘辛壬士禍’(1721~1722)로 부르듯이 金昌集 등 4명의 노론 대신이 遠竄賜死된 것을 비롯하여 많은 당인들이 박해를 받았다.44) 경종이 겨우 재위 4년 만에 죽자 이번에는 영조의 등극을 기다리던 노론의 세상이 되고 소론에 대한 보복이 다시 시작되었다.

　이렇게 숙종대 후반부터 영조대 초기까지 30여 년에 걸쳐 일진일퇴를 반복한 노·소 항쟁에서는 전에 없던 몇 가지 새로운 양상이 드러나고 있었다. 즉 남인이라는 대항세력이 거의 없어진 상태에서 본디 서인끼리 벌이는 대결이었다는 점, 때문에 쟁론이 더욱 치밀해지고 보복과 박해도 그만큼 가혹해졌다는 점, 아직 명분론·강상론이 쟁론의 핵심이면서도 이미 지적했듯이 이 무렵에는 온갖 정치적 조작과 음모·모반이 반복되고 여기에 물리적인 힘, 즉 金力과 武力이 현실적인 영향력으로서 가세하고 있었던 점, 그리고 치열한 黨禍가 결국 지배층 전체를 피해자로 몰아가리라는 위기감이 높아지면서 점차 소강적 타협적 정치안정을 기대하는 탕평론이 대두하기 시작한 점 등을 꼽을 수 있다. 사실 탕평론의 등장배경은 조선 후기 양반정치의 모순을 그 시기 사회·경제구조의 변동과 관련시켜 이해해야 할 문제이다. 그러나 그 직접적인 계기가 노·소 분당에 있는 것이고 보면, 탕평론의 의의는 노·소론이 분당에 이르기까지의 사상·이념적인 분기현상을 통해서도 살필 수 있는 것이라 하겠다.

　우선 禮訟期로 거슬러 올라가 보면, 서인 모두가 기년설에 공감했다

---

44) 이른바 ‘辛壬士禍’에 대해서는 吳甲均, 「景宗朝에 있어서의 老少對立」, 『淸州敎大論文集』 8, 1972 ; 李銀順, 「18세기 老論 一黨專制의 成立過程－辛壬士禍와 《闡義昭鑑》의 論理를 중심으로」, 앞의 책, 1988 참조.

기보다는 그것이 領袖 송시열의 강력한 주장으로서 남인의 삼년설에
맞서는 바람에 당론처럼 되었다고 보는 편이 더 자연스러울 것이다.45)
典禮를 實務·實用의 차원에서 접근하는 경우와 名分과 典故에 치중하
는 경우는 발상과 태도에서 거리가 큰 것이었고, 이것이 예송의 본래 분
위기였을 것이기 때문이다. 庚申換局 뒤에 남인 처벌문제를 놓고 강·
온 양론으로 맞섰다든지, 戚臣을 두둔하거나 太祖의 尊號論를 들고 나
온 송시열에 대해서 朴世采 등 少壯들이 반발했다든지 하는 것도 마찬
가지다. 즉 전례의 그것처럼 병자호란의 대응자세에서 드러났던 당위론
과 실제론의 대립이라는 맥락으로 보아 무리가 없는 것이다. 무엇보다
도 朴世堂의『사변록』을 둘러싼 논쟁은 소론(＝박세당)의 주자학 비판
론에 대한 노론(＝송시열)이 자부하는 정통 주자학의 반격이었다.46) 이
는 주자학에 대한 반주자학의 성장, 즉 명분론 이데올로기의 동요를 반
영한 것이었고, 나아가서는 노·소 분당을 학문·이념적으로 집약한 것
이기도 하였다.

주자학 비판론(＝반주자학)과 정통 주자학의 대립이 조선 후기 양반
지배층의 현실인식과 그 대응방식의 차이에서 비롯된 것이라는 점은
앞에서 거듭 말하였다. 이념과 정책노선의 차이가 현상적으로는 노·소
론의 분립이라는 형태로, 주자학과 반주자학의 갈등으로 나타난 것이었
다. 그리고 그 학문·사상적, 정치적 분립의 動因은 이미 이익이, "붕당
은 싸움에서 생기고 싸움은 이해관계에서 생기는데 이해관계가 긴밀하
고 오래되면 붕당이 깊어지고 견고해지는 것은 事勢가 그러한 것"47)이
라고 지적한 바와 같이 사회·경제적 이해관계에 있음은 두말할 나위도
없는 일이었다.48)

---

45) 李成茂, 앞의 글, 1992, 43·52~53쪽 참조.
46) 金容欽, 앞의 글, 1996 참조.
47)『星湖先生文集』卷30, 朋黨論, 17ㄱ.
48) 현실의 사회·경제적 이해관계가 본질적 이념 차이로 드러나는 경우가 토지문제였

17세기 말엽부터 18세기 중엽에 걸쳐, '蕩平'이나 '均役'이라는 말에서 보이듯이 '平'·'均'의 의미를 담은 표현이 자주 등장하고 있었다. 이는 붕당끼리의 격렬해지는 정쟁을 완화하고 새롭게 성장하는 서민층의 사회의식과 정치적 요구를 수용하는 한편, 지주전호제의 확대와 농민층분해에 맞물려 전개되는 수취체계·재정구조의 모순을 개혁함으로써 농민부담을 輕減 均平化하고 정치·사회 안정을 실현해나가려는 분위기의 반영으로 볼 수 있다.

이른바 조선후기의 '實學'은 이러한 정치·경제적 지향을 학문의 차원에서 마련하고 있었던 것이다. 실학은 흔히 '實事求是'·'經世致用'이라고 하듯이 학문의 대상과 목표를 모두 현실에 두고 현실의 정치를 통해서 구현하려는, 정치·경제·사회적 현안에 대한 개혁방안을 체계적으로 제시하는 새로운 학문활동이었다. 실학은 학문의 내용이나 방법, 특히 학문의 목표에서 정통 주자학의 그것과는 일정한 차이가 있었던 점에서 분명히 반주자학의 흐름을 주도하는 것이기도 하였다. 특히 兩亂期를 통해서 제기되어온 國家再造論의 한 맥락은 이러한 실학과 밀접히 관련된 것이었다. 이를테면 柳馨遠이 國家再造의 전반적인 방략을 마련하는 가운데, 井田制의 정신에 입각한 토지제도의 개혁을 통해서 지주제와 소농경제의 모순관계를 극복하고 이에 상응하는 새로운 정치세력의 육성과 정치운영 방식의 획기적 전환방안을 제시한 것[49]은 그 대표적인 경우였다.

이렇게 보면 조선 후기의 실학은 당쟁적인 정치운영에 대항하는 정치운동의 한 형태로 전개된 학문·사상 운동이라고 할 수 있다. 유형원이나 이익의 경우가 그렇듯이 그들 실학자들이 대부분 당쟁으로 소외

다(주 28의 논문 참조). 특히 송시열과 박세당은 農書와 관련한 農學思想·農政理念에서도 地主的 입장과 小農的 입장의 차이를 구체적으로 드러냈다(金容燮, 앞의 책, 1988, 151~186쪽 및 195~213쪽 참조).

49) 金容燮, 「朝鮮後期 土地改革論의 推移」, 앞의 책, 1990, 429~433쪽 ; 金駿錫, 「柳馨遠의 政治·國防體制 改革論」, 『東方學志』 77·78·79 합집, 1993 참조.

되었거나 당쟁적 정치운영에 실망하여 정계를 떠났다는 사실과도 무관하지 않다. 사실 실학의 이념은 일정하게 탕평론으로 이어지고 있었다. 우선 均·平을 지향해서 농민적 입장과 기대를 수용하려는 태세가 그러하였다. 무엇보다도 실학은 학문의 방법과 이념에서, 탕평론은 그 정치원리·정치운영에서 정통 주자학과 대립하고 있었으므로 실학과 탕평론은 통하는 것이었다. 예컨대 梁得中이나 吳光運은 井田制의 원리와 국왕 중심의 世道論을 근거로 영조의 蕩平策을 적극 지지한 관인·유자들이었는데, 이들이 특히 『磻溪隨錄』을 최선의 經世書로 보고 이를 왕에게 권장하기를 마지않았던 것은 결코 심상한 일이 아니었던 것이다.50)

한편 조선 후기 신분제의 동요와 관련한 새로운 정치지향 계층의 성장은 탕평론이 제기될 수 있는 사회·정치적 배경이 되었다. 먼저 농업 생산력의 발전과 지주제의 확대로 농민층분해가 촉진되어 '無田無佃之民'이 광범하게 방출되는 가운데 富民·饒戶 등으로 일컬어지는 經營型 富農과 서민지주층의 성장이 괄목할 만하였다. 이들은 상품유통경제의 발달과 수공업·광업의 발달과정에서 등장하는 富商大賈·私匠·德大 등 상공인층과 더불어 이 시기 사회·경제 변동을 선도하고 있었다. 이렇게 새로 성장하는 사회·경제 세력은 그들의 역량에 걸맞은 현실적 기대와 요구가 있게 마련이었다. 바로 사회의식의 변화·확대이며 신분적 정치적 지위 상승이었다.51) 그럼에도 현실은 재정수요의 증가분과 擔稅力을 상실한 영세농의 부세가 오히려 이들에게 전가되면서 중간수

---

50) 金成潤,「蕩平의 原理와 蕩平論」,『釜大史學』15·16 합집, 1992, 442~453쪽 참조. 양득중은 윤증의 제자로서, '實事求是'를 강조한 英祖代 少論 山林의 한 사람으로 명망이 높았으며 『磻溪隨錄』도 윤증에게서 소개받은 것으로 알려져 있다. 오광운은 淸南系를 이끈 허목의 연원과 관련이 깊어 이익 등과도 교류하였으며, 특히 유형원의 「行狀」을 작성하기도 하였다(朴光用,「蕩平論의 展開와 政局의 變化」,『朝鮮時代 政治史의 再照明』, 범조사, 1985, 326~334쪽 참조).
51) 특히 경영형부농의 성장과 그 사회·경제적 의의에 대해서는 金容燮,「朝鮮後期의 經營型 富農과 商業的 農業」, 앞의 책, 1990 참조.

탈의 대상으로 떠오르게 되었을 뿐이었다. 그리하여 이들의 불만은 어떤 형태로든 정치적 지향성을 띠고 폭발할 것이 예상되었다.

　이 시기의 정치적 불만은 반드시 그들 신흥 경제세력에 한정된 것이 아니었다. 18세기 무렵에는 농촌사회 변동, 서민층의 신분상승이 전개되는 한편으로 종래의 농촌 양반층이 광범하게 몰락하고 閑遊者層[52]이 증가하는 현상이 두드러졌다. 그 가운데는 學丈·師丈 또는 地師로서 賣文資生하며 농촌사회에 지식을 전달하고 사회의식을 자극하는 부류들도 있었다.[53] 이들 몰락 지식인들은 일단 유교·주자학을 체득하고 있었지만 그것을 수단으로 해서 현실적인 불우와 불만의식을 표현 전달하고 있었던 점에서 보수적인 일반 儒林과는 달랐다. 토지에서 밀려난 賃勞動層을 비롯해서 僧侶·才人·白丁·巫覡 등도 현실정치에 대해 불만을 품고 새로운 변화를 기대한다는 점에서는 일치하고 있었다. 그것은 종래부터 소외되어온 기층부 서민들의 입장과도 기본적으로 통하는 것이었다. 여기에 양반정치의 외곽을 형성하는 胥吏·武官·譯官 등도 일단 기성의 정치질서에 불만을 가지고 당쟁적 정치동향에 민감한 반응을 보이고 있었다.

　그리하여 이러한 정치적 불만계층이 세력화해서 정변에 가세하거나 변란을 일으킬 가능성은 자꾸 높아져갔고 그러한 사태는 현실로 일어나게 되었다. 이를테면 도성 안에서 明火賊이 銀貨를 약탈한 사건, 노비들이 香徒契를 근간으로 劍契·殺主契를 조직한 사건, 僧侶·地師·무당 등이 대궐 침입을 꾀한 彌勒信仰事件 등이 일어났다.[54] 저 유명한 광대 도적 張吉山 부대가 황해도를 중심으로 활동한 것도 바로 이 무렵이었다.[55] 그런가 하면 소론과 노론이 저마다 상인들의 자금을 끌어 모

---

52) 金盛祐, 「조선후기 '閑遊者'層의 형성과 그 의의」, 『史叢』 40·41 합집, 1992 참조.

53) 鄭奭鍾, 「資料에 대하여」, 『朝鮮後期 社會變動硏究』, 일조각, 1984, 17~18쪽 참조.

54) 鄭奭鍾, 「肅宗朝의 社會動向과 彌勒信仰」, 위의 책, 1984 ; 홍순민, 「17세기말 18세기 초 농민저항의 양상」, 『1894년 농민전쟁연구 2－18·19세기의 농민항쟁』, 역사비평사, 1992 참조.

으고 武人·宦官을 움직여 換局을 도모한다는 告變事件이 일어나기도
하였다.56)

잘 알려져 있듯이 1728년의 '戊申亂'(李麟佐의 亂)은 이러한 불만계층
과 그 동조세력이 중앙정계의 변동과 긴밀히 연결되어 일으킨 대규모
變亂의 대표적인 경우였다.57) 戊申亂 이후에도 남인의 서울 放火計劃
이나 淸涼山 聚會逆謀 등 정변·민란과 관련한 크고 작은 변고가 거듭
되었음은 물론이었다. 표면으로는 아직 주자학 보수주의가 완연하였지
만 당쟁으로 말미암은 지배층의 분열과 정계의 불안정, 나아가서는 지
배층 전체의 취약한 형세를 단적으로 반영하는 것이었다. 사회저변층의
정치적 진출 시도는 거의 실패로 돌아가기 마련이었고, 또 그들의 정치
관여는 특권 양반들의 하수인 혹은 방조자에 지나지 않는 경우가 많았
다. 그럼에도 불구하고 이 시기 사회저변층의 성장, 상공인층의 대두는
양반정치의 모순을 더욱 가속시키는 한편으로 새로운 정치질서의 지향
을 그만큼 촉진하는 것이 아닐 수 없었다.

사회·경제적 성장을 배경으로 시작된 서민·하층민들의 정치적 지
향은 蕩平論이 대두하는 중요한 계기가 되었다. 먼저 서민층의 사회·
정치 의식의 확대가 양반 중심의 정치질서를 근본적으로 위협하는 상
황을 조성한 것이었다. 이제 정치가 더 이상 양반들만의 전유물이 아님
을 일깨우는 동시에 양반층으로서는 이러한 변화에 능동적으로 대처하
지 않을 수 없는 단계에 이른 것이기도 하였다. 정치참여와 그 운영방식
자체가 달라져야 하는 일이었다. 적어도 아래로부터의 정치적 요구를
일정하게 억제하면서 구래 양반층의 기득권을 방어하기 위해서도 그들

---

55) 鄭奭鍾,「肅宗年間 僧侶勢力의 擧事計劃과 張吉山−李悅·兪選基 등 告變을 중심
　　으로」, 앞의 책, 1984 참조.
56) 鄭奭鍾,「肅宗朝의 甲戌換局과 中人·商人·庶孼의 動向」, 앞의 책, 1984, 94~121쪽
　　참조.
57) 吳甲均,「英祖朝 戊申亂에 관한 考察」,『歷史敎育』21, 1977 ; 李鍾範,「1728년 戊申
　　亂의 性格」,『朝鮮時代 政治史의 再照明』, 범조사, 1985 참조.

양반·관인 전체가 공유하고 결속할 수 있는 정치질서가 새롭게 모색되어야 했다. 이 시기 탕평론·탕평책이 제기된 배후에는 이처럼 아래로부터의 상승욕구와 위로부터의 위기의식이 맞물려 있었던 것이다.

그리고 이때까지 붕당을 중심으로 한 정치가 특권 양반층이 주자학을 기초로 운영한 것이었던 점에서 볼 때, 이를 대치할 새로운 정치원리·정치운영방식, 즉 탕평론·탕평책에서는 명분론·君子小人論과 같은 주자학 정치원리가 그만큼 지양되지 않을 수 없는 일이었다. 바꾸어 말하면 탕평론의 消融保合說에는 주자학의 명분론·군자소인론을 극복하는 의미가 일정하게 내재되어야만 했던 것이다.

탕평론은 경신환국 뒤 서인 정국에서 처음 제기되었다.[58] 다시 정권에 복귀한 서인들은 환국으로 세력을 잃은 남인 처벌문제와도 관련해서 온건론과 강경론으로 맞섰던 것이고, 탕평론의 제기는 이러한 대립국면을 조정 완화시키려는 시도이기도 하였다. 서인과 남인의 입장이 다시 뒤바뀐 기사환국 때나 재차 남인이 실각한 갑술환국 뒤에도 거듭 탕평론이 등장하였다. 이때까지가 대개 서인과 남인 사이에 탕평을 실현하자는 논의였다면, 그 뒤 그러니까 갑술환국으로 남인이 거의 배제된 숙종대의 후반에는 노·소론 사이의 탕평이 논의되었다. 노·소 탕평은 병신처분으로 노론 一黨이 주도할 때까지 소론의 주도 아래 그런대로 지속되었다고 볼 수 있다.

숙종대 전반기의 탕평론은 아무래도 박세채가 대표적인 주창자였다.[59] 그는 윤증·남구만과 함께 서인 소장층의 지도적 인물로서 흔히 '懷尼是非'로 알려진 송시열과 윤증의 불화관계를 해소하려고 노력을 기울이기도 했다. 특히 그는 탕평의 실행방안으로서 훈척과 일부 서인

---

58) 숙종대의 정국동향을 특히 탕평론의 추이와 관련하여 파악한 것으로 鄭景姬,「肅宗代 蕩平論과 '蕩平'의 시도」(『韓國史論』 30, 서울대학교 국사학과, 1993)가 참고된다.

59) 박세채는 정국동향을 따라 앞뒤로 세 차례에 걸쳐 탕평을 역설하였다(『肅宗實錄』 卷14, 肅宗 9년 2월 丙子 ;『肅宗實錄』 卷15, 肅宗 14년 6월 乙未 ;『肅宗實錄』 卷27, 肅宗 20년 6월 庚子·丁巳).

들의 강경론에 맞서 남인 수용을 적극 주장하였다. 훈척세력의 정치관
여를 억제하고 당쟁으로 말미암은 분열과 반목을 해소함으로써 사림
중심, 士論 주도의 정치질서를 회복하자는 것이었다. 이 무렵에는 李端
夏·李尙眞·李畬·金構 등 주로 서인계 관인·유자들이 탕평의 필요
성을 거론하고 己巳政局에서는 丁時翰이 남인 주도의 탕평을 주장하기
도 하였다.[60] 정시한을 제외하면 대개의 논자들이 당쟁의 폐해 자체만
을 우려하는 데 머물거나 노·소 보합에 국한하는 탕평을 내세운 것과
는 달리 박세채는 노·소 보합의 기반 위에서 남인은 물론 과거 북인까
지도 收合할 것을 생각하였다. 인조반정으로 북인이 일소되었던 것처럼
이번에 만약 남인이 몰락한다면 사림 전체가 위축되어 정국의 경색이
가속되리라고 보는 것이었다. 주지하듯이 이러한 박세채의 우려는 그
뒤 현실로 드러났다.

　돌이켜보면 이 시기의 당쟁극복론·붕당타파론은 이미 16세기 초 사
림의 본격적인 정계진출을 계기로 시작되었다.[61] 즉 주자학의 정치사상
에 기반을 둔 사림의 정치언론·정치활동은 기성세력으로부터 '붕당'이
라는 지목을 받게 되었고 이에 사림은 歐陽脩의 眞朋僞朋說이나 주자
의 君子小人辨을 근거로 내세워 오히려 자신들의 당파적 성향을 합리
화하고 나섰던 것이다. 이러한 붕당론은 그 뒤 동·서 분당기에 이르러
이론적 현실적으로 변용되었다. 이때 李珥는 동·서인의 붕당은 사림
내부의 자체 분열로서 여기에 君子小人之分을 적용할 수는 없으나 동
인·서인이라는 명목은 일단 타파되어야 한다고 보고 兩是兩非論·保
合調劑論을 폈었다.[62] 이이의 양시양비론은 그 당장에 是非明辨論者로
부터 정면으로 비판받게 되고 동·서의 대립 또한 더욱 치열해졌다. 결

---

60) 鄭景姬, 앞의 글, 1993, 134·138쪽 참조.
61) 붕당론·붕당타파론의 추이에 대해서는 鄭萬祚, 「朝鮮時代 朋黨論의 展開와 그 性
　　格」, 『朝鮮後期 黨爭의 綜合的 檢討』, 1992 참조.
62) 『宣祖修正實錄』 卷15, 宣祖 14년 9월.

국 그 스스로도 '是非明辨 뒤 調劑收用論'으로 후퇴하지 않을 수 없게
되었다. 그러나 17세기 이후 군자소인론·시비명변론을 근간으로 하는
破朋黨論 —— 결과적으로는 붕당긍정론 —— 이 드세어지는 가운데, 調停
과 保合, 消融과 調劑를 내세우는 붕당타파론, 즉 탕평론이 형성된 실마
리는 여기에서 찾을 수 있다고 하겠다.

 박세채가 내세운 탕평론의 이념과 방법은 멀리 이이의 그것을 계승
한 것이었다. 그는 처음에 송시열과 함께 이이의 문집을 정리하여 畿湖
西人의 이념체계를 정립해나간 핵심인물이었지만, 그 정치이념에서는
송시열의 주자적 붕당긍정론을 반대하고 이이의 붕당타파론을 충실히
받아들였던 것이다. 노·소론의 분립은 이렇게 서로 다른 정치이론의
추구에서도 벌써 시작되었던 셈이다. 그러나 保合과 調劑가 방법으로서
설득력을 지니고 실현되려면 그것을 뒷받침할 이론근거가 설득력 있게
제시되지 않으면 안 되었다. 進賢退邪·惟才是用을 주장한 점에서는
박세채 자신도 붕당긍정론자들과 마찬가지로 종래의 시비명변론·군자
소인론을 긍정하고 있었으므로 사정은 더욱 그러하였다.

 이러한 상황에서 박세채는 皇極蕩平說에 주목하게 되었다. 皇極·蕩
平은 모두 『書經』「周書」의 洪範篇에 있는 말로, 황극이란 "皇建其有
極" 또는 "惟皇作極"이라고 했듯이 임금이 백성을 위해 至極한 標準을
세워 함께 그 福을 누린다는 뜻인데, 여기서는 淫朋과 比德, 즉 君民의
私邪로운 黨을 경계하고 있다. 탕평은 "無偏無黨 王道蕩蕩 無黨無偏 王
道平平"에서 나온 말로 역시 偏黨을 막아야 한다는 경고가 들어있기는
마찬가지였다. 결국 황극탕평의 정신은 王道에 있으며 이를 위해서 君
臣 상하의 大公至正과 無偏無黨이 요구되는 점에 특징이 있었다. 잘 알
려져 있듯이 홍범편에는 유교의 정치원리, 經世理論이 집약되어 있
다.63) 박세채가 양반 유교정치의 모순으로 드러난 당쟁의 위기를 타개

---

63) 홍범편에 입각한 탕평론의 원리에 대해서는 金成潤, 앞의 글, 1992 참조.

하기 위한 원리로 이를 끌어오려고 한 것은 지극히 자연스러운 일이었다. 그는 이를 위해서 여러 經傳과 先儒들의 洪範 연구를 종합 정리한 저작을 내었는데, 특히 여기에서 皇極說의 미진함을 지적하기도 하였다.[64]

사실 16세기 후반에는 지주제의 모순을 학문적으로 접근하는 李珥·尹斗壽·韓百謙을 비롯한 일군의 학자들이 주자의 토지론을 재검토하는 가운데 箕子 箕田說, 井田說 등에 주목하고 있었으므로,[65] 그들은 이 과정에서 기자의 저작으로 알려진 홍범·황극설에도 자연히 관심을 갖게 되었을 것이다. 이런 점은 주자의 경제사상에 동의하여 지주제를 옹호한 논자들이 대개 정치운영에서도 주자학의 정치이론, 즉 시비명변론·군자소인론을 내세워 붕당 사이의 調劑·保合에 반대하게 마련이었던 사정과 좋은 대조가 되는 것이라 하겠다. 아무튼 황극탕평론은 왕도정치를 천명하되 붕당의 존재를 부정하는 데에 그 의의가 있는 것이고 이로써 反蕩平論, 주자학 정치이론에 맞서는 새로운 정치이론으로서 성립될 수 있었다.

황극탕평론이 내포하는 王道政治·反朋黨의 논리는 국왕권의 중요성을 강조하고 국왕의 정치적 조정이나 결단을 보장하는 것이 되게 마련이었다. 이러한 국왕 중심의 정치운영 방식은 현실적으로 16세기 이래 오랜 전통이 되어온 士林 주도의 이른바 '公論'政治에 일정한 변화를 일으키게 되었다. 치열한 당쟁의 한 원인이 사림의 공론정치에 있었던 점에 비추어 보더라도 그것은 당연한 일이었다. 국왕 숙종은 기회가 있을 때마다 黨論의 폐해를 지적하며 노·소 鎭靜을 촉구해온 터였으므로, 이제 자연스럽게 박세채의 견해를 따라 蕩平敎書를 반포하고 반붕당적 경향의 인사들을 銓長·大臣에 기용하면서 鎭靜·調劑로 유도하

---

64) 『範學全編』 6卷 4冊(1684년, 목판본), 序文 참조.
65) 金容燮, 「朱子의 土地論과 朝鮮後期 儒者」, 앞의 책, 1990, 408~413쪽 참조.

게 되었다.66) 그리하여 숙종대 후반기의 정국은 노·소론이 일진일퇴를 거듭하는 가운데서도 남구만을 비롯하여 尹趾完·尹趾善 형제와 柳尙運·申翼相·徐文重, 그리고 崔錫鼎·徐宗泰 등 주로 소론계 인사들이 탕평노선을 주도하게 되었다. 노론에서도 閔鎭長·申琓·李畬·李濡·金宇杭 등이 '鎭靜·保合 優先' 또는 '是非明辨 뒤 調劑'라는 방법상의 차이는 있었지만 역시 탕평에 동조하고 있었다. 말하자면 황극탕평설이 일정하게 정국운영 원리로 받아들여지면서 신료군의 일부가 국왕의 조정과 처분권을 중심으로 정국의 보합에 나서게 된 것이었다.67)

그러나 황극탕평론은 그 이론체계의 철저함에서 정통 주자학의 정치이론, 즉 반탕평론에 맞서기에는 아직 힘이 모자랐다. 앞서 박세채의 지적이 암시하듯이 탕평설은 秦漢 이래 유교 정치원리로서 실제적 이론적 발전이 그다지 없었다. 반면에 주자학의 그것은 漢唐으로부터 宋代에 걸쳐 발전 보강되어온 것이었다. 뿐만 아니라 주자학은 이 시기 지배계층 전체가 거의 의심 없이 지지하는 지배이념이었다. 예컨대 노·소론을 어느 정도 조정하던 국왕 숙종이 『禮記類編』 是非'나 『思辨錄』 是非' 등의 斯文論爭을 거치면서 마침내 노론 일방의 정당성에 동의하여 이른바 '병신처분'을 내리게 된 것은 그 단적인 예였다. 국왕의 처분이 이렇게 내려지고 그 결과 소론이 크게 거세되기에 이른 것은 탕평론과 그 지지세력이 정통 주자학을 앞세운 노론의 논리에 압도된 때문이었다. 주자학 정치론에 입각한 노론의 붕당론, 즉 君子小人辨別論·進賢退邪論은 그만큼 요지부동의 자기 정당성의 논리이기도 했던 것이다. 그리하여 숙종대의 좌절된 탕평론과 탕평운동은 영조 초기의 정치적

---

66) 숙종은 탕평의 차원에서 嶺南의 인재를 수용하도록 강조한 것을 비롯해서 蕩平敎書와 蕩平備忘記를 번갈아 내렸다(『肅宗實錄』 卷18, 肅宗 13년 12월 己巳 ; 『肅宗實錄』 卷27, 肅宗 20년 7월 丙戌 ; 『肅宗實錄』 卷32, 肅宗 24년 정월 乙未 ; 『肅宗實錄』 卷41, 肅宗 31년 정월 庚戌 ; 『肅宗實錄』 卷45, 肅宗 33년 11월 庚戌 ; 『肅宗實錄』 卷54, 肅宗 39년 7월 甲子).

67) 鄭景姬, 앞의 글, 1993, 145~159쪽.

전환기를 맞아 새로운 정치운영 원리로 발전해가야 할 과제로 넘겨지게 되었다.

(『한국사』 32, 국사편찬위원회, 1997)

Ⅲ. 18세기 蕩平論의 전개와 王權

1. 머리말

조선왕조는 500년이 넘게 이어졌다. 이 장기지속의 역사에서 주자학의 정치원리는 외형상 끝까지 관철되었다. 그러나 그 내면에서는 변동과 전환의 고비가 없을 수 없었다. 왕조의 전반기인 15, 16세기가 조선 주자학 정치론의 성립과 정착 단계였다면 17세기 이후는 그것이 점차 해체되어가는 시기였다. 특히 壬辰·丙子 兩亂의 수습기를 지난 18세기에는 주자학의 정치론에 대응하는 새로운 정치론이 대두하게 되었다. 蕩平論과 蕩平策이 바로 그것이었다.

탕평정치론은 양반정치가 당파의 대립과 분열로 위기에 빠진 상황에서 등장하였다. 주자학 정치론의 한계와 모순 때문에 당쟁이라는 정치위기를 불러오고 그 대안으로 탕평정치론이 제기된 셈이다. 여기에 탕평정치론과 주자학 정치론이 대립 갈등하게 된 계기가 있었다. 두 정치론의 차이를 작게 보면 조선 주자학의 내부에서 전개된 정치이론·정치운영의 변용과정이었지만, 크게 보면 그것은 한국 중세 정치의 원리와 방법이 근대의 그것으로 이행해가는 단초였으며 과정이라고 할 수 있다.

당연한 일이지만 탕평론·탕평책과 관련한 연구는 최근에도 활발하다. 조선시기 정치사·정치사상사를 복원하려는 시도나 한국사의 근대 이행기를 정치·사상의 차원에서 해명하려는 문제의식이 확대된 현상일 것이다.1) 대체로 탕평론이 朋黨의 대립·갈등을 극복하려는 새로운 정치운영 원리와 방식의 모색이라는 점, 또 탕평론에는 均平·大同의 원리가 내포되고 이것이 이 시기 신흥 경제세력의 정치적 요구를 수용할 수 있는 정치이론이라는 점, 그리고 여기에 내포된 타협과 화해의 논리구조나 전통이 유교 경전의 그것과 관련된다는 점 등에 유의한 연구들이다. 이 가운데는 주자학적 정치운영에서 탕평론·탕평책으로 이행 전개하는 과정에 유의하여 각 단계를 시기구분하고 그 성격을 적출한 연구,2) 탕평이라는 이름으로 적용된 정치운영의 원칙이나 기준을 强·穩 양론으로 구분하고 이것이 절충되어 가는 사정을 구명한 것,3) 탕평론·탕평책이 군주권을 중심으로 하는 정치이론이자 그 운영방식이라는 것을 강조하여 특정 군주의 정치사상으로 정리한 경우4)가 주목된다.

이 글에서는 이러한 기왕의 연구성과를 수용하는 위에서 나름대로 논점을 좀더 구체화하고자 다음 몇 가지 전제를 강조하고자 한다.

먼저 주자학 정치이론과 그 운영방식에 대응하는 탕평론·탕평책의 성격을 뚜렷이 드러내는 일이다. 이를 위해서는 전자와 후자의 차이를 이념과 그 주체, 나아가서는 역사단계상의 차이로 확인하는 시도가 요구된다. 이것은 정치사·사상사를 발전적으로 이해하고 체계화하는 기본 요건이라고 생각한다.

---

1) 이에 대한 연구사적 정리에 대해서는 近代史研究會 編,『韓國中世社會 解體期의 諸問題』上(정치·사상편), 한울, 1987 ; 홍순민,「정치세력과 정치운영」,『한국역사입문』2(중세편), 풀빛, 1995 참조.
2) 鄭萬祚,「16世紀 士林系 官僚의 朋黨論」,『韓國學論叢』12, 국민대학교, 1989 ; 鄭萬祚,「朝鮮時代 朋黨論의 展開와 그 性格」,『朝鮮後期 黨爭의 綜合的 檢討』, 한국정신문화연구원, 1992 ; 朴光用,「朝鮮後期 黨爭과 政治運營論의 變遷」, 같은 책. 탕평론·탕평책은 특히 당쟁의 성격과 의의를 종합적으로 이해하는 방법의 하나로서 주목되고 있기도 하다(앞의『朝鮮後期 黨爭의 綜合的 檢討』참조).
3) 朴光用,「朝鮮後期 〈蕩平〉 研究」, 서울대학교 박사학위논문, 1994.
4) 金成潤,『朝鮮後期 蕩平政治 研究』, 지식산업사, 1997.

다음은 탕평론과 탕평정치가 대두한 역사적 배경이다. 탕평론·탕평
정치가 주자학의 그것과 이념적으로 대응된다면 이를 담지하는 사회세
력, 말하자면 주자학 지지세력과 달리 구별되는 反中世的 신흥 사회세
력이 존재하게 마련이며, 동시에 이들의 성장을 가능하게 해준 생산력
의 발전과 사회·경제 변동이 반드시 예상된다. 또 이것은 상대적으로
중세적 전통세력의 정치적 약화나 사회·경제적 몰락이 전제되는 것이
기도 하다. 이렇게 되면 여기에서 한 걸음 더 나아가 구질서 유지세력과
신질서 지향세력 사이에는 어떠한 이념적 완충대 또는 매개고리가 형
성되고 있었는지를 자연히 주목하게 될 것이다.

셋째는 17세기 國家再造論의 계보, 그리고 18세기 實學과의 관련에
주목하는 일이다. 국가재조론은 이 시기의 土地論과 政治論에서 이미
확인되듯이 朱子的인 것과 反朱子的인 것으로 분화하고 있었다. 또 실
학의 개혁론은 대개 반주자적인 노선과 일치하고 있었다.5) 그러므로 탕
평론·탕평책을 정치사와 사상사로 이해하려면 탕평론·탕평책의 논리
구조를 밝혀 그 이념 계보를 국가재조론·실학과 관련시키지 않으면
안 된다. 이에 대해서는 기왕의 연구를 통해서도 어느 정도 확인이 가
능하다. 예컨대 탕평을 주장하더라도 그 내용을 들여다보면 小人을 배
제한 君子一黨만의 탕평론이 있고 군자·소인의 구분 없이 政派를 망
라한 調劑·保合의 탕평론이 있었다. 이때 전자는 사실상 붕당긍정론
(=붕당정치론)이 되고 후자만이 진정한 탕평론이 된다. 여기에 탕평
론·탕평책에 이론적 정파적 계보가 나타나지 않을 수 없는 논리적 이
유가 있다.6)

---

5) 이 시기 두 계통의 토지론에 대해서는 金容燮, 「朱子의 土地論과 朝鮮後期 儒者」,
『增補版 朝鮮後期農業史研究』Ⅱ, 일조각, 1990 참조. 이와 관련한 국가재조론의 성
격에 대해서는 金駿錫, 「朝鮮後期 國家再造論의 擡頭와 그 性格」, 연세대학교 박사
학위논문, 1990(『朝鮮後期 政治思想史 研究』, 지식산업사, 2003에 재수록) 참조.

6) 이러한 이론·정파에 따른 차이를 계통화하려는 시도는 이미 있었다. 西人－老論은
'義理' 蕩平을 주장하는 데 반해서 少論은 '實事' 蕩平을 내세웠다는 것이다(朴光用,

넷째는 화해와 타협의 논리를 발견하는 일이다. 한국의 정치사에서 여러 사회·정치 세력, 이에 따른 여러 정치이론 사이에서 타협과 화해를 모색하고 발전시켜나간 전통을 이끌어내기란 쉬운 일이 아니다. 그러나 이것을 역사적 실증적으로 밝히지 않으면 안 된다. 근대사회·근대정신의 한 특징은 정치영역의 질적 성장과 양적 확대에 있고, 또 그것은 정치적 타협과 화해를 통해서 가능했기 때문이다. 탕평과 조제·보합의 개념에는 그러한 타협·화해의 의미가 들어 있다. 그러므로 이를 정치운영·정책론의 사실관계에서 읽어내는 일이 남아 있는 셈이다.

다섯째는 탕평론·탕평책은 왕권의 消長관계와 그 의의를 확인하는 데서 참모습이 드러난다는 점이다. 본시 탕평정치는 臣權이 아닌 '王權이 주도하는' 정치였다. 왕권의 강화와 탕평론·탕평책의 결합은 정치사상이나 정치운영 방식에서 볼 때 발전해가는 현상이라는 것을 분명히 해야 할 것이다. 결론부터 말하면 주자학 이념에 입각한 보수적 양반 사대부 정치를 극복해가는 과정에서는 절대왕권과 신흥 시민세력의 일정한 결합관계·결합논리의 등장이 예상된다. 英祖·正祖 시기는 바로 그러한 기운이 사회·정치 분위기에서 일정하게 확인된 때였다. 그리고 탕평론·탕평책이 그것을 반영하고 있었다. 이러한 전제나 시각은 종래부터 어느 정도 제기되어온 터이다.7)

이상과 같은 몇 가지 전제에 유념하자면, 이 글의 목표는 먼저 탕평론·탕평책의 대두배경, 탕평론의 확립단계와 논리구조, 그리고 그것이 신장되는 왕권과 관련해서 변해가는 사정에 초점을 맞추어 살피는 것이 된다.

앞의 글, 1994 참조). 그러나 이 자체가 주자학과 반주자학, 보수와 진보, 개량과 개혁을 가늠하는 노선·이념상의 차이를 명확히 드러내는 것은 아니다.
 7) 李泰鎭, 「正祖의 《大學》 탐구와 새로운 君主論」, 『李晦齋의 思想과 그 世界』, 성균관대학교 출판부, 1992 ; 李泰鎭, 「正祖―儒學的 계몽절대군주」, 『韓國史市民講座』 13, 일조각, 1993 참조.

2. 政局의 추이와 政治意識의 성장

대체로 16세기 후반까지는 주자학에 입각한 조선왕조 특유의 정치원리와 정치운영 방식이 일단 확립되었다. 그것은 이 무렵에 지방 士林의 중앙 진출이 완료되고 영남학파와 기호학파의 兩立을 통하여 조선 주자학의 뼈대가 잡혀진 것과 맥락을 같이 하였다. 사림은 그들의 公論을 바탕으로 국왕과 신료 사이의 권력균형과 사림층 전체의 권익균점을 보장하는 데 핵심을 두는 정치방식을 추구하였다. 그들이 국왕에 대한 보필기구와 三司의 언론기능을 淸要職이라 하여 중시하게 된 까닭도 여기에 있었다.8)

그러나 주자학의 정치원리를 앞세운 사림정치는 그들의 비판대상이 되었던 훈구세력의 실체가 사라지자 바로 자기모순을 드러내게 되었다. 왕권이 위축되고 사림 사이에 붕당이 조장되며 정책의 효율적인 수행이 어렵게 된 사정으로, 이른바 ‘黨爭’이 등장하고 있었던 것이다. 당쟁은 치열한 관직경쟁에도 원인이 있었지만 그보다는 지나치게 윤리적이고 사변적인 政治言論이 더 크게 작용하고 있었다. 당쟁으로 요약되는 사림정치의 한계와 모순은 壬辰·丙子 兩亂期에 접어들면서 더욱 확대되었다.

壬辰倭亂 뒤에 정부와 치자층은 ‘國家再造’라는 태세로 전후수습에 나섰다. 전란의 타격과 후유증은 ‘국가를 다시 세워야’할 정도로 심각했던 것이다. 이때 수습방안은 크게 두 가지로 모아졌다. 3분의 2나 파괴된 농업경제 기반을 재건하는 일이 하나이고, 또한 난리를 겪으며 해이해진 綱常倫理와 신분질서를 원상회복하는 일이 다른 하나였다. 그런데 정책의 중심은 점차 전자의 경제건설보다 후자의 이념강화 쪽으로 옮

---

8) ‘士林政治’의 구조적 특성을 밝혀 그 모순을 예상케 하는 연구로는 崔異敦, 『朝鮮中期 士林政治構造研究』, 일조각, 1994 참조.

겨졌다. 전란으로 상처받은 양반 지배층의 권위를 만회하고자 주자학 명분론을 지향한 때문이었다.

이 시기 명분론 중심의 현실지향은 정치와 사회를 다시 분열과 위기의 상황으로 몰아넣었다. 光海君을 不孝와 不忠의 죄목으로 왕좌에서 끌어내린 '仁祖反正'과 '再造藩邦의 恩威'說을 앞세운 '崇明反淸' 정책이 그것이었다. 서인·남인 연합에 따른 인조반정의 결과 북인세력은 몰락하였다. '견제와 균형'의 정치운영이라는 '붕당정치' 유일의 명제를 그들 스스로 무너뜨린 셈이었다. 그리고 仁祖政府가 표방한 崇明反淸의 義理는 丙子胡亂을 불러들였고 이때는 斥和論과 主和論으로 나뉘어 대립하였다. 이 일련의 사태는 실용적 현실적 전후수습의 방향이 도덕적 이념적 방향으로 전환한 데 따른 결과라고 할 수 있다. 名分과 義理의 지향에 대한 치자층의 분열과 대립으로 이어졌으며, 이것이 국가와 민생의 피폐를 더욱 재촉했던 것이다.

주자학의 명분·의리론은 호란을 치른 뒤에 오히려 더 기세를 떨쳤다. 왜란과 호란을 잇달아 겪는 동안 국가와 민생이 입은 타격은 말할 것도 없고 士大夫·治者로서의 긍지 또한 여지없이 무너졌다. 때문에 명분·의리론에 입각한 意識武裝은 이런 상황을 추슬러나갈 하나의 방안이 될 수 있었다. 復讐雪恥論·北伐論이 國是로 대두하였던 사정이 이를 잘 말해준다.[9]

또 이 무렵의 '禮訟'도 같은 맥락의 것이었다. 주자학의 한 영역인 禮學이 발달하는 가운데 국가·왕실의 儀典·儀禮를 다루는 典禮문제가 중요한 정치현안으로 떠오른 것이었다. '元宗追崇是非'와 '己亥(혹은 庚子)·甲寅 禮訟'은 그 대표적인 경우였다.[10] 특히 禮訟은 소수파인 남

---

9) 탕평론 대두의 배경을 이 같이 壬辰·丙子의 兩亂, 이를 계기로 한 국가재조론의 분화, 주자학 명분론과 이에 대립하는 새로운 현실인식론의 성장이라는 시각에서 언급한 것으로 金駿錫, 「蕩平策 실시의 배경」, 『한국사』 32, 국사편찬위원회, 1997 참조 (이 글 바로 앞에 재수록되어 있다).

10) 전자는 仁祖反正으로 광해군의 재위는 부정되고 仁祖가 바로 宣祖를 계승하는 왕이

인이 50여 년 동안이나 지속해온 다수파의 서인정권을 밀어내고 집권세력으로 등장하는 직접적인 계기가 되었던 점에서 그 의의가 자못 컸다. 정치와 사회의 운영이 이처럼 義理나 典禮라는 명분주의로 치닫고 있었다.

그러나 치자층 모두가 현상타개의 길을 주자학 명분론에서 찾으려한 것은 아니었다. 오히려 이 시기의 정치·사회 현실을 직시하고 이를 實事·實務의 차원에서 해결하려는 움직임이 일어났다. 현실의 절박한 사정에서, 또는 학문활동 본연의 태도에서 비롯된 것이었다. 병자호란에서 의리·명분론을 앞세운 斥和派에 대하여 主和派가 나서서 對淸講和를 추진하였던 것은 그 계기의 하나였다. 주화론은 객관 사물의 경험적 가변적 실재성을 인정하는 사유방식을 따라, 문제를 公利的인 차원에서 능동적으로 처리하는 태도로부터 나올 수 있었다. 이런 점은 척화론이 고정불변의 절대가치를 상정하고 이러한 관념적 인식을 통해서 현상에 대응하는 경향이었던 것과는 대조가 되었다. 그러므로 척화론자들의 지적처럼 주화론의 발상이 오직 公利論에 흘러 의리나 도덕을 경시하는 것은 결코 아니었다. 차라리 정당하게 지켜야 할 의리와 도덕이 근거할 현실의 조건을 직시하려는 태도였고, 이것이 그들의 명분이었다고 하는

되는 데 따른 문제였다. 이때 인조가 할아버지인 宣祖를 法統(王統)에 따라 아버지로 대하는 것이 옳은지 아니면 본래의 혈통을 따라 할아버지로 대해야 옳은지를 논란하게 되었다. 결론은 반정주체들이 주장한 대로 났다. 혈통에 법통설을 절충하여 인조의 生父인 定遠君(宣祖의 다섯째 아들)을 元宗으로 추숭하게 된 것이다. 후자는 효종의 장례와 그 15년 뒤에 있은 효종비(仁宣王后 張氏)의 장례를 당하여 아직 생존해 있는 대비(인조의 繼妃 趙氏)의 服喪 기한을 얼마로 할 것인가가 문제였다. 이번에는 남인계의 三年說과 서인의 영수 宋時烈이 주장한 朞年說이 맞섰는데, 효종의 장례 때(己亥, 1659년)는 기년설이 채택되었다가 효종비 장례(甲寅, 1674년)에서는 삼년설에 준해서 기년복으로 정해졌다(효종에 대하여 이미 朞年服을 입었으면 효종비에 대해서는 大功服을 입는 것이 논리상 맞았다). 이는 처음의 기년설을 수정하여 삼년설을 正說로 인정한 것임을 뜻하였다. 따라서 기년설을 주장한 송시열 등 서인은 誤禮의 책임을 져야했다. 李成茂, 「17世紀의 禮訟과 黨爭」, 『朝鮮後期 黨爭의 綜合的 檢討』, 한국정신문화연구원, 1992 ; 李迎春, 「禮訟의 黨爭的 性格에 대한 再檢討」, 같은 책, 1992 참조.

편이 옳다.

이렇게 서로 대립하는 두 가지 인식과 대응태도는 주화론과 척화론의 관계에 머물지 않았다. 물론 對淸認識에만 한정된 것도 아니었다. 그것은 國家再造論과도 일정하게 연결되었다. 국가재조론은 호란 이후에 더 구체적이며 적극적으로 전개되면서 그 내부에 이념과 노선의 차이가 나타나고 있었다. 그것은 앞에서 보았듯이 사회·경제 문제를 實事·實務의 차원에서 타개하려는 입장과 윤리·도덕의 재건이라는 측면에서 접근하는 입장의 서로 다른 두 가지 지향에서 비롯하고 있었다. 그리하여 실사·실무적 방안이 주화론에 가까운 것이라면 윤리·도덕적 경향은 척화론과 맥이 닿았다. 이것은 어쩌면 자연스러운 논리적 귀결이었다. 그리고 그것은 다시 전자의 농민적 입장의 개혁노선과 후자의 양반지주적 입장의 개량노선으로 나뉘어 대립하기에 이르렀다.11) 주자학은 여기에서 후자를 뒷받침하는 원리였으므로 전자는 反朱子學의 학풍을 지향하지 않을 수 없었다.

아무튼 이 시기 여러 형태의 현실인식과 그 타개책은 국가재조론으로 수렴되었다. 그리고 그것은 크게 농민적 개혁론과 지주적 개량론이라는 두 개의 이념노선으로 양립하게 되었다. 이러한 분위기에서 官人·識者들은 黨色·門地·學淵의 차이를 넘어서 정치·사회 현안에 대한 견해와 입장을 달리하기도 하였다. 그런가 하면 조선 후기에 새로운 학풍으로 등장한 실학은 그 진보·개혁적 성격으로 말미암아 자연히 농민적 입장의 국가재조론의 주류를 이루게 되었다.

식자층의 현실인식과 그 대응태세가 주자학의 의리·명분 중시 경향으로부터, 비록 일부분이기는 하였지만 실사·실무 중시의 경향으로 전환하고 있었던 셈이다. 그리고 이것이 점차 붕당의식·붕당논리를 극복해갈 것으로 기대되었다. 그러나 실제 정치운영은 오히려 당파 사이의

---

11) 주 5의 논문 참조.

대립·갈등이 더욱 심각해지는 상황으로 전개되었다. 아직 反朋黨(＝蕩平)을 추진할 논리와 세력이 압도적으로 우세한 붕당긍정의 대세를 넘어설 수 없었던 것이다.

禮訟으로 정권을 잡은 남인은 都城防衛나 軍營增設 등 권력강화에만 주력하여 서인정권과 차별성을 보이지 못하다가 6년 만에 실각했다(庚申換局, 1680년). 다시 서인이 집권했으나 이들은 밀려난 남인 잔여세력을 調劑保合하려는 온건론과 이에 반대하는 강경론이 맞서면서 각기 少論과 老論으로 나뉘게 되었다. 남인은 禧嬪 張氏 소생인 왕자 昀(뒤의 景宗)의 元子冊封을 지지하고 나서면서 노·소 대립 정국에 한 차례 반격할 수 있었지만(己巳換局, 1689년) 얼마 안 가서 형세는 재차 역전되고(甲戌換局, 1694년), 그 뒤로는 다시 노·소와 함께 힘을 겨뤄보지 못했다.12) 북인의 뒤를 이어 이제 남인이 실세함에 따라 영남지방을 근거로 한 과거 東人系 士林은 정계에서 거의 배제되고 西人系만 남게 된 것이다.

肅宗 후반기에서 英祖 초기에 걸치는 30여 년 동안은 정국의 주도권이 노·소론 사이에 놓여 있었다. 두 정파는 본디 서인이라는 한 뿌리에서 나왔으면서도 오히려 양극단의 갈등과 대립을 보였다. 대체로 노론이 현실문제의 윤리·도덕적 해결방법을 지향하여 對清斥和論·北伐論을 견지하는 입장임에 반하여 소론은 실사·실무 차원에서 현실타개를 지향하여 對清主和論의 전통을 잇고 있었다. 그들의 이러한 입장과 논리의 차이는 주자학에 대한 태도와도 직결되어 있었다. 노론이 朱子를 聖人으로 추대하며 그 敎示를 묵수하는 경향임에 반하여, 소론은 그러한 주자학 一遵主義에 반발하며 주자학 이외의 여러 思潮에 비교적 유연한 태도를 보였다.

---

12) 姜周鎭, 「宗親除去와 戚臣政治의 成立」, 『李朝黨爭史硏究』, 서울대학교 출판부, 1971 참조.

그리고 두 입장 사이의 마찰은 모두 주자학을 방어하는 쪽에서 그렇지 않은 쪽에 대한 공격으로 일어났다. 예컨대 背師說과 君師父輕重說이 맞닥뜨린 이른바 ‘懷尼是非’를 시작으로,『家禮源流』著者 是非,「三田渡碑文」論爭, 朱子 經學에 異議를 제기한 朴世堂의 『思辨錄』 파문, 그리고 역시 朱子 禮說과 다른 崔錫鼎의 『禮記類編』 是非에 이르기까지 모두 주자학 相對化論과 絶對擁護論 사이에서 일어난 ‘斯文’ 論爭이었다.13) 따라서 그것은 소론을 향한 노론 일방의 공격이었다. 이 일련의 사상·이념 대결을 거치면서 정치적 實勢에서 대체로 우위를 지키던 소론이 점차 非勢로 밀리게 되었다. 整合的이며 自己完結的인 주자학의 기성논리를 앞세운 노론에 대하여 소론의 대응논리가 아직 맞설만한 단계에 이르지 못한 때문이었다.

논쟁이 장기화하는 데 염증을 느낀 국왕 숙종은 마침내 노론의 주장에 동조하면서 소론의 그것에 不適 판정을 내리기에 이르렀다(丙申處分, 1716년). 국왕의 이 ‘處分’은 소론의 사상적 정치적 정당성을 부정하는 의미와 영향이 있었다. 따라서 소론은 정권에서 쫓겨났을 뿐만 아니라 그들의 관련 저술과 문건들도 모두 폐기되었다. 국왕은 평소 신료집단 전체에 대해서는 무력했지만 그것이 분열하여 논리와 세력에서 서로 비기고 있을 때는 그 처분이 이처럼 강력한 효력을 발휘할 수 있었다. 사실 숙종은 당쟁이 격화되는 당시의 상황에서 처분권의 행사에 좀 더 신중했어야 옳았다.

아무튼 소론은 이제 정치·이념적으로 위기에 몰렸다. 그러나 수년 뒤(1720년) 숙종이 돌아가고 경종이 즉위하자 정국은 점차 소론의 손에 넘겨졌다. 왕위계승자로서 지위가 불안했던 경종을 옹위하고 지지했던

---

13) 金相五,「懷尼師生論의 是非와 丙申處分에 대하여」,『論文集』1, 전북대학교 문리과 대학, 1974 ; 李銀順,「老少黨爭의 論点과 名分論－懷尼是非를 중심으로」,『朝鮮後期 黨爭史研究』, 일조각, 1988 ; 金容欽,「朝鮮後期 老·少論 分黨의 思想基盤－朴世堂의 『思辨錄』 是非를 中心으로」,『學林』17, 1996 참조.

세력은 아무래도 소론이었기 때문이다.14) 이에 기회를 얻은 소론 일각
의 강경파는 노론이 제기했던 王世弟 延礽君(뒤의 英祖)의 代理聽政과
三手獄(景宗 危害陰謀)를 빌미로 삼아 노론타도에 나섰고 그 결과 노론
의 주요 4大臣이 賜死의 처분을 받기에 이르렀다. 당쟁이 격화되고 숙청
과 보복이 반복되면서 이제 黨人은 물론 勳戚·宗親·宮人들까지 얽혀
든 음모·정탐·조작에 의한 정치공작이 더욱 기세를 떨치게 된 것이다.

　　노론 측은 여기에서 입은 피해를 '辛壬士禍'(1721~1722년)라 하고 노
론과 그 피해자들의 복권논리를 '辛壬義理'로 천명하였다. 이 논리는 경
종이 재위 4년 만에 죽고 영조가 등극하자 소론타도를 위한 명분으로
내세워졌다. 때문에 영조대 초반의 정치운영은 소론에 대한 노론의 열
화 같은 공격으로 이어질 수밖에 없었다. 노론의 공세는 영조와 소론의
입지를 압박하고 마침내 '戊申亂'(李麟佐의 亂, 1728년)을 불러일으키는
빌미가 되었다. 戊申亂은 위기에 몰린 소론의 강경파와 일부 남인계 인
사들이 지방의 정치불만층을 규합하여 일으킨 대규모 정치변란이었
다.15) 정변의 진압과 사후처리 과정을 통해서 소론은 크게 타격을 받았
다. 그러나 이로써 영조와 노·소론을 포함한 집권층 한쪽에서 새로운
정치운영 방식을 강구할 수 있는 분위기가 한층 무르익었다. 정치의 새
로운 운영방식이란 다름 아닌 蕩平論·蕩平策이었다. 여러 세력이나 政
派에 관직을 調劑保合的으로 안배하여 정국의 小康을 실현하려는 시도
를 일단 '蕩平'이라는 말로 표현하고 있었다.

　　탕평론은 노·소 당쟁이 극한 상황에 이르면서 적극 제기되었다. 정
치운영의 주도권을 장악하려는 경쟁 위에, '斯文' 論爭에서 보듯이 주자
학 정통성 확보를 위한 이념대결이 중첩됨으로써 당파대결이 지나치게

---

14) 노론은 生子가 불가능한 경종의 계승자로 이미 王弟 延礽君을 적극 보호하고 있었으
　　므로 노·소론은 저마다 自派의 왕위계승자를 확보하고 있었던 셈이다. 吳甲均, 「景
　　宗朝에 있어서의 老少對立」, 『淸州敎大論文集』 8, 1972 참조.
15) 吳甲均, 「英祖朝 戊申亂에 관한 考察」, 『歷史敎育』 21, 1977 ; 李鍾範, 「1728년 戊申
　　亂의 性格」, 『朝鮮時代 政治史의 再照明』, 범조사, 1985 참조.

과격해졌고 이런 점에 노·소 항쟁의 심각한 징후가 있었다. 앞서 失勢
한 북인·남인의 경우는 물론이거니와 노·소론 또한 비록 지금은 집권
당파라도 언제 닥칠지 모를 失權·몰락의 불안감에 전전긍긍해야 했다.
또 직접 벼슬길에 나선 관인은 말할 것 없고 지방사회의 크고 작은 이
해관계가 모두 당색과 결부되지 않는 경우가 드물었다. 그리하여 당쟁
이 격화될수록 양반층 자신이 그 피해자가 되게 마련이었다. 탕평론이
등장한 배경에는 이러한 인식이 크게 자리하고 있었다.

그런데 이 시기 탕평론·탕평책의 대두가 지배층 내부의 상호항쟁과
이로 말미암은 위기의식만을 반영하는 것은 결코 아니었다. 노·소 당
쟁이 몰고온 정치파탄은 하나의 직접적인 계기였을 뿐이다. 그 배후에
는 사림의 당쟁을 거부하는, 새로운 정치이념·정치질서의 확립에 대한
아래로부터의 요구가 한층 넓게 형성되고 있었다. 그것은 다름 아닌 이
시기의 경제발전과 사회변동에 수반해서 성장하는 새로운 사회계층과
이와 반대로 몰락 失勢해가는 기성 양반층, 그리고 流離逃散하는 광범
한 농민층 일반에서 일어난 정치적 기대와 불만이었다.

실로 兩亂 이후에는 농업생산력의 발전과 지주제의 확대로 농민층분
해가 촉진됨으로써 '無土不農之民'이 광범하게 방출되고, 동시에 富
民·饒戶로 불리는 經營型 富農과 庶民地主가 등장하였다.16) 18세기에
이르면서 이러한 현상은 더욱 뚜렷해지면서 이것이 수공업·광업·상
업을 중심으로 한 유통경제의 발달과 연결되고 있었다. 성장하는 부농
층과 私匠·德大·富商大賈 등 상공인층을 중심으로 형성된 이들 신흥
계층에게서 그들의 경제적 사회적 역할에 상응하는 사회의식이 싹트고
있었다. 그리고 그것은 정치적 기대나 요구로 분출되게 마련이었다. 그
들은 財富의 축적과정에서 이미 신분적 봉건적 질곡에 타협하거나 항

---

16) 金容燮, 『增補版 朝鮮後期農業史硏究』 I, 지식산업사, 1995 ; 金容燮, 『增補版 朝鮮
   後期農業史硏究』 II, 일조각, 1990 ; 李景植, 「17세기의 土地開墾과 地主制의 展開」,
   『韓國史硏究』 9, 1973 참조.

쟁해야 했으므로 이것이 정치지향 의식을 자극하는 촉매가 되었다.

이 시기의 정치불만은 이들 신흥 경제세력만이 아니라 그 대극에서 몰락 소외되어간 계층에서도 마찬가지였다. 예컨대 농촌 양반층에서 탈락한 閒遊者들 가운데는 師丈·學丈 또는 地師로서 賣文資生하며 현실의 불우와 불만을 토로하고 농민층의 사회의식을 자극하는 경우가 적지 않았다.17) 토지에서 밀려난 賃勞動層을 비롯하여 僧侶·才人·巫覡·白丁과 같은 사회 기층민들도 현실에 대한 불만을 품고 새로운 변화를 기대하는 점에서는 일치하였다. 그런가 하면 胥吏·武官·譯官 등 양반정치의 외곽을 형성하는 중간층에서도 그 나름의 변화를 바라며 정치동향에 촉각을 세우고 있었다.

이제 정치적 불만계층이 세력화해서 변란을 일으키거나 政變에 가세할 가능성은 자꾸만 높아져갔다. 그리고 그러한 사태는 현실로 벌어졌다. 벌써 숙종 연간에 노론과 소론이 제각기 상인들의 자금을 끌어 모으고 武人·武官을 움직여 換局을 도모한다는 告變事件이 일어났다.18) 都城 안에서 明火賊이 銀貨를 약탈한 사건, 노비들이 香徒契를 중심으로 劍契·殺主契를 조직한 사건, 그리고 '首陽山 生佛出現說'이 나도는가 하면, 彌勒信仰과 연결된 僧侶·地師·무당들이 대궐 침입을 꾀한 사건도 있었으며 광대 도적 張吉山 부대가 황해도 일원에서 횡행한 것도 이 무렵이었다.19) 앞서 말했듯이 戊申亂은 이러한 在地의 불만계층이 중앙의 소외세력과 연계하여 일으킨 대규모 정변의 대표적인 경우였다.

---

17) 金盛祐, 「조선후기 '閒遊者'層의 형성과 그 의의」, 『史叢』 40·41 합집, 1992 ; 鄭奭鍾, 「資料에 대하여」, 『朝鮮後期 社會變動研究』, 일조각, 1984, 17~18쪽 참조.

18) 鄭奭鍾, 「肅宗朝의 甲戌換局과 中人·商人·庶孼의 動向」, 앞의 책, 1984, 94~121쪽 참조.

19) 鄭奭鍾, 「肅宗朝의 社會動向과 彌勒信仰」, 앞의 책, 1984 ; 鄭奭鍾, 「肅宗年間 僧侶 勢力의 擧事計劃과 張吉山—李悅·兪選基 등 告變을 중심으로」, 앞의 책, 1984 ; 홍순민, 「17세기 말 18세기 초 농민저항의 양상」, 『1894년 농민전쟁연구 2—18·19세기의 농민항쟁』, 역사비평사, 1992 참조.

정부와 지배층에 의해서 戊申亂이 일단 저지되었음에도 사회 저변의 저항적 분위기나 불만세력은 수그러들지 않았다. 凶書·掛書 事件이나 명화적의 활동은 오히려 더 활발해졌으며 作變·放火의 횡행, 妖言·訛言이나 秘記·圖讖說의 유포,『鄭鑑錄』사상의 확산, 邊山賊·海浪賊의 출몰, 그리고 '海島의 擧事謀議'說 등등이 파다하였다.[20] 남인의 서울 방화계획이나 淸凉山 聚會逆謀는 중앙정치 동향과 연결된 변고를 암시하였다. 이에 대한 정부의 대책은 지역 방비력에 의한 討捕策을 강화하는 한편, 流離民 구휼과 賦稅 감면 등을 통해 농민층을 회유하며 土地 安集을 꾀하는 것 이상이 되기 어려웠다.[21]

이 같은 정치저항과 사회불안에 대한 정부와 지배층 전체의 대응태세는 무기력 그 자체였다. 물론 당쟁으로 말미암은 지배층의 분열과 정계의 불안정 때문이었다.[22] 한편 신흥 상공인층의 기대나 사회 기층민의 저항이 구체적인 정치사항으로 제기된 것은 아니었으며, 또 그렇게 할 수 있는 정치조직이나 이론이 마련되어 있었던 것도 아니었다. 다만 지배층 자체의 분열과 위기의식에서 제기된 탕평론·탕평책의 논리와 지향이 그들의 기대와 일정하게 부합하고 있었을 뿐이었다. 말하자면 이 시기 사회변동과 역사발전의 방향이 지배층 일각의 새로운 모색과 아래로부터의 기대를 점차 일치시켜가고 있었던 셈이다. 바로 이것이 새로운 시대로 전환하기 위한 필연적 계기임이 분명하였다.

사실 신흥 사회계층이 정치과정에 직접 참여하지 않는다 하더라도

---

20) 한상권,「18세기 중·후반의 농민항쟁」,『1894년 농민전쟁연구 2-18·19세기의 농민항쟁』, 역사비평사, 1992 ; 한상권,「18세기 前半 明火賊 활동과 정부의 대응책」,『韓國文化』13, 1992 ; 高成勳,「朝鮮後期 變亂硏究」, 동국대학교 박사학위논문, 1993 참조.

21) 18세기 국방의식·군비강화책이 주로 都城防備에 집중되는 사정도 이렇게 기층민의 정치의식이 성장하고 변란세력이 대두하는 데 따른 지배층의 부득이한 대응이었다. 金駿錫,「조선후기 國防意識의 전환과 都城防衛策」,『典農史論』2, 1996(이 글 바로 뒤에 재수록되어 있다) 참조.

22) 이는 주자학의 인륜질서가 완연하게 위력을 유지하고 있는 개별 문중이나 향촌사회와는 판연히 다른 모습일 것이다.

그들의 성장한 경제력이나 정치지향 의식은 양반층 중심의 정치운영에 일정한 압력으로 작용하게 마련이었다. 말하자면 그것은 양반층의 전유물이었던 정치가 새로운 사회계층에게 점차 개방되어가는 현상이며, 종래의 정치원리나 그 운영방식이 변화해가지 않을 수 없는 계기였다. 물론 양반층은 아래로부터의 정치개방 요구를 일정하게 억제하면서 자신들의 기득권을 적극 방어하고 나설 것이며, 이를 위해서 먼저 그들은 양반층 전체가 공유하고 결속할 수 있는 정치질서를 모색하게 될 일이었다.

3. 蕩平政治論의 形成과 展開

탕평론·탕평책이 등장한 배경이 이렇다면 이제 탕평의 含意에는 종래의 주자학 정치론에서 근간을 이루던 名分論·君子小人論·是非明辨論과 같은 것 대신에 調劑·消融·保合의 논리가 확보되어야 했다. 전자는 윤리·도덕적 가치기준에 따라서 엄격한 차별과 불평등의 질서를 세우는 데 긴요한 것이고 그 결과 당쟁의 격화를 가져왔음에 반하여, 후자는 均平과 大同의 원리에 입각한 화합의 질서나 이에 따른 實用·功利的 가치실현에 적합한 것으로서 바로 탕평을 실현할 방법이었기 때문이다. 요컨대 종래 당쟁의 확대는 分析과 차별의 원리에 근거한 주자학 정치론에서 비롯되었던 만큼, 이제 당쟁을 지양하여 분열을 해소하고 새로운 사회세력의 기대에 호응하는 정치가 되려면 綜合(融合)과 平等의 원리에 충실한 정치론이 요청되었다.23) 그러나 이것이 마련되기

---

23) 주자학의 理氣論에 따라 붕당긍정론(=주자붕당론)을 分殊·氣局에 대응하면 붕당극복론(=탕평론)은 理一·理通에 대응하는 것이 된다. 따라서 탕평의 논리가 일정하게 주자학 理氣論의 범주에 있는 것처럼 보인다. 그러나 주자학 정치론의 한계와 모순이 지나친 분석과 차별 논리에서 기인한 것임을 고려하면, 이제 종합(융합)과 조화의 논리를 추구하는 것 자체가 주자학의 그것을 극복하는 실마리가 되는 것이라

는 쉬운 일이 아니었다.

주자학에는 붕당을 인정하는 정치론은 있어도 이를 비판하거나 당쟁을 해소하기 위한 이론이 따로 있지 않았다. 주자학의 학문·학설이 본디 그러하였다. 아마 주자학을 체계화한 주자의 정치의식이 그러했던 때문이라고 할 수 있을 것이다. 주자 당시의 정치·사회 현실이 그로 하여금 붕당을 긍정하고 사대부층의 붕당적 결속을 다짐하도록 몰아갔던 것이다. 실제로 주자는 당시 南宋왕조의 정치제도와 운영방식에 많은 불만을 품고 그 개선책을 깊이 생각하였다.

강대한 전제권을 가진 황제는 늘 宦官과 宗戚 집단에 포위되어 있었고, 따라서 주요 정책이나 이해문제의 결정이 조정의 논의보다 황제와 그 측근의 의사에 따라 좌우되는 경우가 더 많았다. 이것은 왕조의 실질적인 지지기반으로서 지방사회를 장악하고 있는 사대부층의 정치적 입장이 제대로 반영되지 않는다는 것을 뜻하였다. 주자는 이에 대해 치밀한 비판논리를 세우고 구체적인 대응책을 구상하였다. 그리고 기회가 있을 때마다 조정 大臣과 諫官들에게 제시하면서 황제의 私的 恣意的 결정을 견제하도록 채근하기도 하였다. 주자의 붕당설을 비롯하여 모든 정치론이 사대부의 정치·사회적 책무와 정국주도를 기대하는 내용으로 이루어진 것은 이와 무관하지 않았다. 進賢退邪說이나 君子小人分辨說은 이를 위한 보조 논리나 다름없었다.

그러나 조선왕조의 사정은 南宋의 그것과 자못 달랐다. 외형상 전제왕권을 인정하고 있었지만 議政府(뒤에는 備邊司)의 政務署事權이 엄연한 데다 三司를 중심으로 한 정부 내의 언론이나 재지사족층의 公論(＝士論) 또한 강력한 왕권 견제장치로 기능하였다.[24] 더구나 환관과

하겠다. 一理를 調劑保合論에, 萬殊를 君子小人辨別論에 대입해보는 의의가 여기에 있다.

24) 金宇基, 「銓郎과 三司의 관계에서 본 16세기의 權力構造」, 『歷史敎育論集』 13·14 합집, 1990 ; 南智大, 「朝鮮後期의 '黨爭'과 淸要職」, 『朝鮮後期 黨爭의 綜合的 檢討』, 한국정신문화연구원, 1992 ; 崔異敦, 앞의 책, 1994 참조.

종친·외척의 정치 간여는 제도뿐만 아니라 通念으로도 용납되지 않았다. 군주는 이렇다 할 매개장치 없이 방대한 관료조직에 직접 관여할 수 있었으므로 군주의 전반적인 政務 간섭은 어느 정도 가능하였다. 그러나 이 경우 군주의 간섭보다는 신료군의 집단화한 對君主 방어태세가 한층 더 손쉬웠다. 현실은 거의 후자의 현상으로 드러났다.

이로써 臣權의 비대화는 王權의 상대적 약화를 초래하게 되고 미약해진 왕권으로는 분열된 신료집단 사이의 화해나 조정조차도 어렵게 되기에 이르렀다. 16세기 초엽의 中宗代에 이러한 현상이 이미 나타나고 있었다. 그리고 시기가 내려갈수록, 정치·사회 현안이 쌓여갈수록 점점 더 뚜렷해졌다. 붕당의 폐해에 대한 지적과 당쟁이 일어날 것에 대한 우려는 사림 내부에서도 벌써 제기되었다.25) 그런데도 사림은 주자의 붕당설을 끌어다 군주의 실체를 경시하는 파당행위, 즉 붕당적 정치운영을 합리화하는 데 더 열중하였다. 문제의 책임을 사림 자신으로부터 군주에게 떠넘길 뿐이었던 것이다. 조선 주자학이 성립되는 16세기 후반에 君主聖學論이 이황과 이이를 필두로 하는 양대 학파에서 구체적으로 마련되고 經筵과 조정에서 적극 거론되는 까닭도 이 때문이었다. 즉 주자학의 修己治人論을 근간으로 하는 군주성학은 군주에게 도덕적 인격적 수양과 신민에 대한 솔선수범의 의무를 강조하는 것이었으므로 신료집단은 이를 통해서 政務와 人事에서 군주의 專制權 행사를 크게 견제할 수 있었던 것이다.26)

단순히 군주권을 약화시킨다는 점에서만 붕당의 결집이나 파당적 정치운영이 문제가 되는 것은 아니었다. 국가의 일반적 公益, 즉 賦稅와 軍役의 조절에 의한 민생의 보전과 정부 재정수요의 확충, 중간 吏胥層에 대한 효과적 통제, 대외방어력의 확보에 의한 국가의 체통유지 등등

---

25) 『宣祖實錄』 卷5, 宣祖 5년 7월 庚寅 ; 『宣祖修正實錄』 卷6, 宣祖 5년 7월 李浚慶卒記.
26) 노론 주자학에서 제기하는 君主聖學論에 대해서는, 金駿錫, 「17세기 正統朱子學派의 政治社會論－宋時烈의 世道政治論과 賦稅制度釐正策」, 『東方學志』 67, 1990 참조.

의 정치현안이 私的 집단이기적인 목적에 따라 변형되고 차질을 초래
하기 십상인 데 문제의 심각성이 있었다. 自派의 정당성을 관철하고자
집단적 사직사태가 일어나고 조정이 텅 비어 정무기능이 마비되는 일
이 얼마든지 일어났다. 이러한 정치의 파탄, 정국의 불안이 일정한 단계
에 이르면 당연히 군주가 나서서 엄중한 문책이나 제재를 내리는 것이
당연한 일이었음에도 실제는 왕으로서도 거의 속수무책이었다.

당쟁이 격화되고 이것이 정치·사회 불안으로 이어지자 그 타개방편
을 새로운 차원에서 모색하려는 논자들이 나서게 된 것은 자연스러운
일이었다. 그것은 앞에서도 살핀 바와 같이 지배층 내부에 국한된 정치
문제가 아니라 정치권 밖, 그러니까 종래에는 단순히 지배의 대상일 뿐
이었던 사회계층 전체의 기대나 요구를 지배층이 일정하게 수용하는
문제이기도 하였다. 그리하여 당쟁타개의 시작은 붕당의 존재를 긍정하
고 합리화하던 종래의 입장을 비판하고 철회하는 일에 있었다. 또 정치
파탄의 책임을 국왕 일방에게 돌리거나, 君主聖學의 논리에 집착하는
태도를 청산하는 데 있었다.

붕당 사이의 정치항쟁, 당쟁의 폐해를 직시하며 이를 타개할 방도로
탕평정치를 처음 생각한 사람은 아무래도 16세기 말엽의 李珥일 것이
다. 그가 東·西 分黨을 막아보려고 保合·調劑說을 처음 제기한 이래
이러한 붕당해소론이 점차 확대되고 이론적으로 발전해간 것이다. 그리
하여 이제 붕당의 완화·해소를 지지하고 그 방안을 이론과 실제에서
모색하는 논자들과 주자의 논리에 따라 붕당적 정치질서를 유지할 수
밖에 없다고 생각하는 논자들 사이에 마찰과 대립이 일어나게 되었다.
종래 學淵·門地나 현실의 이해관계를 둘러싼 입장의 차이에서 일어났
던 정치대립이 이제 정치원리 자체까지도 문제 삼는 대립으로 발전하
게 된 것이다.27)

---

27) 李珥의 調劑說을 비롯한 16세기 이래 붕당론의 추이에 대해서는 鄭萬祚, 앞의 글,

　　사실 사림의 지나치게 엄격하고 경직된 정치언론이나 同志的 집단행
동은 15세기 이래 기성세력이었던 훈구파로부터 '朋黨'이라는 지목을
받기도 하였다. 그 무렵의 漢唐儒學的 분위기에서는 신료집단의 붕당이
나 당파적 결속은 곧 군주에 대한 不忠행위로 인식되었던 것이다. 그러
나 사림은 歐陽脩의 眞朋僞朋說이나 주자의 君子小人辨을 근거로 오히
려 자신들의 당파적 성향을 합리화하고 나섰다. 이러한 붕당론(＝붕당
긍정론)이 동·서인의 분당으로 이어지자 李珥는 이것이 사림 내부의
자체 분열이기 때문에 여기에 '君子小人之分'을 적용할 수 없으며 동
인·서인이라는 명목도 타파되어야 한다고 보고 兩是兩非論·保合調
劑論을 폈다.28) 그러나 그의 이 주장은 是非明辨論者들로부터 정면으
로 비판을 받게 되고 동·서인 사이의 대립은 더욱 치열해졌다. 그는
'是非明辨 뒤 調劑收用論'으로 후퇴하지 않을 수 없었다. 이것을 보면
군자소인론·시비명변론을 전제로 하는 한 '破朋黨', 즉 朋黨打破를 외
치더라도 그것이 결국 붕당의 긍정·유지론에서 벗어날 수 없는 것임이
분명하였다.

　　調停과 保合, 消融과 調劑를 위한 진정한 붕당타파론(＝탕평론)이 성
립할 수 있으려면 먼저 주자학의 시비명변론·군자소인론의 논리에서
벗어나야 했다. 그런데 모든 인간·사물에 대하여 일률적인 인륜·도덕
의 잣대를 적용하여 是非·正邪의 二分 논리로 그 適否를 가리는 방식
이 다름 아닌 시비명변이나 군자소인의 논리였다. 그리고 그것은 다시
주자학 人性論·修身論과 깊이 결부되어 있었다. 때문에 그 논리의 전
체 구조와 과정에서 모순을 확인하지 않으면 그것을 극복하기란 거의
불가능하였다. 이이는 말하자면 이미 당쟁으로 드러난 주자학 정치론의
모순을 보면서도 그것이 바탕을 두고 있는 주자학의 理氣論·人性論의

　　1992 참조.
28) "當今急務 在於打破東西 保合士類"(『宣祖修正實錄』 卷15, 宣祖 14년 9월).

본질을 직시하기는 어려웠던 것이다. 바로 여기에 이 시기 새로운 정치론, 즉 탕평론이 지니는 한계가 있었다.

李珥에게서 보듯이 탕평을 말하면서 주자학 안에서 그 논리근거를 끌어오려는 데에 문제가 있었다. 주자학은 본시 붕당적 정치운영을 긍정하고 이를 뒷받침하는 사상·원리였으므로 여기에서 反朋黨, 즉 조제·보합의 논리를 찾아내기는 쉬운 일이 아니었기 때문이다. 또 어느 정도 가능하더라도 그것으로 붕당긍정론을 논파하기란 거의 불가능할 수밖에 없었다. 더구나 당시에는 인식과 실천의 보편원리가 모두 주자학에 근거하고 있었을 뿐만 아니라 여타의 학문·사조에는 쉽사리 접근하기조차 어려웠다. 그러므로 이이의 조제설이 부딪친 한계는 그 자신의 것이기보다는 당시의 사회와 사상계가 갖고 있는 조건에서 오는 것이었던 셈이다.

李珥로부터 1세기가 지난 17세기 후반에 朴世采가 다시 적극적으로 붕당타파론을 제기하고 나섰다. 박세채는 尹拯·南九萬·崔錫鼎 등과 함께 서인 소장층의 지도자로서, '懷尼是非'의 居中調停에도 노력하였다.[29] 그의 탕평방안은 勳戚이나 편협한 당파론자를 배제하여 당쟁으로 말미암은 분열과 반목을 해소함으로써 士林·士論 주도의 정치질서를 회복하려는 것이었다. 당시 정국의 파행을 우려하는 양반·관인들이면 누구나 탕평의 필요성에는 동의하고 있었지만, 대부분의 논의가 당쟁의 폐해 자체만을 지적하는 선에 머물거나 노·소 보합에 국한하는 탕평을 내세우는 정도였다.[30] 이에 대하여 박세채는 노·소가 보합하는 기반

---

29) 그는 처음에 宋時烈의 제의로 李珥의 文集 정리작업에 참여하여 畿湖 西人의 학문과 이념을 정립하는 중심인물이 되었다. 그 과정에서 이이의 朋黨打破論에 공감하고 이를 충실히 계승함으로써 그 뒤 철저한 朱子的 朋黨肯定論에 몰입해간 송시열과는 정치노선을 달리하여 소론을 이끌게 되었다.

30) 기사환국으로 정권을 잡은 남인에서는 丁時翰이 남인 주도의 탕평을 주장하였다(鄭景姬,「肅宗代 蕩平論과 '蕩平'의 시도」,『韓國史論』30, 서울대학교 국사학과, 1993, 134·138쪽 참조). 영남의 남인으로서 이때의 남인정국에 참여한 李玄逸은 그의 형 徽逸과 함께 蕩平論의 이론적 근거가 되는「洪範」에 관한 역대의 典籍 자료를 수집

위에서 남인은 물론 과거의 북인까지도 수합하자는 입장이었다. 북인·
남인의 탈락을 묵인한 노·소만의 타협으로는 정국의 경색을 풀기 어렵
고 마침내 사림 전체의 위축과 분열을 피할 수 없게 되리라는 것이었
다.31) 그의 이 우려는 뒷날 현실로 드러났다.

 박세채도 탕평의 전제로 進賢退邪·是非明辨을 부정하지는 못했다.
그러나 그는 그 나름의 붕당타파 방안을 구체적으로 제시하였다. 먼저
주자의 朋黨論을 비판하고 역사적으로 보아 調停論이 정당했음을 강조
하였다. 주자가 말하는 붕당은 君臣이 모두 聖人 같았던 堯舜의 시대에
나 있을 법한 理想論일 뿐이며, 송나라는 주자의 주장처럼 붕당을 없애
려고 한 調停論 때문에 망한 것이 아니라 新法黨·舊法黨이 調和寅協
하지 못하고 서로 君子小人說만 내세워 다투다가 망했다는 것이다. 다
음은 黨과 黨 양쪽에서 邪惡人만을 골라 개별적으로 黜陟한다면 양쪽
모두 君子만 남게 되어 이들 사이의 調和協恭이 실현되리라는 주장을
폈다. 즉 朋黨 단위로 집단 黜陟하던 종래의 用人法을 버리는 대신 개
인 단위의 출척법을 채택하면 당파 사이의 분쟁이 완화될 것이라는 설
명이었다.

 그리고 그 방법으로 출척을 위한 인물의 辨別이나 是非判定權을 군
주에게 귀속시키자고 제안하였다. 이것은 종래 吏曹에 주어진 銓注權을
제한하여 국왕에게 돌리는 것으로, 국왕은 이러한 인사권의 행사를 통
하여 신료집단의 분쟁에 대한 국왕의 판정·조절 기능을 발휘할 수 있
었다.32) 당시 사대부 관료정치의 핵심이 이조의 전주권에 있었음을 상
기할 때 그의 주장이 현실적으로 받아들여지기는 쉽지 않았다. 그러나

 정리하고 이를 부연 설명한 『洪範衍義』(28권 13책)를 작성하였다.
31) 그는 정국의 동향을 따라 앞뒤 세 차례에 걸쳐 탕평론을 개진하였다(『肅宗實錄』 卷14,
 肅宗 9년 2월 丙子 ;『肅宗實錄』 卷15, 肅宗 14년 6월 乙未 ;『肅宗實錄』 卷27, 肅宗
 20년 6월 庚子·丁巳).
32)『南溪先生文集』 續集 卷3, (甲戌) 以左議政辭職上箚 附進別單 4, 消朋黨 ; 鄭萬祚,
 앞의 글, 1992, 144~146쪽 참조.

이를 통해서 왕권의 강화를 시도하였고, 또 왕권의 신장과 당쟁의 억제를 표리관계로 인식한 점은 박세채 탕평론이 이이의 단계에서 진일보한 것임을 의미한다. 이러한 발상은 역시 그가 皇極·蕩平說에 주목하였기에 가능한 것이기도 하였다.

'皇極'이나 '蕩平'은 모두『尙書』「周書」의 洪範篇에 나오는 말로, 황극이란 "皇建其有極", 또는 "凡厥庶民無有淫朋 人無有比德 惟皇作極"이라 함이 그것이다. 이는 "임금이 백성을 위해 '大中의 道'를 세워 敎化를 베푼다"[33]거나, 주자의 주장처럼 "임금이 人倫으로써 '至極한 標準'을 세워야 한다"[34]는 뜻이었다. 그리고 그렇게 되면 淫朋과 比德, 즉 私邪의 黨派나 私相比附하는 폐습이 없어지게 된다는 것이다. 탕평은 "無偏無黨 王道蕩蕩 無黨無偏 王道平平"에서 나온 말로, 군주가 偏私와 阿黨함이 없이 '大中의 道'나 '至極한 標準'을 세우게 되면 王道가 넓고 고르게 실현된다는 것이다.[35] 이 역시 왕도를 실현하려면 偏黨해서는 안된다는 경고이기는 마찬가지였다.

「洪範」에는 유교의 政治原理·經世理論이 포괄적으로 집약되어 있다.[36] 그 가운데서도 황극·탕평은 군주에게 '建極'으로 표현되는 '大中의 道'나 '至極한 標準'을 세우도록 요구한 점에서 군주의 책임과 동시에 권능을 명시하였다고 하겠다. 이는 王道의 실현을 위해서 王權을 높이고 이를 중심으로 君臣 상하가 大公至正하고 無偏無黨한 정치를 펴야 한다는 뜻일 것이다. 그리고 이렇게 황극·탕평은 붕당의 존재나 신료의 擅權을 부정함으로써 주자학의 붕당긍정론에 대항하여 그 정치적 모순과 한계를 극복할 대안의 정치운영론이 될 수 있었다. 박세채의 관

---

33)『尙書注疏』卷12, 洪範, 皇極의 註 참조.
34)『朱子大全』卷72, 雜著, 皇極辨.
　　『書傳大全』卷6, 洪範, 皇極의 註 참조.
35)『尙書注疏』卷12, 洪範, 皇極의 註 ;『書傳大全』卷6, 洪範, 皇極의 註 참조.
36)「洪範」에 입각한 탕평원리에 대해서는 金成潤,「蕩平의 原理와 蕩平論」,『釜大史學』
　　15·16 합집, 1992, 442~453쪽 참조.

심도 바로 여기에 있었다.

다만 이때 주자가 말하는 '至極한 標準'이란 구체적으로 三綱五倫인데, 이 표준을 세우는 책임이 군주에게 있다는 것은 곧 군주가 삼강오륜의 솔선 실천을 통하여 도덕적으로 완벽한 신민의 모범이 되어야 한다는 뜻이었다.37) 말하자면 주자는 皇極을 끌어다 군주의 도덕적 책임을 강조하려는 것이었을 뿐 왕권을 강화할 의도는 결코 아니었던 것이다. 황극설을 통해서 왕권을 강화하려는 논자라면 이러한 주자의 의도에 동의할 수 없었을 것이고, 따라서 그가 인용한 皇極說은 주자의 견해가 아닌 漢唐代의 注疏本에 의거하였을 것임은 두말할 나위도 없을 것이다.38)

박세채의 皇極蕩平說은 주자의 敎說이 아닌 원시 유교 경전에서 끌어온 것이었다. 그는 이에 대한 주자의 註釋을 따르지 않았지만 구태여 부정하지도 않았다. 그는 엄연한 주자학자이므로 주자의 안내를 받지 않고도 황극·탕평에 주목한 사실만으로 이 새로운 발상의 의의는 큰 것이었다. 그리고 이로써 이이가 처음 제기한 調劑說은 이론적으로 한 걸음 더 앞으로 나아갈 수 있게 되었다.

황극탕평설은 박세채의 門下이기도 한 鄭齊斗에 의해서 그 이론이 한층 확충되었다. 정제두는 탕평의 방법이 되는 황극에 대하여 독특한 자신의 견해를 세웠다. 漢唐 이래의 大中說의 시각에서, 이를 비판한 주자의 標準說을 일정하게 참작한 것이었다. 즉 有極·建極·作極을 각각 盡道·立道·作標之義로 풀이하여 '極'을 '道'이며 '正義의 標準'이라고 했다. 그리고 그 道·標準은 '天下의 大中', 말하자면 모든 객관사물

---

37) 주자는 孔穎達의 『尙書正義』에서 '皇極'을 '大中'으로 본 것을 비판하고 皇을 君主로, 極을 至極한 義理, 標準이 되는 名稱으로 해석하였다. 즉 군주는 천하의 至中한 위치이므로 천하의 順德으로 至極한 標準을 세워야 한다는 것, 그러자면 五行·五事로써 몸을 닦고 八政·五紀의 정치를 베풀어야 한다고 했다(『朱子大全』 卷72, 雜著, 皇極辨 ; 『書傳大全』 卷6, 洪範, 皇極의 註 참조).

38) 박세채는 이러한 황극·탕평설의 의의를 폭넓게 이해할 목적으로 經傳과 先儒들의 이 방면 연구를 종합 정리하고 자신의 견해를 피력한 저작을 내면서 황극설의 미진함을 아쉽게 여기기도 하였다[『範學全編』 6권 4책(1684년, 목판본), 序文 참조].

의 中이 되는 것으로서 '執着의 中'이 아닌 '精一의 中'에서 나오는 것으로 이해하였다. 결국 탕평을 실현하려면 "建極만 한 것이 없고", 그러자면 국왕이 "반드시 大中의 中을 講求하는 것으로써 근본을 삼아야 한다"[39]는 것이었다.

그런데 정제두가 강조한 '大中의 中'은 '精一의 中'에서 구해지는 것으로 본래「洪範」에 제시된(제2장) 貌·言·視·聽·思의 '五事'이거나 주자학에서 말하는 '心法'의 테두리를 벗어나는 것이 아니었다. 따라서 그것은 군주의 도덕적 능력을 요구하는 점에서는 주자학의 君主聖學과 그다지 다르지 않다. 더구나 그가 강조한 황극의 의의, 즉 군주와 신민이 서로 주고받는 것[君民相與]이어야 한다는 관점 또한 주자학의 그것과도 거의 일치하였다.[40]

이렇게 漢唐儒學과 주자학의 황극설을 절충한 듯한 정제두의 견해는 陽明學과 접촉을 통해서 그 나름의 독자적인 성격을 띠게 되었다. 즉 그는『大學』의 綱領에 대한 이해방식에서, 치자층이 주체가 되어 民人을 교화의 대상으로 파악하는 주자의 '新民'說보다는 치자가 '與民一體'하고 民人이 '與我爲一體'하는 陽明의 '親民'說에 더 공감하였다. 전자의 新民이 치자인 사대부가 삼강오륜을 매개로 하는 것이라면 후자의 親民 또한 유교의 孝·悌·慈를 내세우는 점에서는 거의 같지만, 전자가 民을 교화·지배의 대상으로 하는 반면 후자는 民과 '主客一體'를 지향하는 점에서 서로 달랐다. 이러한 양자의 차이는 주자가 格物을 중시하고 '明德'을 '具衆理 應萬事'하는 능력으로 보는 데 반해서 양명은 誠意를 강조하며 '明德'을 '天地萬物'이 一體가 되는 원리[體]로 보는 차이와도 맥락을 같이 하는 것이었다.

정제두는 이러한 '萬物一體'觀에 바탕을 두고 '親'을 '成己成物'이나

---

39)『霞谷集』卷16, 書筒錄(拾遺), 洪範, 皇極正解(韓國文集叢刊 160권);『霞谷全集』卷5, 筵奏, 戊申 4월 24일조(여강출판사 영인본) 참조.
40)『書傳大全』卷6, 洪範, 皇極의 註 참조.

'合內外之道'하는 의미로 구체화함으로써 이를 탕평론의 논거로 삼았다. 말하자면 '格物'과 '誠意'로 드러나는 인식방법의 차이가 전자의 분석·차등화에 대한 후자의 종합·동등화에 있다고 할 때, 정제두는 전자의 주자학보다는 후자의 양명학 방법을 통해서 탕평의 원리를 찾으려는 것이었다. 그러므로 그가 皇極을 '君民相與'라 하여 주자학의 표현을 그대로 인용했지만 그 내용은 '군주가 강상윤리를 솔선수범하고 이를 신민이 믿고 따른다'는 의미와 달리, 군주는 五事와 心法의 연마에 힘쓰지만, 이것은 군주의 윤리규범이나 솔선수범이라는 책무와 관계없이 '萬物一體'라는 전제만으로 치자(＝군주)와 신민의 일체, 즉 타협과 화합의 가능성을 열어놓는 논리였던 셈이다.[41]

그의 황극설은 戊申亂 직후에 徵士로 불려나가 수습책을 간곡히 묻는 영조에게 蕩平策을 건의하는 가운데서 제시되었다. 이때 그는 당쟁이 몹시 심각해진 것이 숙종의 '丙申處分' 때부터라는 점을 먼저 상기시켰다. 숙종의 처분은 소론에 대한 노론의 정당성을 승인해준 것인데, 이렇게 한쪽의 주장만을 수용하게 되면 이러한 분열과 도태의 악순환은 계속될 것이며 이 자체가 '萬物一體'나 '合內外'의 원리에서 멀어진다고 생각했기 때문이다. 영조의 질문에 그는 建極을 강조하였는데 건극의 구체적인 방법은 다름 아닌 '大中의 中'을 강구하는 일이었다. '大中'을 강구하려면 '精一의 中'이나 '時中의 中'을 파악하게 될 것이므로 是非·賢邪로 대립하는 名分·義理說에 얽매이지는 않을 것이었다. 이러한 그의 견해는 영조에게 거의 납득이 안 되었던 것 같다. 영조는 거듭 구체적으로 말해주기를 촉구했지만 정제두는 다만, "대신들과 더불어 治道를 밤낮으로 강구하게 되면 蕩平을 거의 실현할 수 있을 것이나 이 밖에 다른 도리는 없다"고 대답하는 데서 그런 사정이 짐작된다.[42] '대신

---

41) 양명학과 관련한 정제두의 탕평설에 대해서는 丁斗榮, 「18세기 '君民一體'思想의 構造와 性格－霞谷 鄭齊斗의 經學과 政治運營論을 중심으로」, 『朝鮮時代史學報』 5, 1998 참조.

들과 밤낮으로 강구하라'는 말은 아마 견해나 논리의 상충점이 어디에 있는지를 서로 확인할 수 있을 때까지 충분한 토론이 이루어져야 하며, 상대방의 논점을 서로 받아들이려는 태세를 지키도록 국왕이 그 논의 과정을 주재해야 한다는 주문이었을 것이다.

皇極說, 즉 국왕에 의한 建極을 탕평의 방법으로 처음 끌어온 사람이 박세채였다면 정제두는 여기에서 한발 더 나아갔다. 그의 建極說은 도덕·윤리적 책무에 일방적으로 규정당하는 군주가 아니라 신료집단 내부의 갈등을 조정하는 중재자로 국왕의 존재를 명시하게 되었다. 국왕이 실행해야 하는 大中과 精一의 '中'이 바로 그것이었다. 이제 군주는 삼강오륜이나 克己·正心과 같은 윤리·도덕 수행의 태도 때문에 신료들의 비판과 충고를 받는 대상이 아니라, 신료들이 서로 다른 주장을 내세워 대립 충돌할 때 이를 조정 타결하는 권능을 발휘함으로써 견제와 균형을 실현하는 정치운영의 지렛목이 되어야 했다. 정제두의 이러한 황극탕평론은 양명학의 萬物一體說·親民說에 의거하여 주자학의 '군주-사대부-서민'의 대항관계를 대신하여 '군주-신민(사대부-서민)'의 대항관계를 상정하는 정치질서와도 맥락을 같이하였다.

그 무렵에는 정제두의 탕평설과 인식을 같이하는 논의가 梁得中의 '公天下'說이나 吳光運의 '理勝'說로도 제기되었다. 公天下說에 따르면, 君臣이 代天理物하는 爲民정치가 이루어지며, 政權은 신분·혈통에 따라 世襲되는 것이 아니라 禪讓으로 이어지는 公共之物이었던 三代가 바로 公天下의 시대였다는 것이다. 반면에 秦·漢 이후는 정권이 私物化하여 세습을 당연시하고 군주의 의지와 국가의 운영이 특정 당파나 세력의 이해에 따라 좌우되었으므로 公平의 원리가 사라진 私天下·家天下의 시대였다는 것이다. 理勝說은 世道의 성쇠나 君臣관계를 理氣의 관계로 설명하는 논리였다. 즉 三代 이전은 理勝의 세계로서 군주가

---

42) 『霞谷全集』 卷5, 筵奏, 戊申 4월 24일조 참조.

정치를 주도하고 신하가 이를 보필하여 王道가 실현되는 理想社會였는데, 그 이후로는 명분과 의리를 내세우면서도 실제는 師友·交分을 따라 偏黨으로 나누어 名利를 다툼으로써 임금을 잊고 나라를 멍들게 하는 氣勝의 세계가 되었다고 본다.[43]

양득중은 尹拯의 문하로서 박세채의 추천을 받은 소론의 政論家였고, 오광운은 許穆의 학풍을 계승하여 영조대 남인의 정치·학문적 구심점이 된 인물이었다. 公天下說과 理勝說은 발상과 견해를 같이하는 것으로서, 三代를 이상사회의 표준으로 삼고 私欲에서 비롯된 정치권력의 세습성이나 臣權의 비대화를 비판하며 公平과 大同의 원리에 따른 爲民·王道政治의 실현을 지향하는 점에서도 일치하였다. 그들 또한 유학자였으므로 명분과 의리를 부정하지 않았지만, 관심의 주된 대상이 人倫·綱常 등 주자학의 윤리·도덕이나 추상·관념적인 것이 아니라 國富·民生·國防과 같은 실제문제를 실용·공리적으로 해결하기 위한 명분과 의리로 옮겨지고 있었다.

말하자면 그들은 탕평을 실현하는 방법이자 회복해야할 정치목표로 '公天下' 사회와 '理勝' 세계를 설정한 것이었다. 그리고 그들은 私天下와 氣勝의 현실을 극복하는 근본적인 원리가 토지소유의 均等化·公有化에 있다고 보고, 貧富·賦稅·軍戶·風俗이 이에 입각해서 개혁 정비되어야 한다고 생각하였다. 또 신분·혈통을 배제하고 능력과 인품본위의 인재선발을 위해서 이제까지의 科擧制 대신에 추천제의 일종인 鄕擧里選法을 구상하기도 하였다.

그런데 公天下·理勝을 실현하기 위한, 土地公有制를 비롯한 제도개혁과 관련한 발상들은 거의 柳馨遠의 『磻溪隨錄』을 답습하거나 부연하는 것들이었다. 실제로 양득중은 영조에게 『반계수록』의 탁월함을 적극 소개하고 널리 반포할 것을 건의한 일이 있고, 오광운은 『반계수록』의

---

43) 公天下·理勝說과 관련해서는 金成潤, 앞의 글, 1992 참조.

서문을 쓰면서 三代 이후 道(道學·道德)와 器(政制·文物)가 분리되어 道만 명맥을 이어오던 터에 유형원에 의해서 비로소 인멸된 器가 복구될 계기를 맞았다고 극찬하였다. 그들은 유형원의 개혁이념과 그 방안에 깊이 공감하고 있었던 것이다.

유형원은 兩亂期에 國家再造論을 제기한 여러 논자들 가운데 국가의 여러 현안에 관한 개혁방안을 가장 구체적이며 체계적인 내용으로 마련한 재야학자였다. 더구나 그것은 公田制를 축으로 學校·貢擧·官制·祿俸·兵制·郡縣制 등 국가·사회 운영에 관련된 크고 작은 문제를 포괄한 것이라는 점에서, 또 그 개혁의 범위와 의의가 넓고 크다는 점에서 당시는 물론 조선시기 전체를 통해서도 최고 수준의 국가경영 방안이라고 할 수 있다.[44]

양득중·오광운 두 사람이 이러한 유형원의 개혁안에 공감하고 여기에서 탕평의 실현을 위한 정책방안을 착안한 것은 결코 우연한 일이 아니었다. 탕평정치란 단순히 정치운영 방식의 변화만으로 가능한 것이 아니고 이를 수행할 정치의 주체, 정책의 내용과 목표가 새롭게 달라져야 하는 것이며, 이를 지지하는 사회적 기반이 조성되어야 실현되는 것이었기 때문이다. 유형원은 탕평에 관련된 언급을 남긴 적이 없지만, 만약 그의 개혁방안이 실행에 옮겨졌다면 그것이 곧 탕평적 정국운영이 아닐 수 없는 일이었다. 양득중과 오광운의 탕평론은 바로 유형원의 정치론을 대변한 것이나 마찬가지였다. 유형원의 정치이론은 다름 아닌 탕평론이었던 것이고 그런 뜻에서 탕평론은 또한 농민적, 진보·개혁적 국가재조론의 정치운영론이기도 한 것이었다.

결국 이 시기 實學者들이 새로운 정치질서의 수립과 사회개혁을 기대했던 한에서는 주자학에 바탕을 둔 붕당정치, 즉 당쟁을 거부했던 것

---

44) 金駿錫, 「朝鮮後期 國家再造論의 擡頭와 그 展開」, 연세대학교 박사학위논문, 1990
  (金駿錫, 『朝鮮後期 政治思想史 研究』, 지식산업사, 2003에 재수록) 참조.

이고, 따라서 그들 모두를 탕평론자로 보아 무리가 없을 것이다. 18세기에는 실학과 정통 주자학이 학문·사상적으로 대립하였던 것인데 이것이 정치적으로는 蕩平論과 反蕩平論의 갈등으로 표출되었다고 하겠다.

4. 英祖·正祖代의 蕩平君主論과 王權

앞에서 말했듯이 調劑·消融保合을 목적으로 한 탕평설은 서·남인의 당파대립이 다시 노·소론의 분열로 이어지던 숙종대 전반기에 이미 제기되었다. 庚申換局으로 실각한 남인 수용의 문제를 놓고 강·온 양론이 맞섰던 것이 그 시초인데, 이때 수용을 주장했던 온건론이 바로 蕩平의 논리라 할 수 있다. 서인·남인 사이의 타협문제는 甲戌換局 때까지 이어지다가 그 뒤에는 노론·소론 사이의 탕평문제로 옮겨졌다. 그러니까 숙종대 전반기에는 서·남인 사이에 완만하게 거론되던 調劑·保合論이 그 후반기에 이르러 노·소론의 관계가 악화되자 이를 조절하기 위해 본격적인 탕평론으로 전개된 셈이다. 당쟁의 심각성이 그만큼 더 커진 것이었다.[45] 탕평론은 전·후반을 통하여 주로 소론에서 제기하고 있었으며 그 이론가는 앞에서 말한 대로 소론의 박세채였다.

국왕 숙종도 기회 있을 때마다 黨論의 폐해를 지적하며 노·소의 鎭靜을 촉구해온 터였으므로, 자연스럽게 박세채의 건의를 받아들여 蕩平敎書를 반포하고 반붕당적 경향의 인사들을 銓長이나 大臣에 기용하면서 진정·조제의 국면을 유도하게 되었다.[46] 그리하여 숙종대 후반의

---

45) 탕평론의 추이와 관련하여 숙종대의 정치동향을 파악하는 데는 鄭景姬, 앞의 글, 1993 참조.

46) 『肅宗實錄』卷18, 肅宗 13년 12월 己巳.
　　『肅宗實錄』卷27, 肅宗 20년 7월 丙戌.
　　『肅宗實錄』卷32, 肅宗 24년 정월 乙未.
　　『肅宗實錄』卷41, 肅宗 31년 정월 庚戌.

정국은 노·소론이 일진일퇴를 거듭하면서도 南九萬·崔錫鼎·徐宗泰 등 주로 소론계 인사들이 탕평노선을 이끌어갔다. 노론도 '鎭靜·保合 優先' 또는 '是非明辨 뒤 調劑'라는 방법의 차이를 보이면서 일단 여기에 참여하고 있었다.[47]

그러나 이때의 탕평 분위기는 황극탕평설과 같은 정치이론이 설득력을 가졌다거나 숙종의 탕평의지가 확고했기 때문이기보다는 實勢에서 우위에 있는 소론계가 탕평노선을 꾸준히 추구한 데 힘입은 바가 컸다. 이는 숙종 말기 주자학 명분론에 입각한 노론의 공세를 이기지 못한 국왕이 丙申處分을 내린 뒤로 탕평정국이 크게 위축되었던 사정에서도 엿볼 수 있는 일이다.

1724년에 시작된 영조대 50여 년의 정국은 소론계 탕평관료와 이들의 탕평론에 힘입어 탕평정국이 모색되던 전반기와, 주자학의 명분·의리론에 뿌리를 둔 영조의 尊王論과 이에 따른 왕권의 안정기반 위에서 老論一黨論이나 世道宰相論이 정국을 장악해감으로써 내용적으로 조제·보합적 탕평책이 후퇴하는 후반기로 구분해 볼 수 있다. 영조는 숙종대 후반에서 경종대에 걸친 시기에 성장하여 온갖 고비를 넘기고 어렵게 왕위에 올랐다. 때문에 당쟁의 심각함을 누구보다도 깊이 체험한 터였다. 그가 노론의 지지를 받는 처지였으면서도 즉위한 뒤 처음에 소론 주도의 정국을 유지한 것도 당쟁을 억제하려는 그 나름의 구상이었던 셈이다.

소론계의 趙文命·趙顯命 형제와 宋寅明·鄭錫三, 노론의 洪致中·元景夏, 남인의 오광운과 같은 관료들은 이러한 영조의 의도를 정치일선에서 실행에 옮긴 탕평파·탕평세력의 핵심이었다. 이를테면 吏曹 郎官의 通淸權과 翰林의 會薦權을 없애 淸要職의 장악을 둘러싼 당쟁의

『肅宗實錄』 卷45, 肅宗 33년 11월 庚戌.
　　『肅宗實錄』 卷54, 肅宗 39년 7월 甲子.
47) 鄭景姬, 앞의 글, 1993, 145~159쪽.

근거를 제거한 일이나, 또한 山林의 등용을 배제함으로써 이들로 말미암은 당론의 경색을 방지하려 한 일, 그리고 정책과정에서 서로 반대되는 논의를 하나로 묶어 처리하는 '兩治兩解'나 人事에서 양쪽의 인물을 함께 추천하는 '雙擧互對'의 원칙을 마련한 것은 탕평정국의 구체적인 운영방식이었다.48) 이렇게 탕평론이 지향하는 均平·大同의 원리는 부세정책에서 均役法의 성립으로 일단락되었다.

또 학계·사상계에서는 앞에서 살핀 바와 같이 정제두가 양명학에 입각하여 君民一體를 지향하는 황극탕평론을 제시하고, 양득중과 오광운은 유형원의 농민적 입장의 國家再造論을 반영하는 公天下說과 理勝說을 각각 마련하여 영조의 탕평정국을 지원하였다. 그리하여 영조대 전반기야말로 노론과 정통 주자학의 反蕩平論(=義理明辨論)이 반발하는 가운데 君臣이 합력하여 탕평론·탕평책의 전성기를 맞고 있었다.

그러나 영조대의 황극탕평론은 여전히 정통 주자학과 노론계의 강력한 저지에 부딪히고 있었다. 정통 주자학은 바로 노론계의 학문노선이었으며 君主聖學論·世道宰相論·一黨專制論은 노론과 정통 주자학이 내세운 정치이론이었다. 그들도 또한 탕평에는 원칙적으로 찬동하였지만 그 방법으로 그들의 중심 정치이론, 즉 聖學·世道·君子一黨을 고수했다는 점에서 그것은 주자학의 명분·의리설을 관철하려는 '義理'蕩平論일 수밖에 없었다.49) 때문에 이 시기 탕평책의 과제는 이러한 의리탕평론(=반탕평론)에 적절히 대처하면서 탕평의 기반을 조성하고 그

---

48) 鄭萬祚,「歸鹿 趙顯命 硏究－그의 탕평론을 중심으로」,『韓國學論叢』8, 1986 ; 朴光用, 앞의 글, 1994, 제2장(英祖年間 '緩論'주도 정국과 '調制'蕩平論) 참조.

49) 18세기 탕평론을 그 성격에 따라 계통적으로 분류하려는 시도는 주로 鄭萬祚·朴光用 교수에 의해서 이루어졌다(鄭萬祚, 앞의 글, 1992 ; 朴光用, 앞의 글, 1994 참조). 이러한 기왕의 연구를 참고하여 간추리면, 대체로 皇極을 '大中'의 의미로 보고 이를 調劑·保合·大同·均平의 원리로 원용하려는 입장이면 '皇極'蕩平論이라 하고, 역시 皇極을 말하되 '標準'으로 해석한 주자의 견해에 동조하거나 是非·君子小人論 등 주자학의 의리·명분설에 입각하고 있으면 이를 '義理'蕩平論으로 불러 크게 무리가 없을 듯하다. 다만 '의리탕평론'은 시비·차별성을 강조하고 조제를 반대하는 점에서 오히려 '反蕩平論'(=朋黨肯定論)으로 불러야 옳을 것이다.

성과를 쌓아가는 일이었다.

영조대 최대의 정치적 현안은 어김없이 노론 정통 주자학에서 제기한 '辛壬義理' 문제였다. 여기에는 노·소론 사이에 뚜렷한 입장과 논리의 차이가 드러나 있었을 뿐만 아니라,[50] 양쪽 가운데 어느 쪽이든 여기에서 밀리면 정치적 입각점도 따라서 무너지게 된다고 인식했던 데에, 또 실제로 그리되었던 데에 그 심각성과 치열함이 있었다. 그리하여 영조는 즉위하자 義理是非는 그 자체가 곧 偏黨 행위라는 관점에서 辛壬義理에 관한 한 노·소론 모두 잘못이 있다는 兩非論을 제기하고, 兩治兩解(＝彼此抑扶)의 대응책을 폈다. 이는 노·소 탕평론자들의 견해를 수용한 것이었다. 당쟁이 명분·의리를 내세운 정치항쟁이었던 만큼, 이것은 이제 政務 처결과 人事 원칙에서 명분·의리론의 논점을 아예 그 단초부터 차단하겠다는 국왕의 의지를 드러내 보인 것이었다.[51]

그러나 명분·의리론의 발상이 국왕의 의지나 결단만으로 쉽게 저지되고 현안문제들이 이에 따라 해결될 것은 아니었다. 명분·의리론에는 오랜 역사적 유래와 철저한 논리적 배경이 있었던 만큼 이를 압도할 새로운 정치환경의 조성은 물론 높은 수준의 사회·정치 이론이 새로 형성되어야 했다. 탕평정국을 본궤도에 올려놓으려는 영조대 정치운영이 짊어지게 된 과제는 실로 여기에 있었던 셈이다.

이러한 과제와 한계는 영조의 즉위를 학수고대한 노론이 辛壬義理 문제를 제기하자마자 즉각 현실로 드러났다. 더구나 辛壬義理에는 왕

---

50) '辛壬義理'란 경종의 病弱無子를 의식한 노론 측에서 辛丑年(1721)에 건의한 建儲代理 문제(뒤에 영조가 된 世弟 延礽君으로 하여금 代理聽政하도록 하자는 건의)와 그 다음해(壬寅年, 1722) 노론계 인사들이 연루된 三手逆謀(세 가지 방법에 의한 경종 시해음모) 사건을 둘러싼 노·소론의 명분과 입장 대립을 가리킨다. 이에 대하여 노론에서는 소론 측이 문제를 확대 조작하여 자파가 입은 피해라 하여 '辛壬士禍'로 규정하였고, 소론에서는 노론 측이 정치주도권 장악을 노려 왕과 세제를 이간하고 경종을 음해한 역적행위라고 맞섰다. 李建昌, 『黨議通略』, 景宗朝 ; 李銀順, 「18세기 老論 一黨專制의 成立過程」, 『朝鮮後期 黨爭史硏究』, 일조각, 1988 참조.
51) 朴光用, 앞의 글, 1994, 117~145쪽.

자신도 혐의가 있어 자유롭지 못한 데다 王世弟 때부터 자신을 비호하고 왕위계승을 도운 노론의 처지를 묵살하기 어려웠던 사정도 작용하였다. 즉위한 다음 해에 벌써 辛丑·壬寅 두 차례의 獄事를 誣獄으로 판정하고 그 被罪·被禍人을 모두 放免 복권조치하게 된 것은 그러한 까닭에서였다(乙巳處分, 1725년). 이에 기세가 오른 노론은 이번에는 당시에 관련된 소론 當路者에 대한 처단을 요구하는 庭請을 열어 영조를 압박하였다. 兩非說과 老少抑扶로 표현되는 公平의 논리가 위협을 받게 된 것이다. 영조는 할 수 없이 처음의 결정을 2년 만에 뒤집어서 두 獄事를 다시 逆獄으로 규정하기에 이르렀다(丁未換局, 1727년). 탕평을 위해서는 국왕이 기왕의 판정을 거듭 번복할 수도 있음을 천명한 조치였으며, 이로써 소론의 온건론(緩論＝탕평론)이 정국을 주도하게 되었다.

더구나 戊申亂이 몰고 온 위기감 때문에 노·소론의 緩論(＝탕평론)이 힘을 얻게 되고 辛壬獄에서 賜死된 노론의 4대신 가운데 일부를 伸寃하는 타협안이 分等說로 마련되었다(己酉大處分, 1729년). 이때를 고비로 실제의 정국운영에서 '탕평'론이 발휘되는가 하면, 다른 한편으로는 辛壬義理에서 노론의 논리가 점차 유리한 입장에 서게 되었다. 즉 노론 측은 建儲代理와 三手逆獄에 대한 소론의 주장이 바로 영조에 대한 반역행위라는 논리를 만들어간 것이다. 소론은 상대적으로 논리적 수세에 놓이게 되었다. 영조 또한 두 옥사에 자신이 관련된 혐의를 벗어나기 위해서, 나아가서 탕평의 추진과 왕권의 강화를 위해서도 일정하게 노론의 논리를 두둔하지 않을 수 없었다.

이를테면 辛壬獄 때 賜死된 노론 4대신을 모두 복권조치한 것(庚申處分, 1740년)은 그 일환이었다. 이어서 영조의 혐의내용을 담고 있는 '睦虎龍 鞫案'을 파기하고 소론에 대한 노론 우위의 忠逆義理와 영조의 무혐의를 밝히는 「大訓」을 지어 告廟함과 동시에 선포하였다. 그 뒤 「대훈」의 취지와 의리를 역사적으로 밝히고자 편찬된 『闡義昭鑑』이 다시 중외에 반포되었는데, 이는 尹志의 羅州 掛書事件을 빌미로 柳壽垣을 포함한 수백 명의 소론계 인사들이 처형된 乙亥獄事(1755년)의 처리결과이기도 하였다.52) 이로써 영조 왕위계승의 정통성이 분명해지고 그를 보필한 노론의 의리도 따라서 확고해졌다. 이런 조치들은 처음에 소론 주도의 정국에서 '탕평'의 이름으로 행해진 것이었으므로, 결국 소론의 손을 빌려 소론을 거세하면서 영조와 노론의 입지를 확대해간 것이나 마찬가지였다.

영조는 이러한 탕평책을 추진하는 것과 함께 尊王論을 제창하여 왕권강화의 이론적 기초를 스스로 모색하였다. 존왕론은 정통 주자학의 尊周論을 일정하게 가탁하는 논리방식이었다. 즉 군주를 君師·先師로 위치지음으로써 政令權을 가진 정치적 首長임과 동시에 敎化와 斯文을 주관하는 儒宗의 지위도 겸하는 존재로 규정하였다. 이렇게 政令과 敎化를 군주 한 몸에 구현하는 일은 公·私 윤리의 최고 범주인 忠과 孝를 一體化하는 것과 표리관계를 이루게 되어 있었다. 현실적으로는 孝를 중심으로 하는 사대부의 私的 윤리가 忠으로 대표되는 公的 윤리보다 우위에 있거나 서로 양립함에서 생기는 갈등과 모순을 君이 父를 포섭하고 孝(=사적 윤리)를 忠(=공적 윤리)에 흡수 통합함으로써 극복하려는 논리였다.

이는 東宮의 勉學을 위해서「御製常訓」53)이라는 이름으로 선포되었는데, 여기에는 방만해진 양반사대부층의 기득권을 제한하고 국가재정과 농민경제를 부양해야 한다는 발상에서 나온 양득중의 公天下論이나 오광운의 理勝論이 일정하게 반영되어 있었다. 더구나 周(=中華)를 王(=帝王)으로 대치하고 君과 忠의 논리가 父와 孝의 논리까지도 대신함으로써 君臣義理는 정통 주자학의 尊周·父子 義理를 초월하는 절대적 의미를 갖게 되었으며, 군주는 정치와 교화의 두 가지 권능을 동시에 체

---

52) 李銀順, 앞의 글, 1988 참조.
53)『英祖實錄』卷61, 英祖 21년 6월 乙卯.

현하는 절대적 존재가 될 수 있었다. 이것은 군주의 권능이 윤리·도덕적 솔선수범을 전제로 하는 것이 아니라 군주이기에 고유하게 갖게 되는 절대적 권능이어야 한다는 논리였다. 실로 주자학의 정치론·군주론과는 정면으로 배치되는 발상이었고, 이에 정통 주자학자들의 반론과 항의가 당연히 일어나게 되었다.54)

그러나 여기에는 종래 보수적인 주자학의 의리·명분론의 구조와 발상이 일정하게 살아있는 점에 그 한계이자 특징이 있었다. 敎化·義理의 의의와 忠·孝 윤리의 봉건적 성격을 그대로 수용하고 있거나, 그것을 華夷的 세계관의 기본 틀인 尊周說에 맞추고 있는 점이 그것이다. 다만 붕당을 억제하고 탕평을 실현하려는 논리인 王權扶養論·臣權抑制論이 이를 통해서 적극 마련되었다는 점에서는 의의가 적지 않다고 하겠다.

사실 영조대의 정치는 황극설을 중심으로 老·少·南의 緩論 사이에 조제·보합이 이루어지고, 다시 峻論의 일부가 가세하는 탕평으로 전개되었고, 그런 한편에서 영조 자신의 존왕론이 제기되고 있었다. 탕평의 대상과 범위가 점차 넓어지고 이를 이끌어가는 논리로서 왕권에 의한 정국주도를 목적으로 하는 존왕론이 자리잡아가고 있었던 셈이다. 다시 말하면 영조의 정국주도권이 강화된 밑바탕에는 辛壬義理를 대신한 君臣義理의 확산이 있었으며, 이제 황극·탕평설에 근거하는 조제·보합이 아니라 왕권과 군신의리에 따른 정파의 離合과 개편이 탕평이라는 이름 아래 거듭되는 것이었다. 그리하여 영조대 후반에는 소수의 노·소 완론 탕평론자를 제외하면 영조와 그 측근의 척족들만이 탕평정국의 대세를 가름하는 주도세력으로 남게 되었다. 그리고 이를 견제하는 세력으로는 노론계 여러 정파를 범주로 하는 이른바 '淸名黨'의 존재가

---

54) 영조의 존왕론에 대해서는 정호훈, 「18세기 政治變亂과 蕩平政治」, 『韓國 古代·中世의 支配體制와 農民』(金容燮敎授停年紀念韓國史學論叢 2), 지식산업사, 1997 참조.

고작이었다.

이렇게 보면 영조 一代의 탕평정책은 결국 노·소를 비롯한 여러 정파나 세력이 정치권에서 점차 탈락하고 노론계 소수 閥閱이 정권을 균점하는 위에서 영조의 왕권이 어느 정도 안정을 얻을 수 있었다는 점에서 그 특징을 찾을 수 있을 것이다. 노론의 입장에서는 비록 소수 閥閱 중심으로 변형된 것이었지만 宋時烈-韓元震으로 이어져온 (老論) 一黨專制論을 일정하게 관철해간 셈이었다. 영조 또한 자신의 탕평책이 성공한 것으로 생각했던 것 같다. 이것은 영조가 辛壬義理를 노론과 자신의 입장에서 실현해가고, 이러한 辛壬獄事 판정의 대가로 노론이 尊王論을 어느 정도 묵인했기 때문에 가능할 수 있었다. 그는 이 흐름을 적절히 주도하고 이용할 수 있었지만 그에 따르는 심각한 대가를 치러야 했다. 자신의 辛壬獄 처리에 불만을 품었다 하여 代理聽政하던 왕세자(思悼世子)를 처단해야만 했던 사정이 이를 잘 말해준다(壬午禍變, 1762년).[55]

요컨대 영조는 노론의 명분을 의리론의 관점에서 받아들이고 이를 근거로 자신의 정치적 입지를 정당화해간 것이었다. 말하자면 이제껏 신료집단이 제기한 명분론·의리론을 국왕 자신의 것으로 수용함으로써 이를 지지하는 신료집단의 한 당파와 정치적 제휴에 성공한 것이었다. 영조 탕평책의 논리근거가 이러한 명분·의리론에 귀결되는 점을 보면 그것이 주자학 정치이론에서 결코 이탈하지 못한 것임을 다시 한 번 확인할 수 있다.

그러나 국왕으로서 영조가 추진한 탕평책에서 유념해야 할 측면은 따로 있다. 그가 정제두의 皇極說을 경청했던 데서 보듯이 그의 탕평책에는 일정하게 君民一體觀이 살아있다는 사실이다. 均役法이 비록 긴

---

55) '壬午禍變'의 배경과 경위에 대해서는 崔鳳永, 「壬午禍變과 英祖末·正祖初의 政治勢力」, 『朝鮮後期 黨爭의 綜合的 檢討』, 한국정신문화연구원, 1992 참조.

논의과정에 비해서는 그 개혁성이 크게 후퇴한 것이었지만 그렇더라도 그것은 均平과 大同이라는 아래로부터의 요구를 일정하게 수용하고 있었다. 그때까지와 같이 양반 지배층 입장이 먼저가 아니라 농민대중의 처지가 먼저 고려됨으로써 君·民이 직접 접근하는 의미가 담겨진 것이었다.56) 이는 영조가 강력한 蕩平君主로서 방만한 臣權(=봉건 지배세력)을 압도하며 이들을 民의 범주에 포괄하고 이러한 臣民 위에 군림하는 절대군주를 지향하는 정치논리, 즉 존왕론을 수립함으로써 가능한 것이기도 했다. 그런 의미에서 그가 주자학 의리론을 원용한 것은 종래의 봉건세력을 견제하고 신흥 사회세력과 제휴하여 절대왕권을 지향하는 과정에서 거치게 되는 하나의 단계나 수단이었던 셈이다. 또 여기에 주자학이 극복되어 가는 일정한 수순이 설정되는 것이라 하겠다.

주자학의 의리론을 원용한 영조의 탕평군주론은 그 다음의 정조대에 이르러 더욱 발전하게 되었다. 군주 중심의 정치이론과 정치운영을 지향한 점에서 정조는 영조를 능가하고 있었다. 그는 영조 말기의 緩論과 왕실 인척이 중심을 이루었던 탕평파를 지지기반으로 하여 초기의 정국을 꾸려갔지만, 점차 이들을 노론 청명당과 소론 峻論 그리고 남인 오광운의 문하였던 蔡濟恭 등으로 바꿔나갔다. 구세력을 소외시키고 새로운 지지기반을 조성하는 일은 탕평의 지속과 이에 의한 왕권의 강화에 불가피한 일이었기 때문이다.

정조는 조부 영조의 정치운영과 왕권강화 정책을 면밀히 연구한 것으로 보인다. 그리고 한편으로는 주자학의 정치이론을 철저히 검토하였다.57) 그것은 실제의 정치운영에서는 時·僻의 조정국면을 유지하는 위에서 정치논리는 時派의 義理說을 군주 입장에서 수용하는 방법으로

---

56) 이 시기의 '君民一體觀'에 대해서는 丁斗榮, 앞의 글, 1998 참조.
57) 이는 그가 조선시기 군주로서는 유일하게 『弘齋全書』로 편집된 방대한 문집을 남기고 있으며 王世孫 시절부터 政務와 人事의 동태를 파악할 수 있는 일기 『日省錄』의 작성을 시작했던 사실에서도 짐작된다.

나타났다. 정국의 주도세력은 여전히 노론계가 압도적이었고 이들의 정치론 또한 주자학 의리론의 테두리에 머물러 있던 사정과도 관련이 깊었다. 말하자면 노론의 중심세력과 제휴하면서 그들의 정치논리를 군주 스스로 선창함으로써 정국의 주도권을 자신이 장악하는 방법이었다.

탕평정국과 군주권의 강화를 위한 정책은 제도개편과 인사정책을 통한 친위세력 구축과 주자학의 宣揚에 의한 蕩平君主論을 확립하는 두 가지 방향에서 추진되었다.[58] 즉 영조대 이래로 지속해온 銓郎權과 翰林推薦制를 억제하여 인사권을 국왕에게 집중하며 山林의 지위를 약화시킨 일, 壯勇營을 중심으로 군사권을 장악하며 奎章閣과 抄啓文臣制를 채용한 것은 구래 보수적 신권세력을 약화시키는 한편 자신의 친위세력을 육성하기 위한 방안이었다.

정통 주자학의 주창자이고 노론의 宗主였던 송시열을 적극적으로 추대하여 그의 문집을 국가사업으로 출판하고, 그를 追崇하는 書院과 祠宇를 정화하면서 국왕이 손수 記文을 짓고 祭文을 썼으며, 그와 대립했던 尹宣擧·尹拯 부자의 관작을 다시 박탈하였다. 『朱書百選』을 간행하는 등 주자를 아울러 높이는 일에도 힘썼다. 정조는 여기에서 한발 더 나아가 유교의 유구한 道統을 국왕 자신이 계승한다는 논리를 세웠다. 君主道統說이 그것이었다.[59] 義理主人을 자처하고 萬川明月主임을 천명한 발상도 같은 맥락이었다.[60] 이는 공자 이래 道學과 政治가 두 갈래로 나누어졌기 때문에 理想社會(＝왕도정치)가 실현될 수 없었으므로 斯文(＝주자학)의 과업은 갈라진 두 길을 하나로 합하는 데 두어야 한다고 확신했던 주자와 송시열의 열망을 정조 자신이 체현한다는 의미를 띠고 있었다. 말하자면 영조의 존왕론이 君師와 先師를 겸행하는 데 초점을 두었듯이 정조는 도학과 정치의 일치를 구현하는 임무를 스

---

58) 이에 대해서는 金成潤, 앞의 글, 1996 참조.
59) 위의 글.
60) 李泰鎭, 앞의 글, 1993 참조.

스로 짊어지겠다는 것이고, 그럼으로써 군주의 전제권이 주자학의 道統的 지위를 압도하는 초월적 존재임을 천명하려는 의도였다.

정조는 그러면서도 영조대에 정제두 등이 제기한 君民一體說을 일정하게 긍정하였다. 그 구체적인 정책이 庶孽許通의 확대, 상공인세력의 육성, 이와 관련한 새로운 정치·상공업 도시의 건설로 나타났다. 또 上言·擊錚를 통한 民訴를 직접 청취함으로써 民意를 중시하는 啓蒙君主·愛民君主의 면모를 과시하려 했다.61) 이는 물론 君民一體를 구현하는 절대군주의 臣民觀을 몸소 실천하려는 태세를 보인 것이기도 했다. 여기에서 그가 시민세력의 출현을 기대했으며 절대군주와 시민층의 결합에 따른 봉건세력에 대한 견제와 이에 따른 정치·사회 개혁을 어느 정도 시도했음을 볼 수 있다. 그런 뜻에서 정조의 사상기반이 상당부분 주자학의 의리설과 도통설에 있다고 해서 이를 그의 정치사상이 지니는 한계로 단정할 수는 없을 것이다. 신흥의 시민·상공인층을 육성하고 그들의 기대를 정치적 차원에서도 수용하려는 태세, 이것은 궁극적으로 주자학의 의리론에 기초했던 종래의 군주권이 새로운 역사 단계로 진전하기 위해 선택한 적절하고 실현 가능한 하나의 방편이었다고 해야 할 것이다.

정조의 갑작스러운 죽음이나 이에 이은 보수세력의 일제 반격은 여기에서 드러나는 정조의 兩端的인 태도, 즉 주자학 의리설과 신흥 시민세력에 동시에 기대려는 시도에 대한 반발로 볼 수도 있다. 결국 새로운 이념의 창출에서도, 새로운 사회세력의 육성에서도 정조의 구상과 시도는 미완성에 그쳤다. 동시에 계몽적 절대군주와 신흥 시민세력의 결합에 의한 새로운 근대국가로의 이행과정도 그만큼 지연되었다. 이것은 정통 주자학의 정치이론이 그토록 견고하고 끈질긴 생명력을 지녔던

---

61) 이 시기 상언·격쟁의 실상과 의의에 대하여는 韓相權, 『朝鮮後期 社會와 訴冤制度 —上言·擊錚 研究』, 일조각, 1996 참조.

때문이기도 하며, 새로운 시대이념이어야 했던 탕평론의 성장조건이 그
토록 척박했던 사정을 말해주는 것이기도 하다.

5. 맺음말

蕩平論·蕩平策은 조선 후기 사회발전과 정치변동의 과정에서 드러
난 주자학의 정치이론·정치운영 방식의 한계와 모순을 타개하려는 정
치운동이며 사상운동이었다. 처음에 그것은 양반·사림 중심의 정치항
쟁이 파탄으로 치닫게 되는 데 대한 위기의식과 반성에서 비롯되었다.
그러나 궁극적으로는 이 시기 생산력의 발전과 사회·경제 변동에 힘입
어. 성장한 신흥세력의 정치적 기대를 반영하는 것이면서 동시에 광범
하게 소외 몰락하는 양반층과 피지배 농민층의 정치불만·사회의식에
대한 대안이라는 의의를 지니고 있었다.

이렇게 새로운 정치단계를 향한 대안적 정치이론·정치운영론이 바
로 탕평론·탕평책이라는 사실은 그것이 당시로서는 진보적이며 개혁
적인 성격을 띠지 않을 수 없었음을 말해준다. 때문에 탕평론은 종래 주
자학의 명분론·의리론을 기반으로 하는 양반·사림 정치론에 대항하
는 입장, 즉 반주자학·실학의 정치이론이기도 하였다. 적어도 君民一
體說과 연관된 정제두의 皇極蕩平說, 양득중의 公天下說, 그리고 오광
운의 理勝說은 바로 公田制를 중심으로 하는 실학, 농민적 개혁적 國家
再造論의 정치이론을 일정하게 대변하는 논리였다.

그런데 주자학 정치론(=붕당정치론)과 대항해야 하는 탕평론·탕평
책은 그 자체만의 단선적 발전, 말하자면 주자학 정치론과 마찬가지로
신권 중심 정치론에 머물러서는 새로운 시대의 정치이론으로서 일정한
제약이 따르지 않을 수 없었다. 여기에 탕평론이 왕권강화론, 군주 중심
정치론과 불가피하게 결합하고 그것을 대변하는 계기가 있었다. 이는

종래의 주자학 정치론이 군주전제권을 철저히 견제하는 속성을 띠었다
는 사실, 그리고 절대왕권과 신흥 사회세력과의 일정한 결합에 의해서
주자학 정치론이나 이를 앞세운 봉건 지배세력을 극복할 수 있다는 사
정에 기인하였다. 영조의 尊王論이나 정조의 君主道統說이 지니는 정
치사상적 의의가 여기에 있다고 하겠다. 말하자면 그것은 종래 신료집
단이 군주권을 견제하는 원리로 활용하였던 주자학의 義理論을 군주
입장에서 거꾸로 원용하여 성립한 정치이론이었다.

  이렇게 존왕론이나 군주도통설이 여전히 주자학이론에 연결된 것임
에도 불구하고 그것이 종래의 '국왕－신료(양반사대부)－서민(피지배농
민층)'이라는 대응관계를 '국왕－신민(신료－서민)'의 대응관계로 설정
한 데에 중요한 의의가 있었다. 영조·정조대는 탕평군주론이 이처럼
봉건지배층을 일정하게 견제하고 극복해가는 이론이었다는 점에서 탕
평론 발전의 한 획기였다고 하겠다. 그럼에도 불구하고 그 뒤 탕평론의
발전과 새로운 정치질서로의 이행은 순탄하지 못했다.

  돌이켜보면 蕩平이 '蕩蕩平平'을 줄인 말이라는 데서도 알 수 있듯이,
그것은 평등·통합과 타협·화해의 의미를 내포하고 있었다. 이는 사물
관계를 융합 또는 종합의 논리로 접근하는 방식으로서 수평적인 정치·
사회 관계를 만들어가기에 적합하였다. 비록 지배층 내부에 한정된 수
평의 논리라 할지라도 궁극에는 지배와 피지배의 관계를 넘어서는 단
계까지 확대될 성질의 것이었다. 반면에 주자학의 정치원리는 상하 수
직적인 인간·사회 관계를 규정하는 원리와 일치하여 성립한 것이었다.
주자학의 格物致知는 직관이나 영감 등 융해·종합적인 인식을 거부하
고 분석에 분석을 거듭함으로써 객관 사물을 差別과 分等의 관계로 규
정하는 데 특징이 있기 때문이었다.

  수직적 정치론, 즉 주자학 정치론이 자기모순에 의하여 당쟁으로 발
전하고 마침내 정치의 파탄에 이르렀을 때 수평적 정치론, 즉 탕평정치
론이 그 대안이 될 수 있었음은 이래서 자명한 일이었다. 주자학 정치론

과 그 지지세력이 비록 이를 거부했을지라도 논리적으로 그렇고 현실적으로도 그러했다. 그러나 탕평론은 그 자체의 이론적 한계와 역사적 조건에 의해 제약되었다. 먼저 탕평론자들은 이론적인 면에서 풀어가야 할 이중의 과제를 안고 있었다. 정치이론으로서 체계화가 아직 미흡한 탕평론을 이론과 실제에서 보강하는 일이 그 하나이고, 주자학 정치론, 곧 반탕평론(=붕당긍정론)의 부당성을 논파하는 일이 다른 하나였다. 이는 동시에 병행해가야 할 것으로, 그들 자신에게 남아있는 주자학의 모순을 직시하여 이를 극복해가는 일이자 주자학 긍정론자들의 편견과 오류를 깨우치고 설득하는 일이었다.

또 탕평론·탕평정치가 의지해야 할 궁극적 기반은 신흥 사회세력이었다. 그럼에도 당시에는 이들의 성장이 아직 충분한 수준에 이르지 못하고 있었다. 또 신흥 경제세력의 일부는 그들의 경제력을 이용하여 기성 정치질서에 재빨리 정착하여 쉽게 보수화의 길을 걷기도 하였다. 무엇보다도 탕평론자들 스스로 이들 신흥세력의 육성을 위한 태세에서 소극적이었다. 역시 그들의 기층민에 대한 사회·정치적 신뢰가 부족한 데다 주자학의 농본주의 전통이 강하게 작용하였기 때문이었다.

사정이 이러했으므로 탕평론은 반탕평론의 반격에 무력할 수밖에 없었다. 정조의 탕평정국은 19세기에 접어들자 노론 보수세력에 기반을 둔 外戚 勢道政權이 출현하는 것으로 대치되었다. 이는 중세적 집권체제의 해체와 탕평론을 축으로 하는 절대왕권 체제의 성립이 이 시기에 일단 저지되었다는 것을 뜻한다. 이러한 정치·사상의 질곡은 門戶開放 이후 자주적 근대국가 수립운동이 힘겨운 장애에 직면하게 되고 약체 大韓帝國이 식민지로 전락하게 되는 한 원인이었다. 그럼에도 불구하고 18세기 탕평론·탕평책의 존재는 한국정치사에서 타협과 화해의 전통을 세웠으며 새로운 시민사회로 나아가기 위한 역사적 경험이 되었음은 부정할 수 없을 것이다.

(『東洋三國의 王權과 官僚制』, 국학자료원, 1999)

IV. 朝鮮 後期의 國防意識의 전환과 都城防衛策

1. 머리말

조선시기의 서울은 집권적 봉건국가의 수도로서 국왕을 비롯한 지배층과 다수 인구의 집중 거주지역이었으며 주요 관부와 각종 시설, 문화재의 최대 소재지이기도 하였다. 그리하여 수도의 방위는 늘 국가 전체의 안위에 직결되는 문제로 인식되고 국방정책의 최우선 과제가 되었다. 都城防衛의 중요성이 기회 있을 때마다 환기되고 방어시설인 城郭의 修築이 거듭되었던 까닭이 여기에 있었다. 심지어는 평안·함경도의 변경이나 동남쪽 일본과의 관계가 문제로 떠오르더라도 최종적인 관심사는 역시 도성방위로 이어지게 마련이었다. 그렇더라도 조선 전기에는 도성방어 문제가 국가 전체 차원의 軍備·國防 정책에서 분리되어 특별하게 다루어진 경우는 거의 없었다. 이는 서울 도성의 안전이 국가의 안위에 직결되는 것이지만 그것이 국토 전반의 방위를 실현하는 가운데서 보장되어야 한다는 인식이 관철된 것이라 하겠다.

이러한 국방의식과 국방책의 성격은 조선 후기에 이르면서 달라졌다. 조선 전기 이래의 전국적 전방위적 방어정책이 후퇴하고, 대신 開城·江華·廣州(南漢山) 등 도성 외곽지역, 즉 수도권 중심의 방위책으로 바뀐 것이었다. 이것은 전 국토를 방위하여 국민의 생활권을 확보해야 한다는 적극적인 국방의식과는 그 성격을 달리하는 것으로, 군비·국방에 대한 인식 자체의 변화를 뜻하는 것이었다. 물론 도성방위에 치중해야 할 표면적인 이유가 없지는 않았다. 壬亂 때는 도성을 쉽사리 포기하여 왕궁과 관부가 방화·파괴되었을 뿐만 아니라, 곧 이은 李适의 政變과 丁卯·丙子 胡亂 때도 도성이 유린되었다. 외적의 침입이 없었던 18세기 초에는 李麟佐의 兵亂이 일어나서 叛軍이 금방 서울을 위협할 기세에 놓이기도 하였다. 조선 후기에는 외적뿐만이 아니라 내부 반란 세력까지도 서울 도성의 안전을 위협했던 것이고, 이에 정부와 지배층의 처지에서는 국방과 치안의 양면에서 도성방비를 강화해야 할 충분한 이유가 있었던 셈이다.

사실 국방·치안 정책 또한 다른 정치현안과 마찬가지로 그때그때 국제정세나 국내 사회정황에 따라 민감한 변화를 보이게 마련이고, 그런 점에서 조선 후기 군비·방어책의 전환은 이 시기 사회·역사 발전의 추세가 그만큼 획기적인 것이었음을 반증하는 것이다. 또 국방·군사 문제가 정치적 이해관계와 집권세력·권력관계의 추이를 반영하는 것인 만큼 이에 대한 논자들의 견해를 보면, 국방을 오직 집권의 연장이나 기득권을 지키는 수단으로 생각하는 경우와 국민생활권의 보장과 민력동원의 최소화를 먼저 고려하는 경우로 크게 나뉘고, 나아가서는 이것이 보수와 진보라는 정치이념이나 노선의 차이로 나타나고 있었다. 실제로 조선 후기 국방의 중심이 수도권으로 이동하고, 이에 따른 軍門의 개폐를 거쳐 5軍營의 체제를 이루게 되었던 것은 이 시기 정권에 참여하였던 당파의 정치적 이해관계 때문이었다는 사실은 이미 잘 밝혀진 바이다.[1]

---

1) 육군본부 편, 『韓國軍制史 – 近世朝鮮後期篇』, 1977, 제1~3장 ; 李泰鎭, 『朝鮮後期의 政治와 軍營制變遷』, 한국연구원, 1985 참조.

　이 글에서는, 전국적 전방위적 방어개념이 수도권 중심 방어개념으로 전환하게 되었던 것은 전기의 안정된 중세 집권체제가 후기에 이르면서 그 해체과정에 접어들게 되었던 사정에 대응한 것이라는 시각에서, 수도권 중심 방어체제와 都城修築 문제의 추이과정을 주로 검토하려고 한다. 이를 통하여 양반 지배층 중심의 국방의식·국방체제가 해체되고 국가·민생 본위의 그것으로 이행해가는 사정과 그 의의를 확인해보려는 것이다. 이를 위해서 먼저 關防體制가 전기에서 후기로 이행하는 과정에서 일어나는 성격변화를 간략히 살피고, 이어서 후기 關防과 관련한 국방론의 분화현상을 柳馨遠과 韓元震의 경우를 통해서 확인한 다음, 18세기 전반 肅宗·英祖 연간의 都城과 北漢山城 수축과정에서는 그러한 논의들이 어떻게 반영되고 실현되어 가는지를 주목하기로 한다. 특히 이와 관련해서 드러나는 새로운 사회계층의 성장, 이를 대변하는 정치세력·학문·사상의 분화, 정부와 지배층의 對農民認識의 변화 등에도 유념할 필요가 있을 것이다.

2. 關防體制와 朝鮮 後期 國防策

　우리나라는 고대시기부터 關防 위주의 국방체제를 하나의 전통으로 삼아왔다. 삼국 사이의 항쟁에서도 그랬거니와 隋·唐軍의 거듭된 침입이나 몽고와의 항전에서도 관방이 적극 활용되었다. 고려 말기의 紅巾賊이나 倭寇에 대한 방어책도 관방과 관련이 깊었다. 관방의 전통은 실로 '東夷善守城'이라는 말이 가리키듯이 산지의 기복이 많고 대륙에 연결된 지리적 여건을 잘 반영한 것이었다. 그런가 하면 기동력을 발휘하여 외방으로 적극 진출하기를 꾀하기보다는 침입해오는 적을 맞아 싸워 격퇴함으로써 생활근거를 지켜내려는 수비·방어 일변도의 전략·전술을 전통으로 삼아온 것도 관방의 발달과 깊은 관련이 있어 보인다.[2]

조선왕조는 그 성립 초기부터 관방 중심의 방위체제를 지향하였다.3) 왕조와 지배세력이 바뀌고 대대적인 군사제도의 개편을 통하여 5衛制와 鎭管制를 축으로 하는 동원체제가 단계적으로 정비되는 가운데 방위시설로서 관방제의 의의는 움직일 수 없는 대전제였던 것이다. 관방이란, 요소에 험한 장애물을 설치하여 방어를 굳게 하는 것으로, 이를테면 도로가 모이는 곳이나 고갯마루의 좁은 목에 성곽을 쌓고 군사를 배치하여 외적의 침입에 대비하는 것이었다.4) 그러니까 지상에 축조하는 城柵·烟臺·墩臺 등이나 지하에 설치되는 溝池·塹壕와 같은 것이 지형지세의 형편에 따라 마련되는 관방 시설물의 일반적인 형태였다. 그 가운데서도 성곽은 가장 중시되고 널리 활용되어온 관방시설이었다. 지금도 전국 각처에 수많은 성곽의 유적이 흩어져 있고 그 가운데에는 시대를 달리하며 거듭 개축된 것도 적지 않음을 쉽게 볼 수 있다. 위치나 기능에 따라 邑城·都城·山城·行城이 있는가 하면 형태·축성방식·재료에 따라 그 명칭을 달리하며, 垓字·甕城·女墻·雉堞 등 여러 가지 부대시설이 있는 것도 당연한 일이었다.

외적의 방어시설인 성곽은 흔히 산성이 아니면 읍성으로 불렸다. 이를테면, "各道 各官은 3, 4息程의 거리 이내에 山城을 한 곳씩 설치하되, 舊基가 있는 곳이면 중수하고 없는 경우에는 適地를 물색해서 신축하고, 그 안에 창고를 두어 糧餉을 저장하고 위급한 때에 백성들의 부모처자로 하여금 모두 산성에 모이게 하면, 힘을 다해 지키며 흩어질 마음이 없어질 것"5)이라 함은 곧 산성의 경우였다. 태종 때 벌써 전국의 주

---

2) 이러한 인식은 영의정으로서 임진왜란을 치른 柳成龍이 "古者 虜之長技 在馬足 倭之長技 在短兵 在我城上 以弓矢制之而有餘矣"라고 술회함을 통해서도 잘 드러난다 (『萬機要覽』 軍政篇 4, 附 關防總論).

3) 조선시기 관방에 대해서는 車勇杰, 「朝鮮前期 關防施設의 整備過程」, 『韓國史論』 7, 국사편찬위원회, 1980 ; 車勇杰, 「朝鮮後期 關防施設의 變化過程」, 『韓國史論』 9, 국사편찬위원회, 1981 참조. 이 글의 '2. 關防體制와 조선 후기 國防策' 작성에는 이 두 논문을 주로 참조하였다.

4) 『萬機要覽』 軍政編 4, 關防.

요 산성 가운데 일부가 수축 또는 개축을 보게 되었고, 곧 이를 골자로 하는 備邊法을 채택하기에 이르렀다. 世宗은 특히 朝官들에게 制寇策을 올리라 하고 이를 평안도 도절제사에게 주어 현지 실정에 맞는 守禦長策을 마련하도록 했는데 결국 城柵을 강화하는 관방체제였던 것이고, 다시 成宗 때는 各官 守令들의 擧行事目을 통하여 3년마다 관내의 산성을 修補하도록 定制化하였다.[6]

관방은 국경지역에 한정하거나 또는 산성에만 의존해서 해결될 일이 아니었다. 세종대부터 성종대에 걸쳐서는 安州·平壤이나 咸興·永興을 거쳐 京都에 닿는 要路와 蔚山으로부터 東萊·晉州·順天·羅州를 거쳐 唐津에 이르기까지 서남 연해지역의 요소에 많은 읍성을 수축하게 되었는데, 이는 국경을 넘어 내륙에 진입한 외적이나 연해로 접근하는 倭賊에 대비하려는 것이었다.[7] 본시 府·牧·郡·縣의 治所란 행정·치안은 물론이고 교통의 요지, 인구의 집중지인 경우가 많았으므로 이러한 곳은 의례히 읍성이라는 이름의 성곽이 조성되게 마련이었지만, 특히 왕조 초기에는 군사상의 이유에서도 읍성이 주목되었던 것이다.

아무튼 조선 초기에는 산성·행성 또는 읍성이 관방을 위한 정부의 주요 정책으로 적극 축조되었다. 물론 이러한 성곽들은 완전히 새롭게 조성되는 것이 아니었다. 대개는 고려 말기 舊城의 수축, 즉 頹圮處를 보수하거나 土築이었던 것을 石材로 고쳐 쌓거나, 협소한 것을 넓히거나, 또는 입지가 더 좋은 곳으로 옮겨 쌓는 경우가 많았다. 성내에는 비상시에 대비하는 軍倉과 井泉 등의 식수원을 확보하고 垓子와 甕城을 설치하거나 성곽의 높이, 女墻의 규모와 간격 등 規式을 강화하는 일도 병행되었다. 또 여기에는 많은 인력과 물자, 토목기술이 소요되고 監役

---

5) 『太宗實錄』 卷26, 太宗 13년 7월 戊戌.

6) 車勇杰, 앞의 글, 1980, 85~88쪽 참조.

7) 재위 2년의 짧았던 文宗代에도 전라도 지역에 스무 곳의 성곽이 修改되었다(車勇杰, 앞의 글, 1980, 120~122쪽 참조).

의 책임도 컸지만, 무엇보다도 賦役勞動에 의존하는 만큼 농민부담이 클 수밖에 없었으므로 役力動員에 효율을 높일 방안을 여러 가지로 모색해야만 했다.

관방정책은 왕조 초기 변방개척에 따른 영역의 확대와도 밀접히 관련되었다. 6鎭·4郡을 설치하고, 여기에 주로 三南의 民戶를 入居시키는 徙民策을 여러 차례 계획적으로 실시했음이 그것이었다. 변경의 확대는 이곳에 강제 徙民되거나 赴防의 役을 져야하는 농민들에게는 더없이 큰 괴로움이었지만, 국가적으로 보면 고조선·고구려의 옛 땅을 조금이라도 회복한 것이며 민족생활권이 그만큼 넓어진 것이기도 하였다. 또 이를 계기로 압록강과 두만강 연안에는 수많은 行城을 설치하게 됨으로써 국경방어를 위한 관방체제의 정비가 진일보하게 되었다.[8]

그리하여 內地에는 淸野入保할 산성을 갖추고, 外方 沿海邊은 읍성과 鎭堡를 설치하며, 북방 변경에는 口子(소규모 堡壘)를 연결하는 行城이 축조됨으로써 외적을 안팎에서 차단 방어하는 관방체제가 이루어졌다. 국가의 자존과 국민생활권을 확보하기 위한 수단이 국방이라면, 조선시기에는 군사조직의 근간인 5衛制와 鎭管制, 방위시설인 관방체제야말로 국방의 두 지주라고 할 수 있었다. 조선왕조는 초기부터 이러한 인력과 시설의 전국적인 배치를 통하여 변방과 후방, 중앙과 지방의 차별을 두지 않는 全方位 방어체계를 마련하였던 셈이다. 이로써 고려시기보다 한층 진전된 조선왕조의 집권체제에 대응하는 국방체제가 갖추어졌다고 할 수 있었다. 물론 수도 서울의 방위를 위해서 지방의 읍성보다 훨씬 더 크고 튼튼한 도성을 쌓고 5衛軍을 배치하였지만, 이 정도는 수도의 중요성에 비추어 결코 차별적인 방위편제라고 할 수는 없다.

壬辰倭亂을 치르면서 관방 중심의 방어체제는 커다란 충격을 받았다.

---

8) 6鎭·4郡의 설치경위와 변경 방어체제의 구축에 대해서는 宋炳基, 「東北·西北界의 收復」, 『한국사』 9, 국사편찬위원회, 1973 참조.

그러나 관방의 중요성은 여전히 강조되었고 실제로 관방은 보강되었다. 왜란의 피해와 타격은 여러 방면에 걸쳐 헤아릴 수 없었지만, 특히 관방의 경우 內地 성곽방어의 허점으로 말미암아 일단 상륙한 왜군을 要路에서 차단 저지하지 못한 것이 戰禍의 큰 요인이었다. 守城抗戰에 절실한 군량 등의 비축시설이 태부족이었던 것이나 주민들의 안전한 피난처를 확보하지 못했던 점들도 여기에 직결되는 문제점이었다. 왜군 방어태세에서 드러난 무기력성은 內地 山城의 경우만이 아니라 주력했던 沿海의 邑城에서도 더 나을 바가 별로 없었다. 축조된 지 200년 동안 전란을 겪어보지 못했던 都城 또한 이렇다할 전투 한번 없이 함락되기는 마찬가지였다.

그런가 하면 본디 산성과 읍성을 중심으로 하는 관방은 소규모 외적의 간헐적인 침입에 대비하는 데 주안점을 둔 것이었으므로 대규모의 병력이 일시에 공격해온 壬亂과 같은 상황에서는 적절한 대응책이 될 수 없다는 사실도 여실히 입증되었다. 더구나 왕조 초기에 적극 추진되었던 읍성의 수축은 外患도 없는 때에 民弊만 가중한다는 반대론에 밀려 16세기 이후에는 부진을 면치 못하였고 기왕에 정비되었던 산성들은 그나마 관리소홀로 퇴락해가는 상황에서 왜란을 맞은 것이었다.[9] 따라서 관방의 재검토가 불가피해진 것이었고, 관방제의 전면적인 재조정은 이러한 여러 문제점을 고려하는 위에서 이루어져야 할 일이었다.

정부와 지배층은 관방의 취약점을 인정하면서도 城池, 특히 산성의 유용성에 대해서는 전쟁과정을 통해서 더욱 확신을 갖게 되었다. 수많은 外侵을 겪으면서 얻은, 그래도 산성의 이점을 살려야 한다는 오랜 인식 탓이기도 하였지만, 실제로 幸州山城·九月山城·彌陀山城 등의 경우에서 확인되었듯이 산성전투가 평지의 읍성전투보다 유리했기 때문이었다. 예컨대 平地城은 얕아서 敵이 飛樓를 이용하여 조총사격을

---

9) 車勇杰, 앞의 글, 1981, 51~53쪽 참조.

해오면 아군은 거의 속수무책이었지만 산성은 그래도 地勢의 이점이 있었으므로 對敵防禦가 훨씬 쉬웠던 것이다. 전란의 와중에서도 산성의 수·개축이 꾸준히 계속된 것은 이 때문이기도 하였다.10)

종래 관방의 虛實을 따져서 새로운 정비책을 마련하는 데는 역시 柳成龍(1542~1607 ; 西厓)의 견해가 많이 참작되었다.11) 그는 왜군이 수축 주둔했던 산성을 예의 관찰하고, 또 중국 城制를 문헌적으로 검토함으로써 우리나라 城池의 단점을 보강하려고 생각하였다. 倭城의 경우 평시의 居城과 전투시의 산성 기능이 결합한 형태로서 地利를 잘 살려 견고하게 축조되어 소규모의 병력으로도 대규모 공격군을 방어할 수 있는 점에 주목하였다. 여기에 성곽 자체가 하나의 邑落일 뿐만 아니라 이른바 城下町을 형성하는 점도 관심을 끌었을 것이다.12) 그는 조총의 위력과 새로운 攻城裝備의 등장을 감안하고 있었다. 성벽과 女墻을 훨씬 높이고 여장 사이의 垜口를 좁히는 대신 銃眼을 촘촘하게 내고 적의 접근을 저지할 砲樓와 雉城·甕城 등을 증설하는 일이었다.13) 대규모 적병의 진로를 차단하기 위한 방편으로는 주요 교통로나 嶺路에 연결되는 險要處의 관방을 강화하고 대규모의 淸野入保가 가능하도록 산성을 확장 또는 固大化하는 방안도 마련되었다. 이를테면 東萊의 金井山城, 聞慶의 鳥嶺城, 善山의 金烏山城, 晉州의 矗石山城, 鏡城의 鏡城邑城 같은 경우가 그것이었다.

아무튼 임란의 수습과정에서도 산성 위주의 방어개념은 더 확고해졌다. 그리고 對倭防備가 강화되는 것과 함께 전방위적, 전국적 국방체제의 관철이라는 기본 원칙 또한 그 이전과 그다지 달라진 것이 없었다.

---

10) 전라도의 경우에 南原의 蛟龍山城, 井邑의 笠巖山城 등 다섯 곳의 주요 산성이 수축되었다(『宣祖實錄』 卷46, 宣祖 26년 12월 壬子).
11) 김호종, 「西厓 柳成龍의 國防思想」, 『退溪學』 2, 1990 참조.
12) 車勇杰, 앞의 글, 1981, 63~66쪽.
13) 『西厓集』 卷15, 山城說(丁酉冬) 참조.

그러나 이러한 정책은 곧 커다란 변동을 겪게 되었다. 집권세력의 권력
기반이 군사력과 밀착되는 것과도 관련해서 방위체제가 서울 도성과
그 주위인 경기 일원에 집중 강화되고 외방은 상대적으로 소홀해지는
방향으로 선회한 것이었다. 그 배경은 멀리 보면 임란의 수습문제와 연
결되는 것이었지만 직접적인 계기는 仁祖反正과 對中國政策의 전환에
있었다.

  잘 알려져 있듯이 인조반정의 논리는 光海君의 '悖倫', 즉 不孝와 不
忠이었다. 불효란 광해군이 仁穆大妃(宣祖의 繼妃)를 西宮에 유폐하고
친형(臨海君)과 배다른 동생(永昌大君)을 不道하게 죽였다는 것이며,
불충이란 오랑캐인 後金(淸)과 통교함으로써 왜란 때 援兵을 파견하여
'再造藩邦之恩威'를 끼쳐준 明나라를 배반했다는 지적이었다. 주자학의
綱常論과 華夷論이 반정의 근거논리가 된 것이다. 정권에서 소외되었던
西人들은 이렇게 강상론·명분론을 전면에 이끌어냄으로써 소수파 北
人세력이 지탱하던 광해군 정권을 간단히 붕괴시킨 것이다. 실로 강상
론은 양반 지배층이 전란으로 해이해진 신분질서와 그들의 실추된 권
위를 회복할 수 있는 최선의 수단이었다. 또 화이론이 본디 강상론을 국
제관계·문화의식에 적용한 데 지나지 않는 것이고 보면 반정과 집권의
명분은 오로지 강상론에서 끌어낸 것이기도 하였다. 이로써 우선 전후
수습에 대한 책임이나 사회적 불만을 광해군과 북인에게 떠넘겨버리고
지배층 일반의 결속을 다짐할 계기가 마련될 수 있었다.14)

  집권 뒤 반정세력의 정책 가운데 가장 크게 달라진 것은 무엇보다도

---

14) 반정이 양반 관인층을 포함한 사회 전반의 안정적인 지지와 호응을 얻었다고 보기
    는 어렵다. 반정에 대한 불만이나 再反正의 움직임이 없었던 것이 아니다. 사실 반정
    파는 광해군을 불효·불충으로 몰아 폐위했지만 그런 논리라면 반정파 스스로가 광
    해군에 대한 불충·반역을 저지른 것(자식이 아버지의 불효를 나무란다면 자식도 역
    시 마찬가지로 불효를 저지르게 되고 마는 것처럼)이었으므로 이러한 자기모순에서
    오는 제약을 벗어나기란 쉬운 일이 아니었다. 이것이 반정의 보수성이며 반정 뒤의
    정치·사회적 불안의 한 요인일 수 있었다.

明과 後金에 대한 등거리정책을 폐기하고 親明反淸으로 전환한 것이었다. 명분론을 천명한 그들로서는 너무도 당연한 일이었다. 그리고 친명반청의 입장을 분명히 하게 된 이상 후금을 대비하는 군사방어가 큰 과제로 떠오르게 되었다. 후금과 소강적 국면을 유지했던 광해군 시기에도 서북지방의 방비는 거듭 보강되었던 터였으므로 적대적 관계로 돌아선 상황에서는 더 말할 나위도 없는 일이었다.

여기에 대처하는 반정세력의 정책은 중앙군사력을 강화하는 것으로 나타났다. 먼저 반정에 동원되었던 일부 官軍과 私募軍은 국왕의 호위와 도성의 치안을 구실로 원상복귀되지 않은 채 반정세력의 권력기반으로서 잠정 묵인되었다. 이 군병은 對後金防備策이나 이괄의 변란 등 기회가 있을 때마다 정규 公兵의 편제로 확대 개편되고, 병력의 증강을 받아 독립 군영으로 성립되는 모태가 되었다.15) 예컨대 후금군을 開城 저지선에서 국왕의 親征으로 막는다는 전제로 출발한 御營廳, 서울에 가까운 水原과 경기 지방군의 통솔을 위해 설치한 摠戎廳, 南漢山城이 수축된 뒤에 守城軍을 중심으로 편성된 守禦廳, 그리고 서·남 항쟁기에 조성되었던 訓練別隊와 精抄軍을 통합한 禁衛營이 그것으로, 여기에 임란 중 三手兵을 근간으로 편성되었던 訓練都監을 합하여 5軍營이라고 부르게 되었다. 5군영의 위수지역은 도성을 중심으로 開城·廣州(남한산)·水原·江都(江華)를 연결하는 선으로 예상되었다.

5군영이 도성방위를 주목적으로 하는 중앙군이라는 점에서는 조선전기의 5衛에 대응하는 것으로 볼 수 있지만 그 성격이나 의의는 자못 다른 바가 있었다. 5위체제는 왕조성립 초기 공신들의 私兵的 기반을 해소하고 齊民皆兵의 원칙 아래 병조판서가 모든 지휘권을 장악함으로써 국왕에게 직속하는 집권국가의 公兵體制였다. 이에 반해서 5군영은

---

15) 李泰鎭,「中央五軍營의 成立過程」,『韓國軍制史－近世朝鮮後期篇』, 육군본부, 1977, 73~75쪽 참조.

일단 공병체제를 지향하면서도 반정공신들의 사병적 기반을 부정하지 못한 채, 각 군영의 지휘권이 독립하여 개별적으로 국왕에게 연결되었을 뿐만 아니라 병력도 私募當直의 有祿兵과 徵番赴防의 無祿兵으로 이원화되어 있는 등 제각각이었다. 또 전자가 중앙군으로서 지방 진관제와의 균형을 전제로 하고 집권체제에 대응하는 전국적 방위체계의 일환으로 편제된 것임에 비하여, 후자는 순전히 후금의 침입과 반정 뒤의 정치·사회적 불안에 대비하여 도성과 외곽방어에 치중한 점에서 국가와 국토의 전방위적 방비태세와는 일정한 거리가 있는 것이었다.

그리하여 5군영제는 5위제와는 다른 여러 가지 문제점과 한계를 드러내게 되었다. 이를테면, "인조반정의 勳臣들이 모두 무신들이었고, 또 마침 변방에 근심거리가 많아서 널리 兵衆을 모아들여 저마다 門戶를 세우고 저마다 깃발과 북을 오로지 하니 여섯 일곱에 이르는 軍門이 都城에 布列해 있다. 재상으로 권력 있는 자가 軍門 하나도 거느리지 못하면 수치로 여기게 되고 집에 들어앉아서도 兵戎을 統率하니 家兵의 舊弊가 모두 되살아나서 節度를 거역함이 여기서 싹트게 되었다"16)는 정부 대신의 우려는 그러한 사정을 전하는 것이라 하겠다. 또 군영마다 제각기 장정을 모집해 들이고 이에 소요되는 재원조달을 위해서 屯田을 확대하며 田稅를 가로채고 貿販殖利를 다툼으로써 국가재정이 쪼그러들고 민생이 疾苦에 허덕이게 되었다는 비판 또한 그와 맥락을 같이 하는 것이었다.17) 이것은 丙子胡亂을 겪고 30여 년이 지난 시기의 실정인데 復讐雪恥, 곧 北伐을 위해 군비를 기르자고 切齒腐心하는 듯했지만 실제로는 서·남 당파 사이에 정쟁이 더 치열해지는 상황이었고, 이때의 軍營들이란 北伐計劃이나 국방이 우선이었다기보다는 정권안정을 위한 국내 치안유지용이 아니면 반대 당파를 견제하기 위한 물리적

---

16) 『顯宗改修實錄』 卷22, 顯宗 11년 7월 壬戌.
17) 金駿錫, 「許穆의 反北伐論과 農民保護對策」, 『島巖柳豊淵博士回甲紀念論文集』, 1991 참조.

수단 그 이상이 아니었던 것이다.

아무튼 인조반정 뒤 집권세력은 자신들의 정권창출의 기초였던 反正軍의 개편을 통하여 중앙군영을 확대해갔다. 그리하여 당시 국방의 최대 당면과제는 후금의 침입에 대비하는 것이었으나, 그것이 국왕의 江都入據를 전제로 하거나 남한산성의 방어를 강화하는 수준에 머물렀던 점에서 궁극적으로는 都城 抛棄戰略일 수밖에 없었다. 병자호란에서는 그나마 있던 방략조차 크게 차질을 초래함으로써 국가적 굴욕을 감수해야만 했고, 결국 서울 도성과 경기 일원을 중심으로 한 방위체제는 반정세력의 권력방어 장치에 지나지 않는 것이었음이 입증된 셈이었다.

3. 國防論의 두 흐름 — 柳馨遠과 韓元震의 경우

청나라와의 전쟁 뒤에도 수도권 중심의 방위개념은 전혀 흔들리지 않았다. 5군영체제가 확립되어간 사정을 보면 가시적으로는 더욱 강화된 것이었다. 국내 치안의 유지, 또는 정권의 안전장치인 군비의 중요성이 그만큼 주목되는 상황이었다고 해야 할 것이다. 그러나 바로 이 시기, 즉 兩亂의 수습을 위한 國家再造期에는 사회·경제 정책론이나 정치운영론·정치사상에서 그러했듯이 국방론에서도 또한 크게 두 가지 서로 다른 견해가 나뉘고 있었다. 하나는 특정지역 방위론(또는 지역차별 방어론)이라면 다른 하나는 留城戰守論(거점·읍성 고수론)이었다. 전자를 대개 봉건정부와 양반 지배층을 위주로 하고 전통적인 淸野入保와 邑城·都城 포기전략과 맥을 같이 하는 것으로 본다면, 후자는 먼저 민생을 보장하는 위에서 民의 자발적인 참여에 의한 방위전략이라는 점에서 전방위적 농민적 입장의 국방론이라고 할 수 있었다. 17, 18세기 국방론·치안론의 이러한 분화는 말할 것도 없이 이 시기의 사회·경제가 변동 발전하는 가운데 새로이 성장하는 사회계층이 대두하고 이와 관련한 사회의식이 확대되고 진보적 사회사상이 형성된 데 기인한 것이었다. 요컨대 이제 양반층의 보수적인 국방론과 농민층·신흥계층의 진보적 국방·방위론이 양립하게 되었으므로, 조선 후기의 국방·방위 정책은 이렇게 서로 다른 두 논리의 상호관계 속에서 모색될 것이었다.

국내 치안유지를 우선으로 하는 보수적인 국방론은 영조 때 韓元震(1682~1751 ; 南塘)의 경우에서 보게 된다. 한원진은 內修外攘의 논리에서 兵事·武備를 중시하였다. 그는 18세기 전반기의 상황을 天災와 民窮·黨禍가 內潰와 外患에 직결될 것으로 파악하고, 국왕 영조에게 "지금 걱정거리는 대문 앞에 바짝 다가왔다고 하겠으니 며칠이나 한두 달 사이의 일이 될 것입니다. 만약 난리가 일어난다면 안에서는 土賊이 일어날 형세이며 밖에서는 강성한 외적이 반드시 들이닥칠 형세입니다"[18]라고 경고하였다. 내부의 반란세력과 외적의 침입을 동시에 경계해야 할 대상으로 본 것이었다. 이때는 戊申亂(1728) 무렵으로서 明火賊·邊山賊·海浪賊 등 이른바 '南中盜賊'이 농민층을 기반으로 무장조직을 갖추고 대낮에도 횡행하며 連歲匈荒을 틈타 크게 변란을 일으킬 것으로 우려되던 때였다. 그러므로 한원진이 정말 걱정한 것은 외적이 아니라 土賊으로 일컫은 群盜, 국내의 소외계층과 정치 불만 세력의 동향이었다.

그는 이들이 內亂·內盜로 그치는 것이 아니라 외적과 內應하여 離叛勢力化할 수도 있음을 가정하고, 그 구체적인 경계의 대상으로 良民의 偏苦를 구제하겠다고 선동하는 자, 文武差別에 불만이 있는 實務武官, 嫡庶差別로 여러 제약을 받고 있는 庶孼, 築城을 비롯한 각종 부역에 동원되는 僧徒 등을 꼽았다. 말하자면 내란이나 政變의 단서를 사전에 제거 예방하기 위한 동향파악이었던 셈인데, 이는 당시의 사회분

---

18) 『南塘集』, 拾遺 卷2, 封事.

위기를 정확하게 인식한 것이라고 할 수 있었다. 또 현실의 폐단을 적극적으로 개혁하기보다는 농민층의 저항이나 사회적 불만계층을 不穩視하였던 당시 집권층의 시각과 입장을 그대로 대변하는 것이기도 하였다.[19)]

이러한 상황인식은 그의 국방론에도 그대로 반영되었다. 먼저 국가방위에서 지역적 차별은 불가피한 것으로 생각하였다. 천하 국가의 保全 여부는 그 형세를 바로 알고 활용하기에 달렸다는 일종의 形勢論을 내세워 우리나라를 三南과 西北의 두 지역으로 나눈 다음 각각을 본체와 울타리의 관계로 설정하였다. 이때 지역을 나누는 기준이 토지나 인구에 있지 않고 양반사족의 많고 적음에 있었던 점이 주목된다. 즉 三南은 국가의 人才와 財用이 나오는 士族·世家의 거주처임에 비해서 西北은 사족·세가가 드물뿐더러 인심이 메마르고 외적에 대한 방비가 어렵다는 것이었다. 또 三南 가운데서도 湖西(충청)는 서울을 輔衛하고 嶺·湖南에서 西北에 이르는 남북의 길목이므로 호서의 방어가 곧 전국의 안정에 직결되는 것으로 보았다. 다시 호서의 요충으로 靑川縣과 內浦의 9개 郡縣을 꼽았는데, 공교롭게도 청천은 그의 宗師 宋時烈이 寓居 講學하던 곳이고 내포는 자신의 本鄕地였다. 한원진의 국토에 대한 내외경중론은 곧 신분차등 의식이 지역차등론으로 바뀐 것으로 보인다. 그리고 지역차등론은 당연히 국가방위 정책에도 그대로 적용될 것이었다. 이는 보수지배층의 의식성향을 반영한 것이었는데, 1811~1812년 평안도농민전쟁의 한 원인으로 西北人에 대한 차별과 소외가 지적된 사실로써 여실히 입증된 바라 하겠다.

한원진은 그 당시 '知兵者'로 알려진 만큼 군사에 관심이 많았고 따

---

19) 이 시기 기층민중의 저항적 태세에 대해서는 鄭奭鍾, 『朝鮮後期 社會變動硏究』, 일조각, 1983 참조. 17, 18세기에는 鄕約의 적극적인 시행은 말할 것 없고 號牌法·五家作統法과 같이 주민을 토지에 緊縛하는 행정적 강제력이 강화될 수밖에 없었던 까닭이 농민의 流離逃散에 따른 賦稅源의 缺縮 때문이기도 했지만, 다른 한편에는 그들이 群盜·火賊으로 돌변하고 作黨變亂할 것을 더 우려한 측면도 있었다.

라서 국방 관련 언급도 적지 않았다. 예컨대 用兵에는 人和와 得人心이 최우선이라면서 노・소 당쟁에서 소론을 물리치도록 강조하는가 하면, 5군영제의 운영에는 이렇다할 지적이 없이 오히려 番上立役하는 御營軍을 兵農一致의 현실적 방법이라고 보고 計民授田하던 원래 의미의 병농일치는 실현 불가능한 것으로 여겼다. 그는 『懲毖錄』의 내용을 검토하여 유성룡의 왜군방어에 실책이 많았음을 누누이 열거하고, 李珥의 十萬養兵論이나 趙憲의 軍兵策을 묵살한 것은 잘못이라면서 병자호란의 참패 원인 또한 壬亂 뒤에 전쟁패배의 책임이 밝혀지지 않았기 때문으로 돌렸다. 철저히 西人 黨人의 입장에 서서 東人政權을 비판 공격한 것이라 하겠다. 그에게서 또 주목되는 것은 도성방위의 중요성을 강조한 점이다. 두 차례의 전란에서 去邠之計, 즉 도성을 포기하는 전략으로 일관했기 때문에 根本之地인 서울의 인심이 흩어지는 큰 잘못을 저질렀다는 것이다. 이때 서울의 방어는 도성이나 왕궁의 좁은 범위가 아니라 한강・임진강・강화 등 서울 외곽거점의 확보를 전제로 하는 것이었다.[20]

　이렇게 보면 한원진은 18세기 전반기의 사회변동을 역사의 발전적 趨向으로 받아들이기보다는 사회 불만세력에 의한 체제전복의 위기상황으로 인식하고 국가방위도 이에 대비하는 차원에서 이루어져야 할 것으로 생각했음이 분명하다. 즉 외적방비에 우선해서 국내치안책을 확립하되, 그것은 양반사족의 근거지와 그 물적 기반이 집중해 있는 지역을 차등적으로 순위를 나누고 그 순위에 따라 방비를 갖추는 일이었다. 그런 뜻에서 도성의 방비는 최우선이 되고 이를 위해 서울 외곽의 군사적 거점은 일층 강화되어야 했으며, 5군영제에서 드러났듯이 군사력과 방어시설의 서울 집중으로 말미암아 일어나는 여러 가지 문제점은 불

---

20) 한원진의 국방론과 치안의식에 대해서는 金駿錫, 「韓元震의 均賦均稅論과 治安對策」, 『于江權兌遠敎授定年紀念論叢』, 1994 참조.

가피한 것으로 인정해야 했다. 그런데 한원진은 조선 후기 정통 주자학의 영수 송시열의 嫡傳弟子로서 18세기 후반 老論 一黨의 專權政治가 출현할 수 있었던 정치이론을 이끌어낸 핵심적인 유학자였다.[21] 그러므로 그의 국방론은 이 시기 노론을 비롯한 보수 양반층의 국방·치안 의식 일반을 대변한다고 보아도 무리가 없다.

한편 국가적 농민적 입장을 우선하는 국방론은 柳馨遠(1622~1673 ; 磻溪)에게서 볼 수 있다. 유형원은 잘 알려져 있듯이 兩亂으로 피폐해진 사회·경제·정치 전반의 개혁방략을 國家再造의 차원에서 제시한 실학자였다. 그는 在京 양반사족으로서 열려있는 벼슬길을 마다하고 초야에 퇴거하여 농업과 농민의 처지에서 사회현실을 분석하고 문제의 해결책을 모색하였으므로 국방·군사에 관한 견해 또한 정부와 보수적인 양반·관인층의 그것과 대비되기에 충분한 것이었다.

유형원은 민생과 국가경제가 토지에 뿌리를 두며 토지의 산물로써 꾸려진다는 점에 유념하여 모든 개혁안을 토지문제와 관련시켜 마련하였다. 때문에 그의 국방론이 명실상부한 兵農一致를 지향하게 된 것은 너무도 당연한 일이었으며, 국방의 궁극적 의의 또한 농민을 근간으로 농민 스스로 토지를 지킨다는 데 두었다. 실로 농민과 토지가 보호된다면 그 나머지는 지켜지지 않을 것이 없다는 생각이었다.

병농일치란 均田制的인 土地分給制의 테두리 안에서 '以田出兵'·'給田定兵'으로 표현되는 바, 노동력에 따라 생계수단인 토지를 지급해주고 이를 근거로 兵丁을 차출하는 것이므로 생계수단의 보장이 못되는 保法制 아래의 番上立役과는 그 개념이 자못 달랐다. 그리하여 농민의 자립화를 전제로 하는 以田出兵制는, 농민경제를 피폐시키고 국방·군사의 空洞化를 초래하는 軍役代立이나 放軍收布의 폐단을 제거하는 데

---

21) 金駿錫, 「18세기 老論專權政治論의 구조－韓元震의 朋黨意識과 君主聖學論」, 『湖西史學』 18, 1990.

최선의 대안이 될 수 있었다. 뿐만 아니라 이 제도에서는 同鄕人이면 같은 隊伍에 編制되기 때문에 결속이 견고하여 "以守則固 以戰則勝"[22] 하게 마련이라는 큰 장점도 있었다.

以田出兵制와 직결되는 방어개념이 바로 留城戰守策이었다. 유형원은 두 차례 전란의 敗因을 분석하는 가운데 각 地境을 鎭守할 제도적 장치의 미비점에 주목하고 邑城 중심의 戰守策을 제시하였다. 그에 따르면 城郭은, "마치 人家에 울타리를 둘러쳐서 집안을 보호하듯이 도읍을 방위하는 시설"[23]이며 "禦暴保民之所"[24]라는 것이었다. 그는 특히 "城必爲邑居", 즉 城은 반드시 邑城·居城의 구실을 해야 한다는 관점에서 戰時만을 대비하기 위한 山城中心論이나 別設空城論에 반대하였다. 평소의 생활근거지를 먼저 지키는 방어대책이라야만 對敵 저항력이 최대로 발휘될 수 있고, 또 그만큼 방어도 쉽다는 이유에서였다.

邑城 중심의 방위책은, 영세한 郡縣을 통폐합하여 그 규모와 형세를 확대 강화할 것, 수령 밑에 부관을 두어 出陣과 留防의 임무를 수령과 분담하도록 할 것, 城池는 民力으로 수축하되 평시에는 軍民의 居城으로 戰時에는 防禦基地로 활용할 것, 그리고 군민은 각기 직분을 나누어 대비하되 그 功過에 따른 賞罰을 엄중히 할 것 등을 골자로 하였다. 이로써 從軍하는 正兵은 적병을 추격하는 일에만 전념하게 되고, 남은 保率父老들은 居邑留防함으로써 戰守의 經과 緯가 갖추어질 수 있다는 것이었다. 실로 以地爲本의 원리에 입각한 방위론이었다.

여기에 선행되어야 할 것이 여러 郡邑 城子(읍성)의 수축문제였다. 이 시기의 읍성들이란 비좁고 모양새를 갖추지 못한 데다가 그나마 崩頹하여 성곽의 제 기능을 기대할 수 없는 것이 현실이었기 때문이다.

---

22) 『磻溪隨錄』 卷1, 田制 上, 分田定稅節目.
　　『磻溪隨錄』 卷21, 兵制, 各道營鎭鎭管.
23) 『磻溪隨錄』 卷22, 兵制後錄, 城池.
24) 『磻溪隨錄』 卷24, 兵制後錄攷說, 城池.

비상시에 무용지물이기는 각처의 山城이 더 말할 나위가 없었다. 성곽은 몇 개 마을의 주민을 포용할 만큼 일정 규모 이상으로 높고 견고하여 적의 공격에 장기간 지탱할 수 있어야 했다. 그리하여 종래의 10개 城을 쌓는 힘을 한데 모아 비록 1개 城을 쌓더라도 제대로 된 성곽을 만들어야 한다는 것이 유형원의 주장이었다. 해마다 民勞만 소모하여 붕괴와 보수가 반복되는 임시방편적인 것이 아니라 노동력과 재력을 집중 투입하여 완벽한 성곽을 연차적으로 건설하자는 것이었다. 결국 피폐 쇠잔한 읍성을 적은 군사로 지켜야 하는 분산적 방어태세가 아니라 인구가 많고 物貨와 商賈가 모이는 융성한 巨邑, 군사적 巨鎭 위주의 집중 방어체제였다.

이러한 '平時邑城=戰時鎭堡'라는 발상에서 나온 읍성 중심 방위론은 고려나 조선 전기는 물론 임란 이후까지도 일관되어 오던 구태의연한 산성 중심의 방어책과는 그 개념을 매우 달리하였다. 그것은 먼저 兩亂 뒤 國家再造 방략의 일환으로 제기된 것이며, 이 시기의 인구증가와 서민층의 성장, 농업·상공업의 발전에 따른 사회·경제 변동을 전향적으로 수용한 방안이었다. 그러므로 그것은 종래처럼 강제 동원된 부역노동으로 城池가 수축되고 방비되는 것이 아니라 사회·경제적으로 성장한 주민들이 그들의 생존공간을 주체적으로 확보하려는 자발적 방어체제였다. 또 이렇게 되면 농민들은 作黨紛亂을 일으키는 경계의 대상이 아니라 官에 협력하고 지배층을 떠받치는 국가의 근본으로 파악되는 존재였다.[25]

이미 앞에서 살폈듯이 城池를 중심으로 하는 종래의 關防制는 番上 赴防과 淸野入保를 전제로 하는 방위개념이었다. 여기에서는 평상시의 거주지와 유사시의 入保地 또는 赴防地가 먼 거리에 떨어져 있거나 서

---

25) 유형원의 국방론에 대해서는 대개 金駿錫, 「柳馨遠의 政治·國防體制 改革論」, 『東方學志』 77·78·79 합집, 1993을 집약한 것임.

로 다른 환경조건일 수밖에 없었다. 또 入保를 위해서는 家舍·道具는 물론 짓던 농사마저 포기해야 하기 때문에 농민들에게는 비길 데 없는 손실과 艱苦가 따랐다. 난리가 났다 하면 男負女戴하고 깊은 산속으로 숨어 籠城하는 것이 능사였을 뿐, 생활기반이 거덜 나고 생명조차 부지할 길이 없게 되어도 달리 대안이 없었다. 수많은 내우외환에서 반복되어온 경험이었지만 정부나 지배층은 고식적으로 대처하는 길 이외에는 달리 관방제의 폐단을 개혁하려는 의지도 능력도 없어 보였다. 그나마 양란과 그 수습기에 이르러서는 국내의 치안, 정권유지를 위한 방편으로 도성 중심 방어체제만을 강화하기에 급급했던 것이다.[26]

　유형원의 留城戰守論은 이처럼 오랜 인습이 되어버린 關防制의 모순을 해결해보려는 시도로서 마련된 것이었다. 그러나 유성전수론이 순전히 그의 독창만은 아니었다. 그 스스로 각처의 성곽을 현지답사하고, 또 국내와 중국·일본 등의 성곽에 대해서도 널리 검토하고 있었지만 유성룡이 임란의 생생한 경험을 토대로 작성한 山城防禦論에서 참고한 바도 적지 않았다. 특히 15세기 중엽 梁誠之(1415~1482 ; 訥齋·松坡)의 備邊策은 유성전수론의 선구가 된다고 볼 수 있다.[27] 변방의 行城 축조는 방어력을 분산시킬 뿐이므로 대신 巨鎭을 중심으로 하는 要衝防禦에 주력하고 그 일환으로 州郡의 邑城을 강화하자는 것이 양성지 비변책의 골자였던 것이다. 아무튼 유형원의 국방론은 소수 지배층 위주의 소극적 방어가 아니라 민생을 본위로 하는 적극적 주체적 방어론이며 사회의 변동·발전을 선도하는 미래지향적인 국방의식에서 비롯된 것이라고 할 수 있다. 그리하여 그의 국방이념은 한두 세대 뒤의 鄭尙驥·李瀷·洪大容 등 실학자들의 견해와도 일정한 연관을 갖게 되었으며,

---

26) 유형원의 국방론에는 도성방위에 관해 따로 언급이 없다. 留城戰守策에 따라 전국의 농민들이 스스로 생명과 재산을 방어하고자 나선다면 이러한 국방체제 아래서는 구태여 강조하지 않아도 도성방위가 자연히 실현될 일이었기 때문이다.
27) 金鎬逸,「梁誠之의 關防論」,『韓國史論』7, 국사편찬위원회, 1980 참조.

先守後戰의 民間自衛를 본위로 하는 丁若鏞(1762~1836 ; 茶山·洌水)의 民堡防衛論의 선구가 될 수 있었다.[28]

4. 都城修築論의 전개와 國防意識의 전환

1394년 漢陽遷都와 함께 시작된 都城築造는 아마도 조선왕조 최대의 토목공사였을 것이다.[29] 白岳山·駱山·木覓山·仁王山을 잇는 총연장 59,500尺의 城域이 확정되고 임시 주무관청으로 都城築造都監이 설치되었다. 공사구간을 600尺씩 千字文의 순서에 따라 97구간으로 나누고 이를 경상·전라·강원도와 서북면의 安州 이남, 동북면의 咸興 이남에서 동원된 民丁 118,070명에게 분담시켰다. 여기에는 判事·使·判官 등의 책임과 감독체계가 마련되고 구역마다 감독자와 郡·縣名, 字號를 새겨 넣도록 하였다. 1396년 1월 9일부터 시작하여 2월 28일까지 49일 동안에 공사를 일단락 지었다. 높고 험한 곳은 15척 높이의 石築으로 총 19,200척, 낮고 평탄한 곳은 25척 높이(너비는 기저 24척, 상단 18척)의 土築으로 40,300척을 조성하였으며 興仁門 부근은 습지라 지반이 물러서 말뚝을 박고 돌을 채우는 기반공사 뒤에야 지상 부분의 축조가 가능하였다.

축성공사가 일단 끝난 뒤에도 장마로 유실된 곳을 복구하고 각 성문의 月團(虹霓)·門樓를 신축하는 등 부분적인 신·개축, 보수공사가 거듭되었음은 물론이고 그때마다 황해·충청도 또는 전라·경상도의 民丁이 동원되었다. 그러나 이미 축조된 성곽의 미비한 점이나 취약한 곳

---

28) 鄭景鉉, 「19세기의 새로운 國土防衛論─茶山의 民堡議를 중심으로」, 『韓國史論』 4, 서울대학교 국사학과, 1978 ; 趙珖, 「實學者의 國防意識」, 『韓國史論』 9, 국사편찬위원회, 1981 참조.
29) 조선 전기 도성의 수축경위는 申瀅鎬, 「都城」, 『서울六百年史』 1, 1977 ; 元永煥, 「都城」, 『서울六百年史─문화사적편』, 1987에 자세함.

에 대한 지적이 그치지 않았다. 공사의 규모나 동절기 50일도 안 되는 공사기간으로 미루어보아 수많은 문제점이 예상된 일이었다. 한편 "성곽은 나라의 襟袍(옷의 깃과 섶)로서 밖을 막고 안을 호위하는 것"30)이라든지, "나라의 도성은 私家의 울타리 같은 것"31)이라고 하는 바와 같이 도성의 중요성에 대한 인식도 높아지고 있었다. 도성의 개축에 가장 문제가 된 것은 막대한 인력의 동원과 이에 따르는 民苦였다. 풍년이 들기를 기다렸다가 農閑期를 이용하여 동원기간을 짧게 잡는 까닭이 여기에 있었다. 인력은 농민을 賦役으로 동원하는 것이었으므로 雇賃이 있을 턱이 없었고 노동의 효율이 높기도 어려웠다. 勞役과정에서 적지 않은 병자·사상자가 나고 酷寒에 시달려야 했을뿐더러, 路資를 비롯하여 식량을 포함한 모든 생활자료까지 自備自擔해야 하는 경제적 부담도 너무 컸다. 조정에서 도성개축의 필요성은 인정하면서도 논의가 분분하게 된 이유도 이것이었다.

그럼에도 1422년(세종 4) 정월에는 본격적인 개축공사에 들어가게 되었다. 이번에는 8도에서 32만여 명의 役軍과 2,200여 명의 工匠이 동원되었으며 각 지방 수령 150명을 포함한 감독인원도 370명이 넘었다. 부상자에 대한 救療體系와 凍死豫防에 특히 주의가 기울여지기도 했다 (그러나 畢役 뒤에 파악된 각 도 軍丁 사망자수가 872명이나 되었다). 공사는 예상보다 이틀을 앞당겨 38일 만에 완료되었다. 종래 土城 부분을 완전한 石城으로 개축하고, 높이도 지세에 따라 16척·20척·23척 등으로 높여 조절하였으며, 방어와 공격에 필요한 垜堞(女墻)을 설치하고 수문과 성문도 개수하였다. 성곽의 연장은 처음보다 2,200여 척을 더한 60,900척(약 17.35킬로미터) 정도로 늘어나고 수비와 관리를 위한 안팎의 도로도 개설되었다. 이때부터는 성곽의 보수·관리를 맡은 修城禁

---

30) 『世宗實錄』 卷13, 世宗 3년 8월 甲寅.
31) 『世宗實錄』 卷13, 世宗 3년 10월 壬寅.

火都監이 설치되고 都城衛나 都城警守所와 같은 수비기구도 점차 갖추
어졌다. 서울 도성은 이때의 대대적인 개축으로 도성다운 모습을 어느
정도 갖추게 되었다.

이렇게 해서 완성된 서울의 도성에 조선 전기의 200년 동안은 이렇다
할 외적의 침입이나 국내의 큰 변란이 없었다. 방어시설로서 기능이나
의의에 대해서도 별 문제가 생기지 않았다. 그러다가 壬辰·丙子 두 차
례 敵侵 때는 아무런 저항 한번 없이 도성을 내주게 되었다. 심지어는
이괄의 반란 때도 그러하였다. 근본적으로는 방어력 자체의 한계였지만
직접적으로는 전통적인 도성포기론이 우세했기 때문이었다.

그러나 병자호란을 치른 뒤로는 사정이 매우 달라졌다. 즉 江都—남
한산성에 주력하였던 종래의 방어 중심을 도성과 북한산성으로 옮기자
는 주장이 등장한 것이었다. 이는 방어개념의 중대 전환으로, 실로 도성
포기론에서 도성고수론으로의 선회를 뜻하는 것이기도 하였다. 물론 포
기론에서 한번에 즉시 고수론으로 급변한 것은 아니었다. 처음에는 도
성방어의 중요성이 제기되고 이어 도성 수축공사에 착수했으나, 중도에
북한산성 축조론이 강력히 대두하는 바람에 도성 공사는 완성을 못 본
채로 두고 오히려 북한산성 축조공사가 먼저 완결되었다. 그리고 그 뒤
를 이어서 본격적인 도성 공사가 다시 시작되었던 것이다. 종래의 도성
포기론과 새로이 대두하는 도성고수론이 치열하게 대립했던 것인데, 말
하자면 그 시기 정치운영이나 사회·경제 상황이 그토록 크게 변동하고
있었기 때문이다.

변화는 18세기에 막 들어선 숙종대의 후반부터 가시화되었다. 정치상
황은 庚申·己巳·甲戌 換局으로 이어지는 西·南 항쟁을 거치며 老·
少 사이의 小康政局이 지속되었지만, 흉년과 함께 癘疫이 만연하여 饑
民이 도성까지 몰려들고 각지에서 도적이 창궐하여 관아를 습격하는
사태가 일어나고 있었다. 이제껏 미루어오던 良役變通의 논의가 다시
활발해지고 釐正廳이 설치되어 良役의 減下조치를 단행하게 된 것은

이와 무관하지 않았다. 마침 禁衛·御營 兩廳의 番上이 자주 중지되고 훈련도감 군사의 助番이 관례화해가는 사정은 도성방어에 불안을 더하는 요인이 되었다.

이러한 가운데 먼저 북한산성 축조론이 제기되었다. 논자들은 청나라의 군사지원 요청이나 異樣船·海寇의 소식을 빌미로 외적에 대비해야 한다면서, 기왕의 江都는 水勢가 예전과 같지 않고 南漢의 孤城으로는 오래 지탱하기 어렵다는 점 등을 그 표면적인 이유로 내세웠다. 그러나 실제는 사회불안이 점증하여 내부의 반란으로 이어질지도 모른다는 위기감에서 축성론이 비롯된 것이었다.[32]

북한산성의 축조문제는 숙종 초기의 남인집권기에 잠시 제기되었고 그 중엽인 1702년(숙종 28)부터 본격 거론되었으나 도성수축론이 대두하면서 뒤로 밀리게 되었다. 그러다가 드디어 1711년(숙종 37) 4월에 공사에 착수하여 6개월 만에 일단락되었으므로 처음 논의에서 완공에 이르기까지 37년 이상 걸린 셈이었다.[33] 반대론이 만만치 않았기 때문이다. 찬성론은 대체로 江都나 남한산성이 비상시의 피난처가 못된다는 전제에서, 도성의 새로운 배후 의지처로 북한산성의 축조가 불가피하다는 데로 모아진 것이었다. 이에 대해 반대론은 북한산성을 믿고 도성을 쉽게 포기하게 될 가능성이 있다든지, 강화·남한산성을 포기할 수 없는 데다 북한산성과 도성을 함께 방위하기는 더 어렵다든지, 당장의 급한 일은 饑民의 구제이지 피난처의 마련이 아니라든지, 새로 성곽을 수축하면 청나라의 의혹을 사게 된다든지, 地理圖讖說을 들어 북한산의 水脈이 짧고 공사할 때 地脈을 손상하게 되리라든지 하는 등등의 이유를 들었다.[34] 이때 그 대안으로 도성수축론이 제기되자 국왕 숙종은 여

---

32) 李泰鎭,「三軍門 都城守備體制의 確立과 그 變遷」, 앞의 책, 1977, 174~176쪽 참조.

33) 북한산성의 축조경위에 대해서는 金龍國,「肅宗朝 北漢築城考」,『鄕土서울』8, 서울시사편찬위원회, 1960 ; 元永煥,「北漢山城」,『서울六百年史 - 문화사적편』, 1987 ; 李玼秀,「18세기 北漢山城의 축조와 經理廳」,『淸溪史學』8, 1991 ; 李泰鎭,「肅宗代 北漢山城의 축조와 그 의의」,『북한산성지표조사보고서』, 서울대, 1991 참조.

기에 즉각 찬동하였다. 숙종은 처음 북한산성 축조에 관심이 높았었는
데 도성수축론에도 마찬가지였던 것이다. 아마도 국왕 입장에서는 수도
의 치안문제가 누구보다도 심각하게 느껴졌기 때문일 것이다.

아무튼 북한산성 축조와 도성수축의 선·후 논란에서 도성수축을 우
선하기로 결정이 나고 1704년(숙종 30) 3월에 공사가 시작되었다. 앞서
태조·세종 때 축성에서 농민들의 賦役勞動에 의존했던 것과 달리 이
번에는 5軍營의 군사가 동원되었다. 또 새로 수축된 부분은 石材가 2척
정도의 네모꼴로 크기가 정연하고, 잔돌을 끼워 넣은 틈이 적으며, 벽면
이 수직에 가까워서 처음 축조된 부분보다 성곽이 더 견고해지고 기능
도 개선되었다. 그러나 인력과 재원 문제로 지지부진하다가 6년 뒤에야
공사가 일단락된 것으로 보인다.35)

도성의 수축이 이런 상태였던 것과는 달리 북한산성 축조문제가 일
단 재론되자 찬성론이 한층 적극성을 띠었다. 심지어는, 가뭄에도 마르
지 않는 우물이 30여 곳이나 되고, 성터의 주위가 30里로 도성 주민이
모두 들어가도 넉넉하며, 가까이에서 석재를 구하기 쉽고, 높이 쌓지 않
아도 방비에는 지장이 없으므로 유사시의 피난처로 이보다 더 좋은 곳
은 없다는 등 종래에는 불리한 조건이라고 지적되었던 문제점들을 찬
성론자들은 이제 유리한 이유로 열거하고 나섰다. 청나라의 海寇侵入說
도 일조했음은 물론이었다. 다만 이때 축성론의 관점이 아직 淸野入保
論에 가깝고 따라서 유사시의 도성포기를 전제로 하는 점이 주목된다
고 하겠다. 말하자면 도성고수에 대한 불안의식이 도성 수축공사의 지
지부진을 초래하였고 그 대안으로 북한산성 축조론이 설득력을 얻었던
셈이다.

---

34) 閔丙河, 「城郭」, 『서울六百年史』 2, 1978, 187~190쪽 ; 李玡秀, 앞의 글, 1991, 165~
    174쪽 참조.
35) 閔丙河, 앞의 글, 1978, 191~196쪽 ; 閔德植, 「朝鮮 肅宗代의 都城修築工事에 관한
    考察 – 城郭史的 측면을 중심으로」, 『白山學報』 44, 1994 참조.

그리하여 착공된 지 7개월 만에 연장 7,620步(21里 60步)의 성곽이 조성되었다. 공사는 訓練·禁衛·御營의 3軍門에서 맡고, 여기에 雇賃을 받는 募役軍과 각종 工匠 그리고 도성 주민들이 大·中·小의 戶等에 따라 각기 3명·2명·1명씩 賦役을 졌다. 부대시설로 국왕의 피난처소인 行宮을 비롯하여 城廊(수비군의 막사)·將臺·軍倉 등이 시설되고, 특히 산성의 관리기구로 經理廳(1711년, 숙종 37~1747년, 영조 23)이 설치되었다.36) 산성의 수비를 위해서는 10곳에 사찰을 짓고 승려들로 편성된 緇營을 두기로 하였다.

이렇게 18세기 초의 방어체제는 도성수축론과 북한산성 축조론으로 집약되는 가운데 '先都城 後北漢山城'으로 낙착을 본 것이었다. 그 결과 도성은 오랜 공사에도 불구하고 미완성으로 남은 채 북한산성이 먼저 완성되기에 이르렀다. 이는 조선 전기의 전방위 방어정책에서 수도권 중심 방어정책으로 이행하면서도 의연히 淸野入保의 산성방위론, 즉 도성포기론의 전통이 강하게 작용했기 때문으로 볼 수 있다. 그러나 이 과정에서 도성고수론, 이를테면 留城戰守論이 크게 진전된 양상에 주목할 필요가 있다. 그로부터 30여 년이 지나 영조대 중반에 들어서면서 도성의 수축과 방어 문제가 또 다시 거론될 수밖에 없었던 것은 이러한 유성전수론의 흐름 때문이었다고 하겠다.

논의는 많은 경비를 들이게 된 江華城의 개축문제에서 발단하였다. 유사시에 도성은 지킬 수 없고 江華로의 피난이 불가피하니 재정부담이 되더라도 강화 축성은 긴요하다는 견해와 비상시에도 도성을 포기해서는 안 되고, 또 실제로 방어할 수 있으므로 강화 축성은 필요성이 적다는 주장이 대립한 것이었다.37) 여기에 도성이 지나치게 넓고 인구는 밀집해 있으나 식량과 땔감의 저축이 부족한 데다 地勢上 성밖 높은

---

36) 李珤秀, 앞의 글, 1991 참조.
37) 『英祖實錄』 卷58, 英祖 19년 8월 癸酉.

곳에서 俯壓하면 성내의 虛實이 드러나기 쉽고 동쪽이 터져서 적을 막을 陂障이 없다는 등 도성방어의 불리한 점이 강조되기도 하였다. 이 또한 포기론과 고수론의 양립이었다.

이렇게 되자 국왕 영조의 결단이 논의를 주도하게 되었다. 즉 "한 번 도성을 버리면 도성의 백성은 (적의—필자) 魚肉이 될 터인데 내가 어찌 그럴 수 있겠는가. 도성을 지키는 것만 같지 않으니 이것은 나라를 둔 임금이 社稷을 위하여 죽는 義理이다"[38]라고 도성고수의 의지를 보인 것이다. 국왕의 입장에서는 비록 전략상 도성을 포기하는 것이라도 백성과 사직을 버리는 행위로 여기고 있음을 보여준다. 국왕의 도성방어 의지가 이러하니 양론으로 서로 맞섰던 조정의 논의는 자연히 도성고수 전략으로 방향이 잡혀갈 수밖에 없었다. 국방론의 흐름에서 실로 커다란 전환의 계기가 마련된 셈이었다.

이리하여 영조대에 다시 도성수축이 시작되었다. 공사는 역시 訓練·禁衛·御營의 3軍門이 분담하였다. 그러나 본격적인 것이었다기보다는 40여 곳의 頹圮處를 수축하고 肅靖門(북문)과 光熙門(남소문) 사이에 雉城이 새로 시설된 것 말고는 城堞에 石灰를 보강하는 정도의 것이었다. 수축공사는 1년여가 지난 1746년(영조 22) 7월에 완료되었다. 그리고 1751년(영조 27)에는 「御製守城綸音」과 「都城三軍門分界圖」, 「都城三軍門分界總錄」, 「守城節目」을 한데 묶은 守城冊子가 반포되었다.[39]

먼저 「어제수성윤음」에서는 도성수비가 국가적 重大事라는 것, 都城民이면 누구나 소속된 군문과 담당구역이 정해져 있음을 숙지하라는 것, 유사시 모든 도성민은 해당 部官의 지휘 아래 弓矢·銃砲를 비롯한 병장기를 휴대하고 登城해야 한다는 것, 국왕은 與萬民同心·爲民守城할

―――――――――――――――

38) 『英祖實錄』卷56, 英祖 18년 10월 己亥. 영조는 그 1년 뒤에도, "有難則予何忍棄吾赤子而去乎 都城 斷不可棄也"(『英祖實錄』卷58, 英祖 19년 8월 癸酉)라는 다짐을 보였다.

39) 閔丙河, 앞의 글, 1978, 200~204쪽 참조.

지언정 맹세코 도성민을 버리지 않으리라는 것 등 국왕과 정부의 도성고수 의지를 중외에 선포하고 그 원칙을 명시하였다.[40] 다음으로 「도성삼군문분계도」와 「도성삼군문분계총록」은 도성의 행정구역과 주요 시설, 각 군문의 관할구역, 그리고 각 部·坊·契 주민의 군문별 分屬을 밝힌 것이고, 「수성절목」은 守城 때의 民戶分排나 實行守則 등을 9개 조목으로 열거한 것이다.[41] 요컨대 수성책자는 도성고수의 원칙을 천명하고 도성수비 군문의 지휘체계와 주민의 구역전담 방식을 결합하여 유사시에 전 도성민을 방어임무에 동원할 수 있도록 규정한 것이었다.

물론 수성책자에서 한성 도민을 상세하게 파악하고 官의 지도 아래 방어임무에 응하도록 명시한 점을 보면 종래의 號牌法이나 五家統法과 같은 주민통제 장치이며 강제적 동원체제라는 측면이 전혀 없는 것은 아니다. 그러나 그보다는 이 시기 사회·경제적으로 성장하는 도성 주민의 정치·군사 의식과 이를 정치운영이나 정책과정에서 적극적으로 반영하려는 정치권의 동향에 주목해서 생각할 필요가 있을 것이다. 다시 말하면 도성고수 정책은 국왕 영조와 몇몇 측근의 결단만으로 현실화된 것이 아니라, 오히려 이 시기 새롭게 성장하는 상공업자 등 도시 신흥계층과 그들의 현실의식이 그러한 변화의 동력으로 작용할 수 있었다는 것이다.[42] 均役法도 바로 이 무렵에 실현되었음은 결코 우연이

---

40) 『英祖實錄』 卷74, 英祖 27년 9월 甲戌.
　　『承政院日記』 乾隆 16년 9월 11일.
　　『備邊司謄錄』 英祖 辛未 9월 21일.
41) 『英祖實錄』 卷64, 英祖 22년 12월 丁卯.
　　『英祖實錄』 卷65, 英祖 23년 2월 乙丑.
　　『承政院日記』 乾隆 11년 12월 6일.
　　『承政院日記』 乾隆 12년 2월 5·9일.
　　『備邊司謄錄』 英祖 丁卯 4월 18·19일 참조.
42) 특히 「守城節目」의 제9항에는 매호마다 老弱을 제외하고 전·현직의 양반·관인을 포함한 儒生·出身·雜科·閑人도 하나같이 登陴해야 한다고 명시하고 있다. 이는 일단 신분을 초월한 都民의 동원을 지향한 것이며, 도민을 통제하기보다는 자발적 참여를 기대한 것으로 볼 수 있다.

아닐 것이다. 또 그런 가운데서 일찍이 유형원이 제시하였던 유성전수론이 검토될 수도 있었을 것이다.[43]

사실 도성을 견고히 수축하고 성내의 주민을 방어인력으로 동원하자는 의견은 이미 숙종대 후반에 북한산성의 축성을 반대하는 주장과 함께 나오고 있었다. 즉 "守城의 방도는 山谷의 險隘에 있는 것이 아니라 民心을 얻는 데 있음에도 불구하고 조정에서는 도성을 지키기 어렵다 하여 북한산성에 들어가버린다면 이는 백성들을 지킬 수 없는 땅에 버려두어 조만간에 적의 魚肉이 되기를 기다리는 것과 같으니 이러고서야 국가가 백성들에게 어떻게 은혜와 신의를 보이겠는가"[44]라는 지적이었다. 그런가 하면 內守와 外禦를 총체적으로 고려하는 위에서 도성 고수책을 구체적으로 제시한 논자도 있었고,[45] 더욱 적극적으로는 "守都의 이로움 다섯 가지와 去邪, 즉 도성포기의 해로움 다섯 가지"를[46] 정리하여 제기한 논자도 있었다. 결국 이제는 정부가 구태여 山城入保하기보다는 도성을 고수하는 방략으로 나가야 한다는 것, 그러기 위해서 都城民에게 信義를 보이는 적극적인 자세가 필요하다는 것이었다. 이는 정부와 지배층 일각에서 주민의 지지를 기반으로 하는 국방론으로 선회하고 있는 것으로, 말하자면 종래의 일방적인 官 주도 국방책에

---

43) 이 무렵 梁得中·權樀 등의 건의를 받아들여『磻溪隨錄』이 印刊되었다(『英祖實錄』卷53, 英祖 17년 2월 戊午 ;『英祖實錄』卷71, 英祖 26년 6월 庚寅 ;『英祖實錄』卷113, 英祖 45년 11월 己丑 참조).

44)『肅宗實錄』卷38 上, 肅宗 29년 3월 乙亥.

45) 司直 李光迪의 '內守七策 外禦六策'이 그것인데, 이를테면 안으로 도성 주위 地勢의 활용, 江倉의 城內移入, 도성 안 坊民의 軍門分屬, 糧餉의 預蓄, 社倉法을 응용한 坊民 중심의 穀契結成, 南漢·江華城의 보강 등이고, 밖으로는 畿內關隘·諸道關防·安興設鎭·巡撫海防·畿內信地·北關烽燧를 강화하는 일이었다(『肅宗實錄』卷49, 肅宗 36년 10월 甲子).

46) 이는 副提學 趙泰老의 건의였는데, 그 가운데는 "都下民人 萬口一辭 咸願守城 不願 去邪 …… 守都則庶民自來 如趨父事 去邪則一出都門 赤子魚肉 …… 守都則粮餉可 繼 器械足用 去邪則我無所資 而終爲藉寇之歸 …… 守都則上下男丁 殆將十萬 分守 城堞 各懷死守之志 去邪則百官亦未必盡從 環衛之疎虞 勢所必至"(『肅宗實錄』卷49, 肅宗 36년 10월 乙亥)라 하여 都民의 死守意志를 이끌어낼 것을 특히 강조하였다.

서 민간참여 방어체제로 전환을 뜻하는 것이었다. 또 이는 도성민의 적극적인 自衛意識을 정부와 지배층이 수용하는 데서 가능한 것이기도 하였다.

아무튼 영조의 도성고수 정책은 일단 숙종대 朝臣들의 의견을 30년 뒤에 수용하여 수립된 것이었다. 그리고 그러한 국방책, 도성방비 태세의 결정에는 무엇보다도 이 무렵 사회·경제적으로 성장한 도성 주민의 의지가 작용한 것이라고 할 수 있다.

사실 18세기 중엽의 서울 도성에는 한마디로 도시적 양상이 크게 확산되고 있었다. 이 시기 도성의 인구가 증가하고 상업적 분위기가 한층 성숙하였던 사실에 주목할 필요가 있다. 兩亂 이후로 10만 명에 밑돌던 도성의 인구가 1660년대에 들어선 顯宗代부터는 거의 두 배로 급증하고, 그 뒤 18세기 말까지는 14만 명에서 19만여 명에 이르는 인구가 유지되었다.47) 이러한 17세기 중엽의 인구폭증 현상은 피난했던 도성 거주민의 귀환이라든지, 인구조사의 철저화에 따른 누락자 수괄 등의 요인이 없었던 것은 아니지만,48) 그보다는 아무래도 외부로부터 유입을 가장 큰 이유로 꼽아야 할 것이다.

실제로 인구유입 요인은 여러 가지가 있었다. 두 차례의 대전란에서 파괴된 도시의 재건책이 추진되는 가운데 도성 주민의 생활근거가 확대 안정되어가고 있었던 서울 자체의 사정을 우선 예상할 수 있다. 특히 이 시기 농업경제의 발달, 농촌사회의 분해와 맞물려 농토로부터 이탈

---

47) 『增補文獻備考』 卷161, 戶口考 1, 張13~25(영인본 中, 884~890쪽) 참조. 이는 그 다음 19세기의 인구가 20여만 명을 조금 웃도는 수준에서 이렇다 할 기복 없이 유지되었던 사정과 좋은 대조가 된다.

48) 통계상 이 시기 서울 인구의 증가요인으로는, 정부의 호구통계 조사능력의 제고(金甲周, 「18세기 서울의 都市生活의 一樣相−陸契를 중심으로」, 『東國大論文集』 23, 1984, 217~218쪽), 戶口의 파악방식이 編戶에서 自然戶로 전환한 사실(조성윤, 「조선후기 서울주민의 신분구조와 그 변화」, 연세대학교 박사학위논문, 1992, 44쪽), 서울 城底地域이 京中 5部로 편입된 사실(孫禎睦, 『朝鮮時代 都市社會研究』, 일지사, 1977, 159쪽) 등을 들기도 한다. 그러나 도성 인구증가의 원인은 이러한 기술적 제도적 측면보다도 사회·경제 변동의 측면에서 찾는 데에 그 의의가 있을 것이다.

하는 농업인구가 새로운 생활수단을 찾아 도시·광산·포구 등 임노동의 수요가 있는 지역으로 이동하게 되고, 서울은 이러한 流離民의 집중지역이 될 수 있었을 것이다. 또 조선 후기에는 국방책의 전환과 중앙군영 체제의 강화와 더불어 廩料를 지급받는 일종의 직업군인이 크게 증가하는데 이들은 부양가족을 동반하고 있었다든지, 17세기 중엽에 빈번히 닥쳐온 기근에 따른 賑恤策이 도성에 치중됨으로써 서울 근교의 饑民이 도성 안으로 운집했다든지 하는 사정도 인구증가와 무관하지 않을 것이다.49)

인구의 이동과 도성 집중에는 당연히 여러 가지 변화가 따라 일어나게 마련이었다. 이를테면, 가옥의 부족사태와 주거지역의 도성 밖 확대, 범죄의 증가와 질서·치안유지책의 강화, 생활물자의 수요증가와 물가의 상승, 物貨의 다양화와 양적 증가, 雇立制에 따른 인력수급의 증가 등등 인구의 증가는 궁극적으로 상공업·유통경제의 발달과 인과적으로 상호작용하면서 18세기 서울의 도시적 분위기를 이끌게 된 것이다.

사실 1660년대에는 기왕의 市廛과는 다른 西江·麻浦 米廛, 門外米廛이나 外魚物廛·鷄兒廛·南草廛·門外隅廛(과일전)·門外床廛(잡화점) 등의 亂廛이 점차 생겨나고, 이들이 밀집해 있는 梨峴(동대문 밖)·七牌(서소문 밖)거리가 종로의 市廛과 함께 서울의 3대 상설시장으로 자리를 잡아가는가 하면, 이로써 시전의 특권상인과 난전상인들 사이에는 상권확보를 둘러싼 항전이 일어나고 정부가 그 조정에 나서기도 하였다. 三南지방 稅穀·大同米의 賃運이나 穀物의 貿販을 주도한 京江商人, 정부·지배층의 필요물자 조달을 맡은 貢人層, 상품의 신용거래·위탁판매를 주선하는 客主·旅閣 등 상인층의 활동이 주로 서울을 중심으로 확대되었으며, 松坡場(廣州)·樓院店(楊州) 등 서울 외곽을

---

49) 17세기 후반 이후 서울의 인구증가와 그 배경에 대해서는 高東煥, 「18·19세기 서울 京江地域의 商業發達」, 서울대학교 박사학위논문, 1993, 제1장 제1절(서울의 商業都市로의 성장) 참조.

잇는 상품유통의 거점이 생겨나기도 하였다.[50] 한편 민간수공업의 발전
또한 이들 상권·상업자본의 성장이나 대규모 도시소비층의 형성을 전
제로 가능한 일이었음은 물론이다.

결국 서울의 인구증가와 이에 따른 상공업·유통경제의 발달은 서울
의 도시화를 촉진시키는 것이었으며, 이러한 분위기 속에서 '京華士
族'[51]의 존재가 뚜렷해지는 것과 함께 상인·수공업자·고임생활자 등
새로운 사회계층이 크게 대두하게 되었다. 그리고 이 신흥의 사회·경
제 세력은 서울을 기반으로 성장하면서 동시에 서울의 변모를 주도하
였으므로 정부나 구래 양반층 역시 이들의 존재와 역할을 주목하지 않
을 수 없었다. 18세기 중엽에 貢人·市民이야말로 '나라의 근본'[52]이라
는 표현이 자연스럽게 나오게 된 것은 결코 우연이 아니었다. 영조대에
강력히 등장한 도성방어론(=도성고수론)은 말하자면 이렇게 도성을 중
심으로 財富의 기반을 축적한 도성민의 경제력에 기대를 걸고 이들을
동원하는 새로운 방어책으로 전환하자는 주장이었다.[53] 이러한 논의는
국방론의 차원에서만 나온 것이 아니라 오히려 상업·유통경제 진흥론
에서 적극적으로 제기되었다. 예컨대 柳壽垣(1694~1755 ; 聾菴)은 상
업·常設市를 중심으로 하는 상업도시의 육성책을 마련하였는데, 그는

---

50) 李佑成, 「18세기 서울의 都市的 樣相」, 『鄕土서울』 17, 1963(『韓國의 歷史像』, 창작
   과비평사, 1982에 재수록) ; 金容燮, 「朝鮮後期의 經營型富農과 商業的農業」, 『增補
   版 朝鮮後期農業史硏究』 Ⅱ, 일조각, 1990 ; 姜萬吉, 『朝鮮後期 商業資本의 發達』,
   고려대학교 출판부, 1973 ; 고동환, 「조선후기 시장과 상인」, 『역사비평』 계간 24호,
   1994 참조.
51) 在地의 전통적인 양반사족과는 그 존립기반을 달리하여 서울의 도시적 분위기에서
   성장하고 도시문물·도시생활로 세련된 서울 양반으로, 여기에는 명문의 양반지식
   인만이 아니고 '委巷人'으로 불리는 中·庶人層이 포함되기도 한다. '京華士族'의 개
   념, 등장 배경과 의의에 대해서는 유봉학, 「學界의 京·鄕分岐와 思想的 推移」, 『燕
   巖一派 北學思想 硏究』, 일지사, 1995, 24~56쪽이 참고된다.
52) 이를테면 "國之根本 在都民 而都民生業 不過貢物與市廛 ……"(『英祖實錄』 卷66, 英
   祖 23년 11월 己酉)이라든지, "貢人者 都民之最有根着者"(『備邊司謄錄』 英祖 己巳 9
   월 20일)라고 하였다.
53) 李泰鎭, 「三軍門 都城守備體制의 確立과 그 變遷」, 앞의 책, 1977, 176~177쪽 참조.

여기에서 도로와 교량의 개수, 城池의 축조, 義學·義莊의 설치 등 도시의 온갖 일을 주민의 자치에 맡기자고 주장하였다. 국방문제와 관련해서는, 富民은 재산을 중히 여긴다는 점에 주목하고 이들로 하여금 자진 합력해서 재원을 마련하고 성곽을 쌓아 방어에 나서도록 이끌어야 할 것으로 보았다.54)

실로 조선 후기의 서울 도성은 종래와 같이 국왕과 양반 지배층을 위한 봉건적인 王都로서 官府와 양반문화의 집중처에 그치는 것이 아니라, 새로운 사회·경제 계층이 이룩한 생활의 근거이자 財富의 소장처였으며 그들이 이룩해가는 서민문화의 중심지이기도 하였다. 그러므로 이제 도성은 지배층의 봉건적 특권을 유지하기 위한 필요성뿐만 아니라 그들 신흥 사회세력의 재산과 생활권을 보호하기 위해서도 방어되어야 했다. 여기에서 도성민 자신의 의사를 반영하고 주민이 주체적으로 참여하는 도성방어책이 논의되고 실행에 옮겨지는 계기가 마련될 수 있었다.

그렇게 보면 18세기 중엽 정부와 지배층이 도성고수 정책으로 전환하게 된 것은 이러한 사회발전의 필연적인 추세를 반영한 것에 지나지 않는 셈이었다. 그리고 양란을 계기로 150년 동안 변동해온 두 흐름의 국방론 가운데서 유형원이 제안했던 留城戰守論, 즉 각 지역의 주민이 능동적으로 나서서 자신들의 생활권을 스스로 지키도록 하는 전방위적 국방의 원리가 일단 도성방위에서 현실로 나타난 것이기도 하였다. 또 유성전수론이 서울 도성의 고수를 위한 방안으로서 의의가 큰 만큼 도성고수를 강조했던 한원진의 주장 또한 여기에 일정하게 반영된 것이라 하겠다. 근대지향적인 自衛意識과 국방태세의 단초가 이렇게 도성에서부터 먼저 시작된 것으로 보아도 좋다면, 이러한 흐름은 사회발전의

---

54) 『迂書』 第8, 論商販事理額稅規制條 ; 姜萬吉, 「實學者의 商業觀」, 『朝鮮後期 商業資本의 發達』, 고려대학교 출판부, 1973, 50~52쪽 참조.

추세를 따라 조만간 전국적으로 보편화해갈 것이 거의 틀림없었다.

5. 맺음말

우리나라는 예로부터 '城郭의 나라'로 일컬어져 왔다. 지금도 전국의 산야와 도시에 남아 있는 수많은 성곽의 자취들이 이를 잘 말해준다. 성곽은 물론 외적의 침입에 대비하기 위한 군사적 방어시설이었지만 도적이나 騷擾 또는 반란세력 대비 등 국내의 치안유지를 위한 목적도 있었다. 대개 山城이 전자의 목적과 관련이 깊었다면 邑城이나 都城은 후자의 필요성에 더 부합했던 것이라 하겠다. 삼국시기 이래 조선시기에 이르도록 이러한 성곽 중심의 방어체제, 즉 關防體制는 움직일 수 없는 국방의 기본 원칙이었다고 보아도 좋을 것이다. 그리하여 농민들은 農閑期에 賦役動員되어 성곽, 특히 산성을 쌓고 일단 유사시에는 여기에 淸野入保하여 적이 물러갈 때까지 籠城하도록 되어 있었다. 이것은 전국적으로 같은 방식이었고 읍성이나 도성의 경우도 마찬가지였다.

고려시기보다 더욱 보강 정비되었던 조선 전기의 관방체제는 壬辰·丙子 兩亂과 '仁祖反正'을 거치면서 커다란 변화를 겪게 되었다. 방어체제의 근간은 여전히 관방을 중심으로 하면서도 전기의 전국적 전방위적 방어개념으로부터 국지적 차별적 방위방식으로 전환한 것이었다. 서북 변경에서 도성에 이르는 沿路의 방비에 주의한 것을 제외하면, 5衛를 근간으로 하던 전기의 중앙군제가 5軍營制로 확립되는 가운데 병력의 증강과 관방의 배치를 단연 都城과 그 주변인 江華島와 南漢山城에 치중했던 사실에서 이 점이 잘 드러난다.

이는 먼저 만주에서 새로 흥기하는 後金이 침입해올 것에 대비하는 측면이 있었지만, 다른 한편으로는 국내 정치·사회적 상황을 반영한 것이기도 하였다. 즉 李适의 亂이나 그 뒤의 당파적 분열·항쟁이 격화되었던 사정에서 알 수 있듯이 주자학의 綱常倫理를 명분으로 내세웠던 인조반정은 지배층 전체의 합의를 도출해내지 못한 채 정치불안으로 이어졌다. 그런가 하면 이 시기의 사회·경제적 변동, 농민층분해와 관련한 群盜·明火賊이나 농민봉기와 같은 불안요인이 상존해 있었으며, 심지어는 戊申亂에서 보듯 양반층이 주도하는 대규모 정치반란도 일어났다. 말하자면 反正軍을 축으로 한 중앙군영의 확대나 江都·南漢山城의 방비강화로 나타난 수도권 중심의 국방책은 후금의 위협이라는 표면상의 이유보다는 壬亂과 反正 뒤의 정치·사회 불안이 더 큰 이유였던 것이다. 이렇게 임란의 수습기였던 17세기의 국방책은 정부·지배층의 정권안정을 위한 국내 치안유지의 차원에 머무는 것이었으며, 그 뒤의 국방책도 이 기조에서 쉽게 벗어나지 못했다고 할 수 있다.

강화도의 방비와 남한산성의 수축에 치중하였던 수도권 중심의 국방책은 18세기에 접어들면서 다시 새로운 국면을 맞게 되었다. 물론 병자호란의 무참한 패배가 그 직접적인 계기라고 할 수 있었지만 실제는 이 시기의 사회발전과 이에 따른 새로운 국방론의 대두가 더 근원적인 배경이 되었다. 즉 兩亂 뒤에는 구래의 중세적인 사회체제가 동요 해체되는 가운데 농업과 유통경제의 발달에 적응하는 새로운 사회·경제 계층이 성장하고 있었으며, 官人·識者들은 國家再造의 차원에서 이같이 변동하는 현실에 대처해가게 되었다. 국방의식이나 방어정책 또한 이러한 차원에서 모색되기 마련이었는데, 종래의 山城入保論이 퇴조하는 가운데 留城戰守論이 점차 설득력을 더해가는 사정이 그것이었다. 예컨대 보수적 山林의 대표자였던 한원진은 身分差等的인 지역차등 방위론을 제기함으로써 당시 집권세력의 정권유지 차원의 국방론을 두둔하고 있었지만, 그조차도 山城入保(都城抛棄＝去邠)策에는 반대하였다. 때문에 유형원이 개혁적 국가재조 방안의 일환으로 마련해놓은 留城戰守策이 그만큼 현실성을 더해가게 되었다. 留城戰守란 주민들이 비상시에도 피난하지 않고 평소의 생활근거지인 읍성을 고수하여 재산과 생활권을 스스로 지킨다는 자치적 주체적 방어개념이었고 이는 서울 도성에도 똑같이 적용될 수 있는 것이었다.

그리하여 18세기 초(숙종대 말기) 정부와 지배층은 점차 강화·남한산성에 대한 기대를 포기하면서 도성수축과 북한산성 축조에 주력하게 되었다. 이 과정에서는 山城入保論(＝都城抛棄論)과 留城戰守論(＝都城固守論)이 맞서게 되었는데 결국 '先都城 後北漢山城'으로 낙착을 보았다. 이로써 전통적인 산성방어책에서 비로소 도성(읍성)방어책으로 전환한 것이었다. 그리고 18세기 전반기(영조대 전기)에는 都城固守의 방침이 확정되었으며 여기에 중앙 3軍門의 지휘체계와 部·坊·契로 편성된 都城民의 구역전담 방식을 결합한 軍·官·民 合同 都城防備策이 수립되기에 이르렀다. 이러한 합의와 결정이 내려지기까지 누구보다도 고심하였던 영조는 어쩌면 『磻溪隨錄』을 열람하는 가운데서 유성전수론에 주목하거나, 商賈·富民의 육성과 이들의 능동적 참여에 의한 국방체제의 실현을 주장했던 유수원과 대화하면서 도성고수책에 확신을 갖게 되었을지도 모른다. 또 이러한 분위기가 식자·관인들 사이에 점차 확산되어 갔을 것이다.

그러나 무엇보다도 이 무렵 신흥 경제세력의 등장이야말로 유성전수론이 현실화되는 결정적 배경이었다. 넓게는 富農·饒戶로 불리는 經營型 富農이나 庶民地主들이 사회적 성장세력이었지만, 주로 서울의 도성을 중심으로 貿販商賈에서 재부를 축적한 市民·貢人·匠人 등 상공인 세력이 바로 도성고수를 지향하는 사회적 압력으로 작용하였으며, 결국 그들 자신이 직접 도성방어의 임무에 앞장서게 된 것이었다. 생활기반이 안정되고 재화의 잉여나 축적이 확대될수록 이를 항구적으로 보장할 필요성도 커지는 것이며 그 수단을 스스로 강구하고 나서야만 했기 때문이었다. 18세기 중엽에는 서울의 경우 그러한 요구가 도성민 일반으로 확산되고 정부·지배층은 이를 정책에 반영함으로써 정권의 안정을 꾀하게 되었던 것이다.

　이렇게 보면 조선 전기까지 한결같이 지속되어오던 봉건국가와 지배층 중심의 국방·치안 정책은 조선 후기에 이르러 농민·서민층의 사회·경제적 성장과 함께 제기된 주민 중심의 국방론, 생활권방어론과 대립·마찰을 일으키는 단계를 맞이하였으나, 18세기 중엽 도성고수론이 우세해지고 서울의 신흥 경제세력이 도성방어 임무에 편입되어감으로써 이 두 흐름의 방어론은 하나의 논리와 방법으로 통합되기에 이르렀다. 이것은 장차 국민적 국방사상, 국민의 군대가 탄생하는 역사적 전통이 될 수 있는 것이라 하겠다. 그리고 이러한 국방론·국방의식의 전환은 사회·역사 발전의 필연적 소산이지만, 이를 특히 18세기의 정치·사상적 측면에서 보면 蕩平論이 대두하고 蕩平政局이 전개되었던 사정, 均役法이 타결을 보았던 분위기와 결코 무관하지 않을 것이다. 바로 여기에 留城戰守論과 都城固守論의 연관성에 주목해보는 의의가 있다고 보겠다.

(『典農史論』 2, 1996)

V. 蕩平政局期의 實務官人
-權以鎭의 國體意識과 國防論-

1. 머리말

兩亂期를 거치면서 조선사회는 정치적으로 커다란 변화를 맞이하고 있었다. 反正·換局·處分 등으로 이어지던 朋黨 사이의 치열한 政爭을 止揚하고 화해와 단합을 실현해야 한다는 주장이 정계와 사상계 내부에서 제기되고 있었던 것이다. '蕩平'論의 대두가 그것이었다. '탕평'정치론은 中世解體期의 사회·경제적 변동에 대응하는 정치적 측면의 변화로서 이 시기의 世道政治論에 맞서는 진취적 정치이론이었다.[1]

탕평론이 등장하게 되는 계기는 대개 두 가지 측면에서 생각할 수 있다. 먼저 양반 지배층 내부의 분열과 대립이 체제의 파탄, 양반층 전체의 몰락으로 이어질지도 모른다는 위기의식이었다. 사실 이 시기의 치열한 당쟁은 壬辰·丙子 兩亂으로 말미암아 더욱 심각해진 현실문제의 해결방안을 둘러싸고 전개된 정치적 이념적 갈등이기도 하였는데, 숙종

---

1) 조선 후기 탕평정치론에 대한 기왕의 연구성과는 朴光用, 「朝鮮後期〈蕩平〉研究」, 서울대학교 박사학위논문, 1994을 통해서 살필 수 있다. 이 시기 '世道'政治論에 대해서는 金駿錫, 「17세기 正統朱子學派의 政治社會論」, 『東方學志』 67, 1990① ; 金駿錫, 「18세기 老論專權政治論의 구조」, 『湖西史學』 18, 1990② 참조.

말기에서 영조 초기에 이르는 기간, 즉 18세기 초에는 당쟁으로 말미암은 양반 지배층 상호간의 박해와 반목이 극도에 달했던 것이다. 다음은 새로운 사회세력의 성장과 이들의 사회의식, 정치적 요구가 확대되는 현상이었다. 兩亂 뒤의 피해복구 과정과 맞물려 전개된 경제성장과 사회변동 과정을 통해서 經營型 富農과 富商大賈·자유수공업자 등 새로운 경제세력·사회계층이 출현하게 되었고, 이들은 몰락 실세한 양반층, 토지로부터 해방된 임노동층과 함께 구래 양반층 중심의 정치운영·사회질서를 위협하는 反中世的 정치세력으로 떠오르고 있었던 것이다.

정치이론·정국운영론으로서 탕평론의 의의는 대개 黨派나 門地를 초월한 정치참여와 인재의 등용, 그리고 국가·민생의 안위에 직결되는 현안의 개선·개혁에 있었다. 여기에는 적어도 두 가지 전제가 따르게 되었다. 하나는 앞에서도 말했듯이 '老少保合'으로 표현되는 바 양반 지배층의 화해와 협력을 이끌어내는 일이었고, 다른 하나는 이를 수행해 갈 관인으로 종래와 같은 道學者나 政論家보다는 경험과 전문능력을 갖춘 행정관리, 實務型 官人을 등용하는 일이었다. 전자를 위해서는 먼저 주자학의 道統主義的 사유방식, 이를테면 인간·사물을 모두 君子와 小人, 是와 非, 正과 邪 등으로 辨別하려드는 兩斷論理는 지양되어야 했다. 후자는 효율적인 정무수행을 위해서도 당연한 일이었지만 蕩平政局期의 사회적인 분위기가 또한 이를 요구하고 있었다. 실로 '名分'이라는 이름의 윤리·도덕적 가치의 실현에 못지않게 물질적 富나 솔직한 감정의 표출과 같은 實用的 功利的 가치지향이 이 시기에 뚜렷해지고 있었기 때문이다. 요컨대 탕평론은 새롭게 성장하는 상품화폐경제나 서민의식·서민문화까지도 전향적으로 수용하는 정치이론이어야 했던 것이다.

그러나 우리가 잘 알고 있듯이 탕평론과 탕평정국은 기대처럼 바람직한 방향으로 전개되지는 못하였다. 18세기 중엽 이후에는 老論의 一黨專制 政權이 성립하였고, 이것이 다시 19세기 전반기의 '勢道政權'으로 이어졌던 것이다. 광범한 사회발전의 新機運에도 불구하고 보수 정치이론의 완강한 벽에 부딪쳐 탕평정국은 좌절하고 만 것이었다. 그렇다고 해서 이 시기의 '탕평'적인 思惟와 그 실천지향의 의의를 결코 가벼이 평가해서는 안 될 일이다. 오히려 탕평적 견해를 가지고 활동했던 관인·학자들의 사유와 실천에 주목하고 이를 근대이행기 정치사·사상사의 한 흐름으로 파악해야 할 것이다. 봉건적 구사상·구질서를 극복해서 근대적 신사회를 건설해가는, 역사발전의 주체적 동력이 여기에서 확인될 수 있을 것이기 때문이다.

　이러한 전제에 유념하여 본고에서는 實務·實事 意識에 충실했던 有懷堂 權以鎭(1668~1734)의 실천적인 官人活動을 통해서 탕평정국기에 요청되었던 實務型 官人像의 일면을 살피고자 하였다.[2]

2. 학문 배경과 정치적 입장

1) 南人·少論 學風의 절충

　권이진은 명문으로 알려진 安東 權氏의 후예였다. 고려 말기의 유학자로, 또는 영향력 있는 관인으로 이름이 났던 權溥·權王煦 부자는 그의 직계조상이었다. 증조부 權得己(1570~1622 ; 晩悔)는 17세기 초에 朴知誠(1573~1635 ; 潛冶)와 '格物致知' 論爭을 전개한 徐敬德 學派의 명사였으며,[3] 조부 權諰(1604~1672 ; 炭翁)는 孝宗 때의 첨예한 정치·사상논쟁이었던 '禮訟'에서 南人 禮說을 옹호하고 나섬으로써 일대 파란

---

2) 權以鎭에 대한 기왕의 연구로는 다음의 논고가 있다. 劉明鍾, 「有懷堂 權以鎭의 生涯와 思想」, 『百濟研究』 10, 1979 ; 史在東, 「有懷堂 權以鎭의 文學世界와 近代精神」, 『道山學報』 2, 1993.

3) 柳正東, 「晩悔 權得己의 生涯와 哲學思想」, 『百濟研究』 10, 1979 ; 劉明鍾, 「晩悔 權得己先生의 理氣哲學」, 『道山學報』 1, 1992 ; 林熒澤, 「晩悔 經學의 研究」, 『道山學報』 2, 1993 ; 韓基範, 「晩悔의 禮書와 禮思想」, 『道山學報』 2, 1993 참조.

을 불러일으킨 禮學의 대가였다.4) 말하자면 權氏家는 湖西地方 남인의 정치·학문적 구심점을 형성하게 되었고, 권이진은 바로 이 전통을 이어받은 것이었다. 한편 그는 君主聖學論·世道政治論을 근간으로 하는 노론 정치이론의 창도자 宋時烈(1607~1689 ; 尤庵·華陽洞主)의 외손자였다.5) 또 그는 少論의 영수 尹拯(1629~1714 ; 明齋·酉峯)의 처조카이자 門人이기도 하였다. 그런데 잘 알려진 대로 송시열과 윤증은 노·소론 分黨의 한 빌미가 되었던 '懷尼是非'의 두 당사자였다. 그러므로 남인계의 권이진은 老·少·南 3黨이 學淵·姻緣으로 얽힌 한가운데 놓인 셈이었다.

17세기 후반부터 18세기 초까지는 서인과 남인의 항쟁에서 남인이 탈락해가고, 다시 서인이 노·소론의 내분을 겪다가 분당으로 치닫던 시기였다. 권이진은 이렇게 당쟁이 극심하던 무렵에 벼슬살이를 하였으므로 정치적 사상적으로 그의 처지가 매우 난처했을 것은 두말할 나위도 없었다. 노론에게는 외조부의 원수인 소론과 손잡은 아첨배로, 소론에게는 혈연을 내세워 스승을 배반한 자로 여겨지는 처지였다.6) 때문에 노·소론의 정치적 우열관계가 교차할 때마다 그는 거듭 辭職疏를 올려야만 했다. 하지만 그들의 疾視나 誹謗이 두려워서 관직을 그만두려고 한 것이기보다는 국왕의 신임을 다시 묻는 절차였다고 생각된다.

그러나 그의 黨色이 남인이었기 때문에 정치적 견해에서는 아무래도 소론과 가까웠다. 靈光·東萊·慶州·安東 등의 地方官에 머물다가 內職으로 들어와서 동부승지·형조참의, 호조의 참판과 판서를 지내게 된 것은 景宗代와 英祖 초기의 소론 집권기였다.7) 그는 이때에 두 차례 호

---

4) 姜周鎭, 「禮訟과 南人政權의 成立과 分裂」, 『李朝黨爭史研究』, 서울대학교 출판부, 1971 ; 李迎春, 「第1次 禮訟과 尹善道의 禮論」, 『靑溪史學』 6, 1989.
5) 송시열의 정치사상에 대해서는 金駿錫, 앞의 글, 1990① 참조.
6) 『肅宗實錄』 卷35下, 肅宗 27년 11월 己亥, 39冊, 654下ㄴ.
   『景宗實錄』 卷11, 景宗 3년 3월 辛巳, 41冊, 282下ㄴ.
7) 『有懷堂先生年譜』 卷2·3 참조. 이하 『年譜』로 줄임.

조판서가 되어 정부의 재정형편을 크게 개선하고, 戊申亂이 일어나자 軍需調達에 힘써 原從功臣 1등에 봉해지기도 하였다.8) 지방 수령을 전전하는 동안에 그가 의뢰하거나 후원받은 경우도 崔錫鼎(1646~1715 ; 明谷)을 비롯한 소론계 대신들이었다. 뒤에 서술할 바이지만, 이러한 사정을 통해서도 소론과 남인의 정치적 이념적 친근관계를 알 수 있다.

아무튼 벼슬이 주어지면 나가고, 어렵다고 여겨지면 물러나오는 것이 권이진의 仕宦姿勢였다. 名分이나 義理를 내세워 관직의 진퇴를 결정할 수밖에 없었다든지, 또 그러기에 벼슬을 초개같이 버리고 낙향함으로써 지조 있는 선비로 남기를 택하는 出處方式과는 사뭇 다른 것이었다. 조촐한 선비의 芳名을 위해 벼슬을 버린 것도, 富貴功名에 연연한 것도 아닌, 오직 治者層의 일원으로서 책임을 다하려는 자세였다고 생각된다. 정치적 명분이나 의리보다도 實務者로서 國政·民生을 중시하는 官人의 태도는 그러해야 했을 것이다. 사실 그는 관직을 받으면 직책의 수행에 최선을 다하려 했고, 물러나는 때를 맞아서는 조정이나 민생의 절박한 실정을 지적하고 실행 가능한 방안을 내놓았다. 또 당쟁이 치열한 속에서 出仕를 사양하지 않은 것은 黨人으로서 활약하기 위해서가 아니었다. 마침 탕평론과 탕평정국이 적극 모색되고 있는 때였으므로 민생과 국가를 재건할 수 있는 기회로 보고, 여기에 자신의 實務意志를 발휘해보려는 포부가 있기 때문이었다. 이는 그의 家學과 사상경향을 통해서 확인되는 바이기도 하다.

儒者들에게는 左右銘이나 箴言이 있게 마련이다. 권이진의 경우도 예외가 아니어서 16세 때 스스로 '實若虛 有若無'할 것, 點檢身心하여 好名·妬賢을 경계할 것 등의 「自警四條」를 작성하였다.9) 또 異人의

---

8) 흔히 영조대의 理財·節省 등 財政改善에 능력을 발휘한 호조판서로는 權以鎭을 첫째로 꼽고 다음으로 朴文秀(1691~1756 ; 耆隱)를 들었다고 한다(『英祖實錄』 卷68, 英祖 24년 9월 戊午, 43冊, 306上ㄴ·下ㄱ).

9)『年譜』卷1, 2ㄴ.

現夢을 통해서 '學必問 交必恭 遇事則止'의 敎示도 받았다고 한다.[10] 대개 유교·주자학에서 말하는 修身의 德目, 즉 着實·自重의 태도로 학문에 힘쓸 것을 다짐한 내용이었다. 그는 특히 증조부(晚悔) 이래의 '十字訓'인 '每事必求是 無落第二義'를 중요시하였다.[11] 이때의 '求是'는 흔히 '객관사물의 내면적 본질적 연관의 탐구'[實事求是]라는 의미의 求是는 아니고, 다만 '옳다면 시퍼런 칼날이라도 밟아야 하며 그른 것이면 卿相의 爵祿도 사양함'을 第一義로 한다는 뜻이었다. 着實·自重·求是는 第二義, 이를테면 利祿이나 功名을 돌아보지 않고 實際·實用을 맞아서 正道를 지킨다는 뜻일 것이다. 思辨·高遠의 추상가치를 내세운 것이 아니며, 주자학 특유의 명분·의리를 고수한다는 뜻은 더더욱 아닌 것이다.

부친의 유언에 따라 21세 때부터는 윤증의 문하에 들어가 배우게 되었는데,[12] 이 무렵은 이미 송시열과 윤증의 불화가 노·소론의 분당에 이른 상태였다.[13] 그러므로 권이진은 학문뿐만 아니라 정치적으로도 어렵고 중대한 선택을 결행한 셈이었다. 말하자면 외조부인 송시열의 학풍·정치이념을 따르기보다 고모부인 윤증, 즉 소론의 그것을 받아들이기로 한 것이었다. 이렇게 되기까지는 단순히 개인적 감정적인 동기로 돌려버릴 수 없는 더 근원적인 이유가 바탕에 깔려있었다.

먼저 앞에서도 잠깐 말했듯이 남인계열의 학문방법과 정치이론은 노론보다는 소론의 그것에 훨씬 더 가까웠다. 이를테면 西·南 黨爭이나 老·少 分黨의 과정에서 남인에 동정하는 논자들이 대개 소론에 많았다든지, 정치현안에 대응하는 방법과 논리에서 소론과 남인이 서로 흡

---

10) 『年譜』 卷1, 3ㄴ.
11) 『年譜』 卷1, 4ㄱ.
12) 『年譜』 卷1, 5ㄴ.
13) '懷尼是非' 및 '老·少 分黨'에 대해서는 李建昌의 『黨議通略』을 비롯해서 成樂熏, 「韓國黨爭史」, 『韓國文化史大系』 2, 고려대학교 출판부, 1965 ; 姜周鎭, 앞의 책, 1971 ; 李銀順, 『朝鮮後期 黨爭史硏究』, 일조각, 1988 참조.

사했다든지, 또 畿湖의 남인·소론 계통에서 '實學'的인 학풍이 일어났다든지 하는 것은 그러한 사정의 반영이었다. '禮訟'에서 그의 조부 權諰는 사돈인 송시열의 예설에 반대하고 같은 남인인 尹善道의 입장을 지지했었는데, 이는 私的인 인척관계보다 公的 관계인 黨派가 더 중시되었기 때문만은 아니었다. 예설에 연관되어 있는 학문방법·정치이념에서 송시열보다도 윤선도의 그것에 더 공감한다는 뜻이었다. 대개 이 시기의 黨色은 姻緣·學淵·門地라는 外皮를 쓰고 있었고, 또 눈앞의 親疎·利害 관계가 이로써 결판나는 것으로 보이게 마련이었지만, 그 이면에는 식자·치자의 존재방식, 즉 학문·정치이념의 차이가 엄연히 도사리고 있었던 것이다.

사실 송시열을 理念支柱로 하는 노론 주류는 주자학을 教條化하고 그 道統의 계승을 자부함으로써 17세기 후반 이후 정계와 학계를 장악하고 있었다.14) 이에 대하여 남인과 소론은 그 같은 주자·주자학의 절대화에 반대하고 漢·唐의 유학, 陽明學 또는 老莊學에 주목하거나 孔孟의 本義에 독자적 객관적으로 접근하려는 시도를 보이고 있었다. 이러한 학문방법의 차이는 兩亂을 겪은 뒤 國家再造의 方略에서 뚜렷하게 드러났다. 즉 전자가 종래의 地主佃戶制를 유지하되 농민층의 몰락과 사회기강의 동요에는 賦稅制度의 개혁, 綱常倫理의 강화로써 대응하려 했음에 반해서, 후자는 토지제도의 개혁을 통해 耕者有田의 원칙을 실현함으로써 농민층의 恒産을 보증하고 부세의 均平과 국가재정의 확충, 사회안정을 동시에 달성하려고 생각하였다.15) 당색에 편재되어 있는 양반층 모두가 公論인 여기에 동조하는 것은 물론 아니었다. 그러나 각 당파에 내재하는 중심 이론과 견해가 이러하였기 때문에 당쟁 자

---

14) 金駿錫, 앞의 글, 1990① 참조.
15) 이 시기 역사상을 이같이 설정하는 시각·방법은 農業生産力·農業經營·農政理念과 土地論·賦稅論을 집중 분석한 다음 논저에서 구체적으로 제시된다. 金容燮, 『朝鮮後期農學史研究』, 일조각, 1988 ; 金容燮, 『增補版 朝鮮後期農業史研究』 II, 일조각, 1990 ; 金容燮, 『增補版 韓國近代農業史研究』 上·下, 일조각, 1984.

체가 그토록 치열할 수밖에 없었고, 또 개별 관인·유자들 또한 당색에 연결되어 있는 한 사상·이념적으로 여기에서 자유로울 수는 없었다.

한편 윤증의 학풍은 흔히 '務實'로써 그 특징이 설명되고 있다.16) 이 때의 '實'은 객관사물 또는 實際·實事·實務의 뜻으로 봐야할 것이다. 그러니까 '務實'이란 정치와 경제 등 인간·사회 문제를 '天地自然의 理法'에 귀결시키는 추상·관념의 차원이 아니라 주체적으로 경험하는 객관사물을 實際·實事 그 자체로써 타개한다는 뜻으로 생각된다. 이러한 인식태도는 사회현상에서 제기되는 문제를 먼저 人性의 타락, 질서의 문란으로 규정하고 그 대안을 삼강오륜과 같은 윤리·규범 체계에서 찾는 정통 주자학의 그것과는 크게 차이가 난다고 할 수 있다. 다시 말하면 윤증의 '務實'은 현실을 직시하여 그 속에서 문제를 발견하되, 주자학은 다만 그 해결방안의 모색에서 원용할 수 있는 典據 가운데 하나라는 견해로, 이는 현실 자체를 주자의 눈, 즉 주자학의 교시를 통해서 파악하고 그 타개책 또한 주자의 경험에서 이끌어내야 한다고 믿는 송시열의 논리와는 대립할 수밖에 없었던 것이다. 전자를 朱子相對主義라고 한다면 후자는 朱子絶對主義라고 할 수 있을 것이다. 윤증 또한 理氣·人性論을 긍정하는 주자학자임에는 틀림없었지만 그가 師弟의 義理를 저버렸다는 비난·공격을 감수하면서도 송시열과 당파적 견해를 달리하게 되는 까닭이 여기에 있지 않았을까.17)

아무튼 권이진은 주자의 절대성을 극력 옹호하고 나서는 외조부의 학문을 따르기보다는 그와 반대의 견해를 추구한 윤증의 제자가 되기를 택했던 것이다. 그러나 그가 외조부 송시열의 가르침과 무관했던 것만은 아니었다. 그는 영조에게 "涵養須用敬 進學在致知"18)를 군주의 공

---

16) 劉明鍾, 「尹拯의 務實學」, 『韓國思想史』, 이문출판사, 1981.
17) 윤증의 이러한 학문·사상 경향을 陽明學에 연결시켜 보는 견해가 있어 참고된다. 李銀順, 「老少黨論과 政論의 源流」, 앞의 책, 1988, 15~25쪽.
18) 『有懷堂集』 卷4, 辭職因論持敬疏, 11ㄱ.

부방법으로 진언하면서, 이를 수레에 두 바퀴가 있고 새가 두 날개로 나는 이치와 같다고 비유하였다. 士·儒者의 학문방법을 君主學의 방법으로 제시한 점은 전혀 특이한 일이 아니다. 다만 이때 '用敬'은 칼로 자르듯이 私意를 제거하여 마음이 섞이거나 갈라지지 않게 한결같이 지키는 일인데, 이것은 곧 '誠과 直일 뿐'이라고 하였다. 그의 설명에 따르면 "誠이란 진실해서 安排하지 아니해도 마음 가운데 보존되는 것이며, 直이란 明白해서 計較하지 않아도 행동으로 밖에 표현되는 것"이었다. 또 "天地之生萬物 直而已 運四時 誠而已"라 하여 군주 立心의 大本을 直과 誠에서 찾았다.[19] 涵養이나 持敬의 방법이 한 가지가 아닌데도 이렇게 誠과 直의 의미를 부연하는 것을 보면, 아마도 송시열이 遺訓으로 남긴 '直'에 관한 견해를[20] 자신의 수양공부로 받아들였기 때문이라고 생각된다. 進學, 즉 지식공부에 대해서는 물론 그의 증조부가 생각한 格物致知說에 공감했을 것이다.

2) 治者의 責務意識과 農民保護論

18세기 무렵에도 종래의 사회·경제 변동과 관련한 신분의 상승·하강 운동은 여전히 활발하게 전개되었다. 신분 사이의 이동이 뚜렷해지고 이에 따라 신분질서가 흔들리고 있었던 것이다.[21] 그러나 아직 신분제 자체가 부정되거나 해체된 것은 아니었다. 더구나 身分과 職分의 일치의식은 분명하였다. 上下差別의 신분의식을 집약하는 표현, 즉 '四民'이라는 말이 그대로 널리 쓰이고 있는 점에서도 그러하였다. 권이진은 물론 四民身分制를 긍정하고 그 동요현상을 우려하였다. 대신 그는 四

---

19) 『有懷堂集』 卷4, 下鄕時乞免疏, 35ㄴ.

20) 郭信煥, 「宋尤庵의 理氣心性觀」, 『東方思想論攷』(柳承國博士華甲紀念論叢), 1983 참조.

21) 金容燮, 「朝鮮後期에 있어서의 身分制의 動搖와 農地占有」, 『朝鮮後期農業史研究』 I, 일조각, 1970 ; 鄭奭鍾, 「朝鮮後期 社會身分制의 變化」, 『朝鮮後期社會變動研究』, 일조각, 1983.

民이 저마다 직분에 충실함으로써 사회의 안정과 개인의 존재의의가 보장될 수 있다고 보았다.[22]

예컨대 農·工·商은 모두 生民을 위해서 빼놓을 수 없는 것들인 바, 三民의 위에 있으면서 하는 일 없는 士를 오히려 가장 귀하다고 하는 까닭은 義理를 講究하기 때문이라는 것이었다. 좀더 풀어보면, 三民의 業을 生存의 조건에서 볼 때 商은 없어도 괜찮은 말단의 천한 것, 工은 商보다 조금 중요한 것, 農은 절대로 없어서 안 될 것으로서 천하의 존망이 여기에 걸려 있다는 것이다. 하지만 그럼에도 士가 이보다 위에 있는 것에는 바꿀 수 없는 이유가 있으니, 즉 하루라도 義理가 없어진다면 사람이 살아도 죽은 거나 마찬가지여서 비록 먹을 것이 있다 해도 이는 진정 먹고 사는 것이 못 되므로 오직 의리가 우선해야 하는데, 士야말로 이 의리를 강구하는 존재이기 때문이라는 것이다. 이때 권이진이 생각하는 의리란 두말할 것도 없이 인간의 道理를 규정하는 君臣有義·父子有親 등 三綱五倫이었다. 봉건적인 윤리도덕을 적극 긍정하고 있는 것이다. 더구나 '士는 農에서 나온다'는 儒家의 통념에 비추어 보아도 그의 身分差別觀, 신분과 직업의 일치의식은 봉건적 성격을 분명히 하는 것이었다.

유교적인 人倫道德의 有無에 따라 문명과 야만, 즉 中華와 夷狄을 차별하는 점에서도 권이진은 유자 일반의 생각과 같았다. 또 士를 의리의 담지자로 설정한 것은 이 시기 양반 지배층으로서 士의 우월성이나 특권을 기정사실로 인정하고 있는 것이기도 하였다. 그러나 그가 신분과 직분을 일치시키고 직분의 차별성을 확인한 것은 오히려 양반층 자신의 각성을 통해서 士(=治者)의 책무를 강조하려는 의도였으리라는 점에서 주목된다. 士가 農보다 귀한 까닭이 의리를 밝히는 데 있음을 모르고 겨우 衣食과 器物을 챙기는 일에 힘쓴다면 이는 農·工·商을 괴

---

22)『有懷堂集』卷11, 告萊府諸生文, 33ㄴ.

롭히는 좀벌레일 뿐이며, 儒案에 이름이 오른 것으로 "俯視殘氓 臨深爲
高"한다면 이는 士의 명예를 더럽히고 나라의 죄인이 된다는 지적이 그
것이다.23) 그의 職分論은 뒤에서 볼 바와 같이 東萊府使라는 지방 수령
의 처지에서 관내 선비들에게 주는 勸學文의 형태로 제시된 것이기는
하지만, 오히려 여기에 현실을 직시하고 문제를 정당하게 해결해가려고
하는 실무형 관인의 솔직한 견해가 반영되어 있는 것으로 볼 수 있다.

관인·유자로서 정치의 목표와 운영에 대한 권이진의 견해는 그가 37
세의 나이로 弘文館 修撰에 제수된 직후에 작성한「三大本六急務論」에
잘 나타나 있다.24) 이것은 미처 올리지 못한 상소에 그쳤지만, 생애의
말년(60세, 호조판서 때) 국왕의 求言敎에 응하여 올린「良役獻議」25)의
그것보다는 한층 체계를 잘 갖추고 있고 주장하는 내용도 적극적이다.
스스로 '修身立政'이라는 말로 요약하고 있듯이, 군주의 수신방법을 세
가지 大本으로 제시하고 이를 전제로 하여 군주가 수행해야 할 정책을
여섯 가지 急務로 정리한 것이다. 논리구성의 근거는 일단 주자학의 학
문·정치론, 즉 '修己治人'論에 두었다.

대본의 요지는 性情·義理·是非의 세 가지 문제로 집약이 된다. 우
선 "節欲 養性情之源 以立根本"은 인간적인 욕망을 절제하여 性情의
원천을 기르는 것으로써 근본을 삼아야 한다는 것이었다. 그 뜻은 氣質
에 얽매인 人欲의 私를 제거하여 本然인 天理의 公을 회복해야 한다는,
주자학의 天理人欲說에 근거하여 군주 立心·立志의 중요성을 강조한
것이라 하겠다. "講學 究義理之實 以達施用"이란 聖賢 至言의 강론을
통해서 義理의 실제를 탐구해야만 施用의 효과를 달성할 수 있다는 말
로 이해된다. 이는 經典의 本義와 실제의 정치운영이 결코 분리된 별개

---

23)『有懷堂集』卷11, 告萊府諸生文, 34ㄱ.
24)『有懷堂集』卷3, 擬上疏(甲申 2월), 7ㄱ~21ㄴ.
　　『年譜』卷1, 16ㄱ.
25)『有懷堂集』卷6, 25ㄴ~33ㄱ.

의 다른 일이 아니라는 것, 그러므로 節用·愛民을 '爲國之最初急務'로 삼아 모든 정책의 수행이 經義에 부합하고 順理로 이루어지도록 深思熟慮해야 한다는 것이었다. 마지막으로 "喜怒 觀是非之趣 以祛疑私"는 喜怒의 감정을 조절하여 是非의 취지를 살펴야만 사사로운 의혹을 떨쳐버릴 수 있다는 말이다. 事事物物의 옳고 그름을 정당하게 판별하기 위해서는 喜怒 감정의 발동이 천지자연의 법칙에 합치해야 한다는 것으로, 이는 중요한 사안을 판단하고 결정해야 할 국왕에게 강조되는 실천덕목이라 하겠다.

'세 가지 大本'은, 인간 본연의 욕망·요구는 사사로운 것이므로 사회·公共을 위해서 절제되어야 한다는 것, 經典의 의미 해석은 實事·實務를 올바로 수행하기 위한 지침이라는 것, 사물의 是非 판별을 위해서는 먼저 감정의 平靜을 회복해야 한다는 것 등을 골자로 하고 있다. 또 "是非之明 喜怒之節 必自節欲講學中出來"[26]라 하듯이 節欲·講學·喜怒의 덕목은 是非의 판별을 위해서 서로 깊이 연관되어 있는 것들임을 보여주고 있다. 이것이 권이진이 생각한 君主學의 요점인데, 군주에게 실사·실무를 올바로 처리하기 위한 태도, 즉 이성적 절제나 지적인 탐구의 자세를 강조한 것이다. 이는 孝·悌·忠·信 등 인륜도덕의 솔선수행을 중심내용으로 하는 일반 주자학자들의 君主聖學論과는 다른 점이기 때문에 주목된다. 역시 실무형 유자·관인에게서 나올 수 있는 君主學問論의 특징이라고 생각된다.

'여섯 가지 施政의 急務'로는, 至誠을 다해 黨論을 해소할 것, 宮禁을 엄히 하여 私逕을 막을 것, 賦稅를 고르게 하여 民生을 기를 것, 戎兵을 바로잡아 邊境을 굳건히 할 것, 內庄을 줄여서 民怨을 해소할 것, 紀綱을 엄숙히 하여 풍속을 바로잡을 것 등을 꼽았다. 유자·관인이면 누구나 흔히 주목하고, 또 그 나름의 견해가 있음직한 정치현안들이었다. 그

---

26)『有懷堂集』卷3, 擬上疏(甲申 2월), 12ㄱ.

러나 현안의 구체적인 파악과 대응책의 제시에서는 권이진 특유의 관점과 방법이 나타나 있다.

　먼저 民生, 즉 농민층의 생계안정과 재생산기반의 보장이 가장 시급한 과제임을 인식하고 여러 가지 현안을 이와 관련시켜서 파악하였다. 예컨대 賦役의 문제점을 過重과 不均으로 함께 지적하였는데, 과중보다는 불균현상을 특히 더 우려하였다. 부역제도의 문란은 그 폐해가 小民에게만 편중되게 돌아가고 '豪右有錢之民'은 모두 빠져나가버리는 데에 문제의 심각성이 있다는 것이었다.27) 이 시기 부역의 근간은 말할 것도 없이 田稅·軍布·還穀의 세 가지였다. 권이진은 환곡에 대해서는 거의 언급하지 않았으나 농민들에게는 전세가 가장 큰 부담이 되고 군포가 그 다음이 되는 것으로 보았다. 그는 전세의 不均과 이에 따른 소농민의 부담 과중을 科田法의 田稅規定이 문란해진 결과로 이해하였다. 즉 量田을 통한 實數·起陳·肥瘠의 파악, 里任·守令·敬差官에 의한 踏驗損實의 실시 등 조선 초기 이래 전세규정의 제도적 장점에도 불구하고 簿錄·徵捧을 맡은 下吏·書員의 농간·협잡과 수령의 무능·방조 때문에 농민의 流離逃散, 농토의 황폐화가 가속되었다는 것이다.28)

　이 시기 토지문제와 관련한 농민·농촌경제의 실상을 이렇게 전세문제에 한정하고, 또 수령을 포함한 지배층의 중간수탈을 문제의 핵심으로 보아 그 운영개선책을 강조하는 수준에 머문 것은 일단 그의 인식의 한계라고 할 수 있다. 그보다 한 세대 선배인 柳馨遠(1622~1673 ; 磻溪)이나 십여 년 후배인 李瀷(1681~1763 ; 星湖) 같은 학자들은 농민·농업 문제를 봉건적인 地主制의 확대, 이에 따른 토지소유의 불균형과 농민층 분해, 無田·無佃 農民의 토지이탈 등과 밀접한 문제로 파악하고, 그 해결책으로 '耕者有田'의 실현을 위한 田制改革論을 이미 제기하고

---

27) 『有懷堂集』 卷3, 擬上疏(甲申 2월), 15ㄱ.
28) 『有懷堂集』 卷6, 良役獻議, 29ㄱ·ㄴ.

있는 터였기 때문이다.[29] 그러나 그가 중세사회의 체제적인 모순을 구조적으로 이해하지는 못하였다 하더라도, 폐단의 실상을 소상하게 파악하여 나름대로 타개책을 적극 제안한 것은 현실의 정치에 참여하고 있는 식자·관인의 솔직하고 책임 있는 자세에서 비롯된 것이라고 할 수 있다. 이를테면 지방 수령에 적임자를 뽑아 권한과 임기를 보장해줌으로써 '폐단'을 제거할 수 있다든지, 또 사회 전반에 걸쳐 紀綱이 이완되고 非法이 횡행하는 현상 자체를 먼저 바로잡아야 한다든지 하는 주장이 그것이었다. 권이진은 咸平·東萊·慶州·安東 등 주요 지방의 수령을 지내는 동안 이러한 자신의 방안들을 民生改善策으로서 몸소 실행에 옮기고, 또 주목할 만한 성과를 거두기도 하였다.

良役(=軍役)의 폐단으로 이미 널리 알려져 있던 乳兒簽丁·虛名疊徵, 이에 따른 농민의 逃亡과 族徵·隣徵 등에 대해서도 민생과 직결해 파악하고 대안을 제시하였다. 그는 이 무렵의 富民·饒戶, 즉 '有錢者'들이 下吏와 짜고 군역을 貨賂圖免하기 때문에 힘없는 貧農들은 자기 몫의 몇 갑절씩 되는 군포를 떠맡게 되는 폐단을 정확하게 지적하였다. 그리고 이러한 사태의 심각성은 士大夫, 이를테면 위정자가 먼저 알아야하며, 이를 上天이 지켜보고 있으므로 '必大加更張'해야 할 형세에 있다고 강조하였다.[30] 更張의 방법으로 먼저 '焚籍'의 결단을 내려 軍籍을 새로 작성하고, 다음에는 公卿·勳戚의 자제로부터 庶民에 이르기까지 貴賤의 차별 없이 "有戶者 皆得有布"하는 戶布制를 시행해야 한다는 것이었다.

실로 戶布論은 그 유래가 오랜 것으로서 17세기 중엽 부세제도 개혁론이 대두된 이래 주로 서인-노론계 관인·학자들 사이에 제기된 견해

---

29) 金容燮, 「朱子의 土地論과 朝鮮後期 儒者-地主制와 小農經濟의 問題」, 『增補版 朝鮮後期農業史硏究』 II, 일조각, 1990 ; 金容燮, 「朝鮮後期 土地改革論의 推移」, 같은 책 참조.
30) 『有懷堂集』 卷3, 擬上疏(甲申 2월), 15ㄴ.
　　『有懷堂集』 卷6, 良役獻議, 29ㄴ·30ㄱ.

로는 가장 주목할 만한 정책론이었다. 趙翼·宋時烈·兪棨·韓元震 등
이 그 중심인물이었다. 물론 均役法의 성립에서 보듯이 정부·지배층의
치열한 논의과정이 거듭되었지만 호포론은 끝내 제도로 실행이 되지는
못하였다.31) 그 액수가 경제적으로 어느 정도의 부담이 될 것인가는 차
치하더라도 양반이 서민과 마찬가지로 군역을 진다는 사실 자체가 봉
건적 身分差等制의 정서에서는 용납되기 어려운 일이었기 때문이다. 하
여튼 호포론은 토지제도 개혁론의 수준에는 못 미치는 것이었다 해도
부세제도 개혁방안 가운데서는 가장 적극적이고 구체적인 것이었다. 이
점을 감안해보면 권이진은 현직 관인이라는 처지의 한계에도 불구하고
매우 실제적이고 진보적인 개혁의 태세를 취했던 셈이다. 민생의 안정
을 위해서는 먼저 賦稅不均의 타개, 이에 따른 농민층분해의 억제가 선
행되어야 하고, 그러자면 호포제야말로 최선의 대책이라고 판단했기 때
문일 것이다. 여기서 양심적인 실무형 관인의 자세를 확인하게 된다.

　농민들이 군역에 동원되는 데 따르는 정신적 경제적 고통을 덜어주
고 동시에 허구화한 군사제도·국토방위체제를 실질적으로 개선 운영
하기 위한 방안도 구상하였다. 권이진은 軍士의 編制方式에 대해, "同
伍之士 皆比隣之騎竹者"라 해서 같은 마을 출신의 병사는 같은 부대에
편성하고 그 지휘관도 同里의 父兄 가운데서 뽑아 맡겼던 전통, 즉 三
代 때의 '兵農一致' 원리를 되살려야 한다고 생각하였다.32) 물론 '병농
일치'란 원래 국가가 농민에게 경작할 토지를 보장해주고 이 기반 위에
서 병역·군사 체계를 운영하는 것이었지만, 그는 농민들의 토착적 혈
연적 連帶에 기초한 부대의 편제를 채택함으로써 相慣·相死의 강력한

---

31) 조선후기 戶布論의 성격, 그 추이에 대해서는 다음 논고가 참고된다. 車文燮,「壬亂
　　以後의 良役과 均役法의 成立」上·下,『史學硏究』10·11, 1961 ; 鄭萬祚,「朝鮮後期
　　의 良役變通論議에 대한 檢討－均役法 成立의 背景」,『同大論叢』7, 1977 ; 金容燮,
　　「軍役制 釐正의 推移와 戶布法」,『增補版 韓國近代農業史硏究』上, 일조각, 1984 ; 池
　　斗煥,「朝鮮後期戶布制의 論議」,『韓國史論』19, 서울대학교 국사학과, 1988.
32)『有懷堂集』卷3, 擬上疏(甲申 2월), 16ㄱ.

결속력과 전투력을 기대할 수 있다는 측면에서 군사의 '寓農之意'를 중시했던 '三代'의 전통을 상기한 것이었다. 이러한 견해는 앞선 시기 유형원의 兵制論에서 누누이 언급된 바이기도 하였다.[33] 그는 같은 맥락에서 束伍軍이나 지방 鎭管의 練兵・防戍의 부조리와 허구의 실태를 지적하고 沿海民의 과중한 水軍役을 경감시키는 방안, 군복무 방식의 御營軍 편제로의 전환 등 여러 가지 군역・국방 문제의 개선・개량책을 제안하였다.

민생에 직결되는 과제 가운데 또 한 가지는 內庄의 해체문제였다. 이는 內需司가 관할하고 있는 수많은 庄土에서 지주경영을 통해 거두어들이는 지대수입을 포기하고 그 토지를 원래 소유주인 농민에게 되돌려주거나 왕실이 아닌 국가에 귀속시켜야 한다는 주장이었다. 그는『周禮』를 전거로 해서 전국의 토지는 본디 모두 국왕의 소유, 즉 王有이므로 국왕이 다시 그 가운데서 私有를 두는 것은 온당하지 못하다는 이유를 제시하였다.[34] 여기에는 국왕의 방대한 토지사유와 그 봉건적 경영방식이 부당한 농민수탈을 조장한다는 우려와 경계의식이 나타나 있다. 구체적으로는 대개 두 가지 의도가 있었던 것으로 보인다. 먼저 이렇게 함으로써 직접적으로는 이 시기 山林・川澤・漁鹽 등의 用益權을 둘러싸고 지배층 내부 또는 지배층과 농어민 사이에 일어나는 분쟁을 해소하려는 것, 또 지주제의 모순에서 비롯된 농민들의 小作紛爭・地代抵抗에 대한 정부・지배층의 대응책에서 하나의 전기를 마련하려는 것이었다. 다른 하나는 방대한 규모로 방만하게 운영되는 왕실・국왕의 私的 財政을 호조가 관장하는 국가재정에 편입시킴으로써 재정운영 체계의

---

33)『磻溪隨錄』卷1, 田制 上, 分田定稅節目.
　　『磻溪隨錄』卷21, 兵制, 諸色軍士.
　　『磻溪隨錄』卷23, 兵制攷說, 制兵 참조.
　　이에 관한 연구로는 千寬宇,「磻溪柳馨遠 研究」,『近世朝鮮史研究』, 일조각, 1979 ;
　　金駿錫,「柳馨遠의 政治・國防體制 改革論」,『東方學志』77・78・79 합집, 1993 참조.
34)『有懷堂集』卷3, 擬上疏(甲申 2월), 18ㄱ・ㄴ.

일원화와 세입·지출의 절제·균형을 실현해보려는 의도였다. 실제로 권이진은 호조판서에 재임하면서 그 시기 재정운용의 최고 능력자라는 평판을 얻고 있는 터였다.[35] 만약 이러한 견해가 어느 정도 채택되었다면 御用과 國用의 모호한 한계가 분명해지고, 따라서 봉건적인 재정운용 체계의 개선에도 상당한 기여가 있었을 것이다.

　국왕과 정부가 시급히 해결해야 할 과제로는 이 밖에도 朋黨을 해소하는 일과 紀綱을 세워서 풍속을 바로잡는 일이 있었다. 권이진은 이 시기 붕당이 "政事論議分爲兩岐 常若有兩國"하는 형세를 이룬 결과 국왕의 권위는 가벼이 여기고 오히려 신하의 논의는 중히 여기게 되었다고 비판하면서, 국왕이 誠과 直으로써 마음자리를 굳게 세우면 '君勢를 높이고 인심을 복종시킬 수 있다'고 건의하였다.[36] 또 국왕에게, 사람을 쓸 때 '그 黨을 보지 말고 그 사람됨을 보라'고 人物本位論을 펴기도 하였다. 특히 君勢, 즉 왕권의 신장을 강조하고 이를 통해서 분열된 양반 지배층을 통합해야 한다는 견해는 비록 체계 잡힌 논설로서 전개된 것은 아니었지만, 그러나 一黨 주도의 정국운영론을 강력히 추구하였던 노론계의 정치이론과는 크게 대립하는 대신 소론·남인 계열에서 지지해온 국왕 주도의 '消融保合'論, 예컨대 蕩平論의 그것과 맥락을 함께 하는 것이었다.[37] 이러한 견해는 實務家의 실천적 자세와 일치하는 것이었다고 할 수 있다.

　그는 또 이 시기 지방의 鄕校나 鄕廳이 교육과 享祀, 수령의 보좌나 風俗의 진작이라는 본래의 구실을 저버린 채 公財를 축내고 농민을 侵漁하는 폐해를 경고하였다.[38] 이는 17세기 중엽 이후 書院의 濫設에서

---

35) 주 8과 같음.
36) 『有懷堂集』 卷3, 擬上疏(甲申 2월), 13ㄱ.
37) 王權과 관련해서 정치운영론을 개괄한 것으로는 金駿錫, 「朝鮮後期의 黨爭과 王權論의 추이」, 『朝鮮後期 黨爭의 綜合的 檢討』, 한국정신문화연구원, 1992 참조.
38) 『有懷堂集』 卷6, 良役獻議, 27ㄴ～29ㄱ·31ㄱ～33ㄱ.

보듯이 향촌사회의 주도권을 둘러싼 舊·新鄕의 대립, 家門 사이의 갈등, 그리고 수령이 대표하는 중앙정부의 지배권에 대한 이들 지방세력의 반발현상을 우려한 것이었다. 말하자면 지방사회 내부의 항쟁, 중앙과 지방의 마찰이 중앙정계의 당쟁에 연결될 것은 충분히 예상되는 일이었고, 이때 그들 향교·향청은 지방사회의 여론을 부추겨 黨論에 끌어들이는 아주 유용한 수단이 될 수 있었던 것이다.39)

권이진은 기강과 풍속을 바로 잡으려면 먼저 국왕의 결심이 우선되어야 한다는 '君心'說을 제기하였다. 예컨대 국왕이 私意를 버리고 諫言을 용납하여 群下의 마음을 감동시킨 다음에야 뭇 신하들의 잘잘못을 따질 수 있다는 것, 그리고 이로써 기강이 위에서부터 바로 서고 풍속이 따라서 안정된다는 것이었다.40) 이러한 논리방식에는 여전히 솔선수범·수기치인으로 집약되는 유교·주자학의 학문·정치론을 그대로 답습하는 측면이 있었다. 그러나 치자층 내부의 신뢰회복과 책임의식을 촉구하는 방편으로 전개된다는 점에 특징이 있었다. 즉 완고한 유자들이 군주의 立心·率先과 함께 孝悌忠信·綱常倫理의 천명을 현실과제 해결의 당연한 귀결처로 삼는 태도와는 달랐다. 三綱五倫에 의한 규범의 강화를 통해서 기강·질서의 확립을 시도하는 것이 아니라, '倉廩實而 知禮節'이라 하듯이 민생은 綱常 이전에 생업의 확보가 먼저라는 恒産論의 견해를 분명히 한 것이었다.

이렇게 治者責務論, 군주 중심 정치론, 탕평론, 항산론을 근간으로 하는 권이진의 정치관은 소론·남인계에서 추구하는 이념노선을 적극 수용한 것으로 볼 수 있다.

---

39) 이 시기 향촌주도층의 변동, 중앙정부의 향촌지배에 대해서는 金仁杰,「朝鮮後期 鄕村社會變動에 관한 研究-18, 19世紀 '鄕權'擔當層의 變化를 中心으로」, 서울대학교 박사학위논문, 1991 ; 鄭震英,「18, 19세기 士族의 村落지배와 그 해체과정-大邱 夫仁洞 洞約의 紛爭을 中心으로」,『조선후기 향약 연구』, 민음사, 1990 ; 吳永敎,『朝鮮後期 鄕村支配政策 研究』, 혜안, 2001 참조.
40)『有懷堂集』卷3, 擬上疏(甲申 2월), 20ㄱ·ㄴ.

3. 國體·國威意識과 倭人統制策의 수행

1707년 11월 권이진은 통정대부로 품계가 오르고 이듬해 정월에 東萊府使로 부임하였다.[41] 그것은 소론의 영수 南九萬(1629~1711 ; 藥泉)과 崔錫鼎이 적극 추천한 결과이기도 하였다. 그는 1710년 1월까지 2년이 넘는 기간 동안 재임하면서 크게 두 가지 과제를 수행하였다. 동래 草梁의 倭館을 중심으로 한 對日交易과 왜인들의 거류 허용으로 말미암아 파생되는 여러 가지 문제를 처결한 것이 그 한 가지이고, 다른 하나는 동남해상으로 접근하는 외적, 특히 일본의 침입에 대비해서 동래의 金井山城을 대대적으로 수축할 것을 건의하고 이를 직접 추진한 일이었다.[42]

동래부사는 여타 지방의 수령·방백들과 달리 초량왜관을 관할하는 책임도 아울러 지니고 있었다. 잘 알려진 일이지만 동래의 부산포는 15세기 초의 대마도 정벌 뒤 왜의 요청에 따라서 개항되었던 3浦 가운데 하나로, 壬亂으로 한때 중단되었던 朝·日 사이의 교섭이 1609년 '己酉約條'로 재개되면서 유일한 외교·교역의 창구로 남게 된 곳이었다. 특히 이곳 초량에는 1678년 조선정부의 승인으로 대략 10만 평 규모의 부지에 왜관구역이 마련되고 통상 450여 명의 倭人들이 거류하게 되었다. 이 왜관에는 朝·日 사신의 숙소, 開市大廳(무역장소), 역관의 대기소, 국왕에게 숙배하는 객사 등의 시설이 있었으며 이 館의 관리·유지를 맡은 館守, 외교교섭을 담당하는 裁判, 외교문서의 작성·기록자인 東向寺僧, 무역의 교섭·결재를 주관하는 大官 등의 관리들이 對馬藩으로부터 파견되어 있었다. 또 館의 문밖에서는 朝市가 열려 조선 상인과 왜인들 사이에 어채류의 매매가 이루어지기도 하였다.[43] 말하자면 왜관

---

41) 『年譜』 卷1, 24ㄴ·25ㄱ.

42) 『年譜』 卷1, 25ㄱ~29ㄱ 참조.

43) 왜관의 설치경위와 구조·기능에 대해서는 田代和生, 『近世日朝通交貿易史の研究』,

은 일본 막부정권의 對朝鮮外交를 대행하는 대마번이 조선의 歲賜物資를 획득하기 위한 외교교섭과 상인교역의 창구로 활용되고 있었다.

그러므로 동래부는 지방행정의 중심이자 외교·무역·군사상의 거점이었던 것이고 그 책임자인 동래부사는 특별한 견식과 능력이 요구되는 지위라고 할 수 있었다. 권이진은 부임하자 곧 왜관과 관련된 여러 가지 문제점을 발견하게 되었다. 초량 거주민과 관내 왜인의 규정을 무시한 상호왕래, 이에 따른 왜인들의 恐喝作弊, 양측의 분쟁을 조정하고 우리 商民을 보호해야할 통역(訓導·別差)들이 왜의 회유·농간에 놀아나는 사태, 양쪽 사이의 물화교역에 관한 제규정의 미비와 기존 규약의 불이행에 따른 거래과정의 혼란, 圖書·書契의 발급과 그 傳達 절차의 해이에서 오는 國體의 손상 등이었다.44) 그는 특히 국체의 존중과 민생의 보호라는 차원에서 실태를 파악하고 해결책을 찾으려고 하였다.

마침 거류왜인과 초량 거주 여인의 相姦事件이 일어났다. 그는 먼저 이 사건을 국법에 따라 조치해야 한다고 보고, 왜 측에 범인을 찾아 인계하도록 엄중히 요구할 것을 정부에 건의하고 이에 따르는 동래부의 조치를 주선하였다. 그리하여 사건발생의 책임을 묻고 죄인을 捉送하라는 내용을 담은 禮曹의 書契가 왜인들에게 전달되었으나 그들은 書契의 접수를 거부했을 뿐만 아니라 죄인의 송환에도 불응하는 태세로 나왔다. 그들은 문제의 姦犯人을 대마도로 일찌감치 빼돌리고 서계를 지참하고 간 역관에게는 평소의 친면을 빌미로 뇌물과 향응을 베풀어 되돌려 보냄으로써 사건의 경위나 책임소재를 적당히 덮어버리려고 하였다. '書契不受'의 이유는 간단하였다. 書契란 조선의 예조와 일본의 막부를 대표한 對馬藩主 사이에 주고받는 외교문서였으므로 서계를 수령하면 그에 대한 답신이 응당 있어야 하고 동시에 사건의 처리와 책임문

____

東京 : 創文社, 1982의 제7장 「草梁倭館の設置と機能」 참조.
44)『年譜』卷1, 25ㄱ·ㄴ.

제를 공식화하게 마련이었기 때문이다. 어쩌면 그들로서는 종래에도 이와 비슷한 사건이 없었던 것이 아니며, 또 그때마다 큰 문제없이 그럭저럭 넘어갔던 것이므로, 이번에도 동래부사 권이진이 문제를 엄중히 짚고 나오는 것에 대해 별로 주의하지 않았는지도 모른다.

물론 이러한 불상사의 원인을 '기유약조'와 왜관의 존재에 돌릴 수도 있었겠지만, 그보다는 왜인들을 상대하는 동래부와 부산진 관리들의 무능·무기력과 책임의식의 결여에도 큰 탓이 있었다. 평소에 왜 측을 상대하면서 정부의 지시나 제규정을 엄격히 적용하여 왜인들의 탈선·농간을 차단하고 적절히 대처하는 태세를 보였더라면 이번처럼 감히 저들이 정부의 공식문서를 묵살하고 범인을 숨길 엄두를 내지는 못했을 것이기 때문이다. 권이진이 단호한 태도를 보인 까닭도 여기에 있었다. 그에게 이번 사건은 왜가 교활하고 방자스럽게도 우리를 업신여기고 設館通貨의 은혜를 배반한 것이며, 우리로서는 보잘 것 없는 '섬 오랑캐'[島夷]에게 나라가 모욕을 당하고 국가 법제의 권위가 실추되는 커다란 충격으로 인식되었다.45) 그래서 그는 이 일을 왜 측이 스스로 잘못을 인정하고 당당한 국체의 위엄에 승복하는 계기로 삼아야 한다고 생각하였다. 이에 관련되는 정황과 자신의 의견을 14차에 걸쳐 상세한 '狀啓'로 정부에 보고하고 훈령을 요청한 데서도 그의 적극적인 의지를 충분히 짐작할 수 있다.46)

권이진이 꼽는 왜 측의 과오는 대개 네 가지였다. 첫째는 相姦한 왜인을 捉送하여 죄상을 자백시키고 여인과 同律로 처벌해야 한다는 우리 측의 요구를 왜 측에서 회피 묵살한 것, 둘째는 조선의 국법에 따를 것을 거부하고 대신 자국의 규정으로 처리한다 하여 대마도의 원방에

---

45) 『有懷堂集』 卷5, 倭情狀啓, 1ㄱ·ㄴ.
　　『有懷堂集』 卷5, 再度(倭情狀啓), 1ㄴ~3ㄱ.
　　『有懷堂集』 卷5, 三度, 5ㄴ~7ㄴ.
46) 『有懷堂集』 卷5·6 참조.

유배조치하는 정도로 사건을 매듭지을 심산이었다는 것, 셋째는 그러므로 우리 측이 보낸 서계는 아예 받을 의사가 없었으며 그 전달의 임무를 방치한 역관의 문책문제가 나오면 이는 별개로 대처하려 했다는 것, 넷째는 결국 왜인들이 개항 때의 약조와 우리 국법은 안중에도 없이 欺瞞侮辱하는 계교로 일관했다는 것이었다.[47] 조선의 처지에서는 너무도 당연한 처리원칙이며 요구조건이라는 것, 그럼에도 왜가 이에 협조하지 않는 것은 서로의 약조와 신의를 저버리고 우리를 소홀히 보아 멸시한 처사라는 것, 이제 그들로 하여금 응분의 대가를 치르게 함으로써 우리의 수치를 씻고 당당한 국가의 권위를 드세운다는 차원에서 처리해야 한다는 것이었다.

그리하여 권이진은 사태수습의 기본 전제가 범인을 인도받아 同律處置하는 데 있다는 것, 다음으로 '書契不受'의 책임을 왜 측과 역관들 모두에게 함께 물어야한다는 것, 차제에 이미 발급해준 圖書를 회수하고 사건의 결말이 나기 전에는 재발급을 모두 불허해야 한다는 것, 또 정부가 여기에서 결코 물러서지 말 것을 누누이 강조하였다. 그는 "邊方을 책임진 守臣"으로서 당연한 임무라는 생각에서, 그리고 "邊臣으로서 조정의 위엄을 드러내어 일을 매듭짓기 위해서",[48] 또 "臣子된 分과 義로서 죽어도 책임을 다하지 못할까"[49] 걱정하는 마음으로 이를 건의하고 있었다.

圖書란 예조에서 銅印을 찍어 대마도주에게 발급한 입국허가 증서였다.[50] 도서는 단순한 입국허가서일 뿐만 아니라 개항장인 부산포에서는 무역허가증이기도 하였다. 대마도는 자체의 산물이 별로 없이 朝·日 사이의 중계무역과 조선 미곡의 수입을 통해서 지탱하는 처지였으므로

---

47) 『有懷堂集』 卷5, 三度(倭情狀啓), 5ㄴ~6ㄱ.
48) 『有懷堂集』 卷5, 四度, 8ㄴ.
49) 『有懷堂集』 卷5, 四度, 16ㄱ.
50) 『大典會通』 卷3, 禮典, 待使客, 29ㄴ 참조.

그들에게 도서의 경제적 의미는 대단히 중요했던 것이다. '기유약조'의 핵심내용도 歲遣船의 규모·隻數와 함께 도서발급 규정이었음은 물론이다.51) 한편 권이진은 倭館의 유래, 對馬島倭, 즉 對馬藩과 德川幕府와의 관계, 朝·日 외교관계에서 대마도의 지위 등에 대해 문헌적으로 연구하였으며, 나아가서는 왜인과의 교섭자세·접촉요령, 종래 조선 관리들이 접촉과정에서 드러낸 무능함과 약점 등에 대해서도 충분히 검토하고 있었다. 어쩌면 이 시기 외교전문가로서 일가견의 지식과 능력을 갖추었다고 할 수 있을 것이다.

그리하여 권이진은 도서의 의의에 주목하게 되었다. 이를테면, "도서는 처음부터 格外의 特賜이며 島主의 간청에 못 이겨 정한 恩例로서 본래 常式에 어긋나는 일"52)이라든지, "전에는 도서의 발급이 모두 忠勤에 답하는 恩數로서 부여된 것이었는데, 이제 功勞도 없으면서 예의도 없고 恭敬하지 못한 자들에게 은혜(도서)를 베풀지 않는 것은 理致의 당연한 바"53)라고 한 바와 같이, 그는 도서의 발급을 대마도의 왜가 조선에 충실하고 한결같이 신의를 지키는 데 대한 반대급부로 이해하였다. 특히, "圖書는 印章의 종류이니 인장을 급여함은 그들로 하여금 朝貢을 바쳐오게 하고 (조정에서는—이상 필자) 米布를 지급하기 위함이니 실로 君臣의 義理가 되는 바, 신하로서 不忠不敬하면 그 인장을 회수하고 祿俸을 중단하는 것은 人主가 아랫사람을 대하는 常法"54)이라고 한 주장에서는 그가 조선과 대마도의 관계를 동양 전통의 국제관계인 事大字小의 관계로 규정하고 있음을 볼 수 있다.

조정에서 대마도를 상대하는 기준은 군주·주인이 신하·하인을 대

---

51) '己酉約條'에 대해서는 『通文館志』 卷5, 交隣 上 ; 『增正交隣志』 卷4, 約條 ; 李鉉宗, 「己酉約條 成立始末과 歲遣船數에 대하여」, 『港都釜山』 4, 부산시사편찬위원회, 1964 참조.
52) 『有懷堂集』 卷5, 四度, 8ㄱ·ㄴ.
53) 『有懷堂集』 卷5, 四度, 14ㄱ.
54) 『有懷堂集』 卷5, 四度, 14ㄴ.

하는 恩威의 원칙이 적용되어야 한다는 것이었다. 그러면서도 그는, 저들이 圖書를 통해서 경제적 혜택을 누리고 있는 만큼 우리는 이를 이용해서 정당한 요구를 관철해야 한다는 것, 즉 신의와 교양을 모르고 오직 이해관계에 따라 태도가 바뀌는 자들에게는 바로 그 이해관계로써 대응할 수밖에 없다는 점을 더 강조하였다. 恩威竝用의 원칙에서도 '威', 즉 권세와 무력에 해당하는 경제적 득실로써 저들을 제압하자는 것이었다. 이는 종래 정부가 왜와 교섭에 임할 때 저들의 집요한 요구에 거의 굴복하여 우리 측이 경제적 손실을 입으면서도 이를 마치 大人이 베푸는 '恩'祐쯤으로 안이하게 여겨왔던 폐습을 지양하려는, 일대 의식전환의 논리라 하겠다. 아무튼 문제해결의 방침은, 먼저 저들이 우리 측의 정당한 요구를 진정으로 수용하는 태세를 취해야 하고 그 다음에야 도서를 재발급할 수 있으며 이후의 다른 관계도 이에 따라 정상화될 수 있는 것으로 정리된 셈이었다.

중앙정부도 또한 對倭交涉의 현지 책임자인 동래부사 권이진의 이러한 사태파악과 대책에 반대할 이유가 없었다. 일의 형세를 짐작한 왜 측에서는 이제 한발 물러나 相姦罪人을 착송하는 것으로 일이 마무리되기를 청원하게 되었고, 이에 권이진은 한발 나아가 '書契 없이 송환되는 죄인은 이제 받아들일 수 없음'[55]을 통고하였다. 저들이 서계를 작성하려면 대마도주의 이름으로 그 동안의 과오를 인정하고 앞으로 이와 같은 사태에 대한 책임도 명시해야할 뿐만 아니라 館守倭 이하 초량왜관의 간부들이 모두 問罪되어야 했다. 또 조선 측에서는 저들의 향응과 뇌물에 놀아나거나 교역의 이권에 개입한 훈도·별차 등 역관배들의 비리가 드러날 것이었다. 권이진은 이러한 자신의 방침을 관철하고자 왜 측에 엄중히 시비를 따져서 확인시켜주려고 한 것은 물론, 조정에 대해서도 누누이 조목을 들어 왜인들의 간청에 누그러져서는 안 되는 이유

---

55) 『有懷堂集』 卷5, 四度, 9ㄱ.

를 환기시켰다.

즉 왜 측이 도서를 못 받는 까닭은 우리의 서계를 접수하지 않은 때문이라는 것, 양측의 교섭에서 辭命보다 귀중한 것이 없고 禮儀는 반드시 誠敬에 바탕을 두어야 함에도 그들이 이를 무시해버렸다는 것이다.56) 또 정부에 대해서는, 이번 일을 소홀히 넘기면 뒷날에는 서계를 거절당한 모욕보다 더한 곤경에 이른다는 것, 도서의 발급을 중지함은 왜인들에게 일의 시비를 깨우쳐주어 엄중히 책임을 따지고 벌을 내리는 뜻이 있다는 점57) 등을 건의하였다.

실로 도서문제는 이 사건과 관련해서 왜 측이 가장 유념하는 일이었다. 사건 뒤에도 왜인들은 처음에 권이진에게 도서의 求得을 간청하였으나 일이 어려울 것을 알자 다른 방법을 찾게 되었다. 즉 역관들을 통하여 堂上譯官 韓後瑗 등에 줄을 대고 廟堂大臣들에게 직접 청원하려는 것이었다. 그러자 조정에서는 왜 측의 도서발급 요청을 수락할 태세였다. 이에 권이진은 간곡히 반대하면서 이런 절차로 도서가 다시 지급되고 나면, 동래부사로서는 이후 倭情을 제압할 수단이 없게 된다는 것, 이번에 왜인을 제압할 수 있는 절호의 기회 자체를 잃게 된다는 것, 이후 왜인들은 더욱 느긋해져서 '尊國體 伸國威'의 길이 아주 멀어진다는 것 등을 이유로 들었다.58) 즉 "島倭가 만약 끝내 조정의 명령을 봉행하지 않으며, 犯奸倭를 斬하고 上書로써 사죄하지 않는다면 이에 圖書도 마땅히 발급하지 않는 것이 理勢"59)라는 것이었다. 물론 한번 내려진 정부의 결정이 취소될 수는 없었다. 외교 일선의 권이진은 차제에 왜인들의 교활한 편법을 꺾어놓을 결심이었던 데 대해 중앙의 고위관료들은 서계와 도서 문제로 왜와 길게 시비하는 것 자체를 달가워하지 않았

---

56) 『有懷堂集』卷5, 五度, 17ㄱ.
57) 『有懷堂集』卷5, 四度, 14ㄴ.
58) 『有懷堂集』卷5. 裁判倭處改撰書契下來狀啓, 28ㄱ~29ㄱ.
59) 『有懷堂集』卷6, 未收公木 館守撤供 譯官放還 三件事狀啓, 5ㄱ.

는지도 모르겠다. 對倭關係에서 늘 문제되던 조정의 안이한 속성이 또
드러난 것이었다.

공교롭게도 왜관에서 왜인 闌出事件이 일어난 것도 이 무렵이었다.
거류왜인들이 통행증도 없이 관문을 무단이탈하여 사방으로 출몰하는
사태였다. 하루는 29명, 그 다음날은 57명이 이틀에 걸쳐 연달아 왜관의
담장을 넘거나 수문장을 따돌리고 빠져나간 것이었다.[60] 관문이탈의 표
면적인 이유는 朝市에서 일용식품을 구득하기 어렵다는 것과 公作米의
出給이 늦어지는 데 대한 항의였지만, 실제 이유는 相姦事件 이후로 東
萊府에서 여인들의 朝市 왕래를 제한하는 등 왜인들의 館外 접촉에 대
한 통제를 강화한 때문이었다. 그리하여 이 사건으로 많은 문제점들이
드러나게 되었다.[61] 왜인들은 '기유약조'의 제 규정을 제대로 준수하려
하기보다 걸핏하면 이를 묵살하고 억지 쓰기를 다반사로 한다는 점, 훈
도·별차들이 왜 측에서 공공연히 받는 사례금이 해마다 천 냥이나 되
고 이 때문에 저들의 눈치를 보며 공무수행에서 그들에게 유리하도록
움직인다는 점, 관문을 엄히 통제해야 할 수문장이나 군관·관노는 물
론 심지어는 京司의 吏典에 이르기까지 모두 뇌물에 팔리어 저들의 腹
心과 耳目 노릇을 해온 형편이라는 점, 그 동안 문제가 발생할 때마다
우리 측의 대응자세가 단호하지 못하여 저들의 억지 주장에 굽히는 것
이 타성이 되었다는 점 등이었다.

예컨대, "우리는 저들에게 공급해주는 주인이고 저들은 우리가 공급
해주기를 기다리는 처지입니다. 事理로 보면 우리가 우월하고 저들은
굴종함이 당연합니다. 그런데 일마다 모두 우리는 이기지 못하는데 저
들은 이기고 있습니다"[62]라는 권이진의 하소연은 이 같은 실정을 토로

---

60) 『有懷堂集』 卷5, 倭人闌出狀啓, 再度闌出狀啓 참조.
61) 倭人들의 관외출몰 사건은 빈번히 일어났고 이것은 조선정부의 內國人통제와 主權
　　確立에 중대한 영향을 끼치는 문제였으므로 對倭交涉과 관련한 法典조항에 處罰規
　　定을 明文化하고 있었다. 즉 난출자는 館守倭를 통해 對馬藩主에게 통고하고 '依法
　　處斷'한다는 것이었다(『續大典』 卷3, 禮典, 待使客, 20ㄱ).

한 것이었다. 그는 또 지난 丁丑年(1697년, 숙종 23)에 무려 300여 명의 왜인들이 관문을 난출한 사건이 있었음을 상기시키면서, 그때 관련자를 문죄함이 없이 흐지부지 넘겨버렸던 결과가 지금의 사건과 무관하지 않음을 지적하기도 하였다. 이번에는 반드시 엄정히 대처해야 한다는 다짐이었다. 그 방법은, "교활한 왜인들의 恐喝에 두려워하거나 역관들의 遊說에 동요함이 없이 約條의 事理를 곧게 따지는 것"일 뿐이라고 하였다.

그리하여 처리의 원칙은, 朝市와 6大開市의 정상적인 개설, 난출자와 이를 막지 못한 館守·代官 등의 대마도로의 撤去, 그리고 公作米의 應給을 포함한 모든 교섭은 새로 교대해온 관수·대관과 진행할 것 등으로 정해졌다.63) 수문장·군관·역관을 포함해서 우리 측 관련자들이 문책될 것임은 물론이었다. 이때 권이진이 힘써 주장한 것은 館守倭를 비롯해서 난출을 주도하거나 묵인한 왜인들을 모두 본국으로 추방하는 일이었다. 이를 위해서 4차례나 장계를 올렸다. 책임을 물어 징계하는 뜻도 있었지만 그동안 왜인들이 현지에 쌓은 경험과 기반, 특히 역관배들과의 결탁관계를 해체하려는 의도가 더 컸다. 그는 역관이 되면 왜인들로부터 賂銀을 받아 부자가 되는 것을 당연한 일로 여기는 풍조가 있고,64) 부산첨사 趙世望 같은 자는 왜인들의 요구에 응하기를 마치 "下官이 上司의 명령을 받아 움직이는 듯하다"고 개탄하였다.65) 역관·통사들의 '恃倭自得'하는 태도와 함께 '狡倭'가 자꾸만 늘고 역관을 '操縱指使'하게끔 되어가는 지경이니 그야말로 朝家의 수치요, 民力의 낭비가 아닐 수 없다는 것이었다. 무능 부패한 관리들의 실상을 고발하되 한낱 지방 수령의 권한과 능력으로는 어찌할 수 없는 사정임을 고백한 것

---

62) 『有懷堂集』 卷5, 倭人闌出狀啓, 35ㄱ.
63) 『有懷堂集』 卷5, 倭人闌出狀啓, 35ㄴ.
64) 『有懷堂集』 卷5, 再度(闌出倭撤供狀啓) 40ㄴ~41ㄱ.
65) 『有懷堂集』 卷5, 三度, 43ㄱ·ㄴ.

이기도 하였다.

난출사건에 대해서도 권이진의 태도가 단호하자 왜인들은 온갖 변명과 이유를 들어 난출행위를 정당화하거나 撤供을 면해보려고 백방으로 손을 쓰고 있었다. 예컨대 왜인들이 '公作米 未收'에 대한 양해조건으로 관수·대관의 철공요구를 철회해달라고 요구함이 그것이었다.66) 공작미의 실상을 통해서도 당시 정부와 대마도의 관계가 어떤 상태였는지를 짐작할 수 있다. 정부는 對馬倭가 가져오는 物貨에 대해서 公式交易을 허가하고 이의 결재수단으로 木棉布를 公木이라는 이름으로 책정해 놓고 있었는데, 1651년(효종 2)부터는 왜 측의 요망에 응하여 그 公木價를 환산하여 米穀으로 내주는 것을 관행화하고 있었다.67) 이것이 '公木作米'로서 흔히 公作米·公米로 불렸다. 권이진이 재임할 때인 1709년(숙종 35)에는 면포 1필당 미곡 12말의 비율로 목면 400동(처음에는 300동이었음. 1동은 50필)을 '作米'하고 있었다.

당연한 일지만 木棉價와 米價의 불균형, 豊凶에 따른 가격과 물량의 변동, 부대비용의 발생 등 作米過程에서는 여러 가지 불편과 정부 부담이 따르게 마련이었다. 당해년도분의 작미가 지연되기 일쑤였고 마침내 1년씩이나 밀려가는 공작미의 출급을 요구하는 왜 측의 항의에 조선 측의 처지만 구차스럽게 되어갔다. 당초에 왜 측의 公木作米 요구를 쉽게 수용해버린 정부가 이 같은 상황을 자초한 셈이었다. 그런데 왜 측은 자신들의 불법적인 관문이탈의 이유를 그 未收分 公作米 때문으로 돌리고, 한 걸음 더 나아가 이를 '倭館守 撤供'의 罰俸으로 相殺하자고 제안해온 것이었다. 권이진은 저들의 이러한 타협조건을 절대로 수락해서는 안 된다고 주장하였다. 이번의 난출사건이 매듭지어지고 형세가 호전되면 '한 되의 쌀'이 소중한 저들로서는 공작미문제를 다시 들고 나올 것

---

66) 『有懷堂集』 卷6, 未收公木 館守撤供 譯官放還 三件事狀啓, 2ㄱ~4ㄱ.
67) 『萬機要覽』, 「財用篇」 5, 公貿·公木條 참조.

이 너무도 뻔하다는 것이었다.68)

　잘 알려진 대로 朝·日 사이의 교섭은 오랜 우여곡절을 겪어왔다. 그 과정에서 적지 않은 갈등과 불신이 쌓여왔고, 또 서로의 대응관행 또한 그렇게 해서 형성된 것이었다. 壬亂으로 중단되었던 그 관계가 다시 시작되고 백여 년이 흐른 뒤에도 상황이 별로 달라진 것은 없었다.

　앞에서 살핀 바와 같이 권이진은 제일선의 실무책임자로서 이러한 실상을 파악 분석하여, 그 동안 조정은 施惠者로서 대응태세를 보여주지 못했고 반면에 왜는 분명히 受惠者의 처지이면서 조정을 우습게보고 제 실속만 챙겼다는 것, 그리고 이렇게 되어간 원인은 간교한 왜인을 탓하기에 앞서 조정의 책임으로 돌려야 할 점이 많다는 것을 지적했다. 따라서 그 정상적인 관계 실현의 방향은 모든 관련 문제를 약조의 규정과 국법에 따라 처리함으로써 上國과 小國의 위상관계를 분명히 정립해가는 데 있다는 것이었다. 이는 國體·國威를 높여 세우고 民力을 길러야 한다는 원칙에 근거해서 이끌어낸 결론이기도 하였다. 그는 특히 이를 邊臣의 입장에서 ‘制邊之計’라는 이름으로 조정에 건의하고 몸소 실행하였다.

　시혜자와 수혜자라는 관계설정과 이에 근거해서 조선·대마도의 위상을 上下·主從의 관계로 관철해감으로써 이 관계의 정상화를 모색하려는 권이진의 발상은 實利와 名分의 양면을 모두 충족시키는 차원에서 문제를 풀어가는 일선 實務家의 태도라고 할 수 있지 않을까. 아무튼 그는 그때그때의 상황에 대처해서 직접적이고 구체적인 조치를 마련하되 이를 규정과 원칙에 충실하게 추진하였다. 정확한 실상을 조정에 보고하고 자신이 생각한 해결방안을 아울러 건의하여 승인을 얻어 이를 定式化해가는 일이었다. 다음의 몇 가지는 그러한 맥락에서 취해진 조치들이었다.

---

68)『有懷堂集』卷6, 未收公木 館守撤供 譯官放還 三件事狀啓, 4ㄱ.

먼저 교역의 절차를 공식화하여 사적 음성적인 물화의 거래를 차단하는 일이었다. 그래서 거류왜인들이 규정을 어기고 관문을 나와 시도 때도 없이 인근 주민들과 왕래 교류하는 행위를 모두 금지하고 朝市와 開市의 두 가지 경우만을 인정하도록 했다. 조시에서는 약간의 어채류와 2~3말 정도의 米穀 등 관내에 상주하는 왜인들의 생필품공급을 위한 소량교역이 가능하였다. 그 이상 많은 미곡과 布匹의 교역은 개시에서만 허용하고 이에 대해서는 일정 액수의 세금을 반드시 부과하도록 하였다. 권이진은, 처음에는 이 조치에 왜인들은 물론 일반 주민들의 반발이 거세었지만 몇 달이 지난 뒤에는 거의 진정되었다고 정부에 보고하였다.69) 특히 미곡의 경우 逐日交易을 방임한 결과 거래질서가 난잡해진 폐단을 제거하고자 6大開市日 교역을 변경시켰다.70) 이러한 조치는 이미 (己酉)事目에 규정된 사항을 재확인하는 것으로서 교역질서를 엄중히 세우자는 것이었다.

그런가 하면 권이진은 교역량 자체를 축소하는 것이 국가적으로 이익이 되고 또 왜인을 통제하는 방법으로도 해로울 것이 없다고 생각하였다. 이는 왜와의 교역이 그들 한쪽의 受惠를 위한 것이라는 점에 주목한 것이었다. 즉 왜의 歲遣船은 원래의 규정대로 23척에 한정하고 결코 추가로 허용해서는 안 된다는 것이었다.71) 앞서 '書契不受'의 책임을 물어 왜인 彦千代라는 자의 도서를 회수한 바 있는데, '圖書回收'는 먼저 그 죄를 다스리는 일이 되고, 게다가 도서발급을 보류하는 동안만큼 歲遣費用을 줄이고 民力의 부담을 덜게 된다는 것으로, "우리는 나라가 작고 가난한데 해마다 數萬金을 염출하기가 작은 일이 아니라"72)는 지적이었다. 국가와 민생의 결핍한 현실을 있는 그대로 인정하되 오히려

---

69) 『有懷堂集』 卷5, 再度(倭情狀啓), 3ㄴ~4ㄱ.
70) 『有懷堂集』 卷5, 邊上事宜條列狀啓, 20ㄱ.
71) 『有懷堂集』 卷6, 未收公木 館守撤供 譯官放還 三件事狀啓, 4ㄴ.
72) 『有懷堂集』 卷6, 未收公木 館守撤供 譯官放還 三件事狀啓, 5ㄱ.

國威를 세우면서 문제를 풀어갈 수 있다는 주장으로 볼 수 있다.

교역물의 품목과 수량의 파악, 그리고 거래대금의 결재방식에 대해서도 일정한 원칙을 세웠다. 거래품의 物目과 수량을 기입한 '入門記'는 두 벌을 작성하여 물품의 인도와 出銀(물품대금의 지불)할 때 정확한 증빙으로 삼도록 하고 여기에 농간을 부리는 자는 '潛商'으로 論罪한다는 것이었다.73) 이것은 종래 商譯, 즉 對倭去來 商人과 왜인들이 결탁하는 경우와 훈도·별차들이 왜인과의 각별한 관계를 이용해서 타인의 물화를 자기 이름으로 被執(인삼·약재 등의 物貨를 先賣함)74)하고 중간이익을 챙기거나 거래과정에서 왜인에게 유리하게 편들어주는 경우 등에서 생기는 폐단을 막자는 의도였다. 아울러 역관은 절대로 자기 이름으로 물품을 피집하지 못하도록 금지하고 戶曹 등 각 衙門에서 피집할 경우에도 관아의 명칭을 그대로 쓸 수 없도록 하였다.75) 역관 또는 각 관아가 지위나 권력을 이용하여 교역의 이익을 편취하는 길을 막아 商賈들의 상업활동을 보호하는 것은 물론 국가의 체면이 손상되지 않도록 하려는 것이었다.

出銀의 절차에서 都數受出, 즉 왜 측으로부터 물품대금을 합산하여 한꺼번에 받아오게 하는 방법을 택한 이유 또한 거래질서의 확립과 國威의 존중을 위해서였다. 종래의 교역에서는 商譯이 개별적으로 피집하고 물품대금도 제각기 수령하게 되어 있었으므로, 이 때문에 상역끼리의 경쟁관계가 생기고 왜인의 요구에 따라 움직여 아첨과 눈치보기가 성행했던 것이다. 그래서 이제 훈도·별차가 '입문기'에 따라 한꺼번에 銀을 수령해오면 상역들은 公廳에 회동하여 물품의 종류·수량·품질 등의 多少·高下에 따라 이를 公論分執하도록 한 것이었다.76) 이 조치

---

73)『有懷堂集』卷5, 邊上事宜條列狀啓, 21ㄱ.
74) 일종의 先賣制度로, 대금을 먼저 지불하고 후일에 물품수령을 약속하는 거래방식. 법전에 따르면, 蔘商이 倭館에서 被執하려할 때는 東萊府에서 戶曹의 공문에 의거하여 10분의 1稅를 징수하도록 규정되었다(『續大典』卷2, 戶典, 雜稅, 21ㄴ 참조).
75)『有懷堂集』卷5, 邊上事宜條列狀啓, 21ㄴ.

또한 왜인들에게 모욕이나 멸시를 당하는 일이 없어야 한다는 생각에서 나오기는 마찬가지였다. 그는 이를 다름 아닌 국가의 '制邊之計'라고 하였다.

다음은 왜관 인근의 초량 주민과 왜인들의 무단접촉을 막는 일이었다. 앞서의 상간사건은 왜인이 관문 밖으로 불법반출해온 물화를 轉賣해주고 중간이익 취하기를 生業으로 하는 초량 주민의 처와 왜인 사이에 벌어진 일이었음을 감안하면 이 같은 불법왕래 자체를 근절할 필요가 있었다. 먼저 주민 가운데 왜인들과 지나치게 접촉하는 자 몇몇을 본보기로 골라 징치하고 왜관과 가까운 거리에 있는 민가 일부를 멀리 옮겨 격리조치하였다.77) 또 '기유약조'에 따르면 왜인들은 역관(훈도·별차)들과는 왕래가 허용되었는데, 이 역관들이 피접을 빙자하여 公廳은 비워두고 여염집을 차지하고 있었으므로 이 때문에 왜인들의 민가출입이 더욱 쉬웠던 것이다. 이제 역관의 공청복귀, 담장과 출입문의 수리, 巡視·守直者의 교대근무제 실시, 역관과 왜인의 단독접촉 불허(각 2인 이상씩의 복수접촉만 허용), 규칙위반자의 약조에 따른 治罪 강화, 왜인 접촉 주민에 대한 '潛商律' 적용 등의 방침을 세웠다.78)

또 훈도·별차 등 역관들의 기강을 바로 세우는 일도 매우 중요하였다. 마침 조정에서 서계전달의 임무를 제대로 수행하지 못한 죄로 拘禁된 역관을 放免하기로 결정했다는 소식이 있자 권이진은 즉각 이에 반대하였다. 왜 측이 犯奸人 처벌과 謝罪 의사를 밝히지도 않고 있는데 우리 쪽에서 먼저 그 직무유기한 역관을 赦免해버리면 저들의 잘못을 추궁할 근거를 잃게 된다는 것이었다.79) 또 문제의 역관이 서계를 전달하고 쌍방의 동의를 확인하는 절차, 즉 '渡海譯官傳書之規'를 그르친 것

---

76) 『有懷堂集』 卷5, 邊上事宜條列狀啓, 20ㄴ~21ㄱ.

77) 『有懷堂集』 卷5, 再度, 4ㄱ·ㄴ.

78) 『有懷堂集』 卷5, 邊上事宜條列狀啓, 18ㄴ~19ㄴ.

79) 『有懷堂集』 卷6, 未收公木 館守撤供 譯官放還 三件事狀啓, 5ㄱ.

은 '商販贈金'의 이익에 먼저 마음이 팔렸기 때문인데, 이는 '無限辱國'
의 죄이며 일이 이웃나라에 알려질까 두렵다는 것이[80] 사면을 반대한
이유였다. 요컨대 조정의 법도와 위엄을 보였어야 할 그들이 스스로 그
것을 깨뜨린 죄를 가볍게 용서해서는 안 된다는 것이었다.

왜인들이 교섭관계를 자기들에게 유리하게 이끌어가려고 역관을 회
유 포섭하려 한 시도는 집요하게 여러 방면으로 나타났다. 이를테면 그
들이 元旦을 비롯한 자기들의 명절을 기화로 동래부와 부산진의 훈도·
별차를 船上宴會에 초청하는 것을 관행으로 삼아온 것도 그 가운데 하
나였다. 권이진은 이를 "나라의 신하된 몸으로 島夷의 무리와 私交를
맺어 그들의 요구에 응하는 것"[81]으로 규정하여 중단시키자고 건의하
였다. 한편 역관들은 해마다 대마도주의 이름으로 주는 사례금 1천 냥
을 받아 생활비와 왜인접대비로 쓰는 것을 오랜 규례로 삼아왔다. 권이
진은 이것 또한 國體를 손상시키는 큰 요인임을 지적하면서 앞으로는
이를 사절하고 대신 동래부가 거두는 商稅와 호조의 蔘稅에서 일부를
떼어 그 비용을 충당해주는 방안을 마련하였다.[82] 특히 훈도·별차의
직임은 고달프면서도 국체에 관계되는 중요한 것인 만큼, 重祿으로 생
계를 보장해주어 염치를 지키고 처신을 깨끗이 하도록 엄중히 규율해
야 한다는 차원에서 생각한 것이었다. 그러나 "일찍이 서인의 중진 閔
鼎重이 이 문제를 개선하려다가 역관들의 반대로 실패한 일이 있음"을
상기한 것을 보면, '사례금'의 배후에는 역관에서 조정 대신에 연결되는
非理의 연쇄관계가 얽혀있고 이것이 자신의 힘으로는 어쩔 수 없는 일
이라는 것도 잘 알고 있었다고 하겠다.[83]

倭와의 交涉이 저들의 요구에 의해서 이루어지는 것이었던 만큼 조

---

80) 『有懷堂集』 卷6, 未收公木 館守撤供 譯官放還 三件事狀啓, 5ㄴ.
81) 『有懷堂集』 卷5, 再度, 5ㄱ·ㄴ.
82) 『有懷堂集』 卷5, 邊上事宜條列狀啓, 22ㄱ·ㄴ.
83) 『有懷堂集』 卷5, 邊上事宜條列狀啓, 23ㄱ.

선 측으로서는 교역상의 불이익이 여러 가지 형태로 드러나는 것을 앞에서 이미 살폈다. 그리고 권이진도 바로 이 점에 늘 유념하여 그것을 특히 國威·國體 보존의 차원에서 대응하고 있었음을 보았다. 그는 같은 맥락에서 倭의 遣使要請에 신중할 것을 조정에 촉구하기도 하였다.[84] 이때 마침 왜 측에서 關伯의 生子를 축하하는 사신을 파견해달라고 요청해왔는데 조정에서는 여기에 응할 기미를 보이고 있었다. 그는 역사적 전거를 들어 사신파견의 當否를 논하면서 그들의 요청에 쉽게 응하게 되면 이것이 成例가 되어 난처한 경우가 생긴다는 것, 또 이번의 것은 島主가 관백에게 자신의 공로를 자랑하고자 꾸며낸 일일 수 있으니 먼저 사실 여부를 확인해봐야 한다고 주장하였다.[85] 이 시기 朝日關係에 대한 근래의 연구에서 밝혀지고 있듯이,[86] 권이진은 조선의 朝廷과 일본의 幕府 사이에 이루어지는 외교관행의 의의, 그 仲介役을 담당한 대마도주의 위치와 이해관계 등에 대해서 당시의 관인으로서는 매우 정확히 이해하고 있었던 것이다. 여기에서는 對倭關係 문제를 정당한 방향으로 해결하려는 그의 실무자적인 의지와 노력을 아울러 발견하게 된다.

---

84) 『有懷堂集』卷6, 通信使時兩件事狀啓, 6ㄱ·ㄴ.

85) 『有懷堂集』卷6, 通信使時兩件事狀啓, 8ㄱ. 幕府의 將軍이 바뀌고 그들의 요청이 있게 되면 通信使를 파견하는 것이 법전에 명시된 관행이었으나(『續大典』卷3, 禮典, 待使客, 20ㄱ 참조), 장군이 상속자를 낳았다고 해서 경축사신을 보내는 것은 법규에 없는 일로서 국체를 손상시킬 우려가 있었다.

86) 孫承喆 編, 『近世韓日關係史』, 강원대학교 출판부, 1987 ; 孫承喆, 『朝鮮時代 韓日關係史研究』, 지성의 샘, 1994 참조.

4. 東南海防策과 北邊守禦論

　실무에 밝은 관인으로서, 또 변경에 부임한 지방 수령으로서 권이진이 특히 주력했던 사업은 외적방어, 즉 국방대책에 관한 것이었다. 먼저 金井山城의 수축사업은 동래부사로 재직할 때 최대 과제가 되었다. 이 사업은 동남쪽 해상으로 접근할 가능성이 있는 외적, 이를테면 일본의 침입에 대비하는 의미가 있었다. 그는 '人臣으로서 事君하는 義理를 다하려는' 의도에서, 그리고 '변방을 지키는 邊臣이 의지할 바는 城池'라는 인식에서 여기에 주력하였다.[87]

　이 東南海防策 또한 넓게 보면 국가의 자존과 민생의 보장을 실현하는 방편의 일환이었다. 가까운 壬辰倭亂은 말할 것도 없고 그 앞서 고려 말기의 倭寇, 16세기 중엽의 三浦倭亂 등 수도 없이 거듭된 일본의 침입을 상기할 때, 양심 있는 治者라면 심각한 반성과 함께 이에 대비할 생각을 떨쳐버릴 수 없는 일이었기 때문이다. 그러나 이를 수행하기가 쉬운 것은 아니었다. 수십 번씩 산을 오르내리며 지세를 살피고 성곽의 규모와 구조, 축조방법, 자재의 적부를 파악하며 인력을 독려하는 한편, 조정의 무관심과 인식부족을 일깨워서 재정과 물자를 지원받는 등 온갖 정력을 다해야만 하는 일이었다. 이러한 개인적인 수고로움은 차치하더라도 자칫 잘못하면 조정 관인들의 방해나 질시, 役事에 동원될 농민들의 원성 또한 충분히 예상되었다.

　권이진은 먼저 금정산성의 대대적인 수축이 절실히 요청되는 까닭을 동래의 地利, 즉 군사적 경제적 중요성에서 찾되 이를 현지답사와 문헌적인 검토를 근거로 해서 설명하였다. 즉 우리나라는 동남쪽으로 '怨讐인 倭奴'와 바다를 사이에 두고 접하였으므로 海路의 요충을 잘 알아 방어책을 세워야 한다는 것, 일본의 長崎로부터 濟州·黑山島를 거쳐

---

87)『有懷堂集』卷3, 陳金井山城忠烈別祠海防三件疏, 30ㄴ.

중국의 閩·浙 지방에 이르는 海路는 군사·교역상의 중요성이 크다는 것, 일본의 間島·一岐·對馬에서 부산에 이르는 사이에는 島嶼가 연이어 있어 陸行 못지않은 편리가 있고 때문에 과거 倭寇들이 동래를 발판 삼아 내륙의 燕岐, 해상으로는 멀리 江華까지 침범했다는 것, 임진왜란 때 왜군이 7년 동안이나 이 땅에서 버틸 수 있었던 것은 동래를 耕種給糧하는 거점으로 삼고 蔚山·金海를 좌우익 세력권으로 확보했기 때문이라는 것, 또 이 같은 동래의 地利는 몽고의 공격을 6년 동안이나 견뎌내었던 宋나라의 襄陽·樊城의 그것보다도 더 하다는 것이었다.[88]

이러한 동래의 위치에 비추어 볼 때 기존의 이곳 성곽은 방어시설로서 문제점이 많았다. 고려 때 축조된 府城이 현존해 있었으나 권이진이 보기에 뒤로 작은 산을 등졌을 뿐 앞으로는 遠望의 시야가 좁은 데다 안에는 의지할 만한 險隘가 없어 持久戰에 지탱할 형세가 못 되었다.[89] 금정산성도 이미 癸未年[90]에 수축된 것이지만 규모와 형세에서 그 실효성이 의심스러웠다. 먼저 산성으로서 너무 광활한 것이 흠이었다. 上·下城을 합한 周圍가 40여 里나 되고 丙戌年에 개축한 中城은 주위가 66,459尺(3指×3＋2指×2＝1尺)으로서 11,460步(6尺＝1步), 31里(360步＝1里)였다.[91] 地勢도 동·남쪽으로는 산이 높고 바위가 많아 天險으로 보이지만 오히려 공격하는 적이 은신하기 쉬워 이점이 못 되었다. 서·북쪽은 산등성이가 길게 뻗어 깊은 골짜기를 이루었으므로 隊伍를 이룬 적의 險路가 되지만 일단 그 안에 들어오면 軍陣도 펼 수 있어 방어에 적합하지 않았다.

---

88) 『有懷堂集』 卷3, 陳金井山城忠烈別祠海防三件疏, 31ㄱ～32ㄴ.

89) 『有懷堂集』 卷3, 陳金井山城忠烈別祠海防三件疏, 33ㄱ.

90) 1703년(숙종 29)의 일로 이때는 경상감사 趙泰東의 주관으로 수축하였는데, 주위가 68,908尺이었다고 한다[『慶尙道邑誌』(1832년경) 제5책, 『東萊府邑誌』(아세아문화사 영인본, 『邑誌』 1冊, 234쪽 上ㄱ)].

91) 『有懷堂集』 卷3, 陳金井山城忠烈別祠海防三件疏, 34ㄱ. 丙戌年은 그 다음해인 丁亥年의 착오인 듯하다. 문제의 中城은 권이진의 바로 전임자인 韓配夏(1706. 10.～1709. 1. 재임)가 정해년(1707)에 개축한 것이라 한다(앞의 『邑誌』, 같은 곳 참조).

이리하여 산성의 수축계획은 골짜기 사이에 파묻히듯이 낮게 위치한 西門을 高平한 곳으로 옮기고 이와 아울러 城域도 축소하는 선에서 마련되었다. 이에 권이진은 먼저 冬季의 軍士操習 때를 이용하여 戰時를 가상한 군사배치를 실행해보았다. 즉 휘하 3개 읍의 束伍軍 700명, 본부의 牙兵 500명, 역시 본부의 軍官·吏奴로 作隊한 1천 명, 기타 僧軍將校 등 총 3천 명의 인원을 동원하여 登城列立시켜본 결과 10步 사이에 겨우 두세 명을 세울 수 있을 뿐이고, 자신이 직접 지휘하고자 將臺에 올랐으나 전체의 상황을 한번에는 도저히 파악할 수 없어 일일이 傳令을 띄워야만 할 형편임을 알게 되었다. 더구나 南門 일대의 지세는 바람이 없으면 포성도 들리지 않고 그늘이 지면 旗色조차 식별할 수 없을 정도였다.[92] 서문의 이전을 통한 산성수축의 구상은 어렵게 된 것이었다.

다른 방안을 찾아야 했다. 이번에는 고려 때 王可道가 開城府의 城周를 정했던 방법을 따라 군사들로 하여금 槍劍旗幟를 잡고 축성할 만한 곳을 따라 聳器列立하도록 시켰다. 그 결과 성곽의 주위를 앞서 本城의 경우보다 16,053尺이나 축소할 수 있었다. 그러나 몇 步마다 군사 1명씩 늘어세워 모양이 갖춰지지 못하는 점에서는 本城의 경우와 다를 바 없었다. 여기에 만약 '1堞 5人法'을 채용하기로 하면 소요될 守城軍士가 자그마치 2만 명이라는 계산이었다. 그런데 이번 3천 명의 군사를 소집하는 데 백여 리 안팎에서 10여 일이나 걸린 사실, 또 대마도를 출발한 倭의 海盜가 부산해안에 상륙하는 데 걸리는 시간이 겨우 兩三時辰 밖에 되지 않는다는 사실을 감안하면 동래부가 2만 명의 인력을 산성까지 동원하여 외적의 침입에 대응한다는 것은 전혀 불가능한 일이었다.[93] 산성의 효용성을 살리자면 규모의 대폭적인 축소가 근본 전제임이 확

---

92) 『有懷堂集』 卷3, 陳金井山城忠烈別祠海防三件疏, 34ㄴ.
93) 『有懷堂集』 卷3, 陳金井山城忠烈別祠海防三件疏, 35ㄱ.

인된 셈이었다.

제3의 대안은 앞서 中城을 축조할 때 포기했던 外城을 修築하는 일
이었다. 권이진은 이 결정의 승인을 조정에 요청하면서 "성역의 지나친
광활이나 지형의 불편쯤은 지혜로운 자가 아니라도 알아차릴 만한 일"
이라면서 자신은 열 번을 가서 살펴보고 백 번을 생각했노라고 계획에
대한 확신을 강조하였다.94) 龍巖의 북쪽에서 梵魚寺 뒷산을 지나 姑母
峯에 이르는 선인데, 적의 游兵을 방지하려고 북문과 남문 밖에는 曲城
을 축조하고 성곽의 주위를 40,344尺(6,724步, 18里)으로 잡아 內城 규모
의 반이 되도록 하였다.95) 지세로 보면 水泉草木이 넉넉하고, 옷깃을 여
민 듯이 깊숙해서 밖에서는 안을 窺瞰할 수 없으며, 서남쪽이 조금 열
려서 키[箕]를 치켜든 듯이 수십 리 밖을 한눈에 살필 만하였다.

수축공사에 소요되는 물자와 인력의 확보 계획도 구체적으로 마련하
였다. 먼저 경상감사와 동래부사가 操劃할 수 있는 미곡 1천여 석과 면
포 2천 500여 필, 鐵物 약간과 기타 잡물을 공사에 충당할 수 있다는 것
이었다. 또 경상도 각 營이 관장하는 還上穀 50여만 석의 연간 利息穀
5, 6만 석 가운데 1만 석을 전용하기로 하고, 여기에 앞의 米·布를 합
하면 游手 500명을 모집하여 매월 2석씩의 급료지불이 가능하였다.96)
이렇게 인력을 매일 500명씩 동원하면 한 달에 1만 5천 명, 10개월이면
15만 명이 되므로, 이 정도의 연인원이면 風雨寒署나 질병·사고로 말
미암은 결손을 제외하더라도 2년 기한으로 공사를 마무리할 수 있다는
것이 권이진의 계산이었다. 작업의 능률을 올리고자 그들이 가족과 함
께 거주할 가옥을 공사장 인근에 마련해주며, 인부들로 하여금 "心能耐
久 手能熟事"하게 하며, 址廣·城高를 미리 예정해놓고 苟簡速就하려
는 마음이 없게 하여 永久完好한 계획이 되도록 하며, 또 勤幹·忠信·

---

94) 『有懷堂集』 卷3, 陳金井山城忠烈別祠海防三件疏, 35ㄴ.
95) 『有懷堂集』 卷3, 陳金井山城忠烈別祠海防三件疏, 36ㄱ.
96) 『有懷堂集』 卷3, 陳金井山城忠烈別祠海防三件疏, 37ㄱ.

盡職하려는 자를 뽑아 監董의 임무를 맡길 것도 구상하였다. 한편으로는 官舍를 移設하여 經紀新寓할 필요성도 내다보고 있었다.[97)]

　이렇게 몇 차례에 걸친 현장답사와 여러 방안의 비교·검토를 통해서 종래의 금정산성을 대대적으로 수축할 방침이 구체적으로 서게 되었다. 이는 실로 詰戎, 즉 對倭備禦策에 일대 變通이 될 수 있었다. 현지의 지방관이 이런 정도로 정책을 제안하는 경우가 흔치 않았을 것이다. 그런 만큼 중앙정부의 관심을 여기에 돌리고 적극적인 지원을 얻어내기도 쉽지는 않았을 것이다. 그래서 그는 자신의 산성수축 계획이 치밀한 조사·검토와 여러 가지 실정을 감안한 심사숙고에서 얻어진 결론이라는 것, 현재의 성곽은 규모와 시설, 지세의 활용 면에서 효율성이 적어 비상시에는 入保하기 어렵고 평시에는 유지·관리 문제로 將吏의 月料를 허비하며 백성들에게 補壞의 수고로움만 끼치고 있다는 것, 그리고 조정에서 이 문제를 범연히 보고 처리에 異見을 드러내고 있는 데 대해서는, "事理는 말로 다 형용할 수 없고 더구나 사람마다 서로 다름이 있지만 地形은 일정한 것이라서 마땅히 的確한 의논이 있게 마련"인데 안목이 다름에 따라 상반된 의견이 있음을 이유로 유예미결한 채 세월만 허비해서는 안 된다는 것을 누누이 강조하였다.[98)] 그러나 이 계획은 끝내 실행에 옮겨지지 못하고 말았던 것 같다.[99)]

　한편 城守策, 즉 산성을 수비하고 그 기능을 제대로 실현하는 일은 새로 축조하는 것 못지않게 중요한 문제였다. 권이진은 城域이 비록 반으로 축소되더라도 동원 가능한 3천 명의 군사로는 1堞에 몇 명씩 밖에 배치할 수 없는 점, 海寇는 豫期할 수 없는 데다 해안지역은 敵境이나

---

97) 『有懷堂集』 卷3, 陳金井山城忠烈別祠海防三件疏, 37ㄱ.
98) 『有懷堂集』 卷3, 陳金井山城忠烈別祠海防三件疏, 36ㄴ.
99) 『東萊府邑誌』에 따르면 府使 韓配夏의 中城修築 이후 甲午年(1774, 영조 50년인 듯)에 규모가 지나치게 광활하다는 이유로 혁파되었다가 1808년(순조 8) 부사 吳翰源의 건의에 따라 비로소 개축했다고 했으나 권이진과 관련한 기록은 보이지 않는다(앞의 『邑誌』, 같은 곳 참조).

다름없는 점, 府治는 이곳에 있고 山城은 저곳에 있으니 마치 적은 5리도 안되는 坦坦大路에 있고 산성은 수십 리 險路 밖에 있는 셈이어서 막상 위급한 상황이 되면 入保가 거의 불가능하다는 점 등에 주목하였다. 결론은 "城은 邑이 되지 않을 수 없고 邑은 城이 되지 않을 수 없다"는 전제를 분명히 한 것이었다.[100] '移邑入城'論이었다. 그는 산성에서 洛東江까지는 곧장 5, 6리 밖에 안 되는 탄탄한 길이 있고 府民의 생업이 거의 강과 바다를 왕래하며 魚鹽을 취급하는 일인데, '官府의 銀錢'과 '江海의 便利'가 이 정도면 府邑을 옮겨 세울 만한 기본 조건이 된다고 보았다.

결국 인구의 流入因, 生計源의 조성과 확대가 守城의 선결과제였다. 권이진의 판단에는, 먼저 축성공사에 동원되었던 인부와 그 家率을 정착시키면 '守城하는 병졸, 城內의 주민'이 될 수 있으므로 그들이 흩어지지 않도록 약간의 經理여건을 만들어줄 필요가 있었다. 또 府城의 商賈·吏奴들은 府治의 이전에 당연히 따라나설 자들이었다. 몇 년이 지나지 않아서 家戶가 즐비한 고을이 이루어지고, 동래부는 江海의 요충에 웅거하여 오르내리는 舟楫의 利를 바탕으로 더 많은 사람을 끌어 모으게 될 것이었다.[101] 한편 산성의 남쪽 10여 리 거리에는 영남의 稅穀과 物貨가 모이는 甘同倉이 있고 이에 연결되는 舟楫과 富民·豪商이 '몇 百千'을 헤아리므로, 이들을 동래부에 割屬하면 守城의 健卒과 巨糧을 확보하는 방편이 될 수 있었다. 이밖에도 이웃 梁山의 邑治를 이곳으로 이전하고, 비상시에 인접한 梵魚寺의 僧人과 식량·물자를 긴급 활용하는 방안도 고려되었다.[102]

이렇게 보면 권이진의 邑城과 山城을 일치시키자는 견해, 즉 移邑入城論은 일단 평시의 생활근거지가 곧 전시의 방어요충이라는 인식을

---

100)『有懷堂集』卷3, 陳金井山城忠烈別祠海防三件疏, 38ㄱ.
101) 위와 같음.
102)『有懷堂集』卷3, 陳金井山城忠烈別祠海防三件疏, 38ㄴ.

東萊府의 경우에서 현실화하려는 對倭防禦 구상이라고 할 수 있다. 따라서 이는 종래의 '廢邑入堡'를 근간으로 하던 소극적 對敵方式으로부터 적극적 국토방어책으로 전환하려는 것이기도 하였다. 이 점은 그보다 앞선 시기의 柳成龍(1542~1607 ; 西厓)의 '淸野入保' 山城論[103]의 단계를 극복하고 유형원의 留城戰守論과 발상을 같이하는 것이며,[104] 그 다음 世紀의 丁若鏞(1762~1836 ; 茶山·與猶堂)의 '民堡說[105]에 계승되는 것이었다. 그의 경우 행정 일선의 실무책임자로서 현지실상의 조사·연구를 통해 구체적인 실행방안을 計量的으로 제시하고 있는 점에서 더욱 주목할 필요가 있다고 하겠다. 더구나 이를 수행할 수 있었다면 인구의 이동과 상품유통경제의 성장을 당연한 것으로 인정하고 그 촉진책까지도 마련했을 것으로 예상되는 점에도 그 의의가 크다고 하겠다.

권이진은 이상의 구상과 건의가 결코 즉흥적인 것이 아니라면서, 자신이 "한낱 書生으로서 군사전문가는 더구나 아니지만 守臣의 직분에 있기 때문에 3년 동안이나 目見心思해서 짜낸 방안"이라고 강조하기를 마지않았다.[106] 그는 이 같은 備禦策과 관련해서 주민의 유교적 敎化방안도 아울러 제시하였다. 즉 '地利 不如人和'임을 전제하고, "백성들에게 死國之心이 없다면 비록 城池와 甲兵이 갖춰지더라도 無用之物"이므로 이미 利販에 길들여진 백성들에게 '윗사람을 위해서 죽는 의리'를 깨우쳐줄 계기를 마련해야 한다는 것이었다. 그는 이것이 '節義를 崇獎하여 民聽을 뚫어주는 것'이며 備禦의 內實을 다지는 일이라고 하였다. 임진왜란 때 적의 銳鋒을 맞아 東萊城을 死守하다 죽어간 사람들, 이를

---

103) 『西厓先生文集』 卷15, 雜著, 山城說(丁酉 冬), 7ㄴ~12ㄱ.
104) 金駿錫, 앞의 글, 1993, 392~394쪽 참조.
105) 鄭景鉉, 「19세기 새로운 國土防衛論－茶山의 '民堡議'를 中心으로」, 『韓國史論』 4, 서울대학교 국사학과, 1978 참조.
106) 『有懷堂集』 卷3, 陳金井山城忠烈別祠海防三件疏, 38ㄴ.

테면 부사 宋象賢(1551~1592 ; 泉谷)과 그의 막료·婢妾을 위해서 사당을 대대적으로 개수해야 한다는 건의가 그것이었다.107) 『論語』의 '足食足兵'108)에 의거해서 군사기강이 信義에 근거할 것을 강조함으로써 그 신의란 결국 上下·尊卑의 윤리·도덕 의식, 三綱五倫의 고취에서 비롯된다고 생각한 것이었다.

18세기 초 정부의 외적방위 계획은 지나치게 北邊에 치우쳐 있다는 것이 권이진의 판단이었다. 遼東 방면이 중요하다 해서 嶺·湖南의 방어를 소홀히 한다면 이는 刻舟求劍과 같다는 것이었다. 그는 閩·浙 등 중국 연해지방에는 海寇가 끊이지 않으며 이들이 倭寇와 연결하여 우리 연해의 郡邑에 출몰할 가능성이 매우 많다는 점, 고려시기에도 중국의 明州에서 우리나라의 黑山島까지는 海路로 7일의 거리밖에 안 되었고, 권이진 당시에도 蘇州의 上海縣으로부터 불과 10일 만에 靈巖·長興에 닿을 정도로 가까운 거리라는 점 등을 들어 남해 연안방어의 중요성을 환기시켰다.109) 이어서 자신이 沿海 지방관으로 전전하며 軍布·將帥·練兵을 포함한 軍備·軍紀를 살핀 바, 여러 營鎭의 防戍態勢가 믿을 만한 것이 거의 없었다고 하였다. 즉 軍鎭이면서 군관 1, 2명과 使喚 몇 명밖에는 干戈를 잡고 나설 一兵一卒도 없으며, 닥치는 대로 긁어모은 軍布는 시늉뿐인 給料·什物費를 제하면 거의 邊將의 私腹에 들어가며, 僉使·萬戶의 무리는 모두 宰相家의 隨從者일 뿐이라고 개탄하였다. 또 늙고 잔약하여 風和의 요행만을 바라는 병졸, 농번기를 맞아 독촉이 빗발치는 軍布의 징납, 이것이 生民의 고통이며 防戍의 허상임을 심각하게 지적하였다.110) 그는 이 시기 軍役制의 모순과 鎭管體制

---

107) 『有懷堂集』 卷3, 陳金井山城忠烈別祠海防三件疏, 39ㄱ~40ㄴ.
108) "子貢問政 子曰 足食足兵 民信之矣"(『論語』 卷12, 顔淵, 7章). 여기에 주자는 "倉廩
　　實 而武備脩 然後 敎化行 而民信於我 不離叛也"라고 주석을 베풀고 있다.
109) 『有懷堂集』 卷3, 陳金井山城忠烈別祠海防三件疏, 41ㄱ.
110) 『有懷堂集』 卷3, 陳金井山城忠烈別祠海防三件疏, 42ㄱ.

의 붕괴, 이에 직결된 농민부담의 不均·過重 현상을 정확히 파악하고 있었던 것이다.

海防策의 일환으로 嶺·湖南의 營鎭體系를 개선하려는 권이진의 구상은 두 가지 측면으로 집약되었다. 첫째는 군역부담 방식의 개선이었다. 그는 '防戍法'에서는 1卒 3保의 원칙이 지켜져야 하고 조선 초기의 軍役制에서는 이 원칙이 관철되었지만 당시인 18세기 초에는 御營軍만이 겨우 이 방식을 유지하고 있을 뿐이라고 하였다. 그래서 海浦防戍에 어영군의 '戶保皆布之規'를 도입하면 농민들의 군역부담이 한결 가벼워지고 방수대책도 월등히 개선될 것으로 믿었다.

예컨대 戰船 1척을 유지하는 데, 바람과 바다가 잔잔한 風和時의 6개월 동안은 각 80명, 그렇지 않은 風高時의 6개월 동안에는 각 40명씩, 1년 동안 軍丁 720명이 소요될 것으로 계산하였다. 군정 1명의 納布가 2匹인데 군정 2명마다 1保를 두어 이를 幷保라 하면 그 인원이 360명, 이들 또한 2필씩 納布하여 720명에 해당시킨다. 한편 鎭中의 精壯者 80명을 뽑아 戶主라 하여 納布를 면제하고 器械를 맡게 한다. 나머지 640명이 각기 2필씩 납부한 군포가 1,280필, 여기에 幷保 360명이 내는 720필을 더하면 2천 필이 된다. 이제 戶主 80명을 2番으로 나누어 한 달 간격으로 교대시키고 당번이 되는 40명에게 각기 布 3필씩을 지급하면 1년간 1,440필이 소요되고, 나머지 560필로는 邊將·將校의 급료, 使喚·什物의 비용에 충당하면 해마다 여유가 생겨 戰舟의 건조비에도 보탤 수 있다는 것이다.[111]

이러한 군역개선책은 농민의 軍役徵布 자체를 그대로 유지하려는 점에서는 별다른 특징이 없어 보이지만, 戶主·幷保를 설정하여 부분적으로 給料兵制를 실행함으로써 군의 精兵化와 방어력의 증대, 군역의 경감효과를 기대할 수 있는 점에서는 일정한 의의가 있었다. "나라에는

---

111) 『有懷堂集』 卷3, 陳金井山城忠烈別祠海防三件疏, 42ㄴ.

精兵이 있고 백성들은 生計를 꾸릴 수 있다"고 권이진이 이 방식의 장점에 기대를 거는 데는 그만한 이유가 있었던 셈이다. 특히 당시의 戰船에는 專屬의 持兵戰卒이 없이 따로 射手·砲手를 뽑아 38명씩 배치하고 大同米에서 급료를 충당하고 있었기 때문에(그나마 海賊의 출몰이 예상되는 3~8월의 風和期에만 배치) 실무적 차원에서 보면 軍兵充員이나 財源確保의 방법에서 불합리한 점이 많았던 것이다.112)

다음으로 직업적인 專屬兵制의 채용과 아울러 추진되어야 할 것이 영세한 鎭營을 統廢合하여 방어력을 강화하는 일이었다. 어부에 지나지 않는 수십 명의 인원으로 편성된, 잔약하여 이름뿐인 營鎭의 형세로는 유사시에 대적할 수 없다는 것이 권이진의 거듭된 지적이었다. 개선책 또한 이론적으로는 간단하였다. 2, 3개의 小鎭을 併省하여 要害處에 大鎭을 특설하고, 忠勇積勞한 자를 뽑아 將帥의 책임을 지우고 임기를 보장해준다는 것이다. 아니면 여러 鎭을 한곳에 모아두는 것인데, 이를테면 嶺南 左水營에는 인근의 4진을 모으고 부산에는 3진을 둠으로써 위급한 때 防禦의 형세를 갖추도록 할 수 있었다.113) 이는 요컨대 뒤에서 살피게 될 '鎭戍合聚'說로서, 영세한 병력이 분산해 있으면 각개격파당하기 쉽지만 한곳에 결집하면 최소한의 방어력을 발휘할 수 있다는 논리였다. 李綱·文天祥 등이 이끄는 南宋軍이 對蒙古抗戰을 계속할 수 있었던 것도 바로 이러한 軍鎭의 併聚策을 썼기 때문이었다고 하였다.114)

한편 외적을 막아 國威를 지키고 인민의 生活圈을 보장하려면 남쪽 연해와 북쪽의 국경선이 별개의 문제일 수 없었다. 권이진은 경주부윤·안동부사는 물론 경상·경기 관찰사와 호조·공조 판서를 이미 거친 뒤인 1733년(영조 9) 새로 평안감사에 기용되었다. 그는 이때 이미 66

---

112)『有懷堂集』卷3, 陳金井山城忠烈別祠海防三件疏, 43ㄱ.
113)『有懷堂集』卷3, 陳金井山城忠烈別祠海防三件疏, 43ㄴ.
114)『有懷堂集』卷3, 陳金井山城忠烈別祠海防三件疏, 44ㄱ.

세의 고령이었으나 "못다 갚은 國恩에 보답하고 …… 一分의 心力을 펼 수도 있을 外任"이라는 기대를 안고 부임하였다.115) 그는 관내순시를 통해서 地勢와 국방·교역·민생·賦稅의 실태를 서로 관련시켜 면밀히 파악하고 합리적인 개선방안을 찾으려고 하였다. 여기에는 평안도의 특수한 지역사정을 고려했을 것이지만, 동시에 그의 실무형 관인으로서의 의욕과 지방관으로서의 오랜 경험이 반영되기도 하였을 것이다. 그는 이를 '불가불 變通해야 할 牧民禦敵之道'로서 논하였다. 이를테면 압록강을 경계로 한 對淸 국경방비, 이와 관련한 江岸 주민들의 생업안정 문제였다.

먼저 邊氓·邊民으로 불리는 臨江 주민과 胡民의 犯境·상호왕래가 변경방어 대책에 커다란 장애요인으로 파악되었다. 이는 압록강이 중국과의 국경선으로 점차 고정되어가던 고려 말기 이래 조선시기 전체에 걸쳐 제기된 문제였다. 그런 점에서 여기에는 朝鮮과 明·淸 사이의 무역·외교·군사를 포함한 중세기 對中國交流에 관련된 안팎의 여러 사정들이 내포되어 있었다. 평안감사로서 권이진도 이를 주목하지 않을 수 없었을 것이다. 하여튼 그의 관찰에 따르면 변민들은 "苛稅의 고통을 받으며 王化에 젖지는 못한 채", "저들 胡人과 더불어 밤낮없이 왕래하기를 보통의 일로 여기며 소리만 듣고도 서로 알아볼 만큼 情意가 친밀한"116) 실정이었다. 더구나 그 왕래가 주로 우리 변민들의 종용에서 비롯된 데다 청국 측도 胡人들을 적절히 통제하지 못하고 있는 점에 문제해결의 어려움이 있었다.117) 불법적인 越境 商去來를 억제하려고 때로는 '潛商律'118)을 적용해서 梟首刑에 처하는 강경책을 쓰기도 하였지

---

115) 「年譜」 卷3, 英祖 9년 癸丑 3월조, 21ㄱ.
116) 『有懷堂集』 卷6, 論邊氓潛商及江邊守禦狀啓, 12ㄴ.
117) 『有懷堂集』 卷6, 論邊氓潛商及江邊守禦狀啓, 13ㄱ.
118) 주로 국경의 人蔘交易에서 商稅가 부과된 거래허가장, 즉 帖文이 없는 상거래를 금지하는 규정(『續大典』 卷3, 戶典, 雜稅條, 21ㄱ·ㄴ 참조).

만 이 경우 주민들의 원망과 저항심만 부추겼을 뿐이었다.

이 무렵에는 청왕조도 국경폐쇄 정책을 견지하고 있었지만, 조선왕조 또한 사회·경제 발전의 필연적인 추이에서 제기되는 주민의 왕래와 물자교역에 대해 전향적인 인식이나 대응책을 마련하지 못하기는 마찬가지였다. 오직 그러한 접촉·왕래가 농업경제에 기반을 둔 사회의 치안과 변경방어에 차질을 불러올 것만을 우려하고 그 억제책에 부심할 뿐이었던 것이다. 권이진도 예외는 아니었다. 다만 그는 통제일변도의 대응이 아니라 주민의 생계안정책과 행정·군사적 방비책을 병행하려고 했는데, 이 점에서 정부·관인 일반의 미봉적 태세에 견주어 진취적 태도를 보였다. 그것은 '善撫綏·令知威', 즉 주민을 '어루만져서 생계안정을 지원해주되 동시에 권세와 刑律의 위엄을 보여주는' 邊民懷保策이었다.[119]

邊民懷保策에서는 여러 가지 문제점이 지적되거나 대안이 제시되었다. 먼저 변경의 守令·鎭將들이 대개 무식한 武弁으로 把撥積勞한 자들일 뿐이어서 邊鎭의 牧民과 禦戎의 임무를 감당하기 어렵다는 점에 주목하였다.[120] 이는 內地와 다른 변경의 특수한 사정을 고려하여 능력과 자질이 더 우수한 수령을 파견해야 한다는 건의,[121] 또는 수령 適任者의 발탁이 제대로 이루어지지 못하는 제도와 운영상의 결함을 비판한 것으로 볼 수 있다. 다음으로 民情 무마의 방법으로는, 越江往來의 혐의자들을 하나같이 潛商律로 다루거나 假造人蔘者들에게 '假銀法'[122]을 적용함으로써 滯獄의 폐단이 심각해지고 고달픈 옥바라지의 怨毒이

---

119) 『有懷堂集』卷6, 論邊氓潛商及江邊守禦狀啓, 13ㄱ.

120) 위와 같음.

121) 권이진은 그 하나의 방안으로서, 吏曹의 郎官을 會寧判官에 보임했던 전례를 살려 유능한 중앙의 관인을 간간히 변경의 수령에 보임하자고 제의하였다(위와 같은 글, 14ㄴ)

122) 조선시기 국경무역에서 중요한 決裁手段이었던 銀을 假造하는 행위를 처벌하는 규정으로서 私鑄錢律의 적용대상이었다(『續大典』卷5, 刑典, 僞造條, 8ㄱ 참조).

쌓이게 하기보다는 이들을 免死 遠島移徙시켜 변경으로부터 疎開 격리하는 정도로 그쳐야 하고, 또 諸宮家奴婢를 포함한 私奴婢의 推尋을 중단하여 推捉侵擾로 말미암은 邊民의 동요를 막아야 한다고 주장하였다.123) 동시에 그는 '五家相隨坐法'과 같이 변민을 강제적으로 파악하는 제도를 실시하자는 정부 일각의 견해에는 반대하였다. 이곳 주민들은 대부분 非不易田, 즉 火田을 경작하는 朝散暮聚의 '流民'이므로 五家相坐의 隊伍로 묶기에 부적합하다는 것이 반대의 이유였다. 連坐制에 의한 강제적 통제방법은 그들의 생업활동을 제약하고 나아가 주민사회를 동요시킬 수 있다는 판단이었을 것이다.

'治邊事'로 표현되는 江邊守禦策에서는 역시 군사적 대비 자체가 중요할 수밖에 없었다. 이 시기의 허술한 방어실태는, "萬戶의 관할이 겨우 십여 호밖에 안 되고 그나마 나무하거나 밭갈이 나간 자를 빼면 남은 자가 겨우 4, 5인일 뿐"124)이라거나, "玉江鎭의 경우 4, 5 殘戶가 강변에 흩어져 살며 나머지 약간의 軍戶는 50~60리 밖에 뿔뿔이 헤어져 있는 데다 이를 모두 합해도 백 명이 채 못 되니 이들이 비록 精兵이라 한들 瞬息越來하는 적을 어떻게 막아낼 것입니까. 십여 명의 賊人이면 萬戶를 포박지울 수 있으니 가소로운 일인데, 압록강 연안의 鎭堡로서 이 같지 않은 것이 없습니다. 또 군졸이라 하나 창칼을 쓸 줄도, 활을 당길 줄도 모르니 이런 군사는 십만 명이 있다 한들 쓸데가 없을 것입니다"125)라고 개탄하는 데서 잘 드러난다.

이에 대한 그의 타개안은 移民策과 養兵策, 그리고 移邑·鎭堡改編論으로 제시되었다. 먼저 移民의 방안은 이러하였다. 즉 면밀한 현지답사를 실시하여 潛商이 모이기 좋은 要處와 民戶가 산재한 산골짜기 가운데 사람이 옮겨 살 만한 곳을 물색하고, 다음에는 移住할 대상자의

---

123)『有懷堂集』卷6, 論邊氓潛商及江邊守禦狀啓, 13ㄴ~14ㄱ.
124)『有懷堂集』卷6, 論邊氓潛商及江邊守禦狀啓, 14ㄱ.
125)『有懷堂集』卷6, 江邊事宜狀啓, 15ㄱ.

성명과 壯丁의 수를 기입한 장부를 작성하고(장부는 3벌 만들어서 각각 本官·감영·비변사에 비치함), 이주대상자로서 鎭堡 인근에 있는 자는 진보에 移聚시켜 邊將이 管攝하고 진보와 먼 거리에 있는 자는 각자 可移處에 모여 새로운 마을을 이루도록 하며, 마을은 30~40호 또는 20~30호로 集團을 짓고 그 가운데 將領 1인을 뽑아 그의 통솔 아래 각기 弓矢로 무장하여 자체 巡警을 실시하며, 한편으로는 兵法에 따라 部署를 정하고 家家人人이 저마다 일을 나누어 맡도록 한다는 것이었다.126) 이는 지역 안에 산재한 주민에게 집단거주지를 조성해줌으로써 변방주민의 파악과 적의 침입에 대비한 방어력의 효율을 기하는 방법일 수 있었다.

養兵策은 이 지역의 특수한 사정을 정확하게 이해하는 데서 마련될 수 있었다. 그리하여 권이진이 주목한 바는, 강변지역은 본디 인구가 희소하고 小邑이라도 地境이 100리가 넘는다는 것, 근래 점차 유민이 모여들어 인구가 늘고 농민을 侵漁하거나 潛商으로 致富한 유력자들의 瓦屋大室을 쉽게 볼 수 있다는 것, 인구가 늘어난 만큼 軍額의 배정이 증가한 것이 아닌데도 烽燧·把守軍의 임무에 시달리는 소민들은 생업의 위협을 받고 있다는 것, 주민들은 모두 총 쏘고 활을 당기는 훈련이 거의 되어 있지 않아 오히려 內地 농민들의 兵藝 수준에도 못 미친다는 것 등이었다.127) 즉 증가된 인구에 따라서 군역의 輕減 요인이 발생했는데도 이것이 군역부담층의 혜택으로 돌아가지 않고 있으며, 이 때문에 농민층의 생존기반이 불안해지고 그 여파가 練兵·방어태세의 취약 현상으로 드러난다는 사실이었다. 양병책은 이러한 점에 유념해서 모색되어야 했다.

練兵은 각 고을 단위로 장정을 뽑아 주로 農閑期인 11월과 이듬해 1

---

126) 『有懷堂集』 卷6, 江邊事宜狀啓, 15ㄴ.
127) 『有懷堂集』 卷6, 江邊事宜狀啓, 16ㄱ.

월 사이에 시행하는데, 그 편성방식으로써 대읍은 300~400명, 소읍이라
도 100명을 밑돌지 않도록 하여 平壤의 경우처럼 10部로 운영한다는 것
이었다. 이때 수령이 직접 나서서 操鍊하고 여기에 참여한 장정들에게
는 비축해둔 軍糧을 輪番給料하자고 하였다.128) 이렇게 몇 년의 조련기
간이 지나면 주민들이 모두 활을 당기고 총을 쏠 만큼 훈련되는 것은
당연한 일일 것이었다. 또 주민들은 別武士129)를 선망하고 있으므로,
大・小邑을 막론하고 일정 수의 별무사를 선발하여 각 부대에 배치하
면 練兵의 효과를 높이고 邊禦를 강화하는 데도 기여하는 바가 클 것으
로 보았다.130)

　한편 권이진은 養兵의 재원, 즉 군병의 급료는 田稅수입의 地方留置
원칙을 관철함으로써 충당하자고 주장하였다. 원래 평안도와 함경도에
서 징수된 稅穀은 현지에 두었다가 使行・邊禦에 활용하기로 되어 있
었는데, 이 무렵에는 중앙정부의 재정부족을 이유로 發賣規定을 만들어
田稅穀의 作錢捧上을 시행하고 있었던 것이다. 더구나 이곳에서는 錢
荒을 겪고 있었으므로 稅穀은 강제로 발매되기 마련이었고 이러한 勒
買에 항의하는 지방 농민들의 원성이 그치지 않았다. 作錢수입 또한 戶
曹로 돌아가기보다는 그 상당부분이 중앙에서 내려온 計士들의 私腹을
채우는 수단이 되어 있는 형편이었다. 그러므로 이제 원래대로 田稅穀
의 地方儲置를 실행하면 발매에 따른 여러 가지 폐단이 제거될 수 있을
뿐만 아니라, 무엇보다도 훈련장정에게 급료로 지급할 軍糧穀이 확보되
는 셈이었다.131)

　강변지역의 地勢는 高山峻嶺이거나 가파른 강기슭에 돌을 쌓고 나무

---

128) 『有懷堂集』 卷6, 江邊事宜狀啓, 16ㄴ.
129) 訓練都監・禁衛營・御營廳의 하급무사의 하나였으며 평안도・황해도・강원도에
　　서는 都試를 거쳐 별무사를 선발하도록 되어 있었다(『續大典』 卷4, 兵典, 試取條
　　36ㄱ・ㄴ 참조).
130) 『有懷堂集』 卷6, 江邊事宜狀啓, 17ㄱ.
131) 『有懷堂集』 卷6, 江邊事宜狀啓, 16ㄴ.

를 엮어 만든 길로 겨우 통행이 가능할 뿐이었으므로 조금 평탄한 곳이면 으레 鎭堡가 설치되어 있게 마련이었다. 한편 이 시기에는 인구의 流動과 산물의 多寡에 따라 지방의 형세가 변동하고 있었으므로 종래의 邑置와 관할구역을 재조정하고 軍鎭 또한 이러한 사정을 감안해서 개편할 필요가 있었다. 권이진은 평안도의 북부, 특히 沿江地域에 대한 현지답사와 역사적 배경을 검토하여 移邑合鎭의 방안을 조정에 건의하였다. 물론 그 가운데는 昌城이나 碧潼처럼 강변에 가까이 있으면서도 城高糧多 또는 城基天作하고 地利와 人和가 좋아 自守할 만하다고 판단되어 변동할 필요가 없는 지역도 있었다.[132]

邑治의 이전대상은 朔州·楚山·渭原의 3곳이었다. 삭주는 강변에서 비교적 멀리 떨어진 지역으로 城池가 견고하고 甲兵과 倉庫가 갖춰진 곳이지만, 大朔州가 入堡의 조건이 더 좋으므로 읍치를 이곳으로 옮겨야 한다는 것이었다.[133] 초산읍성은 불편이 큰 반면 인근의 阿耳鎭은 外險內平의 要害處로서 읍치가 될 만하므로 초산의 물자와 인력을 동원하여 이곳을 크게 수축하면 인근의 臨江之民 수천 戶를 入城 거주시킬 수 있다고 하였다. 권이진은 이를 위해서 초산부사는 管城과 物力의 책임을 맡고 아이진첨사는 中軍使로서 守城의 책임을 맡도록 하는 것이 좋겠다는 의견도 덧붙였다.[134] 위원은 바로 강가에 위치하여 강을 넘나드는 자들을 쉽게 막을 수 있으나 큰 산의 골짜기 사이에 끼어 있어 산 위에서 돌을 굴려 공격해오면 보전하기 어려운 곳이므로 읍치를 松峴으로 옮기자고 제안하였다. 읍성에서 5리쯤의 거리에 있는 송현은 강변에서도 조금 멀리 떨어진 데다, 밖으로 禿魯江에 닿아 절벽을 이루

---

132) 鎭堡의 改廢, 관할구역의 조정, 邑治의 이동 문제는 行城의 축조 등 兩界지방의 군사·행정 문제로서 조선 초기부터 꾸준히 추진되어 왔다(宋炳基, 「朝鮮朝 兩界 行城 築造에 대하여」, 『史學研究』 18, 1964). 권이진은 이를 특히 민생의 안정, 국방체제의 정상화와 관련하여 구체적인 방안을 마련했던 점에서 주목된다.

133) 『有懷堂集』 卷6, 江邊事宜狀啓, 17ㄱ.

134) 『有懷堂集』 卷6, 江邊事宜狀啓, 17ㄴ.

고 안쪽이 평탄하여 사람이 모이고 큰 기와집들이 들어서 있어 비워둘
수 없는 守邊之地이므로, 조정과 감영이 물력을 분담하여 築城하고 읍
성을 이곳에 두자는 것이었다.[135]

　지역을 나누어 城邑을 새로 설치해야 할 경우도 있었다. 江界府가 그
런 곳이었다. 권이진은 강계를 가리켜, "僻地이지만 城基는 편리하고,
물력이 富盛하여 유능한 수령이 오면 大關防으로 만들 수 있는 곳"이라
고 했지만, 다만 地境이 지나치게 넓어 동쪽 甲山 경계까지는 빈 땅이
300리나 되고 서쪽 渭原까지의 200리와 남쪽 熙川까지 240리 사이에는
사람이 거주하고 토지가 경작되지만 管領하기가 어려운 실정을 문제점
으로 들었다.[136] 그리고 예전부터 神光鎭 근처에 성읍을 개설하자는 논
의가 일고 상인의 왕래가 빈번한 희천과 강계 사이의 狄踰嶺에 站院을
두게 된 데는 그만한 까닭이 있음을 인정하였다. 그의 판단에는 참원이
설치된 곳은 태산의 한가운데 같지만 거주지역을 이룰 만한 약간의 평
지가 있어 성곽을 축조할 수 있고, 또 신광진은 적유령을 방어하려고 둔
것인데 嶺의 북쪽 평지에 위치하여 險隘를 의지한 것도 아니고 遮截의
형세도 아니어서 關防의 기능을 기대할 수 없었다.

　권이진의 방안은, 이제 신광진을 참원의 위치로 옮겨 邑으로 개편하
고 강계로부터 100리 밖의 지역을 나누어 이곳에 붙여주며, 이 站에서
130리 밖의 희천은 작은 고을로 군병의 규모 역시 1哨에 불과하므로 狄
踰倉 이북 지역을 떼어 여기에 합쳐 새로운 雄府를 만드는 것이었
다.[137] 권이진은 이러한 읍치의 이전과 설치에 대응하여 인구의 유입방

---

135)『有懷堂集』卷6, 江邊事宜狀啓, 18ㄱ.
136)『有懷堂集』卷6, 江邊事宜狀啓, 18ㄴ.
　　강계는 주위가 2천여 리나 되는 넓은 지역에 民居相接하고 있다는 것, 그런데도 겨
　　우 1명의 지방관(즉 府使)이 파견되어 있을 뿐이기 때문에 民과 官이 200~300리의
　　거리에 서로 격리되어 있다는 것, 古今 設邑의 원칙에도 이 같은 경우는 없다는 것
　　등을 지적하기도 하였다(『有懷堂集』卷6, 江邊事宜狀啓, 19ㄴ).
137)『有懷堂集』卷6, 江邊事宜狀啓, 19ㄱ.

안도 생각하였다. 예컨대 적유령 북쪽 20리 이내에 설정되어 있는 禁山
規定을 5리 이내로 완화하자는 제안이 그것이었다. 이는 물론 경계 안
의 많은 可耕之地를 모두 起耕할 수 있도록 허용함으로써 생업기반을
확보하려는 농민들의 요구에 부응하고, 정부는 이를 통해서 이 지역 鎭
堡의 물자와 인력 기반을 보강할 수 있다는 발상이었다.

한 개의 鎭을 분할하여 府邑으로 승격시켜야 할 경우로는 滿浦鎭이
있었다.138) 만포진은 강계로부터 140~150리 떨어진 곳이며 廢四郡과는
다시 100여 리의 거리를 두고 접해 있었다. 권이진의 판단에 따르면, 鎭
의 형세가 매우 웅대하고 城池나 府庫와 官屬이 잘 갖춰진 점에서는 雄
邑의 하나였으나, 鎭民과 府民이 錯居하고 있어 牧民과 禦敵에 불편이
따르는 것이 府邑을 신설해야 할 이유였다. 즉 時時浦의 서쪽 지역을
떼어내어 새로운 이름의 府를 만들고 여기에 越邊大路의 방비를 전담
시키면 변경의 방어를 엄중히 하는 방편으로서 적절한 조치가 되리라
는 것이었다. 만포의 경우는, 먼저 신광진을 적유령에 옮겨 읍을 설치하
는 데 많은 물력이 소요될 것에 견주면 단지 鎭의 이름을 고쳐 府邑을
만드는 것에 지나지 않아 달리 비용이 들 일이 없었다. 또 위원은 강계
로부터 200여 리나 떨어져 있는데 견주어서 만포에서는 70~80리의 거
리에 있으므로 새로운 만포읍에 이를 소속시키면 그 檢攝이 훨씬 쉬워
진다는 것이었다.139)

방어상의 要害處를 택해서 기존의 5, 6개 鎭을 여기에 합류하고 본읍
의 수령이나 秩高者에게 지휘를 맡기는 것이었다. 이렇게 하면 邊將들
의 무능을 어느 정도 보완할 수 있고 巡檢把守의 병력이 항상 20~30명
정도 되므로 胡人들의 무단접근도 예방할 수 있다는 것이었다. 이렇게
"소소한 鎭堡를 혁파하고 그 가운데에 한 개의 大鎭을 설치하자"140)는

---

138) 『有懷堂集』 卷6, 江邊事宜狀啓, 19ㄱ.
139) 『有懷堂集』 卷6, 江邊事宜狀啓, 19ㄴ.
140) 『有懷堂集』 卷6, 江邊事宜狀啓, 20ㄴ.

‘鎭成合聚論’은 앞에서 이미 보았듯이 그가 동래부사로 있을 때 건의하였던 海鎭合聚案과 맥락을 같이 하는 것이었다. 독자적 방어력을 갖추지 못한 영세한 鎭堡를 활용하기 위한 최소의 개선책이기도 하였다. 특히 그는 이 방법을 ‘五邊將同會水營底之規’라고 부르면서 이미 임진왜란 이후에 영남지방에서 시행한 바 있음을 상기하였다.[141]

조선왕조의 지방 또는 변경방위 개념은 아무래도 ‘鎭管體制’에서 찾아야 할 것이다. 즉 敵의 예상접근로나 군사거점의 요소요소에 鎭堡나 水營를 설치하고 이를 道와 郡縣의 행정단위와 결합해 일정 수의 軍士編制와 방위시설을 책정함으로써 自戰自守하는 지역방위 방식이었다.[142] 진관체제는 15세기 중엽에 良人皆兵의 원칙과 함께 완성된 것이었으나 18세기 무렵에는 軍布, 즉 군역의 冒避와 勒徵의 악순환 속에서 그 이름만 남게 된 지가 이미 오래였다. 말하자면 권이진은 淸왕조와 국경을 맞대고 있는 평안도 한쪽에서라도 그렇게 무너져버린 진관체제의 기능을 회복해보려고 시도했다. 특히 그것을 이 시기 流離逃散한 농민층을 토지에 정착시키는 방법의 일환으로 추진하되, 상품유통경제의 성장, 인구의 증가와 이동, 이에 따른 지방형세의 변화와 행정구역·鎭管編制의 재조정 등과 관련시켜 해결하고자 했던 것이다.

5. 맺음말

18세기 전반기에는 당쟁으로 치닫던 양반사대부 정치에 대타협을 모색하는 蕩平政局이 전개되었다. 이는 노론이나 소론, 또는 남인이 각기

---

141) 『有懷堂集』 卷6, 論邊氓潛商及江邊守禦狀啓, 14ㄱ.
142) 閔賢九, 「鎭管體制의 確立과 朝鮮初期 地方軍制의 成立」, 『朝鮮初期의 軍事制度와 政治』, 한국연구원, 1983 ; 張炳仁, 「朝鮮初期의 兵馬節度使」, 『韓國學報』 34, 일지사, 1984 ; 吳宗祿, 「朝鮮初期의 邊鎭防衛와 兵馬僉使·萬戶」, 『歷史學報』 123, 1989.

자기 당파만의 정당성을 주장하거나 자파 중심의 정국운영을 고집할 수 없게 된 상황이었다. 오히려 여기에는 世道政治論・一黨專制論을 내세우는 정치가・학자들을 대신해서 蕩平保合論을 이끌어갈 지도자와 그 지지세력의 등장이 요청되었다. 또 정치학자・이론가보다는 施政策을 구체적으로 수립하고 이를 현실에서 수행해갈 실무관료・행정전문가인 관인이 등장해야만 했다. 탕평정치가 이 시기 사회・역사 발전의 추세에 부응할 만한 정치운영 방식이었다면 실무관인의 출현도 그만큼 절실했던 것이다.

이 글에서는 그처럼 새롭게 요구되는 官人像을 유회당 권이진의 경우를 통해 살펴보았다. 즉 유자・관인의 처지에서 당시의 정치・사회 현실을 어떻게 이해하고 그 타개책을 어느 수준에서 실천에 옮기려고 했는지를 살펴본 것이다. 먼저 그가 고답적 추상적인 주자학의 정치원론이나 윤리・도덕론을 앞세우지 않았던 점이 주목된다. 國防・外交・賦稅・財政・民産 등 실무를 중시한 것이었다. 국가의 존엄과 生民의 안녕에 직결되는 현안을 관인인 자신의 과제로 받아들여 실행 가능한 것부터 단계적으로 추진하려고 하였다. 이론이나 관념을 통해서 실제를 내다보는 것이 아니라, 실제에 나아가서 실상을 파악하고 실무로써 타개해가려는 방식이었다. 이는 實事・實務를 求是的으로 접근하는 학문・실천의 태도로서, 湖西 南人을 대표하는 家學의 전통과 少論 핵심을 이루는 그의 學淵에서 비롯된 것으로 생각된다. 같은 의미에서 老論의 이념적 지주였던 그의 外家의 학문전통과는 일정한 거리가 있는 것으로 보인다.

권이진도 현실의 인식과 대응의 논리를 모두 유교사상에 의거하고 있는 점에서는 일단 유자일 수밖에 없었다. 그러나 그는 농민을 啓導와 統制의 대상으로 보거나 잠재하는 暴徒・愚衆으로 경계하기보다는 먼저 양반사대부 전체가 치자・식자로서 道理와 責務(＝職分)를 자각할 것을 강조하였다. 말하자면 유교의 실천적 대명제, 즉 '修己治人'에서 修

己에 의한 내면적 성찰, 양심의 회복을 우선해야 할 것으로 생각하였다. 사실 이러한 발상은 현안을 자신의 견문과 관찰 체험에 근거하여 실무·실사로 다루어가려는 자각과 노력을 통해서 가능했을 것이다. 또 이렇게 함으로써 그가 주자학의 名分(＝義理)이나 道統論에 몰입하지 않고 자신의 出處進退를 주체적으로 결정할 수 있었을 것이다. 또 당쟁의 소용돌이 속에서 거듭 비방·공격을 받으면서도 執權圈 외곽에서나마 벼슬살이를 포기하지 않았던 그 나름의 이유가 여기에 있었다고 생각된다. 이 점이야말로 실무가형 관인의 범주에서 그를 주목하게 되는 조건일 것이다.

실무·실사를 우선하는 권이진의 사유와 실천의 태세는 지방과 중앙의 여러 관직을 거치는 동안 수행한 施政活動을 통해서 구체적으로 드러났다. 이를테면 東萊府使 재임 시에는 草梁倭館과 관련된 조선과 일본 사이의 외교·통상 문제를 國體의 수호, 농민부담의 경감, 官紀의 확립 차원에서 대처하되, 朝日關係의 오랜 관행을 치밀하게 검토하여 그 실상과 폐단을 충분히 파악한 다음 정당한 원칙과 일관성을 지키는 가운데서 해결하려고 했다. 또 일본의 군사적 침입에 대비하고자 金井山城의 수축계획을 마련하였는데, 이때는 여러 차례의 현지조사 자료와 역사적 지리적 조건을 고려함은 물론 임금노동력의 동원과 財源·물자의 조달방법을 인구의 이동, 商業圈의 형성, 교통·운수의 발달, 상품유통경제의 성장 등 이 시기 사회·경제적 여건의 변화와 관련해서 마련하였다.

그런가 하면 말년에 평안감사로 나아가 北邊對策, 즉 對淸防禦와 국경무역에 직결되어 있는 변경 주민의 생계·토지·정착 문제에 대해서는, 강압적인 농민통제책의 지양, 人口稀少의 지역특성을 고려한 행정구역의 조정, 鎭堡의 改廢와 軍士의 編制·훈련 강화 등을 건의하였다. 여기에서도 또한 직접 현지를 답사하고 문헌을 상고하거나 지역 여론을 예의 살피면서 방안을 모색하기는 마찬가지였다. 특히 그의 移邑入

城論은 柳馨遠·丁若鏞 등이 제기하였던 성곽 중심의 생활권방위 개념과 일치하는 것이기도 하였다. 이 글에서 다루지는 못했지만, 권이진은 全羅都事 때에 마련한 漕轉變通事宜, 안동부사로서 수행한 量田事業, 그리고 호조판서가 되자 착수한 정부재정의 확보와 그 운용체계의 정비 등에서도 당시에 이미 인정받을 만큼 큰 성과를 거두고 있었다. 관인 권이진은 외직이 되었든 내직의 경우였든 주어진 상황과 조건 속에서 먼저 실상을 충실하게 파악하고, 이어서 가능한 최선의 대응책을 實事로서 마련해가는 자세로 일관하였던 것이다.

돌이켜보면 蕩平政局의 과제는 老少保合과 人材登用, 그리고 국가·민생과 관련한 현안의 일정한 개선·개혁에 있었다. 권이진의 인식과 실천의 태세는 바로 여기에 들어맞는 것이었다. 그는 이 시기를 맞아 정계에 본격 등장하고 그 탕평정책의 추진력으로서 기여할 수 있었다. 탕평책은 결국 좌절하였지만 실무관인인 권이진의 사유와 실천을 조명해보는 의의가 여기에 있다고 하겠다.

(『道山學報』 3, 1994)

[附錄 1]

I. 유교유적과 그 문화

1. 머리말

한국의 儒敎文化는 먼저 양반 지배층의 문화로 출발했으면서도 그것
이 오랜 기간에 걸쳐 지방사회를 근거로 하여 성장해온 탓으로 향촌문
화라는 특색을 띤 것이기도 하다. 이를테면 서울을 포함한 경기도와 下
三道, 즉 충청·경상·전라도가 저마다 지역적 전통과 분위기에 따라
그 나름의 유교문화를 발전시켜온 것이다.

유교문화라면 유교식의 관혼상제나 일상의 예의범절을 먼저 생각할
수 있겠으나 이 분야는 민속 등 이 책*의 다른 장절에서 다루도록 되어
있으므로 여기에서는 鄕校·書院·祠宇 등의 유교유적을 중심으로 살
피되, 이것도 유적의 배치·구조 등 건축사적인 측면보다는 그것과 관
련 있는 인물들의 地緣·學淵·黨色·思想에 우선 주목해보기로 하겠
다. 이는 전근대시기 이래로 금강유역에 존재해온 유교유적에 얽힌 사
람들의 생각과 행동, 그 의미를 되새겨보는 일이다.

전근대시기에는 江流를 따라 人馬와 물자의 교통이 이루어지는 경우

---

* 충청남도 문화체육과, 『錦江誌』上·下, 1993.

가 많았다. 水運의 편리함이었다. 강류를 이용한 사람들의 왕래는 곧 人文의 교류, 학문·사상의 전파이기도 하였다. 이렇게 유학·유교문화를 강류와 결부해서 본다면 금강은 남·북한을 통틀어 한강·낙동강과 함께 우리나라 3대 학문·문화권의 하나를 이루는 셈이다. 더구나 서울을 제외하고 보면 한강권은 士林과 유학파의 형성에서 금강권보다 시기적으로 더 앞서거나 형세가 더 크다고 할 수는 없을 것이다. 다만 낙동강권은 17세기에 江左의 退溪學派와 江右의 南冥學派로 나뉘기는 했으나 이미 15세기 후반에 사림세력을 기반으로 하여 중앙정계에 크게 진출하였으며, 李彦迪(1491~1553 ; 晦齋)·李滉(1501~1570 ; 退溪)의 학풍을 중심으로 16세기 중엽에는 嶺南學派라는 이름을 얻고 있었다. 이에 견주어 금강권의 畿湖士林·畿湖學派의 형성은 시기적으로 반세기 이상 늦어지고 있었다. 그러나 금강권의 사림은 17세기 후반부터는 경기지역과 별개로 금강유역을 중심으로 하는 湖西學派로서 발전해갔다. 뿐만 아니라 그 뒤 거의 2세기에 걸쳐 영남학파와 학문적으로 맞서는 가운데 정치적으로는 단연 우세한 위치를 지켰다. 朋黨의 성립과 붕당 사이의 정치항쟁 과정은 바로 금강권의 사림·유학파, 즉 湖西士林의 전성기였다고 할 수 있다. 그리하여 금강권의 유교문화도 이러한 사정을 충실히 반영하는 가운데서 그 특징이 드러나게 되었다.

전체로는 금강권이지만 이 지역 정치·사회·문화의 특징을 서술하는데 강의 상류·하류 지역보다는 아무래도 지금의 대전·공주·청주를 중심으로 하는 중류지역에 비중을 두게 될 것이다. 현재도 그러하지만 조선시기에도 중류지역이 금강권의 정치·문화의 중심지역이었기 때문이다.

2. 鄕校·書院·祠宇와 유교문화

　신라·고려 시기에는 불교문화가 융성하여 많은 사찰이 건립되고 승려들의 활동이 활발하였다. 조선시기에는 유교가 불교를 대신하게 되면서 鄕校·書院·祠宇가 도처의 고을과 마을에 들어서고 儒者·선비들이 정치와 사회를 이끌어나갔다. 불교를 밀어내고 유일한 지도이념·지배사상의 자리를 차지한 조선의 유교는 특히 송나라 때 완성되고 원나라의 국가이념이 되었던 주자학이었다. 주자학은 우주와 인간을 관통해서 설명하는 理氣論과 人性論의 철학체계를 완성하고 있는 점에서 단순히 정치론과 윤리도덕론에 머물러 있던 종래의 유교와 달랐으며, 또 그 때문에 불교의 논리와 한계를 극복할 수 있었다. 말하자면 불교와 유교는 다같이 우리나라 중세사회를 이끌어간 사회사상이었지만 사회가 발전해가는 데 따라 불교보다는 유교, 특히 주자학이 더 새롭고 적절한 사상으로 자리잡아간 것이다.

　그리하여 향교·서원·사우는 고려사회에서 사찰이 그러했던 것처럼 조선사회의 유교문화를 이끌어가는 구심체였으며, 또 그 특징을 잘 드러내는 것이기도 하였다. 향교·서원·사우는 먼저 聖賢·先儒들의 享祀를 받들고 유교교육을 통한 인재의 양성과 윤리도덕의 앙양을 목적으로 하는 점에서 그 기능이 공통되고 있었다. 먼저 향교는 조선왕조의 성립초기에 국가시책으로 州·府·郡·縣의 행정체계에 대응해서 거의 동시에 설립된 국립학교였다. 향교는 한 세기가 지난 16세기 초부터는 자체 운영상의 폐단과 서원의 등장으로 점차 침체하여 겨우 명맥을 유지하는 상태에 이르게 되었다. 서원과 사우는 특정 학파나 가문의 형세·명성을 드러내고자 그들의 門徒 또는 門中 중심으로 설립 운영하는 私設 교육기관이자 祠堂이었다. 향교와 서원·사우는 몇 가지 서로 다른 특징에도 불구하고 유교사회·유교국가의 지도이념을 확산하고 그것을 보장하는 기능을 수행했던 점에서는 일치하고 있었다. 또 통치기구의 외곽조직을 이루었던 측면에서 보면 그것들은 불교사회의 사찰, 중세 기독교사회의 교회·수도원과도 같은 존재였던 셈이다.

이제 금강권의 유교유적에 대한 이해를 돕고자 향교·서원·사우의 전반적인 성격을 먼저 살펴보기로 하겠다. 旌閭門(또는 旌閭閣)이나 정자·누각 등도 당연히 유교문화·유교유적으로서 관심의 대상이 되는 것이지만 특별한 경우가 아니면 따로 논하지 않고 대개 향교·서원·사우와 관련되는 범위에서만 언급하기로 하겠다.

1) 鄕校

향교는 글자 그대로 고을[邑]에 있는 학교, 鄕學·지방학교라는 의미였다. 서울에는 太學, 곧 成均館을 두고 지방에는 향교를 설치했던 것이다. 잘 알려져 있듯이 학교는 멀리 고구려의 太學(4세기 후반)에서 기원하여 신라의 國學(7세기 말), 고려의 國子監(10세기 말)과 조선의 성균관(14세기 초)에 이르는 오랜 전통이 있었다. 지방학교 또한 고구려에서는 태학과 거의 같은 시기에 扃堂이라는 지방 교육기관을 두었고 고려에서는 10세기 말 12牧에 經學博士를 파견했던 사실에서 그 오랜 기원을 찾을 수 있다. 하지만 명실상부한 지방학교 제도는 역시 조선왕조의 성립에서 비롯되었다. 태조 이성계는 즉위교서에서 지방학교의 설치를 천명하였고 태종은 '학교를 일으키고 밝힐 것(修明學校)', 즉 학교교육의 진흥을 '지방 수령의 7가지 근무지침(守令七事)' 가운데 하나로 삼아 그 중요성을 강조했던 것이다.

그리하여 조선왕조의 기본 법전인 『經國大典』에는 향교의 설치와 운영에 관한 모든 사항을 상세히 수록하게 되었다. 즉 留守府·監營이 있는 정치·문화의 중심지(州府)나 郡·縣 소재지 등 330여 곳에 향교를 세우고, 敎授나 訓導라는 이름의 교관을 1~3명 정도 파견하여 많게는 90명, 적게는 30명 정원의 校生을 지도하도록 하였다. 교관은 당연히 인품과 학식을 갖춘 학자이어야 했고 교생은 일단 지방의 양반자제를 우선하되 일부 재주 있는 서민자제들까지도 대상으로 하였다. 이들에게는 軍役과 徭役의 면제혜택이 베풀어졌다. 향교에서는 校舍의 신축·보수·관리비, 교관의 후생비, 교생들의 숙식비, 釋奠禮·鄕飮禮의 祭需비용 등 큰 규모의 재정지출이 요구되었으므로 이를 충당하고자 국가로부터 일정의 學田(또는 鄕校田)과 學奴婢가 책정되었고, 경우에 따라서는 지방 儒林의 찬조금을 추렴하기도 하였다. 또 교육도서인 經·史·子·集의 기본적인 書冊을 정부에서 나누어 주었음은 물론이었다. 교생들은 대개 40세가 될 때까지는 향교의 학생신분을 유지하면서 詞章과 經學의 여러 교과목을 공부할 수 있었다.

향교의 설치와 운영의 목적은 먼저 '좋은 재주가 있는 선비의 양성(養士)'에 있었다. 그러나 이것만이 그 전부는 아니었다. 이미 고려 중기인 11세기 말부터는 공자·맹자를 비롯한 유교의 先賢들을 제사지내는(從祀先賢) 전통이 생겨나고 조선시기에 들어와서는 '교화를 펼쳐서 풍속을 바로잡아'(宣敎化 正風俗) 문명한 정치를 실현하는 데 앞장서야 하는 기능까지 겸하게 되었다. 사실 조선시기 향교의 존재의의는 인재양성보다도 후자, 즉 先賢從祀와 民風敎化에 더 비중이 두어지고 있었다.1)

입지선정과 공간배치에서도 향교의 기능과 성격이 잘 드러난다. 향교는 宣化堂이나 東軒과 함께 지방의 가장 중요한 관아의 하나이고, 더구나 祭享·修敎를 위한 경건한 장소이므로 그 입지의 선정에 세심한 주의가 기울여졌음은 두말할 나위도 없었다. 대개 고을의 閭巷을 좀 벗어난 背山臨水의 명당을 찾아 자리하게 된다. 소나무나 대나무, 정갈한 낙엽수가 주변의 경관을 이루고 울안에는 은행나무·느티나무·작약·진달래·매화·모과·단풍·산수유 등의 정원수와 난초를 비롯한 약간의 다년생 화초들을 심었다. 외부와 구획을 위해 담장을 둘렀지만 눈높이 정도로 낮거나 일부를 터놓아서 안팎으로 자연스럽게 산수가 조화를

---

1) 李範稷, 「朝鮮前期 儒學敎育과 鄕校의 機能」, 『歷史敎育』 20, 1976.

이루도록 하였다. 향교의 경내는 祀廟 공간과 講學 공간의 두 부분으로
구성되어 있다. 이는 조선 전기 이래의 전통으로, 평지에서는 앞쪽에 사
묘를 세우는 前廟後學으로, 경사진 터이면 뒤쪽의 높은 위치에 사묘를
두는 前學後廟로 배치하는 것이 보통이었다. 지형지세를 적절히 활용하
되 강학보다도 尊聖崇賢을 더 중시한 뜻으로 보인다.

조선 후기에 흔히 채택되었던 前學後廟의 공간배치를 보면, 남쪽으
로부터 정문인 外三門 또는 樓門을 들어서면 강학 공간이 되는데 정면
에 강학소인 明倫堂(정면 3~5칸, 측면 2~3칸)이 나서고 그 앞쪽 양편
으로 교생들의 기거처인 東齋와 西齋가 자리잡고 있다. 다시 명륜당 뒤
쪽으로 계단을 올라 사묘 공간의 정문인 內三門으로 들어서면 정면에
大成殿(정면 3~5칸, 측면 2~3칸)을 두고 그 앞쪽 좌우로 東廡와 西廡
가 위치해 있다. 여기에 공자 이하 4聖과 중국의 72賢, 그리고 우리나라
18儒賢의 위패를 모셔놓았다. 향교에는 이밖에도 도서를 보관하는 尊經
閣(또는 經板庫)이 강학 공간의 내부에, 그리고 교생들의 숙식 마련 등
향교의 살림을 맡아보는 校直舍가 별개 구역으로 한옆에 적당히 자리
하고 있다. 이렇게 향교의 공간은 주요처와 부속처의 기능과 차등에 따
라 설정되었던 것이다.

건축양식에서는 대체로 대성전이 柱心包, 동무·서무·명륜당과 존
경각은 翼工, 동재·서재와 교직사의 경우 민도리집 양식이 많다.[2] 기
능에 따르는 상하·경중의 차등이 건축양식에도 그대로 반영되었음은
두말할 나위도 없는 일이다. 그러면서도 절제와 검소를 숭상하는 유교
의 정신에 충실하여, 화려하고 복잡한 包作을 피하고 단청도 대성전과
명륜당에 한해서 간소하게 처리하였다. 한편 사묘와 강학의 두 기능이
남북으로 양분되어 있는 향교의 공간배치는 남북축을 중심으로 좌우대
칭의 균형을 이루는 점에서 삼국시대 이래의 전형적인 伽藍配置에서

---

2) 朱南哲, 『韓國의 建築美』, 일지사, 1983.

그 祖型을 찾을 수도 있다. 이 점은 유교와 불교가 사상·이념에서 대립적이었던 사정을 고려하면 흥미로운 일이 아닐 수 없다. 사실 건축양식 자체에서도 유교는 불교의 그것을 최소한의 범위에서 채용한 데 지나지 않았다고 볼 수 있다.

2) 書院

유교사회의 건설과 유지를 담당하는 기관으로서 향교와 짝하는 것이 서원이었음은 앞에서도 이미 말하였다. 서원은 祀賢·講學을 통해서 유학을 진흥하고 인재를 양성하며 풍속을 바로잡아간다고 하는 점에서는 향교와 다를 바가 별로 없었다. 다만 설립주체가 국가 아닌 사림이며, 서원 공통의 설립취지를 내세우면서도 거기에 다시 學淵·門閥·地緣·黨色 등 저마다의 사정이 개입되어 있는 데서 향교와 달랐다. 말하자면 서원은 각 지방에 근거를 둔 사림들의 서로 다른 정치·사회적 견해를 예민하게 반영하면서 설립된 사립의 정치·교육 기관이었다.

사실 서원은 처음에 향교가 지니는 한계점과 운영상의 폐단을 보완하려는 시도에서 세워진 것이기도 하였다. 국립 교육기관으로서 향교가 안고 있는 문제점은 대체로 두 가지로 집약되는 것이었다. 하나는 향교가 유능한 교관요원을 확보하지 못하고 교육내용이 부실함으로써 지방 양반층의 호응을 얻지 못하는 점이었다. 본디 향교의 교수·훈도는 엄연한 品官官僚였지만 그들에 대한 정부의 배려나 대우가 극히 미미하였기 때문에 자질과 능력에서 적격자는 거의 기피하는 바였고, 승진·전출의 방편으로 이용하려는 경우가 아니면 무자격자가 그 자리를 채우기 십상이었다. 향교가 향촌사회의 지도층인 양반들의 적극적인 참여와 지지를 얻으려면, 그들의 최고 관심사가 다름 아닌 대·소 과거시험의 합격에 있었으므로, 향교의 교과내용이나 수준이 여기에 부응할 수 있어야 했던 것이다. 양반층의 호응 없는 향교의 지방교육·사회교화는 기대할 수 없는 일이었던 데 반해 적정한 교관요원을 유치할 대책이 묘

연했던 정부의 처지, 여기에 이 시기 향교제도의 문제점이 있었다.

　다른 하나는 校生의 신분변화와 자질의 저하현상이었다. 양반자제들이 향교의 교과과정에 별 매력을 느끼지 못하고 사설의 書塾·書堂으로 발길을 돌리게 되자, 이제 향교는 교생신분을 취득하기에 열을 올리는 서민층 가운데서 충원되어갔다. 교생이 되면 합법적인 免役의 혜택을 받을 수 있었는데, 이것은 서민들에게 커다란 매력이었던 것이다. 서민들은 면역·避役이 향교진출의 우선 목적이었을 뿐 교과의 이수, 즉 유학공부를 해보겠다거나 과거시험에 나서보겠다는 의도는 거의 없었다. 결국 이러한 사정은 교관의 결원·부실 사태와 맞물려 향교기능의 침체로 이어지게 되었다.[3]

　정부는 지방 수령들의 근무지침 가운데 하나였던 '學校興'을 거듭 재확인하는 등 향교제도 운영을 쇄신해보려고 시도했지만 별다른 진전이 없었다. 사실 중앙정부의 일률적인 지방학교 정책이 기대한 만큼의 성과를 거둘 수는 없는 일이었다. 중세사회의 속성 때문에 그러하였다. 지방사회는 저마다 사정이 달랐고 지방세력 독자의 지배권이 강하게 작용하고 있었기 때문이었다. 말하자면 획일적인 정부의 학교정책은 지방 지배층, 즉 양반들의 사적 개별적인 교육욕구와 부합하기가 어려웠던 것이다.

　서원의 출현과 발달은 향교의 쇠퇴와 밀접한 관련이 있었다. 대체로 15세기 후반에 시작된 향교의 위축현상은 16세기로 접어들면서 더욱 뚜렷해졌다. 이 무렵 사림의 중앙정계 진출이 시작되고, 이들은 정치이념에서나 현실의 이해관계에서 기득권층인 勳舊·戚臣 세력과 날카롭게 대립하게 되었다. 사림의 등장은 지방 양반층의 증가, 大土地所有와 地主制의 확대, 주자학의 발달, 이에 대응하는 중앙정치력의 상대적인 약화에 기인하는 것이었다. 이러한 사정은 지방교육·사회교화 정책에 변

---

3) 李範稷, 앞의 글, 1976 참조.

화를 불러오는 커다란 계기가 되었다. 중앙세력의 훈구파가 종래 향교 중심의 교육·사상 정책을 추진하는 선에 머무는 처지라면, 신진 사림들은 그들의 출신지역에서 주자학의 사회·정치 이념을 구현하는 방법의 일환으로서 서원·사우 중심의 인재교육·향촌교화를 추구한 것이었다.

사림은 향교를 기피하였던 종래의 소극적이고 한정되었던 범위를 넘어서서 留鄕所의 설립, 鄕約과 社倉制의 도입, 서원과 사우의 설립, 그리고 鄕飮禮·鄕射禮와 『二倫行實圖』의 보급운동을 전개하였다. 말하자면 유교의 理想社會를 건설하되 그것을 향촌의 교육·교화 사업 중심으로 사림이 주도한다는 것이었다. 그러나 이러한 그들의 시도는 결코 순탄할 수 없었다. 서원이 사림의 강력한 在地 사회·경제 기반으로 될 것을 우려한 중앙의 훈구파가 이를 여러 가지로 저지하였기 때문이었다. 네 차례에 걸친 士禍, 즉 훈구파의 사림탄압 사건은 그래서 일어난 것이었다. 이러한 타격에도 불구하고 16세기 후반부터는 중앙정계가 거의 사림 일색으로 바뀌어갔다. 사림의 꾸준한 성장·진출이 훈구파를 자연히 소멸시킨 셈이었다. 이리하여 사림은 다시 자기분열의 과정인 이른바 '黨爭'의 시대로 들어서게 되었다.

서원은 사림이 주도하는 지방자치적인 교화기구였다. 그리고 이것이 뒷날 '당쟁의 소굴'이라는 별명을 얻게 되었다. 이렇게 되는 사정을 이해하기 위해서 먼저 교화와 당쟁의 문제를 주자학 이념과 관련해서 잠시 살펴보기로 하겠다.

조선사회의 양반사대부들은 명목상 유교의 이상사회를 표방하였다. 그리고 이 이상사회를 실현하려면 모든 인간이 각자 개인의 道理와 分數(즉 分限)를 알고 이를 실행에 옮겨야 한다고 생각하였다. 綱常이라고 불리는 三綱五倫은 그 구체적인 실천덕목이었다. 그리하여 양반·유자들은 삼강오륜을 몸소 실천함은 물론 일반 백성들에게도 그것을 본받아 실행하도록 가르치고, 이에 어긋날 경우에는 삼강오륜을 어지럽힌자, 즉 綱常犯으로 몰아 징벌하였다. 강상범으로 처분되는 것은 곧 인간의 자격을 박탈당하는 것이나 마찬가지였다. 말하자면 조선사회는 삼강오륜을 정치·사회 질서의 근간으로 삼아 운영되는 도덕지상주의 사회였다.

그런데 잘 알려져 있듯이 삼강오륜은 군주와 신하, 아버지와 아들, 남편과 아내, 형과 아우 등 인간·사회 관계를 윗사람과 아랫사람의 관계, 지배와 복종의 관계로 규정하는 윤리라는 점에 특징이 있었다. 더구나 그것은 理氣論과 人性論에 바탕을 두고 볼 때 너무도 당연한 일로 설명되었다. 그리하여 삼강오륜이 실천윤리의 최고 원리로 되어있는 조선사회에서는 양반과 서민이 上下·尊卑·貴賤으로 차별되는 관계, 지배와 복종의 관계로 확정된다는 관념이 아무런 저항 없이 받아들여지게 되었다. 다시 말하면 신분에 따라서 상하관계로 질서화되어 있는 조선사회는 삼강오륜에 의해서 지탱될 수 있었던 것이다. 인간은 저마다 정해진 도리와 분수를 지켜가야 한다고 했을 때, 그것은 사회적 불평등에 순응해야 한다는 뜻이었다. 양반 지배층에게는 특권을 책무로 부여한 것이며, 일반 서민들에게는 권리 없는 의무와 복종만을 요구한 것이었다. 이 점은 그 시기 양반 스스로는 물론 서민들 또한 믿어 의심치 않았던 것이다. 宣敎化·正風俗이란 바로 이를 말하는 것이었으며 향교·서원·사우는 이 기능을 담당하는 구심체가 되어야 했다. 유교 經典의 학습을 통해서는 그 원리를 체득하는 것이며, 先賢奉祀에서는 그 모범적 선례를 宣揚하고 본받을 것을 실습으로써 익히고 다짐하게 되는 것이기 때문이었다.

한편 '자기의 인격을 닦고 교양을 쌓아 그 혜택을 남에게 끼친다(修己治人)'는 유교의 명제가 삼강오륜과 밀접히 연관되었다. '修己'는 바로 삼강오륜을 실천하는 일이었으며 '治人'은 그 실천이 타인의 솔선수범이 되도록 하는 일이었다. 그래서 유교의 '政治'는 삼강오륜과 수기치인의 실현이 그 전부라고 할 수 있었다. 王道·仁政·德治의 의미도 여기에서 벗어나는 것이 아니었다. 또 公私의 모든 행사에는 儀禮·禮樂 등 격식과 절차가 매우 중시되었는데, 이 또한 그 바탕에는 綱常과 修治의 원리가 깔려 있었다.

그런데 '수기치인'이란 배운 자, 벼슬하는 자의 도리와 분한[分]이기도 하였다. 즉 남을 다스리는 자는 도덕적인 垂範者, 賢人·君子일 것을 자신의 의무로 삼아야 했다. 仁政·德治는 바로 이러한 현인·군자 된 자가 베푸는 정치였다. 개인에게는 도덕적 완성을 요구하고 다시 그로 하여금 정치참여를 의무조건으로 제시하는 데에 유교 정치사상의 특징이 있었던 것이다. 이는 '몸을 닦아 세상에 드러내어(벼슬하여) 후세에 이름을 남기는 것'(立身出世 揚名於後世)이 '효도의 완성'이라고 믿었던 유교사회의 보편관념에 잘 집약되어 있다.

'삼강오륜'의 실천윤리를 통해서는 인간의 의식과 행위의 정당성 여부를 따지고 '수기치인'의 학문정치론에 근거해서는 유자들의 현실(＝정치)참여의 가부 문제를 논하게 되었다. 말하자면 사물의 옳고 그름을 是非·黑白으로 분간하며 사람됨의 정도를 君子와 小人으로 차별하는 기준을 거기에서 찾아낸 것이다. 유교·주자학은 본디 인간이 '聖人되는 학문'(聖學), 즉 완성된 모범적인 인간상을 제시하여 이를 끊임없이 본받아야 한다고 가르치는 학문이었으므로 현실에서 사람들은 '성인'에 가까워진 정도로써 인간의 선악과 우열을 가리지 않을 수 없었고, 이때 판정의 기준을 삼강오륜과 수기치인에서 끌어왔다는 것이다.

지금까지 이야기가 너무 장황하기는 했지만 주자학의 정치·사회 이념에 그러한 요소가 많이 내포되어 있다는 점을 부정할 수 없다. 사실 그런 점 때문에 주자학이 신분제사회였던 조선왕조의 지도이념으로 채용되기도 했을 것이다.

유교의 이상사회 건설, 당시의 표현대로 하면 '至治'라는 순수 확고한 정치신념에도 불구하고 분열과 항쟁의 상징인 '黨爭'으로 치달리게 된 원인이 어디에 있을까. 여기에는 이미 여러 가지 견해들이 나와 있는 터이지만, 앞서 살핀 바와 같이 그토록 분석·비판적이며 완성지향적인 기준을 강조했던 주자학의 사유구조 자체에도 커다란 원인이 있었음을 부정할 수 없다. 아무튼 사림과 주자학·당쟁·서원의 관계는 매우 밀접해서 별개로 분리된 것이 아니라는 사실이 분명해졌다.

우리나라의 서원은 1543년(중종 38) 경상도 풍기군수 周世鵬(1495~1554 ; 愼齋)이 관내의 順興에 白雲洞書院을 세워 여기에 安珦(1243~1306 ; 晦軒)을 배향하고 아울러 유생의 講學所로 활용하도록 한 것이 그 시초라고 한다. 잘 알려져 있듯이 안향은 주자를 매우 흠모하고 주자학을 소개·전파하는 데 공로가 컸던 고려 말의 유학자였다. 서원은 그 기원이 당나라 말기까지 거슬러 올라가는 것이지만 주세붕이 세운 서원은 일찍이 주자가 세웠던 白鹿洞書院의 전례를 충실히 따른 것이었다. 백운동서원은 곧이어 이황의 건의로 紹修書院이라는 賜額이 내려짐으로써 국가적인 승인과 지원을 받게 되었다. 서원의 출현은 사림의 시대가 왔음을 예고하는 것이었다.4)

그 뒤로 서원은 서서히 나타나기 시작했지만 배향인물은 저명한 유학자 또는 충신으로서 대개 사림의 공감을 얻는 경우였고, 또 서원의 기능도 평상시의 강학활동에 머무는 정도였다. 그러나 거의 1세기가 지난 17세기 중엽에 이르면서 이러한 사정이 크게 달라지고 있었다. 중앙과 지방의 관인·사림이 서로 연결하여 서원의 설립과 사액의 취득을 둘러싸고 반대세력과 대립·경쟁하는 양상으로 발전한 것이었다. 정치 주도세력의 변동에 따라 서원의 置廢가 반복되기도 하였다. 이것은 壬辰·丙子의 두 차례 큰 전란을 거치면서 사회·경제 상황이 악화된 때문이기도 했지만 직접적으로는 사림정치가 당쟁의 소용돌이에 빠져드는 것과 관련이 깊었다.

서원은 비록 지방 사림의 私的인 목적에서 건립되는 것이지만 여기

---

4) 崔完基, 「朝鮮 書院 一考」, 『歷史敎育』 18, 1975.

에 국가가 公的으로 승인하고 지원해주는 전통이 생겨났다. 그것이 이른바 앞에서 말한 '賜額'제도였다. 국왕이 서원의 이름을 짓고 그것을 현판에 써서 하사하는 것이다. 그와 함께 서책을 비롯하여 노비와 田土 등 서원운영에 필요한 인적 물적 지원이 따르게 되어 있었다. 이는 분명히 서원에 대한 커다란 특혜였는데, 국가의 처지에서는 서원이 인재양성・풍속교화 등의 기능을 수행함으로써 국가의 교육・사회 정책에 기여하는 데 대한 반대급부이기도 하였다. 조선왕조는 양반사대부가 이끌어가는 국가였으므로 서원의 설립주체와 국가 사이의 이해관계가 이처럼 일치하는 것은 매우 자연스러운 일이었다.

사액이 있고 없고는 국가의 공인을 받았느냐 못 받았느냐의 차이를 의미하였다. 그러므로 사액의 여부는 서원의 위상에 결정적인 조건이 되었고 서원의 활동에도 영향이 클 수밖에 없었다. 물론 모든 서원에 사액의 은전이 베풀어질 수는 없는 일이었다. 따라서 서원을 세우고 사액을 얻어내려는 노력과 경쟁이 치열해지게 마련이었다.

당쟁이 격해지고 기약할 수 없는 장기전에 접어들자 중앙의 관인들은 지방에 자신들의 지지기반을 확보 강화할 필요를 느끼게 되었고, 그 방법으로써 서원에 주목하게 되었다. 서원을 중심으로 학연을 같이 하는 선후배를 모아들이고 여기에 가문과 지역적인 연고관계를 이용하여 결속을 다짐할 수 있었던 것이다. 이는 정치항쟁의 후방기지를 구축하는 일이었다. 한편 지방에서는 지방세력 나름대로 중앙의 정치세력 또는 유력자와 연고관계를 만들어가고 있었다. 한미한 가문의 지위를 높이거나 빈약한 지방의 형세를 일으키기 위해서, 또는 어떤 이해관계로 서로 대립하는 상대편 세력을 꺾어 누르기 위해서도 유력한 중앙세력과의 연대는 절실하게 필요하였고, 이것이 서원설립운동으로 이어지는 경우가 많았다.

17세기 후반의 숙종 때를 흔히 서원의 濫設期라고 하는데, 이 무렵은 당쟁이 가장 격렬했던 때이기도 하였다. 같은 고을 안에서도 사림끼리 서로 당색을 달리하여 저마다 서원을 세우고 사액운동을 벌이며 대립하는 양상으로 발전하였다. 그들은 저마다 중앙정계의 서로 다른 정치세력과 연결됨으로써 중앙의 당파항쟁을 지방에까지 끌어들이게 된 것이었다. 지방사림의 당파화였다. 그들은 서원을 세우고 저명한 儒賢·名官이 아니더라도 善治 수령이나 行誼 있는 유자 등 어지간하게 내세울 거리가 있으면 이들의 本鄕·寓居(잠시 머물러 산 곳)·謫居(귀양살이 한 곳)·赴任地(수령을 지낸 곳)·殉節地·卒地 등의 연고를 빌미로 主享·配享·追享하여 서원의 疊設·濫享을 조장하였다. 그리하여 사우를 포함한 전국 서원의 수가 한때 1천 곳에 육박한 적도 있었다. 그 가운데 宋時烈(1607~1689 ; 尤庵) 한 사람을 제향하는 서원·사우가 44곳에 이르고 10곳 이상에서 제향되는 인물이 10명도 넘게 되었다.

自派의 당쟁 희생자를 名儒로 추대하여 서원에 배향하고 그 伸寃운동의 본거지를 서원에 두어 지방여론을 부추기기도 하였다. 또 그것을 家門·宗族의 숙원사업으로 삼아 문벌의식을 고취하기도 하였다. 그런가 하면 백방으로 손을 써서 중앙에 줄을 대고 사액의 유치를 도모하였던 것이다. 이렇게 되자 사액의 기준은 애매해지고 이를 둘러싼 관인·黨人들끼리의 대립은 더욱 심해졌다. 정부는 사액제도의 문제를 넘어서서 서원설립 자체를 제한하고 설립기준을 강화하지 않을 수 없게 되었다. 그러자 지방사림은 그들대로 사액의 유치는 별개로 하고 서원의 존재를 유지하는 것만으로도 커다란 의의를 삼게 되었다. 지방 안에서 자기 세력을 결집하고 이를 통해 자신들의 공동이익을 지키는 장치로 서원만 한 것이 없었기 때문이다.

서원이 사림의 권익보장 단체로서 전국에 확산되자 여기에서 발생하는 비리와 폐해 또한 이만저만한 것이 아니었다. 이를테면 건립과 유지에 소요되는 비용을 해당 고을 수령에게 의뢰하거나(求請), 良丁을 멋대로 冒占하여 양역부족을 초래하는(良役弊) 것은 물론 직접 민간에 억압 作弊하여 米布·家禽 등을 제수비용으로 갹출하는 것도 다반사였다.

청주 華陽書院의 경우 19세기 중엽까지도 전국에 걸친 광대한 收稅地 외에도 福酒村을 둔다든지 墨牌를 발행한다든지 하여 官令을 깔보는 위세로 지방재정을 좀먹고 촌민을 수탈하기에 주저함이 없었던 것이다. 이렇게 보면 서원은 분명히 중세적 농민 착취기구의 하나였던 셈이다. 대원군이 일찍이 세 차례에 걸쳐 화양서원을 포함한 대부분의 서원을 毁撤하고 전국에 단 47곳의 서원·사우만을 허용했던 것은 그 의의가 큰 것이라고 하겠다.5)

우리나라 서원의 역사를 이처럼 대강 훑어보더라도 부정적인 측면이 적지 않았음을 쉽게 알 수 있다. 그러나 서원을 통해서 절제와 검소, 예절과 교양을 중시하는 조선사회의 유교문화가 발휘될 수 있었던 사실을 가볍게 보아서는 안 될 것이다. 마치 중세 서양문화가 교회와 수도원을 중심으로 계승되었던 것처럼……

서원의 공간구성과 배치, 규모는 대체로 향교의 그것과 비슷하였다. 아마도 기본적인 기능과 목적이 거의 같기 때문이었을 것이다. 향사 공간인 祠堂과 강학 장소인 講堂을 비롯해서 院生의 기거처인 東齋와 西齋, 版木을 보관하는 藏板庫, 서적을 간수하는 書庫, 제사용품을 두는 祭器庫, 서원의 관리와 원생의 취사를 돌보는 庫舍, 그리고 정자·누각이나 객방 등의 부속건물이 갖추어져 있다. 남북의 축을 중심으로 정문, 강당, 사당이 차례로 배치되고 동·서재는 강당의 앞이나 뒤에 좌우로 자리 잡게 되는데 강학 공간과 사당은 다시 內三門으로 분리된다. 나머지 건물들은 경내의 형편에 따라 적당히 위치하게 된다.

향교가 그러한 것처럼 서원도 검소함을 숭상하여 화려한 치장을 피하였다. 사당·강당에도 栱包를 쓰는 경우는 드물고 쓰더라도 柱心包

---

5) 鄭淳睦, 『韓國書院敎育制度史硏究』, 영남대학교 출판부, 1979 ; 閔丙河, 「朝鮮 書院의 經濟構造」, 『大東文化硏究』 5, 1968 ; 鄭萬祚, 「17~18世紀의 書院·祠宇에 대한 試論」, 『韓國史論』 2, 서울대학교 국사학과, 1975 ; 宋贊植, 「朝鮮後期의 校院生考」, 『國民大學校論文集』 11, 1976.

양식이 고작이었으며 대개는 翼工이나 도리 양식을 따르고 있었다. 단청 또한 사당에만 긋기나 얼모로를 베푸는 정도가 고작이었다. 서원의 공간배치는 定型을 따르되 높고 낮은 지세를 적절히 이용하였으며 산과 시내 등 주위의 자연환경과 조화를 이루는 데도 유의하였다. 서원의 형세나 필요에 따라 건물의 기능을 세분하거나 규모를 크게 하는 경우도 많았다.

학칙에 해당하는 '學令'이 향교에 있듯이 서원에서는 '院規'를 마련하여 齋生의 修學·居齋 규칙, 독서법, 考課評定 등을 명시하고 있었다. 또『善籍』·『惡籍』과 같은 일종의 생활기록부가 작성되기도 했으며, 춘추의 제향에 참례할 자격을 따져 명단으로 만든『靑衿錄』도 있었다. 그 모두는 한결같이 선비(=유자)로서 학식과 인품을 갖추도록 하는 학업과정의 일환이었다. 원규의 전형적인 선례는 역시 주자가 작성한「白鹿洞學規」였다.[6]

3) 祠宇

祖先·儒賢·忠臣·烈士 등의 神主나 影幀을 모셔두고 때에 맞추어 제향을 행하는 곳이 사우이다. 사우는 명칭이 대개 忠烈祠·褒忠祠·鄕賢祠 등 '○○祠'라고 하는 경우가 많고 드물게는 影堂·別廟로 불리기도 하지만 그 모두가 享祀를 나타내는 것만은 분명하다. 그러니까 향교·서원의 두 가지 기능 가운데 한 가지, 즉 강학을 통한 인재양성은 빼고 향사활동에 의한 풍속교화의 기능만을 수행하는 데에 사우의 특징이 있었다.

사우의 기원은 왕조의 始祖·名將·功臣 등을 제사지내는 전통이 시작된 삼국시기까지 거슬러 올라가지만, 그것이 본격적으로 건립되어 유교문화의 특색을 이루기 시작하기는 아무래도 주자학이 보편화되는 조

---

6) 鄭淳睦, 위의 책, 1979 참조.

선시기에 들어와서의 일이었다. 특히 서원의 전성기에 사우도 급증하다가 대원군의 서원정리 조치로 운명을 함께 하였다. 서원이 417곳이었을 때 사우는 492곳이나 되었다. 사액된 경우는 서원이 200곳임에 견주면 사우는 70곳에 지나지 않지만, 그렇더라도 사우가 의외로 번창했음은 분명하다.

　향사기능 자체는 사우와 서원이 일치하지만 그 점에서도 다소의 차이는 있었다. 먼저 배향인물의 성격에서 보면 서원은 道學으로 사림의 宗師가 될 만한 儒賢을 從祀의 최우선 기준으로 삼는 데 반해, 사우는 그러한 유현은 물론 충신·열사·명장·명신 등의 忠節人까지도 향사 대상으로 하는 점에 차이가 있었다. 하나의 예로서 서원과 사우의 文·武科 출신자의 수가 각각 302 : 9명과 232 : 101명이었다는 사실에서 사우의 향사대상이 더 폭넓었음을 알 수 있다.7) 이러한 점은 유교·주자학의 관점에서 볼 때 사우가 서원보다 격이 떨어지는 이유가 되었을지도 모른다. 사액의 비율에서 서원이 48퍼센트임에 견주어 사우는 겨우 14퍼센트밖에 안 되는 점에서도 그렇다.

　사림이 사우의 설립주체이기 마련이고 그들이 대개 학연·지연·혈연으로 밀접하거나 당색과 관련하여 추진한 점에서는 서원의 경우와 크게 다르지 않았다. 다만 서원이 비교적 폭넓은 공론과 지지를 바탕으로 하는 것임에 반해 사우는 被享者의 후손 또는 문인들 중심의 한정된 범위에서 추진되는 것이 보통이었다. 그러다 보니 두세 가문이 합력해서 하나의 사우를 세우고 여기에 저마다 顯祖를 從祀하는 경우도 적지 않았다. 서원도 그러했지만, 더구나 사우는 이를 통해서 가문·학연의 위세를 드러내고 동족·師友 사이의 결속을 다짐으로써 자신들의 공동 이익을 보장하려는 목적이 컸다. 鄕人들이 주동해서 善政한 수령이나 저명한 寓居者나 謫居者 등을 내세운 경우도 그들의 私的 이익을 도모

---

7) 全用宇, 「朝鮮朝 書院·祠宇에 대한 一考察」, 『湖西史學』 13, 1985 참조.

하려는 의도는 마찬가지였다.8)

사우를 빙자하여 官物을 편취하며 軍役·徭役이나 貢物의 冒避를 다반사로 하였다. 하물며 민간 作弊는 말할 나위도 없었다. 이러한 사우의 실태는 서원과 마찬가지로 19세기 이후 세도정치 시기의 두드러진 현상이었다. 결국 사우도 봉건적인 지배기구로서 구실을 톡톡히 수행했던 셈인데, 그것이 국가의 고유한 농민지배 영역을 지나치게 잠식해갈 경우 정부의 일정한 제재를 받지 않을 수 없었다. 18세기 이래 서원과 함께 사우 또한 그 설립조건이 까다로워지고 사액의 은전은 더구나 기대할 수 없게 되다가, 마침내 대원군의 서원·사우 정비령으로 거의 폐쇄된 까닭이 여기에 있었다.

사우의 공간배치나 건축양식은 서원의 그것을 결코 벗어나지 않았다. 강학기능은 없이 오직 향사의식만을 수행하는 곳이었기 때문에 공간의 규모는 한결 축소되고 간결해졌다. 다만 경건하고 위엄 있는 사당의 분위기를 조성하기 위해 더러 복잡한 包作(柱心包나 多包 등)이 채용되고 정교한 단청이 올려지는 경우는 있었다.

아무튼 서원과 사우는 우리나라 중세사회에서 유교문화의 특색을 이룩하고 그것을 발전시키는 데 주요한 역할을 담당하였다. 그 과정에서 부정적인 요소도 적지 않게 파생시켰지만, 그렇다고 해서 서원·사우가 우리 중세문화에서 차지하는 위치와 의의가 작아지는 것은 결코 아니다. 오히려 한국문화의 특징을 세계사의 차원에서 주목하려 한다면 유교문화, 그 일부인 서원·사우의 의의를 재발견하기 위한 인식태도와 방법이 적극 모색되어야 할 것이다.

---

8) 鄭萬祚, 앞의 글, 1975 참조.

3. 금강 상류지방의 유교유적

소백산맥의 서쪽기슭에 위치하고 있는 전라북도의 長水·鎭安·茂朱, 충청남도의 錦山, 그리고 충청북도의 永同·報恩·沃川은 남에서 북으로 흐르는 금강의 상류지역이다.

일찍이 李重煥(1690~? ; 淸潭)은 그의 명저『擇里志』에서 이곳의 지세를, "남쪽으로 달리는 속리산이 추풍령에서 크게 끊어졌다가 일어나 黃澗의 黃岳山이 되고, 전라도에 들어가 茂朱의 德裕山이 되고, 또 長水·南原 사이에서 끊어져 서쪽으로 향하여 任實의 馬耳山이 된다. 여기에서 石山의 일맥이 거슬러 북쪽으로 달리어 朱旅山·雲梯山·大芚山이 되고, 충청도에 들어가 금강을 등지고 鷄龍山이 되는데, 남북을 통하여 큰 한 줄기의 산맥을 이룬다"고 하였다. 또 이어서 "덕유산과 마이산 사이의 동서 여러 邑의 내와 골짜기 물은 합쳐져서 금강의 근원이 되는데 이를 赤登江이라 한다"고 했다.

이를 정리해보면, 금강의 상류는 서남으로 달리는 소백산의 본줄기, 이를테면 영동 황악산, 무주 赤裳山·덕유산, 장수 六十嶺·靈鷲山, 그리고 이곳에서 시작하여 서북으로 뻗어간 산줄기, 즉 진안 마이산·富貴山, 龍潭 朱苗山, 錦山 進樂山·西臺山, 그리고 이 줄기의 마지막인 懷德 鷄足山으로 둘러싸인 지역으로 북쪽이 열린 소쿠리 모양의 지세를 이룬다. 북으로 흐르던 금강은 바로 계족산 동쪽에서 꺾이어 서쪽을 향하게 되는데, 그래서 강 북쪽의 懷仁과 강 남쪽의 懷德부터는 금강의 중류가 되는 셈이다. 아무튼 금강의 상류를 일러 적등강이라고 했다. 적등강의 동쪽에는 장수·무주·황간·영동·靑山·보은이 있고 강의 서쪽에는 진안·용담·금산·옥천 등 여러 고을이 있다. 舊韓末의 행정구역 개편과정에서 이 가운데 황간은 영동에, 청산은 옥천에, 용담은 진안에 각각 통합되어 지금은 겨우 面 소재지로서 그 이름을 간직하고 있다. 그러나 그들 폐합된 고을에는 아직껏 향교가 남아있는 등 옛 유교문화의 자취가 적지 않다.

1) 長水

금강이 처음 시작되는 곳, 장수는 군 전체가 해발 400미터 이상의 산악지대로서 산이 깊고 물이 맑은 고장이다. 골짜기 사이의 좁은 분지를 중심으로 약간의 인구가 모여 살므로 산업이 단조롭고 외부와 교통도 수월하지 않았다. 고려시기 이래 서울에서 멀리 떨어진 궁벽한 유배지로 알려지게 된 것도 이 같은 지리조건 때문이었을 것이다. 그러나 장수 고을은 '左長水 右扶安'이라는 옛말도 있듯이 전라좌도, 특히 장수·진안·무주·용담·금산·珍山·高山 등 山郡七邑 가운데 으뜸가는 文鄕이었다. 사실 이 고장은 고려 말에 白莊(호 靜愼齋)이 낙향해오고 조선 초에는 黃喜가 유배온 것을 계기로 중앙의 유교문화와도 접촉하게 되었다.

향교는 역시 이 지방 최초의 학교였다. 1407년(太宗 7)에 文廟와 명륜당, 동·서재가 완성되어 忠孝와 예의범절을 숭상하는 기풍이 뿌리를 내리기 시작한 것이다. 세종 때 현 위치로 옮겨지은 것으로 전해지는 문묘(大聖殿)는 정면 3칸, 측면 2칸의 八包型 맞배집인데 조선 초기의 유교 건축양식으로서 유명하다(보물 제272호). 壬亂 때 전국의 향교가 거의 兵火로 소실되었으나 오직 장수향교와 함흥향교만 무사하였다. 당시 校直 丁敬孫이라는 사람이 죽음을 무릅쓰고 "이 聖殿에는 들어갈 수 없다"면서 왜병의 접근을 막았다는 것이다. 전쟁 뒤 각처의 향교를 재건할 때 장수향교가 그 표본이 되었을 것은 쉽게 짐작되는 일이다.

滄溪書院(장수읍 선창리)은 1695년(肅宗 21)에 세워졌는데 사액은 없고 황희·黃守身 부자, 兪好仁, 張應斗, 康伯珍 등 5인의 관인·유자들이 배향되어 있다. 장수의 유일한 서원으로서 대개 15세기 무렵에 이 지방 출신이거나 연고가 있는 저명한 관인 또는 사림을 종향하되 주로 퇴계 이전의 영남사림파와 연결되고 있다. 그 설립시기가 당쟁이 치열했던 17세기 말엽이었음을 고려하면 이 지방은 아직 중앙당쟁의 영향을 별로 받지 않았거나 영남의 남인계열에 가까워질 수 있었을 것으로 생각된다.

鴨溪祠(산서면 학선리)는 1789년(正祖 13)에 세워진 사우이다. 여기에는 태조 때 전라도 관찰사를 지낸 옥천 육씨의 陸麗, 이곳 태생의 효자로 성종 때 장수현감을 지낸 兆陽 임씨의 林玉山, 선조 때 鄭逑(1543~1620 ; 寒岡)의 문하에서 수학하고 고장의 선비들과 德業契를 만들어 주자의 白鹿洞規를 실천했다는 밀양 박씨의 朴以謙·朴以恒 형제, 육려의 후손으로 영조 때의 선비였던 陸洪鎭이 배향되어 있다. 이 사우는 장수에 世居하는 육·임·박씨의 세 가문이 추진한 것으로 짐작된다.

道巖祠(계내면 송천리)는 1815년(純祖 15)에 설립된 사우인데, 장수 황씨의 외손으로 임란 때 이곳에 낙향한 전주 이씨의 효자 이경광, 경광의 堂姪로 인조 때 영의정을 지낸 李聖求, 풍산 유씨로 정조 때 장수현감을 지내고 만년에 이곳에 우거했던 柳尋春을 제향하고 있다. 아무래도 이경광의 후손들이 同宗의 顯官 이성구를 내세우고 다시 풍산 유씨의 조력을 얻은 것으로 볼 수 있겠다.

龍巖祠(천천면 춘송리)는 1818년(純祖 18)에 세워졌는데, 태조 때 청백리로 꼽히고 전라감사를 지낸 바 있는 廣州 안씨의 安省, 계남면에 세거하는 남원 양씨로 영조 때 진사였던 梁聖麟, 장수 황씨의 외손으로 임내면 월강리에 정착한 永山 김씨 가운데 숙종 때 생원이었던 金永甲, 효자 韓仁箕 등을 향사하고 있다. 1977년에는 남원 양씨로 처음 入居한 梁錫廈를 追配하였다. 양씨와 김씨 문중에서 주도하는 사우라고 생각된다.

月岡祠(계내면 월강리)는 1828년(純祖 28)에 세워졌는데, 여기에는 앞에서 이미 말했던 백장, 그의 사위인 연안 송씨의 宋寶山, 함창 김씨의 金南澤, 그 밖에 일찍이 장수현감을 지내고 임란 때는 이곳에 의병청을 설치하여 전라좌도 의병장으로 활약했던 崔慶會를 배향하고 있다. 1978년에는 장수 유림의 발의로 김남택의 아우 南重, 송보산의 아우 壽山,

백장의 아들 如玉을 추배하였다. 오늘날까지도 백·송·김씨의 세 가문이 공동 향사하는 사우로 유지되고 있다.

1960년대까지도 새로운 사우가 세워지고 있었다. 華山祠(계남면 화산리)는 朴秀基·朴之孝 부자의 후예들이 두 조상을 위해 1961년에 지은 것으로, 여기에 同宗 충주 박씨의 저명한 사림, 즉 '己卯名賢'과 견해를 같이 했던 朴祥, 선조 때의 영의정 朴淳, 순의 재종손 枝堅, 역시 '기묘명현'의 한 사람인 金淨 등을 合祀하고 있다. 世德祠(계북면 농소리)는 1963년 밀양 손씨 가문에서 조상들을 위해 세운 것으로 家廟의 성격을 띠지만 향사의 형식이나 절차는 일반의 사우와 다를 바 없다.

이상에서 본 대로 장수고을에는 서원에 의한 講明道學의 분위기보다 사우 중심의 향사의식에 치중하는 경향이었음을 알 수 있다. 그것도 겨우 19세기에 들어와서의 일이었다. 16세기 무렵에는 지리적으로 인접해 있는 영남의 사림과 학연을 맺는 경우도 더러 있었으나 그 뒤 장수지방의 사림계는 이렇다할 형세나 활동이 없었던 것이다. 이러한 연유로 조선 후기 당쟁이 극심한 시절에도 특정 당파와 연결된 세력이 형성되거나 고을 안에서 서로 당색을 달리하여 대립하는 현상도 일어나지 않았다. 다만 수원 백씨와 그의 외손으로 입거한 姓氏들이 사우 중심의 활동에서 공동보조를 취한 것으로 보이지만 이 또한 특이한 현상은 아니었다. 말하자면 장수는 조선시기 유교정치·유교문화의 중심권과는 일정한 거리가 있었고, 그런 만큼 士族이나 서민을 가릴 것 없이 고장사회가 소박하고 평온한 분위기를 누릴 수 있었던 것으로 보인다.

2) 鎭安

장수의 북쪽, 적등강(금강의 상류)의 왼쪽에 자리 잡은 고을이 진안이다. 진안은 고려 말에 馬靈縣을 합하고 다시 조선 말기 甲午改革 뒤에는 이웃한 용담현을 아울러서 된 고을이다. 그래서 용담면 소재지와 진안읍 두 곳에 향교가 현존하고 있다. 고려 중엽의 李奎報는 진안·마령의 인상을, "백성들은 질박[質野]하여 얼굴이 큰 원숭이 같고 음식은 날 것을 잘 먹는 야만의 풍속이 있다. 꾸짖고 나무라면 놀란 사슴 모양으로 달아나버린다"9) 하였고, 고려 말기의 尹紹宗은, "용담의 백성들은 소박하고 꾸밈이 없다"10)고 적었다. 모두 "땅은 궁벽하고 하늘은 깊은" 고장의 때 묻지 않은 인심에 감동한 표현들이다. 이런 사정은 조선시기에 들어와서도 오래도록 별로 변하지 않았을 것이지만 유교문화와의 접촉은 이미 고려 말부터 시작되고 있었다.

용담향교는 고려 공양왕 때 현감 崔自卑가 중건한 바 있는데 李穡(1328~1396 ; 牧隱)은 이를 기념한 시에서, "聖道와 王化가 고루 퍼지니, 學舍(明倫堂과 齋舍)는 千山 萬山 속에 있도다. 묻노니, 독서의 목적은 무엇인고. 孝悌와 忠信 바로 이것이로다"라고 하였다. 이웃한 진안고을에도 거의 같은 시기에 향교가 세워졌을 것이다.

三川書院(용담면 황산리)은 1667년(顯宗 8)에 처음 세워지고 1715년(肅宗 41)에 사액을 받았다. 여기에는 顔子, 程子 형제, 朱子, 諸葛亮 등 중국의 유현만을 향사하고 있는데, 이는 이 지방과 연고 있는 저명한 유현이 없기 때문인 것 같다. 설립자가 洪錫이라는 당시의 현령이었던 점도 예사롭지 않다. 지방사림의 움직임이 별로 없었기 때문이 아닐까. 그러나 16세기 말엽 鄭汝立이 가까운 진안의 竹島에서 유생을 모아 大同契 결사운동을 폈던 적이 있으므로 이러한 분위기가 이어져 서원설립운동에 영향을 주었을지도 모른다.

龜山書院(마령면 강정리)은 1828년(純祖 28)에 창건되어 宋寶山(호退休齋)을 主享으로 하고 金文起(호 白村)·宋琳(호 月溪)을 종향하였다. 1868년(高宗 5) 철폐되었다가 1949년에 제단만 복구되었다. 이 점은 삼천서원이 아예 복설되지 못했던 사정과 달랐다. 이는 구산서원이 장

---

9)『新增東國輿地勝覽』卷39, 鎭安縣 風俗條.
10)『新增東國輿地勝覽』卷39, 龍潭縣 風俗條.

수의 월강사를 세운 연안 송씨가 주축이 되어 문중 중심으로 건립한 서원, 이를테면 사우와 비슷한 성격을 띨 수 있었기 때문으로 생각된다. 그것은 死六臣 가운데 한 사람으로 꼽히기도 하는 김문기를 배향하고 있는 점으로 보아도 그렇다.

靈溪書院은 이 지방에서 가장 빠른 1649년(仁祖 27)에 설립되어 崔潗(호 藏六堂)·李仁賢(호 雙尖)·李延彎(시호 忠景公)·金繼宗(호 薐菴) 등이 배향되었다. 1869년(高宗 6) 한때 훼철되기도 했으나 1900년에 제단이 설치되고 1947년에는 오늘날의 모습으로 중건되었다. 역시 최·이·김씨의 문중이 복구와 유지에 조력했던 것으로 보인다.

아무튼 다른 향촌사회의 경우와 비슷한 시기에 이 고장에서도 예외 없이 서원이 출현할 수 있는 유교·사림의 기반이 조성되었던 사정은 부정하기 어렵다. 특히 18세기 진안 朱川 태생의 유자 朴瑞(호 晩谷)는 宋時烈·朴世采(1631~1695 ; 玄石)의 연원을 잇는 예학의 대가 金幹(1646~1732 ; 厚齋)에게 수학하고 이곳 臥龍巖에서 후진을 지도하였다고 한다. 그는 畿湖의 정통 주자학풍인 경학과 예학뿐만 아니라 仙佛·卜筮·천문·의약·지리·군사·재정 등에도 조예가 깊었다고 하므로 아마 그를 통해서 전파된 학문적 영향도 적지 않았을 것이다.[11]

이 지방에 사우가 등장하기 시작한 것은 19세기 이후의 일이었다. 忠節祠(성수면 좌포리)는 1806년(純祖 6)에 건립되고 1869년(高宗 6) 훼철되었다가 1971년 복구되었다. 여기에는 '杜門洞 72賢'(고려의 멸망을 한탄하고 숨어버린 은자들) 가운데 한 사람이라는 李明誠(호 松隱, 본관 公州)과 그의 아우 明德(호 沙峰)을 배향하고 있다. 龍溪祠(마령면 평지리)는 1860년(哲宗 11) 창건되었다가 '서원철폐령'으로 곧 훼철당했으나 1960년 제단이 다시 설치되고 崔斗七(호 追慕齋)을 향사하고 있다.

忠孝祠(백운면 노촌리)는 1851년(哲宗 2)에 세워져 임란 때 무공과 충

---

11) 『全羅北道誌』, 1991, 3책 3장 1절 '儒教', 664쪽 참조.

성으로 이름난 金千鎰·黃進·愼義連 등이 봉안되었다. 또한 고종 때 철폐, 1947년에 중건되었다.

靈山祠(마령면 강정리)는 1862년(哲宗 13)에 세워졌으나 '서원·사우 정리령'에 따라 6년 만에 폐쇄되었다가 1972년 복구, 全文軾(호 都隱, 시호 文平公, 고려 말의 문신)을 향사하고 있다.

이들 사우는 세워지고 얼마 안 되어 한 차례 일제히 훼철당하는 처지에 놓였지만 일제시기 또는 해방 뒤 거의 복설되었다. 그 모두 배향자의 후예들이 주선한 것이었다. 사우가 특정 가문의 문중조직에 의해서 운영되거나 사실상 그들의 문중사우 또는 가묘의 성격을 띠어가는 것이기도 하였다. 20세기에 들어와서는 물론 해방 뒤 최근까지도 사우는 꾸준히 새로 건립되고 있다. 옛 연고지를 중심으로 문중활동이 계속되고 있는 증거이다. 또 그것은 전통사회의 유습과 전통문화의 단절·소멸이 가속되는 가운데서도 의연히 살아있는 문중의식·문벌관념에 의해서 뒷받침되고 있는 것이다. 이것은 전국적인 현상이고 진안의 경우도 예외는 아니다. 어쩌면 종래 유교문화의 중심권으로부터 소외되었던 감이 있는 만큼 오히려 더 적극성을 띨 수도 있는 일이다.

雙忠祠(성수면 도통리)는 세조 때 단종 폐위에 항거하여 자결한 全自溫을 위해 1923년에 건립되었고, 1946년에는 단군·태조·세종·고종의 위패를 모신 懷德殿, 조선시기의 충신·유현 40인의 위패를 봉안한 永慕祠, '乙巳條約' 뒤의 순국열사 33인을 모신 永光祠를 한 장소에 세우고 이를 '馹山廟'라고 하였다.

이밖에도 1908년 鄭鍾燁의 사당인 藥山影堂(마령면 계서리), 1948년 崔益鉉 등 순국선열 10인을 봉안한 忠烈祠(동향면 성산리), 1930년 광산 김씨 문중이 추진한 朱川祠(주천면 주양리), 1928년 申得權 등 신씨 4인을 위한 淸德祠(주천면 용덕리), 1945년 成汝完 등 성씨 3인을 위한 玉川祠, 1926년 金賛吉을 안치한 華川祠(안천면 백화리), 1971년 箕子의 영정(본래 평양 仁賢書院에 있던 것)을 안치한 文聖殿(안천면 노성리)

등이 각각 세워졌다.

崇慕祠(동향면 능금리)는 朴詰 등 박씨 4인을 모신 사당인데, 이는 본디 1812년(純祖 12) 무주 吾道山에 세웠던 道山祠의 위패를 1959년에 현위치로 옮겨온 것이다.

華山書院(안천면 백화리)은 1927년 華川祠로 세워졌으나 1961년 서원으로 개칭한 황씨 문중사당이다. 장수 황씨의 세거지가 진안지역으로 확산되는 사정을 말해준다.

3) 茂朱

대체로 적등강의 오른쪽, 장수의 북쪽 덕유산 기슭에 자리한 고장이 무주다. 이곳 역시 "壑千峯에 자색 안개가 깊은" 산골이다. 그래서 鄭麟趾는 "백성들의 생업이 황량하기 해를 거듭하니 상수리[橡]와 밤[栗]을 저장하여 양식을 삼네"라고 했을 것이다.[12] 1674년(顯宗 15) 이웃한 금산군의 두 면(安城·橫川)을 합하여 都護府가 되었다가 1895년(高宗 32)에 군이 되었다.

무주향교는 임진왜란 뒤로도 두 차례나 옮겨 지었다. 처음 자리는 향로산 서쪽 지금의 읍내리 寒水골이었는데 택지가 낮고 습하다는 이유로 부사 金夢臣이 주선하여 1692년(肅宗 18) 서남쪽으로 이전하였다. 두 번째는 1834년(純祖 34)의 일인데, "풍수지리에서 고을의 운세가 막히고 트인 것은 향교터의 길흉과 관계된다"는 여론을 따라 이번에는 동쪽 현재의 위치로 옮긴 것이다. 고을에 이렇다할 文風이 일어나지 않고 이 때문에 지방 사대부의 형세가 한미하다는 것이 거듭된 향교 이전의 실질적인 이유였다. 말하자면 이 고을에서는 지방의 발전이 사대부층의 성장에 있다고 보고 그 방법을 관학의 부흥에서 찾고 있는 것이었다. 무주는 장수·진안과 마찬가지로 서원을 비롯한 사학이 별로 떨치지 못했고

---

12) 『新增東國輿地勝覽』 卷39, 茂朱縣 風俗條.

그런 만큼 인재의 양성과 문풍의 진작을 향교에 기대했는지도 모른다.

조선 후기 향교에 대한 무주고을의 관심은 세 차례의 본격적인 重修(1758·1876·1884년) 사실을 강조하고 있는 점에서, 또 時術齋라는 특별 강학소를 설치 운영한 사실에서도 분명히 드러난다. "향교를 돕고 선비들이 학업에 열중하여 문풍을 일으키고 서로 친목을 도모할 것"을 목적으로 1849년(憲宗 15) 부사 崔瑗이 동헌 동쪽에 처음 건립한 것이다.

1855년(哲宗 6) 부사 洪鍾華가 이를 松亭 아래로 옮겨 지었고, 다시 1870년(高宗 7) 역시 부사 金奭根이 향교 동쪽으로 옮겼다. 이 강학소의 건립과 유지 비용을 조성하려고 고을의 유지, 특히 河在文을 비롯한 하씨 문중과 주민들의 적극적인 찬조가 뒤따랐음은 물론이었다. 시술재는 正堂(강당)과 經業堂(동재)·辨志堂(서재)의 齋舍를 갖추고 齋任 2인과 庫直 1인을 각각 두었다. 또 설립 당시에 모두 605권의 장서도 아울러 갖추었는데 이를 보전 활용하고자 엄중한 '典守節目'을 마련하기도 하였다. 비록 19세기 중엽 이후이고, 더욱이 수령이 주도한 것이기는 했지만 무주의 향학진흥운동은 매우 흥미있는 일이 아닐 수 없다.13)

조선왕조 말기까지 무주에는 3곳의 서원과 5곳의 사우가 설립되었다. 栢山書院(무풍면 현내리)은 1608년(光海君 즉위년) 세워져 河演(호 敬齋, 시호 文孝)과 그의 후손 河徵道 4형제 등 5인을 배향한 진주 하씨 문중 주도의 서원이다. 고종 때 훼철되었다가 1917년 복구되었는데 사당은 정면 4칸, 측면 2칸의 팔작지붕이다.

竹溪書院(안성면 죽장리)은 1713년(肅宗 39) 설립되었으나 고종 때 훼철된 뒤 다시 재건되지 못하였다. 여기에는 안성면 출신으로 고려 충렬왕 때 명관이었던 金侁을 주향으로 하고 하징도 4형제와 선조 때 무관·의병장으로 유명했던 張弼武 3부자를 종향하고 있었으나, 김·장씨는 이 고장과 직접적인 연고가 끊기고 하씨들은 백산서원이 있음으로

---

13) 『茂朱郡誌』, 1990, 298~311쪽 참조.

해서 이 서원은 훼철 뒤 없어지고 만 것 같다.

朱溪書院(무주읍 읍내리)은 1725년(英祖 1) 부사 蔡彭胤의 주장으로 주자와 송시열을 봉사하고자 세워졌으나 고종 때 훼철 뒤 역시 죽계서 원과 같은 처지에 놓이게 되었다.

道山祠(안성면 사전리)는 1813년(純祖 13)에 설립되었고 한때 폐쇄된 적도 있었으나 1970년에 재건되었다. 광산 김씨의 金礪石과 반남 박씨의 朴希權을 배향하고 이 지방에 세거하는 두 문중의 후예들이 공동으로 보전하고 있다.

大德祠(무풍면 현내리)는 1814년(純祖 14) 건립되어 尹宣擧·尹拯 부자, 朴世堂(1629~1703 ; 西溪), 曺漢英, 朴長遠 등 17세기 西人 또는 少論의 명망가를 배향하고 여기에 앞의 하씨 4형제를 追配하여 현존하고 있다. 반남 박씨 이외에 이 고장의 문중과 직접 연관되는 것은 하씨들뿐이다. 본래 하씨들은 柳成龍(1542~1607 ; 西厓)·李好閔 등을 私淑했다 하므로 영남학파·남인계열에 가까울 수 있었지만 그 뒤 이들 소론 명사들과의 접촉을 계기로 소론계에 더 가까워진 것으로 생각된다.

竹林祠(무풍면 철목리)는 효자 崔活의 전주 최씨 문중이 주도해서 1827년(純祖 27)에 세웠으나 고종 때 철폐된 뒤 현존하지 않는다.

雪川祠(설천면 소천리)는 '辛壬士禍' 때 화를 당한 노론의 영수 李頤命의 손자 李鳳祥이 이곳에 피신했던 사실을 연고로 하여 1860년(哲宗 11)에 세워졌다가 한때 철거되기도 하였다.

程氏院宇(안성면 진달리)는 이곳 정씨 문중에서 程子 3부자의 화상을 봉안하고자 1865년(高宗 2) 세운 사우이다.

20세기에 들어와서도 사우가 계속 세워지는 사정은 무주도 예외가 아니었다. 이를테면 달성 서씨 문중의 崇慕祠(汾陽書院, 무풍면 지성리, 주향 徐涉), 밀양 박씨가 주도하는 寒泉祠(무풍면 은산리, 주향 朴文健) 와 雪湖祠(설천면 소천리, 주향 朴致遠), 김해 김씨 중심의 裕川祠(설천 면 두길리, 주향 金馹孫), 김녕 김씨의 加一祠(설천면 삼공리, 주향 金文

起) 등이 있다.

4) 錦山

진안과 무주의 북쪽, 금산군의 동쪽 가장자리를 흐르는 금강은 더욱 동쪽으로 휘어져서 충북 영동으로 흘러든다. 1413년(太宗 13)에 지금의 이름으로 군이 되고 구한말에 서쪽의 珍山郡을 합하였다. 금산은 제3공화국 초기부터 전라북도에서 충청남도로 편입되었다. 지리적으로 충청도와 가까운 탓으로 오래 전부터 교통·경제의 유통뿐만 아니라 학문·사상의 교류도 인접한 회덕·공주와 긴밀하였다. 그러나 "산이 극히 높아서 들어갈수록 점점 그윽하고 깊은" 고을이기에, 일찍이 權近은 "풍속은 순박하고 농사와 누에치기에 힘쓰며 訟事는 간략하고 백성들은 검소하다"고 했을 것이다.14)

군내에는 향교가 2곳 현존한다. 금산향교(금산읍 상리)는 처음에 읍의 하옥리 백학동에 있었으나 임란에 소실되어 1684년(肅宗 10) 재건할 때 현재의 자리로 옮겨 지었다. 진산향교(진산면 교촌리) 또한 1397년(太祖 6) 창건 당시에는 진산면 읍내리(현 진산중학교 부지)에 있었으나 임란 뒤 현재의 위치에 다시 지었다. 이곳의 두 향교도 교육활동보다는 거의 향사기능만을 수행했다.

星谷書院(남이면 성곡리)은 1617년(光海君 9)에 건립되어 1663년(顯宗 4)에 사액을 받았으나 1871년(高宗 8)에 훼철되었다. 그 文籍은 금산향교에 이관되었다고 한다. 金侁(호 樂天齋, 본관 錦州)·尹澤(호 栗亭, 본관 錦州)·吉再(호 冶隱, 본관 海平)·金淨(호 沖庵)·趙憲(호 重峰·後栗) 등이 배향되었다. 이 서원은 고려 말 여기에 莊園을 하사받은 김신의 후예와 또한 이곳(錦州 : 금산)을 관향지로 하는 금주 윤씨, 조선 초기부터 이 지방에 들어와 살기 시작한 길재의 후손들이 주도했던 것

---

14) 『新增東國輿地勝覽』 卷33, 錦山郡, 風俗條.

으로 보인다. 김정은 '기묘사화' 때 이곳에 잠시 유배된 적이 있으며, 조헌은 임진왜란 때 의병을 일으켜 싸우다가 이곳 금산에서 전사하였다. 김·윤·길씨들은 忠節로 이름난 이 두 사람을 합향함으로써 서원의 품격을 한층 끌어올릴 수 있었을 것이다.

柳谷書院(금성면 하유리 서원말)은 1698년(肅宗 24)에 처음 세워지고 1766년(英祖 42)에 중건되었다. 1871년(高宗 8) '서원정비령'에 따라 훼철되었으나 1982년 柳谷祠라는 이름으로 다시 세워졌다. 처음에는 韓皦(호 晦默齋, 본관 錦山)·李惟澤(호 柳谷, 본관 慶州) 두 사람만 배향했는데, 금산의 磻溪書院이 훼철되자 李惟泰(호 草廬, 본관 慶州)를 이곳에 추배하였다. 한교는 금산 한씨의 시조이고 이유택·이유태 형제는 임진왜란 무렵 이곳으로 낙향한 경주 이씨의 후예로서 金長生(1548~1631 ; 沙溪) 문하의 명망 있는 山林이었다. 그러므로 이 서원은 토착기반을 가진 한씨 가와 학문·정치 배경을 가진 이씨 가의 합력으로 이룩되었다고 볼 수 있다. 尙賢契·請額疏·上樑文 등의 관계기록이 전해지고 있다.15)

山泉齋書院(남일면 음대리)은 1686년(肅宗 12)에 건립되고 1871년(高宗 8)에 훼철당했는데 1896년(高宗 33)에 유허에 비석을 세웠다. 尹宣擧(호 山泉齋·美村·魯西, 본관 坡平)·尹拯(호 明齋·酉峰) 부자를 배향하였다.

磻溪書院(금성면 파초리)은 이곳의 유생들이 李惟泰를 주향하고자 1694년(肅宗 20)에 건립한 것이었으나 얼마 안 되어 훼철되었다. 이유태는 말년에 동문수학한 송시열과 정치적으로 불편한 관계에 놓이게 되었는데, 이러한 사정이 여기에 관련되는지는 알 수 없다.

龍江書院(제원면 용화리)은 1716년(肅宗 42)에 처음 세워졌다가 고종 때 훼철당했는데 1910년 무렵에 강당만 재건되었다. 宋浚吉(호 同春堂,

---

15) 『錦山郡誌』, 1987 참조.

본관 恩津)·宋時烈(호 尤庵, 본관 恩津)·兪棨(호 市南, 본관 杞溪)·
金元行(호 渼湖·雲樓, 본관 安東)·宋明欽(호 櫟泉, 본관 恩津) 등이
있다. 은진 송씨, 특히 동춘당파가 중심을 이룬 서원으로 보이는데, 김
장생 이래의 湖西士林·노론의 당색이 뚜렷이 드러난다.

石浦齋書院(부리면 창평리)은 그 시기는 정확하지 않으나 숙종대인
17세기 후반에 건립된 것으로 추정되며, 1871년(高宗 8)에 철폐되었다.
許穆(호 眉叟·臺嶺老人, 본관 陽川)을 배향하였다. 畿湖 南人의 대표
인물인 허목을 호서의 서인·노론이 우세한 이 지방에서 내세운 점이
이채롭다.

金谷書院(금성면 상가리)은 1831년(純祖 31)에 창건되었다가 40년 뒤
'서원철폐령'으로 훼철되었다. 임진왜란 때 활약한 吳應鼎(호 翫月堂, 본
관 海州)·吳稶·吳稷·吳那彦 등 해주 오씨 일가 3대를 봉안하였다.
三世四忠院으로도 불리는데, 뒤에 忠烈祠로 재건되었다.

從容祠(금성면 의총리)는 1647년(仁祖 25)에 세워지고 1663년(顯宗 4)
에 사액을 받았으며 고종 때 철폐되었다. 1952년 지방 유림의 발의로 사
당이 복구되고, 다시 1967년에는 '七百義塚'으로 정화되었다. 여기서는
高敬命·高因厚 부자와 趙憲·趙完基 부자를 비롯하여 邊應井·柳彭
老·安瑛·李光輪·韓楯과 釋 靈圭 등 임진왜란 때 이곳에서 왜군과
싸우다 전사한 의병의 將卒 700인을 제향하고 있다.

淸風祠(富利面 不二里)는 1757년(英祖 33)에 吉再의 眞影과 위패를
모시고자 지방 유림의 건의로 군수 閔百興이 세웠다. 경내에는 길재의
遺墟碑와 百世淸風碑, '中流砥柱'를 음각한 石柱가 있어 忠節을 숭상했
던 당시의 분위기를 느끼게 한다.

大捷祠(금성면 상가리)는 임진왜란 때 도원수 權慄 장군의 배티재[梨
峙] 승첩과 降倭人으로 공이 컸던 金忠善 등을 기념하려고 1886년(高宗
23)에 세워졌으나 지금은 기록으로만 전한다.

금산지방에는 특히 20세기 초는 물론 그 후반기에 들어와서 세워진

사우가 많은데, 이를테면 朴誌·朴麟·朴希權 등 潘南 박씨 3대의 충의를 기리고자 금산·무주·용담 등의 사림과 후손이 합력하여 세운 崇慕祠(남일면 마장리), 세조 때의 문신으로 유명한 梁誠之(호 訥齋, 본관 南原)가 말년에 낙향해서 講學하던 곳에 사당으로 세운 龜岩祠(부리면 평촌리), 임진왜란 때 진주성 전투에서 순절한 梁濟(호 松齋, 본관 南原)를 위한 精忠祠(남일면 마장리), 성곡서원이 훼철된 뒤로 시조의 사당이 없음을 안타깝게 여겨온 금산 김씨들이 시조 金侁을 모시려고 건립한 皇風祠(남일면 황풍리), 단종에게 충성심을 다한 郭師를 위해 玄風 곽씨 문중에서 세운 靖義祠(남일면 초현리), 靈山 辛氏 문중사당인 大山祠(제원면 대산리), 김해 김씨 문중사당 龜峰祠(남이면 흑암리), 밀양 박씨 문중에서 세운 賢德祠(군북면 외부리), 태조 때 왜구를 물리친 공로가 있는 鄭仁祚의 위패를 안치한 忠烈祠(추부면 추정리), 순천 김씨 문중에서 세종 때의 명신 金宗瑞(호 節齋) 형제를 위해 세운 崇節祠(금산읍 성산) 등이 그것이다. 대개 이 고장에 세거해온 성씨들의 문중사우인 것을 보면 아직도 씨족·문벌 등 전통지향의 혈연의식이 강하게 남아있음을 알 수 있다.

文會堂은 서원이나 사우는 아니었지만 이유태 형제들이 經籍을 모으고 師友·향인 자제들과 더불어 講學활동을 폈던 곳이다. 여기에는 송준길·송시열·유계·윤선거 등 당대 沙溪書堂 출신의 명사들이 출입했다고 하니 회덕·연산과 인접한 지리여건 때문이기도 하였겠지만, 한때 이 고장에 활발했던 학문분위기를 짐작하게 한다.

5) 永同

금산의 濟原에서 크게 동쪽으로 꺾이어 흐르는 금강은 영동군의 서쪽 언저리를 파고들면서 영동천의 물을 받아 북으로 내달려 옥천군에 넘겨준다. 그러니까 영동은 무주의 북쪽이며 금산의 동쪽, 충북 땅의 가장 남녘에 자리한 고을이다. 영동은 고려 때는 경상도 상주에 딸려 있었지만 1413년(太宗 13)에 충청도에 속하는 현이 되고 다시 구한말에 동편에 있는 황간고을을 합하여 군이 되었다. 尹祥은 "영동은 산수가 맑고 기이해서 詩 짓는 것을 도울 만한 것이 진실로 많다" 하였고, 曺偉는 "황간 고을은 충충한 산마루를 의치하여 절벽을 굽어보고 있다"고 했다.16)

영동향교(영동읍 부용리)도 여러 차례 이전하였다. 임란 뒤에 院旨에 일단 세웠다가 1660년(顯宗 1) 옛 읍성 안으로 옮겨 지었으며, 다시 1676년(肅宗 2) 지금의 군청 동쪽 舊校洞으로 옮겼으며, 1754년(英祖 30) 마침내 현재의 위치인 군청 서북쪽으로 정해졌다. 이처럼 얼마 안 되는 기간 동안 빈번히 이건한 이유는 알려져 있지 않으나 무주향교의 경우처럼 풍수지리설과 관계있을 듯하다. 이곳에서는 봄·가을 釋奠禮를 기하여 道義의 선양을 위한 강연회, 여름방학을 이용한 윤리·예절·서예 강습회를 개최한다고 한다.

황간향교(황간면 남성리)는 벌써 1394년(太祖 3)에 현감 河澹이 건립했다고 한다. 처음에는 고을의 뒷산에 있었으나 1666년(顯宗 7)에 그보다 서쪽에 있는 토성 안으로 이전했다. 대성전의 초석에 연꽃무늬가 조각되어 있어 사원건축과 관련된 것을 알 수 있다. 이곳에서도 청소년을 위한 충효교실을 운영하고 있다.

松溪書院(매곡면 수원리)은 1570년(宣祖 3)에 건립되었고 대원군 집권시기에 훼철되었으나 지방 유림들에 의해 재건되었다. 曺偉(호 梅溪, 본관 昌寧)·朴英(호 松堂, 본관 밀양)·金始昌(호 嵐亭, 본관 豊德)·朴應勳(호 梧村, 본관 밀양)·張智賢(호 三槐, 본관 求禮)·李維棟(호 一石, 본관 충주)을 배향하고 있는데, 그 명목이 문신·학자·효자·의병장 등 다양하다. 조위와 박영은 잘 알려져 있는 문신이자 학자이지만 이들조차도 조선 후기의 기호사림과는 관련이 적다.

---

16) 『新增東國輿地勝覽』 卷16, 永同縣 形勝條.
　　『新增東國輿地勝覽』 卷16, 黃澗縣 樓亭條 新增.

寒泉書院(황간면 원촌리)의 건립연대는 알 수 없다. 대원군의 집권시기에 훼철되었고 寒泉堂만 남아있다. 이곳은 송시열이 講道했던 곳이기도 하다. 송시열이 봉안되었다.

資風書院(양강면 두평리)은 조선 정종과 태종 연간에 서당으로 창건되었다 하며 명종과 선조 연간에 李忠範이 고쳐 세우고 講學하였다. 楊江 변에 있고 처음에는 豊谷堂이라 일컬었다. 1614년(光海君 6)에 鄭逑(호 寒岡)가 이곳에 머물면서 '資法正風'으로 講學한다는 뜻으로 '資風書堂'이라고 고쳤다. 인조대에 李雲吉이, 현종대에 全命龍이, 1692년(肅宗 18)에 呂安素가 중수하였으며, 이로부터 강학처가 되고 李弻周가 중수하고 기문하였다.

楓川書院(용산면 용산리)은 태조 때 金宗敬이 창건하여 정조대에 2차에 걸쳐 중수하였고 楓川祠로 개칭하고 풍계서원이라 하였으나, 대원군 집권기에 훼철되어 楓川堂이라 하였다. 金宗敬이 봉안되었다.

草江書院(심천면 초강리)의 창건연대는 알 수 없고 朴堧(호 蘭溪, 본관 밀양)·朴嗣宗(호 挹淸堂, 본관 밀양)·宋時榮(호 野隱, 본관 恩津)·宋時烈(肅宗 21, 1695년 추배)·尹煌(肅宗 38, 1712년 추배)·宋邦祚·金自粹(肅宗 2, 1676년 추배) 등이 배향되었다.

花岩書院(영동읍)이 창건된 것은 1666년(顯宗 7)의 일이다. 배향인물로는 張弼武·朴忍·張沆·朴興生·張智賢·朴季愚(肅宗 24, 1698년 추배)·朴居·張義賢이 있다.

三陽書院(양산면 자풍리)은 숙종대에 건립되었고, 鄭逑·全彭齡(호 松亭, 본관 沃川)·郭詩(호 坦庵, 본관 청주)가 배향되었다.

虎溪書院(양산면 虎灘里)은 숙종대에 세워진 것으로, 이 서원의 배향인물로는 南秀文·金文起·鄭惟䛇·李忠範·全命龍·成彦忠이 있다.

鳳岩書院(양산면 대곡리)은 1637년(仁祖 15)에 세워져 1758년(英祖 34)에 陞院되었고, 1871년(高宗 8)에 훼철되었다. 李文範·李忠範·李時立·李時敏·李時愼이 봉안되었다.

蘭溪祠(심천면 고당리)는 세종 때의 樂聖인 朴堧의 업적을 기리고자 지방 유지들에 의해 1972년에 건립되었다.

關羽祠堂(영동읍 당곡리)은 임진왜란 때 나타나 왜적을 물리치고 나라를 지켜준 무명용사의 넋을 추모하고자 선조대에 건립하였다.

世德堂(심천면 고당리)은 朴堧(1378~1458 ; 蘭溪)을 비롯해서 9位의 선현을 배향하고 있다.

盧候堂(영동읍 부용리)은 太宗 15년에 수령으로 와서 사재를 희사하여 학문을 일으킨 盧興의 사당이다. 당시 주민들이 그의 尊聖崇儒의 공을 추모하여 사당을 세워 배향해오고 있다.

6) 沃川

남쪽에 영동군을 두고 서쪽으로는 대전시(옛 회덕현)와 접하고 있는 고을이 옥천이다. 고을의 중앙, 첩첩 산굽이를 강이 구절양장으로 휘감아 흐른다. 적등강이 이 고을을 다 지나면 그 이름을 버리고 완연한 금강으로 된다. 옥천군은 고려 때 경상도의 京山府에 속해 있었으나 1413년(太宗 13) 충청도에 귀속되었는데, 구한말 동쪽의 靑山縣을 합하여 지금의 형세를 이루었다. 南秀文은 옥천을 가리켜 "산은 높고 물은 맑으며 땅은 기름지고 토산물이 푸짐하다"고 하였다. 또 徐居正은 "서울에서 충청도로 가고 충청도에서 경상도로 가는 길목이어서 使臣(관원)과 여행객들의 오가는 말굽과 수레가 날마다 서로 잇달아 있다"[17)고 옥천의 번다함을 말했다.

옛부터 管城·沃州로 잘 알려져 있는 이 고을은 추풍령을 사이에 두고 영남과 기호를 잇는 교통상의 요로에 위치하였다. 이러한 지리의 특색은 그대로 옥천이 유교문화, 학문·사상 전파의 중간거점이 될 수 있는 조건이기도 하였다. 조선 후기 정통 주자학의 최대 담임자 송시열은

---

17) 『新增東國輿地勝覽』 卷11, 沃川郡 形勝·樓亭條.

바로 이곳 이원면 구룡촌 태생으로, 이웃한 회덕의 송준길, 금산의 이유
태 등과 더불어 連山의 金長生 문하에서 수학, 함께 17세기의 중앙학계
와 호서사림을 주도하였다.

옥천향교(옥천읍 교동리)는 1398년(太祖 7)에 창건, 임란 때 소실되었
으나 그 뒤 곧 재건되었다.

청산향교(청산면 교평리)는 15세기 초(太宗 때) 처음 세워졌던 것인
데 임란을 거친 뒤 17세기 중엽(顯宗 때) 지금의 자리로 옮겨 지었다.
한편에는 1581년(宣祖 14) 李珥가 처음 세웠다는 설[18]도 있으나 아마
그 무렵 重修한 사실의 와전인 듯하다.

서원이 5곳, 사우·영당이 여럿 있다.

滄洲書院(이원면 이원리)은 원래 表忠祠로 1608년(宣祖 41)에 건립되
었으며 趙憲·金集·宋時烈·宋浚吉·郭垠이 이 서원의 배향인물이다.

三溪書院(이원면 강청리)은 1621년(光海君 13)에 건립되었고 1657년
(孝宗 8)에 훼철되었다. 全彭齡·郭詩·趙憲이 봉안되었는데, 이 인물
가운데 최하위로 배향된 조헌의 位次 문제로 당쟁의 소용돌이 속에 심
각한 분규에 휩쓸려 단기간 존속하였다.

德峰書院(청산면 하서리)은 1701년(肅宗 27)에 건립되고 고종 연간에
훼철되었으며, 배향인물로는 조헌·송시열이 있다.

雙峰書院(동일면 평산리)은 군수 徐希呂와 유림세력의 주도 아래
1571년(宣祖 4)에 세워졌고, 全彭齡·郭詩·金文起 등이 봉안되었다.

鷲潭書院(동이면 금암리)은 1765년(英祖 41)에 창건되었으며 全彭
齡·全湜(1819년에 추배)·全侑(1936년 복원 때 추배) 등이 배향되었다.
이 서원은 창건 당시에는 全彭齡을 봉안한 영당이었으나, 1776년(英祖
52)에 講齋를 건립함으로써 비로소 서원의 기능을 발휘하게 되었다.

後栗堂(안내면 도이리)은 조헌이 이이를 사모하여 자호를 後栗이라

---

18) 『忠淸北道誌』, 1975, 명승고적, 1226쪽.

하고 이를 堂號로 하여 세운 것인데, 임진란 때에 많은 의병을 배출한 곳으로 현재는 조헌의 영정을 봉안하고 있다.

龍門影堂(이원면 용방리)은 송시열·송준길·김장생이 수학하던 곳으로 만년에는 지방의 영재를 배출했으며 송시열의 영정을 봉안하고 있다.

7) 報恩

俗離山 서쪽 기슭, 옥천의 북쪽에 위치하여 금강이 잠깐 스치며 동으로 흐름을 바꾸는 고장이 보은고을이다. 1406년(太宗 6) 경상도의 尙州로부터 분리되고 7년 뒤에 비로소 보은현의 이름을 얻어 충청도에 속하였다. 구한말 지방 행정구역을 재조정할 때 懷仁縣을 합쳐서 형세가 더 좋아졌다. 李孟畇은 보은을 가리켜 "기름진 땅 천 이랑이 연이었으니 백성들 살기에 편안하네. 또 듣건대 풍속이 순후해서 청하여 불러 음식을 서로 대접한다네. 황홀하게 桃源에 노니는 것 같아서, 다시 찾을 때 길 잃을까 걱정되네"라 하였다. 보은은 비록 큰 산기슭이지만 그 이름처럼 산물과 인심이 넉넉했던 것이다. 그러나 회인 땅은 李承召의 시에 "연이은 멧부리와 겹겹의 산고개가 멀리 서로 드리웠고 길은 羊의 창자처럼 감아 둘리었으니 말이 나아가지 못하네"라고 한 대로 산이 많고 깊은 곳이다. 문물과 풍속은 아무래도 이웃한 청주나 옥천의 영향을 많이 받았을 것이다.

보은향교(보은읍 교사리)는 15세기 전반(세종 때)에 창건된 뒤 여러 차례 중건되었는데, 지금의 명륜당 건물은 '서원철폐령'으로 헐리게 된 象賢書院(외속리면 서원리)의 강당을 옮겨 세운 것이다.

회인향교(회북면 부수리) 또한 15세기 전반(세종 때)에 건립했다고 하나 증빙할 기록이 있는 것은 아니다.

서원이 2곳, 사우·영당이 10여 곳 알려져 있다.

상현서원(사액 이전에는 三年城書院이라 하였다)은 紹修書院에 이어 우리나라에서 두 번째로 건립된 서원으로 成悌元(호 東洲)의 주동으로 1555년(明宗 10)에 세워져 1610년(光海君 2)에 사액을 받고, 1672년(顯宗 13)에 지금 위치로 옮겨 세워졌으나, 고종 연간에 훼철되었다. 金淨(호 沖庵)·成運(호 大谷)·成悌元·조헌·송시열이 봉안되었다.

金華書院(삼승면 선곡리)의 건립연대는 1815년(純祖 15)이고, 고종 연간에 철폐되었다가 1917년에 재건되었다. 崔澐·成運·曺植·成悌元·崔興霖이 배향되었다.

後栗祠(내북면 산성리)는 금산에서 7백 의사와 함께 전사한 조헌을 위해 숙종 때 세웠던 사당인데, 1871년(高宗 8)에 철폐되었다가 1928년에 복건하였다.

栢峰祠(내북면 산성리)는 1547년(明宗 2)의 '良才驛 壁書事件'에 억울하게 연루되었던 李天啓의 효성을 기리고자 세웠다.

尙賢祠(회북면 애곡리)는 1549년(明宗 4)에 祠宇를 창건하여 고려의 명신 禹倬·禹吉生·禹賢寶 등을 배향하고 있다.

後聖堂(회북면 눌곡리)은 朴文鎬(호 壺山)가 주자·이이·송시열·한원진의 위패를 봉안한 곳이다.

金華祠(삼승면 사원리)는 1815년(純祖 15)에 창건하여 崔三池 외 4인을 봉안하다가 1871년(高宗 8)에 철폐되었으나 1967년에 재건되었다.

秋陽祠(회남면 신추리)는 지방 유림들이 협의하여 1912년에 창건한 사당으로 李象秀 외 7인을 배향하고 있다.

濯淸祠(보은읍 어암리)는 1867년(高宗 4)에 사림들이 창건하여 金相進·宋明欽·金元行의 위패를 봉안하던 사우로, 3년 뒤에 철폐되었다.

山仰祠(삼승면 서원리)는 송시열·권상하·宋康錫의 위패를 봉안했으나 1871년(高宗 8)에 훼철되고 초석만 남아있다.

益齋公影堂(탄부면 하장리)은 益齋 李齊賢의 영정을 봉안한 곳이다.

이 밖에 不祧廟로서 李亨孫(탄부면 덕동리)·金守溫(보은읍 지산리)·金元亮(산외면 문암리)·奉石柱(회북면 마동리) 등을 제향하는 사당이 알려져 있다.

4. 금강 중류지역의 유교유적

末訖灘, 그러니까 지금의 대청댐을 경계로 그 아래쪽부터를 금강의 중류로 잡아보기로 한다. 강의 흐름은 이 여울을 마지막으로 거의 평지를 달리며 완연히 동쪽을 향하게 된다. 강의 남과 북에 큰 두 개의 지류가 있고, 이 지류의 유역이 사실상 금강의 중류지방을 형성한다는 점에 이 지역 형세의 특징이 있다. 즉 강의 왼쪽에서는 대둔산·계룡산·食藏山·계족산으로 둘러싸인 지역, 公州牧의 일부(옛 儒城縣)와 鎭岑縣·懷德縣의 물을 모은 甲川이 남에서 북으로 흘러 금강에 합류하고 있다. 이곳의 넓은 들을 옛부터 '한밭'이라 했고 오늘날 大田市의 터전이 되었다. 오른쪽에서는 금강 최대의 지류인 渼湖川이 흘러들어 강은 더욱 넓어진다.

미호천은 예전에 鵲川이라 불렀다. 李重煥은, "산맥의 한 지맥은 북으로 달리어 巨大嶺(거대산)을 만들고 達川(속리산에서 시작하여 충주에서 한강에 합류)을 끼고 서북으로 경기도 竹山의 경계에 이르러서는 七長山(七賢山)이 된다. 칠장산에서 한강을 따라 북으로 달려간 것은 흩어져 한강 남쪽의 여러 산이 된다. 그 서남으로 뻗어간 것은 따로 한 지맥이 되어 鎭川에서는 大門嶺(진천에서 안성으로 넘어가는 재), 木川에서는 磨日嶺(목천에서 직산으로 넘는 望日嶺인 듯)을 만들고 全義의 서쪽에서 크게 끊어져 평지가 되었다가 금강의 북쪽에 다다라서는 車嶺이 된다"[19]고 작천의 유역을 설명하였다. 그러니까 작천의 상류에는 진천고을, 왼쪽으로 淸安·淸州·文義의 세 고을, 오른쪽으로는 木川·

---

19) 『擇里志』, 忠淸道條.

全義·燕岐의 세 고을이 각각 차례로 있었던 것이다. 그러나 지금의 행정구역으로 보면 목천은 천원군에, 청안은 괴산군에, 문의는 청원군에, 전의는 연기군에 각각 면으로 편입되어 작천의 유역에는 진천·청원·연기의 3개 군과 청주시만 남아 있는 셈이다.

금강의 중류지역은 湖西의 사림과 유교문화의 본산지라고 할 수 있다. 특히 갑천유역, 오늘날의 대전지역에서는 16세기부터 저명한 관인·유자들을 배출하기 시작하여 17세기에는 서인과 남인의 중심인물들이 거의 동시에 등장해서 중앙의 정계와 학계에 큰 영향력을 미치기도 하였다. 말하자면 영남학파에 대응하여 뒤늦게 형성된 기호학파의 일각을 이루는 데 지나지 않았던 호서지방의 학문·정치적 역량이 조만간에 낙동강권·한강권의 그것과 나란히 금강권을 성립시키는 데 이른 것이고, 그 역할을 주로 중류의 대전에서 담당하였다는 것이다.

1) 大田

서쪽으로 흐르는 금강의 남쪽 지류인 갑천의 유역을 고스란히 차지하여 현대 한국 중부지역 최대의 교통·행정·교육·연구 도시로 발전한 곳이 대전이다. 그래서 금강유역에서 유사 이래 대전만큼 크게 변모한 지역도 없다. 한 세기도 안 되는 동안에 대전이 겪은 변화상에만 주목하다보면 이 지역이 역사·문화적으로는 이렇다할 전통이 없는 곳으로 소홀히 생각하기 쉽다. 사실 대전은 봉건시대의 유서 깊은 도시가 근대도시로 발전한 경우는 결코 아니다. 회덕·진잠은 다같이 1413년(太宗 13) 이래 현으로 있었으나 일제 초기인 1914년 이 두 지역과 공주목의 일부(옛 유성현)를 합하여 大田郡이 만들어지고, 1935년 대전읍이 근대 교통·행정도시로 발전하자 府로 승격되면서 대전부와 大德郡으로 분리되었다가 1989년 대전직할시 편제가 만들어지면서 다시 대덕군 전지역이 여기에 편입되기에 이르렀다. 그 결과 대전은 유교문화를 배경으로 하는 금강권 제일의 역사도시가 된 것이다.

회덕의 인상에 대해서 일찍이 南智는 "관청 뜰 비어 있으니 訟事가 적음을 알겠고, 習俗이 후하니 民風을 보겠노라"고 읊었다. 진잠에 대해서는 金自知가 "杞城(진잠의 옛 이름)은 千古에 아득한 하늘가, 민가는 시들어져 쓸쓸하고 논밭은 반 남아 묵었구나"라고 하였다.[20] 조선 전기에는 두 고을이 작고 떨치는 바 없었음을 짐작할 수 있다. 그러나 土姓인 회덕 황씨 말고도 은진 송씨, 충주 박씨, 경주 김씨, 진주 강씨, 안동 권씨, 固城 남씨 등 조선 초기 이래 이곳에 터를 잡아 살기 시작한 성씨들이 성장하면서 대전지역의 정치·학문적인 형세가 크게 일어나게 되었다. 대전 근교에는 이들 성씨의 문중에서 세운 사우, 齋閣, 影堂, 樓亭, 별당과 분묘, 碑碣이 산재하여 이 사실을 말해준다.

회덕향교(대덕구 읍내동)는 조선 초기에 건립된 것이었는데 1812년(純祖 12) 대대적인 중수를 거쳐 현전하고 있다. 17세기 중엽 이후 송시열·송준길 등이 발의한 사림 중심의 鄕規와 鄕案이 150년 이상 이 향교를 중심으로 작성 운영되기도 하였다. 조선 후기 이래 금강권 제일의 유교문화 중심지다운 면모라고 할 수 있다.

진잠향교(유성구 교촌동) 또한 처음 건립연대나 중수사실을 잘 알 수 없으나 初翼工의 拱包를 베푼 대성전(맞배지붕)과 명륜당(팔작지붕), 동·서재, 내·외삼문이 완전하게 남아 있다.

崇賢書院(대덕구 원촌동)은 원래 용두동에 있던 사우인데 임진왜란 때 소실되자 1609년(光海君 1) 宋枏壽가 지금의 위치로 이전 개수하였다. 처음에는 三賢書院이라 하여 鄭光弼·金淨·宋麟壽 세 사람만을 배향했다가 뒤에 김장생·송준길·송시열을 추가로 배향하고 李時稷·宋時榮을 別祠에 봉안하였다. 송시열·송준길·宋明欽 등이 이곳에서 강학한 바 있다. 고종 때 훼철되고 현재 서원 터에는 비명만 남아 있다.

道山書院(서구 탄방동)은 1691년(肅宗 17)에 건립되었고 1693년(肅宗

---

20) 『新增東國輿地勝覽』 卷18, 鎭岑縣 및 懷德縣의 題詠條.

19)에 사액을 받았다. 고종 때 훼철되었으나 곧 복구하였다. 權得己·權諰·權以鎭을 배향하고 있다. 안동 권씨 문중을 중심으로 인근의 사림이 협력해서 운영하는 서원인데, 이황의 伊山院規를 채용한 '院規'가 전해지고 있다. 대전지방 남인계 서원의 대표적인 존재라 하겠다.

靖節書院(대전시 가양동)은 1684년(肅宗 10)에 세워져 宋愉·朴彭年·宋甲祚를 배향했다가 뒤에 金慶餘·宋尙敏·宋國澤을 추배하였다. 박팽년을 제외하고 김경여가 송씨 가의 외손임을 고려하면 이 서원은 은진 송씨 문중이 주도하는 향사·강학처였던 것을 쉽게 알 수 있다.

渼湖書院(대덕구 미호동)은 1718년(肅宗 44) 宋奎濂을 향사하고자 문인·후손들이 그의 시호를 따라 文僖祠로 건립했던 것인데 뒤에 미호서원으로 부르게 되었다. 지금은 터만 남아 있다.

星田影堂(유성구 성전동)은 1713년(肅宗 39) 이곳 사림이 한때 송시열의 기거·강학처였던 곳에 세운 영당으로서 주자와 송시열의 영정을 봉안했었다.

崇節祠(중구 안영동)는 세조 때 '단종복위운동'에 가담했다가 자결한 朴審問을 향사하고자 밀양 박씨 문중에서 세운 사당·강학소이다. 대전 출신으로 '사육신'의 한 사람인 박팽년도 함께 제사하고 있다.

이밖에도 이곳 사림 명사들의 書齋·강학처로는, 宋愉의 雙淸堂(대덕구 중리동), 南奮鵬의 鳳巢齋(동구 석교동), 김경여의 松崖堂(대덕구 중리동), 송준길의 동춘당(대덕구 송촌동), 송시열의 南澗精舍(동구 가양동), 권이진의 有懷堂과 居業齋(중구 무수동), 송규렴의 霽月堂(대덕구 읍내동), 송국택의 四友堂(중구 사한동), 宋炳華의 詠歸臺(중구 사한동) 등이 현존하고 있다. 또 그 기록과 터만 전하는 것으로는, 姜鶴年·姜世龜의 사당인 龍湖祠,[21] 金德運의 강학처인 眞靜齋(대덕구 법동), 송명흠의 櫟泉精舍(동구 추동), 宋秉璿의 石南齋(중구 성남동) 등이 있다.[22]

---

21) 『增補文獻備考』.

2) 鎭川

普賢山(寶蓮山)·吉詳山·大門嶺·周乞嶺의 물을 모아 미호천으로 흘려 보내며 넓은 들을 이루는 고장이 鎭川이다. 『택리지』에서는, "청주에 견주어 평야가 적고 산이 많아 산과 골짜기가 겹치며 돌았으니 또한 큰 시냇물도 많다. 그래서 모두 답답함을 떨쳐버리는 기상이 없으나 토지는 자못 기름진 곳이다"라고 하였다. 조선시기 선비의 취향에 어울려서 양반문화가 뿌리내릴 분위기는 아니지만 물산과 왕래가 활발했음을 짐작할 수 있다. 1413년(太宗 13) 이래로 줄곧 현으로 있다가 일제 초기에 지금과 같은 군의 형세를 갖추었다. 13세기 중엽 고려 때는 진천 송씨의 宋彦琦·宋國瞻 등의 명관이 났으나 그 뒤 이렇다할 문인·학자는 없었다.

진천향교(진천읍 읍내리)는 14세기 말(太祖 때)에 처음 세워져 여러 차례 중수되었는데, 1804년(純祖 4)의 명륜당 보수, 1816년(純祖 16)의 대성전 재건이 잘 알려져 있다.

百源書院(이월면 노원리)의 건립연도는 1597년(宣祖 30)이고, 사액을 받은 때는 1669년(顯宗 10)이다. 배향된 인물로는 李種學·金德崇·李崙가 있다.

芝山書院(초평면 금곡리)은 1722년(景宗 2)에 창건되었고, 이듬해에 사액을 받았다. 崔錫鼎이 봉안되었다.

鄭松江祠宇(문백면 봉죽리)는 선조 때의 문인이자 관료였던 松江 鄭澈의 위패를 봉안한 곳이다.

錦城大君祠宇(초평면 용기리)는 세조 때 금성대군이 이곳에 유배 와서 李甫欽과 함께 魯山君(단종)의 복위를 꾀하여 영남 일대의 충의인물에게 격문을 돌려 發兵하려다 고변을 당하여 賜死된 것을 추모하여 1740년(英祖 16)에 창건하였다.

---

22) 『大田市誌』下, '敎育'편 참조.

萬賴祠(백곡면 갈월리)는 병자호란 때 주민들이 만뢰산으로 피난하
였을 때 피난민을 통솔하여 성을 쌓고 적의 침입을 막았던 趙珹을 위해
서 1851년(哲宗 2)에 세운 사당이다.

老隱影堂(이월면 노원리)에는 선조 때 사람 申礫의 영정이 봉안되어
있다.

思陽影堂(문백면 사양리)은 李春老의 영정을 봉안하고자 1725년(英
祖 1)에 창건되었다.

3) 淸州

속리산에서 서쪽으로 갈려나온 한 줄기가 달천을 끼고 돌아 다시 북
으로 달리면서 만든 九龍山·唐羡山의 서편 기슭, 渼湖川(鵲川)의 왼쪽
분지에 형성된 고을이 청주다. 청주는 백제 때 娘臂城(혹은 上黨城), 신
라 때 西原京으로 불리고 고려 때는 이미 淸州라 하였다. 1449년(世宗
31)에는 충청감영이 설치되기도 했으나 곧 폐지되고 내내 牧으로서 2개
의 군과 10개의 현을 관할하는 鎭管(군사거점)의 중심도시였다. 일찍이
고려 태조는 "淸州는 땅이 기름지고 사람에는 호걸이 많다" 하였고, 盧
叔同은 "西原은 충청도 전체의 本營이요, 땅이 넓고 인구가 조밀하다"
고 하였다.[23]

청주에는 인근에 椒水라는 약수가 있어 세종·세조 등 역대의 국왕
과 관인·문사들이 즐겨 찾는 길에 청주에 들름으로써, 이것이 이 고장
의 문풍에 적지 않은 영향을 주었을 것이다. 또 유서 깊은 고을이니 만
큼 청주를 貫鄕으로 하는 성씨도 많고 그 출신 명사는 이루 다 헤아릴
수가 없다. 이를테면 韓·李·金·郭·慶·鄭씨 등은 고려시기 이래의
명문으로서 李公升·慶大升·郭預·鄭樞·慶復興·韓脩, 조선시기에
와서도 鄭擢·鄭摠·韓尙質·韓確·韓明澮·宋麟壽·韓忠·金淨·宋

---

23) 『新增東國輿地勝覽』 卷15, 淸州牧, 風俗·形勝條.

象賢·姜栢年 등이 알려져 있다. 그러나 17세기 이후 지방 사림이 중앙의 정계와 학계에 본격 진출하는 것과 때를 같이 해서 이들 가문의 형세는 그전처럼 떨치지는 못했다.

청주향교(청주시 대성동)는 건립시기를 잘 알 수 없으나 아마 고려 말엽쯤일 수도 있다. 1683년(肅宗 9)에 현재의 위치로 옮겨 세운 기록이 있고,『新增東國輿地勝覽』卷15의 淸州牧 學校條에 따르면 1444년(世宗 26) 봄 왕이 안질로 고생하다가 이곳 초정약수로 행차하는 길에 서적을 하사한 일도 있다.

莘巷書院(청주시 용정동)은 1570년(宣祖 3)에 건립되어 1660년(顯宗 1)에 사액을 받았으며 1871년(高宗 8)에 훼철되었다. 李珥·李穡·慶延·朴薰·金淨·宋麟壽·韓忠·宋象賢·李得胤 등이 그 배향인물이다. 여기에는 1685년(肅宗 11)에 송시열이 짓고 당시 서원현감 趙亨基가 쓴 廟庭碑가 있다.

龜溪書院(청주시 분평동)은 1613년(光海君 5)에 괴산군 도안면 석곡리에 창건된 이래, 1871년(高宗 8)에 훼철되었다가 지금 위치로 옮겨져 다시 건립하고 경주 이씨의 종중에서 관리하고 있다. 봉안인으로는 李浚慶·徐思遠·朴枝華·李得胤·李塘이 있다.

表忠祠(청주시 수동)는 1728년(英祖 4)의 '李麟佐의 난' 때 순절한 병사 李鳳祥, 영장 南延年, 비장 洪霖의 충절을 기리고자 1731년(英祖 7)에 세워졌다 1736년(英祖 12)에 사액을 받았다. 1939년에 와우산 기슭의 지금 위치에 옮겨 세웠다.

慕忠祠(청주시 사직동)는 1894년 대전지방의 동학농민군을 진압하려고 출동했다가 청원군 강의면에서 전몰한 廉道希 등 관군을 위해서 세운 사당이다.

李東皐祠宇(청주시 분평동)는 조선 선조 때 영의정을 지냈던 李浚慶을 위한 것이다.

4) 淸原

미호천 중류와 하류의 대부분 지역, 청주시 지역을 제외한 옛 청주목의 관할구역과 옛 文義縣을 합쳐서 성립된 고을이 淸原이다. 그래서 이 지역의 자연환경과 인문의 특징은 앞서 淸州條에서 말한 바와 거의 같다. 다만 문의현의 내용을 보충할 필요는 있겠다. 문의는 1259년(고려 高宗 46) 처음으로 현이 된 뒤 한두 차례 병합과 분리의 변동을 겪기도 했으나 대체로 조선시대 내내 있다가 일제 초기에 청원군에 폐합되었다. 서쪽으로 흐르는 금강의 오른편 기슭을 차지하고 있으므로 청원군의 남쪽지역을 이루고 있다. 이 고을은 "文辭를 숭상하고 精銳한 것을 아름답게 여기며 爭訟을 즐겨한다" 하고, 이는 芙江의 포구를 통해서 江景과 水運이 좋고 남으로 가는 大路가 열려 있어 상거래에 종사하는 주민이 많기 때문이라는 평을 듣기도 하였다.[24]

문의향교(문의면 미천리)는 1609년(光海君 1) 고을이 복구되면서(임란 때 왜군소탕을 위해 잠시 청주에 합병되었음) 예전 자리(동헌의 서쪽)가 아닌 동헌의 남쪽 箕山里로 새로 지을 자리가 정해졌으나, 1683년(肅宗 9)에 현령 李彦維는 향교의 지세가 고르지 못하다는 이유로 養性山(문의고을의 주산) 밑으로 다시 옮겨 지었다.[25] 그리고 1975년에 시작된 大淸댐 공사로 향교가 있는 文山里 일대가 수몰지역이 되자 현재의 위치로 이전하게 되었다. 다른 고을에서도 그러했듯이 문의향교는 풍수지리설에 따라서 두 차례, 최근의 '국토개발사업'으로 한 차례, 모두 세 번씩이나 그 위치가 바뀌었던 것이다.

松泉書院(오창면 양지리)은 1695년(肅宗 21)에 옥산면 송천리에 처음 건립되었으나 1871년(高宗 8)에 훼철되었다. 그 뒤 1976년에 지금 위치로 옮겨 재건되었다. 金士廉·崔有慶·李貞幹·朴光佑·李濟臣·李之

---

24) 『邑誌』(아세아문화사 영인본) 8책, 183쪽, 『湖西邑誌』(1871년) 제4책, 文義縣 風俗條 참조.
25) 위의 책, 182쪽, 鄕校條.

忠·趙綱·李大建·崔錫鼎·李寅爀·南九萬·李宗城·朴文秀·李孝碩·金汝亮 등이 봉안되었다.

雙泉書院(낭성면 무성리)은 건립연도와 훼철연도는 송천서원과 마찬가지로 1695년과 1871년이다. 申湜을 봉안하는 이 서원은 고령 신씨 종중에서 관리하고 있다.

菊溪書院(붕일면 비중리)은 1701년(肅宗 27)에 창건되었고, 1871년(高宗 8)에 쌍천서원과 같이 훼철되었다가 1960년에 현재의 위치에 재건되었다. 이 서원의 배향인물로는 朴增榮·卞景福·李德洙·李秀彦이 있다.

儉巖書院(가덕면 병암 2구)은 숙종 연간에 창건되었으나 그 연대는 정확히 알 수 없고, 다른 서원과 마찬가지로 1871년(高宗 8)에 철폐되었다가 1958년에 재건되었다. 배향된 인물로는 趙憲·韓日休·申之益·宋國憲·延最績·池汝海·李東亨·卞尙曾·申永植·朴文吉이 있다.

棣華書院(남일면 신송리)은 국계서원과 같이 1701년(肅宗 27)에 남일면 가산리에 건립되고, 1871년(高宗 8)에 훼철되었다. 1967년에 지금 위치에 재건되었다. 盧繼元·盧元·盧從元·盧一元·盧德元이 향사된다.

黔潭書院(부용면 검호리)은 1695년(肅宗 21)에 창건되어 그 해에 사액을 받은 서원으로 송준길을 배향하였다.

德川書院(가덕면 노동리)은 1695년(肅宗 21)에 세워졌으며, 배향인물로는 柳希齡·柳興龍·禹愼言·鄭應昌이 있다.

西溪書院(미원면 옥화리)의 건립연대는 밝혀지지 않았으며, 1871년(高宗 8)에 훼철되었다. 李得胤(호 西溪, 본관 경주)을 봉안하였다.

雲谷書院(남일면 운동리)의 건립연도는 조선 중기로 추정되고 있으며, 서계서원과 마찬가지로 1871년(高宗 8)에 훼철되었고, 배향인물로는 李蒨이 있다.

白鹿書院(옥산면 환희리)은 광해군 연간에 설립되어 1871년(高宗 8)에 훼철되었고, 權常(호 南村, 본관 안동)이 봉안되었다.

竹溪書院(북일면 용계리)은 영조조에 창건되어 1871년(高宗 8)에 훼철되었고, 안평대군과 금성대군 등 宗室의 전주 이씨 7인이 배향되었다.

機巖書院(오창면 기암리)은 1699년(肅宗 25)에 건립되어 대원군의 '서원철폐령'으로 1871년(高宗 8)에 훼철되었다. 姜栢年(호 雪峯, 본관 진주)·吳熽가 봉안되었다.

鳳溪書院(남일면 월오리)은 1702년(肅宗 28)에 세워져 1871년(高宗 8)에 철폐되었다. 배향된 인물로는 權常·金宇顒·申涌·申濩 등이 있다.

松溪書院(강서면 내곡리)은 봉계서원과 같이 1702년(肅宗 28)에 설립되었다가 1871년에 훼철되었다. 卞時煥(본관 草溪)을 향사하였다.

曲水書院(옥산면 금계리, 다른 이름은 曲水神祠)은 15세기 후반(明 成化 연간)에 창건되어 郭庸 등 43인이 봉안되었다.

魯峰書院(현도면 노봉리)의 창건연대는 1610년(光海君 2)이며, 1668년(顯宗 9)에 사액을 받았으나 1871년(高宗 8)에 훼철되었다. 이 서원의 배향인물로는 송시열·宋麟壽·鄭磏·송준길이 있다.

牧隱影堂(북일면 주석리)은 고려 말 三隱의 한 사람인 목은 李穡의 영정을 봉안한 곳으로 1706년(肅宗 32)에 창건한 뒤 수차 보수했으며, 매년 봄가을에 후손들이 향사하고 있다.

墨井影堂(당성면 관정리)과 九峯影堂(가덕면 인차리)은 세종·세조 때의 문신 申叔舟의 영정을 봉안한 곳이다. 묵정영당은 18세기(영조 때)에 후손들이 창건하여 고령 신씨 문중에서 관리하는데, 1932년부터는 申采浩를 추향하고 매년 후손들이 향사하고 있다.

崔瑩將軍影堂(북일면 외평리)은 고려 말의 명장 최영 장군의 영정을 봉안하고자 1854년(哲宗 5)에 후손들이 창건하였다.

이 고장의 사우로는 이밖에도 증병조판서 卞焦을 봉안한 草溪 卞氏 문중사당인 草溪君廟(가덕면 시동리), 임진왜란 때 東萊城 전투에서 왜군과 싸우다가 전사한 당시 동래부사 송상현을 모신 宋象賢將軍忠烈祠(강서면 수의리), 강감찬 장군의 후예들이 그의 묘를 찾아내고 제사하고자 세운 姜邯贊將軍忠顯祠(옥산면 국사리), 항일투사 金濟煥을 봉안한

梨亭祠(낭성면 이목리), 남양 홍씨의 시조이며 고려 개국공신인 洪殷悅을 봉안한 홍씨 문중사당인 南陽祠(미원면 수산리), 세조 때의 공신 신숙주의 영정을 봉안한 高川祠(가덕면 청룡리), 한일합방에 항의하여 순절한 趙章夏를 기리기 위한 箕山祠(문의면 상장리), 명종 때에 吳止善의 善政을 기념하는 江皐祠(현도면 중척리), 선조 때 柳思仁이 강학하던 書齋였으나 뒷날 그의 사당이 된 尙義齋(현도면 노산리), 고려 말의 명신 李齊賢의 영정을 봉안한 水落影堂(미원면 가양리), 성종 때 野人(女眞)과 싸우다 전사한 경흥부사 羅嗣宗을 기리고자 세운 四忠臣門과 羅嗣宗祠宇(북일면 비중리), 또 세종 때의 예조참판 河崙의 영정을 봉안하고 있는 河崙影堂(현도면 우록리), 세조 때의 공신 鄭守忠을 배향한 문절영당(옥산면 덕촌리) 등이 있다.

5) 燕岐郡

서남쪽으로 구불구불 뻗어 내려간 차령산맥의 왼쪽 기슭과 미호천의 서쪽, 충북의 청원군과 경계를 이루며 남북으로 길게 펼쳐진 지역이 연기군이다. 금강은 고을의 남쪽 언저리에서 미호천의 물을 받아 더 넓고 평평하게 흘러 하류로 이어진다. 연기군은 일제 초기에 북쪽의 全義縣과 남쪽의 燕岐縣이 합친 것이다. 전의현은 1395년(太祖 4)에 처음 監務가 설치되고 곧 현으로 승격되었는데, 한때는 연기현과 합하여 全岐縣이라고 한 적도 있었으니 두 현은 오랫동안 서로 대등하면서도 불가분의 관계에 있었던 셈이다.

徐居正은 일찍이 전의 고을에 대해, "땅은 車峴을 나누어서 스스로 동과 서로 되었는데, 길이 全城으로 들어서며 높아졌다 낮아졌다 하네. 산줄기는 빙 돌아 성곽을 에워쌌고, 숲 그늘은 얽히고 둘리어 긴 언덕을 호위하네"라고 읊었다. 그리고 연기에 대해서는, "龜嶺 넘을 때는 험하기도 하더니 燕岐 땅 들어서니 길도 평탄하구나. 산은 멀리 계룡산을 연해 푸르고, 물은 금강에 들어와 맑구나. 오가는 길손들이 저다지도 빈번하니, 보내고 맞는 일 어느 때 끝이 나랴"라고 하였다. 연기는 "백성들이 농사에 부지런히 힘쓰고 남을 고자질하는 풍습이 없는 곳"으로도 알려져 있다.[26] 교통이 편리하고 물산이 풍부했던 사정은 아주 오래 전부터 이 고장의 자랑거리였던 모양이다.

고려 초기부터 토착해온 성씨로서 전의 이씨가 유명한데, 특히 세종 때의 李士寬은 그의 여섯 아들 가운데 다섯이 문과에, 한 명이 무과에 드는 융성을 누렸다고 한다.

연기향교(남면 연기리 동당산 서남쪽 기슭)는 1416년(太宗 16)에 창건되고 1886년(高宗 24) 처음 위치에서 가까운 이곳으로 옮겨진 것이다. 그 사이에 중수가 거듭되었음은 물론인데, 특히 1901년(高宗 38)에는 典祀廳을 12칸으로 확장하였다.

전의향교(전의면 읍내리)는 1416년(太宗 16)에 처음 세워지고 1865년(高宗 2)과 그 이듬해에 걸쳐 명륜당과 대성전이 대대적으로 중수되었다. 연기향교와 마찬가지로 중수사실과 興學 또는 講學을 권장한 기록들이 전해지고 있다.

鳳巖書院(서면 봉암리)의 건립연도는 1651년(孝宗 2)이며, 1665년(顯宗 6)에 사액을 받았다가 1864년(高宗 1)에 훼철되었다. 韓忠·김장생·송준길·송시열이 봉안되었다.

合湖書院(동면 합강리)은 安景信·安景仁·安景精·林東昇 등이 주체가 되어 1716년(肅宗 42)에 창건하였으며, 安裕가 배향되었다.

德星書院(남면 방축리)의 건립연도는 1885년(高宗 22)인데, 任憲晦(호 全齋) 등 7인이 봉안되었다.

---

26) 『新增東國輿地勝覽』 卷18, 全義縣 題詠條.
　　『新增東國輿地勝覽』 卷18, 燕岐縣 題詠條 및 風俗條.

5. 금강 하류지역의 유교유적

대둔산에서 면면히 북쪽으로 밀고 올라온 산줄기가 크게 힘을 모아 빚어놓은 계룡산이 금강을 굽어보는 곳, 그리고 속리산에서 갈라져 나온 한 줄기가 서북으로 진천고을을 돌아 남으로 달려와 금강과 만나는 곳, 대체로 공주 땅이 되는데, 여기서부터는 금강의 하류라고 할 수 있다. 『택리지』에서는, "금강은 동에서 공주의 북에 이르러 다시 남쪽으로 휘어져 熊津·白馬江·江景江이 되고 다시 서쪽으로 구부러져서 鎭江이 되어 바다로 들어간다"고 하였다. 강의 흐름은 한층 느려지지만 수량은 많아져서 예전에는 큰 돛배가 떠 바다와 강을 잇는 물길이 열렸다. 물자와 인마, 유교의 문물·사상이 이 물길을 따라 번다하게 왕래하였음은 두말할 나위도 없는 일이다.

호서지방의 사림과 그 학풍은 16세기 무렵부터 일어나기 시작하여 17세기 이후 크게 떨치게 되는데, 금강 하류권에 속하는 공주·連山·魯城·林川·韓山 등지는 世居하는 士族이 많은 고을들로서 중류의 회덕·청주 인근과 더불어 호서 유교문화의 중심이 된다고 할 수 있다.

1) 公州

조선시기 이 고장의 경계와 영역은 대단히 크고 넓어서 금강의 남북에 걸쳐 있었을 뿐만 아니라 동쪽으로 계룡산을 넘어 지금 대전시의 반을 차지하기도 하였다. 공주는 한때 백제의 수도였고 신라의 熊州, 고려 초에 牧이 설치된 이래로 조선시기 내내 충청감영이 이곳에 있었다. 2군 10현을 거느리는 군영도 여기에 있었고 금강의 수운과 육로가 통하는 교통의 요지이기도 했으므로, 공주는 청주·충주와 함께 충청도의 행정·군사·문화·경제의 중심 도시로서 자랑스러운 전통을 이어온 것이다.

고려의 현종은 거란의 침입으로 이곳까지 피난 와서, "일찍이 남쪽

땅에 공주가 있다고 들었더니, 仙境이 玲瓏하여 길이 있었구나. 이런 마음 즐거운 곳에 群臣이 함께 모여 일천 가지 시를 놓아본다"고 시를 지었다. 또 서거정은 "車峴 이남에 산천의 맑은 기운이 충만하고 쌓여서 큰 고을을 이룬 것에는 오직 공주가 제일이 된다"고 하였다.[27]

공주의 地利는 또 금강의 북쪽지역, 남으로 흘러 금강에 들어가는 維鳩川유역을 빼놓을 수 없을 것이다. 『택리지』에서는, "고을(공주)의 서북에 있는 茂盛山은 차령 서쪽지역의 끝인데 산세가 빙 돌아 안에 麻谷寺와 維鳩驛이 있다. 골짜기 동네에는 석간수가 많고 논은 기름지고, 또 목화·수수·조를 재배하는 데 알맞아서 사대부나 평민이나 한번 이곳에 살게 되면 풍년, 흉년을 모른다. 생활의 넉넉함을 보전하는 자가 많아 떠돌아다니거나 옮겨다녀야 할 염려가 적으니 대체로 낙토라 하겠다"고 했다. 조선 후기 정권에서 소외된 많은 양반사족들이 후일을 기약할 만한 새로운 생활근거지, 이를테면 可居之地를 찾는다면 바로 이러한 곳이 됨직했을 것이다. 사실 금강 하류의 거의 모든 고을들이 오래 전부터 양반사족들의 지방근거지가 되어온 데에는 그럴 만한 地利가 있었기 때문이었다. 이중환의 판단에는 아직도 그런 곳이 남아 있었던 것이다.

공주향교(공주시 교동)는 본래 공주시 웅진동 宋山里에 있었는데 화재를 당하고 1623년(仁祖 1) 현재의 위치에 재건된 것으로 전해지고 있다. 1710년(肅宗 36) 이래 19세기 말(1873년)까지 모두 9차례에 걸쳐 보수와 증·개축이 이루어졌음을 전해주는 기록이 남아있다.

忠賢書院(반포면 공암리)은 1586년(宣祖 19)에 건립되어 1624년(仁祖 2)에 사액을 받았으나 1871년(高宗 8)에 훼철되었다. 주자·徐起·李在吾·李穆·成悌元·김장생·송준길·송시열 등이 배향되었다.

滄江書院(탄천면)은 黃愼(호 秋浦, 본관 창원)의 단배서원으로 일명

---

27) 『新增東國輿地勝覽』 卷17, 公州牧 山川條 및 樓亭條.

秋浦書院이라고도 한다. 인조 때 건립하여 1682년(肅宗 8)에 사액을 받았으며 사림이 춘추로 향사하였다가 '서원철폐령'으로 훼철되고 그 옛터에는 담장만이 남아있다.

盛峰書院址(이인면 만수리)는 인조 때의 명신 李貴와 그의 아들 李時白·李時聃·李時昉 등 4부자의 배향서원으로 사림이 향사하던 가운데 '서원철폐령'에 따라 폐원되었다.

表忠祠(계룡면 중장리 갑사 경내)는 임진왜란 때에 전공이 많은 西山大師·四溟大師·靈圭大師 등 3대사의 영정을 봉안하고 제사하는 사우로 1738년(英祖 14)에 姜時永이 주관하여 창건하였다. 국가에서 사액하였으므로 제수비용이 여기에서 공급되어오다가 1884년(高宗 21) 이후에는 이 제도가 폐지되고 갑사의 승도가 香奠으로 공양할 뿐이다.

德泉君祠宇(의당면 대산리)는 세조의 즉위에 공로가 있어 공신으로 봉해진 덕천군을 위한 사우로 본래 연기군에 있었던 것인데 1739년(英祖 15)에 이곳으로 옮겼다.

忠孝祠(사곡면 호계리)는 단종 때 우의정을 지낸 鄭苯와 그의 아들인 鄭之産을 향사한 사당으로 1810년(純祖 10)에 건립된 진주 정씨 사우이다.

萬頃盧氏 三義祠(우성면 귀산리)는 임진란 때 의병인 盧應晥 등의 3형제를 봉안한 사당이다. 이들은 조헌의 문하생으로 1592년 청주성을 수복하고 그해에 금산전투에 출전하였다가 7백 의사와 함께 전사하였다.

三隱壇(반포면 학봉리 동학사 경내)은 1394년(太祖 3)에 吉再가 승려月影·雲禪과 협의하여 건립하고 고려 태조와 공민왕을 초혼하여 제사하고, 다시 圃隱 鄭夢周, 牧隱 李穡, 冶隱 吉再를 제사하였고, 李貞軒이 공주부사로 와서 閣을 세우고 매년 三隱 선생만을 제사하여 삼은단이라 칭하였다. 세조 때에 와서 초혼각을 옆에 건립하고 柳芳澤·李崇仁·羅繼從을 추배하였다.

叩諫院(유구면 추계리)은 고려의 충신 文克謙의 영정을 봉안한 영당인데, 그의 宅號를 사용하여 院으로 한 듯하다.

文會堂(정안면 운궁리)은 본래 유생들의 강학당으로 堂의 북벽에 공자·주자·송시열의 화상을 봉안하고 독서유생들이 瞻拜하였다.

이 밖에도 임란 때 金千鎰을 도와 강화에서 활약한 柳珩 장군의 영정을 봉안한 忠烈祠(장기면 하봉리), 조선 중기의 좌의정 南以雄의 영정을 봉안한 南山影堂(반포면 성강리 남산소 마을), 정조 때 문장으로 알려진 鄭奎漢의 영당인 華山影堂(계룡면 화헌리), 고려 말에 안렴사를 지내고 형 趙浚과 함께 李成桂 추대에 가담한 趙狷을 모신 趙狷祠宇(우성면 보홍리), 인조 때의 이조참판 吳百齡의 영당인 月窟影堂(우성면 단지리), 柳星河를 봉안하고 진주 유씨의 문중에서 관리하는 文城影堂(의당면 송정리), 신라의 충신 朴堤上을 향사하는 東鷄祠(반포면 학봉리 동학사 경내), 인조 때 世子侍講院 弼善을 지낸 尹烇을 향사하고자 건립한 尹烇祠堂(계룡면 유평리), 초야에서 오로지 학문에만 전념한 朴慶來를 향사하고자 박씨 문중에서 후원하고 공주향교에서 주관하여 건립한 大道祠(탄천면 분강리) 등이 있다.

2) 扶餘

금강을 가운데 두고 지경이 동서로 나뉘는 고을이 扶餘이다. 지금의 부여는 조선시기의 부여현에다 鴻山縣·林川郡·石城縣을 합한 것이다. 차령산맥의 한 자락이 서남으로 뻗어가서 聖住山을 만드는데, 이 산 동남쪽의 넓은 기슭과 금강 사이에 자리한 고을이 홍산·임천이다. 金川(場巖川)은 두 고을 사이를 흘러 금강으로 들어간다. 금강의 동쪽, 활등처럼 굽은 안쪽과 그 아래 가장자리는 부여·석성이 저마다 차지하고 있다. 본래 이들 네 고을은 지세나 산물, 풍속이 서로 비슷하고 양반사족들이 오래 세거하는 사정도 거의 같다.

부여는 공주 다음의 백제 수도였던 곳으로 고려 때는 내내 공주의 속현이었다가 1413년(太宗 13)에 현이 되었다. 고려 때 閔思平은, "대왕포의 달은 속절없이 가을밤이요, 政事巖의 꽃은 몇 봄인고, 오늘은 두서너 집 삭막하지만, 당시에 십만 호가 태평을 즐겼네"라고 부여의 옛날을 회상하였다. 석성은 부여·공주에 속했다가 1415년(太宗 15)에 현으로 성립되었다. 李孟常의 시에 석성을 가리켜, "남자는 밭 갈며 여자는 베를 짜며 아침저녁을 (보내니), 뽕나무 숲 (연기) 깊은 속에 한 마을 이루었네"라고 하였다. 임천은 백제시기 이래 嘉林·林州라는 이름으로 알려진 고을인데 1413년(太宗 13) 군이 되었다. 옛부터 수륙의 요충이자 "모시를 심어 이익을 보니 畿內의 남은 풍속이 있다"고 할 정도로 한산모시의 특산지이기도 하다.[28] 홍산은 신라통일기·고려시기 내내 임천·한산의 속현으로 있다가 1413년(太宗 13) 현이 되었다.

부여향교(부여읍 동남리)는 창건연대를 알 수 없지만 원래 부소산 서쪽 기슭(부여읍 校里)에 있던 것을 18세기 중엽에 지금 위치로 옮겨 지었다고 한다. 해방 뒤로도 5차에 걸쳐 보수공사가 실시되었다. 부여향교를 중심으로 司馬帝이라는 장학기금을 조성하여 선비들을 장려해왔는데, 1898년에는 이 논 11마지기를 興學堂에 귀속해 鄕飮酒禮의 소요경비에 충당하도록 했다.

석성향교(석성면 석성리) 역시 1623년(仁祖 1)의 중건 사실만 알려져 있는데 최근에도 4차의 보수·정비 사업이 수행되었다.

임천향교(임천면 군사리)는 15세기 초(太宗 연간)에 처음 세워져 한 차례 이전하였다.

홍산향교(홍산면 교원리)는 1526년(中宗 21) 창건되었다고 하나[29] 중건 사실의 와전인 듯하다. 이 향교에는 최근까지도 많은 재산이 남아있다(논 9,833평, 임야 59,070평 등).

滄江書院(부여읍 저석리)은 1629년(仁祖 7)에 창건되었고 1686년(肅

---

28) 『新增東國輿地勝覽』 卷17, 林川郡 風俗條.
　　『新增東國輿地勝覽』 卷18, 夫餘縣 및 石城縣 題詠條.
29) 『부여군지』, 1987, 725쪽.

宗 12)에 사액을 받았으나 1866년(高宗 3)에 훼철되었다. 黃愼(호 秋浦, 본관 창원)을 봉안하였다.

浮山書院(규암면 진변리)은 1719년(肅宗 45)에 건립되었고 1866년(高宗 3)에 훼철되었다. 1976년에 중건되었고, 金集·李敬興 등이 배향되었다.

七山書院(임천면 칠산리)은 1687년(肅宗 13)에 건립되어 10년 뒤인 1697년(肅宗 23)에 사액을 받았고, 1868년(高宗 5)에 훼철되었으나 1976년에 중건되었다. 배향인으로는 兪棨(호 市南, 본관 杞溪)가 있다.

艮谷書院(임천면 구교리)은 1740년(英祖 16)에 건립되어 1868년(高宗 5)에 훼철되었다. 柳東秀(호 老谷, 본관 文化)가 봉안되었다.

東谷書院(세도면 동사리)은 1928년에 창건되었다. 2년 뒤에 동곡서원으로 명명하고 趙愼을 배향하였다.

退修書院(임천면 만사리)은 1757년(英祖 33)에 건립되었고, 배향 인물로는 趙璞·趙聖復·趙見素 등이 있다.

南山書院(장암면 장하리)은 1770년(英祖 46)에 처음 세워졌다가 1866년(高宗 3)에 훼철되었는데, 그 뒤로 1954년에 재건되었다. 趙泰徵·趙明圭·趙疇鎭 등이 봉안되었다.

義烈祠(부여읍 동남리)는 원래 부여읍 용정리에서 1570년(宣祖 3)에 창건되어 2년 뒤에 사액을 받은 것으로, 현재의 위치로 옮겨진 것은 1970년의 일이다. 백제 말기의 세 충신이었던 成忠·興首·階伯 등을 비롯하여 고려 말의 李存吾, 조선조의 鄭澤雷·黃一皓 등 여섯 사람을 배향하고 있으며, 이이가 지은 「義烈祠記」가 전해진다.

戊風君廟(장암면 정암리)는 무풍군 李摠을 배향하고 있는 곳이다. 무풍군은 단종의 생모인 홍빈 최씨가 逝去하자 3년 동안 侍墓를 하였고, 그 뒤에 연산군의 亂政을 諫하다가 아버지와 함께 5형제가 모두 죽임을 당하였다.

彰烈祠(구룡면 금사리)는 1717년(肅宗 43)에 창건되어 1721년(景宗 1)

에 사액을 받았는데, 대원군의 '서원철폐령' 속에서도 향불을 밝히면서 오늘에 이르고 있다. 尹集·吳達濟·洪翼漢 등 병자호란 때 척화를 주장하다 청에 끌려가 죽은 三學士를 배향하고 있다.

淸逸祠(홍산면 교원리)는 1621년(光海君 13)에 당시 홍산현감이었던 沈完植이 無量寺 옆에 세웠던 것을 시작으로 하여 홍산의 현재 위치로 옮겨 세워진 것은 17세기 말에서 18세기 초에 걸치는 시기다. 1704년(肅宗 30)에 사액을 받았는데, 1866년(高宗 3)에 철폐되었다가 1970년에 복구되었다. 金時習과 金孝宗을 배향하고 있으며, 송시열이 쓴 「淸逸祠記」가 전한다.

旺義影堂(낭화면 초왕리)은 박팽년과 함께 단종의 복위를 꾀하다 실패한 金文起(호 白村)를 봉안하고 있다.

八忠祠(충화면 지석리)는 慧悟·階伯·道琛·福信·成忠·興首 등 백제 말기의 8충신과 황산벌 전장에서 산화한 5천 결사대의 원혼을 위령 봉사하고 있다.

19세기에 건립된 것으로는, 金庾信·金馹孫·金宇杭 등을 봉안한 扶風祠(규암면 규암리), 金宇杭을 향사하는 忠德祠(규암면 석우리), 백제 말의 3충신인 성충·홍수·계백의 충정을 기리기 위한 三忠祠(부여읍 관북리 부소산 성내), 낙화암에서 사라져간 3천 궁녀의 넋을 추모하기 위한 宮女祠(부여읍 관북리 부소산 성내), 許穆·洪可臣·蔡濟恭 등의 영정을 모시고자 1971년에 국비를 보조받아 신축한 道江影堂(부여읍 관북리)이 있고, 또 동래 정씨 문중에서 세운 鄭彦郁影堂(부여읍 염창리), 임진왜란 때 용인에서 왜병과 싸우다 함께 순절한 李之詩·李之禮 형제를 배향하는 同節祠(남면 내곡리), 고려 태조를 도와 후백제를 치는 데 공이 컸던 庾黔弼 장군의 사우인 庾太師廟(임천면 군사리 성흥산성 내)가 있다.

3) 論山

북으로 계룡산, 동쪽으로는 대둔산을 끼고 크게 발달한 평야지대가 논산이다. 군의 서쪽 가장자리에서 금강과 닿고 남으로는 전북의 익산 군과 맞닿아 있다. 논산천은 그 산과 들의 물을 받아 금강에 보낸다. 지금은 論山·江景·鍊武의 3개 읍을 거느린 큰 군이지만 본래는 연산·尼山(魯城)·恩津의 3개 현으로 나뉘어 있었다. 그러므로 1646년(仁祖 24) 柳濯의 모반으로 세 고을을 합하여 恩山縣으로 강등되었던 것은 잠깐 동안의 일이었다.

은진은 고려 초기 이래로 德恩·市津의 두 고을이 따로 공주의 속현으로 있다가 1397년(太祖 6) 합해지고, 다시 1419년(世宗 1) 비로소 현이 되었다. 연산은 계룡산 아래 '신도안'을 끼고 있으니 한때 서울이 될 뻔했던 고을로서 고려 초기에 이미 지금의 이름으로 공주에 속했다가 1413년(太宗 13)에 현이 되었다. 이색의 시에, "連州 連山이 평야를 꼈으니, 밭이 많아 예로부터 곡식 많다고 일러왔네. 봄바람엔 (보리의) 푸른 물결 가득히 넘치고, 가을날엔 누런 구름이 파아(벼)의 낟가리라네"라고 했으니 이 지방의 풍성함을 말한 것이라 하겠다.[30] 이산은 1414년(太宗 14) 석성과 합하여 尼城縣이 되었으나 2년 뒤에 분리되었다.

17세기 중엽 호서사림의 전성기는 사실상 연산의 沙溪書堂에서 비롯되었다고 할 수 있다. 沙溪는 李珥(호 율곡·石潭)·成渾(호 牛溪·默庵)·宋翼弼(호 龜峰·玄繩) 등 畿湖朱子學의 대표적인 인물들의 학풍을 계승하고 스스로는 禮學에 조예가 깊었던 金長生의 아호다. 사계서당은 그가 고향인 이곳 연산에 열었던 書塾을 가리키는데, 아무튼 여기에서 배출된 유자들이 西人의 정국장악에 힘입어 당시의 정계와 학계에 크게 진출하여 호서사림의 면모를 세우고 영남의 退溪學派에 맞서는 형세를 이루었던 것이다. 그리하여 연산은 한때 공주·부여·서천

---

30) 『新增東國輿地勝覽』 卷18, 連山縣 題詠條.

방면은 물론 회덕·옥천·금산, 다시 금강을 건너 청주·연기 등지까지 학문·정치적 영향력을 미치고 있었다. 말하자면 사계서당은 금강의 중류와 하류지역을 하나의 유교문화권으로 묶는 분위기를 조성하고 그 구심 역할을 맡았다.

은진향교(은진면 교촌리)는 1380년(고려 禑王 6)에 건립되었다. 경내에 수령 300년이 넘는 은행나무가 있는데, 이는 약 360여 년 전에 지금 위치로 향교를 옮길 때 심은 것으로 보인다.

연산향교(연산면 관동리)는 1878년(高宗 15)에 중수한 사실이 전해진다. 그러나 15세기 초 鄭以吾가 쓴「連山鄕校記」가 있어 오랜 유서를 짐작할 수 있다. 거기에는 산에서 목재를 벌채하고 廢寺의 기와나 석재를 모아온 사정, 유생들의 학업을 돕기 위한 서책이나 시중들 노복 등을 마련한 내용들이 들어있다.

노성향교(노성면 교촌리) 또한 1878년(고종 15)에 중수한 사실이 있고 17세기 말이나 18세기 초(肅宗 때)에 처음 세워졌다고 하나 자세하지 않다.[31]

遯巖書院(연산면 임리 74번지)은 1634년(仁祖 12)에 세워져 1660년(顯宗 1)에 사액을 받았다. 1881년(高宗 18)에 지금의 자리로 옮겨 세웠다. 배향된 인물로는 김장생·김집·송준길·송시열 등이 유명하다.

忠谷書院(부적면 충곡리)은 1680년(肅宗 6)에 건립되고 1871년(高宗 8) ‘서원철폐령’으로 훼철되었다가 1935년에 재건되었다. 계백 장군(주향)과 死六臣, 金益兼·金廷望·金弘翼·朴種·李敏進·趙秉始·金萬重·金自殤·李賢童·李學純·朴增 등의 인물이 배향되었다.

竹林書院(강경읍 황산동, 일명 黃山書院)은 1626년(仁祖 4)에 창건되어 1665년(顯宗 6)에 사액된 서원으로 1871년(高宗 8)에 훼철되었다. 이이·성혼·김장생·趙光祖·이황·송시열 등의 인물들이 봉안되었다.

---

31)『충남지역의 문화유적 – 제4집 논산군편』, 1990, 287쪽.

魯岡書院(광석면 오강리)은 尹煌·윤선거·尹文擧·윤증 등 이곳 魯城 지방에 세거하는 大族 파평 윤씨 가문의 명망 있는 유학자들을 배향하고 있다. 1672년(顯宗 13)에 건립되었고 1682년(肅宗 8)에 사액을 받았다.

鳳谷書院(연무읍 고내리)은 1711년(肅宗 37)에 창건되어 1868년(高宗 5)에 훼철되었다가 1898년(高宗 35) 다시 세워졌고, 지금 위치에 옮겨 세워진 것은 1965년의 일이다. 발의인은 송시열·李好閔이었고, 李繼孟·李純仁·南溟瀚·陳克·南斗建 등이 배향되었다.

金谷書院(연무읍 금곡리)은 金集에 의해 1687년(肅宗 13)에 창건되어 1690년(肅宗 16)에 옮겨 세워졌고, 1868년(高宗 5)에 훼철되었다. 金秀南·成三問·曺繼明 등이 봉안되었다.

杏林書院(가야곡면 육곡리)은 1867년(高宗 4)에 세워졌다가 그 이듬해인 1868년에 훼철되었으나 1926년에 다시 건립하였다. 배향인물로는 徐益·李韶 등이 있다.

休亭書院(부적면 신풍리)은 1700년(肅宗 26)에 창건되어 1871년(高宗 8)에 철폐되었다. 1919년에 중건되었으며, 1985년에 또 다시 세워졌다. 宋翼弼·金公輝·金灝·李恒吉·柳懋·金尙埏·金鎭一·金禹澤 등의 인물들이 봉안되었다.

孝巖書院(가야곡면 산노리)은 송시열의 발의에 따라 창건되었으나 그 연대는 알 수 없고, 1713년(肅宗 39)에 재건되었다. 1868년(高宗 5)에 훼철되었으나 1925년에 복원되었다. 배향인물로는 姜應貞·金文起·金成輝·楊應春·南俊·金必泰 등이 있다.

龜山書院(연산면 오산리)은 1700년(肅宗 26)에 건립되어 1868년(高宗 5)에 훼철되었다. 尹炡·尹舜擧·尹元擧 등이 봉안되었다.

茅谷書院(상월면 대명2리)은 창건연대를 알 수 없고 배향인물로는 성삼문·박증 등이 있다.

4) 舒川

강경에서 금강은 크게 서쪽으로 꺾여 흐르는데, 여기서부터 강물은 바다의 짠물과 섞이고 이름도 鎭江이라 부른다. 예전에는 장사하는 상선, 고기 잡는 어선은 물론이고 전라도 북부와 금강 연안의 평야에서 걷어 들인 稅穀을 京倉으로 실어 나르는 漕運船들이 번다하게 모여들던 곳이다. 舒川은 옛적 진강의 북쪽 기슭에 있었던 韓山郡・서천군・庇仁縣의 세 고을이 일제 초기에 합해져서 된 군이다. 비인은 지리형세로는 금강과 관련이 없으나 지금의 군단위 행정구역으로는 금강권에 속하게 된다.

한산은 고려 때부터 군이었는데, 조선에 와서도 1413년(太宗 13) 이래 그대로 존속하였다. 산해의 물자가 풍성하고 한산모시의 본고장이고, 또 고려 초기부터 터 잡아 살고 있는 한산 이씨의 관향지로도 잘 알려진 곳이다. 그러니 이들 이씨 가문이 드러낸 文名만으로도 이 고장의 文風을 인정해야 할 것이다. 李坡가 "산이 기이하고 물이 고와 麒麟峰은 북쪽에 진산이 되어 있고 熊浦는 그 남쪽을 들러 흐른다"고 자신의 고향을 읊었던 것은 까닭이 있었던 셈이다. 서천은 1413년(太宗 13) 처음 생긴 이름으로 군이 되었다. 비인은 고려 때 가림의 속현이었다가 1413년(太宗 13)에 현이 되었다. 李承召의 시에, "한 조각 높은 성이 바닷가를 굽어보는데, 푸른 하늘은 물과 같고 물은 하늘같구나. 바람 불어오니 끌어 밀려오는 조수 소리 장하고, 해 뜨면 청홍빛 신기와 연한다" 하였다.[32]

한산향교(한산면 지현리)는 14세기 말(太祖 때)에 세워져서 1631년(仁祖 9) 중수되고, 다시 1669년(顯宗 10)에 지금의 위치로 이전되었다. 1851년(哲宗 2)에 대대적인 중건이 있었다.

---

32) 『新增東國輿地勝覽』 卷17, 韓山郡 形勝條.
　　　『新增東國輿地勝覽』 卷20, 庇仁縣 題詠條.

서천향교(서천읍 군사리)는 1314년(고려 忠肅王 1)에 세워졌었는데, 1413년(太宗 13) 서천군의 동헌이 새로 지어지면서 향교도 이에 따라 함께 옮겨 세워졌다. 그 뒤 여러 차례 중수되었는데, 특히 1869년(高宗 6)에는 명륜당이 재건되고 그 4년 뒤에도 단청의 보수가 있었다.

비인향교(비인면 성내리)는 1398년(太祖 7) 창건된 것으로 보이는데, 이 향교 또한 보수 또는 중건이 여러 번에 걸쳐 있었을 것이지만 年記를 밝히지 않아 자세한 유래를 알기 어렵다. 또 다른 지방 향교들이 그러하듯이 이 고장에서도 儒道會의 지부조직을 통해서 전통유교식의 道義교육 활동을 펴고 있다.

5) 益山

임천과 한산의 맞은 편, 그러니까 금강 하류의 왼쪽 기슭에는 전라북도의 두 군, 익산과 沃溝가 있다. 금강의 수운을 이용했던 점에서, 또 논산과는 낮은 구릉지대로 연이어진 지리상의 특징 때문에 이 두 고장은 호남에 속하면서도 호서의 분위기도 아울러 지닌 곳이다. 李重煥이 본 바에 따르면 장수에서 갈려나온 한 줄기 산맥이 서북으로 달리어 주줄산을 만드는데, "주줄산 북쪽의 한 지맥은 서쪽으로 내려가서 炭峴과 龍華山이 되어 沃溝에서 그치고, 탄현의 밖 서북쪽에 礪山 등 다섯 고을이 있다"고 하였다. 말하자면 그 다섯 고을이란 여산과 龍安·咸悅·臨陂, 그리고 옥구를 가리킨 것으로 모두 금강 남쪽기슭에 자리하고 있다.

지금의 익산군 소재지는 용화산 남쪽이라서 금강의 물줄기와는 관계가 없는데도 금강문화권으로 보는 까닭은 이 군에 합해진 옛 여산·용안·함열의 세 고을이 모두 금강유역에 속하기 때문이다.

여산은 1402년(太宗 2) 현이 되고 1436년(世宗 18) 왕비의 外鄕이라 해서 군으로 승격되었다. 풍속이 "검소함을 숭상하고 농사와 누에치기에 힘쓴다"는 평이 났다. 여산 송씨의 관향지로서 宋松禮·宋軼·宋千

흄 등의 인물이 났다. 용안과 함열은 1409년(太宗 9)에 합했다가 7년 뒤에 분리하여 각각의 현이 되었다. 용안은 "비옥한 들이 바다에 잇닿았다"는 고장으로, 鄭坤은 "땅이 비옥하니 논에는 학이 숨어 있고, 강이 가까우니 시장에는 고기가 많다"고 읊었다.33) 두 고을에는 고려시기 이래 漕倉인 德城倉과 聖堂倉이 유명하였다.

향교는 익산·여산·함열·용안의 옛 4개 현 소재지에 모두 있었다.

익산향교(금마면 동고도리 교동마을)는 대개 1398년(太祖 7)에 처음 세워졌다가 임란 때 소실된 것을 얼마 안 되어 복구한 것으로 보인다. 위치변경은 없었으나 예전에 있던 司馬所·興學堂·勸學齋·權善堂 등 장학이나 향촌자치를 위해 세웠던 건물들은 모두 없어졌다. 또 약간 전해지던 서책도 한국전쟁 때 모두 없어졌다고 한다.

여산향교(여산면 여산리)는 1402년(太宗 2) 당시의 礪良縣(지금의 朗山面)에 창건하였는데, 뒤에 이곳으로 이전한 듯하다. 임란 뒤 중건한 것으로 보이는 대성전과 명륜당은 300년 이상 된 오랜 건물이다.

함열향교(함라면 함라리 함라산 남쪽 기슭)는 1406년(太宗 6)에 처음 세워졌는데,34) 임란 때 불타버리자 처음에 있던 자리(지금의 龍山)를 버리고 함라에서 1킬로미터쯤 떨어진 金谷에 다시 세웠다가, 1831년(純祖 31)에 지금의 위치로 두 번째 옮겨 지었다고 한다. 이 향교에는 훈도의 처소로 쓰는 蘭心齋라는 별도 건물이 있고, 특히 공자와 주자의 영상을 봉안한 靈昭殿이 있어 자랑거리가 된다. 또 儒道의 중흥과 사회교육을 위한 활동도 적극적이다.

용안향교(용안면 교동리 용안국민학교 뒤)는 14세기 말(고려 恭讓王 때) 현재의 위치에서 약 600미터 떨어진 豊堤縣(지금의 용안면 중신리 지역)에 창건되었는데, 1416년(太宗 16) 지금 자리로 옮겼다고 한다. 일

---

33)『新增東國輿地勝覽』卷34, 龍安縣 形勝條 및 題詠條.
34) 일설에 1437년(世宗 19)이라고도 한다(『益山郡誌』, 1981, 594쪽).

제 때까지도 대성전·명륜당과 동·서재는 물론이고 典祀齋·養士齋·司馬所도 남아있었다고 한다.

丹洞祠(웅포면 웅포리)는 1949년 이곳에 거주하는 경주 최씨들이 그들의 시조 崔致遠을 추모하고자 지방 유림들의 협력을 얻어 창건하였다.

華山書院(금마면 신룡리)은 1657년(孝宗 8)에 창건하였으며 1662년(顯宗 3)에 사액되었다. 처음 김장생을 배향하고 그 뒤 송시열을 추배하였다. '서원철폐령'에 따라 철폐되어 한때 연산 돈암서원으로 넘어가기도 하였다. 해방 뒤 이 지방 유림들의 재력으로 강당 1동 4칸과 담장을 새로이 복구하고 蘇斗山·蘇輝冕을 추배했다.

華巖書院(금마면 기양리)은 1552년(明宗 7)에 처음 창건된 것으로 알려지고 있다. '서원철폐령'에 따라 훼철되었다가 중건하여 金公遂를 主壁으로 蘇世讓·李若海를 배향하였다. 이곳은 진주 소씨 문중에서 주관하고 있다.

忠烈祠(왕궁면 광암리)는 1958년 李舜臣 장군을 주벽으로 韓末의 5열사 李儁·安重根·白貞基·李奉昌·尹奉吉의 위패를 봉안하고 있다.

潭月祠(춘포면 천서리)는 1909년 辛慶晋의 후손들이 선조의 학덕을 기리고자 건립하였다. 처음에는 가묘로 세운 것이었으나 뒤에 이이를 주벽으로 하여 신경진과 辛英慶을 배향하였다.

八峰祠(팔봉면 원입봉리)는 1971년 황씨 문중에서 자기들의 선조를 추모하고자 지방 유림의 협조를 얻어 창건하고, 임란 때 高山 혈전에서 공이 컸던 黃褒를 주벽으로 그의 아들 名世와 손자 自厚를 배향하고 있다.

德川祠(팔봉면 은기리)는 1931년 이곳 오씨 문중에서 세운 것으로 임란 때 의병장 高敬命을 주벽으로 하고 吳應賢과 吳應弼 형제를 배향하고 있다.

묘川祠(팔봉면 은기리)는 1780년(英祖 4)에 창건하고 최영 장군의 영정을 모셨다. '서원철폐령'에 따라 3년 뒤에 훼철되었던 것을 1900년(光

武 4)에 중건하였다.

隱泉祠(팔봉면 은기리)는 '서원철폐령'으로 훼철되었던 것을 뒤에 설단하고 비각을 세웠다. 임란 때 의병장 李寶를 주벽으로 李貴·蘇行震을 배향하고 있었다.

五岡書院(팔봉면 석암리)은 1852년(哲宗 3)에 현재의 익산군 오산면 오산리에 창건하였으나 대원군의 시책에 따라 철폐되었다가, 1884년(高宗 21)에 현재의 위치로 옮겨와 설단하여 반산원이라 하였다. 그 뒤 1961년 이곳에 배향된 金文起의 후손들이 사당 3칸, 강당 4칸을 증건하여 오강서원이라 하였다. 金時興을 주벽으로 金珦·金觀·金文起·金遵을 배향하고 있다.

玄洞祠(삼기면 기산리 현동)는 1482년(成宗 13)에 內賜한 것으로 되어 있다. 이곳에는 李崇元의 영정이 봉안되어 있는데, 그는 연안 이씨의 중시조이다. 사당은 정면 3칸, 측면 2칸의 맞배지붕이고, 이숭원에게 내린 御書를 보관하기 위한 御書閣(정면 1칸, 측면 1칸)이 마을 입구에 있다.

6) 沃溝

沃溝와 臨陂는 통일신라 때부터 지금의 이름으로 불린 고을들로, 내내 현으로 있다가 일제 초기에 합하여 옥구군이 되었다. 장장 천 리를 흘러온 금강도 여기에서 끝이 난다. 許周는 이를 두고, "옛 고을은 산세가 화려하고 긴 강은 거울처럼 편평하다"[35]고 읊었다. 금강이 바다와 만난 곳, 群山浦에는 군산창이 있어 龍安에 있는 德聖倉을 대신하다가 '開港' 이후 호남평야의 미곡을 일본으로 수출하는 근대적인 항구로 발전하였다. 이곳을 관향으로 한 성씨로는 옥구 林氏가 알려져 있다. 조선시기의 정계·학계와는 다소 소원했던 감이 있다.

옥구향교(옥구읍 상평리)는 1403년(太宗 3) 처음 세워졌는데, 그 뒤

---

35) 『新增東國輿地勝覽』 卷34, 沃溝縣 題詠條.

두 차례 이전하였다. 즉 교동(지금의 옥구읍 이곡리)에 있던 것을 1484년(成宗 15)에 光月山 북쪽(지금의 상평리 동북쪽)으로 옮겼다가 1646년(仁祖 24)에 다시 지금의 자리로 이전한 것이다.

임피향교(임피면 읍내리) 또한 1403년에 창건되었는데, 두 차례 이전하였다. 처음 大正洞(현재의 취산리 교동마을)에 있던 것을 1630년(仁祖 8)에 西毛谷(현재의 미원리 서모마을)으로, 그리고 다시 1710년(肅宗 36)에 지금의 자리로 옮긴 것이다.

雪林祠(미면 신풍리)는 1916년에 김유신을 모시고 매년 음력 9월 20일에 儒林·本孫 등이 향사하고 있다.

文昌書院(옥구면 상평리)은 1969년 최치원의 학덕을 기리고자 창건한 것으로 옥구향교 안에 위치하고 있는 점이 특징이며, 이곳에는 院庭碑가 세워져 있다.

玉山院(옥구읍 상평리 옥구향교 옆)은 1920년에 창건된 것으로 최치원을 주벽으로 金用泥·田永芳·姜進文·申碩輔 등 12인을 종사하고 있어 몇 개 문중이 공동으로 운영하는 듯하다.

賢忠壇(옥구면 상평리)은 원래 1764년(英祖 40)에 三賢祠로 창건했다가 1868년(高宗 5)에 철폐되고, 1899년 이곳에 단을 설치하여 삼현단이라 하였다. 최치원을 주벽으로 하여 趙泰采·李健命을 배향하였으며, 뒤에 崔益鉉을 추배하고 명칭을 사현단이라 하였다. 그 뒤 林炳讚을 다시 추배하고 명칭을 현충단이라 하였다.

廉義書院(옥산면 당북리)은 1685년(肅宗 11)에 창건되고 1804년(純祖 4)에 사액되었다. 그 뒤 '서원철폐령'에 따라 훼철되자 壇을 설치하였다가 다시 복구하였다. 최치원을 주벽으로 高慶·高用賢을 배향하고 사당은 翰林祠라 하여 경주 최씨와 장흥 고씨 문중에서 주관하고 있다.

鳳巖書院(임피면 서원리)은 1664년(顯宗 5)에 창건되고 1695년(肅宗 21)에 사액되었다. '서원철폐령'으로 훼철되어 현재는 유허비만 남아있을 뿐 서원의 흔적은 보이지 않는다. 김집을 주벽으로 하여 金絿를 배향하였다고 한다.

山仰院(개정면 아산리)은 1908년(純宗 2)에 창건하여 宋秉璿을 배향하고 있다.

군산시에는 20세기에 들어와서 세워진 사우가 2개 있다.

雪林祠(군산시 해망동)는 김유신 장군의 위패를 봉안하고 있으며 이곳 김씨 문중이 주축이 되어 향배하고 있다.

淄東院(군산시 서홍남동)은 이곳에 거주하고 있던 潭陽 전씨 문중에서 그들의 가묘로 창건한 것이다.

6. 맺음말

우리나라 3대 유교문화권의 하나가 바로 금강유역이었다. 시기적으로는 낙동강권·한강권에 이어 세 번째가 되니까 가장 선진지역이라고 할 수는 없지만 여타의 지역, 이를테면 전라·황해·강원 지역보다는 앞서 있었던 것은 사실이다. 대개 16세기 중엽까지는 이 지방 출신 사림이 기호학파의 일각을 형성하고 17세기 중엽에는 지역적으로 연산·회덕·청주·공주를 연결하는 선, 대체로 대전을 기점으로 경부선과 호남선을 축의 두 방향으로 하여 호서유학의 중심권을 형성하게 되었다. 이때는 학문·사상뿐만 아니라 정치 실세에서도 영남권과 경기권을 압도하기 시작하였으므로, 이것이 이 지방의 유교문화가 크게 확산되는 계기가 되었다.

앞에서 살펴본 바를 다시 종합해보면 다음 몇 가지 사실을 확인, 또는 유추할 수 있게 된다. 먼저 조선시기 문화는 유교유적을 통해서 살필 수 있는데, 향교와 서원·사우가 바로 그것이다. 특히 전자보다도 후자, 즉 서원·사우의 경우에서 더욱 뚜렷한 특징이 드러나고 있다. 향교는 금강유역만이 아니라 거의 전국적인 현상으로, 수령이 중앙정부의 편에서 지방사족의 협조를 얻어 관학의 명맥을 유지하는 선에 머무는 것이었다. 이에 반해 서원·사우는 각 지방에 연고를 달리하는 성씨의 문중 또는 학파의 연원을 중심으로 설립 운영되는 관계로 중심권과 주변지역의 차이가 있으며, 그 주도집단의 정치·사회·경제적 실세나 관심의 정도에 따라 전개양상에 편차가 벌어지게 마련이었다.

둘째, 향교와 서원·사우를 중심으로 하는 유교문화는 전근대의 조선 사회의 유산, 즉 과거의 시간 속에 묻혀버린 문화가 아니라 20세기 이후, 특히 해방 뒤 현대 한국사회에서도 뚜렷이 그 명맥을 유지하고 있는, 살아있는 문화라는 사실이다. 최근의 경제성장에 힘입어 종래의 물질적인 제한이 많이 완화됨으로써 족보에 대한 관심, 가문·문중사에 대한 인식이 높아지고, 이것이 자랑스러운 '우리 것'을 찾아야 한다는 시대적 요구로 이어지고 있는 것이다. 70년대 이후 문중·유림·정부 등의 주선이나 찬조로 서원·사우의 창설·복구·보수 사업이 활발하게 전개되는 사정이 이를 잘 말해준다.

셋째, 앞 시대의 유교문화가 현대 한국문화에 연속되고 있다는 사실과 관련하여, 오늘날의 정치·경제·교육·문화의 중심지역들이 대개 과거 유교사회에서도 중심권에 속했던 지역이라는 점이다. 이를테면 대전·청주·공주가 그런 곳이다. 특히 대전은 그 자체의 옛 전통이 별로 없는 도시지만 최근 회덕을 중심으로 공주·진잠·연산 등 옛 유교문화의 중심권을 포용하거나 영향권에 둠으로써 그것이 모두 대전의 전통으로 수렴되고 재발견되는 상황인 것이다.

넷째, 우리의 일반적인 인식으로는 현대 한국이 서양문화·자본주의 사회에 급속히 적응해가게 된 나머지, 과거 우리의 역사, 옛 문화를 망각하거나 그것과 단절된 상태에 있는 것처럼 생각하는 경향이 있다. 그러나 '유교문화'라는 측면을 대략 살펴본 바로도 결코 망각하거나 소외 단절된 것은 아니라는 것을 알 수 있다. 문제는 그러한 옛 문화 가운데서 계승 발전시켜가야 할 것과 청산 극복해야 할 것을 제대로 가려내고,

또 그렇게 할 수 있는 목표와 방법을 진지하게 세워가는 데 있다고 하겠다. 특히 앞 시대의 유교가치관, 유교적인 윤리도덕에 대한 재검증이 면밀히 이루어짐으로써 현대사회에 걸맞은 인간관계를 실행해가게 될 것이며, 또 이것이 향교·서원·사우와 같은 문화유적의 참가치를 밝히는 근거가 되기도 할 것이다.

(『錦江誌』上·下, 충청남도 문화체육과, 1993)

Ⅱ. 正祖代『朱書百選』編纂과 그 意義

1. 한국문화와 유교

　오늘날의 한국은 세계 어느 나라보다도 서양화된 가치관과 생활방식에 젖어있다고 할 수 있다. 이것은 서양식의 문물·제도를 너무 많이 받아들였다거나 서양문화에 지나치게 익숙해 있다는 지적이라기보다는 자기 문화, 원래의 자기 것을 잘 챙길 줄을 모르거나 너무 쉽게 포기해 버렸다는 데 대한 비판이라고 하는 편이 더 적절할 것이다. 그런 뜻에서 이는 우리의 내부에서 제기되는 우려의 목소리이며 위기의식의 반영이기도 하다. 또 이는 금방 눈에 띄는 일상의 대중문화나 정치·경제의 구조적인 측면보다도 그 배후에 드리워진 학술·사상, 지식·정보의 측면에서 더 심각할 수도 있다.

　혹자는 그래서 어떻다는 것이냐고 반문할지도 모른다. 사실 이에 대한 대답이 간단할 수는 없는 일이다. 우리는 여기에 자기정체성을 회복하는 일이 우선되어야 한다는 대안을 제기하기로 하자. 그리고 그 방법은 우리의 전통과 고전을 새롭게 인식하여 되살리는 데 있다고 하자. 왜냐하면 동아시아의 유교·한자 문화권 그리고 한국의 전통은 그 나름의 고유한 내용과 논리 및 방법이 있으며, 이것을 우리 스스로 재인식하고 계승하는 가운데서 우리의 정체성이 확인되는 것이기 때문이다. 그러면 이제 한국문화·유교전통에 우리의 관심을 돌려야할 이유를 생각해보기로 하자.

현대 한국사회는 과거 조선사회를 이어받아 그 토대 위에 서 있다. 그런데 조선사회라면 '유교의 나라'를 떠올리게 마련이다. 국가·사회의 온갖 제도와 법령은 말할 것 없고 사람들의 생각이나 행동까지도 모두 유교의 가르침을 따랐던 것이다. 이를테면 農本主義와 事大交隣을 國是로 삼은 것이 그렇고, 성균관·향교·서원의 교육제도나 관리를 선발하는 과거시험 제도가 그러했다. 또 양반과 상놈으로 나뉘는 신분차별 관념이나, 조상숭배 의식과 가부장주의 사상도 그러했다. 뿐만 아니라 지금껏 우리들의 생각과 생활 속에 엄연히 살아있는 長幼질서나 제사와 족보는 三綱五倫이라는 유교의 실천윤리에 뿌리를 두고 있다. 이렇게 유교는 과거에 왕조사회를 조직하고 이끌어 가는 원리였을 뿐만 아니라 오늘날에도 종교 신앙이나 실천윤리로서 개인의 일상 곳곳에 파고들어 있는 것이다.

사정이 이렇기 때문에 한국의 현대문화를 올바로 이해하고 바람직한 방향으로 가꾸어가려면 과거의 전통, 유교 고전에 주목하는 일이 무엇보다 중요하다. 유교를 재발견함으로써 한국문화의 좋은 특성을 되살려내어 현대문화를 풍성하게 채우자는 말이다. 바꾸어 말하면 유교와 끈끈하게 결합되어 있는 역사와 문화의 가치를 제대로 파악해야 하는데, 이것은 우리의 현대사회가 안고 있는 문제의 핵심을 정확히 찾아내는 일일뿐만 아니라 나아가서는 그 적절한 해결책을 마련하는 기초작업이기도 하다는 것이다. 바로 유교의 전통과 현대문화를 접맥하는 일이다. 그러므로 이는 정도의 차이는 있지만 동아시아 유교문화권의 공통과제인 셈이다.

'르네상스'라는 말에서 보듯이 오늘날 세계 전체에 확산된 유럽문화는 본디 중세 암흑기의 기독교에서 '암흑'을 걷어내고 그 뿌리를 되살려낸 것이라고 할 수 있다. 동아시아에서는 이보다 뒤늦게 유교의 更新·再生 운동이 일어나게 되었다. 그러나 이 운동은 유럽의 기독교문화와 충돌하게 됨으로써 갱신·재생이라기보다는 오히려 유교유산의 청산·극복이라는 차원에서 수행되어온 것이 사실이다. 더구나 한국의 경우에는 이 과제가 이웃 일본과는 비교할 나위도 없고, 유교의 발상지인 중국에서보다도 한층 더 복잡하고 벅찬 일이 되어 있다. 이는 일단 19세기 중엽 이래로 한국이 겪은 심각한 역사경험에서 기인하는 것으로 생각된다. 즉 자주적 근대화운동에 실패하고 문화적 후진국으로 여기던 일본의 식민지로 전락한 데서 오는 충격, 그리고 그 뒤 어렵게 얻어낸 일제로부터의 해방이 남북분단과 민족상잔으로 이어진 데 따르는 좌절감이 그것이다. 여기에 한국사회가 자본주의와 사회주의로 양분된 세계냉전질서에 얽매이게 되고, 허무주의·사대주의·배타주의 등 인식논리의 극단적인 분해와 가치관의 혼란에 휩싸이게 되는 이유가 있다고 하겠다.

그리하여 지금도 한국에서는 유교에 대한 관심도나 접근방식이 논자에 따라 뚜렷한 차이를 드러내고 있다. 크게 두 가지 경향으로 모아지는데, 하나는 유교 본래의 윤리·도덕 가치에 공감한 나머지 조선시기의 유교문화를 미화하거나 그 긍정적 측면만을 강조하는 경향이고, 다른 하나는 유교야말로 개인의 자유로운 삶과 나라의 부강한 발전을 가로막았던 근본 장애요인으로 여겨 유교 자체와 그것이 이룩한 역사·문화유산을 모두 지워 없애야 할 것으로 보는 경향이다. 각각 초역사적 진리론이나 경험적 결과론에 치우친 견해라고 할 수 있겠다. 그 어느 것이든 충분한 연구결과를 토대로 한 學理·學說이라고 보기 어렵다. 그리고 이들 견해가 비록 민족과 역사에 대한 깊은 관심과 애정에서 제출된 것이라 하더라도 그것이 역사상의 진실을 잘못 파악하거나 왜곡한다는 혐의도 없지 않다.

전자는 한국의 유교를 역사적 문화적 실체로 보지 못하고 추상·관념의 절대가치로 끌어올리는 독선에 흐르기 쉽고, 후자는 역사·문화의 비교우열론에 매몰되거나 민족사와 그 문화전통의 단절을 당연시하는 자기부정·자기비하의 모순에 빠지기 쉽기 때문이다. 어느 것도 자기정체성을 확립하는 올바른 인식태도는 아닌 것이다. 결국 과거의 유교전통을 재인식하여 새롭고 생산적인 대안을 찾아내려면 엄연한 사실을 외면하거나 자기합리화에 급급하기보다는 객관적 실제에 접근하며 자기성찰에 투철한 태도가 먼저 요청된다고 하겠다. 긍정론 아니면 비판론이라는 양극단에 몰려있는 듯한 유교·주자학에 대한 인식의 중간접점, 즉 균형점에 힘을 실음으로써 전통의 극복과 계승이라는 양면의 과제를 달성하여야 할 일이다.

하여튼 전통유교를 바라보는 시각이나 태도가 이렇게 서로 엇갈리는 가운데서도 유교에 대한 사회 일반의 관심은 더욱 높아지고 있다. 관련 학계 또한 연구의 대상이나 접근방식을 다양하게 모색하며 그 이해의 폭과 깊이를 더해가고 있다. 요즘에는 '유교자본주의'라거나 '유교민주주의'라는 말이 귀에 설지 않게 되었는데, 이렇게 '유교'를 덧붙인 학문술어가 거듭 등장하는 까닭은 아무래도 동아시아 한자문화권에서 일어나는 사회·경제적 변화와 발전을 유교와 관련해서 설명하지 않으면 안 된다는 인식 때문이다. 그런가하면 孔子를 내세워 새로운 고등종교로 만들어가려는 움직임도 일고 있다.

이러한 현상은 일단 국제화·세계화의 논의가 사회 전반을 휘몰아가는 최근의 분위기와 밀접한 관련이 있는 것으로 보인다. 즉, 막 21세기에 접어든 지금 세계는 냉전질서가 무너지고 이를 대신해서 대외개방과 교류의 확대를 근간으로 하는 새로운 국제관계가 만들어지는 시작단계에 있다. 그리고 이런 흐름 속에서 지역·국가 사이의 정치적 경제적 거리는 한층 좁혀지고, 온갖 문화와 지식정보의 공유관계가 더욱 긴밀해지고 있는 것이다. 이를 다른 각도에서 보면 세계 각 민족·국가들은 자기정체성의 위기를 느끼고 있는 것이며, 그런 가운데서도 이 흐름의 주도권을 장악하려고 치열한 경쟁을 늦추지 않고 있는 것이기도 하다.

한국도 여기에서 결코 예외일 수 없는 처지에 있다. 더구나 한국은 과거의 역사·문화·전통에 대하여 일정한 정리·계승 작업이 채 가닥이 잡히기도 전에 밖으로부터 다시 새로운 도전에 직면하게 된 셈이므로, 오히려 더 다급하고 불리한 상황에 놓인 것이기도 하다. 이를테면 지난해『공자가 죽어야 나라가 산다』는 제목이 붙은 책이 몇 달 동안이나 베스트셀러였다는 소식이 이를 잘 말해준다. 여기에서 그 책의 구체적인 내용을 들어 주장의 타당성 여부나 학술적 가치를 따질 겨를은 없지만, 제목만 보아도 문제를 지나치게 단순화하고 통설을 무시해버린 느낌이 든다. 그러나 필자는 한국의 역사·문화·전통·고전인 유교에 대해 독자들이 무엇을 궁금하게 생각하며 왜 그런가, 따라서 어떤 식으로 대답하는 것이 독자들의 기대나 관심에 부응할 수 있을지를 분명히 파악한 듯하다. 만약 이런 점으로 해서 책이 그토록 많은 독자들의 호응을 얻었다면, 이를 통해서 우리는 현대 한국인들은 유교문제에 지대한 관심을 가지고 있다는 것, 따라서 유교에 대해 그 나름의 정리된 지식이나 이해를 가지려고 한다는 것, 그런 만큼 아직은 유교에 대해 부담감을 가지고 있으며 그로부터 자유로운 정서가 아니라는 것, 그렇다면 이제 그 유교의 실체를 바로 인식함으로써 그 질곡에서 해방될 수 있을 뿐만 아니라 그것을 현대 한국문화의 주요 요소로 자연스럽게 받아들이는 일이 남아있다고 말할 수 있겠다.

우리는 여기에서 일단 연구자·학계와 정부를 향하여 한국 유교의 현실이 이렇게 되어버린 책임을 물을 수 있을 것이다. 그러나 더 근원적으로 따지면 앞에서 잠깐 언급했듯이 한국의 역사와 유교문화의 실상 자체가 이미 오래 전부터 이처럼 복잡하고 애매한 조건에 놓여 있었기 때문이기도 하다. 그렇게 보면 이제 현대 한국의 유교문제는 어느 누구에게 떠넘기거나 모른 채 방치해둘 일도 아닌, 우리 모두의 과제라는 사실이 분명하다.

요컨대, 유교·전통에 대하여 믿고 공감할 만한 학계의 연구결과가 나오기만을 기다리고 있기보다는 여기에 관심을 가진 우리 독자들 스스로 그 속에 들어가 내용을 직접 살피고 생각할 수 있는 기회를 가질 필요가 있을 것이다. 또한 연구자·학자들에 의해 걸러진 내용이나 주장을 일방적으로 받아들이기보다는 오히려 저마다 스스로 해석자·판단자가 됨으로써 우리의 전통·유교에 대해 다양하고 풍부한 견해를 제출할 수 있을 뿐만 아니라, 그런 가운데서 더 많은 사람들이 공감할 유교·전통의 바람직한 이해에 도달할 가능성도 커질 것이다.

우리가 직접 유교의 전통과 고전에 눈길을 돌려 스스로의 안목으로 그 내용과 의미를 읽어내는 체험을 쌓아야할 이유는 또 있다. 중세 이래 동아시아 한자문화권에서 이룩한 학문·사상·문화 방면의 두드러진 성과를 꼽는다면 아무래도 주자학이 첫째일 것이다. 잘 알려진 대로 주자학은 인간·사회·자연과 그 상호관계를 통일적 정합적으로 설명하는 데 탁월한 이론체계를 마련하고 있다. 또 창조자·섭리자인 神을 표방하지 않는 세계관·인간론의 경우를 들자면, 이 또한 주자학에서 찾아야 한다는 데 별 이의가 없을 것이다. 주자학이야말로 중국문명·한자문화가 이룩한 중요한 성과임에 틀림없다.

그런데 주자학을 국가·사회의 지도이념으로 수용하여 철저히 실행에 옮김으로써 유교문화의 전형을 현실에서 구현한 사례로는 역시 한국을 빼놓을 수 없을 것이다. 이런 점을 고려하면, 주자학을 기반으로 한 한국의 유교문화는 바로 동아시아의 한자문화·유교문화라는 보편성을 띤 것이라 하겠다. 다시 말하면 동아시아 유교문화의 진면목은 일정하게 한국의 그것을 통해서도 확인되며, 그런 뜻에서 한국문화는 동아시아문화를 대변하는 위치에 있다고 할 수 있다. 이것은 나아가 한국문화가 세계문화에 기여할 수 있으려면 한국의 유교적 전통에 주목해야 한다는 뜻도 된다. 우리가 유교를 역사·문화·전통에 대한 논의의 중심에 내세우는 이유, 그리고 우리 스스로 유교 고전의 독자이며 해석자가 되어야 할 까닭이 바로 여기에 있는 것이다.

2. 양반문화와 詩·書·文集

　앞에서는 주로 한국·한국인의 정체성이 유교문화·유교전통의 올바른 인식에서 비롯된다는 점을 확인했다. 한국문화가 세계문화에 당당하게 기여하며 한국 사람들이 풍요롭고 고상한 삶을 꾸려가는 길 또한 그러한 자기정체성에서 찾아진다고 보았다. 이제『朱書百選』을 현대 한국어로 옮기는 목적도 여기에 있음은 물론이다. 유교의 세계를 제대로 이해하려면 먼저 그 고전이 간직하고 있는 인간과 사회의 모습, 삶의 방식과 지혜, 그 가치에 대해서 알아야 하고, 다음엔 그것이 산출해낸 문화의 실상을 지금 우리의 눈으로 직접 찾아 나서지 않으면 안 되기 때문이다.『주서백선』은 말하자면 그러한 유교의 세계를 답사하려는 독자들이 거쳐가야 하는 중요 과정이자 아주 절실한 안내서 가운데 하나라고 할 수 있으며, 유교시대 나름의 학술·사상·문학의 특징을 드러내는 대표적인 산물이라고 해도 좋을 것이다.

　빠르고 복잡하게 변화하는 지금의 디지털시대에, 800여 년이나 된 옛 문헌을, 더구나 200여 년 전 조선의 有識者들이 재편집한 내용 그대로 번역해내는 이유가 무엇인지 조금은 짚어볼 필요가 있을 것이다. 또 문득 이 책을 집어든 독자들이 당황하지 않고 인내심을 발휘하여 책장을 넘겨볼 수 있도록 약간의 실마리라도 제공하는 일은 번역자가 떠맡아야 할 당연한 몫이라 하겠다. 그런 뜻에서 이 책이 만들어진 배경, 담고 있는 내용, 정치·사상·문화와 관련된 의의를 먼저 살펴보기로 하자.

　『주서백선』은 주자학이 만들어낸 학문·문화의 산물이다. 주자학은 흔히 ‘새로운 유교’(新儒學)라고도 한다. 물론 저 秦나라 이전의 유교가 역사발전의 흐름 속에서 새롭게 변용된 것이라는 뜻이다. 즉 漢唐의 시

기를 거치며 정치·사회 사상으로서 그 입지를 확대해오던 유교가 唐
宋교체라는 역사적 전환과정을 반영하는 새로운 시대의 학풍·사상으
로 재정립된 것이다. 주자학은 理氣論·人性論을 근간으로 하여 우주와
인간을 통일적 완결적으로 설명하는 철학사상으로 체계화된 점에서, 단
순히 사회·정치론, 수양론의 수준에 머물렀던 종래의 유교와는 차원을
달리하게 되었다. 이렇게 유교가 宋代에 이르러 朱子에 의해서 性·理
의 개념을 중심으로 한 본원문제로부터 개인의 행동양식에 이르는 새
로운 사유체계로 집대성되었기에 性理學·理學, 또는 宋學·朱子學이
라고 부른다.

  이미 말한 대로 주자학은 조선시기의 유일한 國定敎學이었다. 국가·
사회를 이끌어가는 원리는 물론이고 사람들의 생각과 행동의 준거가
모두 주자학의 가르침에서 나왔던 것이다. 官人·儒者들은 오로지 유
교·주자학만을 지식과 교양으로, 학술과 문예로, 그리고 문화로 받아
들이고 익힘으로써 유교 일색의 사회를 만드는 데 앞장섰다. 유식자로
행세하거나 과거에 합격하여 벼슬길에 나서려면(立身揚名) 주자학이
안내하는 유교의 지식과 교양을 쌓는 데 몰두해야만 했기 때문이다. 그
리하여 불교와 도교 등 유교를 제외한 다른 종교나 사조는 나라에서 법
으로 막지 않더라도 사람들이 거의 관심을 두지 않게 되었다. 흔히 말하
는 조선의 '선비정신'이나 양반문화란 이렇게 해서 굳건히 뿌리내리고
오랜 동안 지속될 수 있었다.

  지식과 교양이라는 면에서 보면 양반문화의 핵심은 아무래도 '古典
연구'와 '詩文 짓기'에 있었다. 좋은 詩와 文章을 많이 읽고 외워서 스스
로 시문을 잘 짓는 文士가 되는 것, 개인의 일상이나 사회관계를 모두
시문으로 표현하고 정리하는 것, 그리고 과거시험에서는 그렇게 해서
닦은 文藝의 재능을 한껏 발휘하는 것, 이것이 양반·식자들의 소망하
는 바였고 마침내 이룩해낸 성과라고 할 수 있다. 經·史·子·集의 四
部로 분류되듯이 유교의 經書와 歷史와 諸子百家와 文集에 이르도록

독서의 범위가 넓고 다양했던 것은 이런 이유 때문이기도 했다.

　하지만 조선의 유자들은 四書·三經과 『通鑑節要』·『近思錄』·『心經』·『朱子大全』을 익히는 것이 거의 전부였는데, 그나마 이는 모두 주자가 주석을 내고 편집한 것이거나 주자 자신의 문집이었다. 말하자면 諸子書·詩文·詞章學보다는 유교·주자학의 敎義를 밝히는 講經, 經學을 더 중시한 것이었다. 修己治人·至治·道學·義理 등이 강조되었던 것도 이러한 講經 중심의 경향과 무관하지 않았다. 한마디로 주자학 존숭의 풍조를 그대로 드러낸 것이며, 이는 조선 주자학 나름의 특징이라고 할 수 있다.

　그렇다고 관인·유자들의 시문활동이 폐지되거나 시문의 가치가 무시된 것은 결코 아니었다. 오히려 주자학의 本義를 인간 내면세계에 호소하고 평소의 情操를 그 본의에 부합시켜 표현하기 위해서도 시문의 존재는 필요했다. 아마 주자학에서 시문의 기능은 ‘道文一致’나 ‘載道文學’이라는 말에서 잘 드러난다고 할 수 있을 것이다. 요컨대 시문을 익혀서 활용하기에 힘쓰되 개인의 자유롭고 독특한 정조나 기예를 표현하는 수단에 그치지 않고, 시문은 주자의 가르침을 절실하게 이해하고 받아들이는 방편이어야 했던 것이다. 여기에 주자학을 심화하는 방법의 일환으로서 주자 방식의 시문을 중시해야 하는 분명한 계기가 있었다.

　또 경서를 제외한다면 주자학에서 이상으로 여기는 시문, 즉 문학의 典範은 아무래도 주자의 글에서 찾아야 자연스러운 일일 것이다. 주자는 주자학을 완성시킨 대사상가인 데다, 후대의 유자들은 그를 聖人의 반열에 올릴 정도로 존숭했기 때문이다. 주자가 평생에 걸쳐 작성한 시문들은 『朱文公文集』에 잘 정리되어 있다. 그것은 거의 70여 년 동안 3차에 걸쳐 正集 100권, 續集 11권, 別集 10권, 모두 121권의 방대한 분량으로 완성되었다. 주자학자들은 이 문집을 다른 유자들의 그것과 구분하여 『朱子大全』이라고 높여 불렀다.

　14세기 후반쯤엔 고려에도 『주자대전』이 알려졌던 것 같다. 조선왕조 성립의 주역 가운데 한 사람인 鄭道傳(?~1398 ; 三峯)이 그의『經濟文鑑』이라는 책에서『주자대전』의 내용을 수없이 인용하고 있는 것을 볼 수 있다. 그러나 그것이 빠른 속도로 양반지식인 사회에 보급되지는 않았던 것 같다. 주자학의 대가 李滉(1501~1570 ; 退溪)이 말로만 듣던 『주자대전』을 직접 얻어 보고 감탄했다고 한 것이 그의 나이 40세 때의 일이고, 나라에서 그 책을 인쇄하여 널리 반포하기로 한 것도 바로 그 무렵(1543년, 중종 38)이었기 때문이다. 이로 미루어 보면 조선의 유자들이『주자대전』을 본격적으로 공부하기 시작한 것은 아무래도 16세기 중엽 이후라고 하겠다.

　요컨대 관인·유자들은『주자대전』을 통해서 주자가 터득한 유교의 敎義(經學)와 함께 주자 文學의 정수를 직접 익힐 수 있었고, 또 그렇게 하는 것을 양반사대부로서 실행해야할 가장 소망스러운 일로 여겼다. 이렇기 때문에『주자대전』이 '고전 연구'와 '시문 짓기'에서 나온 성과를 구체적으로 남기는 문집의 전범이 되는 것은 너무도 당연했다. 조선의 양반사대부들이 사서·삼경과 함께『주자대전』을 尊信해 마지않은 이유 또한 여기에 있었다.

　두루 알려진 사실이지만 조선시기만 하더라도 '學者'로 일컬어지는 것을 어지간한 벼슬보다 더 영예로운 일로 여겼는데, 이러한 학자로 이름이 나려면 학식과 품행이 남달라야 함은 기본이고 따로 제자를 기르고 문집을 남겨야 했다. 양반·식자 사회에서는 자기 조상이나 선생이 남긴 시문을 수합하여 품격 있는 문집으로 간행하는 일이야말로 후손·제자된 자의 도리였고 인생의 큰 사업이었다. 이런 까닭에 사람들은 뒷날에 문집으로 정리될 만한 학문성과나 시문작품을 남기는 일에 평소부터 마음을 쓰지 않을 수 없었다. 그리하여 문집의 有無는 개인이나 가문의 지체를 드러내는 하나의 기준이었으며, 실제로 문집의 가치나 중요도는 그 주인공의 학식과 인품은 물론이거니와 관직, 출신가문, 학연, 그리고 정치적 영향력 등 여러 사회적 요인에 따라 천양지차가 나게 마련이었다.

　문집에는 그 주인공이 작성한 글들이 詩·疏箚·書·雜著·序·記·跋·祭文·碑文·墓表·墓地銘·行狀 등 여러 형식으로 분류되어 일정한 순서에 따라 실리게 된다. 편목의 설정, 내용의 刪削, 싣는 순서 등의 일은 물론 자손·문인인 편집자들이 의논해서 하게 되어 있지만 거의 선생·선배들이 해오던 방식을 따르게 마련이다. 그렇더라도『주자대전』의 體裁가 먼저 고려해야 할 기준이었음은 두말할 나위도 없었다. 개중에는 주자 문집의 체재를 따르지 않고 자기 나름의 개성 있는 편집방식을 취한 것도 더러 있으나, 이 또한 주자와 취향을 달리해서라기보다는 글의 종류와 내용이 빈약하거나, 특정 주제에 치우친 사정 때문에 할 수 없이 전범을 벗어난 별종의 문집이 된 경우라고 할 수 있다. 또 편집하는 과정에서 글의 일부를 깎고 잘라버리는 일은 있어도 加筆 수정은 피하는 것이 보통이다. 글 전체를 통째로 빼버리고 싣지 않는 일도 흔히 있는데, 이는 문집의 체재에 어긋나는 것이거나, 筆禍·분란을 일으킬 소지가 있는 것이기 때문이었다. 사실 아쉬운 일이지만 문집의 글에서는 개인의 내면적 정감이나 사건의 이면사실, 구체적인 일상에 관한 개성 있고 흥미로운 내용을 찾아보기 어렵다. 특히 조선시기 문집이 그렇다. 유교의 엄정한 도덕주의, 형식 숭상의 분위기가 문집에도 그대로 반영된 것이라 하겠다.

　그럼에도 불구하고 문집의 가치를 가볍게 볼 수는 없다. 거듭 말하거니와 유교·주자학의 세계, 양반문화의 특징은 그들 유자들이 작성한 문집을 통해서 파악되는 것들이 너무도 많고, 이러한 양반문화의 속성이야말로 조선사회와 그 문화의 실상을 구체적이고 특징적으로 보여주기 때문이다. 문집에는 관인·유자로서 지니는 고전 이해의 수준과 경향, 학문연구의 성과, 사회·정치적 견해, 그리고 문학적 감성과 취향 등이 여러 가지 형식의 詩文 작품으로 실려 있는 것이다. 오늘날의 시·서간·수필·소설·전기·여행기·일기·보고서·논문 등 문자생활의 수많은 형식과 내용이 문집에 포괄되어 있는 셈이다. 그러니 유교문화의 세계를 답사해보려면, 그리고 그 고상한 전통을 되살리는 새로운 방안을 찾으려면 문집을 일차적인 자료로 삼지 않으면 안 될 것이다.

이러한 이유로도 문집에서 가장 빛이 나고 비중이 큰 부분은 詩와 書(書札)가 아닐 수 없다. 시 짓기와 편지 쓰기는 사대부·식자들이 평소의 抒情은 말할 것 없고, 家事·親交·世情·학문·벼슬살이 등등을 읊고 서술하여 드러내는 방편이었기 때문이다. 그것이 그들 개인을 표현하고 서로를 맺어주는 보편적이면서도 고상한 수단이었음을 생각하면, 양반문화에서 이보다 더 크고 중요한 일거리는 별로 없었을지도 모른다. 이를테면 일상의 생활에서 心身을 가다듬거나 여가를 즐기는 방법으로 역시 그들의 전유물이나 다름없었던 揮毫·水墨을 익히는 일이나, 활로 과녁을 겨누고 琴瑟을 타는 것이나, 山川景勝을 유람하는 일 등과 비교해보아도 그렇다. 아마 시 짓기와 편지 쓰기야말로 修己治人을 앞세우는 주자학의 세계, 여기에서 거의 한 걸음도 벗어나기 어려웠던 관인·유자들에게는 생애의 필수불가결한 부분이었을 것이다.

3. 조선 儒者들의 朱子 편지글(書) 연구

『주자대전』에 주목하는 조선의 유자들은 그 가운데서도 주자의 편지글(書·書札)에 더욱 마음을 쏟았다. 주자에 관한 한 유달리 편지글을 중요시한 데는 앞에서 말한 양반사대부들 일반의 경우와는 또 다르게 그럴 만한 까닭이 있었다. 주자의 편지글은 그 속에 그의 사람됨, 학문과 사상, 사회·정치 참여 등에 대해서 詩나 여타 다른 문헌보다 더 구체적이고 절실한 내용을 담고 있기 때문이라는 것이다. 이는 뒤에도 말할 기회가 있겠지만 선진의 학술을 수용한 조선 주자학의 특징과도 관련이 깊다. 즉 주자를 한 사람의 뛰어난 인간, 성인으로 여겼으므로 비록 직접은 아니지만 지고의 스승에게 가르침을 받는다는 믿음으로 그의 생각과 행동까지도 그대로 따라 배우려했다는 사실이다. 뿐만 아니라 주자학의 학문체계를 익히는 데는 사서·삼경에 베푼 주자의 친절한 註釋이 기본이지만, 다른 한편으로는 편지를 통해 소상하게 설명하고 있는 그의 자상한 敎說이 학자들의 관심을 끌기에 충분했다는 사실을 꼽을 수 있을 것이다.

주자의 편지는 그가 26세 때 쓴 것부터(시는 22세 때의 것부터) 문집에 실려 전해지고 있다. 그는 71세로 죽기 하루 전날까지도 편지를 썼고 그렇게 해서 문집에 전해지는 것만 해도 2천 3백여 편이나 된다. 실제로는 그보다 훨씬 많이 작성되었으리라고 짐작하기 어렵지 않다. 간단한 문안편지가 있는가 하면, 본격적인 논문을 방불하게 하는 긴 학설논쟁이나 정치비판의 편지도 한둘이 아니다. 스승·선배·동료·후진·제자 등 학문적 동지들과 담론하는 것이 대부분이지만 학문적 論敵, 정부의 고관, 지방관리, 학교의 齋生, 원방의 학자 등 편지를 보낸 대상도 다양하다. 또 편지는 먼저 보낸 경우도 적지 않지만 거의 대부분은 답장으로 쓴 것이다.

내용은 더욱 다채롭다. 문집 편찬자들은 편지를 時事出處·問答論事·問答·辨答 등으로 분류하였지만, 주자는 공부하는 학자의 태도와 공부할 내용과 방법에 대해서는 거의 모든 편지에서 강조하고 있다. 크고 작은 일상의 범절이나 관혼상제의 儀禮에 관한 것에서부터 우주와 생명 생성의 이치에 이르기까지 논의의 범위는 넓고 크다. 그런가 하면 민생·국방·賦稅·재정·교육·官紀·風俗 등등 개인·사회·정부·국가의 항상적인 과제에 대해서도 정확한 실상의 분석·비판과 함께 구체적인 해결방안을 제시하고 있으며, 비뚤어진 世態를 누누이 지적하면서 이를 바로잡아야 할 識者·治者의 道理를 상기시키기도 했다. 또 학문적 정치적 경쟁자·반대자들과 벌인 論戰에서는 월등한 식견과 냉철한 논리로 베를 짜듯이 자기 주장을 엮어간다. 語調는 늘 침착하고 겸

손하되 칼끝처럼 예리하고 단호해서 결코 是非曲直을 흐트러뜨리는 법이 없다.

하찮게 보이는 질문 편지에도, 잔잔한 존경이나 우정의 문안편지에도 조금도 소홀함이 없이 친절히 응대하는 마음씀씀이며, 어려운 친척들을 돌봐주고 자제들의 학업과 장래를 자상하게 이끌어주는 정감 어린 모습이 그린 듯이 드러난다. 주자의 평생에 걸쳐 이루어진 일상적인 삶과 학문·사상 그리고 교우·벼슬살이, 이 모든 것이 그의 편지글에 자세히 담겨있다. 때문에 주자를 이해하고 주자학을 연구하려면 그의 편지글에서부터 접근하는 것이 지름길이 아닐 수 없었다. 마찬가지로 주자학의 학문세계와 이를 따라 배운 유자·선비들의 생애와 그들이 이룩한 유교사회·유교문화를 직접 답사해보려고 하는 오늘날의 독자들에게는 이보다 더 적합한 안내서를 찾기 어려울 것이다.

주자의 편지글을 중심으로 한 주자학의 연구에서 16세기 중엽 李滉이 작성한『朱子書節要』(20권 10책, 목판본)는 그 효시이자 하나의 획기적 편찬서였다. 이황은 그 서문에서 먼저, "(유교)경전의 올바른 의미를 밝혀 천하 후세 사람들을 가르친 공로는 귀신에게 물어보아도 의심할 나위가 없고 뒷날 성인이 다시 나오더라도 달리 할 말이 없을 것"이라고 주자를 내세웠다. 그리고 이어서 주자의 문집은 "그 말이 매우 맛이 있고 그 이치가 진정 무궁하다"하고, 그 가운데서도 특히 편지글은 "마치 대지가 실어주고 바다가 적셔주듯이(地負海涵) 모든 사물을 포용하여 그 안에 없는 것이 없다"고 칭찬하였다. 그는 특히 주자의 편지글들은 "그 내용을 듣기만 해도 (주자의 생전에) 직접 앞에 앉아 가르침을 받는 것과 같을 것"이라 하고, 이런 점으로 해서 이 글들을『論語』에 비견할 수 있다고 보았다.

그러나 이황의 생각에 그 글들은 요령을 파악하기 어렵고 분량이 너무 많아서 이를 탐구하는 사람들에게는 부담이 되는 흠이 있었다. 그리하여 자신의 판단에 따라 "학문에 관련이 깊고 일상생활에 절실히 적용할 내용을 뽑아” 본래의 3분의 1 정도로 줄여 새로 엮게 되었다.『주자서절요』는 이렇게 해서 생겨났다. ‘節要’란 원문을 자르고 생략해서 분량을 줄이되 글의 취지를 손상하지 않고 분명히 전달할 수 있어야 했다. 원전을 정확히 이해하는 위에서 일정한 기준을 세워 착수해야 하는 어려운 일이었다. 필요하면 원전을 그대로 두기도 하지만, 글의 머리나 허리 또는 꼬리의 일부분을 한두 곳 아니면 여러 곳을 자르게 되는데, 어떻게 하든 오직 글을 어떻게 이해하느냐는 판단에 따를 문제였다. 아마 이황은 당시 이런 방식의 주자학 연구에 가장 적합한 학자였을 것이다. 그렇지 않다면 그의『주자서절요』가 그 뒤 수백 년을 두고 조선 주자학계의 주요한 학문성과로 남아있지는 못했을 것이기 때문이다.

이렇게 이황으로부터 시작된 주자 편지글의 연구는 일단 주자와 주자학의 세계로 들어가는 통로 구실을 했는데, 이것이 점차 조선 주자학의 한 특징이자 학술연구의 전통을 형성하게 되었다. 그리고 19세기 말 왕조의 命運이 다할 때까지도 이러한 경향은 줄기차게 이어졌다. 또 그것은 주자학이 당시의 주류사상이었을 뿐만 아니라 國定敎學이었으며, 때문에 제일류의 신분과 두뇌의 소유자들이 몰두하는 조건 아래서 이루어진 일이기도 했다. 주자의 편지글에 대한 관심과 연구는 그 자체만이 아니라『주자대전』전체를 대상으로 한 것과 병행해서, 또는 주자 註釋의 經書와 그의 語錄을 정리한『朱子語類』등 주자 문헌 전체를 범주로 하는 것과 관련해서 수행되었다. 그런가 하면 家學으로 이어가거나 學淵·당파로 나뉘는 계보를 따라 연구되기도 했다.

그것은 아무래도 학파의 형성이 빨랐던 이황 문하의 영남학파에서 먼저 활발했다. 그의 제자인 李德弘(1541~1596 ; 艮齋)은『주자서절요』의 주해서라고 할 수 있는『朱書節要講錄』(8권 1책, 필사본)을 편찬했는데, 이 책은 중국의 관제나 지방풍속에 관해서 간략히 설명하거나 주자학의 주요 술어·개념에 대한 해설을 베풀었으며, 인용문의 出典과 역사적 사실의 典故를 명시한 것이었다. 본문에는 다시 이두문이나 한글로 토를 붙이고 해석을 보이기도 해서, 이 책은 비록 분량은 적었지만 주자 편지글의 이해를 위한 길잡이의 효시가 되었다. 또 柳成龍(1542~1607 ; 西厓)에게 배워서 이황의 학문을 접하게 되었던 鄭經世(1563~1633 ; 愚伏)는『朱文酌海』(16권 8책, 목판본)를 만들었다. 이는『주자서절요』와 중복을 피하여 주자의 封事·奏箚·議狀·雜著·序跋·記 등에서 긴요한 부분의 글을 뽑아 엮은 것이다. 이로써『주자대전』의 이해와 관심이 편지 글에 그치지 않고 문집 전체를 대상으로 확대되어가는 사정을 알 수 있다. 그 뒤에 나온 것들로서 李栽의『朱書講錄刊補』와『朱全集覽』, 柳慶輝의『紫陽文集註解』, 柳致明의『朱節彙要』등은 모두 이황 연원에서 先學을 계승하고, 영남 남인 계통의 정치적 사상적 결속을 다짐하는 방법의 일환으로 수행한 주자학 연구작업의 성과라고 할 수 있다.

서인-노론계의 호서학파에서는 영남학파, 특히 동인-남인계보다 좀 뒤늦게 주자의 문헌 연구에 착수했던 것으로 보인다. 이는 그들이 처음에 李珥(1536~1584 ; 栗谷)의 학풍에서 영향을 받았던 탓인지도 모른다. 이이는 이황보다 한 세대나 후배였고 벼슬살이와 經世策에 치중하는 대신 주자 자체의 연구에는 다소 소극적이었기 때문이다. 그러나 그들도 倭亂과 胡亂의 수습과정과 仁祖反正을 통해서 중앙의 정계와 학계를 장악한 뒤부터는 宋時烈(1607~1689 ; 尤庵)과 그 지지자들에게서 보이듯이 주자 연구에도 적극적인 태도로 나섰다. 그들이 정국을 주도하는 방편으로나 양반 중심 질서의 안정을 위해서는 주자와 주자학의 기치를 더욱 선명히 내세울 필요가 있었던 것이다.

아마 그 시초의 본격적인 연구작업은 金長生(1548~1631 ; 沙溪)을 통해 이이의 학문에 연결되는 趙翼(1579~1655 ; 浦渚)의『朱書要類』(12권 6책, 목판본)일 것이다. 이것은 이황의『주자서절요』를 참고하여 주자의 편지에서 가려 뽑은 것이면서도 그 내용에 따라 여러 편목으로 분류하여 엮은 점에 특징이 있었다. 즉 책머리의 自序를 비롯해서 爲學·讀

書・講義・持守踐履・義理・進退辭受・居官處事・師友門人 등의 실천에 관한 것과 理氣性命・格物・性情心術・道理・禮制・時務・闢異端・古人行事 등 學理와 故事에 관한 내용으로 분류한 것이다. 이러한 朱子書의 내용 분류방식은 15세기 초에 명나라에서 작성된『性理大全』의 전례가 있기는 하지만, 그렇더라도 이것은 서인・호서학파의 독특한 주자학 연구방법이 되었다. 이 전통은 그 뒤 18세기 중엽에 이르러『朱書分類』(54권 54책, 필사본)로 집대성되었다.

『주서분류』는 물론 서인―노론―湖論으로 이어지는 당파・학맥에서 이룩한 성과인데, 아마 조선시기에 작성된 주자학 연구문헌으로는『朱子大全箚疑輯補』와 함께 최대 분량일 것이다. 편찬자 姜浩溥(1690~1778 ; 四養齋)는 송시열의 孫弟子인 韓元震(1682~1751 ; 南塘)의 제자로서 60세가 넘어 비로소 과거에 급제할 때까지 오직 이 일에 평생을 보낸 선비였다. 이 편집물은 주자학의 주요 개념을 여러 단계의 관련 항목으로 체계화하고 이를 기준으로 주자 문헌의 분류를 시도한 점에서 주목된다. 예컨대, 理氣・太極을 비롯하여 理氣先後・理字訓義・天地・天文・四時・渾天儀・曆法・氣數・道器・陰陽・體用 등은 그 가운데 일부인데, 계통적인 분류방식을 도입하여 索引으로도 활용할 수 있게 했다. 문헌정리를 위한 집요한 시도가 엿보인다. 앞서 조익이 설정한 단계에서 한층 진전된 수준임을 쉽게 알 수 있다.

사실 조선시기 주자학 연구는 주자 문헌의 정확한 이해, 또는 의미파악에 집중하는 것이었으므로 원전에 대한 개인의 자유로운 비판이나 새로운 해석은 거의 배제되었다. 敎條 학문만이 인정되었던 중세기 일반의 현상이었던 셈이다. 그러니 학문활동의 성과라는 것도 개인의 시문집을 제외하면 문헌의 정리・편찬이나 典故의 考證에 관한 것들뿐이었고, 그나마 대개는 정부사업으로 이루어지고 있었다. 영남학파나 호서학파를 막론하고 이러한 경향에서는 마찬가지였다.

그런 가운데서도 서인・노론 학파에서는 주자 문헌의 분류・정리에만 머무르지 않았다. 그들은 적어도 두 가지 면에서 영남·남인 학파보다 더 적극적인 성과를 거두었다고 할 수 있다. 첫째로, 송시열과 한원진이 세대를 이어가며 완성한『朱子言論同異攷』(6권 3책, 목판본)는 주자의 文集·語類·集註의 여러 곳에서 드러나는 논의의 불일치를 해소하고, 또 初年과 晚年의 시차에서 생기는 표현·의미의 차이를 수습해서 그 定論을 세우려는 시도였다. 이는 말할 것도 없이 논자들 사이의 異論·雜說을 모두 차단하고 正學인 주자학의 지위를 재확인하려는 주자학 정통주의의 견해를 잘 드러내는 일이었다. 둘째로,『주자대전』전체의 정확한 이해를 돕기 위한 본격적인 주석작업이『朱子大全箚疑』(121권 17책, 목판본)라는 이름으로 시작된 것이다. 이 또한 송시열이 그와 학연이 있는 많은 후진 학자들을 참여시킨 것인데, 거의 200년 동안이나 여러 경로로 사업이 계승되다가 마침내 19세기 중엽 衛正斥邪派로 잘 알려진 李恒老(1792~1868 ; 華西)·李峻 부자가 이를 모두 수합하여 앞서 말한 巨帙의『朱子大全箚疑輯補』(121권 70책, 초고본)로 완성하였다. 셋째는, 조익의『주서요류』에서 시작해서 강호보의『주서분류』로 전개된 주자 문헌의 분류·색인 체계의 수립을 꼽을 수 있다.

　적어도 이들 세 가지 연구·편찬 작업으로 해서 서인-노론 계열에서 추구한 주자서·주자학 연구가 집대성되었을 뿐만 아니라, 그들의 시각으로 영남·남인 주자학의 성과까지도 수용함으로써 조선 주자학을 자부하는 의의를 지니게 되었다. 그리하여 이 작업은 국내는 물론이고 한·중·일 삼국 가운데서도 유례가 없는 주자학 연구의 커다란 성과이자 특징이 되었다. 그러나 이는 주자학 一遵의 정통주의라고 해야 하는데, 주자를 聖人視하고 그 문헌을 經典視하는 태도가 아닐 수 없었다. 이러한 정통 주자학의 완고함이야말로 조선 후기의 사회·경제·학술·문화 등 여러 방면에서 줄기차게 일어났던 변화와 발전의 기운을 억압하는 결정적 질곡이 되었음을 부정하기 어려울 것이다.

4. 正祖의 학문활동과『朱書百選』

18세기에 이르면 사회 전반의 변동과 발전의 흐름을 타고 중인·서민들 가운데서도 그들의 성장한 경제력을 기반으로 종래 양반들이 독점하던 교양과 지식의 세계를 밀치고 들어갈 뿐만 아니라 벼슬에 나서는 사람들도 나오게 되었다. 이는 양반처럼 교육을 받아 고급문화를 누리며, 학문에 종사하고 우대받는 신분으로 발돋움하려는 그들 중인·서민들의 부단한 욕구가 점차 증대하여 정치·사회적 압력으로 떠오른 현상이었다. 영조·정조 시기에 신흥 상공인층이 등장하고 '庶孼許通' 문제가 정치·사회 현안으로 제기되는 사정은 이를 잘 반영하는 것으로 볼 수 있다. 이는 주자학이 아직 유일한 교양이자 학문으로서 그 저변을 더욱 확산해가는 것이며, 주자학의 서민화가 그만큼 진전된 현상이라고 할 수 있을 것이다. 특히 이러한 저변화·서민화는 비록 한쪽에서 시작된 것이라 하더라도 유교·주자학 자체의 성격이 변화하거나 새롭게 분화하는 것으로 보지 않을 수 없는 측면이 있다. 이 시기 實學이 발흥하고 그 학풍이 다양해지는 현상 또한 결코 이와 무관하지 않기 때문이다.

『주서백선』이 만들어질 무렵, 주자와 주자학에 관련해서 주목할 만한 몇 가지 정황은 여기에서 그치지 않는다. 영조나 정조, 특히 정조에게서 보이듯이 군주 스스로 주자학을 본격적으로 연구하고 적극 장려할 뿐만 아니라, 이를 통해서 쇠약해진 왕권을 확립하고 사회·정치적 개혁도 시도하게 되었던 것이다. 그 전에는 양반사대부들의 전유물이나 다름없었던 주자학이 이제 君王 스스로 연구에 몰입하고 군왕 중심으로 활용하는 대상이 되고 있는 데서 이 시기 주자학의 동향, 정계·학계의 새로운 분위기를 발견할 수 있다. 大同法·均役法이 실행되는 것과 함께, 蕩平論이 활발하게 전개되고 蕩平政治가 꾸준히 모색되고 있었던 사실이야말로 그 구체적인 증거일 것이다.

잘 알려졌듯이 탕평정치란 학연·당파로 나뉘어 갈등 파행하는 相剋

의 정치를 지양하고 관용과 타협의 정신을 발휘하여 相生의 정치를 실현하자는 것이었다. 이는 단지 파탄에 직면한 양반정치의 모순을 극복하자는 지배층 내부의 위기의식을 반영하는 것이었을 뿐만 아니라, 이 시기에 몰락하는 불만계층이나 새로운 상공인층의 광범한 사회·정치적 요구에 부응해야 하는 정부·지배층의 불가피한 선택이기도 했다. 탕평정치의 실행을 위한 방법이나 원칙을 둘러싸고는 관인·학자들 사이에 다양한 견해들이 서로 맞서 있었지만, 여기에 분명한 사실은 국왕이 정치운영의 중심에 서서 공정하고 일관된 자세를 견지해야 한다는 것이었다. 그러자면 국왕은 외형상의 전제권력자가 아니라 신료를 설득하고 이견을 조정할 수 있는 도덕적 학문적 권위와 뛰어난 정치력을 갖추어야 했다. 그리하여 마침내 강력한 권력을 행사할 수 있어야 했다.

조선의 국왕들은 그 개인의 능력이나 자질보다 정치이론이나 권력구조라는 면에서 이러한 요구에 부응하기에는 힘겨운 처지에 있었다. 그렇다면 어떻게 해야 하나? 더구나 군주의 학문 방법과 과정이 오로지 주자학의 가르침을 따라야 했고 그나마 신하들의 도움을 받아야 가능했으니, 신료 중심의 주자학과 정치제도를 놓아두고 어디에서 그 길을 찾을 것인가? 잠시 이를 따져보기로 하자.

조선시기에는 世子나 世孫이 공부하는 書筵(侍講院)과 임금과 신하들이 경서를 강론하는 經筵이라는 것이 제도로 마련되어 있었다. 장차 군왕이 되기 위해 거쳐야할 학업과정이 있었을 뿐만 아니라, 왕위에 오른 다음에도 또한 군왕의 학문을 계속해야 했던 것이다. 그것도 신하를 스승으로 삼아 하는 공부였다. 그런데 왕세자·국왕이 유교·주자학의 경전에서 배우는 것이란 별도의 帝王學(君主學)이 아니라 양반사대부들이 공부하는 것과 똑같은 修己治人의 학문이었다. 제왕이라 할지라도 백성을 다스리는 治者라는 점에서는 수기치인 공부가 해로울 것이 없었지만, 임금이 신하인 양반사대부를 스승으로 하고 양반과 똑같은 내용을 익혀야 한다면 인격자·지식인·치자라는 면에서는 임금이 신하와 달라야 할 이유가 아무 것도 없는 셈이었다.

본래 주자학은 사대부 본위의 정치·사회 이론으로 성립한 것이었다. 결코 국왕에게 유리한 정치·권력 이론이 아니었던 것이다. 더구나 조선왕조는 이러한 주자학을 국정이념으로 하는 유교·주자학의 나라였다. 이런 이유 때문에 외형상 막강한 전제권을 가진 국왕이었지만 실제로는 신하들의 항변이나 견제에 압도되어 약체·무능의 왕권에 머무는 현상이 일어났던 것이다. 이황·이이 같은 대유학자가 비록 주자학 안에서나마 군주만의 수기치인 공부, 즉 군주학·제왕학을 돕고자『聖學十圖』나『聖學輯要』를 따로 만들었던 것도 어쩌면 이런 사정을 꿰뚫어 보았기 때문인지도 모른다.

아무튼 양반 신료들은 서연·경연에서뿐만 아니라 국왕이 관여하는 모든 정책·인사 과정과 三司의 언론활동에서 수기치인의 논리를 앞세워, 임금이란 신민에게 인륜도덕의 솔선수범을 보이는 존재라는 것, 三代 시절의 聖人 군주를 표준으로 삼아야 한다는 것, 그리고 言路를 개방하여 신하들의 의견을 잘 받아들이되 모든 政事는 賢臣 재상에게 위임하고 직접 참견하지 않는 것이 국왕의 도리라고 주장하면서, 그 실천의 미진함을 남김없이 들춰내었다. 그들은 이렇게 하는 것이 사대부로서 바람직한 신하의 도리를 다하는 것으로 확신했다.『朝鮮王朝實錄』이나『承政院日記』등 연대기에서는 이러한 제도적 논리적 방편에 의해서 왕권이 견제 받는 사례를 얼마든지 확인할 수 있다. 그럴 때마다 대개의 국왕들은 경연이나 조회를 기피하거나 三司 言官들의 請對 요구를 거절하는 등의 소극적인 대응을 보이게 마련이었고, 신료들은 다시 이를 빌미로 국왕을 압박하였다. 이러한 상황이 거듭될수록 신료집단의 국왕견제력은 점차 신장되는 대신 국왕의 전제권은 상대적으로 위축되지 않을 수 없었다.

왕권의 약체화는 중앙의 정치제도에서뿐만 아니라 양반층의 사회기반, 양반사회의 구조적 특징이 또한 주자학과 결합함으로써 초래되는 현상이기도 했다. 왕조의 초기에 시간이 조금 지나면서 양반사대부들은 그들의 지방연고지에 강인한 결속력을 발휘하는 문중집단을 형성하고 다시 학연·姻緣 등을 매개로 문중 상호간에 끈끈한 연대관계를 맺어 갔다. 그리고 이러한 양반사회를 합리화하고 안정시키는 논리근거를 주자학의 인륜론·鄕約論에서 찾았다. 결국 그들은 士論·公論을 빙자한 집단행동도 주저하지 않게 되고 왕권과 국가 公權을 압박하여 私的 이익기반을 확대 강화하였다. 잘 알려진 대로 조선 후기 양반세력의 지나친 비대화와 당파의 분열, 당쟁의 격화 현상은 이러한 양반사회와 주자학의 결합, 이를 토대로 한 양반의 중앙정치 장악에서 비롯된 것이었다. 막강한 전제군주라 할지라도 이를 견제하거나 조정할 만한 방도를 찾기가 어려웠다. 양반사회의 기층구조와 주자학의 양반 중심 논리가 그만큼 철저했던 것이다.

더구나 집권체제의 속성상 국가의 首長이며 전제권자인 국왕의 정치적 책임이 가벼울 수는 없었다. 여기에다 신하들은 자신들의 책임을 자각하기보다는 먼저 임금의 도리를 앞세워서 정치파탄의 책임을 모두 국왕에 떠넘길 수 있었다. 이것이 조선왕조의 군신관계와 정치운영에서 오랜 관행으로 형성되고 지속되었다. 그러니 정쟁이 치열해지고 정부의 기능이 마비되면 주요 관직자들조차도 사직서를 던지고 물러나면 그뿐이라는 생각이 당시의 풍조였다. 양심적인 유자들이나 실학자들이 이 무렵 양반 관인들의 정치적 무능과 무책임을 심각하게 지적하고 강력한 국왕권 중심의 정치개혁을 주장한 데는 그만 한 이유가 있었던 것이다.

영조와 정조, 특히 정조는 조선시기 정치사와 선왕들의 치적을 검토하는 가운데서 왕권이 약해지고 당쟁이 일어나게 된 원인을 나름대로 파악하게 되었다. 그리고 자신이 몸소 주자학을 연구하여 어느 누구보다도 이 방면에 뛰어난 학자가 됨으로써, 이를 발판으로 정치의 파탄과 학계의 분란을 극복할 수 있을 것으로 생각했다. 이것은 먼저 국왕 중심의 탕평정치를 실현하는 일이었지만 궁극적으로는 국왕이 스스로 臣民

의 임금이자 스승이 되어 학문과 정치의 일치를 실현하는 일이었다. 국왕이 신하들을 학문적으로 지도함으로써 정치적으로도 완전한 그들의 통솔자가 되는 방법인 것이다. 신하가 임금의 학문적 정치적 스승이 되기 때문에 왕권이 제약을 받아야만 했던 종래의 그것과는 정반대였다. 주자학이 신료 중심의 학문인 데다 주자학을 부정하거나 다른 학문·사상에서 대안을 찾기 어렵고, 양반세력을 제압할 만한 물리력도 없었던 당시의 조건에서는 이렇게 국왕이 신료를 가르칠 수 있는 최고의 유학자가 되는 것, 즉 君師가 되는 것이야말로 왕권을 확보하는 최선책일 수 있었다.

이러한 정조의 시도가 실행된다면 이는 주자학과 그 정치사상에 커다란 변화가 아닐 수 없었으며, 무엇보다도 정치운영과 권력구조에 미치는 영향은 이루 헤아리기 어려운 것이었다. 정조 개인의 처지에서 보면, 당쟁의 희생으로 죽어간 아버지 莊祖(사도세자)의 영혼을 위로하려는 아들의 염원을 실현하는 일이기도 했다. 아무튼 양반사대부 중심으로 전개되던 주자학은 조선 후기에 이르러 사회변동의 흐름을 타고 기층부로 확산되는 가운데, 마침내 군주가 스스로 나서서 주도하는 학문이 되어갔다.

정조의 군주학문은 그 할아버지 영조가 시도했던 제왕학을 토대로 이루어진 것이었다. 영조는 주자학의 尊周論을 끌어다가 尊王論을 펼침으로써 왕권강화의 이론적 근거를 모색하였다. 국왕은 모든 政令을 발하는 정치의 首長으로서 백성의 교화와 斯文을 주관하는 儒宗까지도 겸하는 지위에 있는 君師라는 것이었다(정호훈, 「18세기 정치변란과 탕평정치」, 『한국 고대·중세의 지배체제와 농민』, 1997 참조). 이렇게 君과 師의 일치를 주장하는 존왕의 논리를 따르게 되면 군주에 대한 신하의 도리인 忠보다도 부모애 대한 자식의 孝를 일차적인 도리로 여기는 주자학의 의리론을 극복하게 되고, 또한 군주가 신하의 敎導를 받도록 되어 있는 주자학의 군주학문론을 일정하게 부정할 수 있었다.

넓리 알려진 대로 영조는 학문을 좋아한 국왕으로서 손수 쓴 御製書만 해도 80여 종에 이른다. 그 가운데는 東宮의 勉學을 위해서 작성한 『御製誦夙夜箴勗勉冲子兼示平生予意』(1책, 고활자본), 자신의 생활태도와 정치이념·회고담을 기술한 『御製經世問答』(1책, 고활자본)과 『御製經世篇』(1책, 고활자본), 또한 왕세자·왕세손을 훈계하는 『御製常訓』(1책, 목판본)이나 『御製祖訓』(1책, 필사본)·『御製訓書』(1책, 고활자본), 治國의 지침을 세우려고 한 『御製政訓』(1책, 고활자본)·『御製古今年代龜鑑』 등이 들어 있다. 이러한 御製本들은 유교·주자학의 修身·孝悌·愛民·治平 등에 관한 요점을 경서에서 뽑아 간략히 정리한 것이 대부분이다. 하지만 여기엔 제왕으로서 자신이 직접 後嗣王을 가르치겠다는 영조의 강한 집념이 반영되어 있다. 적어도 내용 자체는 사대부가 배우는 수기치인의 학문과 별로 다를 것이 없더라도, 그것을 신료들의 의도나 간섭을 배제하고 제왕의 시각에서 파악하여 제왕의 논리로 재정리하고 있는 점에 영조 나름의 제왕학이 지니는 의의가 있는 것이다.

아무튼 국왕의 처지에서 수행하는 제왕학이 정착되기란 쉬운 일이 아니었다. 그러나 손자 정조는 할아버지 영조의 그것보다 한층 더 진전된 단계에 이르게 되었다. 그는 스스로 당대 제일의 주자학자가 되는 길을 택했고 그렇게 함으로써 君師一致에 의한 존왕질서의 확립이라는 영조의 기대에 부응하며, 나아가서는 백성의 안정과 나라의 부강을 달성하려 했다.

『弘齋全書』의 방대한 분량이 말해주듯이 정조는 다양한 저작과 많은 편집물을 남겼다. 그는 자신의 평생공부가 오직 朱子書에 있었음을 자랑스럽게 말했는데 그의 주자학 연구가 어느 정도의 규모였는지는 『정조의 경학과 주자학』(김문식, 문헌과 해석사, 2000)이라는 최근의 연구에서 그 전모를 살필 수 있다. 먼저 그는 주자의 문헌을 『中庸』·『大學』·『論語』·『孟子』 같은 경서의 수준으로 생각하였다. 그런가 하면 주자의 詩야말로 『詩經』의 '思無邪' 정신을 제대로 이어받았다든지, 文章이 醇

正하고 道術이 바르게 되려면 주자의 글을 극점으로 삼아야 한다고 강조했다. 주자를 聖人으로 높이고 주자학에 심취한 정도를 짐작할 만하다. 또 왕위에 오르기 전 20세에 벌써『朱書會選』을 손수 만들었다고 하니 주자학에 투신하려는 그의 열정과 신념은 아주 일찍부터 싹튼 것임을 알 수 있다.

　주자 문헌을 여러 종류의 選本으로 만들어내는 것이 정조가 주로 택한 주자학 방법이었다. 원전의 일부를 가능한 한 생략하되 글자나 구절의 가감은 피하고 글의 분량을 줄임으로써 本義를 오히려 명료하고 익히기 쉽게 하는 것이 선본의 목적이었다. 이를테면『주자회선』(48권, 필사본)·『兩賢傳心錄』(8권, 필사본)·『紫陽子會英』(3권, 필사본)·『朱子選統』(3권, 필사본)·『주서백선』(6권, 고활자본)·『朱文手圈』(10권, 필사본)·『雅誦』(8권, 고활자본)·『朱夫子詩』(12권, 필사본)·『朱子書節約』(20권, 필사본)·『朱書分類』(12권, 필사본) 등에서 그 면모를 살필 수 있다. 이들은 물론 정조대의 거의 200종에 이르는 많은 종류의 편찬물·선본작업 가운데 일부이다. 개중에는 奎章閣의 문신을 비롯한 여러 신하들을 시켜 엮어낸 命撰書도 있지만 대부분은 정조 자신이 직접 공을 들인 御定本(御製本)이다.

　선본의 작성이 정조 학술활동의 근간으로 되었던 것은 아마 당시 학문의 방법이 기존 학문·학술을 비판하거나 새로운 분야를 개척하기보다는 이미 正學·正統으로 승인된 범위 안에서 원전의 내용을 정확하게 이해하고 암기 숙달하는 것을 최상의 목표로 삼았기 때문일 것이다. 양반·유자들 일반의 공부방법이 모두 그러했고, 정조 또한 이를 답습하고 있었던 것이다. 그러니까 정조는 학문의 방법을 새롭게 모색하기보다는 원전의 이해를 도울 수 있는 좋은 선본을 많이 만들어 낼 목적으로 제왕인 자신의 능력을 발휘했던 것이라 하겠다. 그리고 이황의 '節要' 방식은 이러한 선본 원칙의 더없이 좋은 선례가 되었다.

　그러나 정조의 선본작업에서 주목해야 할 측면이 적어도 세 가지가 있다. 하나는 이 선본을 위한 예비작업으로 정조는 주자 문헌 전체를 꾸준히 정독해야만 했고, 그는 이 과정을 거치면서 주자 문헌에 대한 이해와 안목을 누구보다도 정확하고 높은 차원에서 지닐 수 있게 되었다는 것이다. 다른 하나는 선본들이 정조의 안목과 판단을 거쳐서 만들어진 만큼 이를 읽고 공부하는 사람들은 일단 정조의 마음과 눈을 통해서 주자를 공부하게 되는 셈이라는 것이다. 또 다른 하나는 정조의 주자학 연구는 결과적으로 주자학 일반을 재정비함으로써 이제껏 양반들이 이끌어오던 조선의 문화·학문를 일신하는 계기가 되는 것이고, 이때 정조 자신이 직접 지도하여 그 방법·기준·목표를 설정할 뿐만 아니라 그 실행에서도 자신이 솔선하는 모범을 보이게 되는 것이다. 이렇게 되면 종래의 국왕들이 신료들의 敎導를 수동적으로 받아들이던 상황을 역전시켜, 이제 스승이 제자를 다루듯이 국왕이 신하를 학문적으로 지도하는 국면으로 바뀌게 된다. 이 과정에서 자연스럽게 尊王이 실현될 수 있다. 이것이 다름 아닌 국왕이 스스로 모색하는 제왕학이며 君과 師의 일치, 君師인 제왕이 되는 길이었다. 그러니까 정조가 스스로 君師를 자부하고 '萬川明月主人'을 자칭할 수 있었던 것은 이렇게 주자학 연구의 방법과 목적을 명확하게 설정하고 이를 실행할 수 있었기 때문에 가능했던 것이라 하겠다.

　그러나 이처럼 주자학의 기수였던 학자 군주 정조의 독특한 면모가 모두 긍정적이거나 낙관적인 것만은 아니었다. 이를테면 현실의 제왕이라는 정조의 지위는 한 사람의 열렬한 학자의 그것에 그치는 것이 아니라 주자학의 연구와 그 선양사업에 소요되는 인력·물자·재원을 한층 쉽게 동원할 막강한 실행력이 될 수 있었다. 그리하여 당시 주자학이 사회 저변으로 널리 확산되는 자극제가 됨으로써 주자학을 신봉하는 보수 양반세력이나 그 학풍에 한층 힘을 실어주고 그들이 옹호하는 기성 사회질서를 공고화하는 빌미를 제공하게 되었다. 그가 비록 주자와 주자학의 학문체계를 당대의 어떤 학자보다도 깊고 넓게 파악함으로써 이를 군주 중심의 학문으로 정립하고, 왕권의 강화와 양반정치의 정상화에 적절히 활용하려 했으며, 이러한 시도가 어느 정도 성공을 거두는 듯했더라도, 결과적으로는 국가 공권력의 약화, 구질서 개혁의 후퇴라는 정치적 사상적 반동을 몰고 왔다. 그의 죽음과 함께 도래한 19세기 전반기의 세도정국과 쇄국주의가 그것이다.

이러한 결과는 결코 그가 의도한 것일 수는 없지만, 그렇다고 전혀 예상할 수 없었던 일도 아니었다. 그리고 주자학을 앞세우는 정조의 제왕학·君師論이 최선의 선택이었는지는 더욱 의문이다. 이는 아무래도 그가 주자학의 속성을 꿰뚫어 볼 수 없었기 때문이라고 해야 할 것이다. 주자학의 정치이론은 본디 사대부의 그것이었을지언정 제왕의 왕권강화 이론은 아니라는 것이다. 그렇다면 정조의 최선책은 무엇이어야 했을까. 이는 학계의 연구를 더 지켜보아야 할 일이지만, 먼저 당시 활발히 일어나고 있었던 실학의 학풍과 이 실학을 지지하는 분위기를 적극 받아들여야 했다는 것을 지적할 수는 있다. 朴趾源·朴齊家·柳得恭·丁若鏞과 같은 학자들, 그리고 조야의 親王權 세력을 적극 지원하고 끌어들이는 정책이 그의 주자학에 대한 열성에 견주면 크게 미흡했음은 사실이다. 결과론이지만 봉건군주인 정조의 처지에서는 진보개혁을 추구하는 실학운동을 지지하기에는 아무래도 부담이 되었던 것일까. 아니면 그 시대의 한계라고 해야 할까.

정치·사상의 측면에서 보는 정조와 주자학의 관계는 이런 정도로 그치자. 그리고 이제『주서백선』을 포함해서 정조가 실행한 선본작업의 한두 實例를 살피는 것으로 이 이야기를 끝맺기로 하자. 정조는 노론의 이념적 우상인 송시열을 先正으로 존칭하여 그의 문장과 도학을 거듭 찬양하였다. 뿐만 아니라 이미 세손 시절에 주자와 송시열의 문집에서 좋은 글을 각각 4편씩 뽑아『兩賢傳心錄』을 만들었다. 이것은 송시열의 주자학을 최고의 것으로 평가하여 주자와 같은 반열에 올려놓은 것인데, 결국 주자학의 道統이 송시열에게로 이어졌음을 국왕이 공인한 것이나 마찬가지였다. 도통이란 주자학 정신의 유일한 계승관계를 뜻하므로 송시열은 조선의 많은 주자학자 가운데서 으뜸이 되는 것이었고, 송시열의 학맥을 잇는 노론 보수세력은 이를 환영해 마지않을 일이었다. 또 그는 송시열이 편찬을 시작한『주자대전차의』에 대해서도 "새로 공부를 시작하는 선비들에게 유익함이 마치 미로를 헤매는 사람의 나침판과 같은 것"이라고 극찬하였다. 그런가 하면 송시열의 祭文을 손수 짓고 御筆 편액을 내려 보내 그 사당에 걸도록 하는 등 지극 정성을 보였다. 이러한 정조의 태도는 표면상 주자학을 높이려는 신념과 순수한 열정에서 나온 것이라 하더라도, 그 배경에 지지기반이 미약하여 왕위계승에 불안을 느끼고 있는 세손의 처지에서 다수파 신료세력을 회유하여 당쟁을 완화하고 그 위에 군림하려는 정치적 계산이 깔린 것이라는 심증을 주기에 충분한 것이었다. 말하자면 송시열이 주자를 극력 성인으로 높이며 주자의 도통을 자부하였듯이 정조는 송시열을 유일한 주자학의 도통계승자로 인정함으로써 송시열이 누린 師表의 지위를 아울러 누리는 군주, 즉 君師가 될 수 있었던 것이다.

　정조는 특히 주자의 학문이 詩와 편지글을 중심으로 하는 그의 문학을 통해서 절실히 이해되고 전달될 수 있음을 주목한 듯하다. 사실 시와 편지글은 주자 문학의 쌍벽이며 주자 학문의 蘊蓄이기도 했다. 그는 이 두 방면의 선본을『雅誦』과『주서백선』이라는 형태로 작성하였다.『아송』은 주자의 시 400여 수를 도학의 관점에서 가려 뽑고 여기에 간략한 주석을 베풀어 간행한 것인데, 이를 경연·서연에서 활용함은 물론이고 성균관·四學과 전국의 향교에 보내어 유생들이 익히고 외워야 할 주자 시의 표준으로 삼았다.

　『주서백선』은 정조가 주자의 편지글 가운데서 요긴하다고 생각되는 것 100편을 따로 모아 손수 엮은 책으로 정확한 제목은『御定朱書百選』이다. 정조는 "주자의 학문은 대지가 실어주고 바다가 적셔주듯 성대한 것을 그의 문집에서 볼 수 있고, 주자의 문장은 명주실이나 소털처럼 정밀한 것이 그의 편지글에 나타난다"고 하면서, 자신이 이미 주자 문헌의 선본으로『주자선통』이나『주자회선』·『자양자회영』을 만들어본 경험과 안목을 바탕으로『주서백선』에 착수한 것임을 밝혔다. 또, "내가 이 책을 가지고 한 시대를 크게 바꾸는 표준으로 삼고자 하는데, 꼭 百選으로 하려는 것은 오늘날 공부하는 사람들의 병통이 넓기는 하되 요점을 잘못 추리고, 선택하는 것이 정밀하지 못한 데 있음을 걱정해서니라"고 선본 간행의 구체적인 목적도 언급했다. 공부란 간략한 것, 즉 낮고 가까운 데서 시작하여 높고 먼 곳을 향해 가는 것임을 강조한 것이다. 이러한 정조의 생각은, "글 배우는 자는 반드시 六經을 몸통으로 삼고 子書와 史書를 날개로 삼아 위와 아래를 아우르고 古今을 널리 보되 마침내는 주자의 글이라는 극점에 모여야 한다"고 말한 데서도 확인된다.

　『주서백선』의 편찬과정에서는 주자 편지글의 논지 파악에 오해가 생기지 않는 범위에서 형식적인 인사말이나 그다지 중요하지 않은 부분은 삭제 생략하면서도 글자를 고치거나 더하는 일은 피했다. 당시 성인으로 높여지는 주자의 글인 만큼 신중을 기한 것이라 하겠다. 내용의 이해를 돕고자 참고사항을 간략히 정리하여 頭註로 보였다. 정조의 말처럼 이황이 만든『주자서절요』를 많이 참작했음은 물론이다. 이 百選에는 더러『주자서절요』에 빠진 것을『주자대전』에서 새로 뽑아 넣기도 했는데, 잘라내거나 생략하는 방법에서도『주자서절요』와 차이가 적지 않다.

　6권 3책의 분량에 甲寅字 계통의 아름다운 丁酉字로 인쇄된『주서백선』은 1794년(정조 18) 內閣(규장각)에서 간행했다. 정조는 처음 500여 부를 인쇄하여 배포처를 모두 밝혀두도록 하였고,『아송』과 함께 전국의 향교에 반포하면서 선비들의 학업을 장려하고 풍속을 일신하는 계기를 삼도록 하라고 綸音으로 당부하였다. 또 이 활자본을 다시 飜刻하여 목판본으로 보급하도록 각 감영에 지시하기도 했다. 이것을 보면 그가『주서백선』의 학문적 성과에 대해 가졌던 자부가 어느 정도였는지 알 수 있다. 그리고 이를 통한 정통 주자학의 재확인과 사회기강의 쇄신에 거는 기대가 얼마나 컸던가를 짐작할 수 있다. 현실적으로는 주자가 당시 황제에게 신하로서 보인 충성스러운 태도와 관인으로서 보인 공정한 정치비판을 양반·유자들이 본받기를 기대한 것인지도 모른다.

『주서백선』은 학문·사상 활동의 독창적 산물이라고 보기는 어렵다. 국왕 정조가 자기의 의도대로 주자의 편지글에서 선택하고 빼고 줄여 정리한 편집물의 하나일 뿐이다. 그럼에도 불구하고 그것이 만들어진 배경이나 목적을 따져들면 이미 말한 대로 조선 후기의 생생한 역사의 모습, 정치·사상·문화 현상이 시야에 들어오게 된다. 중세 조선사회의 독특한 양반문화와 학문방법이 짚어지고, 집권적 권력구조와 주자학의 정치이론을 배경으로 한 국왕과 신권의 갈등구조가 드러나는가 하면, 이러한 국면을 국왕 중심의 정치질서로 재편하는 기회로 활용하려는 정조의 고도한 정치적 학문적 시도가 역력하다.

이런 뜻에서『주서백선』은 조선 후기 정치와 사상의 흐름이나 시대상을 아울러 이해할 수 있는 역사적 문헌이다. 조선의 유교전통·양반문화에 직접 접근하는 문헌적 통로가 될 수도 있는 것이다. 여기에 더하여 중세 이래 동아시아 최대의 지성인 주자의 사상과 문학을 압축하고 있는 것이 이 책이기도 하다. 때문에『주서백선』을 평범한 하나의 편집물로 여겨서는 안 된다.

『주서백선』의 현대어 번역본은 '주자사상연구회'의 회원들이 서로 손을 모아 내놓은 것이다. '주자사상연구회'는 주자와 주자학에 관심을 가진 10여 명 젊은 연구자들의 공부모임이다. 달마다 한두 차례 모여 주자학 관련 문헌을 함께 읽고 있다. 공부실적이 별로 없어 부끄럽기는 하지만 햇수로는 벌써 열을 헤아린다. 이번의 번역본은『주자서절요』를 읽는 과정에서 생각해낸 것이다. 원전의 독해에만 내달리다가 잠깐 옆

길로 들어선 셈인데, 거의 다 만들어 놓고 보니 역시 후회감이 없지 않다. 그동안의 공부모임에서 일관된 계획이나 목표가 부실했다는 것이 첫째고, 아직 남 앞에 내놓을 만한 수준이 못되면서 객기를 부렸다는 것이 둘째다.

비록 그렇기는 하지만 이 번역 자체에 대해서는 약간의 소회를 붙여 두고 싶다. 그 우선의 이유는 앞에서 이미 서술한 대로이고 나머지는 다음 몇 가지로 나누었다.

○ 한국 전통문화의 주요 부분을 차지하는 유교·주자학이 주자의 편지글과 같은 형식과 내용으로 형성되고 전파되었다는 사실, 그리고 이것이 동아시아 한자문화권, 특히 한국문화의 높은 수준을 보여주는 가늠자라는 사실을 재인식하는 데 이 번역이 작은 계기라도 되기를 기대한다.

○ 유교사상의 핵심이 담겨진 주자의 글이 모두 어려운 옛 한문으로 되어 있기 때문에 소수의 전문가나 연구자들을 제외한 오늘날의 일반 지식인·교양인이 이 방면에 접근하기가 쉽지 않았는데, 이제『주서백선』을 이해하기 쉬운 국문으로 옮겼으므로 주자학과 인간 주자에 대하여 관심 있는 독자라면 스스로 쉽게 들어가 그 나름의 이해나 관점을 넓힐 수 있을 것이다.

○ 본 번역본에 실린 다양한 삶의 체험과 정신활동의 내용들은 훈훈한 정감과 높은 지혜로 배어 나와 현대 한국인들의 정서와 융화됨으로써, 고도 산업사회의 틈바구니에 짓눌리고 왜곡된 삶에 생기를 불어넣고 인간적 삶의 방향을 세우는 데 풍부하게 원용될 수 있을 것이다.

○ 이 번역은 지금 퇴계학연구원에서 진행하고 있는『주자서절요』의 번역본과 상호보완적인 효과를 거둘 수 있을 것이다.『주자서절요』의 번역은 전문 연구기관의 사업이기 때문에 신뢰할 만할 것이지만 그 분량이 많아 지루하고 산만한 단점이 있다. 또 편지의 작성배경이나 의의,

상호간의 연결관계를 알려주는 별도의 해설이 없는 것도 본『주서백선』과 대비되는 점이다.

○ 금년은 정조 서거 200주년이 되는 해이다. 정조는 조선시기 여러 국왕들 가운데서도 그 치적이 뛰어났을 뿐만 아니라 현대 한국인들이 많은 관심과 애정을 간직한 옛 임금님으로도 으뜸이다. 비록 400여 쪽의 조촐한 번역서지만 때에 맞게 내놓아 정조 임금님을 기념하는 자리를 같이 하게 되었으니, 번역자 일동은 이를 더욱 큰 행운으로 생각한다.

○ 여러 사람이 나누어 옮기다보니 문장의 분위기가 서로 다르고 술어와 용례가 일정하지 못했다. 표현을 바로잡고 문장을 다듬는 일은 安大會 박사가 바쁜 시간을 쪼개어 거의 도맡아주었다. 비록 함께 한 일이지만 수고로움과 책임이 더 따르기에 특히 밝혀 적는다. 또 보태고 덜거나 바로 잡아야할 곳이 적지 않을 것이다. 독자 제현의 질정을 기다린다.

○ 마지막으로 이 번역을 아담한 책으로 꾸며준 출판사 '혜안' 여러분들의 노고에 진심으로 감사한다.

2000년 7월 한더위에

김준석 씀

(『朱書百選』, 혜안, 2000)

Ⅲ. 書評 : 『韓國中世禮思想硏究—五禮를 中心으로』*

1.

우리나라 중세의 역사와 문화를 이해하는 데 빼놓을 수 없는 요소의 하나가 儒敎이다. 중세 集權體制의 운영원리, 즉 신분차등제와 이에 기초한 관료제와 과거제, 收租權分給制와 地主佃戶制 등의 근거이론이 모두 儒敎思想에서 도출되었다. 그런가 하면 유교는 三綱五倫에서 보는 바와 같이 인간 개인의 교양이나 修身의 德目을 상세히 마련하여 이것이 가족과 이웃, 사회와 국가 등 모든 인간·사회 관계에서 관통되도록 한 점에도 그 특징이 있었다. 말하자면 유교는 개인과 사회, 정치와 도덕의 일체화를 추구하는 규범체계이자 사상체계였던 것이고, 이 때문에 그것이 중세 집권체제의 구성원리로, 또 그 지속성의 근거로 활용될 수 있었다.

이렇게 집권체제와 유교를 불가분리의 관련 문제로 보게 되면 여기에는 적어도 두 가지의 주제영역이 설정될 수 있다. 먼저 유교가 중세의 정치·사회 사상으로서 어떠한 과정과 단계를 거치며 수용 정착되었느

---

* 李範稷, 『韓國中世禮思想硏究—五禮를 中心으로』, 서울 : 一潮閣, 1991.

냐는 것이고, 다음은 그 과정의 구체적인 내용이자 매개항으로서 등장하게 되는 문물제도의 성격이 어떠한 것인가의 문제이다. 삼국시기 불교에 견주어 절대열세의 위치에 있던 유교가 고려시기에 이르면 그와 거의 대등한 지위를 확보하고, 조선시기에는 주자학의 수용과 때를 같이 하여 불교를 완전히 밀어내고 '유일한 중세사상'으로서 권위를 차지하게 되는 사정은 대개 전자와 관련해서 생각할 수 있는 측면이다. 그 사이에 지배세력이 골품귀족에서 호족과 문벌귀족으로, 그리고 다시 양반사대부로 교체되었다는 사실, 또 下戶농민과 祿邑, 白丁농민과 田柴科, 良人농민과 科田法의 대응관계가 각각의 시기에 기본적인 생산관계였다는 점도 고려해야 할 것이다.

후자와 관련해서는 각 시기 중앙과 지방의 官制, 태학·국학·국자감·성균관·향교와 같은 학교제도, 독서삼품과·과거제·음서제·천거제 등의 관리선발 제도, 律令格式과 六典條例, 즉 넓은 의미의 통치체계의 문제를 생각할 수 있다. 그 원리와 운영의 측면에서 王權과 臣權, 중앙권력과 지방세력, 經學과 詞章, 事大와 交隣 등의 대응관계나 德·禮와 法·刑, 德治와 法治의 消長관계에 주목할 필요가 있을 것이다. 그런데 전자와 후자는 우리 역사의 구체적인 내용을 구성하는 점에서 결국 하나의 문제이며, 정치·경제·사회·문화 등의 모든 방면과 연관되어 있기도 하다. 이를 특히 '유교'라는 범주에서 일정 방법과 논리에 따라 엮어낸다면 한국의 儒敎史, 또는 儒敎思想史를 체계화해가는 작업의 일환이 된다.

유교사·유교사상사와 관련한 연구성과는 아직도 많다고 할 수 없다. 더구나 연구대상의 선정이나 접근방법이 다양하지 못하다. 반면에 인식태도에서는 큰 편차를 드러내고 있는 실정이다. 그래서 학설의 계통적 형성이 요원함은 물론 인식과 방법에서 공유하는 영역이 협애함을 벗어나지 못하고 있다. 이러한 부진현상은 이 방면 연구자들 개인의 탓만은 아니지만, 그러나 그 책임이 작은 것만은 아니다.

2.

『韓國中世禮思想研究』는 고려와 조선 초기의 '五禮'를 중심으로 이 시기 유교사상의 복원을 시도한 노작이다. '禮'에 관한 저서로서는 국내에 처음 있는 일로 생각된다. 연구사적으로 의의가 크다는 점을 우선 인정해야겠다.

저자 이범직 교수의 문제의식과 접근방법을 먼저 알아보기로 하자. 저자는 유학을, "역사연구에서 더 이상 애착을 가질 대상이 아니라 타기해야 할 대상"으로 치부하는 듯한 종래 학계의 경향에 의문을 제기하고, 오히려 "유학 그 자체가 한국사의 근간"이므로 "유학이 갖는 커다란 역사의 생명력"에 주목할 것을 강조하고 있다(머리말). 저자는 일단 이 방면 연구의 중요성을 적극 인정하는 쪽이다. 그 해결을 위해서 유학의 여러 방면 가운데서도 특히 '禮'를 연구대상으로 하였다. "유학 전체의 학문체계 속에서 禮만큼 역사성을 반영하는 논리는 없다"든지, "禮는 유학이 갖는 철학적 논리와 역사를 반영하는 '시간의 변화를 수용하는 논리체계'를 갖추고 있기 때문"이라는 점에 禮의 연구를 고른 이유가 있었다(머리말). 禮의 체계와 그 行用·변화를 시간의 흐름, 즉 역사적 관점에서 파악한다는 것이다.

이를 위해서 『高麗史』의 「禮志」, 『世宗實錄』의 「五禮」, 『國朝五禮儀』를 기본 자료로 하고, 여기에 三禮(『周禮』·『禮記』·『儀禮』), 中國 正史의 「禮志」나 『通典』의 「開元禮」 기사, 조선왕조 역대의 實錄을 방계 자료로 활용하되 우선 대상을 五禮에 한정하였다. 禮志·廟制·宗法制·儀禮·『朱子家禮』 등 禮書·禮制·禮學에 관한 기왕의 연구업적을 두루 참고하고 있음은 물론이다.

머리말과 서론에 이어 두 개의 章으로 이루어진 본론, 그리고 결론과 부록을 마련하고 있는 본서의 골격을 살피면 대개 다음과 같다.

서론에서는 '五禮'의 의의와 '禮'의 研究史를 간략히 소개하고, 『古今

詳定禮』와 『고려사』 「예지」로부터 『세종실록』 「오례」와 『국조오례의』
로의 역사적 전환, 五禮와 四禮(『주자가례』)의 차별성 등 본론 이하의
논의계획을 밝히고 있다.

　제1장 '高麗時期의 五禮'는 3편의 논문으로 구성되어 있다.

　① 「高麗時期의 經學」에서는 儒書의 수용과 儒學者의 교류, 과거
제·학교제와 관련한 儒經의 이해, 經籍의 수집과 간행, 그리고 조정에
서 여러 경전을 講論한 사실 등 주로 제도적 측면에서 고려 유학의 분
위기, 이를테면 禮에 대한 이해와 그 行用의 기반을 살피고 있다.

　② 「『高麗史』 禮志와 五禮」는 주로 『고금상정례』의 성립배경과 그
내용을 검토하여 고려시기 五禮의 추이를 밝히려고 한 것이다. 즉 『고
려사』 「예지」의 기사는 대개 편년체 『고려사』에서 발췌 수록된 것이며,
『고금상정례』의 기본 골격은 오례로 구성되었다는 것, 오례는 "국가 중
심의 왕제적 예제 운영구조를 보이는 것으로 『周禮』에서 비롯되는"(50
쪽) 내용을 담았었다는 것, 이와 관련하여 편찬자 崔允儀의 입장은 귀
족적이기보다는 관료적 성향이 강했다는 것 등을 들었다.

　③ 「『高麗史』 禮志 五禮의 分析」에서는 『주례』, 『新唐書』와 『宋史』
의 「예지」, 『통전』의 「開元禮」, 『세종실록』 「오례」를 비교 분석함으로
써 『고려사』 「예지」에 들어있는 五禮의 성격을 해명하고 있다. 고려의
오례는 삼국이나 신라의 것을 계승하기보다 중국, 특히 唐代 禮制의 영
향을 많이 받았다는 것, 그러면서도 천자의 제례인 圓丘·方澤·七廟를
채택하는 등 중국 왕조와 거의 대등한 예의격식을 갖추었다는 것, 이 점
은 특히 事大를 강조하여 스스로 제후국의 禮制에 머물고 있는 조선의
오례와는 큰 차이라고 지적하였다. 喪制에서 母·妻·出嫁女系까지도
五服親으로 포용한 점, 燃燈會儀와 八關會儀가 들어 있는 점 등은 고려
고유의 것으로 꼽았다. 요컨대 저자는 "고려왕조가 일차적으로 『주례』
에 접근하려는 노력"을 기울였고, 또 그들의 "행용 노력은 唐制와의 유
사한 역사성을 내재하는 禮制 운영을 실천하는 데 있었다"(128쪽)고 보

았다.

제2장 '朝鮮初期의 五禮'는 4편의 논문이 각기 절을 이루고 있다.

① 「조선초기의 禮學」에서는 이 시기 예학의 연구나 예제의 정리에는 權近·許稠·鄭陟 등 세 사람이 활약했다는 것, 이때는 종래 고려·중국의 여러 禮書와 禮 관계 문헌들 이외에 특히 성리학과 관련해서『주자가례』가 僭用되었음을 특기하였다. 또 古禮의 연구, 儀禮의 제정, 行禮 때의 자문과 조정 기능을 담당했던 儀禮詳定所의 置廢 경위를 살피고 있다.

② 「조선초기의 五禮 運營」은 새 왕조의 성립과 정권의 안정, 국왕·왕실의 권위를 보장하는 명분논리를 주로 五禮체계에서 찾게 되는 사정을 살핀 것이다. 태조 때는 성리학에 기초한 조선왕조 나름의 예제의 정비가 지향되는 단계, 태종 때는 의례상정소를 통해서 보듯이 예를 더 깊이 이해하고 이를 정치기구의 정비, 왕권의 강화에 적극 원용하는 단계, 세종 때는 앞서 마련된 오례 운영의 기반 위에서 완벽한 禮樂一致를 시도함으로써 雅樂과 鄕樂의 특성이 오례 체계에 반영되는 단계라는 것이다. 특히 이 시기의 오례 운영은 圓丘祭를 둘러싼 국왕과 신료군의 대립, 宗廟儀와 國恤에서의『주자가례』채용 등이 보여주는 바, 중국과 사대관계 강화, 왕실과 양반사대부층의 차별성 조정에 노력한 점들을 그 특징으로 지적하였다.

③ 「世宗朝 '五禮'의 분석」, 이 부분은 태조에서 세종대에 이르는 시기에 유교문화와 유교 정치질서를 확립하려는 노력이『세종실록』의 「五禮」로 출현했다는 관점에서, 이것을 분석하여 그 성격을 밝히려는 것이다. 먼저 세종대의 「오례」는 비록 미완성의 禮典이지만『고금상정례』의 정신이나 고려 말 이래의 성리학, 특히 이 시기 예학자들의 예론을 반영한 것이며, 당·송대의 오례가 내포한 "王室 중심의 國家禮"(293쪽)의 전통을 계승하되, 禮制와 정치구조의 조화를 학문적으로 뒷받침하려는 시도가 컸다고 하였다.

　내용상의 특징으로, 의례진행의 기본 내용을 담은 ‘序禮’를 별도로 편성한 점, 圓丘祭가 제외됨으로써 왕권에 대한 신권의 승리를 가시화한 점(吉禮), 왕실 안의 통과의례, 관인·정부 관련 의례를 구분 명시하고 유교정치의 敎化부분까지 확대한 점(嘉禮), 중국·일본·여진에 대해 事大交隣의 원칙을 천명한 점(賓禮), 鄕射儀를 설정하고 出征儀를 제외한 점(軍禮), 왕실 중심의 喪禮에 내용을 상세히 마련하면서 사대부의 상례에 대해서도 葬期·禮葬·喪期·墳墓영역·始祖규정·四祖奉祀·家廟설치의 규정을 보완함으로써 왕실과 정부·관료 전체가 공유하는 명분을 강조한 점(凶禮) 등이 언급되었다.

　④「成宗朝『國朝五禮儀』의 성립」은 왕실 중심의 정치질서 안정, 특히 世祖 王權의 정통성 확보의 필요성에 따라 새로운 經學의 식견과 文宗 이후 행용한 의례를 세종대의 「오례」에 보완해서『국조오례의』가 성립되었다는 것이다. 이러한 관점에서 姜希孟·申叔舟 등을 포함한 편찬 참여자 11명의 禮學을 살폈다. 또『諸司職掌』·『洪武禮制』와 같이 왕실·왕권의 명분논리를 주류로 하는 明왕조 편찬의 예서들이 僭用된 점을 중시하였다.『국조오례의』에서는 세종 때의 五禮보다도 더 상세하고 정확한 圖說과 注解를 첨부한 행용지침을 마련한 점, 州縣·사대부 관련 의례가 여럿 첨가되는 등 왕실 중심의 의례범위를 넘어 양반사대부·서민, 지방사회까지 유교의 의례를 확산·보편화한 점 등이 특징이라고 했다.

　결론에서는 두 가지 점이 지적되었다. 먼저 우리나라 유교문화 이념은 五禮의 예론에 의거한 왕권의 수립과 운영이 가능해짐으로써 구현되었다는 주장이다.『고금상정례』가 그 구체적인 증거인데, 이것이 세종 때의 「오례」로, 다시『국조오례의』에 이어지면서 점차 체계화되었다는 것이다. 다음으로 조선왕조는 사대부층의 대두와 함께 성립되었다는 사정과 관련하여 왕권 중심의 오례가 양반사대부층 위주의 家禮에 의해서 변용될 수밖에 없었다는 것이다. 즉 사대부층의 성장, 성리학의 수용과 발전, 이에 따른 유교문화의 확산을 반영해서『주자가례』라는 또 하나의 예론이 일정하게 제기됨으로써 오례와 가례가 절충된 형태인『국조오례의』가 성립되었다고 보는 것이다.

　부록으로 실은「中國 史書에 나타난 五禮」는『史記』로부터『明史』에 이르기까지 역대의 史書를 통해 禮에 대한 이해와 관심, 내용과 행용의 특징을 지적해냄으로써 우리나라 오례가 성립 전개되는 객관·보편적 배경을 설정해보려는 것이다.

3.

　이상의 요약을 통해서 나타나는 바와 같이 이 책에서는 우리나라 중세국가의 禮學·禮制의 정비·운영 문제를 역사학, 특히 사상사의 영역으로 적극 끌어내어 미묘하고 번쇄한 각 시기의 禮文을 逐條的으로 대비 검토함으로써 行禮의 내용이 달라지고 있는 사정과 이에 대한 저자 나름의 해석을 가하고 있다. 이러한 연구대상의 선정과 접근 방식이야말로 이 책의 중요한 특색으로서, 이 분야에서 이 책이 이룩한 연구성과에 대해 그 개척적인 의의를 충분히 인정해야 하는 이유가 된다.

　이제 눈에 띄는 한두 가지 문제점에 대하여 필자 나름의 견해를 밝혀봄으로써 이 방면 연구에 대한 스스로의 과제로 삼고자 한다.

　먼저, 저자가 역사적인 산물인 '유교'를 지나치게 긍정하고 있는 점에 문제가 있다고 생각된다. 이는 유교의 이해 없이는 우리 역사·문화의 이해는 불완전하며 동시에 유교를 타기·극복의 대상으로만 보아서는 안 된다는, 다소 막연한 문제의 제기에서 드러난다. 또 결론에서 우리나라 중세 '유교문화 이념'은 五禮에 기초한 왕권과 국가질서의 확립, 나아가서는『국조오례의』로 집약되는 바, 五禮와 家禮가 절충됨으로써 왕권과 양반사대부층의 조화·균형에 의해서 구현되었다고 한 데서도 그렇게 보인다. 말하자면 저자는 역사·문화의 현상인 유교의 기능에 주목하되 그 긍정적인 측면을 부각한다는 견해를 분명히 하고 있는 것이다. "유교사상의 실체를 밝히려는" 목표에도 불구하고 오례의 내용을 逐條的으로 비교·설명하거나 연대기의 관련 사실을 소개하되 그 이상의 적극적인 해석과 의미부여가 없는 것은 처음의 문제제기가 그토록 애매했기 때문이 아닐까.

예컨대 저자는 '유교문화' 혹은 '유교문화 이념'이라는 용어를 분명한 개념의 제시 없이 자주 사용하면서 산만하게나마 이 책의 각 章節의 기본 논지로 관철하고 있다. 필자의 소견에 그러한 용어는 고려·조선 왕조와 그 지배층의 처지에서 제기하는 이념이자 사상일 수밖에 없다. 다시 말하면 유교·유학, 좁게는 오례 등 '유교문화 이념'은 농민지배의 목표와 방법을 위해서 채용된 지배층의 지배이념이게 마련이라는 것이다. 그렇다면 그 문화의 주도층인 국왕과 귀족·양반사대부의 대응관계보다도 피지배층의 존재형태, 이를 규정하는 사회·경제 구조와 정치체제에 대해서 먼저 고려해야만 할 일이다. 결국 저자는 유교사상의 신분계급적 성격과 이의 역사적 추이에 주목하기보다도 소박한 '유교문화'의 복원을 지향함으로써 본 주제가 내포하고 있는 문제의 본질을 지나쳐버린 것으로 생각된다.

유교가 개인수양의 방법론으로서 또는 신앙·종교로서 받아들여지는 것과는 별개의 차원에서 집권국가와 양반 지배층의 지배이념이었다는 것, 심지어 개인수양론으로서의 유교조차도 그 지배이념의 울타리를 벗어날 수 없었다는 사실을 유념해야 할 것이다. 그렇지 않으면 역사 속에 있었던 유교의 참모습을 못 보게 되고, 나아가서는 현대 한국사회에서 역사·문화 전통으로서 유교의 의의를 재발견하고자 하는 노력도 결코 성과를 거두지 못할 것이다. 유교의 진정한 재발견을 위해서는 유교의 역사적 성격을 규명해내는 비판적 작업이 반드시 선행되어야 하기 때문이다.

다음, 고려시기에는 五禮를 중심으로 마련되었던 禮制, 禮의 운영체계가 조선시기에 이르면 五禮와 四禮로 분화하여 五禮＝國家禮＝王禮＝公禮, 四禮＝家禮＝士大夫禮＝私家禮의 대응관계를 형성하게 된 사상적 역사적 의의를 주목할 일이다. 이미 서두에서도 말했듯이 유교가 지배이념의 지위를 불교와 공유하던 시기의 오례·유교와 특히 朱子學一遵 시기의 오례는 그 내용과 존재방식을 어떻게 달리하게 되며 그 의의가 무엇인지를 설명할 수 있어야 하겠다. 즉 漢·唐 유학과 주자학, 문벌(또는 권문) 귀족과 양반사대부, 백정농민에 기초하는 전시과와 양인농민층을 전제로 하는 과전법 등의 대비조건, 무엇보다도 고려사회와 조선사회는 생산력의 격차, 집권체제의 강도에서 발전단계상의 앞뒤 이행관계에 있다는 사실이 오례의 내용과 운영에 어떻게 반영되었느냐는 것이다. 저자는 '고려 五禮로부터 조선 五禮로의 이행'에 적극 관심을 보였지만, '왕권에 대한 신권의 견제'와 그 반영인 '五禮와 四禮의 절충', '유교문화의 확산과 보편화' 이상의 사실내용을 전개하지는 못하였다.

五禮를 중심으로 한 고려의 禮制와, 五禮는 물론 四禮까지도 동시에 수용해야 했던 조선 예제의 차이점을 단적으로 보여주는 경우는, 고려에서 적극 채용했던 圓丘·方澤 의식을 조선에서는 제외하고 있다는 점과 고려에 별로 없었던 사대부 관계 예제를 조선에서는 대폭 수용하고 있다는 점일 것이다. 그리고 이러한 조선 예제의 변동이 왕실 쪽의 오례가 능동적으로 사례의 내용을 받아들인 것인지, 아니면 사대부 중심의 사례 쪽에서 오례에 침투해 들어간 것인지의 여부가 주목될 수 있겠다. 이에 대해서 저자는, 최고 정점에 선 왕권은 신료들의 국정참여에 대한 예우, 다시 말하면 충성의 대가를 고려하고, 사대부층은 그들의 신권이 우세해진 결과 왕권을 견제할 수 있었기 때문에 그러한 절충이 이루어졌다는, 즉 왕권과 신권이 타협한 결과라는 견해를 제시하였다. 그러나 과연 그러했을까. 여기에는 몇 가지의 역사적 조건을 제기하고 그 관계를 따져봄으로써 단순히 '五禮와 四禮의 절충'으로 보이는 현상의 배경을 설명해야 된다.

이를테면 조선왕조는 도평의사사의 의결을 거쳐 추대된 李氏 왕실과 사대부 관인층의 합의의 산물로서 성립되었다는 점, 그래서 처음부터 조선의 왕권은 사대부층의 권위와 유구성을 상징하는 하나의 표상일 뿐 신료들에 대해 중국 천자와 같이 실질적인 절대권의 보유자이기 어려웠던 사정, 사대부 관인층의 정치이념인 성리학(=주자학)은 修己治人을 사대부는 물론 군주에게도 똑같이 요구하는 학문·정치론이었으므로 治者로서 군주와 신료는 동등한 책임이 규정되는 관계였다는 사실, 그러므로 성리학을 기초로 형성된 『朱子家禮』(=四禮)는 사대부만의 私家禮이기에 앞서서 국왕을 포함한 治者層 공유의 禮制로 인식되었다는 점, 더욱 보편적이며 현실적인 이유로는 사대부층이 토지의 私的 소유권을 통해서 在地에 확보한 田莊을 기반으로 '三綱五倫'의 규범체계와 『주자가례』를 실현해갈 수 있는 독자적 세계인 향촌사회를 장악한 지배계층이었다는 사실을 들어야 할 것이다. 이렇게 왕권이 상대화되어 있는 사대부 국가 조선왕조의 현실에서는 五禮가 國禮로서 국가·사회 질서를 규정하기보다는 단순히 왕가·국왕에 적용되는 특례로서 그 명맥을 유지할 수 있었을 뿐, 통치이념과 정치체제 일반을 포괄하는 차원에서 四禮까지도 수용했던 상황은 결코 아니었던 것이다. 이는 조선 후기의 이른바 '禮訟'과 禮學의 중심영역이 모두 오례가 아니라 사례였다는 사실에서도 명백하다고 보겠다.

그러므로 저자가 五禮를, 왕권의 위상이 至高이며 국가질서의 유지를 위한 기초원리도, 왕권을 에워싼 사대부 지식층의 정치이론도, 모두 이와 일치되는 것임을 보여주는 의례체계로 이해하고, 또 오례에 의해 "조선의 왕권이 정치적으로 극대화되었으며 조선 정치구조를 편성했음"(405쪽)이 분명하다고 강조한 근거는 매우 희박하다고 하겠다.

여기에 덧붙여 생각해야 할 것은 禮制와 法典, 정치와 제도의 관계, 五禮와 四禮의 차이점이 무엇이냐는 것이다. 왜냐하면 그것들은 정치이

넘과 제도의 운영, 질서의 수립과 유지에 직결되는 요소들이면서도 서로 다른 내용구조와 기능을 갖기 때문이다. 더구나 저자는 五禮를 정치사상사의 주제로 택한 만큼 개념과 논리의 구성에서 더욱 명확하게 해야 한다. 그럼에도 저자는『국조오례의』와『경국대전』에 대해, 다 함께 조선왕조의 체제유지를 위한 법전이라는 의미를 지니는 것으로서 "한국사의 발전과정에서 나타나는 유교이념 수용의 역사성을 파악하는 데 중요한 지표가 된다"(377쪽)든지, "정치적으로 '禮'가 질서의 내용구조로 구현되면서 바로 '五禮'의 형식을 갖고 역사에 나타나고 있었다"(401쪽)고 하였을 뿐 그 이상의 논리적인 견해를 구체적으로 제시하지 않았다.

이밖에도 아쉽게 느껴진 점은, 고려 오례체계의 성립 근거를『고금상정례』의 편찬사실에서 찾고자 당시 유학의 이해와 보급, 관학의 정비 강화 등, '고려시기의 經學' 일반의 사정을 평면적으로 살피고 있는 점이다. 그보다는 차라리 12세기 전반기 귀족 지배체제의 내부모순, 즉 이자겸·묘청의 정변, 이에 따른 왕권의 위축, 전시과의 문란과 무반층의 불만 등 정치·사회 현상에서 그 계기를 찾는 것이 더 타당하지 않았을까. 오례를 특히 정치사상사의 영역에서 주목할 경우 더욱 그러하리라고 생각된다. 예제는 법제보다도 더 정태적인 것인 만큼 유동 변화하는 현실적인 요소와 관련해서 보아야 할 것이기 때문이다. 그럼에도 저자의 시각은 고려·조선 사회의 유교사상·유교문화가 어느 정도로, 어떻게 수용되고 있느냐는 점에만 고정되어 있는 느낌이다.

또 「朝鮮初期의 禮學」에서 '禮學의 學統'을 논하고자 이미 세 사람의 禮論家를 설정한 이상 각개 관련 내용을 연대기 자료대로 제시하는 데 그칠 것이 아니라, 그들 사이에서 드러난 예제·예론의 同異點, 또는 이와 관련된 학문배경과 정치적 견해 등의 사상경향을 추적하였으면 좋았을 것이다. 이러한 아쉬움은『국조오례의』의 편찬에 참여한 11인의 예학에 대한 검토에서도 똑같이 느꼈던 것이다.

지금까지 제시해본 필자의 소견이나 지적은 본서의 내용을 잘못 이

해하거나 억측한 데서 비롯된 것도 있을 것이다. 저자와 독자 여러분의
양해를 바란다.

(『歷史敎育』51, 1992)

Ⅳ. 書評:『조선은 지방을 어떻게 지배했는가』*

1. 한국사에서 '지방'의 의의

우리는 '서울'과 '시골', 또는 '중앙'과 '지방'이라는 말을 일상으로 쓴다. 예전에도 그랬고 지금도 그렇다. 한자말의 '京鄕'이라든지 '中外' 또한 줄여 쓰는 것일 뿐 뜻은 같다. 이렇게 과거의 기록이나 지금의 일상에서 수없이 발견되는 중앙·지방의 구분은 그 의미를 간단히 말하기 어렵다. 단순히 지역이나 공간을 구분하거나 위치·거리 따위를 표시하는 것만으로 그치는 일이 아니기 때문이다. 거기에는 형세의 강약, 기능이나 구실의 다름이 있고 輕重·尊卑의 차이와 서열이 나타나게 된다. 이것이 그 둘 사이에 차별과 불평등의 여러 조건으로 작용하고 사회·정치·문화 등 각 방면에서 제기되는 현실문제의 원인·배경이 되게 마련이다.

중앙이든 지방이든 그것은 크고 작은 인간·사회 관계가 중층적으로 결합한 것인 만큼 이들 사이에도 역시 개인·사회 관계처럼 지배·복종의 현상, 정치·권력의 관계가 뼈대를 이루게 된다. 역사적 문화적으로

---

* 한국역사연구회 조선시기 사회사 연구반, 『조선은 지방을 어떻게 지배했는가』, 아카넷, 2000

도 그 유래와 내용이 다양하고 복잡하게 얽혀있다. 역사과정이 길고 여러 차례 왕조·지배층의 교체를 경험한 한국에서는 더욱 그렇다. 세계사적으로 보면, 많은 공통점을 지니는 가운데서도 서로 다른 자연·지리 환경 속에서 저마다 고유한 역사경험을 쌓아온 정도만큼 중앙·지방의 의미나 성격도 차이가 날 것이 분명하다. 이를테면 유럽에서는 고대시기 이래 지방분권적 경향이 강했던 탓으로 근대 국민국가로 성장하는 과정에서 지방적 배타성이나 격차의 극복이 과제가 되었음에 견주어, 통일왕조가 수백 년씩 지속되었던 동아시아에서는 오히려 중앙정치에 대한 지방자치권의 확보와 균형의 실현이 정치 근대화의 과제가 되어왔다고 할 수 있다.

오늘날 한국에서는 정치 민주주의를 실현하는 문제와 관련하여 지방자치제를 정착시키고 지방의 균형발전과 지역 상호간의 협력·보완 관계를 확대하는 일이 지방문제의 중요한 현안으로 제기되어 있다. 각 방면의 과도한 중앙집중화 현상을 해소하고 지역주의·지역감정·지역갈등을 타파하기 위한 구체적인 방법과 실천의지가 요구되고 있는 것이다. 지역등권론·균등발전론 그리고 지역특성 살리기 운동 등등의 논의는 이러한 요청에 부응하려는 여러 움직임들일 것이다. 민족동질성 회복과 남북분단 극복의 문제 또한 이러한 지방문제의 연장선 위에 있다고 할 수 있다. 결국 현대의 '지방'문제는 역사·문화적으로 오랫동안 복잡한 과정을 거쳐 배태 변형되어온 것으로서 개인과 사회, 중앙과 지방, 지방과 지방 사이의 관계문제이며 당장 해결에 착수해야 할 국가·민족의 현실문제인 것이다.

'지방'이 내포한 문제의 성질과 의미가 이렇기 때문에 역사학에서도 오랫동안 지방과 관련된 여러 연구주제에 주목하고 이를 해명하는 데 힘써왔다. 초기에는 직접 '지방'문제를 겨냥한 것이라기보다는 일반사의 내용이나 체계를 확장하는 일환으로 이루어진 것이 대부분이었다. 1980년대부터는 '지방' 자체를 대상으로 하는 문제의 제기가 활발해지고 연구주제와 성과도 따라서 늘어났다. 한국사 전반에 걸쳐 연구자의 수가 증가하고 연구의 영역과 주제가 확대 다양화하는 추세의 반영이라 할 것이다. 또 이 시기에 더욱 활발해진 민주·민중 역량을 기반으로 한 사회·정치 운동 또한 역사학계에 크게 자극이 되었을 것이다. '역사의 동력'을 구체적으로 확인하려는 연구작업이 民·農民·民衆의 존재공간, 그 활동마당인 지방에 눈길을 돌리게 된 셈이다. 그러나 학문적 차원에서 '지방'이 역사학의 관심대상이 될 수 있었던 것은 아무래도 한국사의 내재적 발전에 대한 공감대가 확산되고 정체론·타율론이 극복되어간 결과로 생각된다. 특히 농업사를 중심으로 한 조선 후기 사회경제사의 연구성과가 괄목할 수준에 도달하게 되면서 이것이 '지방'문제에 눈을 돌리게 한 주요 동인이 되었다.

역사학의 측면에서 '지방'을 연구하는 방법은 여러 가지로 나타났다. 이를테면 조선시기 양반의 정치적 문화적 구실을 집중 해명하는 방법의 일환으로 그들의 사회적 기반이었던 '鄕村'의 실체를 '鄕村社會史'로 범주화하는 경우가 그 하나이다. '중앙정부의 지방지배'를 기본 전제로 하는 一般史·全國史의 차원에 서면서도, 양반의 개별적 지속적 향촌(=지방)지배야말로 조선시기 지배질서의 근간이며 이 질서가 정착, 강화, 동요, 해체하는 과정이 다름 아닌 조선시기 한국 중세사회의 주된 흐름이라고 보는 것이다. 아마 이것이 현재 학계의 '지방' 연구의 주류를 형성한다고 할 수 있을 것이다.

다음은 사회경제사의 심화와 연구주제의 확대에 따라 농민(생산자)층의 실체를 밝히는 문제와 관련해서, 그 존재·활동 공간인 농업·농촌·지방을 부각하는 경우이다. 봉건국가와 지배층, 이에 대응하는 피지배층(=농민층)이라는 구도를 기본으로 삼기 때문에 긴박정책·부세제도·지주제 연구 등에서 보듯이 양반층의 존재와 그 구실을 상대적 비판적인 관점에서 접근한다.

세 번째로는 사회사·문화사의 영역이자 대상으로, 양반·농민이 공존 공영하는 地緣共同體인 지방에 착안하는 경우가 있다. 이때는 마을 (촌락·향촌) 공동체나, 촌락구조, 동족마을·두레·민간신앙 등의 내용이나 성격을 구명하는 일이 주요 관심사가 된다.

네 번째로는 민중의 실체와 그 성장과정을 또한 지방사회의 범주에서 파악하려는 민중사의 시각인데, 주로 민중의식·농민항쟁에 관련된 연구가 여기에 속하는 것으로 볼 수 있다.

다섯 번째로는 鄕土史의 범주이다. 현재의 '地緣'·고장·愛鄕 의식을 기반으로 하여 지방의 존재와 유래를 역사적으로 부각하며 사회적 결속을 이끌어내려는 움직임을 보인다. 이는 대개 道·市·郡을 단위로 한 地方誌의 작성이나 인물사·가문(姓氏)사·마을사의 구성 등을 통해서 관철된다. 방법론이 미숙하거나 일반사와 연관성이 미흡하여 객관성을 결여하는 경우가 많지만 엄연히 '지방'을 역사적으로 접근하는 지식·학문 활동의 일환임을 부정할 수 없다.

'지방'문제에 접근하는 방법·시각을 편의상 이렇게 몇 가지로 구분해 볼 수 있지만 엄밀히 따지면 여러 방식이 서로 겹치기도 하고 그 어느 경우로 분류하기가 애매한 것도 있다. 앞에서도 말했듯이 '지방' 자체를 직접 연구대상으로 삼기보다는 '지방'문제에 연결되는 특정 주제나 영역을 통해서 지방을 파악하는 경우가 더 많다. 이를테면 토지제도를 비롯하여 지주제·신분제·군현제·부세제·농민항쟁 등의 주제가 그것이다. 그런가 하면 鄕約(鄕規)·洞契·守令·鄕吏·門中(姓氏)· 書院·族譜·두레 등도 역시 개별 독립주제이면서 지방문제의 이해에 빼놓을 수 없는 요소들이다. '조선의 지방지배'를 논의하려면 일단 이들 모두를 고려의 대상에 넣어야 할 것이다. 거꾸로 말하면 조선시기에 해당하는 모든 연구주제나 영역이 '지방'과 관련되지 않는 경우는 거의 없다고 할 수 있겠다.

2. 조선의 지방지배

이 책『조선은 지방을 어떻게 지배했는가』는 '한국역사연구회 조선시기 사회사 연구반'의 공동연구 성과이다. 공동연구자들은 여기에서 다루는 '지방'의 개념·범주를 꼭 짚어서 규정하지는 않았지만 대체로 우리가 위에서 생각해본 '지방'문제를 충분히 고려하면서 '조선시기의 지방지배'를 다각도로 검토하고 그 결과를 이 책에 압축하였다.

연구자들은, "중앙 정계·관인들의 동향과 지방사회의 변화를 동시에 고려하면서 각 단계의 지방지배가 어떻게 구현되고 있었는가"를 살피기 위해, 이 주제에 대한 선입견이나 특정한 주장·관점·이론 등을 일단 배제하며 조선시기 국가의 지방지배에 관련되는 여러 제도·장치·요소들을 망라하고, 이것들이 시기에 따라 어떻게 추이했는가를 실제 사료에 근거해서 재구성해내려고 시도했다. 특히 그들은, "조선시기 국가론의 어려운 과제들을 풀 수 있는 실증적인 근거를 마련하고 나아가 한국 중세사회 운영원리, '조선봉건사회론'의 이론적 기초를 밝히는 데 한 걸음 더 다가갈 수 있기를 기대한다"(6~7쪽)는 목표를 세우고 있다. 다만 국가의 구조와 성격에 관련한 지배계급·권력집단·지배이념 등의 여러 문제는 추후의 과제로 돌린다고 한다.

책의 구성을 보면 책머리에 '서문'과 '총론'을 두었으며 본문 전체를 초·중·후·말의 시기에 따라 4개의 部로 나누고 여기에 독립된 주제별 논문 3~4편씩을 章으로 넣었다. 우선 각 장의 제목과 필자를 摘示하고 그 요지를 간추려본다.

제1부 조선 초기 국가의 지방지배
　제1장 조선 건국과 지방지배구조의 재편(김인걸)
　제2장 외관제의 확립과 운영구조(임선빈)
　제3장 국가의 교육통제정책과 촌락사회(정순우)

　　　　제2부 조선 중기 국가의 지방지배

　'총론'——"국가는 계급지배를 실현하는 도구"이지만 "지배계급으로부터는 상대적인 자율성을 갖는" 것이며, "국가권력을 구성하는 세력의 속성과 사회경제적 수준에 따라 지배의 목적·방법이 달라진다"면서 본론에서 다루게 될 주제와 범위, 시각을 제시한다.

　제1부 '조선 초기 국가의 지방지배'——'조선 건국' 주체들은 중앙집권 체제를 확립하는 방법의 일환으로 수령을 파견하여 품관·향리 등 지방지배층·토호세력을 통제하였으나, 15세기 후반에는 이러한 관 주도의 향촌질서가 한계를 드러내었고 이에 사림파가 새로운 향촌사회 운영의 중심 구실을 담당하기에 이르렀으며, 그 뒤로 조선사회는 중앙집권적 지배체제와 지방분권적 자치질서가 상호공존하는 이중적 지배구조를 띠게 되고, 지방통치는 官治와 自治가 서로 유착 길항하는 역학 관계에 따라 추이 변모하게 되었다고 한다. '外官制'의 확립은 조선왕조

초기 지방지배 정책의 핵심과제였는데, 고려 말기에 京・外官의 분화와 함께 專任外官이 등장하고 이것이 점차 모든 군현에 牧民官을 파견하는 기반이 되었으며 향교의 설치, 循資法・行守法의 도입, 관찰사의 수령 黜陟權 행사, 수령 상호간의 統屬關係 수립 등과 결합해서 지방 지배체제의 법제적 완성으로 이어졌다고 한다.

수조권분급제와 지주전호제의 존재가 각각 국가집중형 교육구조와 지주형 교육구조에 연계되는 점이 주목되는데, 전자는 향교・성균관으로서 향촌 지배세력의 견제와 왕권의 강화를 꾀하는 수단이 되고, 후자는 재지사림의 서원・사우로서 교육의 분권화를 촉진하고 국가권력과 대토지소유 세력의 견제와 농민지배, 농업생산 질서의 유지를 실현하는 방편이었다고 한다.

제2부 '조선 중기 국가의 지방지배' —— 조선 중기의 16・17세기에는 수령・재지사족이 향촌지배에서 상호보험적인 관계를 유지하는 '사족 지배체제', '사족 주도 향촌지배체제'가 성립하여 國家・士族・民의 세 입장이 신분・國役(과 賦稅)・이데올로기 등 현실문제를 둘러싸고 상호작용하는 관계가 전개된다는 것이다. 처음에는 사족과 상민의 구분이 분명해지고, 국가권력・수령권이 안정적으로 확보되는 위에서 田稅額의 減下와 사족의 군역이탈이 용인되며, 유향소・향약・서원 등의 운영과 부세의 수취, 요역의 차출, 향리의 견제 등에서 사족의 자치기능이 발휘되었다. 그러나 점차 사족과 품관(＝鄕族)의 구분이 일어나며 향임층의 향권 장악이 가능해지고, 정부의 지방 통제력이 수령권의 강화로 나타나며, 대동법・균역법에서 사족에 대한 배려가 사라지게 되는 등 종래의 사족 지배질서가 약화되어 갔다는 것이다. 형벌권・재판권 등 '수령의 사법권 행사'와 향약・동규 등 재지사족의 자치적 처결권의 사례를 통해서 보면, 처음 수령권의 우위를 전제로 한 사족 중심의 자체 형벌권이 공동체의 일반민들에게 절대적인 영향력을 행사할 수 있었으나, 面里制 등 국가 공권력이 촌락 내부에 정착하면서 사족의 자치적

형벌권은 억제되고, 대신 국가의 일원적 형벌권이 한층 진전된다는 것이다.

또 山川·日月·城隍·風雲·雷雨 등 '郡縣祭儀'의 정비도 효과적인 지방지배를 위해 불가피했는데, 이는 官의 허가가 없거나 형식에 어긋난 고려시기 이래의 분산적인 제의를 淫祀로 규정, 정비하고 유교적인 제의를 장려하는 일로서, 재지세력의 형세나 민심동향에 따라 대처방식을 달리하며 鄉飲禮·鄉射禮의 장려, 수령의 성황제 주재, 유생들의 書院·鄉賢詞 지원 등을 통해 재지세력을 견제 또는 안정시켰다고 한다. '진휼정책'은 失農者·絶糧民에게 식량과 種穀을 제공하여 토지긴박과 재생산기반의 안정을 도모하는 제도인데, 17세기에는 진휼곡의 증액, 각종 부세와 환곡의 탕감, 질병치료 기회의 확대 등에 힘쓰게 되고 이에 부족한 재원의 확보방안으로 納贖의 실시, 鑄錢·煮鹽과 還穀을 이용한 殖利, 社倉制의 장려에 나서며 五家作統·號牌法 등 통제기능도 동원했다는 것이다.

제3부 '조선 후기 국가의 지방지배' —— 18세기에 이르면 사회·경제적 변동과 다양한 사회세력들의 도전으로 종래 '사족지배체제'를 기본틀로 하던 지방지배가 어려워지고, 정부는 새로운 지방지배 방식을 모색, '수령—吏鄉'을 기축으로 하고 여기에 부수 기생하는 新鄉·富民層이 연결된 '관 주도형'의 지배질서로 전환하게 된다. 이것이 중앙 정치세력의 閥閱化와 사족층의 京·鄉 분리, 사족지배력의 약화, 탕평정국과 국왕권의 강화, 法典體系와 통치질서의 재정비 등을 배경으로 한 수령권의 신장, 즉 '관 주도 지배질서의 심층화'라는 것이다. 그 구체적 사례로 영조 때 시행되었던 「校院矯弊節目」을 분석하여 조선 후기 향교개혁의 실상을 밝히고 있다. 이렇게 강화된 수령권을 견제 감독하기 위한 제도적 장치로 국왕의 求言綸音과 民疏의 직접 수용, 수령추천제와 贓吏處罰의 강화, '어사의 파견'을 통한 지방관의 廉察과 통제, 備邊司 句管堂上의 지방 행정·재정업무 장악 등의 방안이 마련되었다. 특히

국왕은 어사활동을 통해 邑弊·民瘼 등의 현안을 정확히 파악하고 民情을 직접 챙김으로써 왕권의 신장을 꾀했다고 한다.

또 이 무렵부터는 각종 地理書의 편찬과 함께 용도·제작법·축척·범위 등을 달리하는 다양한 형태의 郡縣圖·邑地圖가 제작되어 국가의 적극적인 지방 실태파악에 활용되는데, 이러한 사정은 중세적 통치기구가 근대적 관료제로 전환할 수 있는 가능성을 보여준다는 것이다.

제4부 '조선 말기 국가의 지방지배' —— 19세기에 들어와서는 사족의 사회·경제적 분해로 鄕論(＝公論) 형성이 어렵게 되는 반면 無斷土豪化한 대지주들의 私的 지배는 도리어 확대되자 사족들은 종래의 향촌지배에 더욱 집착하여 집단적인 儒疏를 통해 중앙권력과 무단토호에 대항하게 되고, 이에 부담을 느낀 정부·수령은 사족들의 영향력을 배제하는 대신 '새롭게 성장하는 세력', 新鄕(＝新儒)·鄕族(鄕品·鄕班)·饒戶·富民 등 다양한 존재들을 포용하며 지방지배에 끌어들이게 된다는 것이다(정진영 교수의 이러한 주장은 18세기를 다룬 앞의 다른 논자들의 견해와 일정한 차이가 있다). 또 신분제의 변동, 농민층의 분해 등이 국가 조세수입의 감소와 재정위기로 직결되자 정부는 부세정책의 재정비, 재정기반의 확보를 위해 지방지배를 더욱 강화하게 되는데, 이것이 '國家(監司)－守令·吏鄕－面里任'이라는 일률적인 수탈체계의 수립으로 나타난다는 것이다. 그리하여 부세운영의 주도권이 수령과 그 예하의 이향들에게 옮겨가며 都結·比摠 등의 摠額制 수취방식의 강화와 이에 대처하는 軍布契·民庫 등 共同納의 확산을 불러와서 봉건정부(수령)와 농민 사이에 정면 대립구도가 형성되고, 이 모순이 19세기 농민항쟁의 직접적인 계기가 된다는 것이다.

19세기는 봉건적 지방지배 방식에서 근대적 자주적 방식으로 전환이 모색되는 시기로서 특히 고종대의 지방지배는 크게 세 시기로 구분되는데, 성리학 전통의 기존 사족지배체제, 주도적 관치보조적인 수령－이향 지배체제, 새로운 질서인 民權自治 지향의 농민적 향촌질서의 세

가지 유형이 서로 착종하는 점에 특징이 있다는 것이다. 이 가운데 제
1·2유형이 향약·오가작통제를 매개로 한 反農民軍의 향촌질서라면
이에 대항하는 제3유형은 1894년 농민전쟁에서 執綱所의 설치·운영을
통해 비로소 경험하게 되는 것인데, 이는 1862년 농민항쟁에서 등장한
농민적 鄕會가 民會의 수준으로 성장하고 다시 집강소체제로 발전한
것이라고 한다. 또 이 시기에 고종이 '兩湖聚會'를 서구 시민사회의 民
會와 비교하며 수용하려 한 것은 개화파가 구상한 지주층 중심의 지방
지배질서보다 상대적 진보성을 보이는 것으로서, 대한제국이 군주와 농
민의 직접적인 연계를 기반으로 황제권 중심의 정치체제를 지향한 구
체적인 증거라고 한다.

3. 문제의식과 성과

이 책은 1980년대 이후 조선 후기 사회 연구의 분위기와 그 시각에서
주목되어온 '사족지배체제론'을 검증하고 그 대안을 모색하기 위한 공
동작업으로 이루어진 성과이다. 공동연구·공동작업이란 여러 연구자
가 하나의 큰 주제에 서로 뜻을 모으고 이와 관련된 다양한 소재와 방
법, 시각과 논점을 모색하며 함께 공유하는 연구성과로 완성해가는 일
이라고 하겠다. 학계의 관행으로는 공동의 연구주제를 내걸더라도 연구
자 각자의 개인작업으로 수행되기 마련이어서 수공업적인 분산연구의
한계를 벗어나기 어려웠다.

본 공동연구는 종래 학계의 이러한 연구방식이나 분위기를 탈피하고
있다는 점이 먼저 주목된다. 국사학을 중심으로 지리학·인류학·교육
학 등 관련 분야 14명의 전문연구자가 참여하여 지방지배에 관한 여러
주제를 다각적으로 다루되 토론과 의견교환을 통해 이견을 조율하며
문제의 중심에 접근하려는 과감하고 적극적인 시도를 보이고 있다. 더

구나 각 연구자들은 해당 분야에서 주목되는 연구업적을 내고 있을 뿐
만 아니라 본 공동주제에 관한 문제의식을 오랫동안 공유해온 것으로
알려져 있다. 이러한 사실만으로도 연구활동의 좋은 본보기로서 본 공
동연구의 의의는 높이 평가될 것으로 본다.

다만 어떠한 이유나 근거에서 본서와 같은 구성과 방식을 취하게 되
었는지, 또 14명의 논의가 어떠한 유기적 관련을 지니게 되며 총괄적 결
론이 무엇인지에 대해서도 언급이 충분했더라면 더 좋았을 것이라는
아쉬움을 준다. 그럼에도 불구하고 본서 자체는 '지방지배'라는 하나의
주제에 충실한 전문분야의 通史 · '개설서'로서 의미가 크다는 생각이
든다.

다음으로, 전체 시기구분에서 눈에 띄는 것은 조선시기 500여 년의
긴 기간을 초기 · 중기 · 후기 · 말기로 구분하고 여기에 '지방지배'의 재
편 · 발전 · 동요 · 해체 과정을 각각 대응시킨 점이다. 그 기간에 일어나
는 국가의 기능과 성격, 지방사정의 변화를 염두에 두되 이를 한결같이
'국가의 지방지배'라는 하나의 주제로 관철해가는 것이다. 이러한 시계
열적인 추적방식이 자칫 지루하고 단조로운 시간의 흐름이거나 비슷한
사건의 반복이라는 인상을 주기 쉬울 것이다. 그런데도 필자들은 각 단
계에서 나타나는 사회변동의 조건이나 양상을 특징 있게 이끌어냄으로
써 오히려 지방지배의 방식이 달라지는 원인과 그 내용 · 의의를 비교적
뚜렷이 제시할 뿐만 아니라, 역사의 변동 · 발전이 단계적 점진적이라는
것을 자연스럽게 확인하는 단서를 제공한 것으로 생각된다. 다만 그럼
에도 불구하고 초 · 중 · 후 · 말기, 또는 재편 · 발전 · 동요 · 해체라는 4
시기 구분방식이 지나치게 기계적이고 단조롭다는 인상을 지우기는 쉽
지 않을 것 같다. 그 4시기에 맞춘 사회변동의 내용 자체도 다소 과장되
거나 작위적인 점이 없지 않기 때문이다. 만약 논의의 편의상 4시기 구
분방식을 도입한 것이라면 차라리 世紀法을 써서 역사상황의 전개가
세기에 따라 어떻게 달리 나타나는지를 제시하는 것으로도 족할 듯하

다. 세기법은 역사의 시기나 지역을 달리하는 경우와 여러 가지 비교를 쉽게 한다는 점에서 편리함은 두말할 나위도 없을 것이다.

연구자들은 '국가의 지방지배'라는 주제에 강한 집중력·통일성을 보이는데, 이는 이 책이 안고 있는 문제점이면서 동시에 그 나름의 특징이자 강점이기도 하다. 여기에는 학계 여러 방면의 최근 연구성과가 폭넓게 반영되어 있으며, 연구자·유심자들의 개별 관심사를 국가·지방 지배라는 두 주제에서 어떻게 관련지어 전개해가며 새롭게 해석 인식할 것인가를 보여준다. 이를테면 부세제도의 운영은 국가 처지에서 지방지배의 핵심 문제인데 이를 둘러싼 관련 주체들, 즉 중앙정부·수령·향임·서리·양반사족·농민 등의 견해나 처지를 고려하고 그들 사이의 상호 역학관계에 주목함으로써 서술내용이 짜임새와 역동성을 더하고 있다.

이 책의 중요한 또 다른 특징의 하나는 19세기 전반과 후반의 시기를 연속적 과정으로 파악하고 있는 점이다. 특히 마지막 논문에서는 이러한 관점을 더욱 분명히 보여준다. 대개 다른 논저들이 1876년의 문호개방과 대외 국교수립을 논의의 분수령으로 삼아 그 앞 시기와 뒷 시기로 크게 나누고 서술의 내용과 성격을 판이하게 구분하는 것이 보통이다. 아예 논의의 범위 자체가 이를 종결점으로 삼거나 아니면 기점으로 삼기도 한다. 이는 잘 알려진 대로 한국의 중세(또는 전근대)와 근대를 나누는 시대구분의 관행 탓인데, 근래에는 이러한 경향이 더욱 심해져서 1876년 전후의 시점이 마치 한국의 역사·문화를 분절하는 움직일 수 없는 경계선이라도 된 듯한 인상이 없지 않다. 그런데 이 책의 해당 부분에서는 그러한 구분방식을 거의 고려하지 않은 것으로 보인다. 책의 체재가 개별 논문들의 모음이고 지방지배라는 주제의 성격상 그 구분점에 구애받을 이유가 없었을지도 모르지만, 평자가 편차와 내용의 전개를 통해서 보기에는 공동연구자들 사이에 이 문제에 대한 일정 합의가 있었을 것으로 짐작된다.

또 공동연구자들은 학계에서 지금까지 이루어진 이 방면 연구의 문제점을 객관적으로 짚어내고 그 개선방안 또한 적극 모색하는 의지를 보이고 있다. 종래의 조선 후기 사회사 연구가 주로 '사족지배체제', 즉 사족의 향촌 지배방식과 그 성격의 확인에 주력했다는 것, 그 결과 '조선 중기'의 설정이나 후기 향촌사회 지배층의 한계 파악에는 일정한 성과를 거두었지만, "중앙집권적 관료체제 아래에서 군현제로 편제된 향촌사회의 지배구조를 이해하는 데에는 사족 중심의 파악만으로는 한계를 가질 수밖에 없다"(5쪽)는 점을 시인한다. 또 "재지사족의 향촌지배를 그 자체로서 완결적인 것으로 파악하려는 경향이 있다는 비판을 면하기 어려웠다"(16쪽)는 지적도 같은 맥락에서 나온 것이다. 이는 종래의 '사족지배체제론'에 대한 반성이며 보완의 필요성을 인정하는 것으로 이해된다. 즉, ① 접근대상과 시각을 향촌사회 내부에 한정한 것이 지나쳤으며, ② 국가의 지방지배를 향촌통제라는 제한된 관점에서 바라보았다는 자기비판이다. 그래서 이 연구에서는 '향촌통제' 대신에 '지방지배'라는 표현을 쓰기로 한다는 것이다. 이러한 연구자들의 자세는 매우 진지하고 참신하게 느껴진다.

사실 평자의 관점에서도 '사족지배체제'라는 개념·범주는 문제가 없지 않았다. '사족지배체제'설이 향촌통제·향촌자치 문제와 관련해서 크게 주목을 받은 것은 잘 알려진 바와 같다. 그러나 그것은 조선시기 지배질서를 단순 협소한 것으로 왜곡하거나 '사족지배'를 과장하고 미화할 우려가 없지 않았다. 사족은 조선사회의 실질적인 지배층으로서 중앙정치에 참여하는 특권과 그에 따른 책임이 향촌자치에서 실현하는 그것보다도 오히려 더 무거운 존재들이었다. 때문에 사족 중심의 향촌자치를 하나의 '지배체제'로 개념화 실체화하자면 이보다 먼저 그들이 갖는 정치적 비중과 이중성을 짚어내야 할 것이다.

또 '사족지배', 사족 중심의 지방자치 자체에 여러 가지 제한적인 성격이 따른다. 사족의 자치는 국가적 중앙적 차원의 집권관료체제, 官治

에 대비되기는 하지만 사족 개개의 집단이 분산적으로 수립한 향촌자
치의 범위와 수준에 머무는 것이라는 점에서 국가 公權에 대한 私權이
라는 성격이 분명하며, 같은 맥락에서 그것은 집권국가의 對民支配를
보조하는 구실에 머물거나 거기에 편승하는 존재라는 근본적인 제약을
지니는 것으로 생각된다. 만약 '사족지배체제'를 인정한다 하더라도 그
지배의 강도, 특징, 수령권과 관계 맺는 방식, 향임·향리의 형세 등을
고려하면 각 군현마다 서로 다른 차이점이나 편차가 드러나게 마련이
고(151쪽 참조), 따라서 그것을 전국적인 '체제'로 규정하기에는 무리가
따른다.

이러한 몇 가지 문제점에도 불구하고 '사족지배'와 '체제'라는 무거운
두 술어를 결합하고 이의 긍정적 측면에 치중하거나 그 정당성을 강조
하게 되면, 이것이 자칫 18, 19세기 이른바 '新鄕'을 포함한 새로운 사회
역량과 반체제적인 사상의 성장·진출을 상대적으로 과소평가할 근거
가 되기 쉽고, '사족지배'의 약화나 실패가 자주적 근대화의 좌절로 이
어졌다는 논리에 힘을 실어주게 될지도 모를 일이다. 이러한 이유에서
도 이번 공동연구자들이 먼저 '사족지배체제'설의 문제점에 유의하고
그 대안모색에 나선 사실에 거듭 동의와 지지를 보내지 않을 수 없는
일이다.

4. 국가·양반·농민의 제 문제

조선왕조는 양반들이 양반을 위해 운영하는 양반의 국가였다. 그래서
정치의 근간이 국가·농민·양반이라는 삼자 사이의 상호관계, 또는 지
배·예속 관계의 조절과 유지에 있게 되었다. 국가는 농민들로부터 조
세·공납·요역 등의 부세를 징수하여 유지될 수 있었고, 양반들은 대
개 중소지주의 처지에서 전호농민들로부터 나오는 지대수입으로 생활

기반을 삼았다. 말하자면 부세징납이라는 국가의 공권력과 지대수취라는 사적 지배력 사이의 균형을 실현하는 일이 양반정치의 근간을 이루는 과제였던 셈이다. 이러한 정치·경제 관계는 다양한 관련 요인들이 복잡하게 착종하며 추이하게 되고, 중앙정치와 지방자치 양쪽 모두를 원만히 유지할 책임이 양반들에게 있음을 뜻한다. 양반의 정치적 책임은 조선왕조 전 시기에 관통되는 것이었지만, '사림'의 정계주도권이 확실했던 16, 17세기에는 특히 그러했다.

요컨대 이 책의 중심 주제, 국가의 '지방지배'란 부세제도와 지주전호제의 원만한 운영·유지를 둘러싸고 전개되는 중앙정부와 지방자치의 상호관계 문제가 된다. 따라서 '조선의 지방지배'를 올바로 이해하려면 이러한 여러 요인·처지들 사이의 관련 구조가 어떻게 짜여져 있으며 그것이 변동 추이하는 과정에서 어떠한 변수들이 작용하는가를 주목해야 한다. 특히 지주전호제가 차지하는 비중과 의의를 중시할 필요가 있다. 논자에 따라 관점이 다를 수 있지만, 이미 말했듯이 조선시기에는 '국가의 지방지배' 못지않게 '양반의 농민지배'라는 측면이 클뿐더러 양반의 농민지배는 지주전호제에 집약되는 것이고, 다시 이에 따라 국가의 지방지배가 크게 규정되었기 때문이다. 이제 이런 한두 가지 논점들에 유념하여 본서의 주장 가운데 주목되는 몇몇 사항에 대해서 평자의 소견을 제시해본다.

먼저 연구자들은 (중앙)정부·지배층·집권세력·중앙관료 또는 국왕 등으로 구분해서 표현하는 것이 더 정확하고 자연스러운 경우에도 구태여 '국가'로 기술하고 있다는 생각이 든다. 이것은 '지방지배'에서 양반사족의 구실을 강조하거나 긍정적으로 평가하려는 의도와 관련이 있어 보인다. 또 "(조선왕조는) 그 중기에 이르러 불가피하게 사족들을 지방지배의 매개로 활용하지 않을 수 없게 되고 이것이 결과적으로 사족지배체제라는 조선시기 특징적인 지방 지배형태를 나타나게 했다"(184쪽)고 하는 표현에서 보듯이 중앙 정치권력과 재지사족을 별개의 존재

로 분리해서 파악하려는 의도로 생각된다. 만약 그렇다면 문제가 없지
않다. 먼저 여기에는 조선시기의 국가는 양반이 양반을 위해서 조직하
고 운영하는 국가라는 사실, 이는 국가와 사족(=양반)의 편에서 지방과
농민을 지배하는 체제이며 사족(=양반)이 농민과 양립하는 구도라는
사실이 중요하기 때문이다.

평자의 생각에, 국가의 뜻에는 중앙과 지방의 구분이 사실상 존재하
지 않으며 국가는 중앙과 지방을 하나로 통합해서 장악한다는 것, 그래
서 실제로는 국가가 지방을 지배한다기보다는 중앙정부·지배층(사족)
이 지방의 인민과 토지를 지배한다는 것이다. 만약 사족(=양반)을 국가
(=조선왕조)와 대립하는 존재라는 측면만 부각하다보면, 예컨대 왕조
의 몰락이 국권의 상실과 식민지로의 전락이었다는 역사적 사실에서
그 책임은 막연히 '국가'에 떠넘겨지고 만다. 조선왕조의 지배층이었던
양반사족이 국권의 상실과정에서 어떻게 책임이 없겠는가. 결국 이 책
에서 시도한 것과 같은 문제설정·접근방법대로 한다면 단순히 양반의
구실을 중시하고 긍정하는 데(평자가 잘못 이해한 것이 아니라면) 그칠
뿐만 아니라 양반의 분열·대립과 무책임에 대한 면죄부를 주는 것이
되고, 그 반대편에 섰던 양심적인 양반이나 농민들의 반봉건적인 의식
과 활동을 정당하게 평가하고 위치를 설정하는 일은 그만큼 부자연스
러워지고 말 것이다.

또 공동연구자들은 15세기 관 주도 향촌지배의 한계·문제점을 부각
함으로써 16세기 재지사족 주도의 향촌질서가 출현하게 된 불가피성이
나 정당성을 입증하려고 한다(제1부 제1장). 또 국가권력이 지나치게 강
대했고 따라서 사족의 향촌자치, 사족지배가 이에 대항하는 견제력이었
다는 전제를 내세우고 있다. 사실 중세 집권국가의 관 주도형 향촌지배
는 기본적으로 한계와 문제점을 지닐 수밖에 없고 이것은 조선 전기의
문제만이 아니다. '관 주도의 한계'가 사족이 향촌 주도에 나서게 되는
한 배경일 수는 있지만 필연적인 것이거나 정당성의 근거가 되기는 어

렵다. 연구자들의 주장은 역시 사족의 사적 지배를 적극 긍정하려는 의도가 아닐 수 없다.

구체적으로 말하면, 주자학의 이론을 도입한 사족층과 그들의 자치활동이 수령권(＝국가 공권)에 대한 私的 지배력, 私權의 저항·신장이었음을 부정할 수 없는 점에서 그들이 15세기 재지품관층과 그토록 확연히 성격을 달리하는 새로운 사회세력일 수는 없을 것이다. 또 경상도 일각의 '유향소 복립운동'이 설령 연구자의 주장대로 '관권의 일방성'을 견제하거나, 중앙 집권세력의 사적 특권의 확대에 반발하는 지방 양반세력의 결집이었다 하더라도, 이때의 중앙 집권세력을 국가 공권력과 동일시하는 것 같은 인상을 주는 점은 또한 문제가 된다. 무엇보다도 중앙의 집권세력보다는 재지사족층이 더 양심적이고 바람직한 지배세력이었다는 선입견은 배제되어야 할 것이다. 사실 재지사족의 유향소 복립운동이나 수령권 견제활동은 그들 자신의 권익신장·기득권옹호를 목적으로 한 집단행동이었다는 점에서 정도의 차이는 있더라도 중앙 집권세력의 속성과 본질적으로 다를 것이 없다. 그들 사이에는 재지사족인지 중앙의 집권세력인지의 차이, 즉 현실적 정치적 처지의 차이와 함께 농민지배의 방식, 국가공권에 대한 태도가 더 중요한 구분기준이 되어야 할 것이다.

16·17세기를 조선 중기로 설정하는 것(85~87쪽)도 문제이다. 이는 '사족지배체제'설과 밀접히 관련되는데, 그렇다면 그 사이에 끼어있는 壬·丙 兩亂의 배경·과정·영향(의의)을 실제 이하로 축소 왜곡할 소지가 있다. 한국사의 발전과정에서 볼 때 양란은 일단 부정적으로 작용한 外因으로 여겨질 수 있으나, 그럼에도 불구하고 그것은 엄연한 사실이었고 그 영향이 심대했던 점을 소홀히 할 수 없다. 더구나 조선왕조의 일관된 폐쇄주의와 明 一邊倒의 국제관계를 고려하면 양란이라는 外因 자체를 단순히 타율적인 요인으로 여기기 쉽지만, 그것이 이미 조성되어 있는 內因을 촉발하는 빌미였다는 관점에서 보면 양란의 역사적 의

의는 매우 큰 것이고, 따라서 양란을 경계로 한 그 앞뒤 시기의 歷史像의 차이도 적극 인정해야 할 것이다.

17세기에 들어오면 사족들이 보유한 자치적 형벌권이 점차 제한을 받게 되고 그것을 대신해서 새롭게 수령 중심의 官治秩序가 확장된다(139쪽)고 한다. 士族自治力이 약화 후퇴하는 현상을 관치의 강화, 즉 수령권의 신장으로 나타난 중앙정부의 지방지배권 확장에 원인이 있는 것으로 이해하는 것이다. 사실 그러한 면이 없지 않으나, 다른 한편으로는 오히려 사족들의 지방지배력이 약화되었기 때문에 중앙정부는 이를 기회로 행정력(=수령권)을 강화한 측면도 있다고 보아야 하지 않을까. 17세기 이후 거듭된 당쟁의 격화와 정치세력의 분열, 이로 말미암은 사족들의 분해·약화와 정권으로부터의 소외와 같은 이러한 현상은 이 무렵에 거듭 일어났고, 중앙의 후견세력이 약화되면 이것이 재지자치권의 위축으로 이어지는 것은 자연스러운 이치였다. 그리고 사족의 면세·면역 특권 또한 결과적으로는 그들의 향촌자치권을 약화시키는 또 다른 요인으로 작용한 측면이 있다. 양반이 군포징납의 면제대상이 된 것은 처음부터 법제적 근거에 따른 것이 아니라 그들의 신분적 특권에 대한 암묵적 배려이자, 수조권분급제가 소멸되는 데 따른 代償으로서 관행화한 것이다. 더욱이 이는 16세기 중엽 중앙정국을 사림이 확실히 장악함으로써 가능한 일이었다.

즉 이 시기 재지사족 중심의 향촌질서 확립이란, 양반층의 면역·면세로 말미암은 농민층의 추가부담 증가, 농촌사회의 불안과 동요, 농민층의 토지이탈이 뚜렷해지는 현상에 대응하는 완충장치의 강화라는 의미를 띠는 것이었다. 이른바 '防納의 弊'나 '一族絶隣之弊'에 대한 당시 연대기·문집류의 기록들이 이를 말해준다. 그러나 양반은 군포를 면제받음으로써 향촌사회의 군포징납 문제에서 그들이 간여할 실질적인 명분이나 권한을 포기한 것이 되었으며, 군포에서의 이러한 양반 배제현상은 자연히 다른 부세문제와 향촌의 사회·경제 질서 전반에서 사족의 영향력, 사족자치력이 축소되는 중요한 계기가 되었다고 할 수 있다.

18세기의 「校院矯弊節目」에서 보듯이(제3부 제3장) 양반 유생들(齋任 등)이 향교를 통해서 특권을 남용하고 비법을 자행한 실상을 확인할 수 있는데, 이렇게 재지의 사족·양반이란 국가 公權과 國法의 침탈·교란을 통해서 생존을 도모하는 부류라는 것이 생생히 드러난다. 실로 '사족지배체제'는 이러한 양반의 일탈과 무책임을 정당화하는 이기적인 보호막기능도 수행했음을 과소평가해서는 안 될 것이다. 이때 향교의 개혁이 수령권을 강화하고 지방장악을 가능하게 하는 중요 근거였다는 주장(240쪽)은 어딘가 설득력이 부족해 보인다. 향교와 관련되는 지방세력·지방민의 비중이 지방 전체에서 어느 정도였는지를 먼저 짚어낼 필요가 있고, 더구나 향교는 서원·사우·서당과 관련이 밀접했으므로 이 또한 함께 거론해야 할 문제이다. 하여튼 조선 후기 지방 사족사회에서 차지하는 향교의 비중을 생각할 때 齋任·校生에 대한 감독권이 수령의 지배권 강화에서 일부분에 지나지 않는다는 사실은 분명하다.

비변사 구관당상제의 실시로, "경직과 외직이 이원화되어 있는 중세적인 지방 통치구조를, 국왕을 정점으로 경직과 외직을 일원적으로 통합할 수 있는 계기가 마련되었다"든지, "18세기에 이루어진 이들 일련의 변화는 중세적 통치기구가 근대적 관료제로 전화할 수 있는 가능성을 보여주었다"(207쪽)고 한다. 그러나 '비변사'가 議政府의 변질·변형 과정에서 성립된 것이라는 점에서 구관당상제의 政務專擔制 방식이 중세적 관료기구의 탈피나 근대관료제에 대한 지향단계가 될 수 있을지는 의문이다. 비변사의 궁극적 실체는 무엇보다도 세도정권기에 소수 외척·벌열의 권력독점 기구였다는 점에서 찾아야 할 일이며, 그런 면에서 그것은 수구세력이 구래 질서를 연장하려는 한때의 편의적 변칙적 권력기구에 지나지 않는 것으로서 오히려 봉건적 통치질서의 해체를 지연시킨 장애물이었던 셈이다. 대원군이 비변사의 기능을 축소 폐지한 것은 의정부를 복구하려는 선행조치였을지언정 '근대적 관료제'의 가능성을 제거한 것이라고 할 수는 없을 것이다. 적어도 '중세적 통치기구 → 근대적 관료제'라는 논리가 성립하려면 그 과정에서 전면적인 제도개혁이나 혁명적 변동을 경험해야 하지 않았을까.

19세기의 후반에 농민항쟁을 통해서 "농민들은 이른바 民權을 키워왔다"(338쪽)고 하며, '새로운 질서로서 민권자치 지향의 농민적 향촌질서'가 성립한 것으로 보는데, 과연 농민층의 사회의식·주체의식의 성장을 곧장 '民權'이라고 규정할 수 있는 것인지, 있다면 그 민권의 개념·범주를 먼저 일정하게 제시하는 것이 좋을 것 같다. 이 시기 민권의 성장을 심정적으로는 인정한다 하더라도 유교·주자학의 인간관·사회원리가 기성질서와 관념 속에서 아직 강력한 영향력을 미치고 있었던 사정을 고려해야 할 것이고, 따라서 이때의 '민권'은 그러한 유교·주자학의 조건을 달고 있는 '민권'일 수밖에 없기 때문이다.

대한제국시기 "황제권 중심의 근대화 사업은 국가의 지방지배 수준을 높이는 데 크게 기여했다"(359쪽)고 하는데, 먼저 이때의 '높아진 지방지배의 수준'이 구체적으로 무엇을 가리켜 말하는지 애매하고, 또 이 단계에서도 여전히 '국가의 지방지배'라는 논제가 적절한 것인지 의문이 간다. 대한제국이 비록 皇帝專權을 표방하였지만 일단 근대적 국가제도를 구현하고 있었다면 '국가의 지방지배' 방식에도 일정한 변화나 개혁이 모색되었을 것은 당연한 일이라 하겠다. 지배의 의미나 방법·목적·성격 등이 달라져야 할 것이고 종래와 같은 지배의 매개고리는 사라져야 하는 것이다. 이론적으로는 근대의 시민·국민이 중세 봉건적인 국가의 '지배'대상이었던 농민적 존재일 수는 없다. 또 아직 '지배'의 요소가 남아있다 하더라도 봉건시기의 그것과는 자못 달라진 방식과 수준이어야 할 것이다.

연구자도 이 시기는 이미 '군주권과 민의 결합'에 따라 양반지주층의 사적인 이익을 견제하고 농민층의 경제적 향상을 기대하게 된다고 말한다. 그런데 이러한 사실을 아직도 '지방지배'라는 틀에서 설명해야만

하는 것일까. 대한제국의 성립과 그 성격에 대한 필자의 견해를 따른다 하더라도, 제국의 새로운 면모에 부합하는 정도만큼 종래의 '지방지배'라는 술어는 다른 표현으로 바꿔놓아야 자연스러운 일일 것이다. 이는 국민자치권의 확보가 어떻게 전망되었는지, 말하자면 "민의 힘을 개혁의 동력으로 활용할 준비가 되어 있었다"면 그 동력의 원천인 民은 이제 일방적 '지배'의 대상이 아닌 '황제권과 결합한 민권'이거나 권력창출의 기반이며 동반자이어야 한다. 이렇게 민은 권력의 기반이자 협력자이기 때문에 이들에게는 자치권・참정권이 응분의 보상・대가로서 보장되기에 이를 것이다. 이러한 방향에서 생각하게 되면, 아마 서구의 발달된 교통・통신 수단을 들여와 '지배'의 보조수단으로 활용하는 사정을 가리켜 '지방지배'의 수준이 높아진 것이라거나 '지방지배'에서 나타난 근대성이라고 평가하지 않아도 될 것이다.

　거듭 말하거니와 조선왕조의 국가와 그 주체인 양반은 각각 지방의 토지와 농민을 존립기반으로 하고 있었는데, 부세제도와 지주전호제가 바로 그것이었다. 그리고 이렇게 국가나 양반의 기반이 겹쳐 있었으므로 '국가의 지방지배'는 '사족의 지방지배'와 충돌하지 않을 수 없었고 여기에 정교한 절충이 지속적으로 모색되지 않으면 안 되었다. 따라서 조선시기 '국가의 지방지배'를 이해하려면 무엇보다도 이러한 당시 사회의 기본 구조와 그 변동기축, 이를테면 국가・양반(사족)・농민의 상호관계를 지주전호제와 부세제도의 관련구조로 보고 그 모순이 배태 추이하는 과정에 주목해야 할 것으로 생각된다.

　이런 전제에서 본다면 이 책의 연구자들은 국가와 사족을 별개로 분리하여 서로 대립 충돌하는 측면에 치중한 것에 반해 국가를 이끌어가는 양반의 책임이라는 부분은 상대적으로 소홀히 한 것으로 보이며, 더구나 부세제도에 주목한 것은 당연하다 하겠지만 그 기반이 되는 지주전호제의 비중과 기능에 대해서는 (정순우 교수를 제외하고는) 거의 고려하지 않았다고 할 수 있다. 결국 조선시기의 '국가'나 '지배'의 성격,

그리고 '지방'의 의미가 제대로 드러나지 못했다는 아쉬움이 남는다. 그리고 이 때문에 '사족지배체제'설의 문제점을 재검토 보완하겠다는 연구자들의 본래 의도가 충분히 달성되지 못했다는 생각이 든다. 또 '국가의 지방지배'라는 문제의식이 지나치게 강조되었으며 이를 조선시기 500여 년 동안에 관통시키고 있는 점 또한 부담으로 작용한 것으로 보인다.

그러나 그럼에도 불구하고 연구자들이 설정하는 과정과 내용에 눈길을 주게 되면 '국가의 지방지배'와 관련해서 다양하고 주목할 만한 사실들이 새롭게 시야에 들어오는 것을 간과해버릴 수는 없다. 연구자들의 치열한 문제의식과 집중적인 공동작업이 최근 주요 연구성과들과 활발하게 접촉하며 적절히 결합한 결과라고 하겠다. 그리고 사회의 민주화·개방화의 물결 속에서 그 중요성이 더해가는 '지방'문제를 역사적으로 검증했다는 연구작업의 시의성도 높이 평가해야 할 것이다. 이 책이 일종의 조선시기 전문 통사로서 돋보이는 까닭이 여기에 있다고 하겠다.

(『歷史學報』 168, 2000)

V. 解放前後 李仁榮의 '새로운 歷史學'

1. 머리말

1930, 1940년대는 한국사의 격동기이며 혼란기였다. 일제에 의한 대륙 침략과 세계대전으로의 확대, 이에 따른 조선의 兵站基地化, 조선인에 대한 皇民化政策이 그것이며, 해방 뒤 미·소 兩軍의 占領政策과 새로운 民族國家 건설을 둘러싸고 전개된 여러 세력·이념 사이의 갈등, 그 귀결점이 된 民族分斷의 현실화가 그것이었다. 그 소용돌이 속에서 해방의 기쁨과 장래의 희망은 점차 우려와 실망으로 바뀌어갔다. 혼란스러운 현실상황과 불확실한 미래에 대한 전망을 놓고, 일반 대중은 그렇다 치더라도 지식인·학자 등 사회지도층은 더욱 심한 동요와 불안에 휩싸여 있었다. 일제 말기에 이르러 노골적인 親日附逆·反民族變節 행위가 뚜렷이 증가한 것이나 해방정국에서 하루가 달랐던 정치적 이념적 離合集散은 이러한 사정을 잘 말해주는 것이었다.

鶴山 李仁榮(1911~?)은 바로 이 무렵의 지식인이며 역사학자였다. 그 또한 이러한 시대적 사회적 조건에서 자유로울 수 없었다. 해방 전후의 민족적 역사적 현실에 직면하여 지식인·역사학자로서 고민하고 행동하며 그에 대한 대답을 내놓아야 했다. 실제로 그는 '민족주의'의 인

식기반 위에서 조선의 역사·문화에 관한 독자적이며 개척적인 학술활동을 전개하였다. 그를 安在鴻·孫晉泰 등과 함께 1930, 1940년대 한국 민족주의사학을 대표하는 학자의 한 사람으로 꼽는 이유도 여기에 있을 것이다.[1]

鶴山은 平壤의 갑부로 이름났던 李春燮·林榮燮의 장남으로 태어나 근대 교육과정을 정상적으로 거쳐 대학까지 마친, 당시의 지식인·학자로서도 흔하지 않은 경우였다. 19세에 서울의 徽文高等普通學校를 졸업하고 1930년(20세)에 일본으로 건너가 松本高等學校 3년 과정을 마치자 곧장 귀국하여 京城帝國大學 法文學部 史學科에 입학하여 1937년 3월에 졸업하였다. 그가 받은 근대교육이란 —— 高普시절에 다소 민족적인 분위기나 전통적인 漢學을 익힐 기회도 있었을 것이지만 —— 기본적으로는 일본의 식민지 근대교육이며 여기에 직결되는 대학교육이었다. 다만 그가 일부러 일본에 건너가 고등학교를 다녔으면서도 그곳의 帝國大學을 놔두고 —— 東京帝大 아니면 京都·東北·九州帝大를 생각할 수 있었을 것이다 —— 돌아와 경성제대를 택하였다는 사실이 주목된다. 아무튼 그가 지나온 이 학업과정이 '민족'에 대한 자각과 그 실천태도, 역사의식·역사서술에서 일정하게 발현되었음은 틀림없는 일일 것이다.[2]

대학시절부터 벌써 뛰어난 학자의 면모를 보인 학산이었던 만큼 그의 학술활동과 그 성과는 폭이 넓고 다양하다. 크게 3부분으로 파악되는데, 대학 졸업논문이었던 「朝鮮 世祖 때의 北方問題의 硏究」를 비롯한 『韓國滿洲關係史의 硏究』, 古書의 수집과 이를 토대로 한 『淸芬室書目』의 작성 및 古書誌學 연구, 그리고 해방 뒤에 한국사의 通史와 중등 교과서로 각각 정리한 『國史要論』·『우리나라 생활－역사부분』이 그것

---

1) 金容燮, 「우리나라 近代歷史學의 발달」, 『韓國의 歷史認識』下, 창작과비평사, 1976.
2) 학산의 생애와 학문활동에 대한 총괄적 정리는 金成俊, 「鶴山 李仁榮의 歷史意識」, 『國史館論叢』84, 1999 참조.

이다. 특히 古活字·古書誌學 연구의 발판을 마련한 일은 한국 北方關
係史 연구와 함께 그 개척적인 의의가 큰 것이며, 또 書籍·玉璽를 비
롯하여 일본이 약탈해간 수많은 文化財의 반환운동을 처음으로 시작한
일 또한 그의 행동하는 '先見' 지식인의 모습을 말해준다.

　이는 모두 그의 나이 40세 때까지, 그러니까 1950년 한국전쟁의 소용
돌이 속에서 납북될 당시까지의 일들이다. 40세라면 오늘날에는 新進·
少壯 학자에 속한다. 이미 이룩한 성과보다도 장래의 가능성에 더 기대
를 걸어야 할 나이인 것이다. 한국전쟁 그때부터 50년이 흐른 지금까지
그가 학문활동을 계속할 수 있었고, 만약 지금 우리가 그것을 파악할 수
있다면, 아마도 그의 학술적 업적과 영향은 헤아리기 쉽지 않을 것이다.
그러나 우리는 지금 그의 생사조차 공식적으로 확인하지 못하고 있다.

　이제 역사학자인 학산의 역사의식·민족인식을 살피려고 한다. 이를
보여줄 자료로는 신문·잡지에 실린 논설과 저서의 서문이나 결론을 가
다듬는 가운데서 그가 자신의 말로 직접 표현한 것들이 있고, 구체적으
로는 專攻의 논문·저서·편집물 등이 있다. 우리는 이를 통해서 그의
'민족주의사학'이 같은 계열의 다른 학자들과는 어떤 점에서 같거나 다
르며, 그 이유는 무엇인지, 그리고 그 의의를 어떻게 설명할 수 있는지
를 생각해야 할 것이다. 특히 그의 활동시기가 격동과 혼란의 소용돌이
속이었음을 유념할 필요가 있을 것이다. 다소 기본적이고 평범한 수준
의 문제제기에 그치는 것이지만 이 글을 작성하는 이유가 먼저 여기에
있다. 그리하여 역사학자 이인영의 인간과 학문에 대한 이해를 조금이
라도 넓히고자 한다. 하지만 이 글은 그러한 기대에 부응하기에는 너무
拙急하게 작성되었다. 내용은 그의 사상적 방면에만 치중한 데다 그나
마 단조로운 분석에 그쳤다. 다행히 더 나은 논의를 펼 기회가 있기를
변명 삼아 기대할 뿐이다.

2. '새로운 歷史學'의 모색

민족의 해방이라는 희망과 격동의 시대상황에서 지식인·학자들은 개인적이든 민족적이든 현실의 정확한 인식과 바람직한 장래를 모색하는 문제로 많은 고민을 겪어야 했다. 역사학자들은 이러한 현실문제를 특히 '새로운 歷史學'이라는 범주에서 생각하였다. 실제로 해방공간에서 '새로운 역사학'은 곧 학자들의 話頭가 되어 있었다. 학산도 여기에서 예외일 수 없었으며 그 사유와 실천에서 어느 누구보다도 적극적이었다.

'새로운 역사학'의 방법과 이론, 그 태도에 관해서 학산은, "現實的 民族的 立場과 世界史的 관점에서 民族國家 相互間의 經濟的 政治的 文化的 交流關係를 명백히 하여 階級社會의 矛盾을 指摘하고 歷史的 現實을 一貫하는 因果關係를 科學的으로 밝히는" 일이라고 하였다. 또 그것은, "특권계급의 도구로 이용당하거나 고루한 國粹主義, 배타적 獨尊思想으로 전락하거나 침략적 帝國主義·軍國主義로 변질되는" 民族主義에 대해 예리한 비판을 내리는 일이며, "史觀 없는 史料의 羅列, 目的 없는 文學考證은 紙途의 浪費" 행위로 배격하는 것을 목표로 삼는 일이기도 하였다.3) 그것은 민족을 주체로 하는 역사, 민족사의 세계사적 이해, 因果律을 기본으로 하는 과학적인 방법의 역사학이었다. 그는 이렇게 자신의 민족적 역사관을 다짐함으로써 해방공간에 난무하는 사이비 민족주의·애국주의에 경종을 울리려 했던 것이다. 학산의 '새로운 역사학'의 의미는 먼저 이러하였다.

그는 역사학이란, "人間生活의 複雜性을 그 動的 生命으로서 把握하고 그 歷史的인 發展을 理論的으로 究明하는 學問"이라고 정의하였다.

---

3) 이인영, 「새로운 歷史學의 課題」, 『조선교육』 제1권 제8호, 1947. 8 ; 이인영, 「民族의 定義」, 『大潮』 2-2, 1947. 8(이하 인용되는 자료는 모두 이인영의 글이다. 필자 표기는 생략한다).

그런가 하면, "朝鮮社會를 一貫하는 歷史的 生命은 어떠한 것인가"라는 물음이 곧 '朝鮮史의 첫째 問題이자 마지막 課題'라 하고, 또 "넓은 意味의 自我認識이라는 點에서 우리는 高麗末 僧 一然의 『三國遺事』 敍述로써 朝鮮史學史의 出發點을 삼을 수도 있을 것"이라고 하였다.[4] 그의 견해에 따르면 역사학은 '인간생활의 動的 生命과 그 발전의 성과를 理論的으로 구명하는 일', 이를테면 과거의 구체적인 사실관계를 통하여 '조선사회를 일관하는 歷史的 生命'이라든지, '自我認識'의 단서를 찾고 그 발전의 과정을 밝혀내는 일이었다.

사실 '역사적 생명'이란 역사에서 '주체'·'자아인식'을 가리키는 것이라고 할 수 있다. 민족의 자아인식이 곧 역사적 생명이 되는 것이다. 말하자면 그것은 '민족'이라든지 '민족의식'이라는 말로 대치해도 무방한 것이었다. 학산의 의도에서는 더욱 그러하였다. 『三國遺事』를 한국사학사의 始原的 성과로 꼽는 점에서도 그렇고, 바람직한 학문활동이나 朝鮮史의 研究가 柳馨遠과 『磻溪隨錄』, 星湖(李瀷)·順菴(安鼎福)의 학술에서 시작되었다는 학산의 지적으로 보아도 그렇다.[5] 특히 그가 『三國史記』를 배제한 채 『三國遺事』를 앞세워 높이는 것을 보면 그가 金富軾의 유교적 역사인식이나 그 연장선에 있는 조선 주자학의 사유방식을 부정적으로 평가하였음이 분명한데, 이는 김부식의 유교인식이나 조선의 주자학이 자아·주체·민족의 自覺과는 거리가 멀었기 때문이라고 하겠다. 요컨대 학산이 말하는 '역사적 생명'이라든지 자아인식은 바로 민족의식·민족주체성을 가리키는 것이었으며, 그가 모색하는 '새로운 역사학'의 기본 명제가 되었다.

민족·민족의식을 전제로 하는 학산의 '새로운 역사학'에서는 現實·現代性이 강조되었다. 그는, "우리의 現實은 진실로 歷史的 所産"이라

---

4) 「史料만 남아 잇는 朝鮮史—特히 北方開拓에 置重하여」, 『조선일보』, 1939. 3. 18.
5) 위의 글.

든지, "우리의 역사적 현실을 究明할 역사학의 과제는 科學的 方法論의 수립을 요망한다"든지, "새로운 歷史學은 새로운 史觀의 확립을 前提로 한다"고 주장하였다.6) 우리의 '현실'은 역사적으로 해명되어야 하며 그러기 위해서 '과학적 방법론'이 새롭게 도입되어야 한다는 것이다. 그는 이것을 '새로운 史觀', '새로운 역사학'이라고 하였다. 당연한 일이지만 올바른 역사학은 '현실'을 토대로 하여야 한다는 것은 곧 현실에 대한 올바른 인식과 이를 위한 '과학적 방법론'이 불가결하다는 강조일 것이다.

그러면 그 '현실'이란 구체적으로 무엇을 가리키는 것이며, '과학적 방법론'은 여기에 어떻게 관련되는 것일까. 학산은 그의 '北方關係史 연구'의 동기와 의의를 밝히는 가운데서 이에 대해 말하고 있다. 그는 먼저, "조선사의 부분적 문제가 아직 硏究途程에 있는 오늘날 우리 사회를 規程하여 온 史的 潮流가 무엇인가 하는 데 대하여 누구나 명확한 해답을 내리기는 困難할 것이다. 그렇지만 우리는 조그마한 社會的 潮流의 하나로서 朝鮮 사람의 北方發展이라는 것을 指摘할 수 있을 것이니 이는 우리가 생활하고 있는 半島의 地理的 條件에 緣由하는 바이다"라고 하였다.7) 어느 사회나 그 나름의 歷史的 潮流가 있게 마련이고, 북방개척은 한국 사회의 역사적 조류 가운데 하나라는 것이다. 그는 이어서 신라의 통일 이후와 고려·조선 시기에도 北方開拓이 이루어졌고 오늘날(日帝下)에도 滿洲 移民이 적지 않다는 사실을 강조하였다. 그가 말하는 '史的 조류'나 '사회적 조류'는 곧 '현실'이었으며, '현재 당면한 과제'였다. 그런 의미에서 그것은 앞서의 '자아인식', '조선사회를 일관하는 역사적 생명'과도 일정하게 통하는 점이 있었다. 그리고 현실·현재의 당면과제는 민족적 국가적 차원의 문제이며 역사적 과제라는 의미였다.

---

6) 「새로운 歷史學의 課題」, 『조선교육』 제1권 제8호, 1947. 8.
7) 「史料만 남아 잇는 朝鮮史―特히 北方開拓에 置重하여」, 『조선일보』, 1939. 3. 18.

학산의 『韓國滿洲關係史의 研究』는 먼저 현실의식과 과학적 방법론에 바탕을 둔 역사서술이었다. 그는 ‘현재의 관점’ 또는 ‘현재의 당면문제’라는 문제의식에서 이 논저를 작성한 것이었다. 이를테면 解放局面의 당면과제는 민족의 진정한 독립, 즉 ‘통일·자주 국가의 수립과 민주사회의 건설’이었고, 그는 여기에 역사학자로서 이 저작을 통해 대답했던 것이므로 이를 ‘현실’의식·‘現代意識’이라고 할 수 있을 것이다. 즉 정확한 史料에 근거하여 과거 사실을 현재의 관점, 현재의 문제의식에서 정당하게 인식하는 일이었다. 이는 그가, “確固한 現代意識 없이 참다운 歷史가 成立할 수 없는 것은 事實이다. 그러나 意識만이 歷史를 만들 수는 없다. 史料 없이는 歷史를 만들 수 없을 것이다. 그렇다고 해서 또한 史料 그 自體나 史料의 羅列이 歷史가 될 理도 없다. 그러므로 現代意識의 史觀이 史料를 通하여 過去로 遡及할 때 비로소 참다운 歷史가 생겨난다고 할 것이다. 現代에 살고 있는 우리 民族의 現實은 무엇보다도 民族的 自由와 平等에 가장 큰 關心을 갖고 있다”[8]고 한 말에서도 확인된다. 주목되는 점은 사료와 현대의식의 관계이다. 철저한 현대의식에 따라 사료가 분석·재구성될 때 단순한 ‘사료의 나열’을 넘어서 과거 사실과 현대 문제와의 직결, 참다운 역사의 의미가 밝혀진다는 것이다.

『韓國滿洲關係史의 研究』에서 추구한 두 번째 목표는 민족주의의 정신, 진정한 민족의식에 바탕을 둔 새롭고 과학적인 방법론이었다. 이러한 견해에서는 實證을 위한 實證, 사료 나열의 방법론이나 세계사의 보편성을 고집하는 圖式的 역사이론을 모두 배격하게 된다. 이를 학산은, “過去의 功績과 權威를 지금에도 保守하고자 하거나 過去 없는 未來의 理想을 盲信한다면 더불어 歷史를 論議할 수 없을 것이다. 前者는 內心에 있어 衒學을 主로 하기 때문에 때때로 史觀 없는 史料의 羅列이나

---

8) 「跋文」, 『韓國滿洲關係史의 研究』, 1948.

不必要한 程度의 複雜奇怪한 史料考證이나 또는 百科辭典的 博學을 誇示하는 傾向을 갖게 되며 後者는 홀로 自己만이 가장 科學的 史觀을 把握한 듯이 世界史의 必然性을 主張하여 未來를 豫言하며 融通性 없는 公式에 사로잡혀 자기와 觀點을 달리하면 그 누구를 莫論하고 排擊한다. 現代는 前者의 保守性과 後者의 反歷史性을 비판함으로써 眞正한 歷史의 樹立을 苦待하고 있다"9)고 밝힌다. 1930, 1940년대를 風靡하던 日帝의 官學이나 實證主義 역사학, 그리고 이에 맞섰던 唯物史觀을 저마다 보수성이 지나친 역사학, 반역사성의 역사학으로 규정 비판한 것이었다. 물론 그 자신은 그러한 한계와 문제점들을 넘어선 민족주의 역사학을 자부하는 처지였다.

이렇게 '새로운 역사학'을 표방하는 학산의 논리를 구성하는 기본 요소는 예컨대, 역사적 生命性인 민족·민족의식, 현실·현대의식, 그리고 과학적 방법론이었다. 그런데 이러한 요소나 개념들은 모두 西歐, 서양의 역사학에서 받아들여야 할 이론이거나 방법론이었다. 학산은 물론 동양에도 嚴正中立·絶對公平·不偏不黨의 태도로 사실을 관찰 기록하려는 오랜 역사학의 전통이 있었음은 인정하지만, 그것은 역사서술에서 하나의 태도였을 뿐이고 '현실로서의 역사'를 위한 '과학적인 방법론'이 되지 못한다고 생각하였다. 예컨대, "현재 우리가 취하고 있는 바 西洋의 史學研究法을 적용하는 朝鮮史의 연구는 말할 것도 없이 근래 泰西文物의 洗禮를 받은 이후에 속하는 것"이라고 하였다. 역사 연구의 방법이나 이론에서는 서양의 그것을 일차적 기준으로 하지 않을 수 없음을 분명히 한 것이다.

학산의 이러한 생각을 단순히 서양만을 우월하고 정당한 기준으로 설정하는 인식태도라고 단정할 수는 없을 것 같다. 오히려 우리의 자아·주체의 실체를 올바로 파악해낼 적절한 방법을 찾고 선택해야 한다

---

9) 앞의 글.

는 문제의식이며 그 모색이라고 해야 할 것 같다. 그러니까 일연·유형원·이익·안정복 등에게서 보이는 전통적인 연구태도나 방법, 그리고 그 성과와 증거로서 오늘날 남아있는 여러 文籍, 거기에 담겨진 자아·주체의 의의는 '泰西文物'에서 배우고 이에 따라서 재검증되어야 하는 것이었다. "再檢討·再吟味를 요하는 허다한 史料와 문제가 무질서하게 쌓여 있어 일일이 우리의 연구를 기다리고 있다"는 그의 지적은 바로 이를 말하는 것이라고 하겠다. 이렇게 사료를 정리 분석하고 사실관계를 재구성할 방법과 이론에 대해 '泰西'를 주목한 점에서 학산은 서양의 방법과 조선의 전통을 하나의 문제로 통일시키고 있었으며, 이로써 해결해야 할 과제에 접근할 수 있었다고 보인다. 그렇다면 바로 여기에 그가 조선의 역사·문화의 연구에 그토록 강한 열정과 의욕을 보이는 힘의 원천이 있었던 것이라 하겠다.[10]

그러나 역사학자 학산이 서양의 역사학에 관심을 가진 궁극적 이유는 그 역사이론을 확보하는 데 있었다. 그는 19세기 이래 서양의 '歷史法則'에 깊은 관심을 보였다. 그는 '歷史法則' 否認論을 反批判함으로써 자신의 역사방법론을 마련하려고 하였다. 학산이 말하는 '역사법칙'이 어떤 것인지 분명하지 않지만, 그의 주장은 역사현실의 反復性을 부인하거나 역사의 一回性·偶然性을 긍정하는 것은 잘못이며 개인의 自由意志를 앞세우는 논리도 옳지 않다는 것이었다.[11]

즉 사회현상·인간행동에는 예외가 없지 않지만 "畢竟 類似한 原因은 類型的 現實을 招來한다"는 것, 우연성이란 인간의 지능·관찰이 미치지 못하는 것일 뿐 자연과학의 영역에서 보듯이 우연의 존재는 결국 해소되게 마련이라는 것, 또 개인·집단의 의사와 행동의 自由性은 일정하게 자연적 사회적 제약 아래 성립하는 것이므로 그것은 진정 완전

---

10) 「史料만 남아 잇는 朝鮮史－特히 北方開拓에 置重하여」, 『조선일보』, 1939. 3. 18.
11) 「새로운 歷史學의 課題」, 『조선교육』 제1권 제8호, 1947. 8.

하고 무제한적인 자유나 행동이 아니라는 것이었다. 이러한 이유로 역사에서 인과율의 설정은 가능하며 세계사적 普遍性은 시인되어야 한다는 것이 학산의 생각이었다. 그가 기대하는 '역사의 법칙성'이란 이것이었다. 그러니까 그가 추구하는 '새로운 역사학을 위한 과학적 방법론'은 이를 근거로 성립되어야 했다.12)

역사법칙, 과학적 방법론과 관련하여 학산이 도달한 논점·문제의식은 역사에서 개인과 집단, 나아가서는 민족이라는 범주의 상호관계였다. 그의 견해에 따르면, '역사상에서 문제가 되는 것은 一個人의 意思가 아니라 集團으로서의 意慾'이었다. 앞에서 보았듯이 그는 개인의 자유의지에 회의감을 드러내었다. 말할 것도 없이 개인보다는 집단의 존재를 우선시하는 발상이었다. 학산에게서 '민족'은 이러한 기준을 충족하는 기본적 집단이자 궁극적 현실적 실체였다. 이때 階級은 민족과 떼어서 생각할 수 없는 민족의 내포이며 기본 요소였다.

하여튼 학산은 '새로운 역사학'을 모색하는 과정에서 '과학적 방법론'의 필요성을 인식하였다. 그리고 여기에 민족과 계급이라는 두 가지 사회적 역사적 존재가 핵심을 이루게 되었다. 그러면 민족과 계급의 관련에 대한 학산의 기본 이해는 어떠한가. 이는, "階級은 原始母系氏族社會의 경제적 발전으로 말미암아 結果한 歷史的 産物이다. 원래 民族은 階級을 內包하면서 구성되었다. 민족의 존재가 民族意識을 招來하는 것과 같이 계급의 존재는 階級意識을 가져오게 되는데 계급이 존재하는 한 민족의 完全한 有機的 結合은 기대할 수 없는 것이다. 그러므로 階級打破는 被支配階級 자신의 理念일 뿐만 아니라 진실로 民族的 立場에서 요청되고 있는 것이다"13)라는 그의 말에서 잘 드러난다고 하겠다. 민족이 형성되면서 여기에 이미 계급이 출현하게 되었다는 것, 민족

---

12) 앞의 글.
13) 앞의 글.

의 유기적 결합, 즉 민족의식의 고양과 민족의 단결을 실현하려면 피지
배 대중의 계급과 계급의식의 타파가 선행되어야 한다는 것이다.

그는 이어서 근대 자본주의사회에서는 지역과 민족에 따른 정도의
차이는 있지만 資本家·地主·勞動者가 3대 계급을 형성하는 현상은
대체로 시인되어야 한다면서, '원시시대를 제외한 全歷史야말로 階級鬪
爭의 歷史라는 표현은 一面의 眞理를 把握한 것'이라고 하였다. 그는
민족을 계급에 우선하는 역사적 실재로 설정하였지만 계급투쟁을 전면
으로 부정하지는 못한 것이었고, 따라서 그의 '민족'은 항상 계급 사이
의 갈등·대립에 따라 대외대응력이 약화될 취약점을 내포한, 불안정한
것이 되었다.

이렇게 계급모순의 해결이 민족단합의 선차적 과제임이 분명하였지
만 학산은 이에 대한 구체적인 代案을 제시하지는 못하였다. 다만 '民族
單位의 生存競爭'이 地球上에서, 특히 東洋에서는 과거에는 물론 現今
에도 進行中'임을 상기하면서 '새로운 역사학'은 '階級鬪爭의 理論과 아
울러 民族鬪爭의 展開를 忘却치 않을 것'이라고 다짐할 뿐이었다. 계급
과 민족 그 어느 쪽을 포기할 수도 없고, 그렇다고 병행 절충할 수도 없
었던 것이다. 세계사적인 이념갈등과 민족 사이 항쟁의 소용돌이 속에
서 민족해방과 새로운 근대사회의 건설이라는 역사적 과제를 앞에 둔
한 지식인 역사학자의 고뇌가 엿보인다고 하겠다. 그것은 그 시기 많은
한국 지식인이 처한 이념적 조건이자 한계이기도 하였다. 하여튼 그는
'새로운 역사학'의 기본 전제인 민족·계급 문제에 대하여, 어떠한 투쟁
도 '協助와 親善과 統一의 理念'이 있어야 한다는 것, 그리고 장차 '科學
文明의 進步와 步調를 같이하여 民族과 階級을 초월한 하나의 人類社
會'가 출현할 것이라는 막연한 방안이자 기대를 펴는 데서 그친다.14)

---

14) 앞의 글.

3. 歷史主體로서 '民族'의 성격

학산의 역사 연구에는 그 나름의 독특한 '민족' 이해방식과 그에 따른 신념이 밑바탕을 이루고 있다. 그는 신문과 잡지, 그리고 한국사 개설서와 교과서에서 거듭 '민족'에 관한 논의를 펼쳤다. 그것이 해방전후 시기 한국이 짊어진 역사적 과제를 '민족'문제의 차원에서 학문적으로 해결하려는 시도이었음은 두말할 나위도 없었다. 그리하여 학산은 일반적인 의미에서 민족의 실체를 인정할 뿐만 아니라 한국 민족의 기원과 의의를 역사적으로 설명하려고 하였다. 신라의 三國統一이나 壬辰倭亂은 이러한 문제의식과 방법에서 그가 먼저 주목했던 역사적 사건이었다. 그리하여 그의 민족론, 역사주체로서 '민족'은 일제 후반기와 해방공간에 걸쳐 적극적으로 제기되었던 민족주의사학 계열 학자들의 그것과 일정한 공통성을 지니는 가운데 그 나름의 특징을 띠게 되었다.

민족의 특색, 구성요건으로서 言語·地域의 공통, 經濟와 文化의 공동, 공통된 心理 등을 꼽는 통설에 학산도 일단 동의한다. 하지만 그 가운데서 지리조건이 일차적으로 중요하다고 보았다. 지리적 조건이 인류 생활에 미치는 영향이 매우 크며 각 민족의 서로 다른 특성은 그들이 살고 있는 지리조건의 차이점에서 기인한다는 것, 장기간에 걸친 地域共同性은 주민 상호간의 긴밀한 利益共同性을 발휘한다는 것이다. 그리고 한번 형성된 민족은 이런 조건 가운데 한두 가지를 缺如하더라도 당장 민족으로서 소멸해버리지는 않는다는 것이 그의 주장이었다. 세계 각처에 산재하는 유태인을 그 예로 든다.15)

'민족'의 실체에서 지리조건 다음으로 학산이 강조한 것은 혈연적 친근성과 역사적 경험을 공유한다는 점이었다. 먼저 그는 민족을, "人類社會의 한 공동체로서 그 發生始初에 있어서는 血緣的 要素를 土臺로 한

---

15) 「民族의 定義」, 『大潮』 2-2, 1947. 8.

歷史的 産物”이라고 정의한다.16) 민족이 형성되기까지는 다양한 複數
的 구성요인들이 작용하게 되지만, 하나의 血緣的 單一種族이 민족구
성체 안에서 주체적 주동적 역할을 수행한다는 점을 들어, 민족의 血緣
性과 혈연적 요소는 결코 무시할 수 없다는 것이다. 그는 다양한 혈연
적 기원을 가진 複合民族이면서도 특정 단일종족을 중심으로 결합한
경우로 이탈리아·프랑스 민족을 꼽고, 韓民族도 본디 韓族이 근간이지
만 몽고·만주·일본·漢 등 여러 혈통의 혼합이라고 주장한다.17)

요컨대 민족이란 ‘血緣의 親近性, 地域·言語의 공통, 經濟的 관련에
따라 특수한 성격을 보유한 歷史的 文化共同體’로 규정된다는 것이었
다. 그리고 민족과 종족을 구분하려는 시도나 관점에 대하여, 그는 민족
이 정치적 자본주의적 색채를 더 띠는 점에서 종족과 차이가 있지만 그
것이 모두 역사적 소산이며 역사적 존재라는 점에서는 마찬가지라는
점을 강조하였다. 민족이나 종족이 형성과정에서 혈연적 지리적 공통성
을 지니게 되지만 더 중요한 것은 민족과 역사의 불가분성이라는 점에
주목하는 것이었다.

민족을 역사적으로 보면 ‘봉건제의 청산과 자본주의의 발달과정에서’
형성된 것이고, 때문에 그것이 일반적 영속적 범주가 아니라 ‘단기간의
運命的 존재일 뿐’ 고정불변의 것이 아니라는 논의에 학산도 일정하게
동의한다. 그러나 그는 민족의 형성이나 소멸은 오랜 역사적 과정을 거
쳐서 이루어지는 것이며, ‘자본주의 발흥 이전에도 민족은 엄연히 존재’
해 있었고 따라서 자본주의는 그 재구성을 한층 촉진하는 구실을 했을
뿐이고, 또 이 때문에 민족 자체는 역사적 현실적으로 확정되어 있는 존
재가 아니라고 하였다.18) 오히려 한국의 경우 ‘신라의 삼국통일 이후에
는 대체로 民族國家를 유지했다’는 주장을 폈다.19) 민족의 개념과 기원

---

16) 「새로운 歷史學의 課題」, 『조선교육』 제1권 제8호, 1947. 8.
17) 「民族의 定義」, 『大潮』 2-2, 1947. 8.
18) 「새로운 歷史學의 課題」, 『조선교육』 제1권 제8호, 1947. 8.

에 대한 서유럽적인 기준을 한국에 일방적으로 적용할 수 없으므로 한국 나름의 민족개념이 세워져야 한다는 견해인 셈이다.

민족의식이란 '異民族과의 접촉에 따라서' 구체화되는 것이라면서 임진왜란의 경우를 그 구체적인 실례로 들었다. 신라시기에 이미 민족이 형성되었더라도 귀족적 봉건적 국가기구가 계급구속에 의한 지배를 관철하였으며, 고려·조선의 왕조교체나 그 뒤의 士禍·黨爭 또한 경제관계를 기본으로 하는 지배계급의 내부투쟁이고 그들 사이의 지배권교체에 그쳤다는 것이다. 그러나 이렇게 민족 내부에서, 국내적으로 신분적 계급적인 대립·갈등을 일으키지만 임진왜란처럼 '民族實體가 異民族의 침략에 봉착할 때는 生活運命의 共同性을 가지고' 더욱 강렬한 민족의식이 표출되었다는 것이 학산의 주장이다. 그가 임진왜란을 '7년에 걸친 민족적 투쟁'이었다고 규정한 까닭도 여기에 있었다. 즉, "秀吉의 조선침략은 倭人의 全體意思가 아니라 오히려 그들의 意思에 反하는 한 封建貴族 秀吉과 그 일당의 利害에 달려 있었던 것"이지만, "李忠武公의 勇戰, 義兵·僧兵의 봉기는 오로지 그들이 속하는 계급의 이익만을 지키려는 것이 아니었다"고 보는 것이다. 더구나 "卒地에 倭軍의 侵略으로 現實生活의 破滅, 生命의 威脅이라는 중대문제에 당면한 朝鮮民族은 필연적으로 共同團結이 要請되었던 것인데 여기에 黨派意識을 초월하여 먼저 民族으로서 의식을 갖게 되며 또 가졌던 것"이라고 강조하였다.[20]

말하자면 내부적으로 신분적 계급적 모순관계, 민족구성원 사이의 불평등·차별관계가 팽팽하여 진정한 '민족'의 모습, '민족의식'이라고 하기에는 문제가 없지 않았지만, 임진왜란과 같은 이민족과의 충돌, 생존을 건 항쟁이 일어나게 되면 내부의 계급투쟁은 차후의 문제, 축소된 문

---

19) 「임진왜란과 민족의식」, 『조선일보』 1946. 11. 26(축쇄본 4책, 355~360쪽).
20) 위의 글.

제로 잠복하게 되고 그 대신 단결된 '민족'의 실체가 크게 떠오르게 마련이라는 것이다. 학산은 이것이야말로 진정한 '민족'의 실체라고 주장한 것이다.

따라서 이러한 그의 民族觀은 논리적으로나 현실적으로 문제가 없을 수 없다. 이를테면 지배세력이나 집권자가 假想의 외적이나 침략세력을 내세워 사회 내부의 모순과 부조리를 엄폐하거나 반대세력을 탄압할 근거로 '민족'이라는 名目을 악용할 소지가 많기 때문이다. 더구나 무엇보다도 학산이 거론한 '임진왜란의 민족의식'에서는 義兵·僧兵이 주목의 대상이 되었지만 이것이 진정 민중이나 농민의 실체를 직접적으로 대변한 것이라고 보기는 어렵다. 의병·승병을 지휘하는 高僧이나 덕망 있는 양반의 모습이 앞서는 점에서 임진왜란의 '민족'은 여전히 귀족·양반 위주의 민족 범주에 그치고 있는 것이다.21)

그러니까 일본 제국주의의 식민지 지배에 저항하는 한국 민족주의의 역사적 기원과 민족의식 발현의 구체적인 典範으로 壬亂 때 李舜臣의 勇戰, 의병·승병의 抗倭鬪爭을 거론한다면 이는 부적절한 것이 아닐 수 없다. 日帝에 맞서는 한국 민족은 계급의식·당파의식을 극복할 뿐만 아니라 사회적 경제적 평등과 기회균등을 포함한 민족단결의 여러 조건이 이미 성숙했거나 적어도 성숙해가는 단서가 잡힌 '近代의 민족'이어야 하기 때문이다. 또는 학산이 민족형성의 요건으로 설정한 지역적 혈연적 공통성은 사회적 경제적 동질감과 대치되어야 하는 것이었다. 어쩌면 그는 전근대의 민족과 근대의 민족을 혼동했는지도 모르며, 그렇다면 전근대민족의 내부에 嚴存해 있는 신분·계급의 문제를 지나치게 단순화하고 낙관적으로 이해한 것이라 하겠다. "원시시대를 제외한 全歷史는 계급투쟁의 역사인 동시에 민족투쟁의 역사"22)라고 그가

---

21) 앞의 글.
22) 앞의 글.

잘라 말하는 가운데서도 이러한 혼동은 간취된다. 역사의 추진력으로 민족을 설정하고 여기에 거는 확신과 기대가 그만큼 강렬했는지도 모른다. 또 여기에는 민족·민족주의보다 계급·계급투쟁이론을 앞세우는 유물사관에 대한 학산의 불만과 비판의식이 깊이 자리하고 있는 것도 사실이다.

학산의 민족론·민족인식은 19세기 후반 이래 한국 식자층의 인식세계에 깊이 침투해 있었던 社會進化論이나 西歐 資本主義思想, 또는 唯物論과는 일정한 거리를 두고 있는 것으로 보인다. 아마 그의 민족론에서 살펴지는 이러한 측면이야말로 그의 독창적 주체적 민족인식의 소산이며 양심적이고 진지한 고민의 결과라고 할 수 있을 것이다. 그리고 이를 기초로 하는 그의 한국사 연구가 이 시기 민족주의사학의 독특한 성과로 평가되어야 하는 이유일 것이다.

그러면 역사의 주체이자 동력으로 인식되는 '민족'은 학산의 時代區分論에서 어떻게 구체화되는 것일까. 이를 위해서는 먼저 그가 길게 인용한 南滄 孫晉泰(1900~?)의 민족·역사에 대한 서술에 주목할 필요가 있다. 즉 남창의 그것은, "우리 歷史는 우리 民族이 過去에 民族으로서 어떻게 生活하였으며 어떠한 文化를 建設하였고 다른 民族과는 어떠한 文化的 鬪爭的 關係를 가졌더냐 하는 것을 事實 그대로 …… 眞正한 民主主義的인 民族的 立場에서 嚴正한 科學的 批判을 加하여 앞으로의 民族生活에 가장 참다운 길을 …… 歷史學은 지난날의 사실의 이야깃주머니가 되어서는 안 될 것이요, 民族의 長點만을 자랑하는 宣傳書가 되어도 안 될 것이요, …… 우리는 鎖國的인 排他的 獨善的 似而非한 民族思想을 버리고 開放的이요 世界的이요 平和的인 新民族主義 立地에서 우리 民族史를 研究하고 理解하여야 할 것"이라는 요지인데, 학산은 이를, "民族的 世界觀에 立脚하여 우리의 歷史를 再認識함으로써 將來의 世界的 民族文化 建設에 도움이 되도록 하자"는 제안이라고 소개하였다.23) 여기에서 보면 민족·역사 인식문제에서 학산은 남창과 거의 일치하고 있었음을 쉽게 알 수 있다. 잘 알려졌듯이 남창은 해방전후 ‘新民族主義’ 史學을 주도한 역사학자로서 학산의 학문적 선배이자 가장 가까운 동지이기도 하였다. 그러므로 학산이 ‘신민족주의’ 자체를 직접 말하지 않았더라도 그의 민족·역사 인식이 남창의 그것으로부터 영향을 받게 된 것은 자연스러운 일이었다.

학산은 민족의식·民族史觀 자체에서는 남창과 일치하는 견해를 가졌다. 그러나 연구방법이나 구체적인 내용에서는 견해를 달리하는 점이 적지 않았다. 예컨대 시대구분의 기준에서 그러하였다. 학산은 남창의 시대구분이 ‘王朝 중심의 時代區分에서 완전히 離脫하지 못한 漠然한 命名方式’이라면서 ‘純全한 民族史的 時代區分’ 방식을 따로 제안하였다. 즉 氏族社會時代 – 民族形成의 胚胎期, 部族國家時代 – 民族形成의 始初期, 三國時代 – 民族統一의 推進期, 新羅王朝의 統一時代 – 民族의 決定期로 구분하는 대신에 신라왕조의 민족통일 이전을 ‘民族의 胎動期’로, 그 민족통일에서 고려왕조를 지나 조선왕조 世宗大王 시대까지를 ‘民族의 成長期’로, 그 뒤 甲午更張 직전까지를 ‘民族의 沈滯期’로, 갑오경장 이후를 ‘民族의 覺醒期’로 나누는 것이 더 온당하다는 주장이었다.24)

이렇게 보면 학산은 한국 민족사를 ‘四大時期’로 구분하는 기준을 독자적으로 마련한 셈이다. 이 구분의 특색은 먼저 지금의 우리 민족은 신라의 삼국통일에 따라 單一 統一 民族國家를 이룩한 것이라고 강조한 점이다. 학산 또한 당시의 인류학적 고대사회이론이나 마르크스·엥겔스의 국가기원설을 잘 알고 있었을 것이지만 씨족·부족 사회단계를 하나로 묶어 ‘민족의 태동기’로 규정한 것은 인류 초기사회의 보편적 과정을 輕視해서라기보다는 ‘전체로의 민족’이라는 점을 더 중시하고 그 계

---

23) 「國史와 世界史」, 『學風』 2, 1950. 3.
24) 위의 글.

기를 '신라의 통일'에서 찾으려고 의도한 때문인 것으로 보인다. 다음은 世宗代를 '민족의 성장기'를 가름하는 분수령으로 삼는 점이다. 오늘날과 같은 하나의 지역, 민족적 자각, 민족정신의 표현인 國文의 창작을 본 것이 '15세기 중엽의 세종대왕 때'부터이고 때문에 이 시기를 시대구분의 한 획으로 할 수 있다는 것이다. 세종 때부터 갑오경장까지는 '민족의 침체기'가 되는데, 이 기간 동안에 밖으로 明·淸 왕조의 교체에도 불구하고 양반층의 권력투쟁이 민족을 좀먹었을 뿐 아무런 정치적 변화가 없었다고 지적하기도 하였다. 마지막 특색은 '민족 각성기'의 시작이 되는 갑오경장에 대한 긍정적 평가이다. 갑오경장은 外勢의 干涉에도 불구하고 '근대(西歐) 民族主義의 영향을 받아 封建的 諸要素를 타파하려는 새로운 민족적 각성의 하나'라는 것이며, 이때부터 일제 침략에 대한 抵抗運動·民族獨立運動이 전개된 점에서도 그 의의가 크다고 본 것이다.

학산은 '王朝의 變遷과는 거의 關聯이 없이'라고 했듯이 역사상의 왕조가 지니는 의의를 크게 보지 않는다. 문화적 성과와 정치 사회적 안정성을 근거로 시대구분의 분수령을 삼았던 世宗 때를 예외로 하고, 왕조의 교체는 정치적 변동이나 시대적 특색을 드러내는 데는 유용하지만, '민족 전체의 동향'이 주가 되는, 민족 중심의 역사서술에서는 그것이 기본 과제가 아니라는 것이다.

단정하기는 곤란하지만 사실 이러한 학산의 '민족'은 다소 추상적이다. '總體·全體로서의 민족'을 지나치게 강조하는 경향이 있다. 이것은 남창을 포함한 민족주의사학자들 공통의 정서이기도 하였고, 그 논리의 내용과 방법에서는 많은 편차가 있었지만 해방정국의 정치인·지식인 일반에게서 드러난 현상이기도 하였다. 하여튼 두 사람 모두 역사적인 민족으로부터 현실·현대의 민족을 구체화하려는 점에서는 같지만, 남창의 '민족'은 인류학적 민속학적 관심에서 출발한 것으로서 그 문화적 측면이 강조되었다면 학산의 그것은 사회적 정치적 지향성이 두드러진

다고 할 수 있을 것 같다. 그러나 두 사람 모두 민족과 계급, 민족과 민
중의 관련에 대해서는 구체적인 말이 없다. 이런 점은 그들의 민족론・
민족사관이 지닌 한계인 것이고, 그들의 학문적 정치적 견해도 또한 여
기에서 규정될 것이다.

요컨대 학산의 민족인식에서는 전근대의 민족과 근대의 민족 사이에
개념상의 혼란이 있다. 이것은 민족의 내부에 상존하는 계급적 요인의
역사적 문화적 추이를 구체적인 사실관계로 인식하지 못한 때문이라고
볼 수 있다. 唯物史觀에 대하여 세계사의 보편성을 내세운 圖式主義라
고 비판한 학산의 처지에서는 당연하다 하겠다. 다만 民族至上・民族團
結이 우선적 총체적으로 요구되던 당시의 현실적 조건도 고려해야 할
것이다. 학산은 귀족과 양반의 정치를 비판 거부하였을 뿐만 아니라 농
민・민중의 사회의식이나 정치적 세력에 대해서도 회의적인 입장이었
다. 이는 洪景來를 중심으로 한 平安道農民抗爭을 홍경래 개인의 정치
적 야심으로 격하해버리거나 甲午農民戰爭에 대한 평가를 보류하고 있
는 데서 확인된다.25) 그렇다면 학산이 기대하는 역사의 生動力, 역사주
체인 민족은 구체적으로 어디에 존재하는 것일까.

4. 民族史의 世界史的 의미

민족주의사학에서는 民族史(國史)・민족문화를 世界史・세계문화와
관련시켜 이해하는 데 특히 주력하였다. 이것은 新民族主義論을 제기하
였던 民世 安在鴻(1891~1965)이 1930년대 '朝鮮學運動'을 주도하면서
제기했던 '민족에서 세계로, 세계에서 민족으로'라는 명제, 이른바 '民世
主義'에서 기원한 것이었다. 민족적인 것, 조선적 특수성을 살려내어 이

---

25) 『國史要論』, 民敎社, 1950 ; 『우리나라 생활－역사부분』, 금룡도서주식회사, 1950.

것을 세계적인 것, 세계적 보편성과 일치시켜야 한다는 발상인 것이다. 학산도, "民族的 世界觀, 世界史的 國史觀을 確立함으로써 眞正한 民族文化와 世界文化와의 關係를 파악하여야 할 것"이라든지, "우리는 在來의 閉鎖的 獨尊的 또는 事大的 觀念에서 벗어나서 主觀과 客觀, 固有文化와 世界文化와의 問題를 深刻하게 생각하며 그 間의 調和를 發見하기 위하여 努力하고 있는 것"26)이라고 하여 이러한 문제의식을 거듭 다짐하였다.

민족사와 세계사의 不可分性이 어디에 있는지, 그리고 그것이 무엇을 뜻하는지에 대한 학산의 논리를 더 구체적으로 살펴보자. 그는 우선 國史의 주체가 '우리 민족 자신'이라는 것, 우리 민족은 우리 민족만으로 존재하는 것이 아니라 세계의 여러 민족들과 더불어 교섭하여 왔으며 현재에도 더욱 밀접한 관련을 가지고 있고, 따라서 국사는 국사만으로 遊離되는 것이 아니라 실로 '세계사의 일부를 담당'한다는 것, 또 세계사적 조류를 도외시하고서는 참다운 국사의 성격을 파악할 수 없다는 것을 강조하였다.27) 현대의 우리는 민족이라는 공동체를 떠나서 살 수 없고, 민족공동체는 세계 諸民族과 긴밀한 유대관계를 통해서 유지 발전할 수 있다는 것이었다.

이러한 관점에서 보면, 국사는 민족공동체의 形成·發展史를 중심으로 이해되어야 하고, 종래 국사의 고립적 폐쇄적 독존적 측면들은 비판적으로 정리되는 대신 호혜적 개방적인 국가관계가 새롭게 주목되어야 하는 것이다. 이는 과거 중국을 중심으로 하는 東洋史나 현대 세계사의 여러 동향을 주시하는 일로서, 국사 내부에 한정된 인식의 시야를 동양, 넓게는 세계 전체로 확대하고 다원화하는 것이 된다. 그리하여 국사와 세계사, 민족문화와 세계문화는, "一見 對立되는 듯하지만 실상은 不可

---

26) 「自序」, 『國史要論』, 1949. 12.
27) 「國史와 世界史」, 『學風』 2, 1950. 3.

分離의 관계를 가지고 서로 影響을 주고받으면서 다같이 世界 人類社會 發展史를 形成하는 것"이 된다.

이렇게 학산의 민족은 세계와 직결된 것, 세계 속의 민족이고, 따라서 그의 국사는 세계사의 일환이 되는 역사였다. 즉 '세계사적 국사관, 민족적 세계관'이며, '국사와 세계사, 민족문화와 세계문화'의 통일이었다. 그리고 이것이 그의 '민족사와 세계사 不可分論'의 큰 특징이자 종래 다른 論者들의 그것을, "在來 國史를 論하는 者 흔히 眼界를 國內의 表面的 政治的 動向에 局限하여 기껏해야 觀念的 民族性의 優秀 또는 拙劣에 歸結시키는 편이 많았다"28)고 비판한 근거였다. 학산의 『韓國滿洲關係史의 硏究』나 『國史要論』, 중등 국사교과서 『우리나라 생활』은 이러한 문제의식을 심화한 연구작업이며 槪說化의 성과라고 할 수 있었다.

'세계사적 국사관, 민족적 세계관'에서 지향하는 목표, 즉 국사와 세계사의 만남을 통해서 실현해야 할 목표는 두 가지였다. 하나는 자유와 평등을 실현하는 일이고, 다른 하나는 민족사의 특수성과 세계사의 보편성이 만나는 일이었다. 전자는 세계사의 보편성을 집약하는, 역사적 구체적 성과이고 후자는 그 보편성과 일치를 찾는 방법이었다.

먼저, "우리의 현실은 민족적 自由와 平等에 가장 큰 관심을 갖는다"29)고 함은 바로 전자의 자유와 평등을 민족 전체의 차원에서 실현해야 한다는 다짐이었다. 우리 민족이 '세계 弱小民族의 하나'라는 현실에서는 더욱 절실한 문제라고 보는 것이다. 학산은 자유와 평등의 뜻에 대하여 구체적으로 설명하지는 않았지만 일제로부터의 해방과 자주·독립 국가를 수립해야 하는 것은 물론이고 종래의 봉건적 신분·계급 질서가 타파된 민주적 시민사회의 실현을 의도한 것으로 보인다. 자유·평등은 먼저 근대 서유럽이 시민혁명의 과정을 통해서 이룩한 역사적

---

28)「國史와 世界史」,『學風』2, 1950. 3.
29)『國史要論』, 民敎社, 1950, 附錄,「우리 民族史의 性格」.

성과라는 점에서 볼 때, 그가 생각하는 자유와 평등의 모범이나 그 실현 방법은 당연히 그가 알고 있는 근대의 서유럽이 되어야 하는 것은 지극히 자연스러운 일일 것이다. 그리고 바로 이것이 그가 말하고 기대하는 '세계'이며 '세계사'였음에 틀림없을 것이다. 만약 그렇다면 그러한 '자유와 평등'이 실재하는 서구, 이를 제외한 나머지 세계는 어떠하며 이를 우리와 어떻게 관련시키려는지가 궁금한 문제로 등장한다. 또 그 서구의 다른 면모, 이를테면 자본주의의 모순과 제국주의 침략성에 대해서는 어떻게 생각하였는지의 문제가 된다.

후자는, 즉 민족사의 특수성을 세계사의 보편성을 통해서 설명하는 일이다. 학산은 우리 민족사가 세계사의 일부이면서 어떤 外國史와도 다르다는 것을 먼저 강조하였다. "우리 민족이 民族으로서의 特殊性을 가진 것과 같이 우리 民族史는 民族史로서의 特殊性을 갖고 있다"는 것이며, 이때의 특수성은 보편성과의 밀접한 관련 아래에서만 충분히 지적될 수 있는 그런 특수성이라고 하였다. 더구나 "우리 民族史는 現實的 民族的 立場과 世界史的 觀點에서 民族社會의 過去와 現實을 科學的으로 究明하지 않으면 안 될 것이다"30)라고 하여 그것을 '과학적'으로 확인되어야 하는 문제로 보았다.

민족사를 세계사적인 관점에서 과학적으로 구명하기 위한 방법으로 학산은 두 가지 요소를 설정하였다. 우리 민족사에 일관되는 성격은 내적 요소와 외적 요소로 구성된다고 본 것이다. 農業社會的 消極的 성격이 내적 요소라면, 國際上의 中間存在的 성격은 외적 요소인데, 두 요소는 상호작용하면서 우리 민족사를 규정해왔다는 것이다. 그는 농업사회적 소극적 성격을 특히 서유럽의 그것과 대비하여 설명하였는데, 예컨대 우리나라의 기후·자연환경은 서유럽의 그것과 對蹠的이었고 따라서, "우리 民族의 生活土臺가 農耕과 養蠶에 있었다고 한다면 歐洲의

---

30) 앞의 글.

그것은 牧畜과 農耕에 있었다”31)는 것이다. 家族單位의 小規模經營이 토대를 이루는 농업사회는 定住的 安定的인 반면 孤立的 分散的 保守的 消極的 성격을 띠게 되고 이것이 유럽 사회의 個人主義的 大規模的 解放的 進取的 積極的인 것과는 對蹠된다는 것, 또 自給自足을 최대목표로 하기 때문에 상업자본과 도시의 발달이 미미하고, 旅館다운 旅館조차 없고, 貨幣의 유통과 手工·手藝品의 商品化, 製造機械의 발달이 미미하다는 것이다.

외적 요소, 즉 중간적 성격은 南方民族과 北方民族의 항쟁을 축으로 하는 東洋史의 흐름에서 우리 민족이 그 중간적 구실을 담당한 사실을 통해 설명된다. 남북민족의 투쟁이란 物質을 획득하기 위한 生存競爭이었는데, 물자·문화가 열악한 북방민족이 漢民族의 中國에 진출하게 되면 군사적으로 우리나라를 먼저 간섭하게 되고, 이에 우리는 용감히 대항하면서도 결국 遼·金·元·淸에게 降伏 朝貢 臣屬하는 불리한 처지에 놓이게 되었다는 것이고, 중국은 북방세력에 대한 以夷制夷策으로 우리나라를 물질적 문화적으로 원조하고 우리나라는 중국의 제후국으로 臣屬하여 물자·문화의 實利를 취하되 內政干涉은 배제했다는 것이다. 그런데 우리나라의 排北親中 노선은 慕華事大思想이 형성되는 계기였으며, 그 다른 편에서는 일연의 『삼국유사』, 檀君神話·檀君信仰과 같은 獨立主義·民族主義가 강화되는 계기였다고 한다.

우리 민족의 역사는 이렇게 안으로 농업사회의 소극적 요소와 밖으로 동양 諸民族과의 접촉, 나아가서는 세계 각국과 밀접히 관련되는 중간적 요소의 상호작용을 통해서 이루어졌다는 것이 학산의 주장이었다. 그러나 그의 기본 발상과 관심은 외적인 요소를 주목하는 데 있었다. 이는 그가 처한 역사적 현실과 무관하지 않았다. 하여튼 그가 우선 꼽는 외부의 영향은 곧 중국이었다. 예컨대, “우리나라 部族社會에 偉大한 影

---

31) 앞의 글.

響을 준 것은 또한 漢四郡의 設置와 漢民族의 優秀한 各種 技術文化, 즉 ‘樂浪文化’ 그것이었다”고 하듯이 우리 민족이 원시적 씨족사회 단계를 극복하는 데는 중국의 金屬器文化의 영향이 컸다는 것이다.[32] 또 ‘中國의 郡縣時代 400년’은 우리나라 三國의 성립을 촉진하였으며, “韓民族 統一國家는 大唐의 興起에 있었다”고 말하였다. 학산이 주장하는 ‘외세의 자극·영향’이란 우리 민족사에 긍정적인 구실을 한 경우로서 민족의 독자성, 내적인 역량[動力]을 전제로 한 것이었다.

그러나 그렇더라도 그의 外的 要素論은 중국의 기여를 지나치게 강조한 것이며, 특히 이것은 일제의 관학·어용사학에서 내세우던 停滯性論이나 他律性論과 혼동될 여지가 많다. 外勢·外部世界와의 호혜적 긍정적 상호관계에만 주목한 나머지 처음부터 그들의 侵略的 本質이나 국내 守舊勢力의 外勢依存的 屬性을 간과해버릴 우려도 있다. 이와 같은 인식은 조선시기에도 허다하였고, 19세기 이래 서양 列强과의 關係樹立과 그 文物·思潮의 수용에 대해서도 그대로 연장된 경우가 적지 않았다. 그리고 마침내 開化派의 개화사상과 그 정책에서 보듯이 서구와 連繫되어 있는 일본의 침략과 식민지지배에 대한 인식에서도 심각한 혼란을 가져왔다.

한편 중앙집권적 통일국가의 출현이 촉진된 반면 서구·일본의 경우와 같은 分權的 封建制度의 등장이 억제된 주요 원인 또한 외세·이민족과의 관련 속에서 설명된다. 즉 신라의 통일 이후에 地方分權的 경향이 크게 3차례 나타났는데 羅末麗初의 혼란기, 고려 중엽의 武人執權期, 그리고 麗末鮮初 李成桂세력의 등장이 그것이라고 하였다. 그것은 대개 武人層이 주도하는 가운데 地方割據的이며 分權化의 경향이 뚜렷했던 공통점을 지녔는데, 각각 중국 五代의 혼란기, 宋·遼·金의 대립상황, 蒙古의 군사적 간섭, 그리고 元·明 交替期와 밀접한 관계가 있었

---

32) 「國史와 世界史」, 『學風』 2, 1950. 3.

다는 것이다.33) 학산은 일단 분권적 봉건제도의 성립이 어려웠던 대신
集權體制의 성격이 뚜렷했던 사정이 민족사의 특수성이라고 보는 듯하
다. 무엇보다도 그는 외세·대륙세력에 대응해야 하는 지리적 문화적
조건, 중국의 영향이나 북방민족과의 항쟁이야말로 한국사가 발전하는
외적 동력이었음을 강조하고, 이것이 국사의 기본 원리이며 국사와 세
계사가 연결되는 굳건한 끈이라고 생각한 것이다.

학산이 구상한 내·외 요소론을 이렇게 살피고 보면, 그것이 민족사
의 특수성과 세계사의 보편성을 얼마나 효과적으로 결합시킬 수 있을
것인지를 단정해서 말하기가 어렵다. 하지만 이러한 내·외 요소의 균
형성 모색은 그 자체만으로도 일단 의의가 큰 것이라 하겠다. 한국사의
성격을 동아시아사의 차원에서 거시적 비판적으로 전망하는 방법 또한
돋보이는 점이다. 특히 바람직한 민족의 미래를 준비하기 위한 자기 검
증이자 다짐이라는 측면에 그 의미를 찾아야 할 것이기 때문이다. 다만
여러 요인의 설정에서 서구의 그것을 기준으로 한 경우가 적지 않으며,
비교 설명하는 관점이나 내용 또한 상대적인 자기비하나 멸시의 태도
로 비쳐지는 것이 아쉬운 점이다. 또 그의 '외적 요소'론은 주로 신라통
일기 이후의 동아시아 정세에 초점을 맞추고 있는 것도 문제가 된다. 즉
그 이전의 古朝鮮·三韓·三國 시기는 북방민족과의 항쟁이기보다는
오히려 중국세력에 대항하여 동아시아의 주도권을 다투었던 측면이 더
중요하기 때문이다. 한국 민족 형성의 시점을 신라의 통일에서 찾으려
는 그의 평소 견해에서는 그럴 수 있을 것이지만, 고조선과 고구려의 對
中國抗爭에서 이미 韓民族의 형성이 시작되고 있었으며 신라에 의한
三國體制의 해소는 만주·한반도에 걸친 민족형성의 흐름을 왜곡한 것
이라는 비판도 가능한 것이다. 아마 여기에 학산의 민족의식·민족형성
론의 특징과 문제점이 함께 있는 것으로 생각된다.

---

33) 앞의 글.

한국사에서 외적 요소인 '중간적 성격'은 전근대시기뿐만 아니라 근·현대의 한국사에서도 절실한 조건이었다. 이는 학산이, "본래 東洋史의 本流와는 거의 交涉이 없었던 日本의 최근 帝國主義 侵略은 과거 北方民族의 그것과 그 位置를 바꾸었을 따름"이라고 지적한 데서도 분명하다. 그러한 일본에 대항하는 한국의 태세를 그는, "우리의 獨立思想이 힘차게 대두하여 檀君敎·大倧敎의 결성, 神檀實記·三一檀誥·檀典·檀經의 출현, '不咸文化論'의 提唱을 보게 되었다"고 파악하였다. 그는 이어서 민족의 해방은 우리 민족의 힘이 아니라 연합국 승전의 결과라면서, "美蘇 兩軍은 北緯三十八度를 境界로 各各 南北으로 進駐하여 우리나라를 兩分한 지 벌써 三年인데, 美蘇의 對立은 바야흐로 世界를 兩分할 形勢"라고 하였다.[34] 이것은 말하자면 20세기 중엽의 시점에서 한국사의 중간적 성격을 규정하는 외적 요소로서 일본, 그리고 그들을 대신하는 美·蘇의 새로운 등장을 현실로 인정한 것이었다. 특히 그는 "主義의 對立 —— 民族意識과 階級意識의 相剋 —— 은 民族內에서도 顯著해졌다"고 하여 국내의 좌우 이념대립이나 사회계층 사이의 갈등을 美·蘇로 대표되는 세계사적 이념대결의 반영임을 밝혔다. 그가 즐겨 말하는 내적 요인과 외적 요인의 상호작용이 현대의 한국사에서 명백히 관철되고 있었던 것이다.

그런데 학산의 '내·외적 요소론'은 그 자신이 거부해 마지않는 한국사의 타율성론·정체성론을 그 스스로 승인하는 결론에 이르는 측면이 없지 않다. 먼저 그는 우리 민족사의 내적 요소(농업사회적 소극적 성격)가 '중국·인도 등 동양세계 전반에 걸친 뚜렷한 특색의 하나'라면서, 이것은 헤겔이 언급한 '東洋世界의 停滯性'論이나 마르크스가 주장하는 '亞細亞的 生産樣式'論과 밀접한 관련이 있다고 하였다. 그리고 그 외적 요소(중간적 성격)는 日人 학자들의 '朝鮮史의 他律性'論에 연결되는 것

---

34) 『國史要論』, 民敎社, 1950, 附錄, 「우리 民族史의 性格」.

이라면서 그들의 논의에 ‘객관적’으로 참고할 점이 있음을 인정하였다. 그는 이러한 자신의 인식을, “內的 性格이 消極的 停滯的이어서 지극히 緩慢한 進行으로 量的 增加는 전혀 볼 수 없지도 않았다고는 할지나 自己 自身을 質的으로 辨證法的으로 止揚할 수 없었던 것도 사실이다. 만일 이 點을 강조할진대 우리 민족사는 純全히 外的 要素에 依하여 進行되었다고 하겠으나 우리 民族史는 결국 어떠한 外國史의 일부분도 아니며 우리 민족 자신이 만든 自己의 歷史이었다. 如何한 外勢도 우리 民族으로 하여금 外國史되게는 못하며 그러므로 우리 民族史의 주체는 바로 우리 민족 自體이다”라고 정리하였다.[35] 학산이 이렇게 민족사의 의의를 강조하면 할수록 그가 인정하기를 거부하는 한국사의 懦弱性·落後性은 더욱 분명해질 뿐이다. 이는 다만 학산 개인의 고민이나 문제에 그치는 것은 아니지만, 이것이 그의 민족의식·민족주의론을 제약하는 기본 조건이 아닐 수 없다.

이와 같은 맥락에서 학산은 우리 민족문화의 여러 요소들을 停滯的 原始的 呪術的 血緣的 封建的 殘滓로 지적하였다. 예컨대 불교의 祈禱的 神秘的인 면, 朱子學의 家族主義·家廟思想, 초기의 천주교 신앙이 “새 文化 西洋文物에 대하여 더욱 眩惑되었던” 사정은 비판의 대상이 되었다. 그가, “우리 民族은 어떠한 思想이나 主義도 結局에 있어서는 民族的 現實에서만 消化하였다”고 한 말에는 이런 뜻도 포함된 것으로 볼 수 있다. 반면에 서양 基督敎의 전래는 ‘世界主義·人道主義的인’ 것이었으며, 新敎徒들의 관심은 “確實히 民主主義的 傾向과 新科學文明에 集中되었던 것”일 뿐만 아니라, 그들은 ‘민족주의 3·1운동의 중심세력’이었으며 ‘최근의 많은 민족주의 애국자’는 그들 가운데서 輩出된 것이라고 하였다.[36] 여기에서도 학산 개인의 서구를 향한 동경심이 발견

---

35) 앞의 글.
36) 앞의 글.

된다. 기독교와 자본주의의 성과에 관련한 그의 긍정적 낙관적 언급이 그러하다. 다시 말하면, 학산은 제국주의의 침략적 속성을 간과하고 있거나, 아니면 그것을 의식적으로 외면한 것이라고 할 수 있다.

학산도 일면에서는 그러한 것들이 민족의 낙후성·정체성을 설명하는 근거가 될 수 없을 뿐더러 민족의 正體性이나 自主性·發展性을 밝히는 데 장애요인이 되지 않는다고 생각하였다. "農本社會의 消極的 停滯性은 舊時代의 殘滓를 充分히 淸掃하지 못한 채 그것을 社會 一部에 保有하게 된다"고 하면서도 다시, "지금 存在하고 있는 그것은 旣往에도 언제나 存在하고 있었던 것"이라는 말을 덧붙였다. 헤겔의 주장에 근거하여 어느 민족이나 국가의 경우에도 정도의 차이일 뿐 그처럼 소극적 정체적 잔재는 존재하게 마련이라는 사실을 강조한 셈이었다. 그리하여, "무릇 先天的 民族性이란 嚴密한 意味에서 존재할 수 없다"고 단정하기에 이르렀다.

예컨대, 우리 국민성의 단점으로 지적되는 黨派性과 雷同性, 학문적 獨創性의 결여, 諦觀的 運命論的인 인생관 등은 대개 조선왕조 말엽의 民族停滯期에 나타난 일시적인 현상으로서 어느 민족에게도 있는 일반적인 것이며, 우리 민족의 선천적 특수성에 기인한 것이 결코 아니라고 하였다.37) 결국 학산은 민족성이란 固定不變의 것이 아니며, 엄밀하게는 그것이 존재하는 것도 아니므로 민족성을 내세워 민족사의 정체성이나 우월성 어느 것도 설명할 수 없다는 사실을 인정한 것이었다. 그러나 그러면서도 현실적으로는 '세계'나 '세계사'로 표현되는 서구·선진 자본주의 사회의 성취를 동경하고 그것을 민족사의 목표로 설정해야만 한다는 것이 학산의 견해였다.

학산이 內·外 要素論을 통해서 강조하려는 또 하나의 주요 논점은 민족의 자유와 평등에 관한 것이었다. 국사의 동양사적 전개, 세계사적

---

37) 앞의 글.

潮流와의 合流에 따라 민족의 자유와 평등도 對內外的으로 성장 확대되고 있다는 주장이었다. 그는 이것이 19세기의 문호개방과 新文化의 수입이 지니는 커다란 의의이며, 국사가 동양사의 범위를 넘어 세계사에 관여하게 되는 주요 계기라고 생각하였다. 학산은 사회와 역사의 발전을 자유와 평등의 양적 질적 확대와 상승, 즉 민주화의 진전으로 이해하고 개방과 교류는 그것을 확대하는 기회로 보았으며, 이런 뜻에서 서구문화의 선진성은 긍정적으로 평가되어야 했다. '원래 고정적 민족성이란 있을 수 없는 일'이라는 그의 주장에서 보더라도 그러했다. 그리하여 학산은, "앞으로 産業의 機械化, 科學文明의 發達, 民族文化의 進展에 따라 우리 민족은 더욱 自由·平等 進取的 民族性을 發揮할 것임에 틀림없다"고 전망하고, "數千年의 우리 民族史는 참으로 自由를 위한 鬪爭의 歷史"로 규정할 수 있었다. 더욱이 "밖으로 異民族의 侵略을 排擊하고 안으로 民主的 民族文化의 樹立을 위하여 노력해왔다"고 자부해도 좋았던 것이다.38) 이러한 자유와 평등의 역사는 바로 오늘날의 과제로 안에서뿐만 아니라 밖에서도 실현 유지하는 데 힘써야 할 일이다.

결국 민족사를 세계사의 시각에서 이해하려는 학산의 시도는 한국사에서 개방과 교류, 진취와 수용의 전통을 확인하는 작업의 필요성을 적극 제기한 것이었으며, 편향된 文治에 대응하는 尙武의 정신, 事大·保守에 반대하는 自主·進步의 정신을 역사적 계통적으로 밝혀내자는 호소였다. 그렇게 되면 세계사적 보편성으로 자유와 평등은 그 연장선에서 실현될 일이었기 때문이다.

---

38) 「國史와 世界史」, 『學風』 2, 1950. 3.

5. 맺음말

학산은 『韓國滿洲關係史의 研究』의 跋文에 쓰려고 1948년 8월에 작성해둔 글에서, "나는 本書의 刊行을 契機로 過去는 過去로 하고 萬一 環境이 許諾한다면 새로운 觀點에서 우리 歷史의 槪說書를 著述함에 主力할 생각이다. 지금이야말로 確實히 새 時代인 때문이다"라고 하였다. 1948년의 정부수립, 그러니까 日帝로부터 해방과 이에 이어진 民國의 출발이 그에게는 매우 고무적이었던 것으로 보인다. 민족의 분단이 고착화하리라는 우려나 불안감은 아직 잘 드러나지 않는 것이다. 그는 '새 시대'를 맞아 여기에 부응하는 본격적인 민족사의 연구를 다짐한 것이었고, 특히 우리 역사의 개설서가 미비함을 안타까워하였다. 그래서 『國史要論』이 나오게 된 셈이었다.

『國史要論』은 해방이라는 민족사적인 대전환점에 서서 民族敎育을 위한 당장의 필요성에서 작성된 것이었다. 먼저 책의 구성이나 목차가 '민족'을 전제로 하고 있는 점이 그것이다. 이 책은, '研究와 講義를 참으로 하나의 民族獨立運動으로 믿고 實踐해 왔던' 그의 학문적 민족적 의지를 담고 있는 점에서, 그 문제의식에서, 내용의 일관성과 균형성을 기하고 있는 점에서 해방을 맞아 민족 역사에 관한 새로운 지식을 갈망하는 독자층에게 단비와 같은 존재였다. 그 뒤 여러 종류 개설서의 표준이 되었음은 두말할 나위도 없었다.

古板本·古圖書의 수집과 연구 또한 학산의 역사·문화 연구가 지니는 커다란 특징이자 공헌이었다. 그가 고서적·고판본의 수집과 연구에 적극 나서게 되는 시기는 대체로 대학을 막 졸업한 1937년부터였다. 바로 일제가 對中·對美 全面戰을 펼치며 국내에서는 韓民族의 말살·동화 정책을 본격화하던 시기로서, 민족의 해방·독립이라는 한 가닥 희망조차 사라지고 있던 때였다. 한민족의 역사·문화를 가르치거나 연구한다는 것은 생각하기 어려운 상황이었다. 그럼에도 불구하고 그는 이 사업에 적극 뛰어든 것이었다. 散逸되어가는 민족문화 유산에 대한 관심과 이해가 남달랐기 때문이고, 또 그의 열렬한 애국심과 진지한 학문태도에서 우러나온 결과라고 할 수도 있다. 고판본·고도서는 한국 민족문화의 독특한 일면을 보여주는 것으로서 이에 대한 수집·연구는 바로 조선학·조선사의 확대·심화에 연결되는 일이었다.

뿐만 아니라 그 사업 자체가 역사학과 관련한 인접 학문영역의 새로운 개척이라는 의의를 띠는 것이었다. 이를 몇 가지로 나누어 보면, 첫째는 古書誌學이라는 학문영역을 새롭게 개척한 것, 둘째는 古印刷技術史, 나아가서는 傳統科學史 연구의 기반을 마련한 것, 셋째는 고도서·고문헌를 통해서 드러나는 한국문화의 특징에 주목하고 이를 학문적으로 심화한 것, 넷째는 한국사의 올바른 이해와 연구에 필수적인 실증·객관 자료, 즉 사료의 확보와 체계적인 정리의 길을 닦은 것 등이그것이다. 그는 실제로 연구작업 가운데서 이러한 몇 가지 이유나 목적을 분명히 인식했던 것으로 생각된다.

지금 우리는 학산 이인영의 학문적 태도와 그가 이룩한 학술적 성과를 검토하여 그 의의를 짚어보고 있다. 우리는 먼저 그의 학문적 업적이 요즘 같으면 신진연구자·소장학자라고 해야 할 40세의 젊은 나이에 이룩된 것이며, 더구나 그것이 50년 전에 이미 중단된 상태라는 사실을 유념해야 할 것이다. 그가 제기했던 민족주의 역사이론과 서지학, 북방관계사, 국사개설, 對日 文化財返還請求權 문제 등 그 어느 것이나 지금까지 살아있는 문제로서 미결상태에 있거나 계속 발전시켜야할 과제가 되어 있다. 이런 뜻에서 학산의 고민과 과제는 지금 우리의 고민이자 과제가 되지 않으면 안 되는 것이 우리의 현실인 것이다.

생각에 따라서는 학산이 민족주의사학, '새로운 역사학'을 제창하던 때가 오히려 지금보다도 더 문제의 소재가 분명하였고, 따라서 장래는 더 희망적이었다고 할 수 있다. 그의 주장과 다짐에서도 그러한 情緖가 분명히 전해온다. 그것은 단순히 해방을 맞은 흥분상태만이 아니었다.

조선 후기의 정치적 분열과 무능, 가혹한 일제의 지배와 탄압에도 불구하고 민족의 역사와 문화에서 확인되는 자신감이며 포부였던 것이다. 그런데 지금 우리는 그때와 다른 의미에서 더욱 심각한 현실상황에 당면해 있다. 사회 내부에서는 개인과 개인 사이에, 그리고 지역과 지역, 계층과 계층 사이에 심각한 불신과 반목이 확대되고 있으며, 도덕적 경제적 정치적으로 어떠한 일치점을 확인하기 어렵고, 타협과 화해·관용의 시도들은 오히려 공격을 받고 있다. 이러한 국내상황은 밖으로 우리를 둘러싼 열강들의 군사적 경제적 간섭이나 압력과 긴밀히 연계되어 있으며 민족의 자주권과 생존권을 위협하고 있다.

이렇게 보면 당시 학산의 민족인식과 민족을 주제로 한 연구활동은 몇 가지 아쉬운 점에도 불구하고 민족분단의 위기에 대처하여 통일 민주국가를 실현하려는 것이었고, 지금 시점에서는 분단극복의 내적 동력과 그 당위성을 역사적으로 확인해내야 하는 문제의식을 미리 예시한 것이라 하겠다. 그의 역사의식과 실질적인 연구활동이 50여 년의 시간적 물리적 단절상태를 뛰어넘어 정신적으로 오늘날 우리 후진 학도들에게 계속 이어지고 있는 것이라고 할 수 있다.

(미발표 원고, 2002)

[附錄 2]

弔 辭 / 김우식
金駿錫 敎授를 追悼함 / 조광
弔 辭 / 도현철

故 金駿錫 敎授 略譜

弔 辭

　오늘 우리는, 크나큰 슬픔과 아쉬움을 안고, 그동안 연세동산에 몸담고 있었던 귀중한 학자이자 엄격한 교육자 한 분을 우리 곁에서 떠나보내게 되었습니다.

　김준석 교수는 연세동산에 들어와 학문의 길을 선택한 뒤에, 누구보다 진지한 자세로 그 길을 걸어왔던 분입니다. 조선후기 사상계의 동향을 사회·경제 구조의 변동 속에서 파악하는 연구를 출발한 이후, 지금까지 많은 논고들을 부지런히 학계에 발표해왔습니다.

　특히 김 교수는 '실학자'로 일컬어지는 조선후기 학자들의 사상을 분석하고, 그 속에서 근대 지향적인 요소를 탐색하는 데 큰 관심을 기울였습니다. 그리하여 쌓은 업적으로 인하여, 이 방면 연구의 대표자로 손꼽히는 분이 되었습니다.

　김 교수는 연세에서 수학한 뒤에 대전의 한남대학교에서 오래 근무했고, 이후 모교인 연세동산으로 옮겨 연구와 교육에 몰두한 지 10년이 지났습니다. 김 교수는 연세 학풍과 국학의 전통에 큰 자부심과 애정을 가지고 있었습니다. 그리고 그 애정을 실천하는 데 힘을 쏟았습니다. 사학과 학과장, 인문학부장 등을 역임하였고, 국학연구원의 여러 일들에 관여하면서 연세 국학을 진흥할 방향을 구상하고, 새로운 연구분야를 개척하는 일에 앞장섰습니다.

이렇게 늘 쫓기다시피 바빴던 까닭에, 다른 분들보다 늦게, 기한이 한참 지나서야 학자로서 자신을 재충전할 '연구년'을 얻을 수 있었습니다. 주변 사람들은 김 교수가 다시 학교로 돌아올 때면 더욱 활기찬 모습으로 학생들을 가르치고, 연세 국학을 진흥할 많은 일들을 함께 할 수 있으리라 기대하였습니다.

그러나 삶과 죽음은 인간이 좌우할 수 있는 일이 아닌가 봅니다.

이제 우리는 김 교수를 우리 곁에서 떠나보내게 되었습니다. 그가 연세동산에서 이루고자 했으나 미처 매듭짓지 못한 일들은, 남아 있는 동료 교수들과 제자들의 몫이 되었습니다. 이렇게 말씀드리는 것이, 고인의 뜻을 기리고 그를 떠나보내야 하는 이들의 다짐일 것입니다.

연세동산에서 함께 생활하던 학자이자 교육자 한 분을 보내야만 하는 아쉬움과 슬픔을, 몇 마디 말씀으로 어찌 다할 수 있겠습니까?

김준석 교수를 보내며, 삼가 고인의 명복을 빕니다. 아울러 유가족들께도 깊은 애도와 위로의 말씀을 드립니다.

2002년 5월 29일
연세대학교 총장
김우식

金駿錫 敎授를 追悼함

　5월의 樹木들은 신록의 푸르름을 지나 우거진 綠陰을 준비하고 있는데, 우리는 김준석 교수의 訃音을 듣게 되었습니다. 月前에 만나본 김교수의 자태에서는 죽음의 그림자를 찾아볼 수 없었는데, 이제 그는 고인이 되어 影幀 저편에서 근엄한 모습으로 우리를 응시하고 있습니다. 우리의 가까운 벗이었고 동료였으며, 또 스승이기도 했던 김준석 교수는 성실한 연구자로서 대학의 강단에서 그 결실을 맺고자 했습니다. 그의 육신을 이승에서 마지막으로 永別하기에 앞서, 우리는 솟구치는 슬픔을 억누르며, 그가 평생에 가장 긴 시간을 바쳤고, 그가 평생을 관철하며 이루고자 했던 그 학문의 세계를 이야기할 수밖에 없습니다. 이는 학자인 그에 대한 離別의 예의이고, 학자를 학자로 대우하는 길이라고 생각되기 때문입니다.

　김준석 교수는 우리 역사의 연구자였고 대학 교수였습니다. 그가 學人으로서의 길을 걷기 시작했던 시기는 우리 사회에서 각종의 변혁이 소용돌이치던 때였습니다. 그는 이때 '비판의 학문'인 역사학의 길을 택했고, 조선왕조시대를 주로 연구했습니다. 그 시대의 한국사연구는 사회의 현실과 민족의 장래에 대한 걱정으로 충만되어 있던 때였습니다.

이때 그는 자신의 연구를 통해서 조선왕조 사회를 움직이는 힘을 찾고자 했고, 변혁기를 대처해나갔던 선조들의 지혜를 확인하고자 했습니다. 여기에서 우리는 조선시대를 연구의 주제로 선택했던 이유와, 그가 풀기 위해 평생에 고민했던 문제의 향방을 확인하게 됩니다. 그의 학문적 자세는 역사학도가 할 수 있는 사회참여의 또 다른 방법이었고, 때로는 직접 암울한 사회를 향해 그가 직접 자신의 목소리를 내기도 했습니다.

김준석 교수가 뒤늦게 취득했던 박사학위논문의 제목은 「조선후기 國家再造論의 대두와 그 전개」라는 주제였습니다. 여기에서도 나타나듯이 그는 주로 조선시대의 사상사와 정치사 그리고 사상사와 정치사를 연결 짓는 사회사상사 분야에서 중요한 업적을 남겼습니다. 김준석 교수는 우선 조선의 성리학이 가지고 있던 사상적 구조와 그 사회적 기능을 밝히기 위해서 노력했습니다. 여기에서 그는 성리학이 조선사회에서 새로운 지도이념으로 자리 잡아가는 과정을 밝히려 하며, 知識社會論的 관심을 통해 조선 전기 사회가 가지고 있는 특성을 선명히 밝혀주었습니다. 그는 임진왜란이라는 일대 변고를 겪은 이후 조선왕조가 국가와 사회를 재건해나가는 과정에 주목하여 이를 연구했습니다.

김준석 교수는 자신의 연구를 진전시켜가던 과정에서, 17세기를 전후하여 조선사회를 지탱하거나 변혁시키려 했던 여러 사상가들의 행적과 개혁안을 주목했습니다. 그는 畿湖士林의 동향에 着目하여, 宋時烈과 韓元震·李端夏·許穆과 같은 인물의 사상을 밝히고자 했습니다. 그리고 金堉이나 朴世堂·柳馨遠의 개혁의지에 동참하기도 했습니다. 김준석 교수는 조선왕조를 움직이는 양대 축이었던 왕권과 관료의 존재를 주목했고, 탕평책을 통해 국가가 재건되어나가는 모습을 규명해보고자 노력했습니다. 이러한 그의 업적은 爲堂 鄭寅普 선생 이래 면면히 이어져왔던 연세대학교 한국사학의 연구전통을 의연하게 계승하려는 작업들이었습니다.

이처럼 김준석 교수는 그의 평생을 바쳐 학문을 연구했고 학자로서의 의미 있는 삶을 살았습니다. 이제 김준석 교수는 그가 평소에 우러르며 받들었던 위당 정인보 선생을 기념하는 이 집에 누워서 우리와 마지막 이별을 하고자 합니다. 이에 우리는 그 죽음의 의미를 생각하며 고인을 추모할 수 있는 일이 무엇인지를 생각해보아야 하겠습니다. 그는 학자로서의 삶을 살며 5월의 신록과 같은 청신한 기운을 우리에게 불어넣어 주었습니다. 이제 그의 가르침은 여름의 녹음을 이루어 한국사연구에 시원한 그늘을 만들어줄 단계에 이르렀지만 그는 이승을 떠나 피안의 세계로 건너갔습니다. 그러기에 김준석 교수의 죽음은 분명 우리 한국사학계의 큰 손실입니다.

그러나 그의 삶이 의미 있던 삶이었다면, 우리는 김 교수 자신이 그 죽음을 통해, 살아 있는 우리에게 전해주고자 했던 메시지를 경청해야 하겠습니다. 우리가 가까이 지내던 사람의 죽음은 우리 자신이 어떻게 살아야 할지를 되묻게 합니다. 돌이켜 보건대, 우리가 그 같이 살 수만 있다면 우리는 분명 잘 살았다는 이야기를 듣게 될 듯합니다. 또한 그를 아끼던 동료와 그의 훈도를 받은 제자들은 그가 이루고자 했던 한국사 연구를 덧채워줄 책임을 짊어지게 되었습니다. 김준석 교수가 살아생전에 하고자 노력했던 일을 우리가 모두 이루어주어야 하겠습니다. 살아 있는 우리가 이 책임을 완수할 때 피안의 그도 즐거운 미소를 보내줄 것입니다.

김준석 교수의 죽음은 그의 주위에 있던 모든 이들에게 진정한 슬픔과 애틋한 아쉬움이 무엇인지를 일깨워주는 사건입니다. 그의 죽음은 동료들에게 깨끗한 학자로서의 삶이 어떠해야 하는지를 곱씹을 수 있는 기회를 주었습니다. 후배와 쟁쟁한 제자들에게는 학문에 대한 열정과 엄격성이 무엇인지를 몸소 실증했습니다. 이제 그는 우리와의 이별을 다지려 합니다. 아마 그는 말년을 보냈던 안성 부근의 '도피안사'에서 이승을 떠나 피안의 세계로 건너갈 마음의 준비를 남몰래 다졌을지도 모르겠습니다.

　김준석 형, 10년 넘어 맺어왔던 이승에서의 우리 인연은 아마 이로써
끝날지도 모르겠네. 그러나 마음의 喪을 입고 살아갈 나는 형이 만 리
밖 피안의 세상에서 만리향이 되어 그 그윽한 향을 우리 모두에게 전해
주시기 바라네.

2002년 5월 29일

同學 趙珖이 哭하며 올립니다.

弔 辭

　복받쳐 오르는 눈물을 머금으며 선생님께 글을 올립니다.

　어찌하여 선생은 갑자기 먼 길을 가셨습니까?

　선생을 처음 뵙게 된 것은 1981년 교양 한국사 시간인 듯합니다. 역사 철학 계열로 입학한 저는 한국사를 발전적으로 구조적으로 이해해야 한다는 강의를 들을 수 있었습니다. 제5공화국의 군부독재의 압제 속에서 전경들이 교내 잔디밭에 모여 우리들을 감시하던 시절, 선생은 역사에 대한 진보를 확신하고 우리들을 인도하여 주셨습니다. 대단위의 교양수업 시간이고 갓 대학에 들어온 새내기인지라 선생님의 모든 말씀을 충분히 이해하지는 못했지만, 어두운 현실을 뚫고 나가는 데 필요한 용기와 생각을 앞으로의 학창생활에서 길러야 한다는 뜻을, 선생 특유의 열정과 깐깐한 이미지에서 읽을 수 있었습니다.

　선생은 유학의 현대적 변용에 대한 관심, 유학에 대한 비판적 애정을 가지고 계셨습니다. 전통 유학 집안에서 성장하신 선생은 엄한 유학식 교육을 받으셨고 유학이 갖는 오늘날의 의의가 무엇인가를 찾으려고 하셨습니다. 선생은 조선 주자학을 연구하시면서, 주자학의 역사적 특성을 봉건사회의 정치사상과 연관하여 객관적으로 파악하셨지만, 주자라는 한 유학자 개인의 학문하는 태도와 자세에 대해서는 배울 점이 많다고 보셨습니다. 자신의 학설을 세우기 위하여, 치밀하고도 엄정하게 자료를 해석하고 논지를 가다듬으며 각고의 노력을 다하는 것이 유학자 주자의 학문하는 태도이며, 그것은 오늘날 공부하는 사람의 입장에서도 충분히 본받을 만하다는 생각이었습니다. 주위의 여러 분들이 선생님을 두고 흔히들 주자학자라 평하고 당신은 이를 결코 인정하지 않으셨던 이면에는 이러한 속사정이 숨어 있었을 것입니다.

언젠가 어느 묘소를 참배할 때 선생은 제일 나이 많은 어른에게 일일이 물으시면서 일을 처리하셨습니다. 나중에 제가 "선생님께서 알아서 주관하셔도 될 일을 굳이 매번 어른께 물으셨습니다"라고 하자, 선생은 그 일을 『논어』의 가르침과 연관하여 말씀하셨습니다. 『논어』에는, 공자가 太廟에 들어가 매사를 물음에 혹자가 이 일을 두고 공자를 비판하자 공자가 이 말을 듣고 이것이 禮라고 하신 내용이 있는데, 선생은 이를 인용하였습니다. 자신의 주어진 처지에 따라 공경하고 삼감을 지적한 공자의 뜻을 말씀하시면서, 우리 시대는 禮가 부족한 사회이고, 혹은 禮를 행하려고 해도 방법을 모른다고 하셨습니다. 변화하는 상황에 적합한 형식과 내용이 있어야 하고 이를 존중할 필요가 있다는 말씀이셨습니다. 유학을 봉건시대의 사상으로 파악하면서도 근대 사회에 응용할 수 있는 여지를 찾으시려고 한 것은 아닌가 생각됩니다.

최근에는 선생께서 『주서백선』이라는 주자의 편지글을 후배, 제자들과 공동으로 번역하고 해제를 쓰셨습니다. 주자사상연구회를 조직하시고 10년간 고집스럽게 주자의 글을 읽었던 성과물인 이 책에서 선생은 조선왕조의 지식인이 그렇게 매달렸던 주자학을 오늘날의 관점에서 어떻게 파악해야 하는지를 고민하셨고, 이 작업을 통하여 조선 주자학 연구의 방법과 내용이 풍부하게 싹트기를 기대하셨습니다.

선생은 무엇보다도 연세 국학의 전통을 계승하고 후학과 더불어 이를 발전시키려 하셨습니다. 선생은 연희의 건학정신을 기독교정신과 민족해방운동, 기독교라는 울타리 안에서 민족교육·국학연구로 파악하시고, 오늘날의 시점에서 건학정신을 어떻게 창조적으로 계승해야 할 것인가를 궁구하셨습니다. 무엇보다도 그 작업은 사회전반의 민주적 발전과 자주적 남북통일의 실현이라는 현실의 과제에 충실한 학문으로서 제시되어야 한다고 보았습니다. 그리고 이를 위해서는 연희 학문의 지도자들이 근대세계의 인식논리와 학문방법을 통해서 조선후기 이래의 실학과 그 전통을 재발견하여 당대 한국의 장래를 모색하는 학문전통을 세우려고 했던 점을 염두에 두어야한다고 하셨습니다.

선생은 실학 연구를 통하여 연세 국학의 전통을 이으려고 하셨고, 연세 국학 연구의 필요성을 누누이 강조하셨습니다. 고난의 시대 국학 연구를 통하여 한국의 장래를 고민하던 식민지시기의 학자처럼, 일종의 사명감을 가지고 연세 국학에 매진하시고자 한 것이었습니다.

선생은 학위논문인 「조선후기 국가재조론의 대두와 그 전개」에서 조선후기 사회변동에 대응하는 보수개량과 진보개혁의 논리를 밝혀, 조선후기 실학사상의 역사적 성격을 분명히 제시하였고, 개항 이후 식민지와 분단에 이르는 한국근현대사의 역사적 흐름을 정치사상사적 관점에서 명쾌히 조망할 수 있는 방법론적 인식론적 틀을 세웠습니다. 이는 연희의 위당 정인보 선생과 동암 백남운 선생의 국학 연구를 발전적으로 계승하면서 조선후기 사상사 연구의 폭을 넓고도 깊게 천착한 성과라 하겠습니다.

선생은 후배, 제자들을 넓은 길로 이끌어주려고 혼신의 노력을 다하셨습니다. 위축된 이에게는 가능성과 자신감을 갖도록 하여 숨은 역량을 발휘하도록 하셨고, 재주는 있지만 모가 진 이에게는 북돋우며 다듬어지도록 포용하여주셨습니다. 또한 자신만의 독특한 개성을 가지고 창조적으로 연구를 수행하는 것이 연구자, 학자의 올바른 태도이며 생명력을 가지는 일임을 누누이 강조하셨습니다. 특히 여학생들이 능력과 재주에 비하여 대접받지 못하는 현실을 늘 안타까워하시고, 학부 혹은 대학원 여학생에게 깊은 관심과 격려를 잊지 않으셨습니다.

　선생은 최근 연구년을 맞으시면서 그간의 연구를 일단 정리하는 저서를 준비하고 계셨고, 연세의 국학 연구진흥 사업에 누구보다도 적극적인 의욕을 보였습니다. 국학에 대한 말씀에 힘이 있으셨고 후배, 제자들과 더불어 연세 국학에 대하여 자주 토론하셨습니다. 연구년이 끝나면 후배, 제자들과 본격적 국학 연구 사업을 진행시킬 구상도 하셨습니다.

　선생은 그 누구보다도 우리 역사를 사랑하셨고, 애정과 열정을 지니고 연구에 진력하셨습니다. 원대하게, 그러면서도 칼로 저미듯이 꼼꼼하게 사료를 읽으며 우리 역사를 해석하셨습니다. 아마도 선생은 참으로 많은 이야기를 우리에게 들려주고 싶었을 겁니다. 우리는 선생의 마지막 모습을 기억합니다. 선생은 투병 중임에도, 후학·제자들의 요청을 수락하시어 최근 학술진흥재단에서 시행하는 기초학문 육성지원사업에 연구책임자로 참가하셨습니다. 그 과정에서 선생은 후학들이 세운 연구계획을 오래 오래 검토하시고 그 문제와 개선방향을 꼼꼼히 일러주셨습니다. 이 작업을 통하여 당신께서는 조선시기 전 역사를, 연세 사학·연세 국학의 정신과 방법론을 근거로 일관되게 볼 수 있는 방법과 방향을, 연구에 참가하는 후학들에게 전달하려고 하였습니다. 그것은 결국 한국사학계의 연구 성과를 연세의 조선시대사 연구 속으로 어떻게 하면 온전히 소화하여 재해석할 것인가 하는 문제였는데, 선생은 이번 작업에서 그 과제를 크게 유념하셨습니다.

　생각하면, 참으로 죄송스럽고 부끄러울 따름입니다. 미련하여 선생님이 그토록 힘들게 투병생활을 하신다는 상황을 몰랐던 후학들은 선생님께 엄청난 짐을 지웠던 사실에 못내 가슴을 치면서도, 한편으로는 이것이 후학·제자들에게 주는 당신의 마지막 가르침이라는 점을 깨닫습니다. 학자로서, 스승으로서의 모습을 마지막까지 지키고 실천하고자 했던 당신의 엄청난 노력을 우리는 늘 기억할 것입니다.

　선생은 먼 길을 떠났습니다. 연세 국학의 진흥과 연세 사학의 학풍

진작의 일을 남겨놓은 채…….

　선생은 학자로서, 스승으로서 혹은 스승의 제자로서 후배, 제자들에게 모범을 보여주셨습니다. 그리고 늘 스스로를 부족하다고 여기시고 돌아보시고 반성하셨습니다. 저는 선생님의 뜻을 이어받아, 더욱 열심히 공부하고 가르치며 더 많은 일들을 해야겠다고 다짐해봅니다.

　선생님 이제 모든 것을 잊으시고 편히 잠드십시오.

2002년 5월 29일

후학 도현철 삼가 올림

故 金駿錫 敎授 略譜

1. 이 력

1944. 10. 12.(음)　　　전남 함평군 엄다면 성천리 423번지에서 부친 金冑
　　　　　　　　　　　熙님과 모친 丁次禮님의 4남 1녀 가운데 맏아들로
　　　　　　　　　　　출생
1960. 2.　　　　　　　전주 중앙초등학교 졸업
1960. 3.　　　　　　　전주 북중학교 입학(여름까지 다니다 중퇴)
1967. 11.　　　　　　대학입학자격 검정고시 합격(서울시)
1969. 3.~1976. 2.　　연세대학교 사학과 입학 및 졸업
1970. 6.~1973. 5.　　군복무
1976. 3.~1980. 8.　　연세대학교 사학과 대학원 석사과정 입학 및 졸업
1980. 9.~1981. 12.　　연세대학교 강사
1981. 3.~1982. 6.　　한국외국어대학교 강사
1981. 3.~1991. 2.　　연세대학교 사학과 대학원 박사과정 입학 및 졸업
1982. 3.~1993. 2.　　한남대 사범대 역사교육과 전임강사대우 및 조교
　　　　　　　　　　　수·부교수
1993. 3.~1998. 8.　　연세대학교 문과대학 사학과 부교수
1993. 9.~1995. 8.　　연세대학교 문과대학 사학과 학과장
1998. 9.~2002. 5.　　연세대학교 사학과 교수
1998. 9.~2000. 8.　　연세대학교 국학연구원 역사민속연구부장
1999. 9.~2001. 8.　　연세대학교 문과대학 인문학부장
2002. 5. 27.　　　　　별세

1992. 1.~1995. 12. 한국사연구회 편집간사
1996. 8.~2002. 5. 역사학회 평의원
1996. 7.~2002. 5. 조선시대사학회 연구이사 겸 편집위원
1997. 3.~2002. 5. 한국사상사학회 감사
1999. 1.~2002. 5. 고려사학회 편집위원

2. 저·역서 및 논문 목록

1981,「朝鮮前期의 社會思想 －《小學》의 社會的 機能 分析을 중심으로」,
　　『東方學志』 29, 연세대학교 국학연구원.

1984,「金富軾의 儒敎思想 －《三國史記》 論贊의 검토」,『韓南大學校論
　　文集』 14, 한남대학교.

1986,「畏齋 李端夏의 時局觀과 社倉論」,『韓南大學校論文集』 16, 한남
　　대학교.

1987,「許穆의 禮樂論과 君主觀」,『東方學志』 54·55·56 합집, 연세대
　　학교 국학연구원.

1987,「朝鮮後期 畿湖士林의 朱子認識 － 朱子文集·語錄 硏究의 전개
　　과정」,『百濟硏究』 18, 충남대학교 백제연구소.

1988,「17세기 畿湖朱子學의 동향－宋時烈의 ‘道統’계승운동」,『孫寶基
　　博士停年紀念 韓國史學論叢』, 지식산업사.

1990,「17세기 正統朱子學派의 政治社會論 － 宋時烈의 世道政治論과
　　賦稅制度釐整策」,『東方學志』 67, 연세대학교 국학연구원.

1990,「朝鮮後期 國家再造論의 擡頭와 展開」, 연세대학교 사학과 박사
　　학위 논문.

1990,「18세기 老論專權政治論의 구조 － 韓元震의 朋黨意識과 君主聖
　　學論」,『호서사학』 18, 호서사학회.

1990, 「韓元震의 朱子學 인식과 湖洛論爭」, 『이재룡박사환력기념 한국사학논총』, 이재룡박사환력기념한국사학논총간행위원회.

1991, 「許穆의 反北伐論과 農民保護對策」, 『島巖柳豊淵博士回甲紀念論文集』, 刊行委員會.

1992, 「朝鮮後期의 黨爭과 王權論의 추이」, 『朝鮮後期 黨爭의 綜合的 檢討』, 한국정신문화연구원.

1992, 「(서평)《韓國中世禮思想研究 － 五禮를 中心으로》」, 『歷史敎育』 51, 역사교육연구회.

1992, 「柳馨遠의 變法觀과 實理論」, 『東方學志』 75, 연세대학교 국학연구원.

1993, 「柳馨遠의 政治·國防體制 改革論」, 『東方學志』 77·78·79 합집, 연세대학교 국학연구원.

1993, 「유교유적과 그 문화」, 『錦江誌』 上·下, 충청남도 문화체육과.

1994, 「韓元震의 均賦均稅論과 治安對策」, 『干江權兌遠敎授定年紀念論叢 － 民族文化의 諸問題』, 간행위원회.

1994, 「蕩平政局期의 實務官人 － 權以鎭의 國體意識과 國防論」, 『道山學報』 3, 충남대학교 도산학술연구원.

1996, 「柳馨遠의 公田制理念과 流通經濟育成論」, 『인문과학』 74, 연세대학교 인문과학연구소.

1996, 「조선후기 國防意識의 전환과 都城防衛策」, 『典農史論』 2, 서울시립대학교 국사학과.

1997, 「儒敎思想論」, 『韓國史 認識과 歷史理論』(金容燮敎授停年紀念韓國史學論叢 I), 지식산업사.

1997, 「탕평책 실시의 배경」, 『한국사』 32, 국사편찬위원회.

1998, 「兩亂期의 國家再造 문제」, 『韓國史研究』 115, 한국사연구회.

1998, 「17세기의 새로운 賦稅觀과 士大夫生業論－朴世堂의 賦役論과 稼穡論」, 『歷史學報』 158, 역사학회.

494　附錄 2

1999,「18세기 蕩平論의 展開와 王權」,『東洋三國의 王權과 官僚制』, 國學資料院.

2000,「《朱書百選》의 번역에 부침」,『朱書百選』, 혜안.

2000,『朱書百選』, 혜안(주자사상연구회 공역).

2000,「朝鮮後期 進步的 歷史觀의 成立－柳馨遠의 變法史觀」,『國史館論叢』93, 국사편찬위원회.

2000,「朝鮮時期의 朱子學과 兩班政治」,『實學思想研究』17·18.

2000,「(서평)《조선은 지방을 어떻게 지배했는가》」,『歷史學報』168, 역사학회.

2000,「'전국역사학대회'의 과거와 미래 － 새로운 도약을 위한 자기 검증」,『歷史學報』168, 역사학회.

2001,「金堉의 安民經濟論과 大同法」,『民族文化』24, 민족문화추진회.

2002,「朝鮮後期의 蕩平政治와 陽明學政治思想 － 鄭齊斗의 陽明學과 蕩平政治論」,『東方學志』116, 연세대학교 국학연구원.

2003,『朝鮮後期 政治思想史 研究』(유고집 1), 지식산업사.

2005,『韓國 中世 儒教政治思想史論 Ⅰ』(유고집 2), 지식산업사.

2005,『韓國 中世 儒教政治思想史論 Ⅱ』(유고집 3), 지식산업사.

찾아보기

498

연세국학총서 32

朝鮮後期 政治思想史 研究

김준석 지음/신국판/양장 672쪽/책값 33,000원

고 김준석 선생의 사상사 연구는 조선후기 사회변동에 대응하는 보수개량과 진보개혁의 논리를 밝혀, 이 시기 사상사의 역사적 성격을 거시적으로 살필 수 있게 하였고, 개항 이후 식민지와 분단에 이르는 한국근현대사의 역사적 흐름을 정치사상사적 관점에서 폭넓게 조망할 수 있는 방법론적·인식론적 틀을 세웠다. 이 책은 세 권으로 기획된 김준석 선생의 유고집 가운데 제1권으로, 선생의 박사학위논문과 이를 보완한 글 몇 편을 묶었다.

연세국학총서 32

韓國 中世 儒教政治思想史論 I

김준석 지음/신국판/양장 418쪽/책값 25,000원

모두 두 권으로 이루어진 이 책은 고 김준석 교수가 한국유학사·한국중세사상사를 바라보는 문제의식, 현대적 관점이 투영된 글들을 담고 있다. 그 가운데 첫째 권인 이 책은 김부식, 송시열, 김육, 이단하 등의 특정 인물이나 세도정치론과 탕평정치론, 주자절대론과 주자비판론 등과 같이 서로 맞섰던 사상경향을 통해서 중세사상사의 전반적인 흐름을 설명하고 있다.

연세국학총서 29

日本 蓬左文庫 韓國典籍

천혜봉 지음/신국판/양장 488쪽/책값 35,000원

봉좌문고는 임란 이전의 조선전기에 간행한 전적을 가장 많이 소장하고 있어 학술적 가치가 높이 평가되고 있다. 저자가 이 저서의 書誌篇에서 典據를 인용하여 기술하고 圖版篇에서 일일이 書影을 제시하여 그 版種과 刊印時期를 밝히는 까닭이 바로 여기에 있다. 그리고 또한 특기할 것은 蓬左文庫本에 한정하지 않고 일본으로 유출된 같은 서명의 책을 모두 조사하여 여러 문고와 도서관에 소장된 것을 함께 다루었으며, 또한 국내 소장본도 아울러 조사하여 기술한 점이다.

연세국학총서 43

鹿門 任聖周의 삶과 哲學

손흥철 지음/신국판/양장 484쪽/책값 25,000원

성리학의 6대가 가운데 한 사람인 녹문 임성주의 삶과 철학에 대한 연구서. 지금까지 녹문철학에 대한 연구가 주로 主理·主氣의 범주를 중심으로 주기의 연장선에서 이해한 것에 견주어, 이 책은 녹문철학을 조선성리학의 발전사적 관점에서 객관적이고 종합적으로 연구한 것이다. 즉 이 연구는 理氣同實과 心性一致를 중심으로 정립된 녹문의 理一分殊論을 통해 호락논쟁의 문제들을 극복하고, 아울러 도덕적 원리의 탐구와 그 실현에 관한 종합적 논의의 연구이다.

김용섭저작집 4-5

신정증보판 韓國近代農業史研究 Ⅰ · Ⅱ
－ 農業改革論 · 農業政策 －

김용섭 지음/신국판/양장 Ⅰ권 594쪽, Ⅱ권 550쪽/책값 Ⅰ권 33,000원, Ⅱ권 30,000원

　송암 김용섭 교수의 저작집 제4권. 책 이름 앞에 붙은 '新訂', '增補' 란 말들이 지난 50년 동안 한국 역사의 구조적 특질과 발전 양상을 규명하고자 했던 지은이의 끊임없는 노력을 말해 준다. 이 책은 19세기 전후 조선왕조의 근대화 과정에서 농업제도의 문제점을 둘러싸고 제출되었던 다양한 농업개혁론과 그 결과물이라 할 수 있는 정부의 농업정책들에 대해서 다루고 있다.

김용섭저작집 6

韓國近代農業史研究 Ⅲ － 轉換期의 農民運動 －

김용섭 지음/ 신국판/양장 258쪽/책값 15,000원

　저자는 일찍이 조선후기의 후반, 즉 18~19세기의 농업문제, 농업상의 모순구조를 타개하기 위한 진보적인 사람들의 농업개혁론과 그러한 사람들과 입장이 다른 보수 지배층의 개혁론 및 이를 시행하는 정부정책을 대비 정리하여 《韓國近代農業史研究》(Ⅰ·Ⅱ)로 묶어 간행한 바 있다. 이 책에서는 그 모순구조의 단적인 표현이고 귀결점인 국가와 체제에 대한 백성의 항쟁, 민란, 농민항쟁 등에 관해서 그 시기 농민운동의 흐름을 '轉換期의 農民運動'이란 제목으로 정리하였다.

古文書를 통해 본 朝鮮後期 社會身分史研究

최승희 지음/신국판/양장 360쪽/책값 20,000원

　한국 고문서의 정리와 활용에 독자적인 영역을 개척한 서울대학교 국사학과 최승희 명예교수가 그동안 연구하여 발표한 조선후기 사회신분사와 관련 논문들 9편을 묶어 한 권으로 만든 책으로, 고문서 자체가 갖는 한계와 그 고문서를 기계적으로 통계처리하는 데서 오는 오류에서 벗어나 조선후기 사회신분사 연구의 새로운 바탕을 만든 연구 성과물이다. 아직도 논의가 계속되고 있는 조선시대 신분제도에 대해 1차 사료인 고문서를 분석하여 조선후기 더 나아가서는 조선시대의 社會像을 그려내고 연구해 나가는 데 이 책이 밑거름이 될 것이다.

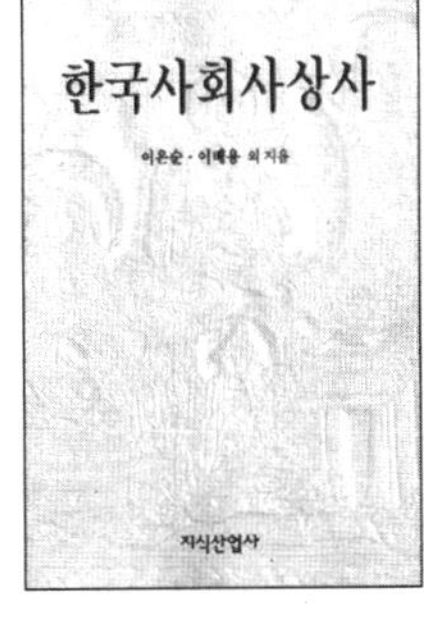

한국사회사상사

이은순 · 이배용 외 지음/신국판/반양장 416쪽/책값 12,000원

　원시시대부터 1900년대 전반까지 한국사회를 지배했던 사상의 흐름을 통시적으로 살핀 12편의 논문이 수록된 이 책은, 특히 한국사의 전개 과정에서 사회변동기에 어떤 사상이 대두되어 어떠한 역할을 했는지, 그리고 그 사상이 어떠한 함의를 지니는지를 심도 있게 파헤치고 있어서, 사상과 사회변동 또는 사상과 사회의 관계를 밝히려는 역사학의 한 분야인 사회사상사에 귀중한 업적이 될 것으로 보인다.

朝鮮儒教社會史論

이태진 지음/신국판/반양장 286쪽/책값 12,000원

　　조선시기 농업 기술의 발달이 바로 성리학 정착의 기반이 되었음을 설파함으로써 조선사회의 발전과 유학 사이의 관계를 새롭게 연결짓는 입장을 보였으며, 당쟁을 종래의 부정적 관점에서 탈피하여 붕당정치라 하여 새롭게 긍정적으로 평가함으로써 성리학의 기능에 대하여도 시대적 합당성을 지니는 진일보한 중세 사유체제로 규정한 연구서이다.

朝鮮初期 政治史研究

최승희 지음/신국판/양장 512쪽/책값 27,000원

　　조선초기의 정치사를 보면, 각 王代마다 정치체제에 차이가 있었고, 왕의 명분·정통성의 유무, 왕의 자질·통치력(왕권)의 여하, 그리고 그 王代 관료들의 자질과 충직성 여부에 따라서 국정의 내용이 좌우된 것을 알 수 있다. 조선초기에는 정치이념과 경제적 이해관계를 둘러싸고 대립한 정치세력은 크게 드러나지 않았으므로 저자는 왕권을 둘러싼 문제, 그 시대 정치의 틀인 정치체제, 국왕과 관료들의 화합으로 이루어지는 국정운영의 실제 등을 이 책의 대상으로 삼았다.

조선 후기의 정치사상

유미림 지음/신국판/반양장 416쪽/책값 20,000원

　　이 책은 주자학이 어떻게 조선에서 통치이념으로 자리 잡게 되고 역사의 방향을 규정했는지를, 정치적으로는 聖學, 사회·경제적으로는 仁政, 대외관계 측면에서는 중화적 인식을 기조로, 현실에 초점을 맞춰 분석하고 있다. 또한 그 내재적 특성인 도덕적 규범주의가 과거와 같은 통치이념으로는 더 이상 왕조를 유지할 수 없는 위기 상황에서도 계승됨으로써 정치세력의 통합에 따른 주체적인 대응에 실패하게 만들었다고 결론을 내리고 있다.

연세국학총서 42

일제시기 한국 사회주의 지식인연구

전상숙 지음/신국판/양장 384쪽/책값 25,000원

　　이 책은 연세대학교 국학연구원의 국학총서 가운데 한 권으로, 현대 한국사회에서 사회변혁의 한 축으로서 기성질서의 문제를 사회적으로 제기하고 저항한 지식인들의 연원을 일제시기의 사회주의 지식인들에게서 찾아 분석한 실증적 연구다. 저자 자신이 정치학을 전공하는 지식인으로서 과연 지식인이란 우리 사회에서 무엇이고 어떤 소임을 해야 하느냐 등에 대한 진지한 고민을 이 연구를 통해 쏟아 내고 있는 것이다.